2018 敦煌學國際聯絡委員會通訊

2018 Newsletter of International Liaison Committee for Dunhuang Studies

高田時雄 柴劍虹
策 劃

郝春文
主 編

陳大爲
副主編

敦煌學國際聯絡委員會
中國敦煌吐魯番學會
首都師範大學古文獻研究中心
主 辦

上海古籍出版社
2018.7.上海

敦煌學國際聯絡委員會幹事名單：
中　　國：樊錦詩　郝春文　柴劍虹　榮新江　張先堂
　　　　　鄭阿財（臺灣）　　汪　娟（臺灣）
日　　本：高田時雄　荒見泰史　岩尾一史
法　　國：戴　仁
英　　國：吳芳思　高奕睿
俄 羅 斯：波波娃
美　　國：梅維恒　太史文
德　　國：茨　木
哈薩克斯坦：克拉拉・哈菲佐娃

敦煌學國際聯絡委員會網頁：
http://www.zinbun.kyoto-u.ac.jp/~takata/ILCDS/
敦煌學國際聯絡委員會秘書處地址：
日本國　京都市　左京區北白川東小倉町47
　　　　京都大學人文科學研究所
　　　　高田時雄教授　Tel:075－753－6993
INSTITUTE FOR RESEARCH IN HUMANITIES
KYOTO UNIVERSITY KYOTO 606－8265,JAPAN

目　錄

學術綜述

2017 年敦煌學研究綜述 ………………………………… 宋雪春（ 1 ）
2017 年吐魯番學研究綜述 ……………………… 范英傑　陳　焱（ 23 ）
百年敦煌碑銘讚研究綜述 ………………………… 陳　焱　范英傑（ 84 ）
敦煌慕容氏家族研究綜述 ………………………………… 周倩倩（117）
敦煌五臺山文獻與圖像研究綜述 ………………………… 趙曉星（126）
2016 年西夏學研究綜述 …………………………………… 韓樹偉（140）
2017 年西夏學研究綜述 …………………………………… 韓樹偉（161）

會議介紹

絲綢之路上的敦煌與長安國際學術研討會
　　——暨中國敦煌吐魯番學會 2017 年理事會綜述 ……… 石建剛（179）
傳承與創新的盛會
　　——"紀念段文傑先生誕辰 100 週年敦煌與絲綢之路國際
　　　學術研討會"綜述 ………………………… 張先堂　李　國（197）

出版信息

《英藏敦煌社會歷史文獻釋録》第一卷修訂版説明 ……… 郝春文（211）
《絲綢之路研究集刊》創刊發行 …………………………… 楊冰華（116）

書評

《敦煌十六國至隋石窟藝術》評介 ………………………… 楊博皓（215）

論著目錄

2017年敦煌學研究論著目錄 …………………… 宋雪春　楊敬蘭（220）

2017年吐魯番學研究論著目錄 …………………… 范英傑　陳　焱（237）

2016年日本敦煌學研究論著目錄 ………………………… 林生海（271）

2017年日本敦煌學研究論著目錄 ………………………… 林生海（290）

日本學者三夷教相關論著目錄 …………………………… 林生海（301）

2017年度中國大陸敦煌學相關學術會議發表論文目錄 ……… 胡耀飛（314）

百年敦煌碑銘讚研究論著目錄 …………………… 范英傑　陳　焱（329）

近四十年中國大陸十六國史博碩士學位論文目錄 ………… 魏軍剛（371）

2016年西夏學研究論著目錄 ……………………………… 韓樹偉（382）

2017年西夏學研究論著目錄 ……………………………… 韓樹偉（400）

《敦煌學國際聯絡委員會通訊》稿約 ……………………………（415）

2017 年敦煌學研究綜述

宋雪春（上海師範大學）

據不完全統計，2017 年度中國大陸出版的與敦煌學相關的學術專著有 40 餘部，公開發表的研究論文亦有 300 多篇。兹分概説、歷史地理、社會文化、宗教、語言文字、文學、藝術、考古與文物保護、少數民族歷史語言、古籍、科技、書評與學術動態等十二個專題擇要介紹如下。

一、概　　説

本年度有關"西北藝術文物考察團"、莫高窟歷史記憶、敦煌歷史人物和事件考述、敦煌文獻的釋録與刊佈等研究成果較爲突出。

關於"西北藝術文物考察團"的研究：1942 年 6 月至 1943 年 5 月間"西北藝術文物考察團"在敦煌進行石窟内容調查、壁畫臨摹、照片拍攝、購買文物等活動。王慧慧《"西北藝術文物考察團"在敦煌考察時間考》（《敦煌研究》3 期）主要考證了考察團至敦煌的時間、在此考察的成員及其活動，糾正了一些回憶録、口述歷史的錯誤。1991 年，王子雲家屬向敦煌研究院捐贈當年繪製的崖面全景圖 1 幅；2000 年又捐贈壁畫臨品 41 幅、西北寫生 5 幅、1953 年拍攝的新疆石窟照片 168 張；另藏有 1953 年王子雲臨摹的克孜爾壁畫 2 幅。梁旭澍、王海雲、盛岩海《敦煌研究院藏王子雲、何正璜夫婦敦煌資料目録》（《敦煌研究》3 期）對其中 44 件敦煌、克孜爾石窟資料和 5 幅西北寫生資料進行了整理。經崇儀著，王平先譯《照片檔案遺産：敦煌、探險照片與羅氏檔案》（《敦煌研究》2 期）首先簡要概述了該檔案本身，包括羅寄梅的資料與拍攝方法的自然特徵，將該檔案定位爲探險與紀實攝影的實例，並突出其對於歷史、文化與藝術研究的重要意義，然後在此基礎上考察了羅氏檔案對敦煌藝術研究的貢獻。孫志軍《1907—1949 年的莫高窟攝影》（《敦煌研究》2 期）通過對歷史研究資料、調查報告、公函、畫册、回憶録等資料的研究，全面梳理了晚清至民國時期在莫高窟發生的成規模的攝影活動。車守同《由〈吴忠信日記〉再探國立敦煌藝術研究所的時代背景》（《敦煌研究》2 期）就近三年來臺灣地區所公佈的《吴忠信日記》等新史料，補充説明國立敦煌藝術研究所成立的時代背景。

敦煌莫高窟所在地宕泉河流域自漢代開發以來就有人類活動，西晉時建仙岩寺。馬德《莫高窟前史新探——宕泉河流域漢晉遺跡的歷史意義》（《敦煌研究》2期)認爲,作爲敦煌最古老的佛教建築,仙岩寺見證了佛教從印度和中亞傳入中國的歷史;作爲歷史上敦煌菩薩竺法護從事大乘佛教經典翻譯的場所,它稱得上是中國大乘佛教的發祥地;同時作爲中國最早的習禪場所,它也是敦煌高僧曇猷在竺法護譯出禪經的前提下"依教修心,終成勝業"的歷史見證。敦煌地區是東西方文明的交匯和緩衝地帶,也是農業文明與牧業文明不斷碰撞的地區。段小强、陳亞軍《敦煌地區史前文化初步研究》(《敦煌學輯刊》4期)認爲,敦煌地區的史前文化包括新石器時代文化、過渡類型、四壩文化、騸馬文化等。敦煌地區史前時期的生業經濟較爲複雜,既有相對穩定的農業,也有靈活適應環境的畜牧業;四壩文化之前以農業爲主,生產方式較爲粗放;騸馬文化時期以畜牧業爲主,農業比重降低。

敦煌歷史人物和事件的考述方面:王楠《伯希和與清代官員學者的交往(1906—1909年)》(《西域研究》4期)研究表明,伯希和和中國學者共同開創了敦煌學,他與中國學者保持長久的私人關係和深入交流是他學術成功的重要因素。王冀青《伯希和1909年北京之行相關事件雜考》(《敦煌學輯刊》4期)考察了1909年伯希和攜帶敦煌寫卷至北京的歷史事件,依據最新刊佈的幾條新資料,確定了北京學界於10月4日公宴伯希和、伯希和於10月11日離開北京等日期,確定了公宴參加者"賓主廿四人"中19人的姓名,並修正了以前的某些觀點。朱鳳玉《陳閎舊藏敦煌文獻題跋輯錄與研究》(《敦煌研究》1期)就所得見14件寫卷中存有陳閎題跋者,逐一輯錄,析論其涉及的相關問題,提供敦煌寫卷聚散研究、敦煌寫卷辨僞研究及敦煌寫卷斷代研究之參考。王冀青《英藏敦煌漢文文獻"蔣孝琬目錄"編纂始末》(《敦煌研究》4期)根據斯坦因第二次中亞考察日記、賬簿等原始檔案資料,對斯坦因秘書蔣孝琬於1908年在新疆和闐爲斯坦因所獲敦煌莫高窟藏經洞出土1318件漢文文獻編寫紙條目錄的全過程進行了詳盡的研究,認爲"蔣孝琬目錄"是英藏敦煌漢文文獻的第一個目錄,也是中國人最早爲敦煌文獻編寫的目錄。英國牛津大學圖書館和俄羅斯科學院檔案館共保存斯坦因和奧登堡通信27封(含炭紙影印件10封),鄭麗穎《俄藏斯坦因致奧登堡信件研究》(《敦煌學輯刊》4期)認爲信件真實地反映了奧登堡和斯坦因的相識、通信開始、見面、頻繁通信、隨後通信的過程,部分信件對研究俄藏英藏文獻具有較爲珍貴的史料價值。

和往年一樣,敦煌文獻的整理、釋錄與刊佈在本年度取得新的推進和成果。郝春文主編《英藏敦煌社會歷史文獻釋錄》第十五卷於2017年8月由社會科學文獻出版社出版。該著釋錄了《英藏敦煌文獻》第四、五卷所收寫本S.3005—3330號,並對每一件文書的定名、定性和寫本形態、研究狀況等給予介紹和説明。方廣錩、吳芳思主編《英國國家圖書館藏敦煌遺書》（廣西師範大學出版社）於本年度出版了第41至50册，收録編號爲S.02434—S.02770。金雅聲、郭恩主編《法國國家圖書館藏敦煌西域藏文文獻》（上海古籍出版社）出版第21册，著録編號爲P.T.1426—P.T.1451。郝春文主編《2017年敦煌學國際聯絡委員會通訊》（上海古籍出版社）刊發了敦煌學相關研究綜述、學術論文，並有2016年的學術會議介紹及新書出版信息；刊發了與學術綜述相關的書目如2016年敦煌學、吐魯番學研究目録等。于華剛主編《世界民間藏中國敦煌文獻（第二輯）》（中國書店）對民間收藏且經過敦煌學家辨僞的敦煌文書進行了收録，對所收文書的時代、内容、長度、紙張、殘損情况以及品相、裝裱、版本特徵等諸多細節都做了詳細的描述，通過彩色原大影印，逼真地再現了敦煌文書的真實原貌，凸顯了其珍貴的文獻價值、文化價值和文物價值。

榮新江《絲綢之路也是一條"寫本之路"》（《文史》2期）提出，在絲綢之路上旅行需要有各種寫本文書的支持，這包括旅行需要申請公驗與過所、行前要準備旅行指南類書籍和會話練習簿、旅行中商人需要記賬、各種旅行者需要記事、買賣要訂立契約、旅途中需要書信往來溝通，有些求法僧要寫巡禮記録、文人則要寫作詩文等，因此可以説絲綢之路是一條"寫本之路"。劉進寶《東方學背景下的敦煌學》（《敦煌研究》3期）探討敦煌學出現的背景，即當時國際學術的潮流是東方學，而東方學又是在西方對東方的侵略或佔領下逐漸形成的一門學科，具有殖民主義的成分。雖然東方學是殖民主義的産物，敦煌學也是在西方殖民背景下提出的，但不能因爲提出時的背景而否認其科學價值。

二、歷　史　地　理

本年度有關敦煌史地的著作主要有馮培紅《敦煌學與五涼史論稿》（浙江大學出版社），涉及歸義軍制度、敦煌大族、粟特人與五涼史等方面，反映了作者近十年在敦煌學、五涼史領域的代表性成果，也展現了作者的學術轉變軌迹。

2013年，學者們利用遥感手段又在古瓜、沙二州新發現了5座古城廢墟遺迹。李并成《瓜州新發現的幾座古城址的調查與考證》（《敦煌研究》5期）即對這些新發現的古城址做了調查與考證，對其歷史面貌有所助益。孫寧《"瓜州今敦煌"地理認識的形成——以〈左傳〉相關注解爲中心》（《敦煌研究》5期）對《左傳》"襄公十四年"及"昭公九年"紀事中"瓜州今敦煌"的注解作了知識史考察，並以此爲中心，對"敦煌古瓜州""沙州古瓜州""瓜州是敦煌亦是沙州"等諸多認識進行了梳理。

政治方面：楊寶玉《〈張淮深墓誌銘〉與張淮深被害事件再探》（《敦煌研究》2 期）主要根據法藏敦煌文書 P.2913V《張淮深墓誌銘》及從非常著名的《張淮深碑》抄件（S.6161A+S.3329+S.141564+S.6161B+S.6973+P.2762）卷背詩文中新找到的相關記述，對這些文書及其折射的歸義軍史諸問題進行了辨析、考證。鄭怡楠《新出〈唐敦煌張淮澄墓誌銘並序〉考釋》（《敦煌學輯刊》1 期）考知張孝嵩任北庭節度使當在開元六年五月或者開元七年十月之後，開元十二年其遷任太原尹；張議潮之兄張議潭去世當在咸通元年；張議潮在咸通九年七月之後到十三年稱司徒。王慶衛《新出唐代張淮澄墓誌所見歸義軍史事考》（《敦煌學輯刊》1 期）通過《張淮澄墓誌》記載可知張議潭的卒年在咸通元年二月至十二月間，張議潮使用"司空"稱號至少至張淮澄去世之時，這爲理解張氏歸義軍與中央政府之間複雜的關係，以及歸義軍政權内部的政治格局提供了新的視角。陳國燦《試論吐蕃佔領敦煌後期的鼠年改革——敦煌"永壽寺文書"研究》（《敦煌研究》3 期）通過敦煌永壽寺系列文書，推測此年吐蕃統治當局曾下令民間契約一律用吐蕃文書寫，同時下令收回佛教信眾供養給佛寺的所有農田、草地、林苑，重新分配給百姓爲口分地，這是其統治晚期鼠年的又一次變革。此次變革的社會效果有限，其產生的社會民族矛盾激化，導致了吐蕃在敦煌統治的覆滅。李宗俊《晚唐張議潮入朝事暨歸義軍與嗢末的涼州之爭再探——以新出李行素墓誌及敦煌文書張議潮奏表爲中心》（《敦煌研究》4 期）認爲由李行素墓誌可知沙州歸義軍政權曾長期致力於控制涼州。咸通八年在朝廷的斡旋之下，歸義軍被迫放棄涼州，涼州被嗢末部族控制。李行素這次單車西使說服張議潮奉笏入朝，實現了唐中央對歸義軍的羈縻控制，並通過分割涼州而實際削弱了歸義軍，進而利用嗢末勢力實現了掣肘和壓制歸義軍的目的。

鄭怡楠、鄭炳林《敦煌寫本〈曹議金重修開元寺功德記〉考釋》（《敦煌學輯刊》2 期）一文，由 S.8659《曹議金重修開元寺功德記》結合 P.3875 號背面的《丙子年修造及諸處伐木油面粟等破曆》，可知重修開元寺工程 916 年開工，長興年間完成，歸義軍節度使曹議金的長兄都押衙曹良才和右馬步都押衙張保山等都參與工程的建設，這項工程的建設目的就是爲歸義軍節度使同中原王朝特別是後唐建立隸屬關係服務。楊寶玉《法藏敦煌文書 P.2942 與唐代宗時期的肅州史事》（《敦煌吐魯番研究》十七卷）對法藏敦煌文書 P.2942 所反映唐代宗時期肅州史事的幾個細節問題進行了研究。游自勇、鄧雯玥《敦煌寫本 S.2506V 等唐代〈失名史書〉再探》（《敦煌吐魯番研究》十七卷）對敦煌寫本 S.2506V 等唐代《失名史書》中前人未能考訂或考訂不周的史事重新作了討論，還對寫本的成書背景、成書年代進行了新的探討，認爲此篇大事紀成書於德宗貞元時期，抄寫的年代上限是憲宗初年，可能是轉抄中原傳入的史書。孟憲實《略論唐朝魚符之制》（《敦煌吐魯番研究》十七卷）利用傳世資料和出土魚符、龜符等文物資料，對唐代符制所反映的軍事制度變化以及蕃將問題進行了有益的討論。

王力平《八到十世紀的敦煌杜氏家族研究——兼及藏經洞文書的"偏向性"》（《敦煌學輯刊》2期）指出，8至10世紀杜氏一族在敦煌政教兩界表現活躍，藏經洞文書中的杜氏"痕跡"，也有助於對藏經洞文書"偏向性"的探討。陳光文《元代諸王出鎮敦煌相關問題新探》（《敦煌學輯刊》2期）指出，元代在敦煌地區設立沙州路總管府，並以瓜州爲其屬州；同時派諸王進行出鎮，建立起統治敦煌的軍政管理體系。S.663、S.5957文書中的"國太"夫人索氏，反映出曹氏歸義軍初期與甘州回鶻之間的複雜關係。杜海《敦煌文書中的"國太"夫人考》（《敦煌學輯刊》3期）研究認爲，BD09015V、S.4537、P.2855、S.1398V等文書中的"國太"夫人是曹元忠的夫人翟氏，在其子歸義軍節度使曹延祿稱太保時期（976—980），敦煌文書中開始稱翟氏夫人爲"國太"夫人。980年，宋朝敕封翟氏夫人爲"秦國太夫人"，但是翟氏夫人在敦煌文書中使用的是"國太涼國夫人"稱號。S.4306文書中的"國太公主"是曹元忠的于闐公主夫人，"國太公主"的使用是在曹延祿任歸義軍節度使時期。

經濟方面：郝二旭《唐五代敦煌柴草消費對生態環境的影響》（《敦煌學輯刊》3期）從藏經洞出土的敦煌文書所記載的內容出發，通過對這一時期不同階段柴價的分析，結合稅柴徵收的具體情況，得出了敦煌地區天然植被受到嚴重破壞的結論。高天霞《從敦煌寫本〈俗務要名林〉看唐代敦煌地區的主要農作物種植》（《農業考古》3期）認爲唐代敦煌地區的主要農作物種植有以下特點：其一，唐代敦煌一帶綠洲農業所依賴的自然條件較好，曾種植有多個品種的稻類作物及芝麻；其二，在糧食作物中，粟和小麥是最重要的主食來源；其三，黍類作物品種多樣，它們與蕎麥、青稞、豆類作物等一起，在爲人們提供身體必需之營養的同時，也豐富了人們的膳食結構。王樂《魏唐時期敦煌吐魯番地區的綾織物》（《敦煌學輯刊》2期）研究認爲，綾在西北地方的用途非常廣泛，常用於製作服飾和日常用品，在敦煌地區還大量用於製作寺院法器以及作爲財禮、吊禮、賀禮和社邑成員身亡納贈的物品。在唐王朝統治西州時期，粟特人大量聚集於吐魯番，他們依靠穩定的社會環境、良好的語言優勢，在西州地區立足並從事商業活動。張重洲《唐代西州粟特人貿易活動考察》（《敦煌學輯刊》4期）認爲西州粟特人貿易活動主要分爲官方貿易和民間貿易兩種，官方貿易包括入貢貿易和互市貿易，而民間貿易種類繁多。

三、社會文化

本年度有關社會文化的成果涉及學校教育、婚喪儀式、宅地的空間佈局、倫理關係等多個方面。趙貞《敦煌文獻與唐代社會文化研究》（北京師範大學出版社）分律令制度、社會經濟、學術與教育、占卜與曆日四編，涉及唐尚書六部二十四格初探、敦煌出土文書所見唐代度牒的申領與發放、敦煌吐魯番文書所見唐代"三賈均市"的製作與實踐等研究。

趙和平《奠雁——兩千年婚禮儀式的變與不變》（《敦煌研究》5 期）從梳理奠雁禮節的文獻記載及其形成過程入手，將傳世典籍、敦煌文獻、敦煌壁畫中的奠雁圖以及生物學上雁的自然屬性結合起來相互印證，揭示了奠雁這一傳統習俗所具有的社會學意義以及奠雁在中國古代婚禮中起到的文化符號作用。劉傳啓《敦煌喪葬文書輯注》（巴蜀書社）把敦煌喪葬文書輯爲七大類：遺囑類文書、社邑喪葬互助文書、爲亡人捨施疏、追念設供請僧疏、陰陽類葬書、喪葬書儀、祭文，每一類又按寫卷整卷或整篇校錄。每卷或每篇後加以題解，主要内容爲描述原卷之形貌，包括正反兩面除了所錄之文外的其他未錄文字、卷面殘損、字體如何等。許飛《論吐魯番隨葬衣物疏中的"海東頭、海西壁"》（《敦煌研究》6 期）指出，南北朝時期的買地券的製作者爲了避免鬼神煩擾，在落款處常使用替身，並且有的同時給替身一個無法找到的去處。衣物疏作者也使用替身，而且替身有的與買地券相同，因而這句話實際是指替身——張堅固、李定度的去處。劉傳啓《"勸孝"與敦煌喪儀》（《敦煌學輯刊》4 期）研究認爲，敦煌地區"勸孝"儀式上多講唱十恩德、父母恩重贊、孝順樂、行孝文、勸善文、董永變、舜子變、目連變等孝敬父母爲主題的作品，另外五會念佛贊文、佛本生故事太子故事，以及歷史故事、民間傳説等也是勸孝儀式上常見的講唱内容。

徐秀玲《隋唐五代宋初雇傭契約研究：以敦煌吐魯番出土文書爲中心》（中國社會科學出版社）從契約的性質及發生原因、雇價、雇傭雙方的權利與義務、違約賠償、女性擔保人等方面進行分析，詮釋隋唐至宋初雇傭契約的發展變化，以及某些契約反映的其自身與當局者的政治決策、社會經濟狀況、生產生活、交通運輸以及人口遷徙之間相互影響的密切關係。李正宇《公平形式掩蓋下的不公平——敦煌契約别議》（《敦煌研究》3 期）通過對敦煌文獻 S.6829V、S.6537V、P.3155V、P.3964 等敦煌契約文書分析，發現其中就有一些很不公平的約定，作者稱之爲"公平形式掩蓋下的不公平"。宋翔《唐五代時期敦煌城外園宅地的空間佈局》（《敦煌研究》6 期）利用敦煌文書和壁畫，結合傳世史籍，對唐五代敦煌百姓城外園宅地的空間佈局進行了復原，揭示出百姓所擁有土地規模的大小是影響園宅地空間佈局的重要因素。薛艷麗、王祥偉《敦煌文書 S.4657 與 BD09282 釋錄研究》(《敦煌研究》4 期)指出,敦煌文書S.4657和BD09282 是兩件寺院會計文書殘卷,二者的關係非常密切,甚至多條賬目完全一致。從所載人物等信息及與相關敦煌文書比較可知,二者同屬公元 978 年前後報恩寺的會計文書。買小英《身體力行與躬行實踐——敦煌文書所見中古兄弟間的倫理關係》(《敦煌研究》4 期)發現敦煌文書中留存有諸多反映古代敦煌地區家庭中兄弟姊妹關係的契約文書、經濟文書以及願文和題記等,從中可以看出該地區兄弟間在處理家庭和社會關係時所秉持的倫理觀念和道德準則,足證中古敦煌地區的兄弟關係深受中國儒家倫理思想和佛教倫理思想的雙重作用,反映出平等互助、兄友弟恭的倫常關係和道德精髓,體現了對道德原則的"身體力行"和"躬行實踐"。

四、宗　　教

本年度宗教研究的相關成果主要涉及佛教和道教。王招國(定源)《佛教文獻論稿》(廣西師範大學出版社)收錄了作者近年來撰寫的十四篇論文,所研究的文獻種類有敦煌遺書、日本古寫經以及一些珍稀刻本。每篇論文均從文獻學的角度進行論述,內容包括考訂文獻作者、追溯版本源流、分析文本系統、評述文獻價值等方面。

概説方面:方廣錩《一條達摩入華的另類資料》(《敦煌研究》5 期)對敦煌遺書中發現的 8 世紀上半葉寫本《成唯識論述記解前雜敍》(擬)進行探討,指出當時僧人"譏謗"達摩的方法之一,可能是質疑達摩傳法的合法性,或許正因爲有類似的質疑,達摩不得不以"教外別傳"應之,並爲早期禪宗的傳法特點提供了一個新的解讀視角。王邦維《再談敦煌寫卷 P.2001 號:學術史與〈大唐西域求法高僧傳〉的書名》(《清華大學學報》5 期)根據伯希和當年在敦煌藏經洞"覓寶"時所作的日記和筆記,結合其學術經歷和背景進行討論,認爲伯希和此舉並非偶然,而是與當時英國、法國乃至歐洲的東方學學術研究和學術史密切相關。方廣錩《隋唐敦煌漢傳佛教的宗派問題》(《西南民族大學學報》6 期)考慮到"宗派"一詞在宋以前的文獻中最多出現過三次,認爲宗派佛教在隋唐敦煌佛教中究竟處於什麽地位、是否主流、與佛教信仰是什麽關係,都成了敦煌遺書擺在我們面前的重大問題。徐鍵《吐蕃高僧吳法成生平三題》(《敦煌學輯刊》1 期)詳細考證了法成在河西的三段經歷的時間及其往返沙州與甘州的原因,推定法成當卒於 861 年 3 月至 862 年 6 月間,最後判斷法成在 813—842 年間確實擔任過都僧統一職。

湛如《居家律範——從 P.2984V 看敦煌的檀越戒儀形態》(《敦煌研究》1

期)以 P.2984V 號卷子爲中心,對其内容進行考察分析:首先從卷子的戒律排序上,説明該戒律的主要受戒對象;其次以該卷的五戒儀軌爲底本對照其他卷子的受戒形式,分析其差異;最後從受戒時間、内容上分析受戒儀軌存在差異的原因,以期從側面反映當時敦煌的戒律生活。董大學《論唐代〈金剛經〉信仰之儀式化傾向——以敦煌文獻爲中心的考察》(《華東師範大學學報》1期)通過對敦煌遺書等出土文獻中《金剛經》及其相關的資料的梳理,發現《金剛經》信仰存在儀式化傾向,而且此種傾向至少可以追溯至唐代中後期。王晶波、朱國立《從敦煌本佛教靈驗記看佛教的傳播技巧》(《敦煌學輯刊》2 期)指出,佛教弘法者針對不同階層的受衆採取了"分衆傳播"的策略。敦煌本佛教靈驗記恰是在這一背景下形成的傳佈佛法的"宣傳案例集",一定程度上反映了當時佛教傳播的原貌,見證了佛教的傳播過程。

　　佛教文獻的綴合研究,本年度依然取得穩步的推進。張小艷《敦煌疑僞經六種殘卷綴合研究》(《文獻》1 期)通過對這六部疑僞經在敦煌文獻中現存面貌的考察,弄清其所存卷號、完整或殘缺的情況;並從内容接續、殘字拼合、行款相同、字跡與書風相近等角度的比較分析,將這六經中的 25 號殘卷(片)綴合爲 12 組。景盛軒、陳琳《英藏敦煌〈大般涅槃經〉殘卷初步綴合》(《敦煌研究》3 期)以英藏《大般涅槃經》22 號殘卷爲中心,通過對内容、裂痕、行款、書風、字形等方面的比較分析,把它們與同館藏和國圖藏、法藏、俄藏殘卷綴合爲 19 組。張炎《敦煌佛經殘卷的綴合與定名——以〈妙法蓮華經〉爲例》(《敦煌研究》5 期)通過全面普查目前已公佈的敦煌文獻,將其中 39 號《妙法蓮華經》綴合爲 10 組,以示綴合對於敦煌佛經殘卷定名之作用。張涌泉、劉明《敦煌本〈佛説大乘稻芉經〉及其注疏殘卷綴合研究》(《浙江師範大學學報》2 期)通過對内容、殘字、行款、書風、筆跡等方面的對比分析,將其中 19 號殘卷或殘片綴合爲 8 組,以期還原敦煌寫本的最初面貌,爲進一步整理研究打下基礎。張涌泉、徐鍵《濱田德海舊藏敦煌殘卷兩種研究》(《浙江社會科學》3 期)指出伍倫 36 號《瑜伽師地論》殘卷、伍倫 1 號《妙法蓮華經》殘卷可以分别與北敦 14734 號、杏雨書屋藏羽 538 號殘卷綴合,這些殘卷乃同一寫卷所撕裂,糾正了殘卷定名及其性質判斷中存在的問題,並進而對濱田藏卷的真僞問題提出了自己的看法。羅慕君《〈俄藏敦煌文獻〉未定名〈金剛經〉殘片考》(《敦煌吐魯番研究》十七卷)對《俄藏敦煌文獻》第 11—17 册中 474 號未定名《金剛經》殘片進行了考辨,依照譯本系統進行了分類整理,並完成了其中 100 號殘片的綴合工作,爲全面、系統地整理敦煌本《金剛經》提供了基礎。徐浩、張涌泉《〈國家圖書館藏敦煌遺書〉誤綴四題》(《文獻》1 期)選取《國家圖書館藏敦煌遺書》已綴合的 93 組《大般若經》寫本爲考察對象,從内容、行款、殘字、書風、書跡等方面加以綜合檢驗,將《國圖》誤綴的五組歸納爲四類,揭示誤綴的原因,並就敦煌殘卷綴合的方法作了簡要的評述。

密教研究方面:趙曉星《吐蕃統治時期敦煌密教研究》(甘肅教育出版社)整理了與吐蕃佔領時期敦煌密教有關的大量文獻與圖像資料,對吐蕃時期的敦煌密教進行了一次系統研究。全書分上、下兩篇,上篇爲以敦煌文獻與圖像爲中心的綜合研究,下篇是以莫高窟第 361 窟爲中心的石窟個案研究。趙曉星、勘措吉、萬瑪項傑《敦煌本〈六門陀羅尼經〉研究——中唐敦煌密教文獻研究之四》(《敦煌研究》5 期)指出,敦煌本《六門陀羅尼經》中的漢譯本存在傳世本沒有收錄的新版本,古藏文的兩個版本亦與傳世本存在差別。三階教方面:楊學勇《三階教化度寺無盡藏機構的管理與運轉》(《敦煌學輯刊》3 期)指出,三階教對無盡藏財物的施捨、運轉都有明確的規定,從其行爲來看應該不是出息、放貸機構,而是慈善機構,但某些寺院的放貸行爲也給化度寺無盡藏貼上了出息放貸的標籤。化度寺無盡藏的雄厚財富引起了政府的不安,其慈善事業又與政府意圖相背,進而引起政府的猜忌,故而在唐玄宗的強力禁斷下始絕其跡。

寺院與世俗社會的關係方面:陳大爲、陳卿《敦煌金光明寺與世俗社會關係》(《敦煌研究》5 期)從金光明寺僧人家族背景、敦煌佛教信衆法會與抄經活動、金光明寺寺學教育、雙方經濟往來等方面探討了敦煌金光明寺與世俗社會的關係,指出唐五代宋初的金光明寺已經完全融入了敦煌世俗社會,與敦煌地區各階層民衆關係密切,儼然成爲維護社會穩定、推動社會發展的重要力量。

經典的詮釋和解讀方面:韓傳強《敦煌寫本〈圓明論〉錄校與研究》(《敦煌研究》6 期)以現存敦煌本《圓明論》諸寫卷錄校爲基礎,並基於《圓明論》寫本與校本的梳理而展開討論,以期對《圓明論》寫本分類、內容解讀以及歸屬判釋作深入研究。史經鵬《敦煌遺書地論學派〈涅槃經疏〉(擬)中的佛性思想——以 BD2224、BD2316、BD2276 爲中心》(《西南民族大學學報》7 期)指出,《涅槃經疏》(擬)提出了既非本有、亦非始有的佛性論,即佛性在衆生修行的性種性階段纔出現,通過主體與佛性的互動,保障衆生提昇修行,以至解脫。盧芳玉、薩仁高娃《〈大唐三藏聖教序〉考》(《敦煌吐魯番研究》十七卷)利用石刻資料和敦煌寫本對唐太宗《大唐三藏聖教序》和太子李治《皇太子臣述聖記》的產生及其流變進行了討論。錢光勝《敦煌寫卷〈靈州龍興寺白草院史和尚因緣記〉與唐五代的刺血寫經》(《敦煌研究》6 期)指出,牛肅志怪傳奇集《紀聞》中"屈突仲任"的故事以及敦煌老人刺血寫經的題記,顯示出刺血寫經在佛教地獄信仰背景下在庶民間的轉變,可視爲佛教中土化、世俗化歷程中的一個側影,故敦煌寫卷《靈州龍興寺白草院史和尚因緣記》具有重要的宗教思想史文獻價值。

道教研究方面:路旻、劉永明《從敦煌本〈度人經〉及南齊嚴東注本看道教天界觀的形成》(《敦煌學輯刊》1 期),通過對敦煌本《度人經》中天界觀的考察,指出它是第一部完整、詳細地將"十方(天)""三十二天""三界"等觀念融合在一起的經典,它既延續了中國傳統的宇宙觀,又開闢了道教全新的天界觀。郜同麟《〈天尊説隨願往生罪福報對次説預修科文妙經〉初探》(《敦煌研究》6 期)指出,敦煌藏經洞出土的《天尊説隨願往生罪福報對次説預修科文妙經》與《正統道藏》所收《太上慈悲九幽拔罪懺》部分內容相近,後者當據前者改造、拼接,並增加天尊名等雜湊而成。這一組道經的共同源頭則是《佛說灌頂經》卷一一和卷一二。劉屹《古靈寶經出世歷程之我見》(《敦煌吐魯番研究》十七卷)對古靈寶經形成的大體歷程進行了勾勒,並爲幾乎每一部靈寶經找到了現在看來適合的出世時間,完成了古靈寶經的斷代問題,進而論證了其所提出的古靈寶經出世歷程的基本看法,即"新經"的造作時間早於"舊經";"新經"和"舊經"內部又各有造作先後之分。趙洋《新見旅順博物館藏吐魯番道經敘錄》(《敦煌吐魯番研究》十七卷)對旅順博物館藏吐魯番道經文獻《赤書真文》《度人經》《太上洞玄靈寶真文度人本行妙經》《太上洞玄靈寶智慧上品大戒》《洞玄靈寶長夜之府九幽玉匱明真科》《太上洞玄靈寶智慧本願大戒上品經》《定志通微經》《十戒經》《太上洞玄靈寶業報因緣經》《太上洞玄靈寶三元玉京玄都大獻經》《洞淵神咒經》《昇玄內教經》《本際經》和《無上內秘真藏經》等進行了敘錄。

五、語言文字

本年度有關敦煌語言文字研究的成果相對少出,主要有:鄧文寬《敦煌文獻詞語零拾》(《敦煌研究》4 期)利用唐五代西北方音和一些方言俚語,對前人的校勘工作或提出不同見解,或提供新的佐證,力求找出原文獻的真實含義,並闡釋產生文字互代的原因。鄧文寬《敦煌本〈開蒙要訓〉三農具解析》(《敦煌吐魯番研究》十七卷)對《開蒙要訓》"杈杷挑撥,枚策聚散"中出現的"杈""杷""枚"三種農具之形狀和功用進行了解析,並對學界在此句字詞認識上的偏差進行了訂正。張小艷《〈敦煌醫藥文獻真跡釋錄〉校讀記》(《敦煌吐魯番研究》十七卷)對袁仁智、潘文《敦煌醫藥文獻真跡釋錄》在錄文、校勘、注釋方面提出了一些不同看法,最終撰成 31 條校讀記,爲該書進一步改進和完善提供了支持。陳曉強《論敦煌文獻中的"墼"》(《敦煌研究》6 期)在考察今日敦煌地區製墼、用墼法的基礎上,結合相關文獻考釋了敦煌文獻中的"沙墼""脱墼""踏墼""般墼""易墼""墼地"等詞。

竇懷永《敦煌寫卷避諱字形遞變現象初論》(《敦煌吐魯番研究》十七卷)通過梳理"牒"字的避諱字形之遞變歷程和特點,並以津藝060號《咸亨二年沙州胡薩坊口户牒》中"牒"之字形爲例,揭示了古代避諱在敦煌寫卷相關時間信息判定方面的功能。

宗教經典的字義詮釋方面:張穎《敦煌佛經音義聲母演變的中古特色》(《敦煌學輯刊》3期)指出,作爲敦煌出土的文獻,佛經音義聲母在演變過程中不可避免地打上西北方音的烙印。趙家棟《〈序聽迷詩所經〉疑難字詞考辨》(《敦煌研究》5期)對《序聽迷詩所經》中"加""薄合""趑睹""沭(沐)""扔扔""訖句"等字詞進行考辨。鄧强《唐五代西北方音見系開口二等演變考》(《敦煌研究》6期)指出,敦煌文獻中有兩類特殊的別字異文反映出唐五代西北方音中見系開口二等字韻母產生-j介音,聲母齶化,部分字聲母受-j介音的影響有了進一步發展爲舌面音的跡象。

六、文　　學

有關敦煌文學的研究成果多集中於佛教文學的探究方面。鄭阿財《敦煌寫本〈隋淨影寺沙門惠遠和尚因緣記〉研究》(《敦煌研究》1期)根據敦煌寫本P.2680、P.3570、P.3727等三件《隋淨影寺沙門惠遠和尚因緣記》校録文本,析論其情節敍事,通過與《續高僧傳·慧遠傳》對照,認爲當時僧人於各種法會間選擇《高僧傳》中適當的高僧神異事跡,括其内容而撰寫因緣傳、因緣記,以備宣講參考之用。陽清《敦煌寫本殘卷〈慧超往五天竺國傳〉中的五言詩——兼論中世佛教行記的情感抒寫及其詩筆》(《清華大學學報》4期)指出,中世佛教行記的情感抒寫及其詩筆,充分表現出晉唐高僧作爲佛教徒、異鄉人以及旅行者的普遍情懷,特別昭示出唐代詩歌繁榮的時代現狀和積極意義,必然會對以後相關的佛教敍事尤其是西遊主題類小説產生重要影響。王晶波《從敦煌本〈佛説孝順子修行成佛經〉到〈金牛寶卷〉》(《敦煌學輯刊》3期)依據中、韓所存相關文獻與壁畫材料,認爲《金牛寶卷》與韓國《釋迦如來十地修行記·第七地》都是承接唐代《佛説孝順子修行成佛經》而來,是該典籍在中國民間通俗演變的結果。喻忠傑《敦煌因緣與佛教戲劇關係考》(《敦煌學輯刊》1期)認爲,敦煌寫卷中用於表演的早期脚本的出現,從文本外觀和具體内容上進一步印證了後世戲劇與唐五代説唱伎藝之間的親緣關係,同時也印證了敦煌因緣與佛教戲劇之間存在因承關係的歷史事實。

唐人文集研究方面:王素《敦煌本〈珠英集·帝京篇〉作者考實》(《敦煌研究》1期)從考實《帝京篇》的性質入手,通過考實作者範圍進而考實作者,認爲《帝京篇》係和韻詩,和的應是李百藥《帝京篇》的韻,作者應爲李百藥的曾孫李羲仲。李軍《敦煌本〈唐佚名詩集〉作者再議》(《敦煌學輯刊》1 期)從詩集正面書劄的行文、詩集所記載的空間範圍、詩集所歌頌的對象及詩集的筆跡等入手,認爲詩集的作者確應是張球。

變文研究方面:邵文實《〈王昭君變文〉與唐咸安公主關係論考》(《敦煌學輯刊》3 期)通過對昭君與唐和親回紇的咸安公主的畫像、在塞外生活時間、和親對象、祭文等綫索的對比,認爲《王昭君變文》不是單純的文學創作,而是具有一定時政意義的作品。段真子《國家圖書館藏"八相變"的寫本學考察——以 BD3024 號爲中心》(《敦煌吐魯番研究》十七卷)通過對 BD3024 號字體、行款等書寫形態差異性的分析,判斷其内部共包含六組寫本,進而對此卷的形成過程進行了討論。林生海《從"歸去來"到"大聖變":唐宋時代淨土信仰的一側面》(《敦煌吐魯番研究》十七卷)利用傳世文獻、敦煌寫卷和域外漢籍的資料,對"大聖變"與"歸去來"之間的關係進行了探討,認爲從"歸去來"到"大聖變"的發展轉變,實際上反映了唐宋時期淨土信仰盛行時期佛曲"歸去來"深入人心、廣爲傳播的事實。

七、藝　　術

本年度有關敦煌藝術的成果較豐碩,涉及佛教圖像、經變畫、音樂圖像的解讀與研究,繪畫技法探討,書法藝術等。

本年出版有關敦煌石窟的重要論著多達十部。王惠民《敦煌佛教與石窟營建》(甘肅教育出版社)按照敦煌石窟在不同歷史時期營建年代的先後順序,對各時期石窟的形制與營建、石窟特點及其蘊含的特定文化意涵等做了系統的梳理、歸納和研究,是一部對敦煌佛教與石窟營建進行專項研究的專業性和代表性著作。吴葒《北周石窟造像研究》(甘肅教育出版社)從北周石窟寺類型分析、北周各石窟寺比較、北周單體造像研究、南朝造像與北周石窟及單體造像的關係等方面,對北周石窟造像的源流及藝術特點等作了深入研究。魏文斌《麥積山石窟初期洞窟調查與研究》(甘肅教育出版社)較爲客觀地介紹了每個洞窟的全部内容,並爲其年代判斷、題材内容的考證提供了較好的資料。楊郁如《敦煌隋代石窟壁畫樣式與題材研究》(甘肅教育出版社)從圖像樣式與題材兩方面具體研究隋代石窟藝術的創新與變革,在石窟的佈局樣式與圖像樣式研究上,又特別關注到北齊風格的影響。沙武田《歸義軍時期敦煌石窟考古研究》(甘肅教育出版社)是作者圍繞歸義軍時期敦煌石窟考古這一課題長期研究的成果,主要内容包括莫高窟窟前殿堂建築遺址的考古學研究,如殿堂建築的時間、規模、建築結構特點等。張景峰《敦煌陰氏與莫高窟研究》(甘肅教育出版社)是一本研究敦煌陰氏的專著。作者指出,陰氏具有所有敦煌大族的共性,即以家族爲單位,爲鞏固家族的地位做出不懈努力,也爲敦煌的社會、經濟和文化做出了應有的貢獻。在敦煌歷史的舞臺上,陰氏家族又展現出了自身個性,從北朝至曹氏歸義軍各時期,莫高窟都保存有其開窟造像的痕跡。

經變畫方面:鄭阿財《從敦煌佛教文獻、壁畫論佛經繪圖形式與功能之發展》(《敦煌學輯刊》1期)從敦煌壁畫説法圖、經變圖及絹畫、紙本等經變畫結合敦煌文獻中附圖的寫本及刻本經卷,分別從形式、内容進行分析,對同一文本内容的圖繪進行解讀與析論,並對照壁畫與經卷佛畫的榜題,以宏觀的視角展開功能與形式發展演變的探討。八木春生著,姚瑶譯《初唐至盛唐時期敦煌莫高窟西方淨土變的發展》(《敦煌研究》1期)旨在探明自唐前期第二期出現的大畫面西方淨土變,其構圖在第三、四期時分別發生了何種變化,並考察成因,以此深化對敦煌莫高窟唐前期諸窟的理解。陳清香《敦煌莫高窟第76窟八塔變佛圖像源流探討》(《敦煌研究》2期)首先敘述佛傳在印度、中土的起源流傳和印度與中土八相成道圖像遺例在選題與風格上的差距;其次討論莫高窟第76窟八塔變佛傳的選題與風格,從而追溯此圖像所藴含的印度笈多、波羅風格以及吐蕃、中土成分。張亮《四川大邑藥師岩新發現〈佛頂尊勝陀羅尼經變〉及相關問題討論》(《敦煌研究》3期)通過與經文及敦煌相關圖像的對比,確認大邑藥師岩K7-2左側的經變應爲佛頂尊勝陀羅尼經變,其年代爲9世紀末至10世紀中葉。莫高窟第98窟圖像表現出一些在其他洞窟中不見的特徵,邵强軍《莫高窟第98窟〈維摩詰經變〉新探》(《敦煌學輯刊》1期)認爲該現象的出現,反映了在内憂外患的曹氏政權初期,曹議金使用宗教力量維護政權穩定的意圖。

圖像研究方面:潘亮文《盧舍那佛像研究——以7世紀以前的中原地區發展爲中心》(《敦煌研究》3期)著重於作品原生場域的盧舍那佛像與相關經典的傳承等宗教發展的社會背景,對其發展作了全面性的考察,建構出其歷史脈絡圖。張寶璽《梵天勸請圖像考釋》(《敦煌研究》3期)認爲該圖像内容是梵天勸請釋迦説法圖。梵天勸請源於印度犍陀羅藝術。犍陀羅藝術中,都是梵天與帝釋天侍於釋迦兩側,而本圖則是梵天單一跪拜求請,更接近佛經的描述。陳琦、陳海濤《莫高窟第254窟割肉貿鴿圖的藝術表現特徵》(《敦煌研究》5期)圍繞敦煌莫高窟北魏第254窟的割肉貿鴿圖,以對壁畫的臨摹體驗及視覺表現研究爲出發點,嘗試探索壁畫的視覺藝術表現特徵及内在的精神價值。高海燕《試析捨身飼虎本生與睒子本生圖像的對應組合關係——兼論麥積山第127窟功德主》(《敦煌研究》5期)指出,"捨身飼虎本生"和"睒子本生"在一些佛教石窟中同時出現並呈明顯的對應組合關係,且它們與洞窟中的其他佛教内容往往互相印證,形成一個有機的整體。王惠民《敦煌莫高窟第 390 窟繪塑題材初探》(《敦煌研究》1 期)推測第 390 窟的主題可能是禮懺,很可能與當時流行的三階教信仰有關。馬兆民《敦煌莫高窟第 285 窟"天福之面"(kritimukha)考》(《敦煌研究》1 期)通過對比研究,認爲此饕餮紋應爲佛教文化中的"天福之面"。趙燕林《莫高窟"三兔藻井"圖像釋義》(《西北民族大學學報》5 期)認爲,"三兔藻井"圖像與中國傳統文化中的蓮荷崇拜、北斗、月神以及佛教信仰有直接關係。龍德俊《新見白描〈晚唐敦煌菩薩像幡〉探微》(《敦煌研究》5 期)嘗試鈎沉並梳理國内及海外所藏同類型的白描敦煌菩薩像幡,發現不乏長幡的例子,作者期望以此文章引起更多學者對這類像幡的注意和認識。周方、卞向陽《莫高窟第 285 窟南壁故事畫中的持麈人物》(《敦煌研究》6 期)論述第 285 窟南壁故事畫中兩次出現持麈人物的意義與内涵,並指出由第 285 窟持麈人物所體現出來的南朝傳入北方的文人意識,是此前莫高窟壁畫中所沒有的,第 285 窟麈尾的形制特點也反映了時代風格的變遷和南北文化的傳播與交流。寧强、何卯平《西夏佛教藝術中的"家窟"與"公共窟"——瓜州榆林窟第 29 窟供養人的構成再探》(《敦煌學輯刊》3 期)重新檢索了榆林窟第 29 窟供養人的身份構成,認爲此窟的性質是一個有濃重官方背景的"公共窟",而非通常認爲的"家窟"。

　　姚崇新《十字蓮花:唐元景教藝術中的佛教因素》(《敦煌吐魯番研究》十七卷)從基督教藝術本土化的視角切入,以石刻材料中景教經幢、十字架、蓮花、珍珠、祥雲、火焰、飛天等要素爲研究對象,對我國唐元景教藝術中的佛教因素進行了初步梳理。李金娟《敦煌晚唐時期報恩窟營建的流行——以莫高窟索義辯窟爲例》(《敦煌學輯刊》1 期)指出,營建於晚唐時期的莫高窟索義辯窟爲敦煌索氏家窟,在石窟營建中選擇中唐時期就已開始流行的報恩窟,並在建窟功德記中突出對"忠孝"的顯揚與强調,與其敦煌大族、儒學世家以及索義辯爲歸義軍僧團重要成員的身份相符,所反映出的情感訴求、宗教信仰與價值取向在這一時期的敦煌大族中具有代表意義。高海燕《于闐佛教背光化佛圖像研究》(《敦煌吐魯番研究》十七卷)著重對古代于闐地區背光化佛圖像進行了研究,認爲其不僅僅是對"舍衛城神變"造像的簡單承襲,而是在特殊的歷史背景條件下,結合本土宗教、經典的流行而形成的獨具特色的"于闐系背光化佛"。蔣人和著,王平先譯《阿育王式塔所具有的多種意義》(《敦煌研究》2 期)結合中國各地的阿育王式佛塔,探討了這種單層、圓形覆鉢頂、頂上四角通常有山花蕉葉造型的佛塔,並將其細分爲舍利塔、阿育王塔、喪葬塔、紀念塔和瑞現塔。重點考察了敦煌莫高窟壁畫中的窣堵婆式佛塔的起源、時代、特徵及歷史含義,並討論了其潛在的原型。李静傑《炳靈寺第 169 窟西秦圖像反映的犍陀羅文化因素東傳情況》(《敦煌研究》3 期)討論了該窟學界没有確定的圖像尊格和若干造型因素的由來,認爲北壁 12 號壁畫説法圖爲梵天勸請内容,北壁 3 號龕泥塑二脅侍應分别爲菩薩、執金剛力士像,進而指明其犍陀羅和西域文化淵源,以及在漢文化地區的後續影響情況;繼而分析了本窟西秦壁畫鮮花、花鬘供養圖像及花樹莊嚴圖像與犍陀羅和西域文化因素的關聯。荻原裕敏、慶昭容《淺論庫木吐喇窟群區第 79 窟漢—婆羅謎—回鶻三文合璧榜題》(《敦煌吐魯番研究》十七卷)從聲韻、語法、書法、翻譯方式和題寫年代等方面對庫木吐喇第 79 窟窟門右端漢文、婆羅謎文和回鶻文三種語文題寫的内容進行了綜合討論,並從龜兹佛教發展史的背景出發對第 79 窟重修之緣起進行了詮釋。劉韜《唐與回鶻時期龜兹石窟壁畫的發現與研究》(《敦煌吐魯番研究》十七卷)主要圍繞龜兹石窟的庫木吐喇石窟、阿艾石窟與森木塞姆石窟,以 20 世紀 50 年代爲界分兩個階段對唐與回鶻時期龜兹石窟壁畫研究的學術史進行了梳理。

中唐早期石窟藝術開時代之新風,裝飾圖案廣泛吸取西域外來文化,在承接前期餘緒的同時並有發展和突破,藻井圖案發展出新的樣式。陳振旺、佟艷《中唐早期莫高窟藻井圖案研究》(《敦煌學輯刊》4 期)研究發現,這一時期藻井小而深,井心圖案簡略,茶花紋和平瓣、卷瓣蓮花成爲井心圖案的代表紋飾,寶相花不再流行,盛唐藻井圖案的盛大輝煌氣勢被吐蕃工整、纖巧之風取代,圖案設色方面另闢新境,剔填法取代疊韻法,敷彩棄繁從簡。敦煌石窟藝術作爲一種宗教美術,有其自身的獨特性。林嚴冬《敦煌石窟藝術的特殊呈現——以曹氏三窟爲中心》(《敦煌學輯刊》4 期)結合相關敦煌遺書,以莫高窟曹氏三窟爲中心,推知敦煌石窟藝術呈現對象的範圍是特定的;其呈現是在具有特殊意義的日子和事件中體現。莫高窟第 285 窟窟頂圖像應用多種紋樣元素,其内容豐富、佈局精美,構圖形式多樣,並具有應用傳統民間圖案的典型特徵。馬若瓊《莫高窟第 285 窟窟頂壁畫題材與構圖特徵》(《敦煌學輯刊》4 期)研究認爲,該窟窟頂壁畫所展示的内容反映了傳統文化和佛教文化之間的相互作用和影響,同時從美術角度出發對其繪畫題材和構圖特徵進行分析,對於應用設計學理論研究其構圖具有一定參考意義。莫高窟第 61 窟是曹氏歸義軍節度使曹元忠的功德窟,西夏重修甬道時在南北兩壁繪製大幅熾盛光佛出巡與回歸圖,北壁中間女性供養人像有改繪痕跡。楊冰華《莫高窟第 61 窟甬道北壁西夏重修供養人像蠡探》(《敦煌學輯刊》4 期)研究認爲,該供養人像的身份有可能是西夏晚期的皇(太)后。另外,西夏仁宗及皇后羅氏篤信佛教,多次舉行大規模法會活動,親赴河西禮佛燒香。

音樂圖像是壁畫的組成部分,而畫稿又是壁畫繪製的基礎。朱曉峰《敦煌畫稿中的音樂圖像研究》(《敦煌學輯刊》2 期)從敦煌畫稿中的音樂圖像入手,以分析和對比的方式探討壁畫音樂圖像的來源,可以印證音樂圖像的真實性。

繪畫技法方面:黄文昆《敦煌早期三窟及濕壁畫技法——〈敦煌石窟全集〉第一卷〈莫高窟第 266—275 窟考古報告〉編後》(《敦煌研究》5 期)認爲早期三窟美術品的製作技法值得注意。敦煌早期壁畫至少在繪製開始的步驟,應該是使用了濕壁畫的方法。顧穎《論西域樣式凹凸法與天竺遺法》(《敦煌研究》2 期)認爲,在有關"西域繪畫"的研究中,應將"天竺遺法"與西域式"凹凸法"予以區分,如此纔能更清晰地把握西域樣式佛畫的風格和特徵。

書法方面:馬國俊《敦煌書法藝術研究》(文物出版社)由"敦煌漢簡書法藝術""敦煌遺書書法""敦煌碑刻與碑帖""敦煌古代書法人物"和"敦煌書法的價值與影響"五章組成,以書法文化藝術研究和書法審美立場的思考爲研究主綫,對敦煌書法藝術進行了縱向考察和橫向分析,系統地梳理了敦煌書法藝術的基本構成。程同根結集《敦煌行書大字典》《敦煌楷書大字典》《敦煌草書大字典》(江西美術出版社),所收行書、楷書及草書字例,主要來自敦煌寫經。

八、考古與文物保護

本年度有關敦煌考古與文物保護的成果涉及石窟調研報告、石窟考古與斷代,其中石窟内容調查取得新的進展。敦煌莫高窟北區 B465 窟存有不少漢文、藏文、西夏文、回鶻文、蒙古文題記,對於洞窟的斷代和發展演變、壁畫内容的確定具有無法替代的重要意義。張鐵山、彭金章《敦煌莫高窟 B465 窟題記調研報告》(《敦煌研究》1 期)集録 B465 窟内的題記,並對其中幾條重要的題記展開論述。王惠民《敦煌石窟考古的進展——石窟考古的六個領域及其研究現狀》(《敦煌研究》1 期)依照樊錦詩在《敦煌研究文集·敦煌石窟考古篇》之"前言"中對石窟考古所作的六大分類爲綫索,對敦煌石窟考古的現狀進行了分類介紹。捨身岩摩崖造像位於四川省安嶽縣林鳳鎮大月村十組,8 世紀中期開鑿,現存 15 龕,題材主要有釋迦佛、彌勒説法、佛道合龕等。四川大學考古學系、四川大學考古學實驗教學中心、成都文物考古研究所、安嶽縣文物局《四川安嶽上大佛摩崖造像調查簡報》《四川安嶽捨身岩摩崖造像調查報告》(《敦煌研究》4 期)依龕窟形制及造像題材、風格,認爲捨身岩摩崖造像主要受川北巴中、廣元等地的影響。李國、沙武田《莫高窟第 156 窟營建史再探》(《敦煌研究》5 期)經仔細梳理歸義軍相關史實,重新省思題記題寫的習慣,肯定張淮深没有參與該窟的營建工程,實由張議潮主持完成,時間當在大中五年至大中十年間。楊富學《裕固族與晚期敦煌石窟》(《敦煌研究》6期)認爲,在沙州回鶻國時期(1036—1068)及其此前的曹氏歸義軍晚期,敦煌石窟在回鶻的主導下掀起營造高潮,新開、重修洞窟27所。及至元代晚期,在豳王家族支持下,敦煌石窟的營建再掀高潮,其中回鶻裔裕固族佛教徒起到了非常關鍵的作用。

　　文物保護方面,相關學者對敦煌莫高窟的壁畫顏料顏色、壁畫病害標識系統、鹽分分佈特徵等的研究頗具價值,使國内考古與文物保護取得新的進展。梁金星、萬曉霞、孫志軍、李婵、李俊峰《敦煌壁畫顏料顏色數據庫構建方法》(《敦煌研究》1期)提出了一種敦煌壁畫顏料顏色數據庫的構建方法:首先建立一套敦煌壁畫的基礎色標體系;然後結合"數字敦煌"項目的研究成果,針對已經數字化洞窟的影像資料進行精細分區編目,針對每個精細分區進行非接觸式無損測量標定,獲得每個精細分區的顏色、物理、化學屬性等資料;最後建立每個精細分區和敦煌壁畫色標體系基礎數據庫色樣的映射關係,完成敦煌壁畫顏料顏色資料的構建。張楠、張乾、馮偉等《古代壁畫病害標識系統及其在敦煌莫高窟的應用》(《敦煌研究》2期)通過對古代壁畫病害標識工作的調研,設計了一種專業針對性強、學習周期短、操作簡捷、功能全面的古代壁畫病害標識系統。通過在敦煌莫高窟的實際應用,證明本系統可以減輕病害標識工作的繁重程度,極大地提高病害標識工作的效率。陳冬冬、黄睿、馮偉等《一種面向文物本體微小變化監測的三點重定位方法》(《敦煌研究》3期)指出,在實驗室和敦煌莫高窟的實際實驗中證明,三點重定位方法重定位精度高、操作簡單、易於安置,不破壞文物的依存環境,適用於多種監測環境。楊善龍、王旭東、郭青林等《敦煌莫高窟崖體中鹽分分佈特徵研究》(《敦煌研究》4期)通過調查,發現莫高窟崖體砂礫岩中鹽分種類主要爲硫酸鹽和氯鹽。文章首次從較深範圍内對莫高窟崖體砂礫岩中鹽分的分佈特徵進行了研究,這爲以後莫高窟壁畫鹽害分析研究提供了重要的資料支持。張春庭、蘇伯民、張正模《敦煌莫高窟微環境控制方式的CFD模擬與實驗》(《敦煌研究》6期)發現,爲了確保對洞窟的控制方式和控制量不會對壁畫和塑像有任何程度的損害,採用計算流體力學CFD技術對洞窟微環境引入的控制手段進行分析,結果表明主動抽風産生的氣壓以及壁畫表面的風速都比主動送風方式要小。

九、少數民族歷史語言

　　藏文文獻的研究成果依然在本年度少數民族歷史語言研究中佔較大的比重,涵蓋童蒙文獻、契約文書、占卜文書、軍事文書等,涉及蕃佔敦煌時期的童蒙教育、社會信仰、經濟制度等多個專題。陳踐《敦煌藏文文獻〈古太公家教〉譯釋(上、下)》(《西藏民族大學學報》2、3期)對日本東京台東區立書道博物館藏中村不折舊藏敦煌西域文獻中的一件敦煌藏文寫本《古太公家教》進行錄文、漢譯和比較研究。薩爾吉、薩仁高娃《敦煌藏文儒家格言讀物研究——以中村不折舊藏本〈古太公家教〉爲中心》(《中國藏學》1期)以同一件《古太公家教》爲中心,結合法藏敦煌藏文文獻 P.T.987、P.T.988 號,對該件中村不折舊藏本全卷以及 P.T.988 號的後半部分予以轉錄、翻譯,並探討3篇藏文文獻的價值、翻譯風格以及與《太公家教》等敦煌漢文寫本童蒙讀物的關係。陸離《關於發放堪布土登口糧契約的幾個問題——以三件英藏敦煌藏文文書爲例》(《青海民族大學學報》2期)認爲英藏敦煌藏文文書關於吐蕃瓜州官府給堪布土登發放口糧的契約中出現的土登應該是吐蕃高級僧官,盧彼贊總管瓜州節度使轄區的糧食徵收,沙州有倉曹負責當地糧食徵收。吐蕃瓜、沙等地官府和寺院糧倉向部落民户、寺户無息借貸糧食與吐蕃王朝在全國實施寺院屬民制度和養僧制度有關。任小波《暗軍考——吐蕃王朝軍政體制探例》(《中國藏學》2期)對於學界長期以來未能給出確解的吐蕃軍事體系中的特殊兵種(暗軍)給予探討。基於相關古藏文文獻,不僅可以透視暗軍在青海、西域、中亞等地的活動和影響,而且可以管窺吐蕃王朝軍政體制的若干細部和斷面。

　　陳于柱、張福慧《敦煌古藏文寫本 P.T.1055+IOL Tib J 744〈十二錢卜法〉研究——敦煌漢、藏文術數書的比較歷史學研究之三》(《蘭州大學學報》5期)認爲,通過敦煌漢、藏文《十二錢卜法》的綜合分析與比較研究,不僅有助於建構吐蕃統治時期苯教與佛教共存於敦煌吐蕃移民社會生活之中的真實歷史面相,改變學界以往多關注敦煌吐蕃移民佛教信仰的片面性,而且能夠有力證明該時期的敦煌漢、蕃關係已產生了緊密聯繫和文化融合,從而爲進入歸義軍時代的敦煌蕃、漢族群最終走向民族融合,奠定了堅實的社會文化基礎。才讓《P.T.245 號密宗超度儀軌之譯解》(《中國藏學》2期)初步認爲該儀軌與後世寧瑪派所傳密典間有關聯,具有較爲明顯的寧瑪派教法特徵,這爲研究寧瑪派密教文獻的源流提供了一定的綫索。

　　回鶻文的解讀和研究也有了新的成果。皮特・茨默著,王平先譯《解讀敦煌文獻 B464∶67 之回鶻文詩歌》(《敦煌研究》1期)重點介紹、翻譯並注解了 B464∶67 之回鶻文詩歌原文。在此基礎上,解讀了莫高窟北區第 464 窟牆壁上回鶻文題記的第三行詩節。

　　民族關係方面:王啓濤《"目""翟"二姓與粟特關係新證——以吐魯番出土文獻爲中心》(《民族研究》1期)以吐魯番出土文獻爲基礎,通過語言學的比勘及出土文獻與傳世文獻的綜合分析,對"目""翟"二姓與粟特的關係問題進行了深入考釋,並得出結論,認爲此兩姓往往是粟特人,從敦煌到吐魯番都有他們的記載。

十、古　　籍

本年度有關敦煌本古籍的整理與研究,涵蓋《文選》《諸經要集》等多部典籍。金少華《敦煌吐魯番本〈文選〉輯校》(浙江大學出版社)全面仔細地搜羅了敦煌吐魯番出土文書中的《文選》寫卷(已收得44號,綴合爲24件),在梳理前人研究成果的基礎上(已收得200多種),總結百年敦煌吐魯番寫本《文選》的研究成果,最終整理出一個收集寫卷多、考證翔實的集成式的匯校本,爲敦煌學、文選學的發展作出積極貢獻。

牛潤珍《敦煌本2526號類書殘卷新證》(《歷史研究》3期)對伯希和2526號的古類書殘卷作出新的考證。金少華《敦煌寫本〈文選〉李善注引〈毛詩〉考異》(《敦煌研究》3期)以敦煌藏經洞出土唐寫本李注《文選》爲依據,對其中10條《毛詩》引文(含毛傳、鄭箋)與今本《毛詩》的異同加以詳細考辨。范習加《〈諸經要集〉書名、著者等問題考》(《歷史教學》3期)根據唐代敦煌寫本《諸經要集》的流傳情況,對這些記載重新做一番梳理,同時也對此書的著者、書名等問題重新做一番蠡測。劉全波《〈經律異相〉編纂考》(《敦煌學輯刊》3期)認爲,《經律異相》等佛教類書在南北朝時期大量的出現是佛教大發展的結果,體現了佛教對中國固有文化的接受與學習,這種學習無論是被動還是主動,都是佛教中國化過程中的一個縮影。

十一、科　　技

科技類成果主要包括對敦煌醫藥文獻的釋錄與考證、敦煌具注曆日的考察與研究。敦煌醫藥文獻的整理取得新的成果:陳可冀、李金田、戴恩來編《敦煌文化與中醫學·中華文化與中醫學叢書》(中國中醫藥出版社),上篇全面展示了敦煌文化的豐富内涵——敦煌之文化源流、宗教、文學、藝術、典制、民俗、科技及敦煌文化之本質與内涵;下篇則對敦煌醫學文獻和涉醫壁藏中有關中醫診法、本草、針灸、醫方、養生、醫事制度及風俗等方面的内容進行了詳盡的闡述,並從"醫法自然""尚中貴和""仁愛濟世"三個層面詮釋了敦煌中醫藥學的文化内涵;附篇則既匯總了敦煌中醫藥學在文獻整理及實驗、臨牀研究方面的豐富成果,又有對著名敦煌學家鄭炳林教授、敦煌醫學學者趙健雄教授的訪談録。王亞麗《敦煌寫本醫籍語言研究》(中央民族大學出版社)從文本用字、詞彙、語法、文化方面對敦煌寫本醫籍進行研究,從用字方面探討了敦煌寫本醫籍用字現象及特點，並提供字典未見之字例和書證；詞彙方面主要選取其中頗爲繁復又具特色的藥名作爲重點研究對象，窮盡性統計得到 1728 個藥名，其中《中華藥海》詞條及別名、異名等均未收錄的藥名 1020 個，佔總藥名的 59%。郭江、李廷保《基於敦煌〈輔行訣〉方劑中四氣理論用藥配伍思路探析》（《中國中醫藥科技》2 期）基於資料採擷方法對敦煌《輔行訣》方藥中四氣理論在臟腑病癥用藥配伍思路進行探析，以期爲臨牀傳承敦煌方藥辨治疾病提供科學的理論依據。

敦煌具注曆日的考察方面：敦煌具注曆日中，漏刻標注呈現的是晝夜百刻制。趙貞《敦煌具注曆日中的漏刻標注探研》（《敦煌學輯刊》3 期）認爲，"二至"前晝夜時長增減 1 刻需要的時間是 12 日，"二至"後晝夜長短增減 1 刻需要的時間是 18—19 日。若與春分、秋分"加減速，用日少"的特點相比，大體比較符合《唐六典》"二至前後加減遲，用日多"的描述。

十二、書評與學術動態

書評方面：張小貴評《榮新江〈絲綢之路與東西文化交流〉》（《敦煌吐魯番研究》十七卷），認爲此書作爲榮新江教授第三部有關中外關係史的專書，全書分五編對絲綢之路在東西方文化交流過程中的貢獻進行了論述，內容涵蓋絲綢之路形成史、絲路文化交流史、中原文化西漸問題、外來物質文明貢獻和三夷教的流傳等，爲讀者提供了更多關於中外關係史領域"具有普遍參照意義的認識"。白玉冬評《劉戈〈回鶻文契約斷代研究——昆山識玉〉》（《敦煌吐魯番研究》十七卷），肯定了劉戈教授在回鶻文契約斷代上取得了矚目的成就，同時也對該書在先行研究的整體把握和理解等細節問題提出了商榷。李方評《劉子凡〈瀚海天山——唐代伊、西、庭三州軍政體制研究〉》（《敦煌吐魯番研究》十七卷），認爲該書在吸收學術界精華的基礎上，融入了作者自己獨到的見解，創建了伊、西、庭三州軍政體系的學說，同時也指出作者在解釋緣何唐太宗設西州會引發爭議時稍有疏漏，學術史的梳理也有疏漏和時間顛倒的現象等不足。陳昊評《岩本篤志〈唐代の醫藥書と敦煌文獻〉》（《敦煌吐魯番研究》十七卷）一文，在評述該書主體內容的貢獻和成就的同時也提出了自己的質疑和補充，並對岩本先生將醫事制度和醫學書籍二者相結合的研究路徑的得失進行了評述。

許建平《敦煌學與避諱學的互動——評〈敦煌文獻避諱研究〉》（《敦煌研究》3 期）從五個方面評述了竇懷永所著《敦煌文獻避諱研究》的學術價值和研究方法上的特色：分期的科學性；區別寫卷的地域性；引入統計學的方法；提出改形避諱法；以碑刻資料與敦煌寫卷互證比勘。趙大旺《〈敦煌吐魯番文書與中古史研究〉評介》(《敦煌研究》4 期)認爲此書雖成於衆手,但由於作者們學術水準較高,所供稿件是各自研究領域內的精品,因此無論是論述的精深,還是新材料的引介、研究方面,均具有較高的學術價值。王丹《佛教造像之神聖性建構與崇拜研究的新拓展——評蔣家華〈中國佛教瑞像崇拜研究——古代造像藝術的宗教性闡釋〉》(《敦煌研究》)認爲蔣氏在對大量既有文獻進行搜集、研讀、辨析、總結的基礎上,對瑞像的內涵、生成、興起、流佈、靈驗、社會影響六個部分進行了相應的研究拓展,具有很高的學術價值。

李靜傑《關於佛教感通圖像研究的新成果——〈敦煌佛教感通畫研究〉讀後感言》(《敦煌研究》5 期),認爲該書具體而微地論述了敦煌石窟佛教感通圖像的內涵和發展過程,找出此類圖像的基本發展規律,並闡明其存在的社會和文化基礎,有助於讀者系統、深入地瞭解敦煌佛教感通圖像。張銘《〈麥積山石窟初期洞窟調查與研究〉介評》(《敦煌學輯刊》2 期)評介該書是作者對於麥積山石窟初期洞窟思考及研究的集中體現,爲麥積山早期石窟年代的研究奠定了基礎。李金娟《〈敦煌陰氏與莫高窟研究〉評介》(《敦煌學輯刊》2 期)認爲《敦煌陰氏與莫高窟研究》運用石窟與文獻相結合的研究方法,對敦煌陰氏家族在莫高窟開鑿或參與開鑿的第 285、431、96、217、321、231、138 窟七個石窟進行了全面的研究,並對這些石窟所反映的佛教思想與功能進行了深入分析與探索。

學術會議方面:2017 年 7 月 14—15 日,由中國敦煌吐魯番學會、陝西師範大學、陝西歷史博物館聯合主辦的"絲綢之路上的敦煌與長安國際學術研討會暨中國敦煌吐魯番學會 2017 年理事會"在西安召開,來自全國不同高校或研究機構的數十位專家學者提交了論文,內容包括敦煌與長安關係研究、敦煌石窟與圖像研究、敦煌吐魯番文書研究、絲綢之路考古與藝術、絲綢之路歷史文化、絲綢之路宗教、絲綢之路考察與學術史等,幾乎涵蓋了絲綢之路研究的各個方面。

2017 年 8 月 22—23 日,由敦煌研究院主辦、中國敦煌吐魯番學會合辦的"紀念段文傑先生誕辰 100 週年敦煌與絲綢之路國際學術研討會"在敦煌莫高窟舉行,緬懷段文傑在洞窟保護、壁畫臨摹、藝術研究、文化普及和人才培養、學術領軍方面的傑出貢獻的同時,總結幾代莫高窟人在敦煌石窟保護、研究、弘揚領域的探索,加強國內外學者有關敦煌學、絲綢之路歷史文化研究的學術交流。研討會共收到論文 157 篇,吸引了中國及美國、英國、法國、意大利、挪威、伊朗、俄羅斯、日本、韓國、印度共 180 餘位敦煌文化藝術、絲綢之路研究領域的高水準專家學者。

由敦煌研究院主辦、《敦煌研究》編輯部承辦的"敦煌學研究動態暨《敦煌研究》發展研討會"於 2016 年 11 月在敦煌莫高窟舉行,《敦煌研究》本年度第 1 期集中刊登了研討會的主要議題和成果,包括與會專家和學者對敦煌學研究熱點和動態的論述,以及對《敦煌研究》的發展提出的建議。

　　紀念文方面:2017 年是敦煌研究院前院長段文傑先生誕辰一百週年,敦煌研究院組織召開"紀念段文傑先生誕辰 100 週年敦煌與絲綢之路國際學術研討會",柴劍虹《敦煌"守護衆神"與絲路之魂》、鄭阿財《段文傑先生對我在敦煌研究上的啓發》、劉進寶《傑出的學者　卓越的學術領導人》、史曉明《美術大家風範　敦煌學界豐碑》、馬强《心摹手追　妙合神契》、趙俊榮《咫尺匠心　砥礪傳承》、吳正科《段文傑先生對北石窟寺文物的斷代》等從石窟保護、學術引領、美術研究、啓迪後人等不同角度回顧和緬懷了段文傑先生偉大而又勤懇的一生。同年,中國人民大學著名教授馮其庸先生和沙知先生逝世,學界撰文表達哀思與悼念之情。柴劍虹《深切懷念馮其庸先生》(《敦煌吐魯番研究》十七卷),通過闡述馮其庸先生在敦煌吐魯番學研究上的獨特貢獻以寄托深切的懷念之情。榮新江《馮其庸先生敦煌學二三事》(《敦煌吐魯番研究》十七卷),回憶了馮其庸先生參與敦煌吐魯番學的會議和考察、資助《敦煌吐魯番研究》出版、關注景教研究等與敦煌學相關的三件事情。鄧文寬《芳草地上留芬芳——懷念沙知教授》(《敦煌吐魯番研究》十七卷),回憶了自己與沙知先生交往相處的同時,對沙知先生學問追求、人生境界進行了闡述。郝春文《回憶沙知先生》(《敦煌吐魯番研究》十七卷),不僅敍述了自己與沙知先生的交往,還對沙知先生儒雅灑脱的品格、學術貢獻等方面進行了闡述。

2017 年吐魯番學研究綜述

范英傑　陳　焱（蘭州大學）

2017 年中國大陸地區的吐魯番學及相關研究成果頗豐。據不完全統計，共出版學術專著與文集（含再版、譯注）80 餘部，公開發表研究論文近 500 篇。以下將這些成果分爲政治、歷史地理、社會文化、語言文字與文學、藝術、考古與文物保護、書評與學術動態等方面進行述評。囿於學力及篇幅所限，必有疏忽或不當之處，敬請指正。

一、政　治

本年度政治方面的研究主要圍繞中央與地方關係、邊疆治理、地方行政建置、地方政權與大族等方面展開。

中央與地方（包括分裂時期的中原與邊疆）關係方面的研究成果偏重對唐代和清代兩個時期的考察。唐代對西域的控制與爭奪呈現出不穩定的態勢，間有唐朝與民族政權及勢力在西域的角逐，這方面的研究主要包括：劉子凡《北庭的李元忠時代——胡廣記〈唐李元忠神道碑〉研究》（《文史》2 輯）借助胡廣所記錄《李元忠神道碑》的相關記載，以安史亂後的北庭爲中心，考察並梳理了唐軍堅守西域之史事。任崇岳《魏晉南北朝時期中原與西域的絲路交往》（《中原文化研究》5 期）考察魏晉南北朝時期中原與西域的政治聯繫、經濟往來和文化交流，指出該時期雖然兵燹不斷、國家分裂，但作爲絲綢之路必經的西北區域，並未因戰亂而衰落，而是繼續保持了繁榮。梁景寶《開元時期唐、突騎施、大食及吐蕃對西域的爭奪》（《安康學院學報》6 期）通過中外史料及結合相關研究成果，以突騎施與唐朝、突騎施與大食及唐朝與吐蕃在西域的反復鬥爭爲主綫進行考察，認爲突騎施抵禦大食東侵的内部原因在於試圖接替原來西突厥對西域的宗主地位；吐蕃最終能主導西域局勢不僅在於自身軍事力量的强大和唐朝的衰落，更在於其能圍繞進入西域這一中心而靈活改變作戰方略，從多方尋求突破。另有張弛、李聰《唐朝對邊疆利益的保護及衛疆力量的佈建》（《中州學刊》11 期）以唐朝的邊疆政策和實踐爲主要討論内容，分析其保衛邊疆利益、佈建衛疆力量的方法和模式，其中探討了唐朝與吐蕃、大食等政權在爭奪西域過程中採取的策略。陳福麟《和親的力量——以 8 世紀幾大勢力在西域的爭奪爲例》（《現代交際》14 期）概述了公元 8 世紀時唐朝、吐蕃、大食、突騎施等政權對西域的爭奪，進而强調和親成爲各政權拉攏盟友或分化敵人所採取的一種重要手段。和親不僅被唐王朝運用,而且還被其他各少數民族政權廣泛使用,顯示了它特有的力量。孟憲實《略論唐朝的魚符之制》(《敦煌吐魯番研究》17卷)從吐魯番出土文書以及出土的魚符、龜符等考察了唐代的兵符制度,對於理解唐朝的軍事制度和蕃將問題有所幫助。再版的吳玉貴《突厥汗國與隋唐關係史研究》(商務印書館)是一部研究6至7世紀北方遊牧的突厥汗國與同時期的內地農業政權的政治關係的著作。作者通過對卷帙浩繁的漢文史料的考辨,對突厥汗國與隋唐關係史上聚訟不已或未及引起重視的問題,如突厥汗國的征服與分裂、隋朝對突厥汗國的政策、東突厥汗國對唐朝初年平定北方割據勢力的影響與制約、唐朝對東突厥降部的安置、西突厥汗國對唐朝初年在西域活動的決定性影響等,提出了一系列獨到的見解,並在此基礎上梳理出6至7世紀突厥汗國與內地政權交往的歷史綫索,將作爲國際顯學的突厥史研究向前推進了一步,爲認識南北朝後期至唐朝初年中國歷史的變遷提供了新的思路。曹宇《論西域歷史上宦官之活動及其積極意義——以唐、北宋、明爲例》(《蘭臺世界》17期)通過考察文獻所記唐、宋、明三代宦官在西域的活動,並結合其在西域活動的時代背景與意義,指出宦官出使涉足西域對當時中原與西域間的政治、經濟、文化交流與邊疆穩定做出了貢獻。趙亞軍《從"內疆"到"外域":明代對哈密的經略》(華中師範大學碩士學位論文)則對明朝對哈密的政策進行梳理和分析,釐清了哈密之於明朝"內疆——外域"身份角色的變化,分析得出哈密身份的轉變及哈密之失勢是明人邊疆思維觀念轉變的一個具體體現。

　　清代的新疆與中央關係問題亦十分突出。趙衛賓依據檔案文獻對雍正及清末兩個時期相關史事分別有所探討。其《回疆東四城伯克遣使投清史事考——兼談雍正即位初年的西域經略觀》(《西域研究》1期)依據清代奏摺檔案,對回疆東四城(喀喇沙爾、庫車、阿克蘇、烏什)及其附屬城鎮伯克於雍正二年欲脫離準噶爾控制歸順清朝,以及雍正帝出於安撫準噶爾的戰略考量婉拒東四城伯克的歸降的始末及其歷史意義進行了研究與辨析;其《清末新政期間新疆警政的創建與發展》(《中國邊疆史地研究》1期)在前人研究的基礎上,結合清末新疆警政類文獻資料的記載,對清末新政期間的新疆警政建設進行系統梳理。康繼亞、張世才《乾隆改"西域"爲"新疆"的緣由探析》(《昌吉學院學報》5期)通過對乾隆改"西域"爲"新疆"緣由的初步分析與探究,認爲乾隆改"西域"爲"新疆"是順勢而爲,所奉行的是以"政治意識"爲核心的執政理念。

　　再版的[美]米華健(James A. Millward)著,賈建飛譯《嘉峪關外:1759—1864年新疆的經濟、民族和清帝國》(香港中文大學出版社)是一部關於清代新疆的傑出研究著作。此書基於清廷宮中檔案,通過考察清政府在新疆實行的財政和民族政策,尤其是對穆斯林人口最多的南疆的商業活動以及不同民族出身的商人所採取的管理和控制措施,呈現了清帝國如何在新的疆土上建立並維持統治,即如何向作爲民族國家的"中國"過渡這一問題。

楊恕、劉亞妮《新疆史研究應注意的幾個問題》(《蘭州大學學報》2 期)重新審視以往新疆史研究中把新疆納入天山帶進行研究的弊端,指出對新疆歷史的研究應該堅持整體史觀統攝的原則,在研究的出發點上突出新疆作爲中國行政區劃的地位,在價值取向上強調國家建構與整合,在文化層面強調西域文化與中華文化的内在聯繫性和共性,加强新疆區域史與國家整體歷史的統一性、聯繫性研究。

邊疆治理方面的研究集中於利用檔案文獻對清代邊疆治理各方面的探討。這方面的成果有:孫文傑《從滿文寄信檔看"烏什事變"中的首任伊犁將軍明瑞》(《新疆大學學報》1 期)通過對《乾隆朝滿文寄信檔》中清代新疆稀見史料的爬梳,分析"烏什事變"中明瑞的功與過,並對伊犁將軍與喀什噶爾參贊大臣的職權變化進行了討論。同氏《喀什噶爾參贊大臣和瑛與喀喇沙爾虧空案》(《雲南民族大學學報》2 期)利用國家第一歷史檔案館藏奏摺等稀見史料,對清代邊疆重臣和瑛在喀什噶爾參贊大臣任上的宦績進行梳理,對清代中期回疆的吏治進行探討,補充了傳統西域(新疆)文獻記載的不足。同氏《烏魯木齊都統和瑛宦績新考——以中國第一歷史檔案館館藏檔案爲依據》(《山西檔案》1 期)通過對中國第一歷史檔案館中一些稀見文獻的爬梳,一方面糾補了《清實録》等傳統文獻中的細節性錯誤,另一方面填補了傳統清代西域史料對和瑛政績描述的空白,使得和瑛在烏魯木齊都統任上之宦績更爲清晰。孫文傑側重於對封疆大吏的考察,楊濤維《王瓊的治邊理念研究——以處理哈密危機爲例》(《檔案》10 期)則以吐魯番在與明朝的數次交鋒中的哈密危機爲背景,通過對王瓊解決哈密危機這一事件進行分析,梳理了王瓊的治邊理念及其具體措施,進而對王瓊的治邊理念進行評述。徐磊《同治、光緒年間清廷治疆過程中的大臣議政活動述論》(《新疆大學學報》2 期)對同光時期清廷治疆過程中的大臣議政活動分大臣議政活動的類型、特殊保障及其在新疆治理過程中的歷史局限性三個方面做了探討,指出該時期清廷能夠在積弱積貧的困苦情況下較好地治理新疆,是封建士大夫階層政治智慧和力量的集中展現,更是封建國家機器良性運轉的必然結果。華立《〈塔爾巴哈台奏稿〉與嘉慶時期新疆北部邊政研究》(《西域歷史語言研究集刊》9 輯)對嘉慶時期新疆北部邊疆政治政局進行了探討。

白京蘭、張建江《多元族群與國家建構:清代回疆治理的問題與省思》

(《西域研究》3期)是從宏觀的角度考察。它以清代回疆治理爲視角,就清代回疆在國家體系中的地位、清代回疆基本治策因俗而治之廣續與變異、因俗而治之下清代回疆的地域文化、回疆伊斯蘭文化的政治法律功能等多方面,展開多元族群背景下國家建構問題的研究,指出清代回疆治理不乏成效,亦值得多族群關係與國家建設深鑒。清代對邊疆尤其是新疆的治理爲傳統中國國家治理注入許多新的因素,也爲我們當下的邊疆治理提供了諸多啓示與思考。

地方行政建置方面的研究包括:魯靖康《吐魯番、哈密二廳"咸豐五年昇直隸廳説"辨誤》(《歷史檔案》2期)針對學界普遍認爲的吐魯番、哈密二廳"咸豐五年昇直隸廳"之説進行辨析,認爲吐魯番廳、哈密廳分別於乾隆四十四年、乾隆四十九年昇爲直隸廳,咸豐五年鎮西府改直隸廳與吐、哈二廳實無關係。其《清代哈密廳建置沿革與西北地方的權力制衡》(《西域研究》3期)則針對目前學界在哈密廳建置沿革的認識上存在的訛誤和缺失,揭示和闡發該地在清代西北地緣政治中所扮演的角色,哈密廳級别昇降只是外在形式,事權歸屬纔是核心,哈密廳和哈密辦事大臣改屬的歷史明顯地體現出清政府希望借助哈密這把"鎖鑰",通過調整其事權歸屬來調節西北地方的權力配置,使將軍、都統、總督三者之間相互制衡,再通過中央直接管理部分事務,最終實現維護邊疆穩定安全的意圖。董紅玲《清代昌吉地區臺站機構的安設及對軍事和經濟的影響》(《昌吉學院學報》2期)以地域爲視角,通過對清代昌吉地區臺站的歷史考察,釐清了這一地區驛站的設置情况,並對其在軍事、經濟方面的作用進行分析。趙麗《清末吐魯番行政機構研究》(蘭州大學碩士學位論文)利用清代檔案資料、官方史料及官員奏稿,從縱向、横向兩個方面對清末吐魯番廳的恢復與轄地及恢復後吐魯番廳的概况及其運作做了闡述,進而釐清了當時吐魯番地區的社會經濟文化生活面貌。

地方政權與大族方面的研究是敦煌吐魯番學研究中的熱點,這方面的研究成果主要有:李淑、孟憲實《麴氏高昌國史新探——以明人胡廣〈記高昌碑〉爲中心》(《文史》2輯)以明人胡廣《記高昌碑》中的碑銘記載爲基本材料,對麴氏高昌國佛教史及政治上的相關問題進行考察,獲得了一些新的發現。尚衍斌《高昌廉氏家族史事補正》(《西域研究》2期)及《元代高昌廉氏家族研究》(《中國邊疆民族研究》)通過爬梳元人文集、方志、碑刻等相關傳世文獻資料,探討廉氏家族成員的活動與行實,重點釐清了學術界對該家族成員還存在一些爭議的史事,從而爲研究畏兀兒人對元代社會發展的貢獻以及多民族文化交融並存的時代脈動提供了一個生動的例證。孫聞博《海都崛起與窩闊台系在中亞的進退》(《西域歷史語言研究集刊》9輯)探討了蒙古貴族内部海都的崛起以及與察合台集團在西域的鬥爭和盛衰。

五涼史事方面：淩文濤《吐魯番出土〈秀才對策文〉與西涼立國之策》（《西域研究》1 期）在前人研究基礎上，聯繫西涼當時的狀況，探討《秀才對策文》策題背後李暠的意圖，指出其與西涼立國之策存在若隱若現的關係，從西涼覆亡的教訓來看，《秀才對策文》所體現的並綜儒玄、德撫境內、卑弱自守是其成功的立國之策。韓樹偉《論西涼政權及其在絲路史上的歷史地位和影響》（《青海師範大學學報》1 期）從史料記載、吐魯番出土文書以及李暠的孫子李寶逃難至伊吾等論述西涼與西域的關係，認爲西涼政權不僅控制高昌，而且西涼對高昌的文化滲透較深，在這種情況下，高昌對它周邊的地區很有可能會產生影響，間接地將西涼文化傳播到了高昌以西。楊榮春《沮渠牧犍與北涼政權》（《昌吉學院學報》6 期）談到了北涼與西域的關係，另以吐魯番洋海一號臺地四號墓出土編號爲 2006TSYIM4：2－1－4 的古寫本《詩經》説明北涼對文化的重視，以及利用吐魯番出土《北涼緣禾三年（434）九月五日比丘法融供養〈大方等無想大雲經〉第六題記》《北涼太緣二年（436）四月〈佛説首楞嚴三昧經〉卷下令狐廣嗣、史良奴題記》等説明北涼佛教的興盛。馮培紅《敦煌學與五涼史論稿》（浙江大學出版社）收錄了作者以往的六篇文章，其中《漢唐敦煌大族與西域邊防》《粟特人與五涼王國》涉及與西域有關的諸多問題。

此外，陳君《漢代車師國史表（前 108—191）》（《國學》1 期、《江蘇師範大學學報》3 期）以《漢書》《後漢書》《資治通鑑》等文獻爲基礎，兼採漢簡、漢碑之材料，對漢代車師國史事詳盡編年。王凱《論班氏家族及其對絲綢之路的貢獻》（《洛陽理工學院學報》6 期）論述了班彪、班固及班超、班勇祖孫三代與西域的關係及他們對絲綢之路以及爲西域與中華民族的融合所做的貢獻。

二、歷 史 地 理

本年度歷史地理方面的研究成果，主要集中在絲綢之路、地名辨析、地理方位及路綫考釋、輿圖與地志整理等方面。

"一帶一路"倡議構建的話題已成爲近年熱點。作爲陸上絲綢之路必經的新疆段綠洲絲路，自然也便成爲關注的焦點。絲路史地方面的研究主要有：李偉主編《穿越絲路》（中信出版社）將實地考察與絲路歷史相結合，通過對中國發現世界歷史的追溯、城市和器物等在交流中的演化與融合、物種傳播的影響與意義以及文化與宗教的傳播與交融等方面進行探討，將眼光投向未來，即對"一帶一路"背後的大國戰略做了思考。王連旗、崔廣慶、高汝東《先秦秦漢時期陸上絲綢之路與中國西北邊疆安全》（《塔里木大學學報》1

期）梳理了我國先秦秦漢時期陸上絲綢之路的發展脈絡及秦漢對西北的經略方式和影響，爲從宏觀上把握當今"一帶一路"建設同古代絲路的聯繫，從而爲更加全面認識先秦秦漢時期陸上絲綢之路的暢通與我國西北地方邊疆安全的歷史發展的關係提供了借鑒。田澍《陸路絲綢之路上的明朝角色》（《中國邊疆史地研究》3 期）對明朝在陸路絲綢之路上所扮演的角色進行專門研究，考察明朝對西域的策略及二者間的關係，指出明朝在絲綢之路交流史上自始至終扮演著重要角色，對穩定和發展絲綢之路做出了重要貢獻。田澍《國家安全視閾下的明代綠洲絲綢之路》（《中國史研究》4 期）就學界對絲路研究重漢唐而輕明代、重海上而輕綠洲的偏向，重新審視考察明代綠洲絲綢之路的地位與影響，指出在繼承傳統管理經驗的基礎上，明朝通過完善和創新體制而有效地掌控著綠洲絲綢之路，確保了貢使的安全，維護了西北疆域的安定，促進了各民族的進一步交融。金楠《漢代"絲綢之路"上的邊疆安全——以軍事保障制度爲視角》（《北京科技大學學報》3 期）以絲綢之路開闢、鞏固時期的漢代爲研究對象，從邊疆安全的視角出發，探討了漢在絲路地區的佈局、絲路安全防禦、後勤保障等軍事措施，認爲漢代構建了完備的軍事體系和軍事管理制度，有效保障了絲路的暢通和邊疆的安全，進而爲當下邊疆安全治理模式的探討、"絲綢之路經濟帶"核心區域新疆的安全提供有益借鑒。白玉冬《"可敦墓"考——兼論十一世紀初期契丹與中亞之交通》（《歷史研究》4 期）對以往關於可敦墓地望問題的研究進行考辨，在此基礎上提出它與溝通 11 世紀初期契丹與中亞之交通路綫走向有關。袁劍《絲綢之路、地方知識與區域秩序——"絲綢之路"的概念、話語及其超越》（《陝西師範大學學報》4 期）主張將"西域"等與邊疆相關的空間引入"絲綢之路"研究，形成具有新地方性和本土化的"絲路"話語，進而將學科研究與區域研究結合起來，在區域秩序的大背景下開拓多點互動的"絲綢之路"認識視野。李書吉、趙洋《從雁門到伊吾——草原絲路上的兩重鎮》（《社會科學戰綫》9 期）指出，雁門、瀚海、伊吾是草原民族東西往來的主要通道，並且成爲歷史上東亞地區最早的絲綢草原路，其中對昆吾、伊吾做了考述，並認爲雁門、伊吾是遊牧民族的兩個重鎮和兩個橋頭堡。雖然兩者之間在不同的歷史時期行程有所變化，但東、西橋頭堡的地位至元、明仍未改變。張安福《全球史視野下民族連通與絲綢之路的開闢》（《蘭州學刊》11 期）以全球史的視角考察東西方在絲綢之路的開闢上所做的積極探索，肯定了絲綢之路的開闢是亞歐不同族群共同努力的結果。

易國才《漢代新疆絲綢之路北道路綫考辨》（《連雲港師範高等專科學校學報》1 期）對漢代新疆絲綢之路北道即兩漢時期草原絲綢之路西域或新疆段

的具體走向、行經地、變遷等情況分別做了梳理。雍際春《北新道的開闢與絲路北道的形成》同樣對絲路北道做了探討。阿爾斯朗·馬木提、木合塔爾·麥丁、唐世明《塔里木河下游綠洲景觀興衰淺析》(《和田師範專科學校學報》1期)在前人對塔里木河流域的環境變化研究的基礎上,對塔里木河下游地區歷史上水量減少而產生的綠洲景觀變化、人地關係以及綠洲景觀的興衰等進行分析探討,爲塔里木河流域綠洲景觀現階段綜合開發奠定了理論基礎。葛承雍《敦煌懸泉漢簡反映的絲綢之路再認識》(《西域研究》2期)依據考古出土的敦煌懸泉漢簡,論證了漢代絲綢之路涉及的西域胡商與物品交流都是真實存在的,它體現了以官方使節與民間客商混合爲代表往來的難得細節,不僅對漢代絲綢之路做了再認識的回應,還指出出土文獻既有不可替代的證據珍稀性,又有碎片化疏漏的局限性。[美]傑佛里·勒納著,龐霄驍譯,楊巨平審校《希臘—巴克特里亞時期的瓦罕城堡與絲綢之路》(《西域研究》3期)在概述以往對西帕米爾地區瓦罕通道上的城堡研究,在此基礎上,指出雖然希臘—巴克特里亞王國曾經通過征服或者聯盟的方式,一度保持了對這一地區的控制,但這一地區的大部分城堡似乎都在貴霜時期重修或新建,其目的不僅是防止可能來自遊牧的塞人的侵擾,亦用來對抗更爲強大的漢帝國。與此同時,它們在客觀上也保證了絲綢之路的通行。

地名辨析及地理方位、路綫考釋方面的研究:對古代地名的考辨主要利用語言文字學的方法。陳國燦《西州回鶻時期吐魯番地名的音變——吐魯番古代地名研究之五》(《吐魯番學研究》1期)對回鶻人入住西州、建立西州回鶻王國的歷史背景及其對唐的藩屬舅甥關係做了揭示,指出西州回鶻王國在代唐管理西州中,全盤繼承了唐西州原有的政治、經濟、文化制度;對盆地原有的地名也全部承襲不改,只是在用回鶻語稱呼時,出現了音變;到蒙元統治時,又受到蒙古語音的影響,當這些音變的地名再譯爲漢字時,未回歸原來的漢字字意而出現百花齊放的局面,文章進而對回鶻、蒙元時期地名的產生、發展及其變異的源流做了考察。陳國燦《對高昌東部諸古城遺址的查訪——吐魯番古代地名研究之六》(《吐魯番學研究》2期)以史籍、出土文書爲依據,在前賢研究基礎上,結合作者對實地遺跡的查訪,盡可能對高昌故城以東八個原城邑的具體方位做了確認。李樹輝《獪胡居地與維吾爾語地名 qajlur》(《語言與翻譯》1期)對獪胡的居地及種屬、原居地等相關歷史進行了探討,指出漢文史籍所載獪胡之"獪"及羯胡之"羯"均爲 qaj 的譯音,qajlur 的語義正是"獪人"(羯人)或"獪(羯)部落之民衆"。徐雪强《〈新唐書·地理志〉標點辨誤一則》(《中國歷史地理論叢》1輯)結合《吐魯番出土文書》對中華書局標點本《新唐書》卷四十《地理志四》所載"伊州伊吾郡……納職,下。……又西南經達匪草堆,百九十里至赤亭守捉,與伊西路合"中的"達匪草堆"辨析,指出達匪和草堆指代兩館驛,應以頓號分開。希都日古《〈西域地名考録〉蒙古地名考誤》(《中國史研究》3 期)利用作者自身的語言優勢,針對鍾興麒編著的《西域地名考録》中蒙古地名考録存在的若干錯訛瑕疵,按照《元朝秘史》地名、《元史》地名及清代蒙古地名等三個不同時期地名,分别選取十二個蒙古地名考釋中存在的問題逐一做了討論,提出了自己的見解。劉進寶《"西城"還是"西域"?——〈史記·大宛列傳〉辨析》(《中國史研究》4 期)對《史記》中出現的"匈奴西域"進行辨析,指出其指的應是河西地區,《史記》中出現的"西域",可能並不是一般所說的西域地區。李樹輝《新疆地名文化:語源、語義和文化特點》(《石河子大學學報》4 期)運用文化語言學的方法,研究新疆地名的起源和演變,探討地名的語源、語義和相關歷史,並將古文獻中的地名和現代地名加以對比,論證了新疆地名出自印歐語系、阿勒泰語系和漢藏語系這三大語系語言,它記録了各地民衆的生存狀態和活動軌跡,折射著歷史的變遷,種群、族群的遷徙和時勢的變革,反映了各地不同的自然環境、生態特點、風土人情和歷史文化,有著深厚的文化内涵,是不同語系居民共同開發新疆、建設新疆和歷代中央政府治理新疆的歷史見證。牛汝辰《新疆地名的積澱與穿越:新疆地名歷史語言學探源》(中國社會出版社)利用歷史語言學、音韻學、民族語言學方法,在介紹新疆民族歷史和歷代語言的基礎上,從六個語言層次分别闡述了塞語(吐火羅語)地名層、漢語地名層、羌-吐蕃語地名層、回鶻-維吾爾語地名層、蒙古語地名層,以及哈薩克、柯爾克孜、錫伯語地名層。張永兵《吐魯番酒泉城的歷史及今地考》(《吐魯番學研究》2 期)考察了吐魯番出土文書中的"酒泉",指出該城爲吐魯番歷史時期所存在的一座城市,其建設應與北涼殘餘勢力沮渠無諱、沮渠安周在盆地建"大涼"政權有關,同時指出學界依據對鄯善縣洋海下村出土的一批文書的釋讀研究確定了唐代吐魯番酒泉城的準確位置。

地理方位、路綫考釋方面:羅帥《蒙元時期鴉兒看的疆域與交通》(《西域研究》1 期)對蒙元時期漢文文獻及《馬可·波羅行紀》中鴉兒看(今莎車)的名稱、疆域和交通進行考察梳理,認爲鴉兒看是在喀喇汗王朝早期迅速發展起來的一座城鎮。到蒙元時期,鴉兒看仍然是南道交通綫上的重要城鎮之一。陳海龍《〈西域聞見録〉所載伊犁至烏什之"冰嶺道"考釋》(《中國歷史地理論叢》3 輯)對《西域聞見録》記載的"冰嶺道"做了考證,認爲《西域聞見録》所記載的位於伊犁和烏什之間"穆肅爾達阪"道路,其所指仍然是位於伊犁、阿克蘇之間的"冰嶺道",並非烏什通往伊犁的其他道路。王子今《上郡"龜兹"考論——以直道史研究爲視角》(《咸陽師範學院學報》3 期)論述了目前所見用西域國名命名漢地縣的唯一一例上郡龜兹(今陝西榆林市北)在漢王朝與匈奴爭奪西域的競爭中的突出作用及其在地名學史上的存在意義。王旭送《晉唐時期高昌塢的變遷》(《西域研究》4期)以唐代爲限,結合吐魯番出土文書,分別對高昌時期及西州時期的塢進行了論述,並探討其變遷的原因。史雷《清代浩罕與新疆之間的交通路綫研究——以〈霍罕行程記〉爲中心》(《歷史地理》34輯)將漢文文獻、西文文獻以及中西方大比例尺地形圖相結合,探討清代使臣出使浩罕(即霍罕)所經行的路綫,並運用地名的調查資料,從地名的歷史沿革、地名詞語的演變等方面,尋求道路沿綫的地名定位的依據,提出更加精確的地名定位信息,進一步明確了清代浩罕與新疆的交通路綫。史雷《清代拉達克與新疆之間的交通路綫研究》(《雲南大學學報》5期)利用《乾隆内府輿圖》,結合清代其他漢文文獻及軍事地形圖,勾勒出了葉爾羌經喀喇昆山山口至拉達克列城之間的交通路綫。李晶《清代以哈密爲中心的天山南北道路興衰變化》(《歷史地理》34輯)探討了清代天山南北交通的歷時變遷,指出以哈密爲中心的天山南北道路選擇隨著時局的不同而有著興衰變化。邵文實《〈王昭君變文〉中的昭君出塞路綫考》(《魯東大學學報》6期)通過對敦煌本《王昭君變文》中的地名進行考察分析,指出變文中的昭君出塞路綫是北綫,其目的地是回紇可汗的牙帳。王啓明《清代新疆"後溝路"研究》(《中國邊疆民族研究》)利用多種文獻,對"後溝路"即清代吐魯番與烏魯木齊之間的道路,在清代的道路名稱、建設、使用與道路里程等情況做了探討。僧海霞《歷史時期中原與西域的界標及其意象變遷研究》(《地理科學》8期)通過梳理歷代文學作品尤其是詩詞中的玉門關、陽關、嘉峪關,探析這些地理界標在當時人空間認知中的指代,並確定同期中原與西域間的地理界標,比較界標和界標意象,並對兩者之間的關係作了解讀,此外還探討了界標變動的推動因素。羅帥《玄奘之媲摩與馬可·波羅之培因再研究》(《絲綢之路研究》1輯)在前人研究基礎上,系統梳理和分析了百年來相關出土文獻記載,對玄奘所載于闐以東之媲摩(亦即馬可·波羅提到的培因)和坎城的關係、地望以及文化面貌等問題進行了考訂。夏國强《岑參西域詩史地學價值論略》(《昌吉學院學報》1期)對岑參西域詩中的史地研究進行了梳理,指出岑參西域詩具有獨特的史地學價值。孫延青《向達與中西交通史學》(《湘南學院學報》1期)回顧了向達先生開創中西交通史學科體系並致力於整理校對中西方交通史料的學術道路,贊揚了其爲中西交通學發展作出的巨大貢獻,相關評介可參殷盼盼《向達先生〈中外交通小史〉的當代價值》(《絲路文明》2輯)。李樹輝《瀚海新考——兼論〈辭源〉、〈辭海〉相關詞條的釋義》(《中國邊疆史地研究》4期)探討了"翰海"與"瀚海"之間的關係及其地理方位,指出

《史記》《漢書》所載之"瀚海"又稱作"北海",均爲地道的漢語地名,指位於天山北麓今吉木薩爾縣以西至烏蘇縣境斷續相連的湖泊沼澤。

輿圖及地志整理及研究方面:清人王樹枏纂修,朱玉麒等整理的《新疆圖志·地圖》(上海古籍出版社)及朱玉麒、劉子凡編《新疆圖志·索引》(上海古籍出版社)出版,這是2015年上海古籍出版社出版的朱玉麒等整理本《新疆圖志》工作的繼續。史明文、曹志敏《稿本〈新疆圖志〉校理》(社會科學文獻出版社)分兩部分:第一部分對《新疆圖志》稿本的版本、内容、價值進行了研究,認爲稿本出自多人之手,内容與定本有差異,對確定分志作者、探討《圖志》編纂過程和文本形成頗有價值,並爲新疆史地研究提供了新史料;第二部分對現已發現的《新疆圖志》稿本進行標點、校勘,並參考相關文獻,做簡要考證,爲讀者提供正確全面的文本信息。朱玉麒《〈疏附鄉土志〉輯佚初稿》(《吐魯番學研究》1期)逐條輯佚《新疆圖志》、馮永軒論著中的《疏附鄉土志》文字73則,近萬字,爲地方歷史的研究提供了方便。張瑛《〈西域圖志〉纂修略論》(《西夏研究》1期)高度評價了清代編纂《西域圖志》的史料價值和學術價值,分官方高度重視、重視實地調研、嚴謹的文獻地理考證三個方面論述了其優點及值得借鑒之處。顏世明《許敬宗〈西域圖志〉研究拾零——兼議道世〈法苑珠林〉的成書時間》(《圖書館理論與實踐》2期)對《西域圖志》的史料來源、始撰時間、成書時間等進行分析,進而對與此書有關的王名遠《西域圖記》、王玄策《西國行傳》、敦煌文書《聖地遊記述》、佚名《西域圖》進行了研究。王耀《古代輿圖所見達瓦齊南逃路綫及伊犁通烏什道》(《故宫博物院院刊》3期)通過分析清代文獻、輿圖及山川地理態勢等,指出乾隆二十年準噶爾部首領達瓦齊兵敗後,先西至沙喇雅斯轉而往南渡過特克斯河上游,至特克斯色沁一帶折往西南至貢古魯克嶺,翻越達阪後,沿貢古魯水南逃;並糾正了部分清代史籍記載和前人研究的訛誤,指出"納林道""冰嶺道"與"伊犁通烏什道"的差異,指出在烏什以北共有七處達阪,可以連通伊犁與烏什。鄒振環《蔣友仁的〈坤輿全圖〉與〈地球圖説〉》(《北京行政學院學報》1期)在前人研究的基礎上,就《坤輿全圖》繪製的時間、文本形式、圖名與主要内容做了探討,並對《坤輿全圖》與《地球圖説》之間的關係提出了自己的看法。馬雪兵、高健《〈西域地理圖説〉相關問題再探》(《昌吉學院學報》6期)以清乾隆初期治理回疆之大背景與總體著述爲切入點,在前人研究的基礎上,通過對《西域地理圖説》成書背景與作者身份的蠡測,以版本、史料爲基點對此書與《回疆志》的關係與同源問題進一步提出新證,指出此書存疑待考的若干問題。程鍾書、顏世明《〈張騫出關志〉研究二題》(《西北民族大學學報》1期)據西晉崔豹《古今注》輯錄三則佚文,分析輯文中隱含的史事,進而結合《史記》《漢書》的相關內容推測文本時代與成書過程,並揭示了文本的史料價值。

汪斌榮《以〈西域水道記〉爲例看清代徐松的學術走向》(《名作欣賞》5 期)以《西域水道記》爲基礎,對徐松的學術走向進行了研究,認爲在新疆遣戍期間,徐松擺脫了書本以及思想的局限,從而實現了經世致用學的蛻變。郭曉花《論〈西域水道記〉的學術特點》(《名作欣賞》11 期)在對《西域水道記》加以概述的基礎上,分析了其學術特點。

三、社 會 文 化

本年度有關社會文化的研究成果主要涉及文化與文明交流、風物、禮俗娛樂、物質文化生活等方面。

中外文明交流及西域文化是中亞史、中外關係研究關注的熱點。本年度無論出版的專著還是公開發表的論文,對此都有所體現。除了享譽學界的名著[日]羽田亨著,耿世民譯《西域文化史》(華文出版社)及向達《唐代長安與西域文明》(學林出版社)再版,[法]菲力浦·弗朗德蘭(Philippe Flandrin)著,一梧譯《伯希和傳》(廣西師範大學出版社)對伯希和在中國西部地區備受爭議的探險活動也有所論述。王楠《伯希和與清代官員學者的交往(1906—1909 年)》(《西域研究》4 期)則以 20 世紀初伯希和到中國西部探險爲切入點,探討了其在入境之前以及考察途中與清官員的交往,指出伯希和在南京、無錫、上海、北京等地的學術調查,發端於新疆官員、學者的啓示;基於伯希和在新疆的考察及交往經歷,指出伯希和與中國學者共同開創了敦煌學。李冀《試論漢代西王母形象的演變與發展》(《老子學刊》1 期)探討了漢代西王母形象發展的三個階段,指出西王母信仰與古代社會文化與政治的變化相對同步,並在一系列變化中被人們賦予了不同的意識形態。梁森《李白家世研究"西域胡人説"平議》(《中央民族大學學報》4 期)對陳寅恪、詹鍈等主張的李白"西域胡人説"以及松浦友久等主張的"非胡人説"加以考辨,並用西方"他者"之説審視李白的思想及一生行跡。趙貞《敦煌文獻與唐代社會文化研究》(北京師範大學出版社)一書利用吐魯番文書對唐代律令制度"三賈均市"的製作與實踐、"中男"承擔的差役及唐代官學教育幾方面做了考察。鄭培凱主編《西域:中外文明交流的中轉站》(黄山書社)收録了有關西域的多篇名家論文,涉及多個方面。如蔡鴻生《西域獅子的華化形態》、榮新江《絲綢之路上的粟特商人與粟特文化》、趙豐《吐魯番地區紡織品的發現與研究》、齊東方《碰撞與融合——絲綢之路上的外來金銀器》、林梅村《漢代西域藝術中的希臘文化因素》、張廣達《唐代的豹獵——文化傳播的一個實例》等,就古代中外文明交流這個領域,從不同角度、以不同議題探討人類物質文明擴散的軌跡,追溯文化習俗的傳佈,以及相互影響的過程和遞變的蹤影。王聰延《管窺漢代西域少數民族上層對中原漢文化的認同》(《兵團黨校學報》5 期)從中原漢文化自身的文化張力、中原與西域並存互補的社會經濟形態、質子制度及和親四個方面分析漢代西域少數民族上層學習中原漢文化的動因。張緒山《漢唐時代華夏族人對希臘羅馬世界的認知——以西王母神話爲中心的探討》(《世界歷史》5 期)的第二部分對西漢開拓西域與西王母之邦的西移過程做了考察,認爲西王母所居之地在地理上的變化,與華夏族人域外地理知識的變化相輔相成,乃是華夏族人域外知識演化的一種標誌。周泓《漢域歷史上的西域文化考略》(《青海民族研究》3 期)、《中古漢地之西域文化》(《民族學刊》5 期)對西域文化(競技、信仰習俗與物產)傳入中土進行了考察,指出自古代經中世紀至近代,西域文化東漸中土,與南北方漢文化交融互動,逐步成爲現今漢文化的重要構成。魏軍紅《西域絲綢之路文化的特點及當代價值——新疆特色文化自信的根基》(《黨政幹部學刊》12 期)概述西域絲綢之路的文化特徵,指出交融性、世界性、主導綫是西域絲綢之路的文化的三個主要特點,進而揭示其當代價值。張振嶽《張騫出使西域於華夏"天下觀"之影響》(《黑河學刊》5 期)通過分析探討張騫出使西域的歷史,探討其對華夏民族"天下觀"產生的影響。

對古代絲路文明交流回顧研究的同時,學者們也關懷當下,提出具有建設性的主張。這方面的研究主要有:李正宇《絲綢之路名實論》(《石河子大學學報》1 期)指出,作爲亞歐大陸之間洲際文明大動脈的"絲綢之路"早在張騫西行之前就已存在;這條道路不僅是中國與西方物質文明和精神文明交往的通道,也是西方各國之間物質文明和精神文明交往的通道,今天人們使用"絲綢之路"這一概念時不應過於片面和狹隘。傅夢孜《對古代絲綢之路源起、演變的再考察》(《太平洋學報》1 期)以中國爲主並以更廣的視角對古代絲綢之路進行再考察,廓清與絲綢之路有關的學術概念及陸上、海上絲綢之路的地理路徑及範圍,對古代絲綢之路的路綫進行了補充研究,並探討了古代海上絲綢之路的特殊性,陸海絲路之源起、演變,以及在不同時期出現絲路時斷時續或並存、交替的歷史時空背景。王治來《絲綢之路的歷史文化交流與"一帶一路"建設》(《西域研究》2 期)回顧了陸上絲綢之路在歷史上的興衰歷程,闡述了其對構建中西交通、發展中外貿易、促進經濟發展和溝通中外文化交流等方面所起的重要作用,進而指出當前我國"一帶一路"的設想和建設,能在經濟上和文化上給絲路各國帶來振興的希望,使沿綫各國人民過上安居樂業的生活。施展《歷史哲學視域下的西域—中亞》(《俄羅斯研究》2 期)將中亞和西域作爲主體加以討論,重新構建了一種歷史哲學的敍事框架,給出對於歷史與現實的不同理解方式,並對當下大陸帝國、海洋帝國與西域—中亞深刻的一體聯動關係提出自己的看法。顧晶晶《中阿(富汗)絲綢之路文明交往的歷史演進及當代啓示》(《西安財經學院學報》6 期)立足當下推進"一帶一路"戰略的新時期,對中國與阿富汗兩國文明交往的歷史進程進行探究,分析雙方交往呈現的特點,進而揭示對實現中國和阿富汗兩國的進一步文明交往和"一帶一路"建設的兩點啓示。榮新江《歐亞大陸視野下的漢唐絲綢之路》(《絲綢之路研究》1 輯)從歐亞大陸上的溝通與貿易、政治、文化等方面討論了公元 2 世紀到 8 世紀的陸上絲綢之路,對不同時期的興衰、特徵進行了概括。姑麗娜爾·吾甫力、王曉東《在喀什開展巴基斯坦研究的必要性和可行性分析》(《絲綢之路研究》1 輯)從經濟貿易、地理位置及國家安全等方面探討了"一帶一路"倡議背景下在喀什開展"中巴經濟走廊"研究、巴基斯坦研究的必要性和重要性。

　　李永平《絲綢之路與文明交往》(陝西師範大學出版社)從絲綢之路的物質技術、神話宗教、文學藝術三個方面展開,主張全球史觀和全球區域觀念是思考絲綢之路文明交往問題的落腳點。劉進寶、張涌泉主編《絲路文明的傳承與發展》(浙江大學出版社)收錄了學者關於絲綢之路、敦煌吐魯番學的相關論文,其中林梅村《怛羅斯城與唐代絲綢之路》、張新朋《吐魯番出土〈千字文〉敍錄——日本收藏篇》(另載《童蒙文化研究》2 卷)、鄭阿財《唐代漢字文化在絲綢之路的傳播》以及朱鳳玉《唐宋蒙書在絲路的傳佈與發展》涉及西域與絲路文明。石雲濤《漢代外來文明研究》(中國社會科學出版社)在充分吸收前人研究成果的基礎上,對早期中外交通和文化交流進行了研究。楊銘、李鋒《絲綢之路與吐蕃文明》(商務印書館)以作者多年研究的吐蕃統治敦煌西域歷史爲基礎,以通俗易懂的文字内容和生動的圖片,描述吐蕃進出敦煌、統治敦煌的歷史,著重突出吐蕃制度文明、物質文明在敦煌寶庫中留下的精華部分以及歷史影響。其中對吐蕃對西域的經略,尤其是二者與于闐的交通、文化交流做了探討。楊軍、高廈《怛邏斯之戰——唐與阿拉伯帝國的交鋒》(商務印書館)用嚴謹的史學考證,再現了怛邏斯戰役前中亞道路上各國的發展及戰爭後各種文明在此交流的歷史,描述了這場最容易被歲月忽視卻又影響了世界的戰爭。榮新江《絲綢之路與文明傳播》(《北京論壇(2017)文明的和諧與共同繁榮——變化中的價值與秩序:中華文明的國際傳播論文與摘要集》)站在中國的立場上審視絲綢之路與文明傳播的關係問題,闡釋了絲路文明經歷了由早期的物質文化層面的商品流通到張騫出使西域後擴大到政治、外交、文化等各個方面的交流。鄭阿財《國際傳播視野下蒙書的流傳與中華文明》(《北京論壇(2017)文明的和諧與共同繁榮——變化中的價值與秩序：中華文明的國際傳播論文與摘要集》）結合敦煌吐魯番出土文獻發現的蒙書，闡述了童蒙文化作爲中國傳統文化重要的組成部分，承擔著中華民族文化啓蒙與傳承的基礎工作。李錦繡《古代"絲瓷之路"綜論》（《新疆師範大學學報》4期）對"絲瓷之路"的研究內容、發展階段以及陸海絲綢之路的差異與聯繫進行了綜合論說，指出"絲瓷之路"是東西方文明通過海陸兩路進行交通、交流、互動與融合的道路，涉及經濟、政治、軍事、文化、民族、社會、地理與自然科學等諸多方面，而不僅僅是商品流通之路。陳剛《古絲綢之路與中原和西域科學技術的傳播交流》（《蘭臺世界》20期）對古絲綢之路中國境內中原和西域科技文化的傳播和交流背景進行了探討，認爲古代中原和西域科學技術的交流是伴隨著絲綢之路的開闢而拉開了大幕。中原地區科技文化的"西漸"和西域科技文化的"東來"，不僅極大推動了古代西域科學技術的發展，也豐富了古代中國科學技術的內容。

張連銀《嘉峪關外：內地化進程中的邊陲社會——以明清時期的王子莊爲個案》（《中國邊疆史地研究》1期）從社會史視角對明清時期處在嘉峪關外農牧交錯地帶的王子莊地域社會的內地化進程加以實證分析，以展示河西走廊農牧交錯地帶邊陲社會歷史的獨特變遷軌跡，並指出明代嘉峪關外的內地化進程在西域局勢變動的影響下進程緩慢。清代以來，在王朝大一統背景下，邊陲內地化不斷向西推進，嘉峪關外的社會生產方式、經濟結構、民族結構、邊地觀念、行政區劃都發生了巨大的轉變，具備了內地州縣特徵。莫瑩萍《唐西州時期吐魯番地區民衆孝觀念研究》（南京師範大學碩士學位論文）以吐魯番出土文獻爲主要材料，探討了唐西州時期多元宗教、文化對吐魯番地區民衆"孝"觀念的影響。徐磊《清同治、光緒年間新疆地方漢團的發展成因及其歷史價值探微》（《西北民族論叢》1期）對清同治、光緒年間新疆地方漢團的發展狀況從概況、成因、歷史價值等方面做了全面的闡述，指出漢團的發展與壯大，維護了民族團結，加強了抵禦外侮的國防實力，是促進邊疆安寧和國家統一不可或缺的重要力量。

西域風物研究方面，朱麗《兩漢時期西域風物東傳探略》（《新疆地方志》2期）對兩漢時期西域風物（實體性和非實體性）東傳的背景與內容進行了考察，並反映其影響與價值，對研究西域及內地的民族關係、民生狀況等具有重要意義。類似的研究，如劉慶《從古代詩句中映象出的葡萄酒文化（上、下）》（分載《世界文化》2、3期），劉啓振、王思明《略論西瓜在古代中國的傳播與發展》（《中國野生植物資源》2期）以及劉啓振、張小玉、王思明《漢唐西域葡萄栽培與葡萄酒文化》（《中國野生植物資源》4期），王瑩《漢帝國的絲路想象初探——以蒲陶和天馬爲個案》（《廣西師範學院學報》4期），程傑《西瓜傳入我國的時間、來源和途徑考》(《南京師大學報》4 期),張連傑《試論漢武帝伐大宛取汗血馬中的求仙因素——兼談漢武帝時期的汗血馬之路綫》(《渭南師範學院學報》5 期),張婧《鄯善國馬之用途初探》(《西安文理學院學報》4 期)等,均以西域動植物切入考察西域因素對中原文化的影響。王志煒、羅丹《隋唐時期新疆地區草原石人所佩戴刀劍器名考》(《山西檔案》2 期)運用考古類型學、圖像學的方法,將隋唐時期新疆地區草原石人所佩戴刀劍器劃分爲四種類型,並結合漢文文獻、考古發掘實物和圖像材料以及薩滿遺俗,論證出所佩短刀劍器爲餐具刀子,長刀劍器爲儀刀和横刀。冉萬里《一幅珍貴的"無花果採摘歸來圖"》(《西部考古》13 輯)利用新疆考古發掘中發現的關於無花果的相關資料論證了無花果的傳播路徑。喬天《唐代三勒漿雜考》(《唐史論叢》25 輯)探討了"法出波斯"的三勒漿在唐代傳入中國的途徑及之後的傳飲狀況,其中對三勒漿的入唐途徑是源出西域絲綢之路還是道經海上絲綢之路進行了辨析。葛嶷、齊東方《異寶東來:考古發現的絲綢之路舶來品研究》(上海古籍出版社)選取跟陸上絲綢之路關係最密切的、以西北五省區墓葬出土爲主的、宋以前的 49 件外來物品爲研究對象,包括了青銅器、金銀器、陶器、玻璃器、紡織品、木製品以及石製品,是有關絲綢之路考古藝術品研究的精美圖録。

禮俗娛樂、物質文化生活方面,墓葬及隨葬衣物疏多反映時人風俗信仰,相關研究有:田海峰《墓葬遺存與環塔里木歷史文化研究》(《寧夏社會科學》2 期)根據環塔里木地區墓葬遺存分析環塔里木地區的地理環境變遷、綠洲社會文化和不同地區的民眾生活等歷史,並分析其在今後的西域學術研究領域的特定價值和作用。黄景春《高昌衣物疏的演變及衰落原因》(《寶雞文理學院學報》3 期)對高昌衣物疏的出土情況及其演變進行了探討,指出隨葬衣物疏習俗在高昌延續了近三百年,並依據疏文中體現的信仰內涵做了階段劃分。許飛《論吐魯番隨葬衣物疏中的"海東頭、海西壁"》(《敦煌研究》6 期)對吐魯番出土的麴氏高昌國時期的隨葬衣物疏中的"若欲求海東頭,若欲覓海西壁"進行重新考察和解讀,認爲從當時吐魯番漢民族的冥界觀來看,鬼魂的去處不是"海"而是地下的墳墓。

叢振《敦煌、吐魯番文獻所見藏鈎遊藝考》(《吐魯番學研究》1 期)通過對藏鈎的緣起及遊戲規則的考察,尤其是對敦煌、吐魯番出土文獻中藏鈎遊藝的討論,認爲藏鈎已超出了單純酒令遊戲的範疇,在宗教娛樂中也有所體現,呈現出藝術特徵。黄瑞柳、丁慧等《高昌王國漢人生活方式的傳承與變遷——建築和文化篇》(《北方文學(下旬)》5 期)根據現有考古及文獻資料,簡要分析了高昌王國時期當地漢人建築和文化生活等方面的傳承與變遷,以此進一步瞭解嵌入式移民群體對當地社會文化的適應與變遷,以揭示新疆歷史上不同民族之間接近、融合的方式與意義。同作者《高昌王國漢人生活方式的傳承與變遷——飲食和交通篇》(《北方文學(下旬)》5 期)在現有資料的基礎上,探討了高昌王國漢人在飲食和交通方式上對中原文化的繼承和在西域生活過程中發生的轉變。

物質文化層面的研究:王力、吾甫爾·努爾丁·托侖布克等《19 世紀中葉以來新疆坎兒井的演變研究》(《中國水利水電科學研究院學報》1 期)梳理了 19 世紀中期以來新疆坎兒井的基本情況,指出坎兒井對近現代吐魯番地區水利建設和農業發展影響深遠,另外分析了坎兒井對新疆沙漠綠洲的作用,並指出了坎兒井衰退的原因,並從生態環境和水利遺產價值層面對坎兒井保護與利用進行了探討。安尼瓦爾·哈斯木《饢·饢坑與饢文化漫談》(《新疆地方志》2 期)結合考古發現和文獻記載,考察作爲新疆維吾爾等民族傳統食物之一的饢的歷史、傳播及製作,進而對饢所蘊含的豐厚的文化内涵作了解讀。張雲、張付新《試論隋唐胡食的傳播及其影響》(《内蒙古電大學刊》5 期)對西域胡食及其傳播進行了考察,指出胡食的傳入在一定程度上對中原飲食產生了重要影響,使内地飲食來源多元化、民族化,出現"胡化"現象。方懷銀《一封飄零千年的家信》(《中國郵政》8 期)介紹了安徽博物院收藏的敦煌高昌出土的唐大中六年的《二娘子家書》。

四、經　　濟

本年度經濟方面的研究成果主要包括契約户籍税收、絲路貿易、屯墾與區域開發等方面。

與契約、税收有關的論著:乜小紅《中國古代契約發展簡史》(中華書局)立足傳世文獻、出土文獻的分析,以當代經濟理論爲指導,對中國古代契約的發展進行了周密考察,得出了對中國古代契約發展史的規律性認識。其中對鄯善王國採用的漢地契式、察合台文契約等做了探討。徐秀玲《隋唐五代宋初雇傭契約研究:以敦煌吐魯番出土文書爲中心》(中國社會科學出版社)以敦煌吐魯番地區出土的隋唐五代宋初時期的農業、畜牧業、手工業、建築業、雇人代役等契約爲主要研究對象,從契約的性質及發生原因、雇價、雇傭雙方的權利與義務、違約賠償、女性擔保人等方面進行分析,詮釋了隋唐至宋初雇傭契約的發展變化,以及某些契約反映的其自身與當局者的政治決策,社會經濟狀況、生產生活、交通運輸以及人口遷徙之間相互影響的密切關係,並進而準確地界定此批契約在中國雇傭史上承上啓下的歷史地位。此外,通過對此批契約的研究,還讓人們從雇傭的視角進一步瞭解了隋唐至宋初西北地方的政治、經濟、軍事、社會生產以及民眾的生存狀態等方面的情況。孫寧《唐代户籍編造史稿》(中國社會科學出版社)以敦煌吐魯番出土户籍類文書爲考察對象,勾勒了唐代户籍編造的概貌。另外對編户民年齡——"籍年"的概念與其具體統計、功用及唐代特殊户籍——僧尼籍的編造始年、周期、份額狀況等問題做了個案研究。張婧《佉盧文書所見鄯善國税收制度探析》(《新疆大學學報》1期)利用史料和當地出土的佉盧文書對該國税收及徵税物品、措施等相關問題進行了探討。王啓明《晚清吐魯番郡王經濟權益研究》(《中國邊疆史地研究》1期)利用新近影印出版的吐魯番檔案,探討了晚清吐魯番郡王的土地資產、贍養糧石及抽税權等社會經濟問題以及其在晚清新疆政治體制轉型中的主觀反應。乜小紅、陳國燦《對絲綢之路上佉盧文買賣契約的探討》(《西域研究》2期)將佉盧文契約放在歷史大背景中,對其契約模式及特點、買賣契約關係的發展變化,與同期漢式契約的比較,以及買賣契約對絲綢之路經濟的作用等方面做了探討。張鐵山、崔焱《回鶻文契約文書參與者稱謂考釋——兼與敦煌吐魯番漢文文書比較》(《西域研究》2期)以回鶻文契約文書爲底本,與敦煌吐魯番漢文文書比較,探討了回鶻文各類契約文書各方參與者的稱謂及其特點。趙毅《清末新疆基層社會治理:基於坎兒井契税的考察》(《昌吉學院學報》2期)以吐魯番坎兒井的税契爲視角,考察了清末新疆契税政策的演變,指出契税政策既是清政府財政收入的手段,也是清朝在回疆推行"因俗而治"治理理念的一種體現。趙貞《唐代黄口的著録與入籍——以敦煌吐魯番文書爲中心》(《西域研究》4期)對敦煌吐魯番文書中唐代黄男、黄女的著録進行梳理,並重點分析了一歲嬰兒和兩至三歲幼兒在官方著籍中的不同。何亦凡、朱月仁《武周大足元年西州高昌縣籍拾遺復原研究》(《文史》4輯)通過復原大足元年西州籍,探討了大足元年西州高昌縣籍與户口管理及武周時期西州的户口檢括,指出自640年唐滅高昌,建立西州,内地實行的一系列體制亦頒行於西州,而在李唐建國近百年之後,堅守帝國律令更多的不是内地,卻是邊州。李世龍、趙大旺《唐前期的"小男當户"》(《敦煌研究》5期)以敦煌吐魯番出土的簿帳文書爲考察材料,對小男當户的法律問題以及小男的家庭經濟情況進行了探討。何志文《吐蕃統治敦煌西域時期的雇傭問題探析——兼與陷蕃之前及歸義軍統治時期雇傭比較》(《中國農史》5期)對吐蕃統治敦煌西域時期雇傭契約的年代重新進行了推定。通過對雇契具體内涵的探討,分析出雇傭的具體性質,歸納出雇傭關係的五種類型。同時將吐蕃與唐前期、歸義軍統治時期的雇傭進行對比,指出唐、五代雇契形式發展具有連續性,並漸趨完整與固定化,吐蕃統治時期的雇傭具有明顯的時代與民族特色。

絲路貿易方面：申慧青《簡論北宋對絲綢之路的經營與利用》（《宋史研究論叢》1期）以10至13世紀兩宋政權一度放鬆甚至喪失對絲路的控制為背景，論述了北宋對絲綢之路的經營與利用，認為即使北宋戰亂頻仍，中原與西域諸國依然通過絲綢之路或多或少地保持著聯繫，折射出文明的貫通與互相影響的能力。劉源《漢晉鄯善國社會經濟史研究述要》（《吐魯番學研究》1期）對百年來學界有關出土文物及大批以佉盧文、漢文寫就的簡牘文書反映的古代樓蘭、鄯善與絲綢之路社會經濟等方面的研究成果進行回顧總結，從而使鄯善國社會經濟史的面貌逐漸清晰。鮑海勇《清乾隆、道光兩朝貿易禁運述論——以絲斤、大黃、茶葉為中心》（《新疆大學學報》2期）通過對清代乾隆、道光時期絲斤、大黃、茶葉貿易禁運舉措進行系統梳理和考察，指出貿易禁運對清前期互市佈局的構建起到重要作用。其中探討了清政府在新疆的貿易禁運。殷晴《6世紀前中印陸路交通與經貿往來——古代于闐的轉口貿易與市場經濟》（《中國經濟史研究》3期）考察了6世紀以前主要是漢晉時期中印之間通過陸路交通的交往，並對其演變進程與中印交往的史實做了揭示。楊富學、劉源《佉盧文簡牘所見鄯善國絲織品貿易》（《石河子大學學報》3期）對佉盧文簡牘所見絲織品及其在鄯善國的流通進行了梳理，對鄯善國交通及絲織品貿易進行了探討。袁煒《兩晉南北朝正史所見西域錢幣考》（《中國錢幣》3期）對兩晉南北朝時期正史所見西域錢幣進行了考證，指出相對於漢魏時期前四史對西域錢幣的準確描述，兩晉南北朝時期對西域錢幣的描述可分為兩部分。其中對塔里木盆地周邊綠洲國家錢幣的描述相對精準，而對於蔥嶺以西的西域國家錢幣描述則多有訛誤。造成這一現象的原因是兩晉南北朝時期中原王朝在西域勢力的收縮，由此導致了這一時期中原對西域錢幣的瞭解囿於蔥嶺以東的綠洲國家，而對蔥嶺以西各國錢幣制度的瞭解則多有不實。楊小敏《北宋時期的秦州（天水）經濟與陸上絲綢之路》（《中國史研究》4期）考察北宋時期秦州在陸上絲綢之路的角色，指出秦州不僅是北宋西部邊境的軍事重鎮，而且也是非常重要的經濟樞紐城市，為北宋發揮了軍事前哨和發展絲路貿易的重要作用。張尚慶《11世紀喀喇汗王朝和西夏、北宋關係的演變》（《蘭州教育學院學報》11期）從絲路貿易的視角探討了北宋初打敗于闐的喀喇汗王朝與西夏、北宋的關係演變過程。夏時華《北宋時期陸上絲綢之路乳香貿易問題探究》（《西北民族大學學報》5期）對北宋時期陸上絲路乳香貿易有關問題進行個案探究，指出北宋社會的巨大乳香消費需求、陸上絲路交通順暢、西域諸國和北宋的重商政策等諸多因素都促進了當時陸上絲路乳香貿易的興盛。王子今《絲綢貿易史上的漢匈關係》（《文史知識》12期）考察了絲綢貿易活動中漢與匈奴的態度、作用以及西域絲綢市場與匈奴

"賦稅諸國",漢與匈奴的絲綢貿易展現了二者間在經濟交流史與文化融合史中有著平緩親和的一面。葛承雍《中古時代胡人的財富觀》(《絲綢之路研究集刊》1輯)利用傳統史籍、出土文獻及考古發現,對中古時代粟特等中亞、西域胡人的"財富觀"進行了考察,揭示了其背後的政治及宗教文化因素。劉源《佉盧文書所見鄯善國與周邊紡織品貿易》(西北民族大學碩士學位論文)進一步對漢晉各歷史時期鄯善國地緣政治變遷進行再認識,著重對鄯善國同中原地區及鄰國于闐的政治、貿易關係進行詳細梳理,對漢晉時期西域南道的交通、政治、經濟格局以及鄯善國同周邊地區的貿易聯繫提供了新的綫索。王玉萍《回鶻商業發展史研究》(西北民族大學碩士學位論文)對回鶻從起源時期到元朝的商業發展進行了梳理,重點考察了漠北回鶻汗國時期的商業發展及河西回鶻、高昌回鶻在絲路貿易發展中的商貿經濟發展。張重洲《唐代西州粟特人貿易活動考索》(《敦煌學輯刊》4期)對唐朝統治西州時期吐魯番的粟特人從事的官私貿易活動以及商貿活動與西州社會進行了考察,指出粟特人的貿易活動與整個西州社會緊密聯繫,對西州乃至整個西域都產生了深遠影響。

屯墾與區域經濟開發、發展研究方面,漢代和清代的屯墾備受關注。張安福《西域屯墾經濟與新疆發展研究》(廣東人民出版社)以時間爲序,系統闡述了從兩漢至中華人民共和國兩千年來西域屯墾經濟的發展歷史,勾勒出西域屯墾從漢唐"保安全、促穩定"到清代"經濟開發與社會穩定並重"的變遷,進而透視出整個新疆西域地區的政治經濟變遷。李楠《兩漢西域屯田組織管理體系》(《農業考古》1期)利用新出懸泉漢簡等材料,研究認爲兩漢在西域隨著屯田的深入,管理體制日益完善,經過一百多年的發展,逐步形成了頗具地方特色的屯田管理機構。胡岩濤《漢帝國西域屯墾與國防的戰略選擇》(《西北民族大學學報》4期)結合考古資料和歷史文獻的記載,指出漢帝國西域屯墾戰略的實施有著深厚的內在基礎與動力,背後所體現的是以農耕文明爲主體的強大農業國家在發展過程中所產生的思維模式、政治理念以及文化的張力。劉錦增《清代吐魯番的屯田及其影響》(《新疆大學學報》1期)結合清代檔案、方志等文獻,對清代吐魯番的屯田及其成效、影響等問題進行了分析。文章指出,清代吐魯番的屯田,基本上解決了吐魯番駐防官兵的糧食問題,促進了吐魯番地區經濟的繁榮,推進了内地與新疆的交流,但也造成了一定的生態問題。陳躍《陝甘總督與乾隆年間的新疆屯墾》(《中國邊疆史地研究》1期)從陝甘總督的視角,探討陝甘總督在乾隆年間新疆屯墾建設中的地位與作用,指出陝甘總督在新疆經濟建設上發揮了不可替代的重要作用。郭超文《清代新疆屯墾及其歷史意義概略察究》(《新疆地方志》3期)對清代新疆屯墾狀況、特點及歷史意義做了考察。蔣静、朱麗娜《清乾嘉時期烏魯木齊屯墾經濟的繁榮發展》（《經濟研究導刊》4期）考察了乾嘉時期的屯墾環境及對屯墾經濟的效益做了分析，指出烏魯木齊耕地産量不僅養活了這一時期遷來的龐大人口，爲烏魯木齊成爲新疆重要的屯墾經濟重心奠定了基礎，也爲新疆的屯墾事業奠定了堅實的基礎。張安福《清代屯墾與烏魯木齊行政中心的形成》（《石河子大學學報》5期）考察屯墾在促進烏魯木齊成爲行政中心中的推動作用，指出在新疆行政中心由伊犁"北移"和"東轉"的同時，新疆對地方的治理模式也由"多元"向"一元"轉變。烏魯木齊最終成爲新疆的行政中心，既有著客觀的地理區域變化的因素，也是烏魯木齊長期經濟、社會發展的結果使然，在這其中屯墾移民成爲重要的推力。

農牧業經濟開發方面的研究，主要有：鄧一帆、郭風平《清代中後期和闐農業發展述論》（《農業考古》1期）對清代中後期和闐農業曲折發展的進程進行了回顧，探討了各個階段農業發展的影響因素，指出地區發展受到不平衡的政策、動亂的社會環境、低效落後的農業技術以及活力匱乏的社會結構等諸多因素的影響，其中開發政策是特殊歷史時期内影響南疆農業發展的核心因素。鄧一帆《清代新疆塔里木河流域的農業開發及生態影響研究》（西北農林科技大學碩士學位論文）分階段研究闡述了清代塔里木河流域農業開發的歷史歷程，在探討農業開發的同時，討論了其與環境變遷的關係。潘伯榮、劉文江等《古絲綢之路對新疆農林業發展的影響》（《中國野生植物資源》1期）介紹了古絲綢之路對新疆農林産業的發展影響，全面介紹了新疆學習和吸納世界各民族優良的植物學傳統知識的過程。楊榮春《北涼農牧業研究——以吐魯番、河西出土文獻爲中心》（《古今農業》2期）從吐魯番與河西出土文獻的視角研究北涼農牧業，展現了北涼在河西、高昌因地制宜，精耕細作，大力發展特色農業的情況，實現了農、牧業並舉。北涼的農牧業發展，爲其統一河西、統轄西域奠定了基礎。尤其是把先進的農耕方式、生産方式推廣到高昌，也促進了西域經濟發展。劉壯壯《清代新疆農業開發研究述評》（《西域研究》3期）通過對近三十年來清代新疆農業開發研究成果的簡要回顧，從開發經營的性質和形式、政策和路徑選擇、糧食供給狀況、賦税和獎懲制度、農業環境的利用和技術選擇五個方面對清代新疆農業開發的研究現狀做了簡要評述，並指出了其中存在一些問題和不足。劉漢興《從考古資料考察烏孫的農業經濟》（《農業考古》4期）利用伊犁河流域發現的大量與烏孫有關的考古資料，分析烏孫經濟生活中農業成分所佔的比重，通過對墓葬内出土遺物——陶器及與農業相關的工具分析、討論，認爲烏孫的經濟在早期階段以畜牧業中的養羊爲大宗，在烏孫西遷伊犁流域時開始了農業經營，之後到了晚期階段則是農牧並舉,但是畜牧業一直居主導地位。孫啓忠、柳茜等《兩漢魏晉南北朝時期苜蓿種植利用芻考》(《草業學報》11 期)採用文獻考證法,對兩漢魏晉南北朝時期的苜蓿名稱與名實、苜蓿引種與種植分佈、種植管理與利用等進行了考證。張星月《生態視野下的錫伯渠探微》(新疆師範大學碩士學位論文)以伊犁察縣歷史上農業經濟的發展爲綫索,以察縣水利工程錫伯渠爲考察對象,對其自清代修建至今進行的農業開發與察縣的生態環境影響進行了分析及討論。魯靖康《清代新疆農業研究》(陝西師範大學博士學位論文)以清代新疆的農業爲研究對象,從灌溉水資源、農業產業、農業開發中的地域關係和人地關係等方面進行了探討。鄭炳林、唐尚書、曹紅《北魏至隋唐羅布泊地區的生態修復與城市重建》(《敦煌學輯刊》3 期)通過分析北魏至隋唐時期羅布泊地區鄯善城變遷與區域生態環境之間的互動關係,探討了歷史時期自然生態修復對於城市重建乃至區域社會發展的能動意義。錢伯泉《從吐魯番出土文書看南北朝時期高昌地區的棉紡織業》(《吐魯番學研究》2 期)對考古發現的高昌地區及塔里木盆地諸綠洲古國的棉花種植及棉紡織業以及吐魯番文書中所見南北朝時期高昌地區的植棉和棉紡織業做了考察。

王啓明《晚清吐魯番義倉的設置與分佈》(《中國農史》2 期)利用《清代新疆檔案選輯》等檔案資料,著重對晚清吐魯番義倉的設置(背景、時間、倉廒、穀本與加息章程等)及其分佈情況進行了詳細的探討和考證,指出吐魯番義倉成爲當地維吾爾社會新的社會救濟組織之一。王鵬輝《清代新疆的蝗災與蝗神信仰》(《西域研究》4 期)通過對清代新疆蝗災和蝗神治理的内地農耕因素和時空分佈進行研究,對中國蝗災的歷史發展和空間分佈有了更爲科學完整的理解和認知,文章並對中國農耕區域與遊牧區域相互交錯的時空結構進行了思考。

五、文　獻

對文獻收藏、刊佈、修復、流傳等情況予以介紹的研究成果有:包曉悦《日本書道博物館藏吐魯番文獻目錄(下篇)》(《吐魯番學研究》1 期)是中村不折所藏吐魯番文獻的最新目錄《日本書道博物館藏吐魯番文獻目錄》的最後一部分。該目錄在中村不折長子中村丙午郎所編《經卷文書類目錄(中國及本國)附解説》及陳國燦、劉安志主編《吐魯番文書總目(日本收藏卷)》基礎之上,依照書道博物館整理出版的圖錄《臺東區立書道博物館所藏中村不折舊藏禹域墨書集成》收録的吐魯番文獻圖版,重新編訂了書道博物館藏吐魯番文獻目錄,對每件寫本殘片的具體信息做了介紹,下篇共涉及 314 件。鍾書林《敦煌吐魯番文書的又一新發現——"馮氏藏墨"中的〈重譯妙法蓮華經〉長卷及題跋》(《江漢論壇》1 期)介紹了馮永軒在新疆所獲的古高昌文書,重點對馮天瑜編"馮氏藏墨"之《翰墨丹青》中刊佈的一件高昌出土唐貞觀六年魏徵重譯《妙法蓮華經》卷第五橫幅長卷的真僞、價值及近人題跋做了研究,同時簡要介紹了馮氏藏墨中另外四件尚未刊佈的高昌文書,其中有吐蕃文書、粟特文書各一件,漢文佛經兩件。陳紅彦《敦煌·西域·民語·外文　善本掌故》(上海遠東出版社)把國家圖書館藏的敦煌遺書、西域文獻、少數民族文字古籍、外文善本掌故等合爲一卷,爲相關專題研究提供了重要資料。王啓濤主編《吐魯番文獻合集·儒家經典卷》(巴蜀書社)是《吐魯番文獻合集》的第一卷,是迄今爲止最全面、系統收錄吐魯番出土儒家經典文獻並予以校注的一部總集,由此也揭開了對吐魯番出土文獻進行窮盡式整理和校注的序幕。本書上編爲《吐魯番經學史》,回顧和總結了儒學在西域的傳播發展歷史;下編對吐魯番出土的《尚書》《詩經》《禮記》《左傳》《孝經》《論語》《爾雅》七部經典的寫本殘卷進行了介紹性題解和精準的録文釋讀,並將之與傳世刊本進行校勘,對寫卷中特有的字形、辭彙進行了注釋。由西北民族大學、上海古籍出版社、英國國家圖書館合作出版的《英國國家圖書館藏敦煌西域藏文文獻9》(上海古籍出版社)爲英藏藏文文獻之第九册,包括斯坦因三次中亞新疆探險所獲敦煌、于闐、吐魯番等地的古藏文文獻,每張圖版均由西北民族大學海外文獻研究所專家定名,書前有中文、藏文對照目録,能使利用者快速檢索到有用之材料。胡靜、楊銘《英國收藏新疆出土古藏文文獻敍録》(社會科學文獻出版社)在國內外學者已有的研究基礎上,對出自新疆而今藏於英國國家圖書館的 700 餘件文獻,按地域分類,逐一進行説明介紹,包括序號、題名、編號、形制、尺寸、內容提要、著録狀況等。同時收録了武內紹人《英國圖書館藏斯坦因收集品中的新疆出土古藏文寫本·導論》《文獻索引號、出土號、題名與序號對照表》《藏、漢譯名對照》等。該敍録將與已經刊佈的法藏敦煌古藏文文獻一起,爲有志於敦煌學、藏學以及西北史研究的讀者,提供可以進一步檢索、研究的文獻目録平臺。國家圖書館古籍館編《國家圖書館藏西域文獻的修復與保護》(國家圖書館出版社)是國家圖書館古籍館系列古籍修復案例撰寫的一種,對館藏西域文獻概況及修復與保護細節、成果和經驗情況做了介紹,爲古籍修復與保護提供了參考借鑒。王振芬《旅順博物館藏新疆出土漢文文獻的入藏與整理》(《吐魯番學研究》2 期)對旅順博物館藏新疆出土漢文文獻的整理與研究的過程,即日本二樂莊時期、20 世紀 20 年代入藏旅順博物館時期、20 世紀 50 年代之後三個重要時期,分四個階段進行了概述。趙洋《新見旅順博物館藏吐魯番道經敍録》(《敦煌吐魯番研究》17 卷)則是對新見的旅順博物館藏吐魯番道經殘片所作的題解和録文。

榮新江《絲綢之路也是一條"寫本之路"》(《文史》2輯)收集利用敦煌、吐魯番、和田乃至高加索地區出土的反映絲綢之路運營方面的各種文字的寫本文獻,分成幾類加以探討,論證絲綢之路的運作離不開寫本,從某種意義上來說,絲綢之路是一條寫本之路。曾華明《西域文化研究背景下西域文獻數字化評價》(《蘭臺世界》7期)從西域文獻建設項目的運行現狀出發,對西域文獻數字化發展的社會必要性進行了簡要分析,並針對數字化運行優勢和文化建設對策做了探討。王啓濤《儒學在古代絲綢之路流傳寫本考》(《西南民族大學學報》8期)對古代絲綢之路西域段的儒家經典寫本進行了全面的普查和考索,分析了西域儒學的特色和形成原因。

有關文獻整理、綴合、校勘、考釋的研究成果有:沈澍農《敦煌吐魯番醫藥文獻新輯校》(高等教育出版社)選取現存於法國、英國、俄羅斯、日本、德國等國家的敦煌吐魯番醫藥文獻中的具有相對完整醫藥內容的106個卷號進行整理、校注,採用圖文並行對照形式出版,爲中醫藥學術研究提供了極爲重要的醫藥文本。陳于柱、張福慧《新發現的綫裝本〈張天師發病書〉〈張發病全書〉整理研究》(《敦煌學輯刊》2期)介紹了作者從江蘇、山東搜集到的兩件保存完整的綫裝本《發病書》,並將其與敦煌吐魯番出土《發病書》做了比較研究,對於重新、認識審視《發病書》在傳統中國的傳播與流行情況及敦煌吐魯番出土《發病書》殘卷的校勘,有很大價值。張遠華《〈吐魯番出土文書〉圖文本與釋文本對照(四)》(《吐魯番學研究》2期)是針對國家文物局古文獻研究室、新疆維吾爾自治區博物館、武漢大學歷史系於1981—1991年出版的《吐魯番出土文書》釋文本(簡裝本)一至十冊以及1992—1996年先後出版的圖文對照本(精裝本)壹至肆卷在編排上存在的差異,圖文對照本增收了釋文本未收的少數文書及大量文書殘片,以及對釋文本的個別漏誤也作了訂正的情況,爲了便於研習者更好地利用《吐魯番出土文書》而編撰的目錄。

修訂再版的有:陳高華《明代哈密吐魯番資料彙編》(商務印書館)是對14世紀到17世紀時期明代哈密、吐魯番地區資料的彙編,這些資料反映了當時的政治、經濟狀況及風土人情、地理概貌,還反映了當時中央政權與哈密、吐魯番地方政權之間建立的政治、經濟、軍事方面的密切關係。此次修訂除改正錯訛外,作者在原作基礎上又新增補了一批資料,同時將所寫《關於明代吐魯番的幾個問題》一文作爲附錄收入,對吐魯番的概況、統治者世系及其與明朝關係做了比較深入的分析。周偉洲《吐谷渾資料輯錄》(商務印書館)對漢、藏文有關史籍所載吐谷渾資料的多方位輯錄、整理與校釋,以二十四史中有關資料爲主,兼收史學論著、文集、文物考古資料,以及敦煌、新疆發現的漢藏文書、簡牘等材料。本書1992年曾於青海人民出版社出版。此次增訂出版,又補充了一些新資料,改正了原版一些錯訛之處;附錄中又收錄了作者《吐谷渾在西域的活動與定居》一文及索引。芮傳明《古突厥碑銘研究》(商務印書館)對古突厥文碑銘涉及的歷史、地理、民族、文化等進行了深入探討,結合同時代的漢文史料以及後世國內外學者的各種研究,揭示了後突厥汗國與中原王朝及其他周邊民族的政治往來、戰和關係與文化交流史實。書中還把百年前出土的五塊突厥文碑的銘文譯成漢文,加以詳細注釋。此次再版在原版基礎上做了一些修改和增補。

　　孟憲實《出土文獻與中古史研究》(中華書局)利用敦煌文書、吐魯番文書和唐代墓誌等出土資料,結合唐代基本典籍,探討了唐代的重大政治事件、民族和宗教管理制度、祥瑞制度、財政使職等重要議題,還對唐代敦煌、吐魯番的地方政治、經濟和社會文化,以及吳王李恪、安樂公主、上官儀等唐代重要政治人物進行了專題研究。王啟濤《吐魯番文獻釋錄中的幾個問題》(《新疆師範大學學報》2期)指出在吐魯番文獻釋錄中存在比較突出的六個方面問題,即不核原卷而誤錄、不明俗體而誤錄、不明術語而誤錄、不明古義而漏錄、不明方言俗語而誤注、不明寫本習慣而誤錄,並提出相應的解決辦法。游自勇《吐魯番所出〈老子道德經〉及其相關寫本》(《中華文史論叢》3期)全面搜羅吐魯番所出《老子道德經》及其相關寫本,包括在旅順博物館藏新疆出土漢文文獻中比定出的22片《老子道德經》相關的寫本,加上之前所知的19片,吐魯番出土的《老子道德經》相關寫本總共41片,分屬14個不同的唐代抄本。作者在此基礎上進行了初步的文獻比定和整理研究,從中推知此類道經在唐代西州曾經十分流行,豐富了對西州道教的認識。劉子凡《大谷文書唐〈醫疾令〉、〈喪葬令〉殘片研究》(《中華文史論叢》3期)對大谷文書中的Ot.3317與Ot.4866兩件唐令殘片做了考釋,爲唐令研究提供新的資料。張新朋《敦煌吐魯番出土〈詩經〉殘片考辨四則》(《西南民族大學學報》4期)在前人對敦煌吐魯番出土《詩經》研究的基礎上,又由《大谷文書集成》中認定《詩經》寫本殘片5片,就它們之間、它們與前人所認定的寫本之間的關係進行了梳理,同時也就部分前人已認定但仍有疑義的《詩經》寫本殘片做了探討。尹雪萍《清代新疆方志碑刻整理與研究》(新疆大學碩士學位論文)對清代新疆方志中所收錄的碑刻分概況、類型與特徵及價值與局限幾個專題進行整理研究,並對其中的《裴岑紀功碑》和《西域水道記》做了個案研究,在注重其文獻史料價值的同時強調對碑刻文獻的保護。司艷華《〈西域考古錄〉的文獻學價值探析》(《中國地方志》10期)從文獻輯佚、文獻考異與辨誤、文獻利用三方面探討了《西域考古錄》所具有的文獻學研究價值。段真子《旅順博物館藏吐魯番出土"律呂書"考釋》(《文史》4輯)參考《呂氏春秋》《淮南子》《五行大義》等典籍,根據文書中的核心詞語建立了"肴—地支—律吕"的對應關係,並以此推補文書部分內容,認爲該文書的性質當是對某部術數類典籍的抄寫,擬定名爲"律吕書"。鄧文寬《釋吐魯番文書中的"影名"》(《吐魯番學研究》2期)對吐魯番古墓出土的唐代官文書中的"影名"一詞進行了探索和詮釋,指出其應是"冒名","影名假代"也就是現代漢語裹常説的"冒名頂替"。王蕾《吐魯番出土鈐"玉門關之印"的過所文書考》(《吐魯番學研究》2期)對吐魯番阿斯塔那509號墓出土帶有"玉門關之印"的文書(作者將之命名爲《奴典信、奴歸命尚書省過所文書殘卷》)就基本信息、命名與功能等方面做了考察,指出其應爲唐代尚書省過所文書的殘卷,屬於呈牒勘過。

[日]關尾史郎著,王蕾、馮培紅譯《〈新獲吐魯番出土文獻〉所收"五胡"時代公文書試探》(《絲路文明》2輯)對《新獲吐魯番出土文獻》所收録的沮渠氏北涼流亡政權時代的公文書(即2006年吐魯番博物館所受捐贈中的6份文書)進行了探討。[日]關尾史郎著,李秀梅、李亮譯《"五胡"時代的墓誌及其周邊》(《吐魯番學研究》2期)對"五胡"時期的墓誌進行了整理,並對其特質進行了確認,另外還對各種隨葬品進行了探討,確認了這些隨葬品與墓誌的異同。其中作者對吐魯番阿斯塔那、哈拉和卓古墓群以及雅爾和卓古墓群等出土的墨書、朱書以及數量極少的用木板書寫的墓誌進行探討,認爲如果將吐魯番出土墓誌作爲一個史料群進行綜合性研究的話,那些非刻寫的墓誌,甚至極少量在木板上書寫的墓誌都應該與刻寫墓誌等同對待,從書寫(刻字)材料這個角度看,吐魯番出土墓誌與石質墓誌是完全不同的一個墓誌類型。

六、民　　族

本年度民族方面的研究主要有:增訂出版的王欣《吐火羅史研究》(商務印書館)主要探討河西走廊、塔里木盆地南緣和中亞地區吐火羅人的歷史活動,勾勒出上述地區的吐火羅民族發展史。通過考察歷史上吐火羅人遷徙活動的情況,説明他們向東發展的過程中曾分佈於塔里木盆地南北部。東徙河西走廊的吐火羅人的活動範圍曾到達了中國北部地方。此後這支吐火羅人除少數進入祁連山中之外,大部分又經過天山北麓西遷伊犁河、楚河流域,最後越過阿姆河,進佔巴克特里亞。在此期間,各地吐火羅人之間相繼失去聯繫,並進而分道揚鑣,獨立發展,逐漸在塔里木盆地南緣的尼雅至樓蘭一綫,北緣的焉耆、龜兹地區,河西走廊西部山谷地帶及中亞巴克特里亞等地形成幾個活動中心。徐文堪《絲路歷史語言與吐火羅學論稿》(浙江大學出版社)收入了作者近二十年來撰寫的關於絲綢之路、古代中外關係、中外語言接觸、西域研究、敦煌吐魯番學的論文、書評共三十篇,另附編譯性質的論文三篇。吐火羅學是作者半個多世紀來始終努力鑽研的領域,所以書中多篇論文涉及"吐火羅問題"。關於印歐語和印歐人的起源問題,作者也充分利用最新資料,在國内首次進行了相對深入的探討。該書以爲,絲路和西域研究的範圍極爲廣泛,研究者必須突破自身局限,構建一種跨學科、綜合性的體系和方法,纔能在這些領域獲得新的發現。李水城《前絲綢之路的誕生:歐亞草原與中國西北的族群遷徙與交互》(《絲綢之路考古》1輯)從世界體系的形成切入,概述環境與氣候對早期人類的影響,認爲隨著文明社會的發展,冶金產業成爲人類複雜化進程的標誌之一。公元前4000年前後,來自中亞哈薩克南部和烏拉爾山西側的部分印歐語系的族群開始向西伯利亞一帶遷徙移動。與此同時,地處黄河流域的仰韶文化族群也開始四處擴散,尤以向中國西北地方的遷徙規模最大,時間也最久。這個趨勢的出現有著自然和社會的雙重背景。東西兩大族群分別從不同的方向進入新疆,對新疆的史前文化構成產生了重大影響。王啓濤《"目"、"翟"二姓與粟特關係新證——以吐魯番出土文獻爲中心》(《民族研究》1期)以吐魯番出土文獻爲基礎,通過語言學的比勘及出土文獻與傳世文獻的綜合分析,對"目""翟"二姓作爲"胡姓"的族屬問題進行了深入考釋,認爲此兩姓者往往是粟特人,從敦煌到吐魯番都有關於他們的記載,"目""翟"二姓從中亞進入華夏邊地和内地,從事商貿、醫藥、工藝、翻譯、農業、軍事等工作,得到了包容、接納和認可,他們是中古絲綢之路上多民族文化交流和融合的典型縮影。楊銘《敦煌西域文獻中所見的蘇毗末氏》(《西北民族論叢》1期)結合敦煌、新疆出土的古藏文文書與相關的漢文文獻,探討了蘇毗王族末氏在吐蕃和敦煌西域等地的活動,内容涉及末氏在吐蕃王朝中的官階沉浮、蘇毗王子悉諾邏奔唐事件,以及末氏在敦煌西域等地的任職情況,進一步揭示了隋唐及五代時期末氏在蘇毗被征服以後,逐步融入吐蕃的歷史軌跡。朱建路《元代真定路的幾個畏兀兒人家族》(《西北民族論叢》1期)對定居真定的幾個畏兀兒家族進行了考證,並對其定居真定路的原因做了探討。范正生《"樓蘭"與"柔然"考辨》(《泰山學院學報》1期)從考古及相關史料與古音韻學等方面進行了考察,斷定"樓蘭"政權與"柔然"政權一脈相承,"樓蘭"與"柔然"在漢語古音中可以變通。李嶺《烏禪幕相關史事還原——與林梅村先生商榷》(《内蒙古社會科學(漢文版)》2期)針對林梅村先生《烏禪幕東遷天山考——兼論公元前2—1世紀匈奴在西域的遺跡》《烏禪幕東遷蒙古高原考——兼論匈奴文化對漢代藝術之影響》二文的觀點提出質疑,認爲烏禪幕作爲區區數千人的小國,短短三十餘年的歷史,對其產生的歷史文化影響不應估計過高。厲聲《歷史上匈奴統一與經營西域研究的思考》(《伊犁師範學院學報》3 期)對匈奴經營西域進行了論述和思考,認爲歷史上匈奴統一西域是中國"内部"北方遊牧區域政權統一西域的開端,開創了西域與内地統一的先河,匈奴政權經營西域是中國經營西域的重要組成部分,奠定了中原統一西域的基礎,彰顯了邊疆與中原共同推動歷史上中國與中華民族實現大一統的史實,印證了歷史上各民族攜手創造中國與中華民族歷史的規律。馬智全《漢代民族歸義與西北邊疆開拓》(《西北民族大學學報》5 期)探討漢代對西北邊疆民族實行的歸義政策,指出漢代對歸順的匈奴、羌人、小月氏以及西域地區名王貴人封侯賞賜,設置屬國對歸義大衆安置,給予歸義民衆"田無租、市無賦"的優待,要求邊塞不得私自役使歸義民衆。漢代這些歸義政策的實施對促進西北邊疆開拓和邊地社會穩定發揮了重要作用。李方《漢唐西域民族與絲綢之路和邊疆社會》(《吐魯番學研究》2 期)結合出土材料和傳世文獻記載,指出漢唐時期西域民族參與了當地官府主導的屯田、水利、交通、賦役等活動,並發揮語言溝通等特長,爲絲綢之路和邊疆社會的建設發展做出了貢獻。[日]吉田豊《粟特語摩尼教文獻中所見 10 至 11 世紀的粟特與高昌關係》(《中山大學學報》5 期)、《粟特語摩尼教文獻所反映的 10 至 11 世紀河中與吐魯番關係》(《絲綢之路研究》1 輯)利用三件發現於吐魯番的摩尼教文書,揭示了公元 10 至 11 世紀間粟特地區與天山東段地區吐魯番盆地緑洲國家之間的交流關係。勞心《敦煌出土于闐使者文書和尉遲僧伽羅摩年代考——張廣達、榮新江〈于闐史叢考〉補正》(《科學大衆(科學教育)》10 期)基於學界對敦煌出土于闐使者文書年代爭論較大的狀況,全面綜合分析,對張廣達、榮新江先生《于闐史叢考》中提出這些文書年代爲張承奉 902—904 年稱司空尚書時的說法進行補正,進而提出以下觀點:有些使者文書紀年雖晚到 10 世紀中期,但實爲後代學生練字産物,其中所反映的事實還應是發生在 9 世紀末期;于闐王尉遲僧伽羅摩爲李聖天之父;張承奉在 911 年稱帝前有過稱王階段;于闐和甘州回鶻早期世系統必須調整等。楊富學、王朝陽《論元代畏兀兒的忠君與報國》(《新疆師範大學學報》2 期)以史書記載與回鶻文所提供的信息爲依據,就元代畏兀兒忠君思想與行實進行考察論述,探尋元代畏兀兒人忠君報國的心路歷程。溫旭《孛要合自西域東歸的歷史年代新探》(《中國史研究》2 期)在以往學界對孛要合自西域東歸的歷史年代所作研究的基礎上重新加以探討,認爲孛要合自西域東歸的歷史年代當爲戊子年(1228),當時成吉思汗和鎮國皆已去世,阿剌海別吉公主正在汪古部監國。[日]松井太撰,曹金成譯《蒙古時代的畏兀兒農民與佛教教團——U5330(USp77)文書的再研究》(《西域研究》3 期)首先對柏林科學院所藏回鶻文文獻 U5330 文書進行再校訂,訂正了過去諸位前輩學者對此文書作用和性質的誤解,指出此文書的性質是反對佛教教團的畏兀兒農民爲了鞏固同盟關係的盟約文書。另外對 U5330 盟約文書的内容與已刊、未刊的回鶻文、蒙古文文書加以比較研究,尤其是以畏兀兒農民和佛教教團所承擔的稅役作爲問題的中心加以考察,認爲 U5330 文書的内容具有蒙古時代的歷史背景。咸成海《流沙西域 餞日東邊:論"二太子"察合台》(《蘭臺世界》10 期)對察合台進行專門研究,從其品質、性格、成吉思汗逝後皇位繼承中的特殊作用、汗國治理、婚姻生活等方面的深入研究,較全面地論述了察合台在大蒙古國時期的歷史中所産生的舉足輕重的作用,並分析其對西域歷史發展的重大影響。金琰《回鶻與絲路文明》(西北民族大學碩士學位論文)重點探討了回鶻與絲綢之路及周邊民族之關係、回鶻在絲綢之路上的商貿活動以及絲綢之路對回鶻文化發展的作用,其中涉及回鶻西遷、高昌回鶻的宗教以及維吾爾古文字等方面。

　　張峰峰、武沐《清代新疆東布魯特屬部考》(《西域研究》2 期)將東布魯特諸部視爲一個整體,集中分析了乾隆年間的相關界定,並結合前人研究對其屬部進行了再考辨,同時根據 18—19 世紀東布魯特的重要人物和事件,簡述了東布魯特鬆散聯盟的産生和演變過程。孫文傑《清代中期中央政府對新疆民族問題的管理與認識——以和瑛西域著述爲中心》(《山西檔案》2 期)以和瑛西域著述《回疆通志》《易簡齋詩鈔》《三州輯略》爲中心,探討了清代中期中央政府對新疆民族問題管理的特徵及變化歷程。許建英《清代以來維吾爾族華人華僑形成的歷史考察》(《中國邊疆史地研究》2 期)考察了清代以來中亞、南亞、西亞以及歐美等地維吾爾族華人華僑産生的歷史過程、原因和分佈特點,認爲清代以來是其形成的主要階段,其特點是以中亞、南亞等沿邊地區及東南亞爲橋梁走向歐美,共同構成遍佈世界的態勢。

七、宗　　教

　　本年度宗教方面的研究集中在宗教文獻與宗教文化信仰的傳播變遷等方面。王招國(定源)《佛教文獻論稿》(廣西師範大學出版社)收錄了作者近年來撰寫的十四篇論文,所研究的文獻種類有敦煌遺書、日本古寫經以及一些珍稀刻本。每篇論文均從文獻學的角度進行論述,涉及内容包括考訂文獻作者、追溯版本源流、分析文本系統、評述文獻價值等方面。其中《敦煌·吐魯番出土新羅元曉〈大乘起信論疏〉殘卷研究——兼論東亞"書籍之路"傳播的另一側面》一文就敦煌及吐魯番出土新羅元曉《大乘起信論疏》殘卷考察了文獻的傳播。吕麗軍《高昌北涼寫經對後世的影響——以鳩摩羅什譯經爲中心》(《太原師範學院學報》1 期)以吐峪溝出土的沮渠安周供養佛經對鳩摩羅什譯經進行分析,進而探討了高昌北涼寫經對唐代儒家、道教、佛教寫經題記的影響,認爲它們之間有某種必然的書寫傳統的承繼,並在承傳中不斷更新、不斷補漏、不斷嚴密化。霍旭初《玄奘、義淨法師譯經——龜兹佛教義學的寶典》(《石河子大學學報》2 期)對龜兹佛教的思想特質與屬性做了揭示,指出義淨對印度説一切有部之戒律、制度、儀軌的記載,是揭示龜兹佛教屬性與特點的十分寶貴的間接資料,尤其是玄奘、義淨攜回的毗曇經典與根本説一切有部律典,成爲當今研究龜兹佛教最重要的寶典。玄奘、義淨所譯諸典,具有 7 世紀印度説一切有部流行典籍的時代特徵,也是龜兹佛教和石窟的最鮮活的背景資料。張麗香《中國人民大學博物館藏和田新出〈妙法蓮華經〉梵文殘片二葉》(《西域研究》3 期)對中國人民大學博物館所藏近年新發現的出自和田的婆羅謎字體文書中的兩葉《妙法蓮華經》梵文寫本殘片進行了轉寫及比定,並對相關梵文寫本的情況進行了説明。趙洋《唐代西州道經的流佈》(《中華文史論叢》3 期)通過對德國及旅順博物館所藏的數件重要道經進行考論,證實了唐代西州道經三洞經典存續完整,又據旅順博物館藏 LM20－1460－37－14《太玄真一本際經》殘片的卷題,認定其爲五卷本系統,並進一步推論至遲到唐太宗貞觀末年,唐代西州已有道教傳播與道經傳抄。此外,根據目前整個吐魯番出土道經的狀況,比較了敦煌道經、吐魯番道經及《南竺觀記》所載經目的差異,對唐代西州道經的流佈情況與"開元道藏"的關係再作檢討。[日]橘堂晃一著,楊富學、胡蓉譯《回鶻人書寫的漢語"禮懺"文獻二種》(《河西學院學報》3 期)擷取兩件元代定居在吐魯番地區的回鶻人書寫的漢文佛經寫卷《佛説法寶禮》《彌勒啓請禮》作爲例證加以探討,揭示了漢文佛典與回鶻佛教間的密切關係,有助於更好地理解元代回鶻文佛典和漢文文獻的雜混問題。王振芬、孟彦弘《新發現旅順博物館藏吐魯番經録——以〈大唐内典録·入藏録〉及其比定爲中心》(《文史》4 輯)對旅順博物館藏新疆出土文獻中的經録與《大唐内典録·入藏録》做比對,認爲吐魯番地區也流行著同一種據以搜集、入藏、點勘佛典的實用經録。文章並據《大唐内典録·入藏録》的編撰,指出幾種經録的淵源關係應是《大唐内典録·入藏録》→河西地區經録→敦煌經録、吐魯番經録。楊德春《佛教早期語言策略與早期漢譯佛經的來源》(《殷都學刊》4 期)對早期佛經翻譯進行考察,認爲天竺高僧所漢譯之佛經必是翻譯自梵文佛經,而西域高僧也是以天竺梵文佛經爲最根本最可靠之依據。鄭賢章《佛經的翻譯與傳抄對漢字發展的影響》(《智慧中國》9 期)探討了佛經翻譯與傳抄對漢字發展的影響。崔中慧《北涼石塔刻經與寫經生》(《絲綢之路研究集刊》1 輯)從北涼石塔的出土地點探討其傳佈的地域特性,並將石塔的銘刻書法與另一座《涼王大且渠安周造寺功德碑》以及北涼佛教寫經比較，説明國家譯經、寫經與寫經生、石刻工匠之間的關聯。

沈衛榮《藏傳佛教在西域和中原的傳播：〈大乘要道密集〉研究初編》（北京師範大學出版社）利用敦煌藏文、漢文文獻，黑水城出土漢文、西夏文佛教文獻，吐魯番出土回鶻文文獻和散見於世界各地的元、明善本文獻中新發現的漢譯密教文本，發掘其藏文原本，通過對這些文本進行細膩的分析，重構11至15世紀藏傳密教在西域和中原傳播的歷史。霍旭初《論古代新疆"説一切有部思想文化帶"》（《絲綢之路研究集刊》1輯）、李瑞哲《論小乘佛教説一切有部在龜兹的流行》（《世界宗教研究》4期）圍繞龜兹佛教與克孜爾石窟研究展開。前者在用新觀念、新視野、新資料觀察古代新疆佛教歷史的過程中認識到：古代新疆存在一條"説一切有部思想文化帶"；後者指出當地出土的梵文、吐火羅語文獻絕大部分屬於説一切有部經典，從龜兹保存的石窟中可以透視出小乘佛教説一切有部在龜兹的流行情況，克孜爾石窟壁畫内容主要反映"唯禮釋迦"的小乘思想，並且有些題材僅出自小乘説一切有部經典。此外，二者還揭示了龜兹佛教與罽賓關係密切，深受説一切有部的集中地罽賓佛教的影響。苗利輝《唐代漢傳佛教在龜兹地區的傳播及其影響——以佛陀觀爲中心》（《絲綢之路研究》1輯）通過對龜兹石窟中保存的佛陀造像的研究，對龜兹地區的佛陀信仰進行闡釋，揭示了唐代漢傳佛教在龜兹地區的傳播和影響。龜兹地區的佛陀觀有一個逐步發展、日益多元的過程。才吾加甫《絲綢古道上的柔然佛教研究》（《青海民族大學學報》1期）對以往學界關於柔然信奉佛教的論述做了梳理，進而探討柔然與絲綢之路之佛教文化的關係。楊榮春《北涼高僧曇無讖研究》（《五臺山研究》1期）探討了曇無讖的個人歷程，重點研究他在北涼譯經、傳教、輔佐沮渠蒙遜等方面的成就和作爲。其中考察了曇無讖在龜兹、鄯善的求法活動，利用吐魯番出土寫經及寫經題記探討了曇無讖的譯經對北涼佛教普及的推動。郭益海《西域佛教衰落原因新探》（《實事求是》2期）從西域佛教自身和西域社會的客觀狀況出發，探討西域佛教衰落的根本原因主要在於自身缺乏與時俱進的内在動力和時代品質，再加上缺少强有力的政治和軍事方面的外部支持，面對在世俗統治力量大力支持下迅猛發展的伊斯蘭教，其衰落是必然的。姚勝《明代吐魯番佛教的衰亡》（《國際漢學》2期）考察了明代吐魯番佛教的概況及其衰亡和明朝對吐魯番佛教的管理，並對學界認識尚存分歧的"回回僧"的宗教性質進行辨析，認爲"回回僧巴剌馬荅失里"應當是伊斯蘭教徒而非佛教徒。［俄羅斯］盧湃沙著，毛銘譯，武志鵬校《從巴比倫主神到于闐毗沙門：一個波斯神譜中的異類？》（《内蒙古大學藝術學院學報》3期）嘗試尋找到發源自兩河流域的閃米特文化"天國主神"巴哦薩明，也就是基督教流行之前亞美尼亞的天神巴爾薩明,與粟特神巴瑞薩明、和田語中佛教北方天王毗沙門(維瑞薩曼)的語言學、考古學、圖像學上的關聯。葛承雍《從新疆吐魯番出土壁畫看景教女性信徒的虔誠》(《世界宗教研究》3期)首次探討了敘利亞基督教東方教會入華後景教女性的信仰虔誠問題,利用吐魯番出土壁畫中女性形象作爲切入口進行了初步研究。蘇思銘《龜茲彌陀淨土信仰流播初探》(《西部學刊》5期)一方面從龜茲僧侶傳譯的彌陀信仰經典和現存龜茲語所書寫的具有彌陀信仰内容的經典,來考察彌陀信仰隨著大乘佛教在龜茲本土人中的流傳;另一方面從龜茲石窟的淨土藝術考察,認爲安西都護府時期龜茲漢人主要流行彌陀信仰,漢人的彌陀信仰在龜茲回鶻時期繼續存在影響,吐魯番地區的彌陀信仰亦對龜茲產生影響。彌陀信仰確實曾在龜茲有一定程度的傳播。張乃翥《"感德鄉"景教社團與隋唐東都人文地理之因緣——以新出土唐元琰、劉談經墓誌紀事爲緣起》(《石河子大學學報》5期)由洛陽新出土元琰墓誌等透露的隋唐城東人文信息探討洛陽西域胡人聚落,文中文化史料的著眼、勾稽及其梳理與運用,採用考古研究的學理視角並借鑒"人文地理學"的相關理論,對唐代東都景教信衆聚落這一帶有強烈人文選擇意義的文化群落及其合理場態形成,進行宏觀層面的剖析,文中並將其與敦煌吐魯番出土材料及吐魯番"崇化鄉"互證比對,對洛陽感德鄉、崇義鄉的胡人聚落與洛陽城東水文地理的因緣際會作分析,進一步揭示出洛陽胡人僑聚之洛都城東一帶,包含有更爲普遍的社會學內因。周秋良《〈西遊記〉小説之前的觀音書寫——以"玄奘西行"題材爲中心》(《中南大學學報》5期)通過梳理《西遊記》小説成書之前的觀音書寫,考察《西遊記》小説觀音形象的發展淵源,分析我國早期民間觀音信仰藝術化的規律和特點,指出觀音信仰在"玄奘西行"取經故事中的地位並非一開始就很突出,而是不斷加強的,其形象也是不斷豐富和完善的,鮮明地體現了中土觀音信仰的漸變性。王蕊《魏晉南北朝佛教的播遷與東西絲路的連通》(《東嶽論叢》7期)對佛教東漸朝鮮半島、日本列島的具體路綫、佛教在東西絲綢之路連通的過程中發揮的作用等問題進行了考察,其中討論了西域及西域僧人在佛教傳播中的媒介作用。王紅梅、楊富學、黎春林《元代畏兀兒宗教文化研究》(科學出版社)以敦煌吐魯番出土文獻、石窟壁畫與題記爲主,結合漢文傳世文獻及域外文獻,對元代畏兀兒人的宗教信仰、宗教嬗變及其宗教活動進行全面系統的研究。王珺《來華景教徒與怛邏斯衝突之形成》(《歷史教學(下半月刊)》7期)通過梳理歷史文獻、細讀景教經典及與相關史料,搜尋景教在大唐,特別是在玄宗朝的活動軌跡,進而還原波斯與拂菻等國如何借助景教勢力挑起大唐對大食的不滿,從而引起怛邏斯一役的歷史局面。丁亞文《清末民初佛教在新疆的發展演變》(《蘭臺世界》18期)通過研究清末民初新疆佛教的發展和演變，探討了佛教在歷史大變革的清末民初時期在新疆歷史中的影響。

此外，衡宗亮《古代西域道教宫觀》（《世界宗教文化》4 期）梳理了西域道觀研究的主要成果，並對烏魯木齊紅廟子道觀進行了論述。馬亞輝、王巧娟《論清朝統一新疆前乾隆朝對準噶爾的宗教政策》（《昆明學院學報》5 期）探討了乾隆朝在 24 年間（1736—1759）對準噶爾的宗教政策，指出清代的新疆宗教政策是一個動態的發展過程，乾隆朝在統一新疆前後的宗教政策有著很大的不同。

八、法　　制

孫寧《干支紀年因素與唐前期户籍編造的穩定》（《中國農史》1 期）在既有研究的基礎上，考察唐代户籍編造各項制度確立的相對年份，並根據現有的唐代户籍法令和出土户籍文書，從紀年方式入手揭示出唐前期百餘年户籍編造如此穩定的制度因素，即干支紀年方式的循環往復，同"三年一造"户籍法令相結合，保證了制度層面的造籍穩定，在唐前期呈現了一種長達百年的有序狀態。白京蘭、張建江《新疆地區法律的歷史格局及演進——兼論多元法律文化與邊疆治理》（《貴州民族研究》1 期）從歷史的角度闡述了漢魏至清代西域（新疆）法律的多元共存，伴隨不同歷史時期中央政權對新疆地區管轄與治理的程度的差異，多元法律及其整合也一直處於動態變化之中。由於法律本身所具有的政治屬性以及新疆地域文化的宗教性、民族性，歷史以來尤其是清代新疆法律的多元發展，對邊疆治理與國家建設具有深刻影響。田衛衛《旅順博物館藏唐户令殘片考——以令文復原與年代比定爲中心》（《中華文史論叢》3 期）以旅順博物館藏大谷探險隊收集品 LM20－1453－13－04 文書爲考察對象，指出該文書是一件有關聽養、析户、爲户規定的法典殘文。文章從資料的比對出發，以令文的復原與年代比定爲中心，給出令文復原方案，進而考訂此殘片内容爲唐《開元三年令》户令的三條殘令文，並從寫本學的角度發軔，對照已知敦煌唐令寫本，對其書寫格式和寫本性質作出探討。薛姣《從唐朝保辜制度看現代刑事和解制度》（《公民與法（綜合版）》6 期）由吐魯番出土的文獻《唐寶應元年六月康失芬行車傷人案卷》入題，指出保辜制度在當時生産力較爲低下的社會中顯示出樸素的合理性，對維護古代社會的穩定做出了巨大的貢獻，對現代社會的刑事和解制度也有著積極的借鑒意義。韓樹偉《敦煌吐魯番法律契約文書研究回顧與展望》（《吐魯番學研究》2 期）就國内外專家和學者對敦煌吐魯番出土文書中的有關法律類契約文書的整理與研究成果進行了系統的梳理。

九、醫　　學

羅帥《人口、衛生、環境與疾病——〈馬可·波羅行紀〉所載莎車居民之疾病》(《西域研究》4 期)認爲《馬可·波羅行紀》英譯百衲本所載鴉兒看(今莎車)居民之奇怪疾病是兩種疾病,即象皮病和地方性甲狀腺腫病。這兩種疾病並非來自馬可·波羅本人的觀察,而是 14—16 世紀增添到"行紀"某些版本中的新内容。該文對這兩種疾病的病因、流行時間等進行了分析,並對自漢代以來莎車的政治、經濟、人口的發展變化進行了梳理。王啓濤《古代絲綢之路的疾病防治及其對"一帶一路"戰略的啓示》(《西南民族大學學報》4 期)通過稽考敦煌吐魯番文獻,發現古代絲綢之路的疾病主要有八:傳染病、熱病、凍傷、眼病、肛腸疾病、肺病、風病、外傷,進而考察了古代絲綢之路的人們防治疾病的措施及其對今天的一帶一路國家戰略的啓示。買托合提·居來提、艾比拜·阿布都卡地爾、阿地力·阿不都克力木《回顧與瞻望——維吾爾醫學的現狀與歷史貢獻》(《新疆醫學》5 期)介紹了維吾爾醫學的現狀與它在維吾爾歷史發展過程中起過的重要貢獻。胡穎翀、古麗其克熱·海比布《中國維吾爾醫學古籍保護與整理芻議》(《新疆醫學》9 期)分析了維吾爾醫學古籍的特點及維吾爾醫學古籍整理與研究現狀,並對今後維吾爾醫學古籍保護與整理的工作重點提出了自己的看法。[英]辛姆斯-威廉姆斯著,楊富學、單超成譯《吐魯番出土古敍利亞語和新波斯語醫學文獻》(《吐魯番學研究》2 期)對吐魯番出土的多元宗教、民族、語言背景下的古敍利亞語和新波斯語文獻做了比較分析,著重闡釋了其中的醫學内容。

十、語言文字與文學

語言文字方面的研究往往與民族、宗教、區域民族文獻與文化的考察相結合,主要成果有:慶昭蓉《吐火羅語世俗文獻與古代龜兹歷史》(北京大學出版社)以吐火羅語世俗文獻等出土胡漢文字資料爲經、傳世史籍與佛教典籍爲緯,從多方面分析 6 至 8 世紀龜兹的歷史特徵,其研討重點在於佛教的實踐與地方化現象。除了概觀吐火羅語世俗文獻的出土與收藏情況,並介紹近年國外吐火羅語文獻學研究的重要進展,書中更引述不少海外所藏吐火羅 B 語(即龜兹語)世俗文書殘片的録文與翻譯作爲論證根據,其中多件文書首次在國内學界發表。與此同時,本書的論述也結合了一部分古代龜兹境内現存石窟題記的最新調查成果。艾合買提·買買提《維吾爾族古文獻論集》(遼寧民族出版社)對少數民族文字古籍文獻的多樣性、維吾爾族使用的主要文字及古籍文獻、《突厥大詞典》、館藏維吾爾文古籍概述、《國家珍貴古籍名録》之回鶻文篇、高昌館來文等方面進行了探討。劉震、陳靖文《略論波斯文本〈彌勒授記經〉》(《西域研究》1 期)概述了百頌體《彌勒授記經》現存的梵文諸寫本和古代諸譯本的情况,主要聚焦於收録在《史集·印度史》中的波斯文譯本。本文根據雅恩、叔本以及作者的比對,總結了波斯文《彌勒授記經》譯本與其他文本特别是梵文本相比所發生的變化。文中將能够反映各類變化的最具代表性的文句,以梵—漢—波斯對勘的形式呈現出來,並加以評注。[日]松井太著,楊富學、陳愛峰譯《吐魯番諸城古回鶻語稱謂》(《吐魯番學研究》1 期)利用回鶻語和蒙古語文書、漢文史料,並結合現代地名,對古代吐魯番之地名的古回鶻語稱謂進行了深入的辨析。李樹輝《T.Ⅱ.D.205b 回鶻文寫本撰寫時間及相關史事研究》(《青海民族研究》1 期)對柏林吐魯番藏品T.Ⅱ.D.205b 回鶻文寫本的撰寫年代、社會背景、相關史事和史料價值進行剖析、考證和研究,指出該文書撰寫於回鶻入主西州的第二年(791),是爲緩解摩尼教徒與佛教徒之間的矛盾,爲籠絡民心而頒發的官方檔案,並認爲將文書定名爲《豁免木頭溝寺院賦税徭役令》當更準確,文書的内容對於研究 8 世紀末吐魯番地區的寺院經濟、寺院的各種經濟特權、賦税類别以及回鶻統治政策的調整都具有重要的學術價值。周利群《聖彼得堡藏西域梵文寫本釋讀新進展》(《文獻》2 期)以《虎耳譬喻經》聖彼得堡梵本對尼泊爾梵文精校本的多處修訂爲例,説明此卷諸多中亞寫本在修訂其他傳世本以及探明文本源流、廓清文本傳播路徑等諸多方面具有重要價值。木沙江·艾力《古代維吾爾翻譯家僧古薩里的譯作及其影響》(《喀什大學學報》2 期)簡要介紹古代維吾爾翻譯家僧古薩里·都統(勝光法師)的譯作,著重闡述了他的翻譯著作對古代維吾爾思想文化、語言文學、文字和宗教信仰方面的影響。米熱古麗·黑力力、阿卜拉江·玉蘇普《〈高昌館來文〉及其翻譯簡論》(《民族翻譯》3 期)以聖彼得堡本附録於拉德洛夫《福樂智慧》維也納抄本影印本中的哈密使臣把把格等人寄給明朝皇帝的一封《來文》書信及其背景爲綫索,研究校勘回鶻文文本中的問題,對《高昌館來文》的歷史文獻學性質及該文獻的特點和價值進行探討。艾比布拉·圖爾蓀《察合台文獻〈喀什噶爾史〉的語言研究——以兩個版本的校勘本爲例》(新疆大學碩士學位論文)在介紹察合台文獻《喀什噶爾史》的基礎上,對其版本及其語言文字特點、文學價值進行探討,認爲察合台文獻《喀什噶爾史》的語言大致反映出察合台文發展時期語言的總體面貌,並且成爲清朝早期察合台語言總體特徵的一個縮影。鄭玲《民族翻譯文獻的典範之作——〈彌勒會見記〉》(《唐山師範學院學報》3 期)、《絲綢之路上散落的一顆文學明珠——〈彌勒會見記〉》(《陝西學前師範學院學報》3 期)兩文對《彌勒會見記》的版本及研究現狀做了介紹,並以民族翻譯文獻之典範對回鶻文《彌勒會見記》做了高度評價,揭示了它的語言和文學價值。崔焱《俄藏回鶻文〈玄奘傳〉第六卷研究》(中央民族大學碩士學位論文)對回鶻文《玄奘傳》第六卷進行系統的分析整理,利用漢文原文對照進行釋讀與研究,並對其文字特點等做了分析。

王璞《"西域"英譯考辨》(《世界民族》1期)在整理中西研究成果的基礎上對"西域"之英譯名進行辨析,認爲在實踐中學者可以先寫出"Xiyu",再以"Western Regions"爲中心詞對西域之地望做出廣義或狹義説明。朱肖肖、汪繼東《〈新疆圖志〉兵事義動詞語義場探析》(《新疆教育學院學報》1期)主要運用語義場理論,採用詞頻統計的方法對《新疆圖志》中的兵事義動詞進行了統計,並對各類語義場内的動詞進行了具體描寫與分析,從而展現出清末新疆兵事義動詞的概貌。游千金《〈新疆圖志·兵事志〉中單音節動詞作狀語分析》(《新疆職業大學學報》1期)以清末民初官修通志《新疆圖志·兵事志》爲語料,採用詞頻統計方法,對單音節動詞作狀語進行了考察和分析。尼縈米丁·尼亞孜、艾克拜爾·吐尼亞孜《淺析古今維吾爾語顏色詞 serïq 的文化語義内涵》(《新疆大學學報》2期)考察了從古代到現代維吾爾語中 serïq 的義項及其體現的文化語義内涵,其在不同時期的變化表明,隨著科學技術、語言文化等方面的接觸和影響,新詞術語的翻譯和規範化也給顏色詞帶來了新的義項、新的變化。梁真惠、陳衛國《〈瑪納斯〉英譯本中"克塔依"與"别依京"誤譯探析》(《西域研究》3期)深入剖析了作爲柯爾克孜族百科全書的《瑪納斯》英譯者是如何誤解和誤譯"克塔依"和"别依京"這兩個詞語的,再根據學者對這兩個詞語的歷史内涵解讀,而後提出了可行的翻譯對策,並對其進行詳細注解,還原了這兩個詞語本來的歷史面貌。田衛疆《〈突厥語大詞典〉"秦(桃花石)"一詞釋讀》(《新疆師範大學學報》3期)通過對具有新疆區域文化背景的古代穆斯林作家馬赫穆德·喀什噶里所著《突厥語大詞典》記錄的古代西域諸族乃至今天中亞、西亞諸地人們言及的"秦"一詞的梳理分析,闡釋了這一稱謂出現的歷史原因及其對今天的重要啓示。智慧《〈新疆圖志·民政卷〉警規條文中助動詞初探》(《伊犁師範學院學報》3期)對《新疆圖志·民政卷》警規條文中的助動詞進行了窮盡式統計,並根據語義類别將助動詞分爲應當類、許可類、可能類、意願類四個類型。張世淵《〈新疆圖志〉的語言特點和語料價值》(《綏化學院學報》5期)運用文獻法、實證法、個案研究法對《新疆圖志》的語言特點和語料價值進行了探析,研究表明《新疆圖志》的語言特點表現爲語言客觀、語料豐富、語體多樣。木巴來克·司康旦爾《回鶻文文獻中的對偶詞——兼與現代維吾爾語比較》(中央民族大學碩士學位論文)主要以回鶻文《彌勒會見記》《金光明經》《阿毗達磨俱舍論》《佛説天地八陽神咒經》《高昌館雜字》等幾部文獻中所出現的對偶詞爲主要研究對象,初步對回鶻文文獻中的對偶詞進行了分析和分類,並與現代維吾爾語中對應的對偶詞進行了比較研究。加依娜古麗·巴合提別克《回鶻與喀喇汗文獻語言詞彙比較研究》(中央民族大學博士學位論文)從回鶻與喀喇汗兩個不同歷史時期的文獻語言特點的比較研究入手,採用歷史比較語言學的方法,考察回鶻語喀喇汗文獻語言,從語音、詞彙特點整理歸納其基本特點。在此基礎上,分析探討其語言的相互關係及發展演變特徵,並結合古今語言比較、詞源研究、借詞研究等正本清源,梳理這一時期語言詞彙的面貌特徵,從而揭示語言之間發展演變的規律性特徵及繼承關係。那民《吐魯番文獻中的回鶻蒙古文占卜殘頁研究》(内蒙古師範大學碩士學位論文)論述了吐魯番文獻中的回鶻蒙古文占卜殘頁的内容結構、語音書寫特點、詞法和句法問題等三個方面。〔美〕辛威廉撰,付馬譯,畢波校《粟特語的再發現》(《絲綢之路研究》1 輯)對首批發現的粟特語文書和銘文、粟特文的破譯、粟特語的比定以及最初的文獻整理等方面進行了介紹,進而對最古老的一批粟特銘文和文書及其對於研究粟特人的歷史、粟特人與中國的關係史的重要價值進行了較爲細緻的講解。〔日〕荻原裕敏、慶昭蓉《淺論庫木吐喇窟群區第 79 窟漢-婆羅謎-回鶻三文合璧榜題》(《敦煌吐魯番研究》17 卷)對新疆庫木吐喇窟群區第 79 窟主室前壁門右端與壇基正面之漢-婆羅謎-回鶻三文合璧榜題做了重新解讀,指出該窟婆羅謎文龜茲語題銘應當可以視爲龜茲語在龜茲最晚期的實態,是探索當地語言從龜茲語轉換爲回鶻語過程的關鍵性資料,當地社會在文化、語言上回鶻化的過程,應當不只是龜茲人、回鶻人雙向互動所致,恐怕還是與漢人、粟特人等多種族群彼此折衝交融的結果。

王繼青、馮英華《新疆絲路語言文化的價值與思考》(《新疆教育學院學報》1 期)從多元、共生、滲透和互補的視角探討了新疆絲路語言文化的民族性特徵、地域性特徵、社會性特徵以及新疆絲路語言文化藴含的重要價值及意義。楊富學、趙天英《粟特文在絲綢之路沿綫的傳播與影響》(《河西學院學報》1 期)對粟特文在絲路沿綫的行用情況、粟特文字母與回鶻文的創製以及粟特文字母對後世的持續影響等做了考察,指出粟特文對絲綢之路沿綫多種民族文字都直接或間接地產生過影響。回鶻文是根據粟特文創製的,回鶻文又直接導致了回鶻式蒙古文的形成,而回鶻式蒙古文又直接影響到滿文的創製,後來滿文又直接推演出錫伯文。契丹文的創製也與回鶻文不無聯繫。張偉《對新疆雙語文化的歷史脈絡的梳理——基於對新疆博物館西域史料的考察》(《喀什大學學報》2 期)對新疆雙語、多語語言文化的歷史脈絡進行了梳理,指出新疆無論是在過去還是現在都存在著"雙語"和"多語"傳統,歷史上西域雙語文化的内涵由語言形式上昇到確立民族文化身份的新階段,再到成爲國家實現文化認同的選擇手段,雙語教育的實施、革新促成了雙語文化真正意義上的大繁榮。陳明富、談悠《"一帶一路"戰略背景下的新疆各民族語言交流與社會發展》(《南京理工大學學報》5期)就古今新疆各民族語言交流與社會發展問題進行了考察和分析,指出在"一帶一路"戰略背景下,民族間的語言交流對於新疆的民族團結、社會穩定和經濟文化的發展都具有十分重要的意義。王啓濤《試論晉唐時期絲綢之路的語言狀況與語言政策——以吐魯番出土文獻爲中心》(《絲路文明》2輯)對晉唐時期古代絲綢之路西域段曾經使用的語言文字以及晉唐中央政府以及高昌國等西域綠洲國家在古代絲綢之路曾經推行的語言政策等進行了探討,指出古代絲綢之路是一條語言習得之路、語言翻譯之路、語言平等之路和語言互利之路。

文學方面的研究成果有:金少華《敦煌吐魯番本〈文選〉輯校》(浙江大學出版社)全面搜羅敦煌吐魯番出土文書中的《文選》寫卷,在梳理前人研究成果的基礎上總結百年敦煌吐魯番寫本《文選》的研究成果,此書是最終整理出的一個收集寫卷最多、考證最爲翔實的集成式的匯校本,爲敦煌學、《文選》學的發展做出了積極貢獻。彭國忠《唐宋詞與域外文化關係研究》(安徽大學出版社)考察了唐宋詞人與域外文化及唐宋詞中的域外樂器、名物,著重研究域外文化對唐宋詞的影響及其在唐宋詞中的表現形態,唐宋詞人對待域外文化的心態,以及宋與周邊政權對立時詞所發生的新變。謝桃坊《花蕊夫人宫詞與西域文明》(《中華文化論壇》3期)對花蕊夫人宫詞進行了考察,指出前蜀在音樂、服飾、民俗和娛樂等方面對西域文明的吸收與融合,從而形成西蜀新的文化,表明四川雖僻處西南,但與西域曾經有過非同尋常的文化交流。張興田《西域文化視域下的初唐四傑辭賦》(《安徽廣播電視大學學報》3期)立足文化學視角,通過西域文化因素對唐代文人尤其是賦家的創作心理的影響,全面瞭解"四傑"辭賦創作的原初狀態以及初唐賦壇的整體風貌,進而通過揭示"四傑"辭賦的創新意識,對初唐文學的風貌形成準確的把握和認識。何雪利、陽清《中古西域僧傳的文學傾向考察》(《百色學院學報》3期)從現存的《高僧傳》《名僧傳抄》及經錄《出三藏記集》《開元釋教錄》傳記部分考察了中古西域僧傳的文學性,包括結構、手法、文風、性格、情感五個方面。任紅敏《"西北子弟"與元代文壇格局》(《殷都學刊》4期)對元代西北尤其是西域文人的詩文作品進行剖析,論述了他們的成就和貢獻,指出元代的西北子弟以自己的才華創造了元代文學史上一道獨特的風景,爲元代文學創作增添了亮色,形成了元代文化和文學的多元性。伏俊璉《5—11世紀中國文學寫本整理研究概論》(《雲南師範大學學報》5期)從"寫本時代"與"中國文學寫本"、

"5—11世紀中國文學寫本"及其主要特點、基本思路與研究方法以及預期創新四個方面對"5—11世紀中國文學寫本整理、編年與綜合研究"課題的內容、預期成果做了介紹,這些文學寫本主要包括敦煌、吐魯番兩地出土文學寫本、日本等境外藏中國文學寫本三大塊內容。張玲榮《〈聽園西疆雜述詩〉所見同光年間烏魯木齊的城市景觀》(《北方文學(下旬)》7期)簡略論述了蕭雄及其《聽園西疆雜述詩》反映的西域民俗見聞和同光年間烏魯木齊城市景觀。郭苗苗《淺探穆王西遊活動及其影響》(《佳木斯職業學院學報》8期)據《穆天子傳》考察了周穆王西遊路綫、途中活動及其影響,認爲穆王西遊途中所進行的活動構成中西交流的重要内容,也是當時中原人民與西域人民往來交流活動的曲折反映,促進了彼此間經濟文化的交流與發展。邱江寧《海、陸絲綢之路的拓通與蒙元時期的異域書寫》(《文藝研究》8期)從現實環境、眼界視域和書寫立場三個方面考察了以"絲路"沿綫爲表達對象的蒙元時期詩文創作風貌。

　　清代由於大量文人被流放至西域,西域文學掀起了發展的浪潮,突出的表現是西域詩歌創作碩果累累。本年度相關研究多是對這些貶謫文人西域詩及其所反映的文化現象的解讀和探討,包括:周燕玲、吴華峰《唐道西域著述考辨》(《伊犁師範學院學報》1期),程如鐵、吴孝成《伏臘同風過月氏——清代西域詩中惠遠的歲時節慶習俗》(《伊犁師範學院學報》1期),賴洪波《清代惠遠城望河樓及其文化鏡像剖析》(《伊犁師範學院學報》1期),史國強《〈烏魯木齊賦〉創作及傳播研究》(《新疆大學學報》1期)及《黄聘三及其〈西行漫草〉研究》(《伊犁師範學院學報》1期),翁暉、姚曉菲《黄治西域詩整理與研究》(《昌吉學院學報》1期),張益智、楊向奎《莊肇奎謫戍伊犁與其西域詩風》(《伊犁師範學院學報》3期),翁暉《黄濬、黄治西域著述整理與研究》(新疆師範大學碩士學位論文),張琪、周燕玲《施補華西域詩中的文化特徵》(《昌吉學院學報》4期),孫岩《紀昀〈烏魯木齊雜詩〉中的經濟與文化》(《昌吉學院學報》4期),海剛《乾嘉時期流人西域詩中的情感世界分析》(《文學教育(下)》10期),張心怡《祁韻士西域流放詩文研究》(山東大學碩士學位論文),鄭敏《王曾翼西域詩研究》(新疆師範大學碩士學位論文),倪笑笑《陳庭學西域詩整理與研究》(新疆師範大學碩士學位論文),等等。

　　此外,熱比艷木·買買提《論〈樂師傳〉的文獻價值及其在維吾爾傳記文學中的地位》(《中國典籍與文化》2期)考察了維吾爾傳記文學《樂師傳》及其文獻學價值和在維吾爾傳記文學中的地位,指出《樂師傳》是研究維吾爾族音樂史、維吾爾語的發展史和文學史的重要文獻。

十一、考古與文物保護

本年度考古與文物保護專題的研究成果,包括考古探索發現與研究、文物修復保護及研究、考古史漫談及回顧等方面。

考古探索發現與研究方面:國家文物局編《2016中國重要考古發現》(文物出版社)爲國家文物局主編的年度快報,收入2016年全國較爲重要的考古發現38項,其中包括新疆地區的考古發現《新疆吐魯番吐峪溝石窟溝西區高臺窟群》。新疆吐魯番吐峪溝石窟溝西區高臺窟群共有洞窟56個,包含塔廟窟、禪窟、僧房窟,出土塑像殘塊、壁畫、木雕、木器以及大量文書,其中最爲重要的是長逾3米的完整經卷《維摩詰所説經》全文。新發現的回鶻時期的佛堂建築,保存有精美壁畫,表明吐峪溝石窟在這一時期仍然保留著佛教中心的地位,是回鶻王室貴族供養、禮拜的場所。吕恩國、王龍、郭物《洋海墓地分期與斷代研究》(《吐魯番學研究》1期)對2003年洋海墓地相毗鄰的三個墓地發掘墓葬進行分期與斷代研究。根據出土文物先對墓葬形制的演變關係進行確定,然後用器物的組合形式和變化進行量化分析,進而對墓葬進行分期,最後用碳十四資料進行驗證。洋海墓地的發掘,將吐魯番盆地的史前文化的早期階段提早到了青銅時代。墓地分起源、發展、繁榮、衰落四個漸進的階段,是青銅時代和早期鐵器時代的墓地,彩陶文化非常發達。出土文物顯示,木器與洋海人的生活息息相關。吴麗紅《庫木吐喇第69窟調查簡報》(《吐魯番學研究》1期)介紹了庫木吐喇第69窟的洞窟結構、壁畫與雕塑、題刻與題刻内容。韓建業、陳曉露《新疆雙河市泉水溝青銅時代遺存的發現及初步認識》(《西域研究》1期)對2016年7月6日至9月1日中國人民大學歷史學院考古文博系考古隊在新疆雙河市泉水溝、博樂都木都厄布得格兩處遺址的考古發掘做了介紹,指出在泉水溝遺址發現具有特色的青銅時代文化遺存,在都木都厄布得格遺址發現早期鐵器時代的三角形石圍聚落(石城),蒙元時期的方形聚落等,對研究歐亞草原地帶距今約3500年以來的文化譜系、聚落形態、喪葬習俗、經濟形態、技術系統、社會狀況和人地關係具有重要價值。胡興軍、阿里甫《新疆洛浦縣比孜里墓地考古新收穫》(《西域研究》1期)介紹了2016年3月至4月新疆文物考古研究所對新疆洛浦縣比孜里墓地的考古發掘,發掘墓葬40座,獲得了一批重要考古資料。比孜里墓地的發掘,是近年在塔里木盆地南緣一處重要的考古發現,進一步豐富了崑崙山北麓及絲綢之路南道考古資料。魯禮鵬《吐魯番阿斯塔那墓地M336年代及相關問題探析》(《西部考古》1期)從吐魯番阿斯塔那墓地M336的墓葬形制入手,通過該墓出土的隨葬遺物,並結合中原墓葬資料和文獻資料等,對M336的年代進行了全面分析,認爲墓葬的年代當在武周時期至開元前後,最後對墓主人的身份地位進行了探討。夏立棟《試論高昌地面佛寺的類型與分期》(《敦煌研究》2期)探討了高昌地面佛寺的類型劃分、各類型單體地面佛寺的年代、各類型地面佛寺的分期等問題。韓建業《先秦時期阿勒泰及以西地區陶壺的來源——兼論公元前一千紀後半葉阿勒泰及以西地區和陰山—天山地區的文化交流》(《西域研究》2期)認爲阿勒泰及以西地區包含壺類陶器的遺存,具有大體一致的文化面貌,可以統稱爲巴澤雷克文化,並且可以劃分爲與三群陶壺相對應的三個地方類型;巴澤雷克文化中陶壺的出現,當與來自其南陰山—天山地區的文化影響有關。杜淑琴、任萌《新疆昌吉地區青銅時代至早期鐵器時代考古學文化遺存初探》(《西域研究》2期)根據調查和發掘的新資料,介紹了昌吉地區早期文化遺存的類型和分佈、聚落遺址的構成和特徵,並初步分析了當地與周邊地區的文化聯繫。衛斯《新疆早鐵器時代鐵器考古發現概述——兼論新疆的鐵器來源與冶鐵術的傳播問題》(《西部考古》14輯)結合新疆地區早鐵器時代的考古發現,就新疆早鐵器時代的鐵器來源、起始時代、冶鐵術誕生的時間,以及是否東傳等問題做了探討。胡興軍、何麗萍《新疆尉犁縣咸水泉古城的發現與初步認識》(《西域研究》2期)及胡興軍《新疆尉犁縣咸水泉古城》(《大衆考古》4期)對2017年1月新疆文物考古研究所與尉犁縣文管所、博物館對孔雀河下游的考古調查中新發現古城址及墓葬做了介紹。據初步推測,咸水泉古城爲元鳳四年(前77)前樓蘭國都城樓蘭城。咸水泉古城的發現,對樓蘭鄯善都城的深入研究又提供了新的材料。王永强、尚玉平等《2015—2016年新疆考古收穫》(《西域研究》2期)分石器時代考古、青銅時代考古、早期鐵器時代考古、秦漢至宋元考古、科技考古、資料整理等方面,介紹了2015年至2016年新疆文物考古研究所及内地相關高校和研究機構主要配合基本建設及爲解決新疆考古重大學術問題進行的田野考古取得的收穫,並對通天洞遺址、早期鐵器時代等問題進行了探討。秦小光、許冰等《新疆古樓蘭交通與古代人類村落遺跡調查2015年度調查報告》(《西部考古》13輯)是由中國科學院地質與地球物理研究所等單位承擔的科技部國家科技基礎性工作專項重點項目"羅布泊地區自然與文化遺産綜合科學考察"的子項目於2015年度的考古調查情況報告。報告對年度考察區域、主要遺跡概況以及採集到的遺物做了介紹分析。吳勇《樓蘭地區新發現"張市千人丞印"的歷史學考察》(《西域研究》3期)就樓蘭地區新發現"張市千人丞印"所反映的漢晉西域職官體系試作考察,此印的發現有助於瞭解有關西域長史營的職官系統,進一步完善了魏晉西域長史營的職官系統認識,對深入研究兩漢至魏晉時期西域職官制度具有重要的學術價值。卓文静《新疆阿斯塔那336號唐墓"黑人"俑及相關問題的再考察》(《中國國家博物館館刊》4期)在歸納整理唐墓出土的"黑人"圖像(俑和壁畫)的基礎上,從圖像出發,通過對"黑人"俑的分型分式,探討俑的淵源和演變,並推測阿斯塔那336號唐墓和西安裴氏小娘子墓出土的"黑人"俑表現的很可能不是非洲黑人,而是南亞或南海諸島的居民。阮秋榮、王永強《新疆尼勒克縣吉仁臺溝口遺址》(《考古》2017年7期)對新疆文物考古研究所2015年發現的新疆尼勒克縣吉仁臺溝口青銅時代晚期至宋元時期的墓地進行發掘的過程中發現的被墓葬打破的早期遺址(即"尼勒克吉仁臺溝口遺址")進行了介紹,指出吉仁臺溝口遺址是伊犁地區青銅時代考古工作取得的突破性進展。報告通過對房址及出土陶器、銅器等遺物的對比研究,參考歷年來在伊犁河谷發掘的青銅時代墓葬資料,認爲吉仁臺溝口遺址的考古學文化特徵與中亞青銅時代安德羅諾沃文化遺存聯繫密切。張海龍、党志豪等《新疆吐魯番木爾吐克薩依遺址發掘簡報》(《吐魯番學研究》2期)對2015年9月由新疆維吾爾自治區文物考古研究所和吐魯番學研究院聯合對木爾吐克薩依遺址的發掘情況做了介紹和分析,根據遺址地理位置、遺址年代(碳十四測年數據)、出土遺物資料和文獻資料的綜合分析,認爲木爾吐克薩依遺址爲唐代寧戎驛所在。王忻、李宇奇《新疆和靜查汗通古烽燧遺址調查》(《吐魯番學研究》2期)就2016年夏,和靜縣文物保護管理所對兩座烽燧進行了碳十四樣本採集、烽體測量、拍照和無人機航拍及建模等工作做了介紹和討論,初步判斷兩座烽燧的主要修築年代均爲唐代,但東烽燧有兩次修築留下的包砌痕跡,可能其最早修築時間還要早於唐代。至於兩座烽燧的最後廢棄時代,推測可能經過長期使用後,一直延續到了清代。林鈴梅《新疆出土圓錐體耳墜的研究》(《絲綢之路研究》1輯)結合其他出土物品研究新疆古墓葬出土的圓錐體耳墜,進而考察了新疆作爲歐亞草原的一部分,與歐亞草原的其他地區的互動與交流。

王炳華《孔雀河青銅時代與吐火羅假想》(科學出版社)圍繞吐火羅這一國內外學界研究熱點,共收錄研究論文30餘篇,內容涉及吐火羅語文、考古、歷史、藝術等領域,還包括了人類學、分子生物學的研究,較爲系統地梳理與總結了三十年來國內外關於這一命題的研究成果,反映了學界的研究現狀,使吐火羅研究,尤其是所謂吐火羅民族與古代新疆歷史關係的研究,有比較全面的視角,獲得了新的認識。王炳華《從高加索走向孔雀河——孔雀河青銅時代考古文化探討之一》(《西域研究》4期)認爲現藏俄羅斯歷史博物館、早年出土於高加索地區的青銅時代文化遺物,與孔雀河青銅時代典型文化遺物間存在清晰的關聯,文中提出了孔雀河青銅時代一支居民當是高加索地區徙入的新觀點。魏東《青銅時代至早期鐵器時代新疆哈密地區古代人群的變遷與交流模式研究》（科學出版社）是對新疆哈密地區青銅時代—早期鐵器時代居民體質特徵的綜合研究。全書從人口學、人體形態學、病理學、分子生物學與地球化學等多個學科視角，對哈密地區發現的天山北路墓地、拜其爾墓地、黑溝梁墓地出土的人類遺骸標本進行了全面考察。在此基礎上，結合以往人類學與考古學研究成果，總結了這一時空框架内，該地區古代人類體質特徵存在著從初期同化、融合最終走向多元並存的規律。陳戈《新疆考古論文集》（上、下冊）（商務印書館）共選錄 38 篇論文，可分三個部分。第一部分爲綜述，共 3 篇，比較詳細地論述了新疆的古代交通路綫和 20 世紀考古研究概況，並簡要介紹了新疆古代遺存的概貌。第二部分爲史前時期，共 25 篇，可分爲三組：第一組是對某些問題的探討和研究；第二組是對幾種考古學文化的專題研究和論述；第三組是與他人就某些問題進行的學術爭鳴。第三部分爲歷史時期，共 10 篇，可分爲兩組：第一組是關於某些古代城址和道路的歷史地理考證；第二組是關於察合台汗國銀幣、新疆佛教流行情況和新疆洞室墓的一些研究。這些文章絕大部分都寫作和發表於 20 世紀八九十年代，而這二十多年卻正是新疆考古學研究特別是史前時期發生重大變化的階段。在很大程度上可以説，當時的這些研究成果爲今天新疆史前時期的考古研究現狀奠定了基礎。通過這些文章，讀者可以基本上瞭解新疆考古工作的概況，特別是對史前時期的研究歷程、時空框架和文化面貌以及與周邊各地的相互交往關係等方面會有比較深入的瞭解和認識。何恩之、[意] 魏正中（Giuseppe Vignato）著，王倩譯《龜茲尋幽：考古重建與視覺再現》（上海古籍出版社）將石窟及壁畫視作當地僧團獨特修行方式的再現，目標是復原龜茲境内數處石窟寺院中僧團的生活。前兩章魏正中對龜茲古國八處主要石窟寺院遺址進行了復原研究，特別關注其佈局和演變。文中認爲石窟整體，包括建築、壁畫及現已不存的塑像，是僧侶們精神生活的創造，是他們特定修行實踐的有形展示。何恩之在第三、四章主要探尋串聯龜茲中心柱窟内所有裝飾的統一綫索，她的研究重點在於特殊圖像。其對龜茲佛教特質的解讀不僅依靠可以獲取的考古資料，而且包括遺址中發現的文書殘卷。其研究並將這些殘卷與特定的部派思想聯繫起來，以闡明龜茲國流行的佛教部派。該書還對周鄰佛教地區的可能影響予以關注，以印度爲主，中原次之，從龜茲作爲接受者和轉化者的角度來解讀，進而指明龜茲佛教及其藝術在中亞的發展自成體系。徐蘋芳《絲綢之路考古論集》（上海古籍出版社）收錄了作者關於絲綢之路考古的所有論文，以沙漠路綫、草原路綫、西南絲路、海上路綫爲經綫，以時間爲緯綫，對絲綢之路上的遺址、出土文物以及相關的生活習俗進行了研究，是絲綢之路考古研究的代表性著作。

努爾蘭·肯加哈買提《碎葉》（上海古籍出版社）充分結合史料文獻與阿克貝西姆遺址的考古發掘資料，運用考古學、語言學、歷史學進行綜合研究和分析，將以往國內外研究成果進行了全面集中和梳理，對於宗教、漢文碑銘等方面的研究，也有許多創新之處，是一本非常難得的體現高水準考古學研究的綜合著作。孟凡人《尼雅遺址與于闐史研究》（商務印書館）以尼雅遺址為突破口，探索沙漠腹地大規模遺址的考古學方法，初步闡述了沙漠地區的考古學方法論；復原尼雅遺址及當時的社會生活狀況和歷史，使尼雅遺址考古學形成較完整的系統。該書分別就尼雅遺址與于闐歷史、文字、政治制度和社會構成等問題進行了論述。作者對尼雅遺址的發現與于闐史的研究，為研究中原王朝與西域古國的關係、研究東西文化交流和絲綢之路提供了珍貴資料，是作者多年學術研究的重要成果。

［美］樂仲迪著，毛銘譯，敦煌研究院編《從波斯波利斯到長安西市》（灕江出版社）和［烏茲別克斯坦］瑞德維拉紮著，敦煌研究院編，高原譯，毛銘校《張騫探險之地》（灕江出版社）是敦煌研究院編"絲路譯叢"推出的兩部最新譯著。兩著作者都是絲綢之路頂尖的考古專家，他們的著作涉及當今世界絲綢之路文化研究的最新考古發現以及最新成果，配有大量插圖，展示了考古所出的壁畫、佛像和珠寶，圖文並茂，深入淺出，對於絲綢之路歷史和文明的研究具有突破性的學術價值。林梅村《西域考古與藝術》（北京大學出版社）以時間為序，彙集了作者近年來在西域考古與藝術方面的研究成果，內容涉及塞伊瑪-圖爾賓諾文化遺物所見古代冶金技術的傳播、古代西域民族遷徙和重新分佈對絲綢之路文化藝術的影響、西域都護府遺址的發現，以及珠寶藝術與中外文化交流等問題。全書以考古材料為依據，結合紮實的文獻考證和實地踏查，對目前學界存在爭議的一些學術問題得出了獨到見解，令人耳目一新。孟憲實、朱玉麒主編《探索西域文明——王炳華先生八十華誕祝壽論文集》（中西書局）收錄學者論文 31 篇，以新疆考古研究為主，兼及其他，內容豐富。書後附有著名考古學家（尤其在西域考古領域成績突出）王炳華先生的學術論著目錄。

王輝《早期絲綢之路開拓和發展的考古學證據》（《北京論壇（2017）文明的和諧與共同繁榮——變化中的價值與秩序：文明傳承與互動視角下的"一帶一路"論文與摘要集》）考察分析了張騫通西域、開通絲綢之路之前的考古學證據，即此前東西方文化存在的比較廣泛的文化交流，為西漢絲綢之路的開通奠定了基礎。張思琪、田廣林《草原絲綢之路的史前中外交通新證——以考古發掘所見石質容器為例》（《史志學刊》1 期）結合近年考古新發現材料，就草原絲綢之路的開闢以及中國與西方世界的早期人文交通及文化互動問題進行了探討。叢德新、賈偉明等《阿敦喬魯：西天山地區青銅時代遺存新類型》(《西域研究》4期)指出，新疆阿敦喬魯等遺存的發掘，證實中國在西天山地區存在一個與歐亞草原安德羅諾沃文化共同體相關聯的文化類型的集中區域。該遺址保存完好，對於深入研究和辨析安德羅諾沃文化共同體內涵，尤其是探討西天山地區複雜社會等方面具有巨大潛力。尤悅、于建軍等《早期鐵器時代遊牧人群用馬策略初探——以新疆喀拉蘇墓地M15隨葬馬匹的動物考古學研究爲例》(《西域研究》4期)對新疆阿勒泰地區哈巴河縣喀拉蘇墓地M15隨葬馬匹進行了研究，利用動物考古學的方法復原馬的年齡、性別，對不同部位的骨骼的表面異常現象進行了分析。據此探討古代人類選擇隨葬馬匹的策略，探尋古代人類騎乘馬匹的行爲，結合殉馬方式和穩定同位素分析的結果，探討了古代阿爾泰山南北地區的文化交流，爲研究早期鐵器時代遊牧人群的用馬策略提供了重要材料。李春香《從遺傳學角度初探史前東西方人群對新疆地區的影響》(《西域研究》4期)對近年來新疆及其周邊地區相關古代人群研究成果進行了總結，從父系和母系兩方面討論了新疆古代人群的構成以及歐亞東、西部對新疆古代人群的遺傳結構影響，並在考古學背景下對古代新疆地區人類的起源和遷徙模式做了預測，指出了今後研究工作的主要方向。[保加利亞]瑪利亞·瑪利諾娃《新疆早期印歐人溯源》(《絲綢之路研究》1輯)對新疆早期印歐人的來源進行了考察。水濤《新疆青銅時代諸文化的比較研究——附論早期中西文化交流的歷史進程》(《絲綢之路考古》1輯)利用考古發現材料，對新疆青銅時代諸文化進行了比較研究，同時對早於絲綢之路的中西文化交流問題做了探討。孫莉《中國出土薩珊銀幣的分佈與分期》(《絲綢之路考古》1輯)對中國境內出土薩珊銀幣的分佈與分期做了梳理，分析了薩珊銀幣在中國傳播的大致過程。文章指出最早在十六國時期(第一期)，薩珊銀幣只見於新疆地區，隨著向東的傳播，到南北朝時期(第二期第一階段)，銀幣的分佈區域就廣泛起來，基本是沿著絲綢之路由西向東深入，在新疆、甘肅、青海、陝西、河南、山西、河北、湖北等地都有發現。到了隋唐時期(第二期第二階段)，隨著薩珊國力的衰退及最後亡國，其錢幣也僅在中國境內的絲路起點新疆和當時與之政治來往密切的唐朝國都長安地區出土。霍巍《西域風格與唐風染化——中古時期吐蕃與粟特人的棺板裝飾傳統試析》(《絲綢之路考古》1輯)指出處在絲綢之路沿綫、河西走廊要衝之地的入華粟特人和吐蕃，一方面承載著來自西域、中亞一帶的文化習俗與傳統，另一方面又承擔著西域北方民族與中原漢文化之間過渡融合的角色，從而推動了北朝隋唐以來的民族大融合與文化交流互動新格局的形成。馬曉玲《中古時期入華粟特人墓葬的發現與研究》(《絲綢之路考古》1輯)對中國境內自

20世紀70年代以來發現的入華粟特人墓葬做了梳理,對相關的研究成果及其特點和存在問題做了回顧和總結、剖析。李春長、徐桂玲等《試論新疆鄯善洋海墓地出土的早期土坯》(《吐魯番學研究》2期)對洋海墓地出土的早期土坯做了嘗試性研究,指出其與哈密盆地和焉耆盆地發現的早期土坯有一定的關係。

科技考古方興未艾,相關研究如下:王玉、張曉彤等《新疆庫木吐喇石窟壁畫顏料的分析研究》(《敦煌研究》1期)、《新疆庫木吐喇石窟壁畫鉛顏料的拉曼光譜分析》(《光散射學報》4期)對新疆庫木吐喇石窟壁畫顏料成分考察,利用激光拉曼光譜、光學顯微鏡、掃描電子顯微鏡分析等方法,對石窟壁畫顏料進行了分析研究。陳相龍、于建軍、尤悅《碳、氮穩定同位素所見新疆喀拉蘇墓地的葬馬習俗》(《西域研究》4期)通過對新疆哈巴河縣喀拉蘇墓地出土人與動物骨骼進行碳、氮穩定同位素檢測,分析了喀拉蘇先民的生產經濟狀況,並在復原家馬飼養方式基礎上結合性別、年齡及其病理現象等研究結果,集中討論了早期鐵器時代墓葬M15殉馬犧牲所反映的文化內涵。尤江彬、陳富龍《西域都護府/且末古城數字地望考與長波段雷達次地表考古初探》(《遙感技術與應用》5期)利用古文獻所記載的西域古國都間的距離資料,主要採用地圖空間分析的方法,結合考古成果、文獻資料以及具體自然地理環境與路閘道系,較爲精確地確定了西域都護府治所烏磊城以及且末古城的範圍。欒福明、熊黑鋼等《新疆文化遺址時空演變與人地關係》(《地域研究與開發》5期)將考古學、地理學、歷史學結合起來,從宏觀尺度探討新疆遺址的演變,並從新疆全域、典型乾旱區的視角,宏觀分析了水資源分佈、地形格局、氣候偶合等自然因素與遺址分佈的綜合影響,著重分析了不同歷史時期新疆文化遺址的時空演變及人地關係。王磊、嚴紹軍等《克孜爾石窟砂岩PS加固抗凍融試驗》(《長江科學院院報》10期)對不同濃度和不同品質百分比的PS溶液加固後的克孜爾石窟砂岩進行凍融循環(16h,即冷凍8h,溶解8h)試驗研究。通過分析凍融前後岩樣在品質、體積、波速及強度等指標的變化規律,得出了PS的最優加固濃度及飽和度,爲同類石窟加固保護提供了一定的參考依據。劉露露《基於數理統計學的烏孫墓葬研究》(鄭州大學碩士學位論文)以烏孫國時期的各種墓葬爲研究對象,從數理統計學的視角對這些墓葬的發展演變軌跡進行了分析,初步揭露烏孫國早期的墓葬以土著墓葬爲主,中期開始出現融合因素,晚期傳統的土著文化因素趨於消失。敖致鈞《陸上絲綢之路時期中西方科技交流探析》(重慶師範大學碩士學位論文)從歷史的角度對陸上絲綢之路時期中西方科技交流展開分析,探討了陸上絲綢之路時期科技交流的原因、內容、形式、特點,考察中西方絲綢之路時期科技交流的邏輯聯繫和發展規律,進而探討了陸上絲綢之路時期科學技術交流對中西方文明產生的價值與意義。

文物修復保護及研究方面:康曉靜、王淑娟《新疆營盤墓地出土毛枕的保護修復研究》(《吐魯番學研究》1期)詳細記述了1999年出土於新疆尉犁縣營盤墓地M24的毛枕的形制復原及保護修復過程,同時對復原方法和修復環境做了有益的探討。路瑩《吐魯番市第一次可移動文物普查第三階段文物檔案整理與普查報告編制工作概述》(《吐魯番學研究》1期)對2016年7月吐魯番市普查辦啓動的吐魯番第一次可移動文物普查第三階段文物檔案整理及普查報告編制工作的準備和實施做了簡單介紹。李亞棟《阿斯塔那古墓群發掘簡況及墓葬編號——以可移動文物普查與國保檔案爲中心》(《絲綢之路研究集刊》1輯)以簡報和參考資料、檔案資料爲中心對吐魯番阿斯塔那墓地和哈拉和卓墓地1949年以後的發掘情況及墓葬編號進行梳理,指出學者們的研究文章特別是技術保護修復類文章提供了很多重要的文物信息,應予以重視。

考古史回顧方面:豐琳、張弛、劉文鎖《西方學界新疆史前考古研究概況》(《西域研究》1期)回顧了近25年來西方學者的研究成果,並在此基礎上對西方相關領域的高校和科研機構進行了介紹。侯明明《新疆在中華民族多元一體格局形成初期的貢獻》(《黔南民族師範學院學報》3期)利用考古材料對史前新疆文明的創造、吸收、傳播進行考察,指出新疆與中原之間的交流在舊石器時代就已經開始,新疆與內地持續且廣泛的交流,在華夏文明、中華民族形成初期貢獻著自己不可磨滅的力量,其在中華民族多元一體格局形成之初,就成爲該共同體中的重要組成部分。張同勝《考古文獻重構的絲綢之路》(《甘肅廣播電視大學學報》4期)以考古文獻的視角從商貿之路、駐軍之路、文化之路三個方面對美國學者芮樂偉·韓森新著《絲綢之路新史》做了述評。肖伊緋《斯坦因第四次中亞"探險"計劃破産始末》(《炎黃春秋》3期)以一組北平《世界日報》相關報導解讀了斯坦因第四次中亞探險受阻始末。宋彥慧《橘瑞超考古西行探析》(《北方文學(下旬)》4期)對橘瑞超西域考察的背景、過程以及目的做了簡要分析。董炳月《兩種〈西域旅行日記〉的知識譜系》(《開放時代》3期)以日本京都西本願寺法主大谷光瑞組織的首次西域探險中渡邊哲信和堀賢雄的兩種《西域旅行日記》爲對象,歸納了其中的知識體系,並探討了探險活動中包含的文化碰撞、異民族交流等問題。

十二、藝　　術

藝術研究涉及宗教石窟壁畫造像與墓葬藝術、民俗藝術、樂舞及書法等方面。宗教石窟壁畫造像與墓葬藝術等方面主要是圖版的整理出版和對寺廟及石窟壁畫、墓葬繪畫的研究,包括由新疆文化出版社與天津美術出版社歷時3年合力打造的、新疆美術攝影出版社編《西域美術全集》(新疆文化出版社)共12卷中的前7卷:克孜爾石窟壁畫、庫木吐喇石窟壁畫、森木塞姆石窟及克孜爾尕哈石窟壁畫、柏孜克里克石窟壁畫和古代佛教寺院墓室壁畫。它以漢至五代宋初的西域美術遺存爲主體,同時兼及漢代之前和宋、元、明、清的部分内容,此外還收入了當代西域學及西域美術研究的最新成果,是對西域美術首次全面系統的研究與展現,是一套彙聚西域最新考古發現,對西域研究有重要學術價值、圖文並茂的西域美術經典之作。由新疆美術攝影出版社策劃出版的系列圖書《新疆美術大系》編委會編《新疆古代美術卷》《新疆壁畫分類全集卷》《新疆岩畫卷》《新疆書法篆刻卷》(新疆文化出版社)按照時間順序和美術發展脈絡分類對新疆古代藝術進行了梳理。吐魯番學研究院、吐魯番博物館編《高昌石窟壁畫綫描集:吐峪溝石窟》(上海古籍出版社)的綫描由吐魯番學研究院技術保護研究所相關人員所繪製,整體分爲兩部分,文字部分包括序言、概述與圖解、後記;圖版部分爲全書主體,繪有吐峪溝石窟壁畫綫描圖150餘幅。全書圖文並茂,繪製精美,生動形象地展示了吐峪溝石窟壁畫的精髓,爲讀者揭示了高昌石窟各個歷史文明的横斷面。阮榮春、張同標《從天竺到華夏:中印佛教美術的歷程》(商務印書館)是一本通史性的專著,以時間順序爲主要脈絡,以地域分别爲輔助綫索,以國内各省市著名壁畫、石窟藝術遺珍爲主要對象,分章解析從印度到中國佛教美術的發展進益及本土化歷程。全書400餘幅插圖,宏觀開闊和微觀深入相結合,爲佛教美術在中國的演進研究提供了詳實的實地資料和理論參考。黄駿、謝成水《中國石窟壁畫修復與保護》(中國美術學院出版社)以傳統壁畫保護與修復爲主要研究方向,强調理論與實踐相結合,以壁畫材料與造型研究爲主綫,依托專業技法、專業理論和壁畫藝術實踐三大教學模組,以"藝術智性學"爲基本內核。在教學過程中,重視"一法多能"和"藝理兼修"的教學理念,展開以藝術實踐的上手經驗和方法論研究爲路徑的探索研究。書中有對新疆地區石窟壁畫的介紹和研究。洛齊著繪《絲路藝術筆記:龜兹》(灕江出版社)以龜兹地區的雕塑、壁畫等藝術形式爲基礎,用再創造的圖像形式展現並傳達了藝術家對文化和歷史的理解,並配有極具藝術感染力的文字。劉韜《唐與回鶻時期龜兹石窟壁畫研究》(文物出版社)對唐與回鶻時期龜兹石窟壁畫以圖像學、風格學與樣式論等方法進行了綜合研究,闡釋了唐與回鶻時期龜兹石窟壁畫的豐富面貌,解讀壁畫形成的内因,進一步展示了民族與區域之間的交流狀況。羅福萇著,王旭梁編《羅福萇集》(中西書局)正編部分收録了迄今能夠搜集到的羅福萇全部撰著,其中包括《高昌壁畫菁華目錄(附圖)》。何志國《漢晉佛像綜合研究》(上海人民出版社)涉及對北方新疆地區的漢晉佛像的梳理探討。楊波《龜茲石窟壁畫中的辟支佛形象考辨》(《西域研究》1期)通過對龜茲石窟壁畫"天相圖"中常繪飛騰虛空的穿袈裟者造像的統計分類、圖像比較,推測身份不確定的部分飛行人物爲辟支佛。同時指出在庫木吐喇石窟的一類天相圖中出現的反映"三獸渡河"譬喻以及"涅槃城"的畫面是推斷辟支佛身份的有力證據。任平山《伯西哈石窟、克孜爾石窟佛傳壁畫"佛洗病比丘"釋讀》(《西域研究》1期)分析了伯西哈石窟和克孜爾石窟兩幅主題不明的壁畫,認爲它們屬於同一主題。經過圖像與佛經文本的比對,確認壁畫內容爲一則佛傳故事——世尊清洗患病比丘。朝鴻、張未《絲綢之路上三大壁畫中用綫用色的比較研究》(《天津大學學報》1期)通過挖掘克孜爾壁畫、敦煌壁畫和唐墓室壁畫的用綫與用色,從歷史、地理、人文的廣闊視野梳理了其繪畫的歷史原因和藝術特色,並從不同的角度探討了其不同的藝術特色的表現手法以及三大壁畫可借鑒的藝術魅力。馮曉娜《"丹青賦色、綫暈傳神"——試論克孜爾(龜茲)石窟壁畫藝術表現中的"綫、暈、色"》(《通化師範學院學報》1期)對克孜爾石窟壁畫藝術表現中最具代表性特點的綫、暈、色三個方面做了探討。劉江《克孜爾壁畫對韓樂然油畫風格的影響》(《工業設計》1期)對韓樂然臨摹克孜爾石窟壁畫前後的作品進行分析對比,分別從繪畫風格、題材、技法、用色、構圖等方面綜合探究臨摹克孜爾石窟壁畫對其藝術語言的影響,分析其作品中所體現的審美理想。劉韜《庫木吐喇第16窟〈觀無量壽經變〉壁畫的復原與識讀》(《中國國家博物館館刊》2期)利用德國柏林亞洲藝術博物館提供的館藏壁畫資料,以及德國、法國探險隊於20世紀初在庫木吐喇石窟拍攝的歷史照片資料,並結合前人的記錄與研究,對庫木吐喇第16窟主室南壁《觀無量壽經變》壁畫圖像進行了重定與識讀。此外還通過與敦煌莫高窟唐代《觀無量壽經變》壁畫進行比對,分析了庫木吐喇第16窟唐代《觀無量壽經變》壁畫圖像的特點及其與敦煌唐代壁畫圖本的聯繫,指出庫木吐喇第16窟壁畫的圖本樣式與風格展現了盛唐時期中原地區宗教、文化與藝術在龜茲的傳播。顧穎《論西域樣式凹凸法與天竺遺法》(《敦煌研究》2期)從凹凸技法入手,對佛畫的西域樣式和天竺遺法的各自特點進行甄別,指出如果將天竺遺法(印度本土的凹凸畫法)視爲佛教繪畫暈染法的原始基礎,那麼西域式凹凸法則是不同淵源的文化在西域之地合力而爲的結果,西域式凹凸法不僅是構成西域樣式佛畫獨特面貌的重要技法之一,同時也深刻影響了漢地佛畫藝術的形成和發展。陳婷婷《早期行像考》(《美與時代(下)》2期)突出強調了于闐國在行像活動由西向東流傳中的角色和地位。

葉梅《克孜爾石窟壁畫中的龍形象探析》(《敦煌學輯刊》3 期)對克孜爾石窟壁畫中的龍圖像進行了全面收集、分類,並探討了其文化源流。石妙春、腰進發《高昌回鶻時期摩尼教繪畫特徵研究》(《貴州民族研究》3 期)指出高昌回鶻時期摩尼教繪畫特徵既源自於該教本身的哲學内涵與摩尼自身的藝術修養,又深受希臘、羅馬文化的影響,同時又吸納薩滿教、佛教、印度教等多宗教及中原文化的審美思想。劉芳、鮑丙峰、屈鈺麗《新疆克孜爾壁畫中佛陀涅槃圖探討與分析》(《塔里木大學學報》3 期)對克孜爾石窟壁畫中的佛陀涅槃圖像的構圖和多元宗教文化因素進行了探討和分析。王樂樂《從文本到圖像:印度和中國克孜爾、敦煌石窟本生故事圖像敘事模式小探——以尸毗王本生、六牙象本生和兔本生故事爲例》(《齊魯藝苑》4 期)選定印度、中國克孜爾和敦煌石窟現存的尸毗王本生、六牙象本生和兔本生有代表性的雕刻、壁畫爲研究對象,探討本生故事圖像的敘事模式,認爲普適於印度和中國克孜爾、敦煌石窟本生故事圖像的敘事模式主要有五種:單景敘事、連續敘事、綱要敘事、全景敘事和類全景敘事。任平山《龜兹壁畫"佛説力士移山圖"釋讀》(《藝術設計研究》4 期)對庫木吐喇石窟中存在的一例特別的佛傳壁畫進行圖像分析及文獻比對,認爲相關圖像可對應佛傳中"佛説力士移山"之故事。任平山《龜兹壁畫"殺犢取皮"》(《敦煌研究》4 期)對森木塞姆石窟第 44 窟券頂及克孜爾石窟第 34 窟券頂兩幅類似壁畫進行了考察,經過圖像分析及文獻比對,認爲相關圖像可對應戒律故事"殺犢取皮"。陳曉露《從伎樂供養人圖像看希臘化對佛教美術的影響》(《故宫博物院院刊》4 期)考察了早期佛教藝術中的世俗伎樂供養人("伎樂人")圖像,認爲其形象源自於印度現實生活中樂伎、舞女等社會地位較爲低下的供養者,後受到希臘化藝術影響,表現爲載歌載舞的伎樂人隊列。由此進而推斷,中亞、西域等地流行的行像等佛教儀式,其形成可能受到了希臘宗教舉行節日慶典習俗的影響,這與佛教逐漸通俗化的過程相一致。朱己祥《于田縣胡楊墩佛寺遺址壁畫新知見》(《中國藝術》4 期)對于田縣胡楊墩佛寺遺址壁畫從壁畫的圖像來源、于闐特色、屬性與年代等方面做了揭示。謝繼勝《藏地金銅造像琍瑪 li-ma 專名形成路徑考》(《美術研究》6 期)分析藏語表示金銅銅造像的 li-ma 一詞的形成與演變路徑,從詞彙的演變及其藴含的内在文化關聯邏輯探索于闐佛教文明在漢藏佛教藝術中留下的印記。周雲《高昌王國時期維吾爾族設計思想的演變》(《創意設計源》6 期)指出高昌王國時期維吾爾族設計思想隨著其生産生活方式的變革和先進物質文化的深刻影響發生了重要演變:由較爲落後、單一的造物理念向綜合、豐富與更具創造力的多元、複合型造物理念轉變;由草原時期的實利至上、粗獷素簡的造物思想向追求精緻、細膩、華美轉變。王敏敏《克孜爾石窟壁畫藝術的數字化再生》(《數字印刷》6 期)對近年來新疆龜茲研究院與上海商務數碼圖像技術有限公司合作採用數字化手段採集石窟壁畫信息的克孜爾石窟壁畫的數字化保護工作、主要內容及再生做了介紹。張喬《龜茲石窟壁畫中的"指縵相"》(《新美術》7 期)對龜茲佛教繪畫中的"指縵相"圖式與小乘佛教經律文獻之間的關聯進行了分析；並將圖像表達與西域歷史中的情感觀念、畫師心理和生存狀態之間建立聯繫，認爲"指縵相"與西域中古時期龜茲地區特有的情感觀念有關。張全紅《新疆克孜爾壁畫人體藝術淺析》(《藝術科技》9 期)、《新疆克孜爾壁畫人物造型現實美呈現》(《藝術評鑒》19 期)就克孜爾壁畫的人體藝術從成因、本土化特色、造型特徵及繪畫風格等方面進行了簡要的分析與整理。張全紅《龜茲壁畫在藝術設計教學中的應用研究》(《美術教育研究》21 期)對龜茲壁畫在設計色彩課程、圖案設計課程和地毯圖案設計課程中的應用進行了研究。陳乙源《佛教美術的傳入對中國畫色彩的影響》(《大衆文藝》15 期)對佛教美術的歷史及傳入進行了梳理，深入分析了佛教美術的形式，將新疆龜茲石窟以及敦煌莫高窟作爲佛教石窟的兩大主要代表，從而探討中國繪畫的特點，對佛教美術的傳入對中國畫色彩的影響進行了論證。李慧娟《龜茲石窟蓮花圖像研究》(《大衆文藝》18 期)對龜茲石窟的蓮花圖像進行圖像學分析，指出圖像學方法研究蓮花壁畫有三個層次：第一個階段是蓮花圖像的形態構成；第二個階段是把蓮花和佛教聯繫起來；第三個階段是透過蓮花圖像理解龜茲佛教理念。趙麗婭《庫木吐喇石窟佛像的藝術風格及其特點》(《法音》1 期)以庫木吐喇石窟壁畫中的佛像爲主要研究對象，在全面調查和整理庫木吐喇石窟佛像的基礎上，對庫木吐喇石窟的佛像藝術風格、特點及其演變進行了探討，並結合龜茲地區相關歷史背景，對不同佛像類型及演變的原因進行了探討。趙麗婭《新疆克孜爾石窟壁畫中的耳飾形象初探》(《中國國家博物館館刊》8 期)在系統的田野調查基礎上，對克孜爾石窟壁畫中的耳飾形象進行了分類，並闡述其隨時代而發生的流變，進而探討不同的耳飾與佩戴者的身份和性別的關係，發掘耳飾的社會文化意義。田俊蘭《陶瓷藝術與龜茲壁畫結合的可行性探索》(《美術教育研究》14 期)以陶瓷爲承載物，以龜茲壁畫爲設計項目，對兩者結合的可行性進行了探索。李瑞哲《龜茲石窟的壁畫風格及其藝術表現形式》(《西部考古》14 輯)指出龜茲石窟依據壁畫的題材內容、佈局、繪畫技法等特點，可以劃分爲四種風格：犍陀羅風格、龜茲風格、漢風風格和回鶻風格。這些壁畫風格在龜茲出現有其特殊的歷史背景，一方面顯示了佛教藝術在內容和形式上在古代龜茲的發展過程；另一方面也顯示了古代龜茲藝術家在與現實生活密切聯繫的基礎上，通過不斷的藝術實踐，在佛教藝術表現上逐步發展、提高和創新的過程。陳淩《絲綢之路上圖像的交流與回饋——以毗沙門天王爲例》（《北京論壇（2017）文明的和諧與共同繁榮——變化中的價值與秩序：文明傳承與互動視角下的"一帶一路"論文與摘要集》）以毗沙門天王圖像在絲綢之路上的演生過程爲例，考察了絲綢之路上文化的融合與變遷。郭瑞陶《西域天王造像圖像學考》（新疆藝術學院碩士學位論文）通過圖像與文獻結合的方式，梳理分析了西域地區的天王造像及其信仰的形成和發展關係。李笑笑《雅爾湖石窟藝術研究》（新疆藝術學院碩士學位論文）從石窟的形制與功能，壁畫内容的解讀、壁畫藝術風格的分析、石窟的年代判斷、石窟造像的思想内涵等方面對高昌石窟群之一的雅爾湖石窟進行了整體性研究。吴潔《從龜兹到平城石窟中的天宫伎樂圖像研究》（新疆藝術學院碩士學位論文）通過對克孜爾石窟、敦煌莫高窟、雲岡石窟等石窟中天宫伎樂圖像的分析，探討了十六國北朝階段龜兹與中原之間的佛教和樂舞藝術交流情況。張健波《于闐佛教藝術研究——以繪畫雕塑爲中心》（西安美術學院博士學位論文）在對于闐及佛教傳入于闐的年代、路綫進行考察的基礎上對于闐佛教藝術進行了梳理，重點考察了兩漢、魏晉至隋唐時期的以繪畫雕塑爲重點的于闐佛教藝術。雷啓興《龜兹早期壁畫研究——以克孜爾117窟爲例》（華東師範大學博士學位論文）通過對克孜爾117窟的實地調查，運用考古地層學與美術風格學，借助20世紀初期德國學者的考察報告、德藏克孜爾壁畫、國内考古資料、古代早期漢文文獻，並以碳十四檢測資料爲參照，對117窟重繪壁畫進行了分析、辨識，重建117窟三層壁畫原貌。雷啓興《龜兹中心柱窟及其"帝釋窟説法"源流新探》（《南京藝術學院學報（美術與設計）》1期）探討了克孜爾中心柱窟石窟形制及源流，指出克孜爾中心柱石窟整體形制明顯受到早期印度"帝釋窟"浮雕的影響，其主室結構及圖像構成更接近印度貴霜朝晚期西南印度"帝釋窟"浮雕，總體而言克孜爾中心柱窟正壁的特點更多地具有印度本土的因素，經貴霜和笈多時代及其後中印佛教交流，最終在克孜爾形成穩定的中心柱窟正壁"帝釋窟"樣式。張峻滔《高昌古墓群花鳥屏風畫與〈丹楓呦鹿圖〉相關研究》（中央美術學院碩士學位論文）選取了高昌古墓群出土的兩類能夠代表古代中原漢文化衍生成果的作品進行分析説明，通過對這兩類作品形式技法、文化含義與歷史背景等各方面的分析，加之與相關的作品進行比較，從中總結出了關於"傳統技法表現新題材""多種繪畫技法綜合使用""新題材引申新意義"等與現當代花鳥畫創作有關的思路與方法。閆飛《克孜爾石窟佛傳故事圖像研究》（華東師範大學博士學位論文）以克孜爾、印度實地考察資料爲基礎，以相關犍陀羅出版文獻爲參照，對部分佛傳故事重點題材進行梳理與比對，包括佛傳藝術的題材組合、序列邏輯、主題思想的宏觀構架，及人物造型、情節演進等微觀流變兩個方面,論述克孜爾佛傳藝術中人物神格化塑造的成因,並以此爲主綫,重新審視了影響克孜爾石窟佛傳藝術形成的外緣與内因。[日]肥田路美著,盧超譯《西域瑞像流傳到日本——日本13世紀畫稿中的于闐瑞像》(《絲綢之路研究集刊》1輯)以日本13世紀京都府醍醐寺本圖像中的于闐海眼寺像和京都府某寺所藏紙本墨畫中的法界佛像爲例,與敦煌、和田出土圖像比較,論證了兩者的淵源流傳關係及其在東西交流史上的價值。[意]康馬泰撰,李思飛譯《于闐佛教壁畫中的非佛教神祇及相關問題》(《絲綢之路研究》1輯)在以往研究觀點基礎上對于闐佛教壁畫及許願木板中没有印度神祇特徵的神靈進行了再探討,結合新近在和田地區的考古發現論證了這些神祇應當是當地神祇,不應將其與粟特神聯繫在一起。[日]山部能宜、趙莉、謝倩倩《庫木吐喇第75窟數碼復原及相關壁畫題材及題記研究》(《絲綢之路研究》1輯)對庫木吐喇第75窟正壁繪圖和題記進行復原並解讀了壁畫題材和題記内容。[德]魏駿驍《入華粟特人葬具上的狩獵圖》(《絲綢之路研究》1輯)考察了入華粟特人墓葬中的狩獵圖像的來源,指出葬具上的狩獵圖明顯地反映了來自薩珊波斯和索格底亞一帶等其他地區藝術的影響,粟特人把這些圖像融入到他們自己的葬具上,中國各地發現的文物上也能看到同樣的狩獵圖像。入華粟特人無疑渴望著某一天離開這個世界以後仍然能享受圖像所象徵的場景。慶昭蓉、[日]荻原裕敏《龜兹壁畫中的唐僧——森木塞姆第46窟供養人之個案研究》(《唐研究》23卷)對龜兹壁畫中的唐僧形象做了剖析。姚崇新《十字蓮花:唐元景教藝術中的佛教因素》(《敦煌吐魯番研究》17卷)通過對有關考古資料的梳理分析,從微觀層面對唐、元二代景教藝術吸收佛教藝術的情況進行了全面考察,其中涉及吐魯番出土的高昌回鶻景教壁畫佛教因素的考察。高海燕《于闐佛教背光化佛圖像研究》(《敦煌吐魯番研究》17卷)對和田地區多處遺址出土的佛教文物中的佛像背光化佛現象進行了分析探討,認爲其不僅僅是對"舍衛城神變"造像的簡單承襲,而是在特殊的歷史背景條件下,結合本土宗教、經典的流行,形成了獨具特色的"于闐系背光化佛"。劉韜《唐與回鶻時期龜兹石窟壁畫的發現與研究》(《敦煌吐魯番研究》17卷)主要針對唐與回鶻時期龜兹石窟壁畫研究的學術史做了梳理,並主要圍繞龜兹石窟的庫木吐喇石窟、阿艾石窟與森木塞姆石窟進行了探討,還附有《"德國皇家吐魯番探險隊"揭取唐與回鶻時期庫木吐喇石窟壁畫殘片簡目》(《敦煌吐魯番研究》17卷)。

民俗藝術方面:張玉平《古絲綢之路出土剪紙功能用途管窺》(《西北美術》1期)通過對敦煌吐魯番地區已出土剪紙的整理,探討了古絲綢之路出土剪紙的功能用途。華永明《文獻梳理視角下的新疆傳統工藝文化歷史與現狀》(《大衆文藝》1期)將新疆工藝文化相關的文獻歸類,通過總結,梳理了新疆傳統工藝文化歷史與現狀的脈絡,爲這方面的研究提供了文獻資料綫索。王樂《魏唐時期敦煌吐魯番地區的綾織物》(《敦煌學輯刊》2期)結合敦煌吐魯番文書的記載分析研究了兩地發現的斜紋暗花絲織物。敦煌吐魯番文書中的記載反映出綾在西北地方的用途非常廣泛,常用於製作服飾和日常用品。綾在敦煌地區還大量用於製作寺院法器和用品,以及作爲財禮、吊禮、賀禮和社邑成員身亡納贈的物品。綾作爲唐代中央政府租税的一部分,曾流通到敦煌吐魯番地區。王曉玲《非衣與招魂——馬王堆、敦煌、吐魯番及絲路沿綫墓葬文化關係研究》(《南京藝術學院學報(美術與設計)》3期)指出非衣類圖像首現於湖南楚墓,在絲綢之路沿綫許多地區廣泛傳播,經由敦煌而止於吐魯番,清晰地呈現了不同地域的喪葬文化傳播演化的脈絡與相互之間的關係。李青《絲綢之路樓蘭史前時期的雕塑藝術與文化》(《梧州學院學報》4期)指出絲綢之路樓蘭地區小河、古墓溝墓地和羅布泊西北岸雅丹墓地出土的青銅時代雕塑作品,以模擬自然的手法生動地再現了遠古時期樓蘭居民的民族特徵及其原始信仰意識。李楠、鄔建華《古老的新疆民俗藝術剪紙》(《藝術科技》4期)指出早期的剪紙是以喪葬文化的形式出現的,目前我國境内發現的最早的剪紙是新疆吐魯番地區阿斯塔那古墓遺址中出土的用以陪葬的剪紙,具有很强的宗教文化意味。薄刃鋒《吐魯番出土伏羲女媧圖的哲學觀念探析》(新疆師範大學碩士學位論文)通過對吐魯番地區古墓葬出土的伏羲女媧圖從哲學角度進行分析,探尋其中所藴含的哲學内涵,反思中國哲學在歷史上對中國社會和人們的思想精神所起到的深遠影響和作用。

樂舞方面:絲路樂舞尤其是西域樂舞及其與中原樂舞關係的研究有河南博物院編《誰調清管度新聲:絲綢之路音樂文物》(文物出版社)從數十年來出土的新疆、甘肅、青海、寧夏、陝西、河南六省區音樂文物中擷取精品,還原一個傳承了數千年的絲路音樂的音聲世界。杜亞妮《試論魏晉南北朝時期西域音樂對中原音樂的影響》(《隴東學院學報》2期)對魏晉南北朝時期西域音樂傳入中原的背景及其傳播、意義與影響進行了探討。吴潔《從史料、壁畫來看絲綢之路上胡旋舞、胡騰舞、柘枝舞的發展與流變》(《交響(西安音樂學院學報)》2期)從史料和壁畫入手,對絲綢之路上具有代表性的三種中亞系樂舞進行了歷史溯源和流變考察,繼而對其在東漸過程中的變遷過程予以揭示。項陽《進入中土太常禮制儀式爲用的西域樂舞》(《音樂研究》3期)探討了西域樂舞進入中土之後的情狀,即多部伎的禮制儀式爲用及西域樂舞融入中土的意義。張寅、周莉《西域屯墾中的音樂事象及相關思考》(《音樂研究》3期)從涉及屯墾的音樂事象、屯墾音樂的概念及範疇、對其認知的意義及以此視角對一些史料的解讀等幾個方面對西域屯墾音樂事象做了初步思考。劉曉晨《淺談敦煌壁畫與新疆少數民族音樂的若干聯繫》(《當代音樂》3 期)從敦煌壁畫中有關的樂器、舞蹈、人物等方面,探討了敦煌壁畫中的音樂元素與新疆現存音樂的關係,指出古代新疆和中原地區在很早就有了音樂文化上的交流,這種交流是多領域、多層次、立體化的。在這種交流過程中,不僅中原內地向西域學習,西域也在向中原學習,形成了你中有我、我中有你的狀態,這種狀態延續到了今天,形成了中華民族傳統音樂的格局。侯穎、郁斐《唐代柘枝舞的變遷及其藝術價值》(《蘭州教育學院學報》5 期)對源於西域的柘枝舞的起源與變遷及其藝術形式與價值進行了考察,同時指出,唐代柘枝舞作爲由西域傳入的舞蹈,還成爲當時世人讚美並模仿的對象,從側面反映了西域樂舞對中原文化的浸潤。

　　針對石窟壁畫樂舞圖像的專門研究如下:吳曉璿《庫木吐喇石窟舞蹈手型初探——以 21 窟穹窿頂菩薩伎樂爲例》(《新疆藝術學院學報》2 期)以庫木吐喇石窟第 21 窟的舞蹈手型爲例,探討了龜兹樂舞藝術的發展脈絡和藝術傾向。平萍《克孜爾千佛洞 135 窟中的旋轉舞姿——用質點動力學分析與探討》(《新疆藝術學院學報》3 期)對龜兹石窟群中的樂舞形象旋轉動作通過圖像學、質點動力學等角度進行了探索。李靜《試論龜兹樂舞研究係克孜爾石窟價值所在》(《藝術科技》7 期)對龜兹樂舞對於克孜爾石窟的研究價值進行了簡要論述。王徵《絲綢之路上的龜兹與敦煌音樂圖像研究》(《人民音樂》9 期)從圖像中顯示出的樂器及相關問題問題對龜兹與敦煌音樂圖像進行了概述。蔡江寧《關於龜兹佛教壁畫中的樂舞與產業化研究》(《教育教學論壇》10 期)探討了龜兹佛教樂舞的產業化現狀及發展路徑。張世奇《和田達瑪溝出土棕地黃色蓮花舞蹈狩獵圖案錦時代考》(《絲綢之路研究集刊》1 輯)用圖案比對的方法對和田達瑪溝出土棕地黃色蓮花舞蹈狩獵圖案錦的確切時代進行了探討,推測這件織物或爲遼賜予于闐的賞賜物,其織製的時間最遲是遼聖宗在位時期。李鑫《龜兹樂舞壁畫中的舞蹈探析》(新疆藝術學院碩士學位論文)選取克孜爾第 77 和 135 窟中歌、舞、樂爲一體的舞蹈場面來研究龜兹樂舞的總體形態特徵,依據圖像學的方法,將克孜爾壁畫較爲完整的舞蹈圖像、出土文物中所提供形象資料、古文獻所記載有關龜兹舞蹈的詩詞、所關聯的舞人圖像信息進行了相互印證和比較。

　　樂舞與文學作品關係的研究有:李建棟《西域胡樂流播與北齊詩風的轉變》(《安徽大學學報》1 期)考察了北齊時期的胡樂流播對北齊政治動向、文學變化的影響。西域胡樂在北齊末期大盛的現象背後隱藏著統治者以胡樂爲紐帶而興起政治上胡化的用心,其直接結果是用胡人作大臣,漢族士人被排斥於國家權力核心之外。相應地,這一時期文人的政治熱情消歇,詩歌多抒發傷情,語言刻畫趨於細膩精工,與風骨遒勁、語言富贍的魏齊之際的詩風形成明顯反差。高人雄《從地緣視閾考察伊州樂歌生成的文化源流及其詞牌曲調的發展》(《蘭州學刊》3 期)從地緣文化考察伊州樂歌的生成過程,指出伊州樂源自北地、西域、關中三地音樂文化之流,融合了多民族的音樂成分。伊州樂歌在曲調風格上既有濃重的北狄、西域音樂特點,又包含中原音樂元素。伊州樂歌產生了一批優秀的詩詞作品,又反過來促進了《伊州樂》的傳佈與發展。董定一《淺議漢唐西域樂舞賦的創作原因與賦體特徵》(《伊犁師範學院學報》3 期)在簡要闡述漢唐西域樂舞賦創作動因的前提下,對其所具有的賦體特徵進行了討論,並對其特徵的具體表現與賦作本身所涉主題之間的關係進行了考察。謝雯雯《唐代西域樂舞與李白作品關係研究》(《科技展望》6 期)就西域樂舞對李白作品創作的影響從詩歌結構與樂舞的層次演進、不主故常的氣勢基調、"客旅化"意識的凝結與展現、突破與創新四個方面探討了李白與西域文化的關係。楊名《唐代胡旋舞詩、胡騰舞詩論析》(《舞蹈》6 期)利用史籍記載考察了胡旋舞、胡騰舞的來源與流傳,分析了唐詩中胡旋舞、胡騰舞的舞容,認爲唐代胡旋舞詩、胡騰舞詩並非僅是對舞容的詳細描寫,詩人在對舞蹈者精湛舞藝的描寫和讚美背後,以士大夫的責任感,傾注了對國事的關注與感歎,隱含著深刻的諷諫之意。

體育方面:趙犇、武曉敏《公元 7—8 世紀的龜兹體育研究:内容、特徵及啓示》(《瀋陽體育學院學報》6 期)通過對歷史文獻和文物古跡的考證,對 7 至 8 世紀龜兹體育的内容及特徵進行研究,並結合"一帶一路"的建設背景提出歷史啓示。鄧李娜、王興茂《佛教文化對絲綢之路體育的影響》(《東方收藏》12 期)利用出土文物和傳世文獻記載,探討了絲綢之路沿綫佛教文化對體育文化的影響,指出東漢初年佛教傳入中國後,給中國古代體育文化注入了新的血液;同時,也讓古老的中國體育文化經絲綢之路傳到了境外的各個國家。

其他方面,包括繪畫、書法、影視等的研究成果有:陸艷清《尉遲乙僧的繪畫藝術及其當代意義》(《藝術研究》1 期)對西域畫家尉遲乙僧的繪畫成就進行了分析,指出其繪畫創作對中原繪畫產生積極影響的藝術元素,並總結了其繪畫藝術對當今具有的啓發意義。崔樹強、劉瑩《康里子山與奎章閣及其在元代書史中的地位》(《中國書法》7 期)論述了元代西域畫家康里子山的書法成就與其在書法史上的重要地位。任小平《論王羲之書法對西域的影響》(《中國書法》16 期)以敦煌所存寫本中王羲之《十七帖》之《旃廚胡桃帖》、蔣善進臨本《智永千字文》、歐陽詢摹本《化度寺塔銘》、新疆和田唐代學生臨摹王羲之《尚想黃綺帖》《蘭亭序》殘本圖片及唐代吐魯番學生習字本《千字文》等，從正、側兩方面説明王羲之書法對處於邊遠地區的西域的深遠影響。梁加誠、阿力木江·麥提喀斯木《新疆和田"丹丹烏里克"遺址木板畫藝術賞析》（《和田師範專科學校學報》4 期）對新疆和田地區"丹丹烏里克"遺址出土的《蠶種西傳》《鼠神圖》《波斯菩薩》三幅經典的于闐王國木板畫進行評析，對中西文明交流融合下產生的這一獨具藝術魅力的地理文化單元做了揭示。趙濤《空間/想象：歷史西域的鏡像呈現與審美價值》（《當代電影》9 期）從西域意象的影像呈現、西域作爲空間"異托邦"的藝術想象、地域西域向影像西域轉換的空間審美價值三個角度探討了歷史西域的鏡像審美特徵及其意義。金鑫、鄭博月《文化社會心理視域下的絲路題材電影》（《當代電影》9 期）以文化社會心理學理論爲出發點，將電影研究中的"絲綢之路題材電影"問題放置於文化學這一大構架内，確立絲綢之路題材電影的範疇與界定，從地緣文化、史緣文化入手，圍繞絲綢之路、絲綢之路題材電影與絲綢之路文化共同建構的影像空間，在"一帶一路"語境下重新審視絲路，進一步探討了絲綢之路題材電影中所生發出的文化差異與文化衝突、文化歸屬與文化承傳。

十三、書評與學術動態

本年度相關書評主要有：馮晶晶《讀〈元西域人華化考〉之思考》（《民族藝林》1 期）首先概述了陳垣所著《元西域人華化考》的成書背景，進而從多元宗教的中國化、文學藝術的融會貫通、習俗禮儀的相容並蓄三個層面對其進行了論述，展示了中國知識分子對弘揚中國文化的思考和努力，也揭示了陳垣的本土民族文化觀。張玉興《千年絲路的記憶：道路變遷與華戎博弈——〈長安與西域之間絲綢之路走向研究〉評介》（《唐都學刊》1 期）對朱德軍、王鳳翔所著《長安與西域之間絲綢之路走向研究》一書的特點進行了概括，指出該書一是全面系統地梳理了長安與西域之間絲綢之路的網狀綫路，並以地圖的形式直觀呈現；二是將歷史上絲綢之路走向的變遷納入中原王朝與西北游牧民族互動關係的視野下進行考察，新意迭出；三是在廣泛吸收前人已有成果的基礎上，豐富了絲綢之路部分具體路段的研究，主要體現在長安周邊地區與西域南道的絲綢之路上；四是通過拓展延伸或商榷質疑的方式，推進一些具體問題的研究，並提出諸多自己的看法。此外，還認爲該書在整體内容上體系似乎不夠完整，以及在絲綢之路一些局部綫路的探討上仍有值得商榷之處。秦幫興《學術史研究的範式之作——讀朱玉麒著〈徐松與〈西域水道記〉研究〉》（《西域研究》2 期）從考據、義理、辭章三個視角探討了朱玉麒所著《徐松與〈西域水道記〉研究》一書的優點，認爲該書以紮實的考據和嚴謹的論述向我們展示了學術史研究的精深境界,是一份讓人驚喜的範式之作。李軍、柴劍虹《但憑彩筆成新論,謹作昆侖睥睨人——湯洪〈屈辭域外地名與外來文化〉評述》(《四川師範大學學報》3 期)從理論創見、方法論創新的視角對湯洪所著《屈辭域外地名與外來文化》一書進行評介,指出該書是以新的研究理念與模式,利用最新獲得的新材料、新證據,包括相關交叉學科領域的新成果對屈辭研究的一次有益嘗試。吳華《瑞像崇拜與神聖性建構——評蔣家華〈中國佛教瑞像崇拜研究〉》(《佛教史研究》1 卷)對蔣家華所著《中國佛教瑞像崇拜研究——古代造像藝術的宗教性闡釋》做了評介,認爲蔣書對中國佛教瑞像這一特殊的佛像類型進行了全面、系統的整理與研究。其中涉及作者從西域詞源學角度對瑞像内涵所做的考察以及對瑞像在西域的流佈的考察。榮新江《絲綢專家筆下的絲綢之路——讀趙豐〈錦程:中國絲綢與絲綢之路〉》(《中國圖書評論》4 期)結合著者趙豐個人經歷對其所著《錦程:中國絲綢與絲綢之路》給予了高度評價。趙大旺《〈敦煌吐魯番文書與中古史研究〉評介》(《敦煌研究》4 期)對《敦煌吐魯番文書與中古史研究》進行分類簡評,介紹該書是爲慶祝朱雷先生八十華誕而編寫的,所收論文包括敦煌吐魯番研究成果、魏晉南北朝隋唐史研究成果、其他研究成果及憶舊交往文章,書評最後對該論文集所體現的學術價值做了歸納。朱德軍《評李宗俊〈唐前期西北軍事地理問題研究〉》(《西域研究》4 期)對李宗俊所著《唐前期西北軍事地理問題研究》一書的内容、特點進行評價,指出該書學術上多有建樹。就方法論而言,李著視野開闊,視角獨特,結論新穎且信而有徵,尤其爲人稱道的是,即使在歷史的尋常之處,也常有出人意料的發現,充分體現了中國軍事地理研究在當代的發展方向。陳正榮《〈敦煌吐魯番醫藥文獻新輯校〉述評》(《中醫藥文化》4 期)高度評價了沈澍農《敦煌吐魯番醫藥文獻新輯校》一書收入的中醫藥文獻及學術研究價值。孫文傑、寧燕《古籍整理新成果 方志研究新典範——〈新疆圖志〉整理本評介》(《出版廣角》20 期)重點從版本、内容、點校、考證、索引等方面介紹了《新疆圖志》的整理出版,明確其價值及鮮明特色,認爲其作爲古籍整理的新成果、方志研究的新典範,具有重大意義。鄭蒽燕《屯墾經濟是新疆社會發展的重要推力——評〈西域屯墾經濟與新疆發展研究〉》(《中國農史》5 期)對張安福所著《西域屯墾經濟與新疆發展研究》做了簡評,在指出其價值的同時,認爲還有些可進一步研究的問題。[日]北村一仁撰,羅亮譯《劉安志著〈新資料與中古文史論稿〉書評》(《吐魯番學研究》2 期)對劉安志教授所著《新資料與中古文史論稿》作了概要式介紹,並對如何利用"新資料"進行研究這一問題發表了感想並做了高度評價,指出對受史料強烈制約的中國中古史研究而言,"新資料"意味著可以從珍貴的材料孕育出新研究的可能性,劉著的考察爲我們展示了多種方法。張小貴《榮新江〈絲綢之路與東西文化交流〉》(《敦煌吐魯番研究》17卷)高度評價了榮新江所著《絲綢之路與東西文化交流》,認爲其爲讀者提供了更多中外關係史領域"具有普遍參照意義的認識"。白玉冬《劉戈〈回鶻文契約斷代研究——昆山識玉〉》(《敦煌吐魯番研究》17卷)詳細介紹了劉戈《回鶻文契約斷代研究——昆山識玉》一書,在誇讚其優點的同時,指出了缺陷和訛誤。李方《劉子凡〈瀚海天山——唐代伊、西、庭三州軍政體制研究〉》(《敦煌吐魯番研究》17卷)是對劉子凡所著《瀚海天山——唐代伊、西、庭三州軍政體制研究》的評介,首先簡略介紹了劉著内容梗概,重點舉例闡述了其特點,指出了部分不足之處。

過去的一年,一些著名的吐魯番學研究專家與世長辭,是爲學界的巨大損失。他們對吐魯番學做出的貢獻值得傳揚歌頌。《敦煌吐魯番研究》第17卷(上海古籍出版社)刊出紀念專號,其中柴劍虹《深切懷念馮其庸先生》以及榮新江《馮其庸先生敦煌學二三事》分别對馮其庸先生的敦煌吐魯番研究做了回顧,高度評價了他在敦煌吐魯番學領域的突出貢獻。

研究綜述方面:榮新江《絲綢之路與中外文化交流研究動態》(《敦煌研究》1期)從動態、中外關係史、傳統古籍、外文古籍、與敦煌吐魯番相關的胡語文獻以及粟特文獻等方面簡單介紹了絲綢之路與中外文化交流史的學科背景和發展動態。孫文傑《21世紀以來唐代西域文學研究述評》(《昌吉學院學報》1期)從唐代邊塞詩中的西域研究、唐詩與西域文化、唐詩與西域地理、唐五代邊塞詞等幾個方面做了回顧。同時指出,新世紀唐代西域文學研究也存有明顯的不足與遺憾,如低水準的重複性研究較多,這也是下一階段唐代西域文學研究亟待改觀的地方。姚淑艷《回鶻文〈玄奘傳〉研究綜述》(《語文學刊》1期)對回鶻文《玄奘傳》研究材料做了梳理分析,並從兩個角度分類進行綜述:一是對回鶻文《玄奘傳》的分卷研究情況,二是對回鶻文《玄奘傳》綜合研究情況。吐送江・依明《回鶻文〈玄奘傳〉國内外研究情況綜述》(《敦煌學輯刊》2期)同樣對新疆出土回鶻文《大慈恩寺三藏法師傳》國内外研究成果進行了系統梳理,有助於推進回鶻學尤其是回鶻文獻研究的進展。李楠《近20年來兩漢西域治理問題研究》(《中國史研究動態》2期)對近20年來學界漢代西域治理問題的研究做了述評,指出學術界對漢代西域問題的研究仍多集中於漢與西域的關係史和民族史方面,對漢代在西域治理理論與實踐的研究則略顯滯後。魏國彬、鄭先桃《新疆剪紙研究述評》(《新疆藝術學院學報》2期)梳理新疆剪紙研究文獻,探討新疆剪紙研究的進展,對新疆剪紙研究的問題進行了分析。李雲、楊傳宇《近百年新疆古代佛教雕塑研究成果評述》(《和田師範專科學校學報》3期)將新疆古代佛教雕塑近百年的研究成果首先按時間劃分,以 19 世紀末、20 世紀初外國在新疆的探險熱潮爲開端,直到 21 世紀國内外學者的研究成果爲對象,再以西域絲路南北道爲界,對新疆各地區的佛教雕塑研究成果進行了系統的梳理並予以評述,爲研究佛教藝術在新疆的發展的進一步探討做了準備。徐文堪《古代絲綢之路與跨學科研究》(《新疆師範大學學報》4 期)介紹了古絲路研究的進展,認爲古代絲綢之路研究需要跨學科的研究,將歷史學、民族學、語言學、人類學等諸學科的成果綜合起來加以考察,而人類基因組學和生物考古學的最新進展,尤其需要關注。賀鋼、徐瑞瑞《2016 年吐魯番學研究綜述》(《2017 敦煌學國際聯絡委員會通訊》)分政治、歷史地理、經濟、法制、宗教、民族、社會文化、藝術、文獻古籍、語言文字、考古與文物保護、書評與學術動態等專題概述了 2016 年大陸地區吐魯番學研究的主要研究成果,並附有《2016 年吐魯番學研究論著目録》(《2017 敦煌學國際聯絡委員會通訊》)。另外,常蕙心《新書目》(《敦煌吐魯番研究》17 卷)收集了近兩年來的出版的敦煌吐魯番研究書目,值得參考,但是常目所列論著的出版時間多有舛誤,使用時应予注意。

會議綜述方面,包括本年度公開發表的對 2016 年和 2017 年相關部分會議的介紹和總結。對上一年度相關會議的回顧總結性文章有:肖國强、馬健《2016 絲綢之路農牧文化與聚落演變學術研討會會議紀要》(《西部考古》14 輯)介紹了 2016 年 7 月 14 日至 7 月 20 日由新疆維吾爾自治區文物局主辦、哈密地區文物局和西北大學文化遺產學院承辦的"絲綢之路農牧文化與聚落演變學術研討會",與會代表分别從東天山地區早期聚落考古的新收穫與新認識、歐亞草原遊牧聚落的考古新收穫與新認識、農牧文化區域聚落形態的差異及其演化特徵、絲綢之路農牧文化互動與交融四個方面探討了從北方歐亞草原到南方長江流域、從東部沿海到西北地方不同時期、不同地域古代居民聚落形態的差異與共性、聚落對於環境資源的利用情況、聚落發展演化的規律等問題,闡釋了農牧文化互動與東西文化交流在多元一體中華文明形成與發展過程中起到的重要作用。楊冰華《一次絲路文化研究的學術盛會——"考古與藝術,文本與歷史"絲綢之路研究新視野國際學術研討會會議綜述》(《2017 敦煌學國際聯絡委員會通訊》)對 2016 年 7 月 20 日至 23 日由陝西師範大學歷史文化學院主辦的"'考古與藝術,文本與歷史'絲綢之路研究新視野國際學術研討會"做了介紹,分絲綢之路文化交流、物質交流、歷史與文獻、石窟考古與藝術、墓葬考古、宗教文化六個專題對會議提交論文做了評述。張先堂、李國《交融與創新的盛會——"紀念莫高窟創建 1650 週年國際學術研討會"綜述》(《2017 敦煌學國際聯絡委員會通訊》)介紹了敦煌研究院與中國敦煌吐魯番學會、浙江大學、蘭州大學、西北師範大學於 2016 年 8 月 20 日至 22 日在敦煌莫高窟聯合舉辦的"2016 敦煌論壇：交融與創新——紀念莫高窟創建 1650 週年國際學術研討會"，並對提交的論文分宗教、考古與藝術研究，文化、歷史與文獻研究，敦煌藝術的傳承研究等方面做了概述和總結，其中不乏對西域石窟藝術、歷史文化的探討。葉如清《2016 中國敦煌吐魯番學理事會暨敦煌學學術研討會綜述》（《2017 敦煌學國際聯絡委員會通訊》）介紹了 2016 年 10 月 29 日至 30 日由中國敦煌吐魯番學會與山東師範大學歷史與社會發展學院主辦的"2016 中國敦煌吐魯番學會理事會暨敦煌學學術研討會"簡況，並按照大會主題報告與學者分組發言的先後次序對提交討論和交流的論文做了介紹。

對本年度相關學術會議的介紹評述有：孫宏年《兩岸學者共話絲路今昔——2017"絲綢之路今昔與展望"學術研討會綜述》（《中國邊疆史地研究》3 期）介紹了 2017 年 4 月 22 日至 23 日由"中國邊政協會"主辦的在臺北召開的 2017"絲綢之路今昔與展望"學術研討會，並對會議內容做了概述。明琦楓、徐百永《傳承與創新：中國邊疆研究的新視野與新思考——第五屆"中國邊疆研究青年學者論壇"綜述》（《中國邊疆史地研究》3 期）、劉燁《傳承與創新：中國邊疆研究的新視野與新思考——"第五屆中國邊疆研究青年學者論壇"綜述》（《西域研究》3 期）兩文就 2017 年 6 月 17 日至 18 日由中國社會科學院中國邊疆研究所與陝西師範大學中國西部邊疆研究院聯合舉辦的第五屆"中國邊疆研究青年學者論壇"及研討內容做了介紹。馬俊傑《"旅順博物館藏新疆出土漢文文書整理與研究研討會"綜述》（《西域研究》4 期）對 2017 年 8 月 4 日至 5 日由"旅順博物館藏新疆出土漢文文書整理與研究"課題組與新疆師範大學黃文弼中心共同主辦的"旅順博物館藏新疆出土漢文文書整理與研究"研討會及旅順博物館藏新疆出土文獻等進行介紹，對提交論文分漢文佛教文書研究、儒家典籍研究、社會文書研究、道教及其他典籍研究、文書形態研究等方面進行綜述。張永江、王坤敏《"清代邊政與邊疆民族"國際學術討論會紀要》（《中國邊疆史地研究》2 期）介紹了 2016 年 12 月 2 日至 5 日由中國人民大學清史研究所主辦的"清代邊政與邊疆民族"國際學術討論會，並對會議提交討論的論文分清代的邊政體制及功能、清代的邊疆民族與社會、邊疆民族研究與滿蒙文檔案的利用三個專題做了概述。

除以上對相關學術研討會的綜述性研究成果及其所涉及的本年度學術會議外，本年度大陸學界舉行的相關學術交流還有：7 月 13 日至 15 日由陝西歷史博物館與陝西師範大學歷史文化學院、中國敦煌吐魯番學會合作舉辦的"絲綢之路上的敦煌與長安國際學術研討會暨中國敦煌吐魯番學會理事會"；8 月 23 日由敦煌研究院主辦的"2017 敦煌論壇：傳承與創新——紀念段文傑先生誕辰100週年敦煌與絲綢之路國際學術研討會";11月6日至7日由旅順博物館、北京大學中國古代史研究中心、日本龍谷大學主辦的"絲綢之路與新疆出土文獻"國際學術研討會;12月8日至10日由新疆維吾爾自治區文物事業管理局、北京大學中國考古學研究中心主辦的"漢唐絲綢之路的開拓——西域都護府研討會";2017年12月23日由北京大學古代史研究中心、北京大學歷史學系、北京大學人文學部、新疆師範大學黃文弼中心聯合主辦的"北京大學與絲綢之路——西北科學考查團90週年高峰論壇"等。此外,隨著國家"一帶一路"戰略的提出,近兩年以各高校爲主體的學術機構還推出了新的學術刊物,如浙江大學"一帶一路"合作與發展協同創新中心和中國古代史研究所聯合主辦的《絲路文明》(2016年創刊),陝西師範大學歷史文化學院和陝西歷史博物館聯合主辦的學術年刊《絲綢之路研究集刊》(2017年創刊),中國人民大學"一帶一路"經濟研究院、歷史學院、國學院主辦的《絲綢之路研究》(2017年創刊),由南京大學中華文化研究院、揚州大學佛學研究所和中國天楹文化研究院聯合主辦的《絲路文化研究》(2017年創刊),中國考古學會絲綢之路考古專業委員會、寧夏文物考古研究所主辦的《絲綢之路考古》(2017年創刊)以及高校學術工作坊等,爲學界吐魯番學及其相關研究的交流提供了平臺,推動了吐魯番學的進一步發展。

百年敦煌碑銘讚研究綜述

陳 焱 范英傑（蘭州大學）

敦煌碑銘讚指的是敦煌所出歷代碑刻、功德銘及邈真讚的合稱。自唐初訖晚唐五代，敦煌碑銘讚文獻以人物傳記爲主要内容，涵蓋了唐五代時期十分豐富的歷史信息，其中碑銘爲傳統金石學較早關注。此外值得注意的是邈真讚。唐五代時期的敦煌地區，盛行作邈真讚的風俗。敦煌邈真讚，又作寫真讚、圖真讚、真儀讚、邈影讚、彩真讚，作爲特定時代的記録文本，内容豐富，因其記述了讚主的生平事跡，又間接反映了讚主所處時代的政治、文化、歷史、地理、語言、佛教、民俗等多方面的内容，故引起學術界廣泛關注，是敦煌碑銘讚文獻的重要組成部分。

百餘年來，學界對敦煌碑銘讚進行了大量的整理研究，幾代學人克服重重困難，取得了豐碩的成果，爲釐清相關問題和拓展研究思路提供了重要的參考。筆者對百年來敦煌碑銘讚研究成果的整理可參本書《百年敦煌碑銘讚研究論著目録》（以下簡稱《目録》）。本文並圍繞這些研究成果，從敦煌碑銘讚的校録與整理、碑銘讚本體研究以及與之關涉的史事考辨、職官制度、政區地理、民族關係、世家名族、石窟營建、宗教文化、社會生活、語言文學、藝術等方面擇要予以概述。囿於學力與篇幅所限，本文僅簡單概述回顧近百年來中國學術界對敦煌碑銘讚的整理研究情況。

一、敦煌碑銘讚的校録與整理

與學界對敦煌學發展階段的劃分類似，關於敦煌碑銘讚的研究，也可大致以20世紀初藏經洞的發現、20世紀二三十年代、新中國成立、"文革"結束作爲大的時間分界點。其中20世紀30年代以前甚至包括藏經洞發現以前，學者的工作主要以抄録及整理刊佈相關文字、目録以及以跋、按語等形式的簡單考證爲主。從30年代起，以陳寅恪等爲代表的一些學者，開始運用西方新的理論學説，提出了一些新的問題，拓展了相關研究的視野和格局。50年代至70年代末，相關研究主要在中國臺灣地區以及海外展開。70年代末80年代初開始，中國大陸地區的研究迎頭趕上，敦煌碑銘讚的專著多有問世，相關論文更是層出不窮，至今取得了豐碩的成績。

在藏經洞被發現以前，學者在對敦煌進行考察中已經對碑刻等有所記録，是爲早期的敦煌研究。這主要集中在敦煌碑刻史料方面，與之相關的整理研究成果亦有問世,對這些碑刻史料有保護傳承之功,爲後世學界相關研究提供了重要的參考。這方面的成果,包括清人王德容於雍正年間在敦煌抄錄當地碑記而成的《敦煌碑錄》。本書雖已佚,但其中相關内容和按語爲清人倪濤《六藝之一錄》、黄文煒《重修肅州新志》收錄;清乾隆年間,時任安西觀察副使的常鈞考察敦煌後,於1742年撰成《敦煌雜抄》《敦煌隨筆》;清乾隆年間傅恒等主持纂修的《西域圖志》最早抄錄了大曆、乾寧兩碑;清嘉慶、道光末年,西北歷史地理學家徐松考察西北地區,所著《西域水道記》不僅糾正了前人碑文傳錄的失誤,還記載了莫高窟和敦煌城内其他一些碑刻,其中收錄的《周李君重修莫高窟佛龕碑》是目前所知最早的記載,對莫高窟營建時間及形制作了揭示和描述。此外,值得一提的是與敦煌曹氏相關的曹全碑亦早爲王昶《金石萃編》所收錄。

藏經洞的發現,使大批敦煌文獻重見天日,這裏面包括了大量的寫本碑文、墓誌銘、邈真讚等人物傳記資料。外國探險家最早發現這些材料並公佈於世的,包括法國學者沙畹(Edouard Chavannes)《博寧拓片之中亞的十種漢文碑銘》考證了四件敦煌碑文,英國斯坦因《西域考古圖記》和法國伯希和《敦煌石窟圖錄》《伯希和敦煌石室筆記》對敦煌碑刻也有介紹。

在早期外國探險家劫掠過程中,中國一些學者慧眼卓識,對其予以高度關注,他們的貢獻以刊佈資料爲主,並用跋、按語等形式作了概略的研究。甘肅學政葉昌熾將敦煌縣令汪宗翰進呈的古碑拓本寫入《語石》。宣統年修的《甘肅新通志》也有介紹。相比之下,比較著名的是1909年伯希和在北京以攜帶的敦煌文獻示予北京學界,隨之出現了一批早期敦煌學家,他們在20世紀之初就較早認識到這些文書的價值,並予以整理刊佈,如蔣斧《沙州文錄》,王仁俊《敦煌石室真跡錄》,羅振玉《敦煌石室書目及發見之原始》《莫高窟石室秘錄》《石室秘寶》《西陲石刻錄》《墨林星鳳》《丙寅稿》,曹元忠《沙州石室文字記》等包含了當時所能見到的敦煌碑銘讚部分文獻錄文及照片。包括後來的羅福萇、羅福葆所輯錄《沙州文錄補》,陳萬里《萬里校碑錄》,張維《隴右金石錄》《隴右金石錄補》,也對這些材料進行了輯錄和研究。

經過學者不斷蒐輯,發現敦煌遺書中所存邈真讚文書共90餘件。1909年部分敦煌遺書公諸於世不久,即有蔣斧《沙州文錄》及王仁俊《敦煌石室真跡錄》對P.4640、P.4638兩件文書作出初步輯錄,後有王重民《金山國墜事零拾》(《國立北平圖書館館刊》9卷6號,1935年)對晚唐歸義軍時期相關文獻做了校錄和補訂,但就總體而言,相關研究較爲沉寂。

自20世紀70年代,隨著法籍華人陳祚龍關於邈真讚系列研究成果的問世,敦煌邈真讚獲得了學界重視。主要成果有陳氏在其碩士論文基礎上撰就的法文本《唐五代敦煌名人邈真讚集》(巴黎,1970 年)校錄巴黎所藏邈真讚 50 餘種。在此基礎上,陳氏又續有補充,包括《敦煌銘讚小集》(《大陸雜誌》63 卷 4 期,1981 年)輯錄邈真讚、墓誌銘 10 餘篇;《敦煌真讚研究》(巴黎,1970 年)輯錄邈真讚 50 餘篇;《敦煌古鈔碑銘五種》(《敦煌文物隨筆》,臺灣商務印書館,1979 年)收墓誌銘 5 篇。陳氏對邈真讚的校錄和研究,爲後來的研究提供了重要參考。

　　進入 80 年代,中國大陸的史學研究奮起直追,敦煌學勃然興起,碑銘讚研究取得質的突破。這一時期的成果主要針對寫本的校錄及相關問題的深入探討,以碑刻史料的校釋爲主。其中,針對單個寫本的校釋包括朱雷、程喜霖、陳國燦錄文,陳仲安、譚兩宜標點《〈常何墓碑〉寫本錄文》(《魏晉南北朝隋唐史資料》1980 年 2 期),鄭必俊《敦煌寫本〈常何墓碑〉校釋》(北京大學中國中古史研究中心編《敦煌吐魯番文獻研究論集》,中華書局,1982 年),李永寧《敦煌莫高窟碑文錄及有關問題》(《敦煌研究》1982 年 1、2 期),宿白《〈李君莫高窟佛龕碑〉合校》(中國敦煌吐魯番學會編《敦煌吐魯番學研究論文集》,漢語大詞典出版社,1989 年,修訂後作《〈武周聖曆李君莫高窟佛龕碑〉合校》,載氏著《中國石窟寺研究》,文物出版社,1996 年)。

　　進入 90 年代,對敦煌碑銘讚的研究有了突飛猛進的進展。其中突出的成果是唐耕耦、陸宏基《敦煌社會經濟文獻真蹟釋錄》第 5 輯(全國圖書館文獻縮微複製中心,1990 年)。本書在前人輯錄、研究的基礎上進行了更爲豐富完整的輯錄。全書採取上圖下錄的形式,但僅錄而不校,仍存在很大的訛誤和不足。

　　學界對敦煌碑銘讚的校勘整理,影響最大的專著主要有兩部,即鄭炳林《敦煌碑銘讚輯釋》和姜伯勤、項楚、榮新江合著《敦煌邈真讚校錄並研究》,它們是在前人研究基礎上所作的重要成果,對敦煌碑銘讚的研究具有十分重要的意義,至今仍爲學界稱道。

　　鄭炳林《敦煌碑銘讚輯釋》參考陳祚龍、唐耕耦等人的研究成果,以黃永武編《敦煌寶藏》和微縮膠卷爲底本,收錄了 40 餘卷 130 餘篇紀傳性文書,其中收邈真讚 94 篇。根據文書間的相互關係及寫作時間排序,在注解中大量引用敦煌文書資料和莫高窟供養人題記,詳盡介紹研究狀況和各家觀點,對碑銘讚中的人物、事件進行補充和考證,先後拼接復原了 10 餘個殘卷,提高了文書本身的價值,對研究晚唐五代歸義軍時期敦煌及西北地方政治、文化、宗教、歷史地理、民族關係、風俗習慣及石窟考古、佛教藝術提供了豐富的內容,是目前敦煌碑銘讚的權威著述。但因原卷俗字漫漶、殘缺破損、字跡模糊等原因,釋本中對一些字詞的注釋有誤。故而作者在後期又作了修改,其《敦煌碑銘讚三篇證誤與考釋》(《敦煌學輯刊》1992年1、2期)分析刊證了敦煌碑銘讚中因過去定名失誤、比附不當、考釋不清的卷子;《敦煌碑銘讚部分文書拼接復原》(《敦煌研究》1993年1期)經過反覆對照,考證復原了部分殘缺碑銘讚,並解決了其定名問題。此外,曾良、蔡俊參照《敦煌寶藏》諸書於《〈敦煌碑銘讚輯釋〉補校》(《南昌大學學報》1997年4期)對鄭著增補校勘60餘處。趙紅《〈敦煌碑銘讚輯釋〉補校》(《語言研究》2003年4期)、《〈敦煌碑銘讚輯釋〉補訂》(《古籍整理研究學刊》2006年5期)針對鄭書的部分原文,指出錄文、標點、考釋方面的問題,並力求做出正確的答案。姬慧《〈敦煌碑銘讚輯釋〉補校舉隅》(《重慶科技學院學報》2010年7期)參照法藏和英藏原卷,按照因俗字而誤、因詞語而誤、失辨形近字而誤、直接誤錄類、不明歷史人物而誤、因字跡模糊而未錄的分類,指出其中疏誤不當之處,並予補校。這一時期也發表了一系列下文於碑銘讚與語言文學部分將要提到的詞彙考釋文章,此處不贅。另外,關於本書還可參閱周丕顯《〈敦煌碑銘讚輯釋〉評介》(《敦煌研究》1994年1期)一文。饒宗頤先生《〈敦煌邈真讚校錄並研究〉跋》(姜伯勤、項楚、榮新江《敦煌邈真讚校錄並研究》,新文豐出版公司,1994年)也對鄭著作了較高評價。

姜伯勤、項楚、榮新江合著的《敦煌邈真讚校錄並研究》(新文豐出版公司,1994年)分爲上篇、下篇、附錄三部分。上篇爲兩大長論:姜氏《敦煌邈真讚與敦煌名族》與榮氏《敦煌邈真讚所見歸義軍與東西回鶻的關係》。下篇遵循以年代先後依次排序、繁體字與原行次照錄、只錄校文字的三大原則,整理出92篇邈真讚錄文。隨著新資料的不斷公佈,榮新江又在《敦煌本邈真讚拾遺》(《敦煌學》25輯,2004年)一文補錄了《陰氏邈真讚》《張氏繪佛邈真讚》兩篇,以補《敦煌邈真讚校錄並研究》未及收入之不足。因本書錄文有前人成果可供參考,校錄者又精通語言學、歷史學,故而該書錄文品質達到了當時所能達到的較高水準。然瑜不掩瑕,該書亦有可供探討之處,先後有張涌泉《〈敦煌邈真讚校錄並研究〉書評》(《敦煌吐魯番研究》1卷,1996年)指出錄文、校記錯誤40多條,江學旺《〈敦煌邈真讚校錄並研究〉校錄指瑕》(《漢語史學報》3輯,2003年)指出錄文、校記錯誤63條。另外,該書中榮新江先生的部分觀點有可商榷之處,可參看王惠民《〈敦煌邈真讚校錄並研究〉評介》(《敦煌研究》1996年2期)一文。

由這兩部著作,我們可以大致看到唐五代時期敦煌地區邈真讚的全貌。此外,關於邈真讚校訂類文章還有杜斗城《敦煌五臺山文獻校錄研究》(山西人民出版社,1991年)收錄的《長興二年〈唐河西釋門故僧政京城內外臨壇供奉大德兼闡揚三教大法師賜紫沙門范和尚寫真並序〉》,榮新江《敦煌寫本〈敕河西節度兵部尚書張公德政之碑〉校考》(《周一良先生八十生日紀念論文集》,中國社會科學出版社,1993年),昞麟《〈敕河西節度兵部尚書張公德政之碑〉復原與撰寫》(《敦煌學輯刊》1993年2期),張涌泉《陳祚龍校錄敦煌文書失誤例釋》(《學術集林》1995年6期),顏廷亮《敦煌遺書P.3633〈張安左生前邈真讚並序〉新校》(《敦煌研究》1996年1期),馬德《敦煌絹畫題記輯錄》(《敦煌學輯刊》1期),鄧文寬《敦煌本〈劉慶力邈真讚並序〉校注並跋》(《出土文獻研究》8輯,2007年)及其《敦煌本〈張靈俊寫真讚並序〉校注並跋》(《敦煌吐魯番研究》10卷,2007年)、《敦煌寫本〈常何墓碑〉校詮》(《敦煌吐魯番研究》11卷,2008年)、《敦煌本〈陰處士碑〉校詮》(《出土文獻研究》9輯,2010年),施萍婷《讀〈翟家碑〉劄記》(《蘭州大學學報》2009年5期),劉瑶瑶、楊曉宇《敦煌寫本功德記釋錄獻疑》(《蘭州大學學報》2010年2期),趙鑫曄《俄藏敦煌殘卷綴合八則》(《藝術百家》2010年6期),吳景山、張洪《〈索勳紀德碑〉辨正》(《敦煌研究》2012年1期),吳浩軍《〈李君修慈悲佛龕碑〉校讀劄記》(《敦煌研究》2012年3期),楊曉宇《敦煌寫本功德記釋錄補遺》(《甘肅社會科學》2013年5期)及《敦煌寫本碑刻文書證誤》(《樂山師範學院學報》2014年3期),劉樂賢《常何墓碑校釋拾遺》(《敦煌研究》2014年6期),劉瑶瑶、楊曉宇《〈報恩吉祥窟記〉釋錄補正》(《時代文學(下半月)》2014年9期)及《敦煌寫本碑銘讚釋錄勘補》(《敦煌研究》2015年1期),姚美玲《敦煌碑銘讚校錄字辨》(《中國文字研究》2015年2期),吳浩軍《敦煌寫本〈報恩吉祥之窟記〉校理》(《河西學院學報》2016年3期),鄭怡楠、鄭炳林《敦煌寫本〈曹議金重修開元寺功德記〉考釋》(《敦煌學輯刊》2017年2期)等。這些整理成果在反覆校釋中使得敦煌碑銘讚的原貌更加明朗,其價值亦相應得到更充分的發掘利用。

近年來的大規模釋錄工作也涉及敦煌碑銘讚,如郝春文主編《英藏敦煌社會歷史文獻釋錄》(1—15卷,社會科學文獻出版社,2001—2017年)、張錫厚主編《全敦煌詩》(作家出版社,2006年)、方廣錩主編《英國國家圖書館藏敦煌遺書》(1—30册,廣西師範大學出版社,2011、2013年)對此都有不同程度的網羅。陳尚君輯校《全唐文補編》(中華書局,2005年)及吳鋼主編《全唐文補遺》7、9輯(三秦出版社,2000、2007年)中也收輯了相關錄文,有一定的參考價值。

2015年出版的張志勇《敦煌邈真讚釋譯》(人民出版社)以《全唐文補編》爲底本,同時參照《敦煌碑銘讚輯釋》《敦煌邈真讚校錄並研究》,兼採諸家研究成果,在前人基礎上對92篇敦煌邈真讚作了釋譯工作,使邈真讚以通俗白話形式呈現出來,有一定的參考輔助價值,但難稱精審。據筆者所知,鄭炳林先生《敦煌碑銘讚輯釋》的修訂版即將出版,其對敦煌碑銘讚集大成式的收錄校釋值得期待。

另外,百餘年間,敦煌文獻的刊佈也不斷地突破。從早前的羅振玉等人的整理刊佈,一直到建國以前都受到諸多局限。到50年代以後,這種情況稍有改觀。北京圖書館通過交換,得到了英國博物館收藏的敦煌漢文文獻S.6980號以前部分的縮微膠片,臺灣史語所也購得相同內容的縮印本,爲學界利用敦煌文書提供了便利。60年代初出版了由王重民、劉銘恕編纂的《敦煌遺書總目索引》(商務印書館,1962年),該目錄著錄了北圖藏、英藏、法藏和散藏的共兩萬多件敦煌文獻,爲國內外學者瞭解、調查、利用敦煌文獻提供了極大方便。70年代末80年代初,學界利用敦煌文獻的條件得到進一步改善:巴黎國立圖書館將所藏全部敦煌文獻製成縮微膠卷發行;北京圖書館所藏敦煌文獻主體部分的縮微膠卷也開始在國內發行;黃永武編纂的《敦煌寶藏》(臺北新文豐出版公司,1981—1986年)也將英、法和北圖公佈的縮微膠卷影印成書。在近二三十年的研究中,採用先進技術重拍、精印的敦煌文獻圖版本陸續推出,克服了黃永武《敦煌寶藏》模糊不清的弊端,使得相關釋讀擺脫了鄭書當年的困擾,爲研究提供了很大的幫助,敦煌碑銘讚及相關問題研究的深度和廣度都超越了前兩個階段。如《英藏敦煌文獻(漢文佛經以外部分)》(四川人民出版社,1990—1995、2009年),榮新江《英國圖書館藏敦煌漢文非佛教文獻殘卷目錄(S.6981—13624)》(新文豐出版公司,1994年),《法藏敦煌西域文獻》(上海古籍出版社,1995—2002年),榮新江《〈英國國家圖書館藏敦煌漢文非佛教文獻殘卷目錄〉補正》(《英國收藏敦煌漢藏文獻研究:紀念敦煌文獻發現一百週年》,中國社會科學出版社,2000年)。

二、敦煌碑銘讚本體研究

敦煌碑銘讚本體研究,包括對碑銘讚內涵、時代背景等方面的概說,對人物生平事跡等的考察以及對碑銘讚作者的考證。

對碑銘讚內涵的介紹成果,除了《敦煌學大辭典》及姜亮夫、蘇瑩輝、池田溫、李正宇、榮新江等先生在其敦煌學概說性著作中的詮釋外,專門論文有:池田溫《中國古代寫本識語集錄》(東京大學東洋文化研究所,1990年)輯錄了唐五代墓誌銘、邈真讚寫本題記。李并成《一批珍貴的歷史人物檔案——敦煌遺書中的邈真讚》(《檔案》1991年5期)從邈真讚的命名、作用、寫作材料、特色、格式等方面對其進行整體的介紹,指出邈真讚是我國唐宋原物僅存於世的遺珍,同時在民俗史、美術史、文學史、佛教史的研究上也有著不可忽視的價值。鄭炳林《敦煌碑銘讚及其有關問題》(氏著《敦煌碑銘讚輯釋》,甘肅教育出版社，1992年）及《敦煌碑銘讚抄本概述》（《蘭州大學學報》1993年4期）對敦煌碑銘讚文書相互關係、碑文抄本與莫高窟營建、邈真讚及有關問題和碑銘讚與晚唐五代敦煌的歷史等作了一系列論述和探討，並指出敦煌碑銘讚是研究晚唐五代歸義軍時期西北地方政治、宗教、文化、民族關係、石窟考古和佛教藝術的珍貴文獻資料。榮新江《敦煌邈真讚年代考》（《敦煌邈真讚校錄並研究》，新文豐出版公司，1994年）對邈真讚寫本的年代作了考證。李冬梅《唐五代敦煌學校部分教學檔案簡介》（《敦煌學輯刊》1995年2期）從教學檔案的角度分析碑傳文體夾注、碑文及邈真讚抄本隨意省略原文内容等違反常規的現象，認爲此類文書應當是唐五代敦煌學校教學教材、教案和講授筆記等。陳麗雀《吐蕃佔領期敦煌僧侶邈真讚研究》（逢甲大學碩士學位論文，1997年）詳細分析了十篇吐蕃時期的敦煌僧侶邈真讚，研究了吐蕃佔領時期的時代背景和邈真讚的淵源、體制、寫作方式，讚主及撰者的生平事跡等問題。楊森《淺談敦煌文獻中唐代墓誌銘抄本》（《敦煌研究》2000年3期）通過對敦煌文獻中《常何墓碑》《劉金霞和尚遷神志銘並序》《李端公諱明振墓誌銘》及《張淮深墓誌銘》四件唐代墓碑、墓誌銘抄件的分析討論，認定藏經洞中出現最早的唐墓碑、墓誌銘抄本爲《常何墓碑》寫本。該墓碑的書寫格式等直接或間接地影響了敦煌地區墓碑、墓誌銘、邈真讚、寫真讚等常用書體的寫作形式，很有可能它是作爲學習文範被利用的。胡楊《不朽的碑銘讚》（《絲綢之路》2007年4期）對敦煌碑銘讚作了介紹性的論述。朱玉麒《清代西域流人與早期敦煌研究——以徐松與〈西域水道記〉爲中心》（《敦煌研究》2010年5期）以徐松爲例對早期的敦煌研究進行了探討，指出徐松對敦煌的研究體現在其《西域水道記》中，其中傳世史料、田野調查與碑刻資料的印證是"三重證據法"的典型。任偉《敦煌碑銘讚文獻題記紀時用法考述——兼談敦煌文獻的紀時》（《常熟理工學院學報》2014年3期）通過梳理敦煌碑銘讚文獻題記的紀年、月、日用法，實現對敦煌碑銘讚文獻及敦煌文獻的確切斷代。申慧萍、張志勇《敦煌邈真讚探源》（《絲路視野》2016年29期）對敦煌邈真讚的源頭進行追溯，指出邈真讚文體萌芽於先秦時期的讚辭，主要用於樂正、祭典等相關的國事活動，多以口語形態存在，有一定的實用價值。榮新江《石碑的力量——從敦煌寫本看碑志的抄寫與流傳》（《唐研究》23卷）從寫本角度探討了敦煌墓誌碑刻的價值。

對碑銘讚人物及其相關事跡的考訂方面，羅振玉《瓜沙曹氏年表》（上虞羅氏排印本，1915年）、《補唐書張議潮傳》（永豐鄉人雜著本，1922年）等較早對張氏、曹氏歸義軍相關人物、世次作了輯補探討。向達、蘇瑩輝、姜亮夫、賀世哲、孫修身等學者在其基礎上又多有創獲。孫楷第《敦煌寫本張議潮變文跋》(《圖書季刊》3卷3期,1936年)、《敦煌寫本〈張淮深變文〉跋》(《歷史語言研究所集刊》7本3分,1937年)利用《張淮深碑》對兩篇變文透露的時代背景作了揭示。

90年代以後,相關研究更加豐富。做出突出成就的有鄭炳林、楊寶玉、吳麗娛等學者,因篇幅所限,不再一一列出,成果可參本書後附目録。這些研究是圍繞敦煌碑銘讚所作的個案研究,對人物事跡、家族、史事等作了不同程度的揭示。值得一提的是,近年在長安地區出土了《張淮澄墓誌銘》,爲張氏歸義軍時期相關問題的解決提供了新材料。與其相關的成果可參考王慶衛《新出唐代張淮澄墓誌所見歸義軍史事考》(《敦煌學輯刊》2017年1期)、鄭怡楠《新出〈唐敦煌張淮澄墓誌銘並序〉考釋》(《敦煌學輯刊》2017年1期)、李宗俊《唐〈張淮澄墓誌〉跋》(《乾陵文化研究》2017年)。

對邈真讚寫作者的考訂,同時也是對當時文人及其作品的考察。這方面的研究主要集中在近二三十年間,多是對唐悟真和張球的考證,以鄭炳林、顏廷亮、楊寶玉等學者成就突出。雖然目前有些問題如對張球的討論仍然難以廓清,但在學界的共同努力下,相信這些問題會得到破解。

三、敦煌碑銘讚與史事考辨

敦煌碑銘讚所載涉及唐五代時期的史料,尤其對晚唐五代歸義軍時期的歷史有翔實的反映,而正史對吐蕃統治敦煌時期、歸義軍時期以及相關的職官、民族、宗教、社會等信息記載既簡略又多有舛誤。敦煌碑銘讚與其他同時期文書就爲補充歸義軍史事提供了大量第一手資料。

早期蔣斧、曹元忠、王仁俊、羅振玉等利用相關碑銘對歸義軍史事的考證,郝春文先生《敦煌文獻與歷史研究的回顧和展望》(《歷史研究》1998年1期)以及鄭阿財先生《二十世紀敦煌學的回顧與展望——中國大陸篇》(《漢學研究通訊》19卷2期,2000年)已有回顧評介,在此不贅。他們的研究爲後來的研究奠定了基礎,很多觀點至今仍有啓發並爲學界引用。其中不是很準確的推斷則在後來的學術爭鳴中得到了糾正。如在羅振玉《補唐書張議潮傳》(永豐鄉人雜著本,1922年)的基礎上,向達《羅叔言〈補唐書張議潮傳〉補正》(《遼海引年集》,和記印書館,1947年)對沙州陷落和收復的時間及張淮深的死因等問題進行了討論,其結論對國內學術界影響很大。姜亮夫《唐五代瓜沙張曹兩世家考——〈補唐書張議潮傳〉訂補》(《中華文史論叢》3輯,1979年)搜集羅振玉所不及見的有關文書和石窟題記等資料,大體按時間順序排列成文,意在拾遺補闕正誤。在羅振玉《瓜沙曹氏年表》(上虞羅氏排印本,1915年)基礎上,又有補正文章,如姜亮夫《瓜沙曹氏年表補正》(《杭州大學學報》1980年1期)、賀世哲、孫修身《〈瓜沙曹氏年表補正〉之補正》(《甘肅師大學報》1980年3期)以及蘇瑩輝《敦煌石室真跡録題記訂補》及《敦煌石室真跡録題記訂補之續》(氏著《敦煌論集續編》,臺灣學生書局,1983年),等等。

　　進入現代學術發展時期,在利用敦煌碑銘研究歷史問題方面,陳寅恪較早在其《唐代政治史述論稿》(商務印書館,1943年)中利用敦煌寫本常何墓碑探討了李世民在玄武門事變中取勝的原因。在其影響下,近幾十年來,多有學者作相關探討,或是基於陳氏觀點的再研究,或是對碑文本身的反復校釋,這方面主要包括黄惠賢《〈常何墓碑〉跋》(《魏晉南北朝隋唐史資料》1980年2期,又載《江漢論壇》1982年2期)及《隋末農民起義武裝淺析》(《唐史研究會論文集》,陝西人民出版社,1983年)、鄭必俊《敦煌寫本〈常何墓碑〉校釋》(《敦煌吐魯番文獻研究論集》,中華書局,1982年)、黄永年《敦煌寫本〈常何墓碑〉和唐前期宫廷政變中的玄武門》(《1983年全國敦煌學術討論會文集·文史遺書編》(上),甘肅人民出版社,1987年)、劉進寶《常何與隋末農民起義——從敦煌遺書〈常何墓碑〉談起》(《敦煌研究》1990年1期)及《常何與隋末唐初政治》(《中國史研究》1998年4期)、鄧文寛《敦煌寫本〈常何墓碑〉校詮》(《敦煌吐魯番研究》11卷,2008年)、孫寧《敦煌〈常何墓碑〉寫本"龜蒙積沴,蜂午挺妖"正詁》(《敦煌研究》2011年4期)、劉樂賢《常何墓碑校釋拾遺》(《敦煌研究》2014年6期)、李軍《北門禁軍與武德九年玄武門政變之關係考辨——以常何爲中心的考察》(《早期中古史研究》8卷2期,早期中國史研究會,2016年)等。

　　關於歸義軍和金山國資料的整理和研究在這一時期又有進展。孫楷第《敦煌寫本〈張義潮變文〉跋》(《圖書季刊》3卷3期,1936年)及《敦煌寫本〈張淮深變文〉跋》(《歷史語言研究所集刊》7本3分,1937年)利用《張淮深碑》並結合史籍記載,初步探索了歸義軍政權周邊的吐谷渾、吐蕃、回鶻等少數民族政權的情況,以及歸義軍政權內部的一些史事。王重民《金山國墜事零拾》(《國立北平圖書館館刊》9卷6號,1935年)對金山國史事進行了考證,使"千載墜史","有年可稽,有事足紀",填補了張氏歸義軍和曹氏歸義軍之間的一段歷史空白,其公佈的材料至今仍是研究金山國史的基本史料。就總體而言,相關研究較爲沉寂。

　　從新中國成立到"文革"結束這段時期,大陸地區的相關研究陷入沉寂。較爲突出的成果是臺灣學者蘇瑩輝利用碑銘讚文獻對歸義軍史事的探討。蘇瑩輝的研究對後來的學術探討具有很大的啓發性。正如郝春文先生在《敦煌文獻與歷史研究的回顧和展望》(《歷史研究》1998年1期)一文中指出的那樣:"這一階段有關瓜、沙史事的研究以蘇瑩輝用力最勤,成果也最爲豐富","雖然他的一些論文是以綜合、整理前人的成果爲主,但也力圖在排比舊說的基礎上提出新的看法,並解決了一些問題;雖然他的不少推測都爲後來的研究所否定,但這些推測往往能引起其他學者的進一步研究,因而在客觀上推動了有關問題的研究。在大陸學者與海外信息交流不暢的年代,蘇氏的研究成果在港臺和歐、日均有廣泛的影響。他是這一階段推動港臺地區敦煌學發展的代表人物之一。"

進入80年代,敦煌學研究如火如荼,歸義軍政治史仍是學界熱衷探討的課題,包括中國大陸和臺灣地區、日本的學者均創獲頗豐,這些研究成果都不同程度地利用了敦煌碑銘讚文獻。對這些研究的回顧評介同樣可參考郝春文先生《敦煌文獻與歷史研究的回顧和展望》(《歷史研究》1998年1期)及鄭阿財先生《二十世紀敦煌學的回顧與展望——中國大陸篇》(《漢學研究通訊》19卷2期,2000年)兩文。近二十年來的成果延續了這一勢頭,在前期研究的基礎上,利用碑銘讚對歸義軍史事進行再探討和深層挖掘,使得很多問題越來越明朗。這個時期取得突出成就的學者有榮新江、楊秀清、馮培紅、李軍、楊寶玉、吳麗娛等,特點是由早期的個案探討走向規模化、系統化的梳理。榮新江先生的專著《歸義軍史研究——唐宋時代敦煌歷史考索》(上海古籍出版社,1996年)收錄了其對西北歷史與民族問題的研究,使歸義軍史研究走向一個新的高度。之後,又有馮培紅《敦煌的歸義軍時代》(甘肅教育出版社,2013年)和楊寶玉、吳麗娛多篇成果結集而成的《歸義軍政權與中央關係研究——以入奏活動爲中心》(中國社會科學出版社,2015年)問世。

四、敦煌碑銘讚與職官制度

敦煌碑銘讚記載的名人名僧事跡,其中包含著大量的職官信息。陳祚龍在《敦煌寫本〈右軍衛十將使孔公浮圖功德銘並序〉之我見》(氏著《敦煌資料考屑》(上),臺灣商務印書館,1979年)中就對"右軍衛十將使"一官作了考訂。盧向前《關於歸義軍時期一份布紙破用曆的研究——試釋伯四六四〇背面文書》(《敦煌吐魯番文獻研究論集》3輯,1986年)則考察了歸義軍所屬各機構的名稱和各機構長官的職銜。姜伯勤《沙州道門親表部落釋證》(《敦煌研究》1986年3期)考證得"沙州道門親表部落"是8世紀末吐蕃管轄沙州後由道士、女官及其有關內親、外親所組成的一個千户。利用敦煌碑銘讚研究唐五代官制在這一階段也取得了重要成果,近二三十年尤爲突出,在某種層面上填補了唐代官制研究的空白。突出的成果是榮新江、鄭炳林、馮培紅、李軍等人的研究。

榮新江《沙州歸義軍歷任節度使稱號研究》(《敦煌吐魯番學研究論文集》,漢語大詞典出版社,1989年)及《沙州歸義軍歷任節度使稱號研究(修訂稿)》(《敦煌學》19輯,1992年)對歷任節度使生前死後各種加官稱號做了系統分析。此外,榮氏《唐五代歸義軍武職軍將考》(《中國唐史學會論文集》,三秦出版社,1993年)利用碑銘讚文獻考訂了武將的職守和遷轉經過。

馮培紅對歸義軍時期的職官作了多方位的考察,成果頗多。其合作文章有:鄭炳林、馮培紅《唐五代歸義軍政權對外關係中的使頭一職》(《敦煌學輯刊》1995年1期)對歸義軍對外關係中的使頭一職的設置背景、職責許可權及其作用進行了考察。齊陳駿、馮培紅《晚唐五代宋初歸義軍政權中"十將"及下屬諸職考》(《段文傑敦煌研究五十年紀念文集》,世界圖書出版社,1996年)對歸義軍政權中的"十將"及其下屬諸職利用敦煌出土文書作了系統考證。馮氏又獨立發表了一系列相關文章,包括《晚唐五代宋初歸義軍武職軍將研究》(《敦煌歸義軍史專題研究》,蘭州大學出版社,1997年)、《客司與歸義軍的外交活動》(《敦煌學輯刊》1999年1期)、《敦煌文獻中的職官史料與唐五代藩鎮官制研究》(《敦煌研究》2001年3期)、《唐五代歸義軍節院與節院軍使略考》(《敦煌學輯刊》2000年1期)、《20世紀敦煌吐魯番官制研究概況》(《中國史研究動態》2001年11期)、《唐五代敦煌的營田與營田使考》(《蘭州大學學報》2001年4期)、《唐五代歸義軍軍資庫司初探》(《敦煌學輯刊》1998年1期)、《關於歸義軍節度使官制的幾個問題》(《麥積山石窟藝術文化論文集》(下),蘭州大學出版社,2004年)、《論晚唐五代的沙州(歸義軍)與涼州(河西)節度使——以"河西"觀念爲中心的考察》(《浙江與敦煌學——常書鴻先生誕辰一百週年紀念文集》,浙江古籍出版社,2004年)、《敦煌歸義軍職官制度——唐五代藩鎮官制個案研究》(蘭州大學博士學位論文,2004年)、《晚唐五代宋初沙州上佐考》(《敦煌學國際研討會文集》,北京圖書館出版社,2005年)、《晚唐五代藩鎮幕職的兼官現象與階官化述論——以敦煌文獻、石刻碑志爲中心》(《敦煌學研究》2006年2期、2007年1期)、《論唐五代藩鎮幕職的帶職現象——以檢校、兼、試官爲中心》(《唐代宗教文化與制度》,京都大學人文科學研究所,2007年)、《歸義軍節度觀察使官印問題申論》(《轉型期的敦煌學》,上海古籍出版社,2007年)、《歸義軍官吏的選任與遷轉——唐五代藩鎮選官制度之個案》(香港大學饒宗頤學術館,2011年)等,這些文章利用敦煌出土文書包括敦煌碑銘讚資料,對唐五代藩鎮之一的歸義軍政權職官作了系統考察。

此外,利用碑銘讚考釋職官的相關成果還有:王繼光、鄭炳林《敦煌漢文吐蕃史料綜述——兼論吐蕃控制河西時期的職官與統治政策》(《中國藏學》

1994年3期),顧吉辰《敦煌文獻職官結銜考釋》(《敦煌學輯刊》1998年2期),陸慶夫《歸義軍政權與蕃兵蕃將》(《2000年敦煌學國際學術討論會文集:紀念敦煌藏經洞發現暨敦煌學百年·歷史文化卷》(上),甘肅民族出版社,2000年),陸離《唐五代敦煌的司倉參軍倉曹與倉司——兼論唐五代敦煌地區的倉廪制度》(《蘭州大學學報》2003年4期),李軍《敦煌寫本〈歸義軍僧官書儀〉拼接綴合及相關問題研究》(《敦煌學輯刊》2006年3期)及其《晚唐歸義軍長史及司馬問題再探》(《敦煌學輯刊》2010年3期)、《晚唐歸義軍人員任職涼州考》(《敦煌研究》2010年4期),魏迎春、鄭炳林《敦煌歸義軍節度使承襲制度研究(上)——張氏歸義軍節度使的承襲引發的有關問題》(《敦煌學輯刊》2017年1期)等,這些研究也都利用敦煌碑銘讚對吐蕃統治敦煌時期和歸義軍時期的職官制度作了探討。

五、敦煌碑銘讚與政區地理

歸義軍時期治所在以瓜、沙二州爲中心的敦煌地區,而所統轄的地域以河西爲主,時有伸縮,向西遠涉西域樓蘭等地,向東到涼州以東的隴右地區。碑銘讚文獻中既有反映内部疆域的材料,也有對外交通的信息。學界對這個時期歸義軍政區以及以河西爲中心的東西交通的考察,往往利用碑銘讚材料。

發表的專著主要有鄭炳林《敦煌地理文書匯集校注》(甘肅教育出版社,1989年)及鄭炳林、李軍《敦煌歷史地理》(甘肅教育出版社,2013年)。利用碑銘讚考察歸義軍内部政區制度的文章也不少,首先是對以鎮制爲主的行政制度的探討,有黄盛璋《沙州曹氏二州六鎮與八鎮考》(《1983年全國敦煌學術討論會文集·文史遺書編》(上),甘肅人民出版社,1987年)、陳國燦《唐五代瓜沙歸義軍軍鎮的演變》(《敦煌吐魯番文書初探二編》,武漢大學出版社,1990年)、李并成《歸義軍新城鎮考》(《北京圖書館館刊》1997年4期)及《歸義軍會稽鎮考》(《敦煌吐魯番研究》3卷,1998年)、馮培紅《歸義軍鎮制考》(《敦煌吐魯番研究》9卷,2006年)及《歸義軍時期敦煌縣諸鄉置廢申論》(《敦煌研究》2000年3期)、鄭炳林《晚唐五代敦煌歸義軍行政區劃制度研究》(《敦煌研究》2002年2、3期)等。其次是對歸義軍時期所轄疆域及其演變的探討,主要是鄭炳林《晚唐五代歸義軍疆域演變研究》(《歷史地理》15輯,上海人民出版社,1999年)。還包括歸義軍與唐中央對以涼州爲中心的隴右地區的經營,如蘇瑩輝《咸通中涼州節度使統管涼、洮、鄯、河、臨五州説》(氏著《瓜沙史事叢考》,臺灣商務印書館,1984年)及《晚唐時歸義軍節度使暨涼州、瓜沙兩節度領州數述異》(氏著《敦煌文史藝術論叢》,新文豐出版公司,1987年),鄭炳林《敦煌寫本〈張議潮處置涼州進表〉拼接綴合與歸義軍對涼州的管理》(《敦煌吐魯番研究》7 卷,2003 年),李軍《晚唐(公元 861—907 年)涼州相關問題考察——以涼州控制權的轉移爲中心》(《中國史研究》2006 年 4 期)及其《晚唐政府對河西東部地區的經營》(《歷史研究》2007 年 4 期)、《晚唐政府對河隴地區的經營》(蘭州大學博士學位論文,2008 年)、《晚唐政府對河隴地區的收復與經營——以宣、懿二朝爲中心》(《中國史研究》2012 年 3 期)等。

利用碑銘讚材料考察中西交通、敦煌與其他地區路綫的成果主要有：黃文弼《古樓蘭國在中西交通史之地位》(載氏著《西北史地論叢》,上海人民出版社,1981 年)、陳祚龍《中世敦煌與成都之間的交通路綫》(《敦煌學》1 輯,1974 年)、趙貞《敦煌文書中所見晚唐五代宋初的靈州道》(《中國歷史地理論叢》2001 年 4 期)及《敦煌所出靈州道文書述略——兼談朔方韓氏對靈州道的經營》(《敦煌研究》2003 年 4 期)。

利用碑銘讚對地名的考察則有鄭炳林《唐五代金鞍山地名考》(《敦煌吐魯番文獻研究》,蘭州大學出版社,1995 年)對金鞍山地名的考察以及尹波濤《粟特康氏會稽郡望考論》(《敦煌學輯刊》2017 年 1 期)對河西會稽與江南會稽的辨析。

六、敦煌碑銘讚與民族研究

從魏晉時期開始,已有很多漢族遷往敦煌。中古時期,敦煌的居民結構亦是以漢族爲主體的,但其周邊多爲少數民族。從吐蕃統治敦煌時期到晚唐五代宋初,相關的碑銘讚記載了大量與民族部落關係有關的信息,涉及歸義軍政權控制地區的少數民族、歸義軍政權與周邊少數民族的關係、西北各少數民族的情況、西北少數民族政權與中原王朝的關係、西北各民族之間的關係等諸多方面。相關民族部落包括吐蕃、回鶻、粟特、南山、仲雲等。綜論性的成果有榮新江《歸義軍及其與周邊民族的關係初探》(《敦煌學輯刊》1986 年 2 期)及《華戎交匯：敦煌民族與中西交通》(甘肅教育出版社,2008 年)、李冬梅《唐五代歸義軍與周邊民族關係綜論》(《敦煌學輯刊》1998 年 2 期),兩位學者的相關研究概略地考察了歸義軍政權與河西、西域等地的關係及歸義軍與周邊各族相互影響的情況。

歸義軍時期與回鶻關係密切,相關的探討也較多。其中對碑銘讚文獻有所利用的成果包括：高自厚《敦煌文獻中的河西回鶻——兼論甘州回鶻與沙州的關係》(《西北民族大學學報》1983 年 4 期),孫修身《敦煌遺書 P2992 號卷〈沙州上甘州回鶻可汗狀〉有關問題考》(《西北史地》1985 年 4 期),鄧文寬《張淮深平定甘州回鶻史事鈎沉》(《北京大學學報》1986 年 5 期),哈密頓

(James Hamilton)著,耿昇、穆根來譯《五代回鶻史料》(新疆人民出版社,1986年),蘇北海、周美娟《甘州回鶻世系考辯》(《敦煌學輯刊》1987年2期),蘇瑩輝《從莫高、榆林二窟供養者像看瓜、沙曹氏的聯姻外族》(氏著《敦煌文史藝術論叢》,新文豐出版公司,1987年),錢伯泉《回鶻在敦煌的歷史》(《敦煌學輯刊》1989年1期),黃盛璋《敦煌于闐文P.2741、ch.00296、P.2790號文書疏證》(《西北民族研究》1989年2期),榮新江《張氏歸義軍與西州回鶻的關係》(《1990年敦煌學國際研討會文集:史地語文編》,遼寧美術出版社,1995年),孫修身《試論瓜沙曹氏與甘州回鶻之關係》(《1990年敦煌學國際研討會文集:史地語文編》,遼寧美術出版社,1995年),蘇北海、丁谷山《瓜沙曹氏政權與甘州回鶻于闐回鶻的關係》(《敦煌研究》1990年3期),榮新江《曹議金征甘州回鶻史事表微》(《敦煌研究》1991年2期)及《甘州回鶻成立史論》(《歷史研究》1993年5期)、《敦煌邈真讚所見歸義軍與東西回鶻的關係》(《敦煌邈真讚校錄並研究》,新文豐出版公司,1994年),陸慶夫《甘州回鶻可汗世次辨析》(《敦煌學輯刊》1995年2期)及《金山國與甘州回鶻關係考論》(《敦煌學輯刊》1999年1期),王艷明《瓜州曹氏與甘州回鶻的兩次和親始末——兼論甘州回鶻可汗世系》(《敦煌研究》2003年1期),鄭炳林《張氏曹氏歸義軍政權的胡漢聯姻》(《中國史研究》2004年1期),吳麗娛、楊寶玉《P.3197v〈曹氏歸義軍時期甘州使人書狀〉考釋》(《敦煌學輯刊》2005年4期),朱悅梅《甘州回鶻與周邊關係研究》(西北師範大學碩士學位論文,2005年),楊富學《回鶻與敦煌》(甘肅教育出版社,2013年)等。

中古時期活躍於中西交通的粟特人也成爲敦煌學、歸義軍政權研究的一個重點。利用碑銘讚文獻對其進行探討的成果有:鄭炳林《唐五代敦煌的粟特人與歸義軍政權》(《敦煌研究》1996年4期)作了綜論性的探討,考察了敦煌粟特人與歸義軍政權的關係及在敦煌佛教、敦煌農牧業和商業手工業發展中所起的作用。陸慶夫《唐宋間敦煌粟特人之漢化》(《歷史研究》1996年6期)從職業分佈、婚姻關係、社會組織、宗教信仰等方面探討了敦煌粟特裔民的生活情況和漢化問題。榮新江《敦煌歸義軍曹氏統治者爲粟特後裔說》與馮培紅《敦煌曹氏族屬與曹氏歸義軍政權》(同載《歷史研究》2001年1期)認爲敦煌歸義軍統治者曹氏源出粟特。李并成、解梅《敦煌歸義軍曹氏統治者果爲粟特後裔嗎——與榮新江、馮培紅先生商榷》(《敦煌研究》2006年6期)則對這一論斷提出質疑。此外,相關成果還有榮新江《中古中國與外來文明》(生活·讀書·新知三聯書店,2001年)及林世田《〈金光明最勝王經〉康恒安寫經題記》(《從撒馬爾幹到長安——粟特人在中國的文化遺跡》,北京圖書館出版社,2004年)等對歸義軍時期敦煌粟特九姓胡人多方面進行研究,深入分析了流寓敦煌地區的粟特九姓胡人後裔對歸義軍歷史、政治、經濟、文化所做出的不可磨滅的貢獻。

馮培紅《從敦煌文獻看歸義軍時代的吐谷渾人》(《蘭州大學學報》2004年1期)、陸離《敦煌的吐蕃時代》(甘肅教育出版社,2013年)在探討歸義軍的吐谷渾人和吐蕃統治敦煌時期也利用了碑銘讚文獻。

此外還有利用碑銘讚文獻對仲雲、南山、璨微等部落的探討,包括哈密頓(James Hamilton)著,耿昇譯《十世紀仲雲考》(《西域史論叢》2輯,1985年)及《仲雲考》(《法國西域史學精粹》第1册,甘肅人民出版社,2011年),郭鋒《略論敦煌歸義軍時期仲雲人的族屬諸問題》(《蘭州大學學報》1988年1期),黄盛璋《論璨微與仲雲》(《新疆社會科學》1988年6期)及其《敦煌文書中"南山"與仲雲》(《西北民族研究》1989年1期)、《敦煌漢文與于闐文書中之龍家及其相關問題》(《西域研究》1996年1期),榮新江《唐代河西地區鐵勒部落的入居及其消亡》(《中華民族研究新探索》,中國社會科學出版社,1991年)及《于闐王國與瓜沙曹氏》(《敦煌研究》1994年2期),陸慶夫《河西達怛考述》(《敦煌學輯刊》1992年Z1期)及《從焉耆龍王到河西龍家——龍部落遷徙考》(《敦煌研究》1997年2期),鄭炳林《唐五代敦煌金山國征伐樓蘭史事考》(《段文傑敦煌研究五十年紀念文集》,世界圖書出版社,1996年),陸離《關於唐宋時期龍家部族的幾個問題》(《西域研究》2012年2期)等。

七、敦煌碑銘讚與世家名族

敦煌大族經過早期兩漢魏晉南北朝時期的發展,到唐五代尤其是歸義軍時期成爲地方的主導勢力,張氏、曹氏、李氏、索氏、陰氏、翟氏等都活躍在唐五代歷史上,並留下了濃墨重彩的事跡。敦煌碑銘讚作爲一種人物傳記,就是以他們爲核心的。因此,通過碑銘讚來解讀世家大族,無疑是必要且有益的。綜論性的成果,較早的是史岩輯録的《敦煌石室畫像題識》(民國三十六年(1947)比較文化研究所、國立敦煌藝術研究所、華西大學博物館合印本)收録106窟題識940條,是最早的莫高窟供養人題記匯録,其中利用莫高窟供養人題名和包括碑銘讚在內的歷史文獻,對敦煌的索、汜、令狐、安、李、張、曹、陰等大姓做了考索。此後的成果則集中在近幾十年,包括鄭炳林《敦煌大族與歸義軍政權》(提要)(1990年敦煌學國際討論會),姜伯勤《敦煌社會文書導論》(新文豐出版公司,1992年)及《敦煌邈真讚與敦煌名族》(《敦煌邈真讚校録並研究》,新文豐出版公司,1994年),馬德《敦煌的世族與莫高窟》(《敦煌學輯刊》1995年2期),劉安志《唐朝吐蕃佔領沙州時期的敦煌大族》(《中國史研究》1997年3期),楊際平、郭鋒、張和平《五—十世紀敦煌的家庭與家族關係》,岳麓書社,1997年),郭鋒《前唐敦煌地方家族與家族關係的發展》(氏著《唐史與敦煌文獻論稿》,中國社會科學出版社,2002年),楊學勇《敦煌文獻中的姓氏與郡望》(《尋根》2005年4期)及《敦煌文獻中珍藏的氏族資料述要》(《尋根》2011年2期),馮培紅《漢宋間敦煌家族史研究回顧與述評》(《敦煌學輯刊》2008年3、4期,2010年3期)等。

唐代爲李氏所建,李氏在敦煌亦長期有著舉足輕重的地位。李氏碑銘讚所存甚多,其中著名的是李氏三碑,即《聖曆碑》《大曆碑》《乾寧碑》。與其相關的校錄、研究也很多,包括徐松、羅振玉、張維、王重民、李永寧、鄭炳林等的校錄,以及施萍婷、李正宇、宿白、賀世哲、馬德、史葦湘、孫修身、榮新江、公維章等先生的研究,對以上成果的回顧可參考謝生保《敦煌李氏三碑研究綜述》(《敦煌研究》2000年2期)和公維章《涅槃、淨土的殿堂:敦煌莫高窟第148窟研究》(民族出版社,2004年)緒論部分《對李氏三碑的研究》。此外,還有公維章《涅槃、淨土的殿堂:敦煌莫高窟第148窟研究》第二章《148窟窟主——唐代敦煌的李氏家族》對敦煌李氏家族及開鑿洞窟的探討,以及張書城《敦煌莫高窟的李白近宗》(《敦煌學輯刊》1986年2期)及其《李唐、李白、李明振冒稱涼武昭王之後説》(《敦煌學輯刊》1992年Z1期)、《李白家世之謎》(蘭州大學出版社,1994年)、《〈新唐書〉隴西李氏敦煌房辨疑》(《敦煌研究》1997年1期)利用李氏碑對李白身世家族的考察。

張議潮建立歸義軍政權後,張氏統治延續了半個多世紀。學界利用碑銘讚文獻對張氏族源、郡望的探討有鄧文寬《歸義軍張氏家族的封爵與郡望》(《敦煌吐魯番學研究論文集》,漢語大詞典出版社,1989年)及鄭炳林、安毅《敦煌寫本P.2625〈敦煌名族志殘卷〉撰寫時間和張氏族源考釋》(《敦煌學輯刊》2007年1期)等。

利用碑銘讚文獻對其他如翟氏、索氏、陰氏等家族與郡望的研究成果有:李麗《敦煌翟氏家族研究》(《甘肅社會科學》1999年A1期)、祁曉慶《敦煌索氏家族教育研究》(西北師範大學碩士學位論文,2006年)、楊學勇《敦煌陰氏與佛教的關係及相關問題研究》(《敦煌學輯刊》2006年3期)、陳菊霞《敦煌翟氏研究》(蘭州大學博士學位論文,2008年)以及王力平《八至十世紀的敦煌杜氏家族研究——兼及藏經洞文書的"偏向性"》(《敦煌學輯刊》2017年2期)等。

八、敦煌碑銘讚與石窟營建

唐五代的敦煌,從統治者到大族,多熱衷於開窟造像,按照當時的風俗,每建一個洞窟都要立碑記事,頌揚功德。在碑銘讚文獻主要是功德記抄本中留下了不少印記,甚至有的文獻包含部分洞窟營建過程和塑畫內容的某些細節。學界利用這些文獻對莫高窟的營建史、佛教活動與人物、世族人物與莫高窟關係等問題作了考察，除了個別成果產生較早，多數是 80 年代以後取得的，其中以敦煌研究院的專家學者取得的成績較爲突出。

利用碑銘、供養人題記等石窟資料與敦煌文書相結合，對莫高窟營建史的研究探討包括：羅福頤《敦煌石室稽古錄》（《嶺南學報》7 卷 2 期，1947 年），宿白《〈莫高窟記〉跋》（《文物參考資料》1955 年 2 期）及其《敦煌莫高窟早期洞窟雜考》（《大公報在港復刊三十週年紀念文集》（上），1978 年）、《東陽王與建平公》（《向達先生紀念論文集》，新疆人民出版社，1986 年）、《中國石窟寺研究》（文物出版社，1996 年），向達《莫高·榆林二窟雜考》（氏著《唐代長安與西域文明》，生活·讀書·新知三聯書店，1957 年），金維諾《敦煌窟龕名數考》（《文物》1959 年 5 期），賀世哲《敦煌莫高窟供養人題記校勘》（《中國史研究》1980 年 3 期）及《從莫高窟供養人題記看洞窟的營建》（《敦煌莫高窟供養人題記》，文物出版社，1986 年），閻文儒《莫高窟的創建與藏經洞的開鑿及其封閉》（《文物》1980 年 6 期），施萍婷《敦煌與莫高窟》（《敦煌研究》1981 年）及《建平公與莫高窟》（《敦煌研究文集》，甘肅人民出版社，1982 年），史葦湘《絲綢之路上的敦煌與莫高窟》（《敦煌研究文集》，甘肅人民出版社，1982 年）及《關於敦煌莫高窟內容總錄》（《敦煌莫高窟內容總錄》，文物出版社，1982 年），白濱《試論敦煌藏經洞的封閉年代》（《1983 年全國敦煌學術討論會文集·石窟藝術編》（下），甘肅人民出版社，1985 年），馬德《十世紀中期的莫高窟崖面概觀——關於〈臘八燃燈分配窟龕名數〉的幾個問題》（《敦煌石窟研究國際討論會文集(1987)》，遼寧美術出版社，1990 年）及其《敦煌莫高窟史研究》（甘肅教育出版社，1996 年）、《敦煌畫匠稱謂及其意義》（《敦煌研究》2009 年 1 期），施萍婷、賀世哲《近承中原、遠接西域——莫高窟四二八窟研究》（《敦煌石窟藝術·莫高窟第 428 窟》，江蘇美術出版社，1989 年）、姜亮夫《莫高窟年表》（上海古籍出版社，1985 年），以及馬德《敦煌遺書莫高窟營建史料淺論》、鄧文寬《張淮深改建北大像和開鑿 94 窟年代考》（同載《1990 年敦煌學國際研討會論文集：石窟考古編》，遼寧美術出版社，1995 年），鄭炳林《敦煌碑銘讚及其有關問題》（氏著《敦煌碑銘讚輯釋》，甘肅教育出版社，1992 年）及《張淮深改建北大像和開鑿 94 窟年代再探——讀〈辭弁邈真讚〉劄記》（《敦煌研究》1994 年 3 期），李正宇《樂僔史事纂詁》（氏著《敦煌史地新論》，新文豐出版公司，1996 年），陳菊霞《S.2687 寫本與莫高窟第 61、55 窟的關係》（《敦煌研究》2010 年 3 期）及《從莫高窟第 85 窟供養人看其營建和重修》（《敦煌研究》2011 年 3 期），沙武田《吐蕃統治時期敦煌石窟研究》（中國社會科學出版社，2013 年）以及李國、沙武田《莫高窟第 156 窟營建史再探》（《敦煌研究》2017年5期)等。這些論著結合供養人題記、敦煌文獻、碑刻和史籍,對莫高窟相應部分洞窟的修建及封閉年代等進行了考證,對洞窟年代和施主、佛教石窟建築的起源、莫高窟佛教活動的社會性等問題提出了自己的見解。

世族人物與莫高窟關係方面有:向達《西征小記——瓜沙談往之一》(《國學季刊》7卷1期,1950年,收入氏著《唐代長安與西域文明》,生活·讀書·新知三聯書店,1957年),賀世哲、孫修身《瓜沙曹氏與敦煌莫高窟》及史葦湘《世族與石窟》(《敦煌研究文集》,甘肅人民出版社,1982年),馬德《莫高窟張都衙窟及有關問題》(《敦煌研究》1996年2期)及《敦煌陰氏與莫高窟陰家窟》(《敦煌學輯刊》1997年1期),王騰《隋唐五代西域羅氏流寓中國初探》(蘭州大學碩士學位論文,2003年)及《隋唐五代西域羅氏流寓中國與敦煌羅氏家族研究》(《敦煌歸義軍史專題研究三編》,甘肅文化出版社,2005年),鄭怡楠《敦煌歸義軍節度使曹延恭造窟功德記考釋》(《敦煌學輯刊》2013年3期)及《敦煌法榮窟研究》(中央美術學院博士學位論文,2014年)、《翟法榮與莫高窟第85窟營建的歷史背景》(《敦煌學輯刊》2014年2期),張景峰《敦煌大族與莫高窟營建研究史回顧與思考》(《2014敦煌學國際聯絡委員會通訊》,上海古籍出版社,2014年),沙武田《敦煌莫高窟"太保窟"考》(《形象史學研究》2015年2期),鄭怡楠、鄭炳林《敦煌寫本〈曹議金重修開元寺功德記〉考釋》(《敦煌學輯刊》2017年2期)等。

佛教活動與人物方面的研究有:孫修身《敦煌石窟〈臘八燃燈分配窟龕名數〉寫作時代考》(收入絲綢之路考察隊編著《絲路訪古》,甘肅人民出版社,1983年)、馬德《吳和尚·吳和尚窟·吳家窟——〈臘八燃燈分配窟龕名數〉叢識之一》(《敦煌研究》1987年3期)及《都僧統之"家窟"及其營建》(《敦煌研究》1989年4期)、沙武田《敦煌吐蕃譯經三藏法師法成功德窟考》(《中國藏學》2008年3期)等。

九、敦煌碑銘讚與宗教文化

敦煌自古就是佛教東傳交通路綫上的咽喉之地。唐五代的敦煌,佛教興盛。無論吐蕃統治敦煌時期還是歸義軍時期,佛教教團都在統治階層佔有重要地位。除了碑銘史料,邈真讚中亦存在大量名僧傳記。

敦煌是佛教往來東西交通的必經之地,在佛教傳播與交流過程中發揮了重要作用。利用碑銘讚材料考察佛教傳播的研究有:姜伯勤先生利用邈真讚對佛教傳播進行研究,其《論禪宗在敦煌僧俗中的流傳》(《九州學刊》4卷4期,1992年)對禪宗在敦煌僧俗中的流傳情況做了初步的勾勒;《敦煌毗尼藏主考》(《敦煌研究》1993年3期)探討了"毗尼藏主"稱號在敦煌出現的意義,並由此對律宗講疏之學在敦煌的流傳進行了考察;《敦煌戒壇與大乘佛教》(《華學》2輯,1996年)對敦煌戒壇的流變以及大乘菩薩戒在敦煌的流傳做了考察,指出從敦煌所行道宣南山宗的依據大乘唯識而以心爲戒體,到敦煌地方政權對"臨壇大德"的設置和"方等戒壇"的倡導,都反映出受到國家權力管制、僧俗"共同救度"的大乘佛教特色。榮新江《歸義軍史研究》考察了9、10世紀敦煌佛教的盛衰概況,並在日本學者研究的基礎上對歸義軍時期部分都僧統的年代和事跡進行了考證。鄭炳林《北京圖書館藏〈吴和尚經論目録〉有關問題研究》(《敦煌學與中國史研究論集:紀念孫修身先生逝世一週年》,甘肅人民出版社,2001年)、《晚唐五代敦煌三界寺藏經研究》(《西北第二民族學院學報》2004年2期)及榮新江《再論敦煌藏經洞的寶藏——三界寺與藏經洞》(《敦煌佛教藝術文化國際學術研討會論文集》,蘭州大學出版社,2002年)對敦煌佛教經卷等的流通進行了關注。党燕妮《五臺山文殊信仰及其在敦煌的流傳》(《敦煌學輯刊》2004年1期)對五臺山文殊信仰的興起及其在敦煌的流傳情況做了探討。鄭炳林、陳雙印《敦煌寫本〈諸山聖跡志〉撰寫人與敦煌僧人的中原巡禮》及鄭炳林《敦煌寫本〈往五臺山行記〉與敦煌地區巡禮五臺山活動》(《敦煌歸義軍史專題研究三編》,甘肅文化出版社,2005年)分别以敦煌寫本《諸山聖跡志》《往五臺山行記》爲中心,考察了僧人的巡禮活動。馬格俠、張文超《從碑銘讚看禪宗在敦煌地區的傳播》(《敦煌佛教與禪宗學術討論會文集》,三秦出版社,2007年)以敦煌碑銘讚文獻爲中心,從敦煌禪宗信仰的人群和他們所信仰的禪宗內容對禪宗在敦煌的流通進行了研究。馬格俠、楊富學《碑銘讚所見唐五代敦煌的禪宗信徒》(《西南民族大學學報》2009年11期)通過考察敦煌發現的碑文、墓誌銘與邈真讚等文獻,透視出唐五代時期敦煌地區禪宗信徒遍及社會各個層面,信仰內容包括早期般若禪學、北宗漸悟、南宗頓悟,而以南北宗兼修的敦煌本地禪學居多。《河西佛教史》(中國社會科學出版社,2010年)是杜斗城先生和其學生完成的一部著作,對河西佛教人物、思想、文化等進行了梳理,其中第七章是在劉慧琴碩士論文基礎上完成的《歸義軍時期的河西佛教》(蘭州大學碩士學位論文,1997年),該文對歸義軍時期不同階段的佛教發展狀況及其特點做了歸納,並對該時期佛教世俗化做了探討。楊寶玉《敦煌文書與五代時期五臺山佛教史研究——以P.3931爲例》(《高臺魏晉墓與河西歷史文化研究》,甘肅教育出版社,2012年)從解讀P.3931入手,對五代時期五臺山崇拜的傳播及其與後唐政權等關涉五臺山佛教的發展狀況進行了論述。郝春文、陳大爲《敦煌的佛教與社會》(甘肅教育出版社,2013年)主要依據敦煌藏經洞出土資料和敦煌石窟資料探討敦煌佛教與社會,涵蓋敦煌佛教概觀、敦煌的僧團及其寺院、敦煌的僧尼、敦煌石窟與社會、敦煌寺院的依附人口、歸義軍政權與佛教的關係等方面的内容。

對佛教教團進行考察的有：馬德《莫高窟與敦煌佛教教團》（《敦煌吐魯番研究》1卷，1996年）對莫高窟與佛教教團的關係加以梳理，指出敦煌佛教教團在莫高窟的各種佛教活動的性質，是僧俗共建的、圓融各宗各派的、社會化和世俗化了的"入世"佛教，即大乘佛教。鄭炳林《唐五代敦煌的粟特人與佛教》（《敦煌研究》1997年2期）以唐五代敦煌佛教史爲主綫，探討了粟特人在佛教教團中的情况。鄭炳林、徐曉麗《晚唐五代敦煌佛教教團闡揚三教大法師與敦煌佛教相容性形成》（《炳靈寺石窟學術研討會論文集》，甘肅人民出版社，2003年）對敦煌邈真讚文獻和莫高窟供養人題記中的晚唐五代敦煌佛教教團高僧闡揚三教大法師稱號做了考察，並探討了三教與高僧的三教造詣，以及對三教大法師代表的佛教相容性形成的原因進行了探討。鄭炳林、魏迎春《晚唐五代敦煌佛教教團的戒律和清規》（《敦煌學輯刊》2004年2期）及魏迎春《晚唐五代敦煌佛教教團戒律清規研究》（蘭州大學博士學位論文，2008年）通過全面清理晚唐五代敦煌佛教教團中清規的使用和内容，認爲其與禪宗洪州宗關係密切，與懷海禪師的百丈清規亦有相似之處。但因自身的地域特色，如僧人置辦產業、蓄養奴婢等在洪州宗百丈清規中嚴加限定的内容卻在敦煌習以爲常。鄭炳林、屈直敏《歸義軍時期敦煌佛教教團的道德觀念初探》（《敦煌學輯刊》2006年2期）以敦煌文獻爲中心，結合歸義軍時期的歷史現狀，對歸義軍時期敦煌佛教教團的道德觀念進行了初步考察，指出隨著儒、釋、道三教的日漸合一，佛教與儒學傳統的意識形態和價值體系日益趨同，世俗的君臣關係、忠孝之儒家道德觀念，成了佛教知識及其價值體系的重要内容，也是歸義軍時期敦煌佛教教團所遵守的基本準則。

對敦煌寺院和僧尼群體的考察，可參考陳大爲等的一系列研究成果。包括《唐後期五代宋初敦煌僧寺研究》（上海古籍出版社，2014年）及《敦煌僧寺與尼寺之間的往來關係》（《敦煌研究》2010年3期），陳卿《唐後期五代宋初敦煌金光明寺研究》（上海師範大學碩士學位論文，2014年），陳菡旖《唐五代宋初敦煌開元寺研究》（上海師範大學碩士學位論文，2015年）以及陳大爲、陳卿《唐宋時期敦煌金光明寺考》（《敦煌學輯刊》2016年2期），陳大爲、陳菡旖《敦煌開元寺史事輯考》（《史林》2016年4期）。楊寶玉《唐五代宋初敦煌尼僧史初探》（《五臺山研究》2009年2期）歸納整理敦煌文書中所存尼僧史料，以P.3556尼僧邈真讚爲例，結合尼僧名籍、敦煌地方政權批准女性信衆出家受戒的官文書與戒牒、尼僧撰寫的書狀與願文、尼僧題記等，就尼僧家世出身、出家原因、剃度儀式、尼寺管理等問題展開分析，並勾勒出敦煌尼僧宗教修習與生活情況的大致輪廓。楊寶玉《敦煌文書與唐五代宋初尼僧史研究——以法藏敦煌文書 P.3556 爲例》（《形象史學研究》2011 年）就敦煌文書與唐五代宋初尼僧史研究的關係問題作了探討。

對相關人物進行研究的成果有：蘇瑩輝《敦煌翟家碑時代考》（氏著《敦煌論集》，臺灣學生書局，1975 年）及其《陳著〈敦煌寫本洪辯悟真告身校注〉斠讀記》（氏著《敦煌論集》，臺灣學生書局，1975 年）、《論敦煌資料中的三位河西都僧統》（氏著《敦煌論集》，臺灣學生書局，1975 年）、《論莫高窟七佛藥師之堂非由洪辯所開鑿》（《敦煌學》4 輯，1979 年）、《從敦煌吳僧統碑和三卷敦煌寫本論吳法成並非緒芝子亦非洪辯和尚》（氏著《敦煌論集續編》，臺灣學生書局，1983 年）等以及王堯《藏族翻譯家管‧法成對民族文化交流的貢獻》（《文物》1980 年 7 期），吳其昱《大蕃國大德三藏法師法成傳考》（《講座敦煌》7 卷《敦煌と中國仏教》，大東出版社，1984 年），伏俊璉《唐代敦煌高僧悟真入長安事考略》（《敦煌研究》2010 年 3 期），楊寶玉、吳麗娛《悟真於大中五年的奉使入奏及其對長安佛寺的巡禮》（《吐魯番學研究》2011 年 1 期），陳菊霞《試析翟法榮的佛教信仰》（《敦煌學輯刊》2012 年 2 期）以及楊寶玉《晚唐敦煌名僧恒安事跡稽考與相關歸義軍史探析》（《隋唐遼宋金元史論叢》5 輯，2015 年）等文對相關名僧事跡作了考辨。王書慶《敦煌佛學‧佛事篇》（甘肅民族出版社，1995 年）收錄了敦煌碑銘讚中與佛教人物相關的篇文。

此外，陳麗雀《吐蕃佔領期敦煌僧侶邈真讚研究》（逢甲大學中國文學研究所碩士學位論文，1997 年）是對吐蕃佔領時期敦煌僧侶邈真讚的專門研究。徐曉麗《唐五代敦煌大族出家女性初探》（《麥積山石窟藝術文化論文集》（下），蘭州大學出版社，2004 年）著重對敦煌大族出家女性作了探討。

對相關制度、稱號進行研究的成果包括：姜伯勤《唐五代敦煌寺户制度》（中華書局，1987 年）考察了敦煌寺户制度的各種表現形態及其衰落演變，其中對敦煌佛教史的考察利用了相關碑銘讚文獻。梅林《吐蕃和歸義軍時期敦煌禪僧寺籍考辨》（《敦煌研究》1992 年 3 期）通過爬梳敦煌遺書中的邈真讚、碑文和墓誌銘等，勾稽剳錄，共得禪僧寺籍十餘則。

對僧官制度的考察有：謝重光《吐蕃佔領期與歸義軍時期的敦煌僧官制度》（《敦煌研究》1991 年 3 期，又載謝重光、白文固《中國僧官制度史》，青海人民出版社，1990 年）考察了吐蕃歸義軍時期敦煌的僧官系統和僧官活動的世俗化傾向。鄧文寬《三篇敦煌邈真讚研究——兼論吐蕃統治末期的敦煌僧官》（《出土文獻研究》4 輯，中華書局，1998 年）在前人基礎上對 P.4660 中的三篇邈真讚進行了再釋錄，並考察了它們的作成年代以及所涉及的吐蕃統治敦煌時期的僧政史事。陸離《敦煌文書中的博士與教授》（《敦煌學輯刊》1999

年1期)對邈真讚等文獻中的"博士""教授"稱號進行辨析,指出敦煌寺院文書中的都教授、副教授及僧統系吐蕃統治河西時期的僧官稱號,都教授相當於僧統,副教授相當於副僧統,都教授即爲後來歸義軍時期的都僧統。陸離《吐蕃僧官制度試探》(《華林》3卷,2003年)及《吐蕃統治時期敦煌僧官制度的幾個問題》(《敦煌研究》2005年3期)對吐蕃統治時期的敦煌僧官進行了再探討。孫寧《歸義軍時期敦煌僧官選擢考論》(南京師範大學碩士學位論文,2011年)以悟真爲例復原歸義軍時期敦煌僧官昇遷的基本程式,以邈真讚文書爲主探討僧官選擢主要受知識素養、家世背景、對壽命與法緣關係的考量、對群體因素的推測等因素的作用,列舉敦煌僧官昇遷後建窟慶昇、邈真讚哀榮及稱呼方式的改變等各類舉動,揭示了特權的廣泛存在。趙青山《唐末宋初僧職判官考——以敦煌文獻爲中心》(《敦煌學輯刊》2013年1期)則在前人研究基礎上對敦煌僧團判官做了較爲全面的考察。

王春慧《從敦煌碑銘讚看唐宋賜紫制度》(《南寧職業技術學院學報》2011年3期)、《唐代服章制度與敦煌賜紫研究》(西北師範大學碩士學位論文,2012年)通過梳理敦煌文獻中有關賜紫的記錄,分析唐宋時期敦煌賜紫制度的分期及變化,解讀出賜紫之制在河西地區有效實施源於中央王朝對西北邊陲管理者的肯定和對弘揚佛法高僧的褒揚。

世俗與佛教關係方面:榮新江《歸義軍史研究》、郝春文《歸義軍政權與敦煌佛教之關係新探》(《周紹良先生欣開九秩慶壽文集》,中華書局,1997年)、鄭炳林《晚唐五代敦煌歸義軍政權與佛教教團關係研究》(《敦煌學輯刊》2005年1期)等文對歸義軍政權與佛教教團的關係進行了有益的探討。蘇金花《從"方外之賓"到"釋吏"——略論漢唐五代僧侶政治地位之變化》(《敦煌學輯刊》1998年2期)對佛教傳入以來僧侶階層在不同時期和世俗政權的依附關係存在的不同特點進行了探討,指出早期僧人以"方外之賓"自守,不受世俗政權的束縛,到晚唐五代,佛教盛極而衰,僧人地位開始下降,淪爲世俗政權的"釋吏""門僧"供他們驅策,而從這一過程中僧人地位之變化反映了僧侶階層對於世俗政權的依附性不斷強化。鄭炳林《晚唐五代敦煌佛教轉向人間化的特點》(《普門學報》2001年1期)從敦煌佛教積極參與歸義軍政權、收復敦煌河西及其歸唐活動、晚唐五代敦煌佛教的相容並蓄特性的形成、寺院辦學傳授文化知識和佛學知識、晚唐五代敦煌佛教教團所做的各種道場及講經活動等幾個方面來探討敦煌佛教人間化的形成,晚唐五代敦煌佛教反映了當時中國佛教從寺院走向民間的歷程。馮培紅、姚桂蘭《歸義軍時期敦煌與周邊地區的僧使交往》(《敦煌佛教藝術文化國際學術研討會論文集》,蘭州大學出版社,2002年)經過對歸義軍時期和中原王朝、周邊政權之間互派使團的詳細考察，認爲僧侶是這些使團中的重要成員，這種僧使交往既有政治通使的含義，也有文化傳播的內容，他們充當了政治外交與文化傳播的使者，反映了敦煌是中西佛教文化交流的中心。釋覺旻《從"三教大法師"看晚唐五代敦煌社會的三教融合》（《敦煌佛教藝術文化國際學術研討會論文集》，蘭州大學出版社，2002年）對邈真讚文獻中"三教大法師"稱號的意義進行考察，進而對晚唐五代敦煌地區三教融合的社會現象做了探討。

李并成、王祥偉《中晚唐五代宋初敦煌佛教的生命關懷考論》（《敦煌佛教與禪宗學術討論會文集》，三秦出版社，2007年）對中晚唐五代宋初敦煌佛教的生命關懷進行探討，揭示了佛教對於敦煌社會和民衆生活的重要影響。李軍《從敦煌龍興寺看張氏歸義軍的内部矛盾》（《敦煌佛教與禪宗學術討論會文集》，三秦出版社，2007年）對敦煌龍興寺在晚唐張氏歸義軍政權内部矛盾中的特殊作用進行了探討。石小英《8至10世紀敦煌尼僧家庭地位》（《敦煌學輯刊》2007年3期）通過分析8至10世紀敦煌尼僧多居住於家的特殊宗教現象，探討出因平民尼僧爲家庭做出一定的經濟貢獻，大族尼僧多在寺院擔任要職，既維護了家族利益，又擴大了社會影響，故而她們皆在家庭甚至家族中享有相應較高的地位。石小英《八至十世紀敦煌尼僧與世俗家庭的關係》（《世界宗教研究》2009年1期）經梳理敦煌文獻，考訂出受佛教文化與本土文化融合、世俗政權介入兩大因素的作用，8至10世紀的敦煌地區尼僧與家庭關係密切，是佛教在中國世俗化的典型。馬德《從敦煌看佛教的社會化》（《敦煌學輯刊》2007年4期）從敦煌佛教文獻的社會性質、敦煌石窟佛教藝術的社會功能、敦煌僧團的社會作用、敦煌佛教與中國民間信仰、從敦煌看佛教對社會發展的進步用途等方面，通過敦煌佛教的實踐，論證佛教社會化這一新命題。崔峰《晚唐五代宋初敦煌地區佛儒相容的社會文化》（《敦煌學輯刊》2009年3期）從寺學與儒學教育的相容、佛儒兼備的高僧和僧界的尚儒之風、佛儒共倡與社會"忠孝"之風的盛行等方面對晚唐五代宋初儒佛相容的敦煌社會做了探討。陳大爲、陳卿《敦煌金光明寺與世俗社會的關係》（《敦煌研究》2017年5期）從金光明寺僧人家族背景、敦煌佛教信衆法會與抄經活動、金光明寺寺學教育、雙方經濟往來等方面探討了敦煌金光明寺與世俗社會的關係，指出唐五代宋初時期的金光明寺已經完全融入了敦煌世俗社會，與敦煌地區各階層民衆關係密切，儼然成爲維護社會穩定、推動社會發展的重要力量。

十、敦煌碑銘讚與敦煌社會

敦煌社會包括教育、醫療、經濟、居民及聚落、婚姻與女性、風俗等方面，學者對這些方面的研究也有對碑銘讚文獻的利用,獲得突出成就的是鄭炳林先生。

教育方面的研究包括高明士《唐代敦煌的教育》(《漢學研究》4卷2期,漢學研究中心,1986年)、黃雷《唐代敦煌的教育研究》(蘭州大學博士學位論文,2016年),兩文在考察唐代敦煌教育中對碑銘讚文獻均有所利用。

醫療方面,涉及僧醫與醫事,主要是鄭炳林的相關成果。包括鄭炳林、党新玲《唐代敦煌僧醫考》(《敦煌學》20輯,1995年),鄭炳林、高偉《從敦煌文書看唐五代敦煌地區的醫事狀況》(《西北民族學院學報》1997年1期)及鄭炳林《唐五代敦煌的醫事研究》(《敦煌歸義軍史專題研究》,蘭州大學出版社,1997年)等。

經濟方面的研究既有對農業水利系統的探討,如鄭炳林《唐末五代敦煌都河水系研究》(《歷史地理》13輯,1995年)、馮培紅《唐五代敦煌的河渠水利與水司管理機構初探》(《敦煌學輯刊》1997年2期)以及鄭炳林、曹紅《晚唐五代瓜州都河水道變遷與環境演變》(《敦煌學輯刊》2009年4期)等;也有對手工業、種植業、畜牧業、商業貿易等的研究,如鄭炳林《唐五代敦煌種植林業研究》(《中國史研究》1995年3期)及其《唐五代敦煌手工業研究》(《敦煌學輯刊》1996年1期)、《唐五代敦煌畜牧區域研究》(《敦煌學輯刊》1996年2期)、《晚唐五代敦煌商業貿易市場研究》(《甘肅省錢幣博物館開館暨錢幣學術研討會專輯》,2003年)等;此外還有張亞萍《唐五代歸義軍政府牧馬業研究》(《敦煌學輯刊》1998年2期)。

人口居民及聚落方面的研究有:楊偉《從敦煌文書中看古代西部移民》(《敦煌研究》1996年4期),鄭炳林《晚唐五代敦煌村莊聚落輯考》(《2000年敦煌學國際學術討論會文集紀念敦煌藏經洞發現暨敦煌學百年·歷史文化卷》(上),甘肅民族出版社,2000年)及其《晚唐五代敦煌地區的胡姓居民與聚落》(《粟特人在中國——歷史、考古、語言的新探索》,中華書局,2005年)、《晚唐五代敦煌地區人口變化研究》(《江西社會科學》2004年12期)、《晚唐五代河西地區的居民結構研究》(《絲綢之路民族古文字與文化學術討論會會議論文集》,2005年)等。

與碑銘讚相關的婚姻與婦女方面的研究有:鄭炳林、徐曉麗《晚唐五代敦煌歸義軍節度使多妻制研究》(《西北第二民族學院學報》2003年4期),徐曉麗、鄭炳林《晚唐五代敦煌吐谷渾與吐蕃移民婦女研究》(《敦煌學輯刊》2002年2期),徐曉麗《歸義軍時期敦煌婦女社會生活研究》(蘭州大學博士學位論文,2003年)以及鄭炳林、徐曉麗《晚唐五代敦煌歸義軍政權的婚姻關係研究》(《敦煌學》25輯,2004年)等。

風俗方面：楊惠玲《唐五代宋初敦煌喪俗研究》（西北師範大學碩士學位論文，2003年）考察了唐五代宋初敦煌喪俗，包括入殮、出殯、臨壙、葬式、祭奠禮儀、服喪制度、喪葬互助等喪葬禮儀以及對喪葬觀念的評析，並指出邈真讚的特點、性質、功用等。柳慶齡《略談從"邈影如生"到"恍恍如生"》（《敦煌研究》2015年2期）通過從形式和內容上對比分析明清時期《方氏像譜》與敦煌寫真邈真讚，考證出二者有著一脈相承的關係，皆是留影取像，以備後人緬懷、祭奠、追思。

十一、敦煌碑銘讚與語言文學研究

敦煌碑銘讚不僅具有以上所體現的重要的史料價值，而且作爲一種特定文體，有散有韻，因此它還有語言上的音韻、詞彙研究價值，以及相當程度上的文學、文化價值。

首先是對敦煌碑銘讚寫本的音韻學價值研究。碑銘、邈真讚之讚文多爲四字韻文，一般隔句押韻，且大多一韻到底。其用韻現象必然是唐五代時期敦煌甚至西北地方實際語音的反映。聯繫讚文的韻腳字，我們可以獲得當時當地具有極大價值的方音資料。江學旺《敦煌邈真讚用韻考》（《浙江大學學報》2004年1期）一文根據校錄摘錄韻腳字的通押情況，繫聯爲陰聲韻六部、陽聲韻六部、入聲韻三部，考證出與《廣韻》相比，邈真讚的韻部系統發生了重大變化：有的韻部已經合併，有的韻部發生了轉移；同時邈真讚出現的韻腳字所反映出的韻部的分合與敦煌變文情況一致。鄧文寬《敦煌邈真讚中的唐五代河西方音通假字例釋》（《出土文獻研究》7輯，2005年）對敦煌邈真讚中的56例唐五代河西方言通假字逐一進行了梳理校改。全正濤《敦煌世俗文賦體韻文用韻研究》（南京師範大學碩士學位論文，2014年）系統考察了包括敦煌碑銘、邈真讚文獻等敦煌世俗文賦體韻文的用韻情況。通過對這些材料的分析、繫聯，歸納出韻部23部。敦煌世俗文賦體韻文用韻反映了唐五代西北方音的特點。

其次是對敦煌碑銘讚寫本的詞彙學價值研究。敦煌碑銘讚寫本保存了大量晚唐五代時期的原始語言材料，且用詞種類繁多，對於探究近代漢語詞彙發展史具有極高的語料價值。吳蘊慧《敦煌文書詞語選釋》（《蘇州教育學院學報》2007年3期）據唐耕耦、陸宏基《敦煌社會經濟文獻真蹟釋錄》所收材料對敦煌文書中一些常見而《漢語大詞典》未收的詞語進行了考釋。楊曉宇《敦煌碑銘讚詞語詁解》（《蘭州大學學報》2009年2期）、《敦煌碑銘讚詞語釋義》（《敦煌研究》2009年3期）、《敦煌本邈真讚詞語選釋》（《敦煌學輯刊》2012年1期）、《敦煌邈真文書讚詞語考釋》（《甘肅社會科學》2012年6期）、

《敦煌寫本邈真讚詞語訓釋》(《鴨绿江月刊》2015年2期)系列詞語釋義類論文及楊曉宇、劉瑶瑶合作完成的《敦煌寫本碑銘讚詞語疏解》(《敦煌學輯刊》2015年1期)、《敦煌邈真讚文書詞彙與〈漢語大詞典〉書證補缺》(《知識文庫》2016年20期)兩文以《敦煌碑銘讚輯釋》爲底本,參核縮微膠片及其他相關文獻材料,擇取數例不易釋讀、亦未被各類辭書收錄的詞語,結合傳世文獻用加按語的形式加以考釋,以拾遺補缺。楊曉宇、劉瑶瑶《敦煌邈真讚文書的語料價值》(《東京文學》2012年)從詞彙構成特點與新詞新義兩方面闡述了敦煌邈真讚文書的語料價值。王亞麗《論敦煌碑銘簡化字的使用》(《西南交通大學學報》2010年6期)對現代簡化字在敦煌碑銘中的使用情況作了歸納。姬慧《敦煌碑銘讚詞彙研究》(陝西師範大學碩士學位論文,2010年)以碑銘讚文獻詞彙爲研究對象,從其整體出發,探討了文獻詞彙的構成及特點,並對詞語進行了考釋。姜美菊《敦煌邈真讚詞彙選釋》(華東師範大學碩士學位論文,2011年)首次全面研究敦煌邈真讚詞彙,按照常用詞彙、佛教詞彙兩類,分析詞彙特點、構詞方式,釋證詞典失收詞語,補正前人校勘之誤。趙家棟《敦煌碑銘讚語詞釋證》(《敦煌研究》2012年4期)一文以鄭炳林《敦煌碑銘讚輯釋》爲據,結合敦煌寫本原卷影印資料、中土文獻和佛經材料,運用訓詁學、音韻學及漢語俗字研究的最新成果,從漢語詞彙史的角度對敦煌碑銘讚中"文棍""紂儒""魚蹟"等部分疑難語詞作嘗試性的延證考釋。楊小平《敦煌文獻詞語考察》(中國社會科學出版社,2013年)以寫卷爲基礎,利用詩詞曲、筆記、小說、佛經、碑文、墓誌、字書、音義、語錄等,結合傳世文獻、出土文獻和現代漢語方言俗語材料,通過文獻比較和考證,列舉翔實證據,從共時和歷時角度對敦煌文獻詞語進行校勘、考釋、商補,考證詮釋詞語,論述其意義及費解、誤解緣由,研究敦煌文獻的整理、注釋、校勘問題和辭書的誤釋錯引,指出敦煌文獻詞語解釋有誤,補充考證未詳存疑的詞語,説明誤解誤會的詞語,斷定注釋爭議的詞語,擇善而從或提出己見。劉瑶瑶《敦煌碑銘讚佛教詞語詁解》(《甘肅社會科學》2013年1期)及姬慧《敦煌碑銘讚文獻中年齡類詞語匯釋》(《陝西教育·高教》2014年4期、《大學教育》2014年11期)則分別擇取數例未被各類語文辭書收錄的佛教詞語和年齡類詞語予以考釋,彌補了辭書詞語失收、用例滯後或孤證、釋義不當等現象。閆斯文、武振玉《敦煌文獻詞彙研究綜述》(《華夏文化論壇》2015年2期)對近幾十年的敦煌文獻詞彙研究情況作了概述,其中包含了敦煌碑銘讚文獻。

此外,對文獻中文字的解讀有:孫寧《敦煌〈常何墓碑〉寫本"龜蒙積沴,蜂午挺妖"正詁》(《敦煌研究》2011年4期)結合傳世文獻對《常何墓碑》中的"龜蒙積沴,蜂午挺妖"做了考察,認爲"蒙"與"午"都不是動詞,"龜""蒙"是山名，而"午"是蜂的變體，指的是蜂或蜂一類的昆蟲。葉愛國《〈李君修慈悲佛龕碑〉"他（tuó）"字解》（《敦煌研究》2012 年 6 期）對敦煌研究院藏《李君修慈悲佛龕碑》碑陽第 20 行"推甲子四百他歲，計窟室一千餘龕"中的"他"字作了解讀。王偉、肖倩《〈敕河西節度兵部尚書張公德政之碑〉之"激"字本字考》（《山西師大學報》2012 年 S2 期）將《敕河西節度兵部尚書張公德政之碑》與《張淮深造窟功德碑》《張淮深墓誌銘》等相互印證，就其中有疑問的"激"字進行了分析，對其本字進行了探究。

　　三是對敦煌碑銘讚寫本的文學價值的研究。對敦煌文獻與文學的研究較早的是國外學者，包括分類注錄和研究，成果主要有：英國翟理斯《英國博物館藏敦煌漢文寫本注記目錄》以及俄國孟列夫《俄藏敦煌漢文寫卷敘錄》、日本金岡照光主編的《講座敦煌 9：敦煌の文學文獻》等的分類以及對碑文、邈真讚等傳記類的研究。在 20 世紀 80 年代敦煌學在大陸興起之時，對敦煌文學的宏觀討論也提上了日程。1983 年在中國敦煌吐魯番學會成立大會和全國敦煌學術討論會上，顏廷亮先生在《關於敦煌遺書中的甘肅作品》中呼籲：敦煌文學中的一類重要作品即散文作品應該納入研究領域並給予足夠重視。周紹良先生《敦煌文學芻議》（《甘肅社會科學》1988 年 1 期）參照《文選》的分類法，將敦煌遺書中的作品按文體分爲 30 類，將碑銘讚列入其中。隨後顏廷亮先生相繼主編出版由學界相關知名專家草就的《敦煌文學》（甘肅人民出版社，1989 年）和《敦煌文學概論》（甘肅人民出版社，1993 年）兩部通論著作，可謂高屋建瓴，其中亦將碑銘讚文獻納入。針對這兩部著作，相關文章對其中涉及的一些具體問題提出了不同看法，如勁草《〈敦煌文學概論〉證誤糾謬》（《敦煌學輯刊》1994 年 1 期）、稚苗《〈敦煌文學概論〉證誤糾謬之糾謬》（《中國敦煌吐魯番學會研究通訊》1994 年 2 期）亦利用了碑銘讚文獻。李明偉的《敦煌文學中"敦煌文"的研究和分類評價》（《敦煌研究》1995 年 4 期）則認爲敦煌文學中的敦煌文主要是指敦煌遺書非佛藏雜著文字中那些具有文學色彩的散文，不能不加區分地將狀牒、契約、偈讚等諸種文體統統劃入敦煌文的範疇。張錫厚的《敦煌文概說》（《2000 年敦煌學國際學術討論會文集——紀念敦煌藏經洞發現暨敦煌學百年·歷史文化卷》（下），甘肅民族出版社，2000 年）以及顏廷亮、張彥珍編著《西陲文學遺珍：敦煌文學通俗談》（甘肅人民出版社，2000 年）、吳格言的《試論敦煌文學的性質、範圍和研究對象》（《敦煌研究》2000 年 2 期）等文章也做了再探討。楊雄的《論敦煌文學的内容及分類》（《學術論壇》2004 年 6 期）認爲：不僅要嚴格文學與非文學之辨，而且敦煌遺書中的先唐文學和唐宋傳世文學作品也同樣應列入敦煌文學及其敦煌文的研究範疇。杜琪《敦煌應用散文作品題注》（《敦煌研究》2006

年4期)則認爲"敦煌文"這一概念太籠統,容易產生歧義,應該將散文引入敦煌文學的視野。夏向軍《敦煌文研究綜述》(《現代語文(學術綜合版)》2009年6期)對百年來敦煌文的研究情況作了簡要概述。伏俊璉《敦煌文學總論》(甘肅教育出版社,2013年)是近年推出的有關敦煌文學的最新成果,在前人研究基礎上有所突破。針對長期以來對"敦煌文"的爭執,鍾書林、張磊《敦煌文研究與校注》(武漢大學出版社,2014年)做了最新的回顧和評析,並以邈真讚、功德記、墓誌銘等爲例對敦煌文的特點和文學風格等方面做了進一步的闡釋。

此外,利用碑銘讚文獻對特定時期的文學進行探討的有:顏廷亮先生《敦煌西漢金山國文學的評價問題》(《甘肅社會科學》1995年3期)及其《敦煌西漢金山國文學文獻三題新校並序》(《社科縱橫》1995年1期)、《敦煌西漢金山國檔案文獻考略》(《甘肅社會科學》1996年5期)以及綜論性的《敦煌西漢金山國文學考述》(甘肅人民出版社,2009年)。張彥珍《金山國文學研究綜述》(《社科縱橫》1997年6期)對金山國時期的碑銘讚文學文獻做了考察。吳格言《敦煌歸義軍文學研究》(中國社會科學院研究生院博士學位論文,2000年)及《亂世見風骨,風雅在民間——綜論唐末五代敦煌歸義軍文學的思想藝術特徵》(《解放軍藝術學院學報》2006年2期)、朱利華《吐蕃攻佔時期的敦煌文學研究》(西北師範大學碩士學位論文,2011年)則分別是對歸義軍時期及蕃佔時期敦煌文學所作的考述。此外,邵文實《敦煌邊塞文學研究》(甘肅教育出版社,2007年)專門對敦煌文學中與邊塞有關的作品及其作者作了考察。鍾書林《論敦煌文學的模式化創作——以敦煌文爲例》(《蘭州學刊》2014年7期)一文考究出受文人自身習慣、唐代"尚黨"文藝風氣、敦煌民衆審美心理和消費需求、形式主義文風、佛教敘事模式化等時代因素影響,敦煌文的創作在結構謀篇、語言用典、文體等諸方面模式化特徵明顯,而邈真讚則是其中顯著代表。鄭阿財《敦煌佛教文學》(甘肅教育出版社,2013年)對敦煌文學中的佛教文學文獻做了探討。張志勇《敦煌邈真讚譯注》(人民出版社,2015年)一書在具引各家之説、爬梳現存邈真讚作品基礎之上,融入社會背景,立足文學本位,以解詞明義、疏通句讀爲務,力求化艱深爲淺顯,熔譯、注於一爐。雖其理解、翻譯尚有可商榷之處,但此書的問世已能夠讓更多的讀者接近並讀懂這批珍貴的文學遺產。

針對某一類型和具體碑銘讚文獻的研究,前者以佛教主題類爲主。碑銘讚文書是晚唐五代時期敦煌地區佛儒文化高度融合的產物,受佛儒文體的交互影響,該類文書在吸收了儒家人物傳記與祭悼文特點的同時,又借鑒了佛經與佛事應用文的諸多元素。相關成果包括周丕顯《敦煌佛教文學》(氏著

《敦煌文獻研究》,甘肅文化出版社,1995年)、張先堂《敦煌詩歌定名辨正二則——敦煌文學叢劄之二》(《社科縱橫》1996年6期)、高明翠《敦煌功德記研究》(逢甲大學中國文學研究所碩士學位論文,1997年)、蔣瑜《唐頌略論》(四川大學碩士學位論文,2006年)等。張志勇《唐代頌讚文體研究》(河北大學博士學位論文,2010年)第五章言及敦煌邈真讚,首先指出其存在的社會文化風氣,其次分佛像邈真、世人邈真兩種介紹其內容,然後概括其紀傳敍事文學特徵,最後談幾點思考。關於碑銘讚用典考,任偉《敦煌寫本碑銘讚文用典考釋》(《河西學院學報》2011年3期、2012年4期、2013年6期)考諸佛學及文史典籍,探求其典故出處及意義。劉瑶瑶、楊曉宇《晚唐五代時期敦煌造像記的文體結構及其成因》(《蘭臺世界》2013年9期)舉例描述了敦煌造像記的文體結構及其特點,進而分析和探討了產生變化的原因。鄭怡楠、鄭炳林《敦煌曹氏歸義軍時期修功德記文體的演變》(《敦煌學輯刊》2014年1期)通過繫年的方式把張氏歸義軍時期出現的有明確時間紀年、學界已考訂紀年及經作者考證紀年的作品,按照時間前後順序進行整理和研究,認爲該時期的文學作品具有總量不多、創作時間按年份分配不均匀、創作形式分佈不均匀、傳統文體和實用性文體數量相對各佔一半、作品內容具有豐富現實意義等特點,並據此考察特定時空下的中國古代文學的繼承和發展的歷史軌跡。張興華《張氏歸義軍時期佛教影響下的文學研究》(四川師範大學碩士學位論文,2017年)及其《張氏歸義軍時期的文學活動繫年研究》(《綿陽師範學院學報》2017年3期)對張氏歸義軍時期佛教影響下的文學作品與宗教作品進行了整理與繫年研究,並結合張氏歸義軍時期的特定戰爭背景和佛教氛圍來解讀這些文學活動和文學作品的內涵和特色,最後從文學史的意義上對張氏歸義軍時期其轄域範圍內的文學創作成果給予總結和定位。針對具體碑銘讚文獻的研究成果包括:楊寶玉《敦煌佚名詩研究芻議——以〈張淮深碑〉寫本卷背詩爲例》(《西華師範大學學報》2017年6期),高啓安《敦煌五更詞與甘肅五更詞比較研究》(《敦煌研究》1997年3期),吳浩軍《論唐五代敦煌碑銘的文學價值——以〈李君修慈悲佛龕碑〉爲例》(《天水師範學院學報》2011年4期),楊寶玉《〈張淮深碑〉抄件卷背詩文作者考辨》(《敦煌學輯刊》2016年2期),等等。

十二、敦煌碑銘讚與藝術研究

除了上述提到的碑銘讚與莫高窟的相關成果,還有賀昌群《敦煌佛教藝術的系統》(《東方雜誌》28卷17號,1931年)初步探討了敦煌藝術產生的原因、特徵、內容及年代,是中國首篇全面研究敦煌藝術的系統性專論。除此之外,藝術方面主要涉及與邈真讚結合的邈真畫像研究、書法以及與相關人物的說唱活動相關的敦煌曲研究。

學界利用邈真讚及圖像對敦煌畫所作研究較多(參後附《目錄》),這裏主要概述專門針對邈真圖像的研究。70年代饒宗頤先生的《文選序"畫像則讚興"説》(《南洋大學文武叢刊》創刊號,李光前文物館印,1972年)及其《敦煌白畫》(法國遠東學院考古學刊,1978年)、《敦煌白畫導論》(氏著《畫䫉》,臺北時報文化出版公司,1993年)在學界頗有讚譽,其開敦煌人物寫真肖像畫研究之風,對敦煌畫像和邈真圖讚的討論,文書和白畫相結合,對探討敦煌畫像和敦煌遺書邈真讚二者的關係頗具啓發,其將敦煌石窟所見邈真讚畫像分佛像邈真、生前寫真、忌日畫施三類。關友惠《敦煌壁畫中的供養人畫像》(《敦煌研究》1989年3期)從宏觀視角著眼,對敦煌石窟供養人畫像的發展歷史、藝術表現形式及其特徵、審美觀念及其變化、在中國繪畫史上的地位等作了探討。段文傑先生《供養人畫像與石窟》(《敦煌研究》1995年3期)也對敦煌石窟供養人畫像有全面的考察。姜伯勤《敦煌的寫真邈真與肖像藝術》(氏著《敦煌藝術宗教與禮樂文明》,中國社會科學出版社,1996年)對敦煌白畫CH.0145從高僧寫真像的角度,並結合大量敦煌遺書邈真讚、歷史文獻及洞窟壁畫供養人畫像進行了探討,指出敦煌白畫中人物寫真畫的藝術成就和歷史價值,揭示出敦煌"邈影如生""邈影生同"的藝術原則、精神和追求,指出敦煌寺院所表現出來的真堂、影堂、寫真、邈真、圖真、彩真的風俗,尤其是邈生與生前寫真的實行,是造就當時人物畫高度發展的重要因素,而唐代士人畫家的參與寫真,提高了人物畫水準,是對敦煌人物寫真藝術成就的高度概括。

邈真讚與邈真圖像往往是結合在一起的,即所謂畫像題讚。上述饒宗頤先生文已提及。鄭炳林先生《敦煌碑銘讚及其有關問題》(氏著《敦煌碑銘讚輯釋》,甘肅教育出版社,1992年)及其《敦煌寫本邈真讚所見真堂及其相關問題研究——關於莫高窟供養人畫像研究之一》(《敦煌研究》2006年6期)、《敦煌寫本相書理論與敦煌石窟供養人畫像——關於敦煌莫高窟供養人像研究之二》(《敦煌學輯刊》2006年4期)等文中亦做了揭示,分別從敦煌真堂邈真畫像流行與相面術的獨特視角,對敦煌邈真讚真堂及供養人畫像問題多次進行探討,仔細區分了供養像與邈真像,發前人所未及。

突出的成果還有沙武田的一系列研究成果:《敦煌寫真邈真畫稿研究——兼論敦煌畫之寫真肖像藝術》(《敦煌學輯刊》2006年1期,另載氏著《敦煌畫稿研究》,民族出版社,2006年)首先對Stein painting163、P.4522v、P.2002v三份人物寫真白描畫作了説明,然後就藏經洞繪畫和敦煌石窟藝術中之寫真肖像藝術展開討論,表明在敦煌畫資料中寫真肖像藝術作品如同敦煌石窟藝術一樣,在幾千年的歷史長河中得到不斷發展,並形成了佛教石窟中有敦煌特色之人物肖像畫,最終確定了三份白描畫爲人物寫真邈真畫稿的性質。此外,還有對具體供養人像的探討,包括沙武田《吐蕃統治時期敦煌石窟供養人畫像考察》(《中國藏學》2003年2期)及其《莫高窟第231窟陰伯倫夫婦供養像解析》(《敦煌研究》2006年2期)、《莫高窟第138窟智惠性供養像及相關問題研究》(《敦煌學輯刊》2006年3期)、《敦煌石窟粟特九姓胡人供養像研究》(《敦煌學輯刊》2008年4期)、《莫高窟吐蕃期洞窟第359窟供養人畫像研究——兼談粟特人九姓胡人對吐蕃統治敦煌的態度》(《敦煌吐蕃統治時期石窟與藏傳佛教藝術研究》,甘肅教育出版社,2012年;以上多篇文章又收入氏著《吐蕃統治時期敦煌石窟研究》,中國社會科學出版社,2013年)、《敦煌石窟歸義軍曹氏供養人畫像與其族屬之判別》(《西部考古》6輯,2012年),以及沙武田、梁紅《敦煌石窟歸義軍首任都僧統洪辯供養像考——兼論中古佛教僧人生活中的隨侍現象》(《敦煌學輯刊》2016年2期)等。此外相關類似的具體對石窟供養人像的研究還有陳菊霞、張景峰、張先堂等人的成果。

　　張善慶《高僧寫真傳統鈎沉及相關問題研究》(《敦煌學輯刊》2006年3期)首先對和高僧寫真這一傳統有關的文獻、考古資料進行了梳理,其次對敦煌禪定高僧寫真所特有的形制規範的源頭和概況做了推論,最後論述了雙履圖在寫真形成過程中角色的轉變。馬德《敦煌絹畫上的"邈真"與"邈真讚"》(《轉型期的敦煌語言文學:紀念周紹良先生仙逝三週年學術研討會論文集》,甘肅人民出版社,2010年)向人們展示了敦煌絹畫中大量的供養人像(原題"邈真")和功德發願文(原題"邈真讚")這種畫讚結合的藝術形式。楊娜《吐蕃佔領敦煌時期邈真讚問題的探討——兼論唐代高僧寫真像》(《南京藝術學院學報》2011年2期)經過梳理並分析蕃佔敦煌時期的9篇邈真讚文,推知敦煌之像讚傳統來自中原,且在經歷吐蕃佔領之後仍有保存,進而對比同時期內地僧譜寫真體系,考證出吐蕃統治下的敦煌地區高僧寫真像讚從屬於僧官譜系,不以寺院祖師像爲主體。鄭弌《唐五代敦煌僧俗邈真圖像考釋》(中央美術學院碩士學位論文,2012年)、《從祭祀到紀功——唐五代敦煌"邈真"圖像的空間與禮儀》(《美術》2014年7期)從"邈真"概念的辨析入手,試圖界定唐五代時期敦煌繪塑系統中邈真圖像的確切範疇,並闡釋這一圖像在彼時特定時空下內含的禮儀功能,及其如何與石窟內的佛教尊像、經變畫、供養人像構成一個完整的儀式空間。此外,其《千秋瞻仰:高僧邈真數題》(《大匠之門11》,廣西美術出版社,2016年)也對高僧邈真做了解讀。陳明《敦煌莫高窟東壁門上供養像的圖像意義》(《敦煌研究》2016年6期)從敦煌當時流行邈真像的社會背景入手,結合佛窟在功能上向家廟(家祠)的轉化,參照佛窟與墓葬在形制上的淵源關係,從圖像位置、圖像功能及該圖像與整窟的關係等角度綜合探討莫高窟東壁門上此類供養像的"意義"。

以邈真讚説唱人物梁幸德入手,間接對敦煌曲所做的研究成果,較早的是饒宗頤、戴密微(Paul Demiéville)《敦煌曲》(法國國家科學研究中心,1971年),此外還有饒宗頤《敦煌琵琶譜史事的來龍去脈》(《音樂研究》1987年3期)及《再談梁幸德與敦煌琵琶譜》(氏著《敦煌琵琶譜》,新文豐出版公司,1990年),以及何昌林《敦煌琵琶譜之考、解、譯附〈敦煌琵琶譯譜〉》《〈敦煌琵琶譜之考、解、譯〉之補充》(《1983年全國敦煌學術討論會文集·石窟藝術編》(下),甘肅人民出版社,1985年)兩文。饒宗頤編《敦煌琵琶譜論文集》(新文豐出版公司,1991)收入了諸家的相關論説。對 P.3808v《敦煌琵琶譜》進行研究的學者大都主張其爲梁幸德等人所抄,鄭炳林先生《敦煌碑銘讚及其有關問題》(氏著《敦煌碑銘讚輯釋》,甘肅教育出版社,1992年)等文則認爲應當是負責音樂舞蹈的樂營使張元清所爲。

邈真讚與敦煌書法方面:饒宗頤《敦煌書法叢刊》(二玄社,1983—1985年)是最早對敦煌書法予以系統整理、介紹的著作,對敦煌書法乃至中國書法史研究影響深遠,其中收錄有邈真讚作品。陳琪《敦煌張氏書法人物輯考》(《敦煌學輯刊》2007年2期)通過對敦煌文獻中漢代到晚唐五代部分書法人物的考察,初步展現了敦煌書法人物及其書法形式,考證敦煌書法家如張芝、張越等對中國書法的影響。錢光勝《敦煌遺書與草聖張芝》《內蒙古農業大學學報》2006年1期)通過梳理敦煌遺書中有關張芝的記載,論述張芝墨池的所在以及張芝的籍貫、郡望、後裔和書論、相關詩作等。

通過以上回顧我們可以看出,近百餘年尤其是近幾十年來,儘管存在著這樣那樣的訛誤或不準確的觀點,但這些研究推動了學術研究的不斷向前發展,關於敦煌碑銘讚的研究仍取得了很大成就:首先,將散見於敦煌文書各卷中的唐五代時期的碑銘讚進行了全面系統的搜羅、拼接、定名、校錄、釋義,並考訂出讚主生平,釐清了人物關係。其次,對碑銘讚文書所反映的唐五代敦煌政治、氏族、石窟、佛教、民俗、語言、文學等諸多方面的情況,均做出一定的研究。另外,由上述回顧歸納,我們還可以看出,在對碑銘讚的整理和研究中湧現出一批優秀的學者如榮新江、鄭炳林等,以及業已在歸義軍史研究領域成長起來的馮培紅、楊寶玉等學者。學術機構方面敦煌研究院的學者群體以石窟考古爲主的研究,文獻方面則以鄭炳林先生爲代表的蘭州大學敦煌學研究所在近二三十年來所取得的成就尤值得稱道。但遺憾的是,目前的研究還是零散的,尚無一部較爲系統、全面的碑銘讚研究專著。隨著相關研究的深入推進,一部更加全面、精審的碑銘讚校錄整理也十分迫切。令人欣喜的是,鄭炳林《敦煌碑銘讚輯釋》修訂版時隔近三十年擬於近期出版,另有相關研究專著一部問世,即使這些研究不能面面俱到地將所有問題都囊括在內,但它的價值無疑是寶貴的,因此十分值得期待。

《絲綢之路研究集刊》創刊發行
楊冰華(陝西師範大學)

　　由陝西師範大學歷史文化學院與陝西歷史博物館聯合主辦,陝西師範大學沙武田教授主編,23 位國內外著名絲路研究專家學者擔任編委的大型學術年刊《絲綢之路研究集刊》第 1 輯 2017 年 5 月由商務印書館出版,正式向海內外發行。

　　《絲綢之路研究集刊》立足絲路起點長安,借學界之力,深入挖掘絲路歷史、地理、民族、宗教、考古、藝術等方面的"新材料""老問題",尤其關注絲綢之路考古、藝術、圖像的研究,倡導"以圖證史"的研究方法,試圖透過絲路上遺留下來的豐富的歷史文物,探索複雜、生動、有趣、鮮活的絲路文明史。

　　《絲綢之路研究集刊》採用 16 開大開本硬皮精裝,四色印刷,實行抽印本制(20 份)。

敦煌慕容氏家族研究綜述
周倩倩（蘭州大學）

敦煌慕容氏家族是晚唐五代活躍於敦煌政治舞臺的重要家族，長期擔任瓜州刺史等高官，並與當時的世家大族，尤其是與掌控歸義軍政權的曹氏家族多次聯姻。根據《册府元龜》等史籍及敦煌文書的記載，瓜州刺史慕容歸盈曾多次向當時的中原王朝遣使朝貢，其中有與沙州一起入貢的，也有單獨朝貢的，這一現象十分特殊。另外，在慕容氏家族供奉的榆林窟第12號洞窟中，繪有出行圖。整個敦煌石窟中目前發現的出行圖也不過幾幅，分別爲莫高窟第156窟張議潮夫婦出行圖、第100窟的曹議金夫婦出行圖以及第94窟張淮深夫婦出行圖。張議潮、曹議金都是以歸義軍節度使的身份繪製出行圖，而張淮深雖在開鑿第94窟時没有正式獲得朝廷賜授的旌節，但其在張議潮進京之後，負責處理歸義軍的事務，有節度留後的身份，近乎實際的歸義軍節度使。而慕容歸盈雖然在當時貴爲瓜州刺史，但依此在家窟中繪製出行圖，在歸義軍史上是一個特例。之後，慕容氏家族成員長期擔任重要官職。學界對此多有研究，並取得了一定的研究成果，既有對慕容氏家族族屬、世系的研究，又有對其具體家族成員的考證。以下僅就筆者搜羅所及，對前輩學者的研究作一概要述評。

一、關於敦煌慕容氏家族文獻資料方面的研究

對敦煌慕容氏家族的研究，主要集中在其族屬、慕容歸盈、瓜沙關係、吐谷渾人的分佈等方面。現將學界研究成果概述如下。

1. 有關慕容氏家族的族屬，學界大多認爲是吐谷渾王族慕容氏的後裔，或與之關係密切的望族。但對於敦煌慕容氏家族——這一支吐谷渾後裔是如何來到敦煌、如何在敦煌發展壯大的相關問題涉及不多。

1980年，土肥義和《歸義軍（唐後期‧五代‧宋初）時代》（《敦煌の歷史》講座敦煌2，株式會社大東出版社，1980年）在敍述曹氏與異民族的關係時，稱其與吐谷渾出身的瓜州刺史慕容氏之間進行通婚，認爲敦煌慕容氏是吐谷渾的後裔。並對8世紀末至11世紀初敦煌居民的姓氏進行了研究，其中慕容氏排在第65位，有22人。1988年，齊東方《敦煌文書及敦煌石窟題名中所見的吐谷渾餘部》（《敦煌吐魯番文獻研究論集》第2輯，北京大學出版社，1988

年)將吐谷渾滅國後,留在故地成爲吐蕃臣民的那部分吐谷渾人定義爲吐谷渾餘部。該著搜集了敦煌卷子、敦煌石窟題記和文獻中有關吐谷渾餘部的資料,認爲玄宗至唐末,吐谷渾餘部的足跡東起京畿、西至伊州、北到瓜沙、南臨松維的廣大區域,並對西北歷史上的一些重大事件發揮了一定的作用。其中還歸納了敦煌石窟供養人題名中的慕容氏,認爲他們無疑屬於吐谷渾餘部的後裔,題記反映了他們與當時的歸義軍統治者曹氏家族長期聯姻、關係密切,並且重修了第205、206窟,表明作爲吐谷渾餘部後裔的慕容氏,在五代、宋初的瓜、沙地區具有相當的勢力,在曹氏歸義軍政權中具有重要的地位。荒川正晴對墨離川、吐谷渾、瓜州進行了研究,其《唐代河西の吐谷渾と墨離》(《内陸アジア史研究》第3號,1986年)對沙、瓜二州南部的吐谷渾別部勢力進行了研究,認爲墨離川是他們的根據地,並指出墨離川在歷史地理上的重要性。其《唐の中央アジア支配と墨離の吐谷渾(下)——主に墨離軍の性格めをあぐつて》(《史滴》第10號,1989年)利用相關史籍、敦煌文書和供養人題記,對唐代支配期、歸義軍節度使時代的瓜州和墨離川進行研究,認爲慕容氏與吐谷渾王族關係密切,墨離軍是由吐谷渾部落所構成,這些都是慕容氏能夠擁有瓜州霸權的因素。同時,曹氏也需要通過姻親關係維持與慕容氏的良好關係。

2. 關於慕容歸盈的研究:慕容歸盈在曹氏歸義軍時期擔任過瓜州刺史一職,瓜州刺史相當於歸義軍節度副使,是整個曹氏統治時期唯一一個以異姓居此高位者,此外他還單獨或與曹氏一起派遣使者入貢中原,並在榆林窟第12窟繪製了具有典型意義的出行圖。這些都引起了學界對其的關注與研究,也發表了很多文章和成果。但學界對慕容歸盈與慕容中盈是否爲同一人,慕容歸盈是曹議金的女婿還是姐夫,當時的瓜沙關係或瓜州的獨立程度等問題存在爭議。

1914年,羅振玉《瓜沙曹氏年表》(《敦煌學文選》,1983年)詳細記載了慕容歸盈時瓜州的幾次遣使入貢中原,進貢的物品以及是否與沙州同來,還記有中原王朝對慕容歸盈的瓜州政權的回應,認爲"後唐時,(曹)議金雖帥歸義而瓜州刺史尚以他姓任之,至晉以後,則主二州者非曹氏之子姓矣"。1954年,Edwin G. Pulleyblank The Date of The Staël-Holstein Roll(*Asia Major*, New Series, Vol.4.1, 1954)一文,將于闐文部分中的五個人名中的最後一位考定爲慕容尚書,進而據史載認爲此慕容尚書是慕容歸盈。

瓜沙關係方面,哈密頓、黄盛璋認爲瓜州有很强的獨立性甚至完全獨立,而郭鋒對此有不同意見,並做出了相應的解釋。1955年,哈密頓《五代回鶻史料》(新疆人民出版社,1986年)通過對後唐文獻的研究,認爲歸義軍節度使和沙州刺史曹議金在當時似乎對瓜州已無任何權力了,瓜州刺史一職已爲另一家族所取代,完全獨立行使職權。另外,當時的漢文文獻在大多數情況下都是先記載瓜州使節而後記載沙州使節,而且"歸義軍節度使"一説已完全銷聲匿跡了。1984年,黄盛璋《〈鋼和泰藏卷〉與西北史地研究》(《新疆社會科學》1984年第2期)在蒲立本研究的基礎上,以此慕容尚書爲慕容歸盈來判定此卷的年代,並通過對第108窟供養人題記的研究,認爲慕容歸盈是曹議金的女婿,是吐谷渾王族留在河西的首領,所以擁有很大的獨立性。對此,郭鋒有不同觀點,並先後發表了兩篇文章:1989年,郭鋒《慕容歸盈與瓜沙曹氏》(《敦煌學輯刊》1989年第1期)重新勾索史料,得出慕容歸盈任職於公元914—919年之間,利用P.4783號文書將慕容歸盈的卒年確定爲公元940年。他對於慕容歸盈單獨遣使的解釋不同於黄盛璋。郭氏認爲,這是後唐擴充所統州數的政治需要以及慕容歸盈在歸義軍政權中的較高資歷所決定的。郭氏還利用敦煌文書來論證當時的瓜州仍在沙州的統治之下,只是對P.3281號的定年是值得商討的。此外,他還運用石窟、文獻等資料對慕容家族的姻親關係進行了梳理,認爲慕容歸盈爲曹議金的姐夫。1991年,郭氏另一文《略論慕容歸盈出任歸義軍瓜州刺史前的身世》(《敦煌研究》1991年第4期)著重考察了慕容歸盈出任歸義軍瓜州刺史前的身世,並得出了新的看法。他認爲慕容歸盈在加入曹氏政權以前,已是定居於沙州某鄉家境較富裕的編户居民,後因跟隨張承奉征戰回鶻立下軍功,遂由此發跡。通過敦煌文書的記載,他推導出慕容歸盈爲吐谷渾慕容氏的後裔,並約於唐僖宗中和五年(885)前不久遷居沙州。

3. 筆者認同學界的主流觀點,即敦煌慕容氏家族是吐谷渾王族慕容氏後裔或與吐谷渾關係密切。但對於敦煌慕容氏是如何來到敦煌,並且在此成長爲曹氏歸義軍時代數一數二的大族,20世紀70年代新疆吐魯番阿斯塔那墓出土了一組文書,其中有幾件關於吐谷渾歸朝的文書,爲我們解決這一問題提供了思路。

1983年,陳國燦《武周瓜、沙地區的吐谷渾歸朝事跡——對吐魯番墓葬新出敦煌軍事文書的探討》(《1983年全國敦煌學術討論會文集·文史遺書編》上册,甘肅人民出版社,1987年)一文,將吐魯番1972年出土的有關"豆盧軍"的軍務文書、日本藏的大谷文書中與此内容類似的文書與史籍中相關的記載相結合,進行了考察和探究,認爲這批文書反映的是聖曆二年七月間的一次投朝活動,對此瓜、沙等軍州在軍事上作了一系列緊張部署,文書中所言的"百姓可有十萬衆"恐是誇張之辭。文中對文書中提到的墨離川、空谷、懸泉、豆盧軍、墨離軍以及幾位軍將也進行了考察。1983年,齊東方《吐魯番阿斯塔那二二五號墓出土的部分文書的研究——兼論吐谷渾餘部》(《敦煌吐魯番文獻研究論集》第 2 輯,北京大學出版社,1983 年)對吐魯番阿斯塔那 225 號墓出土的第 25、38、33、28、26、29、27 號文書的年代、有關地理及内容進行了研究,認爲這是武則天晚期有關吐谷渾人降唐歸朝的官府文書,進而探討吐谷渾滅國後的去向,尤其是滅國後處於吐蕃統治下的吐谷渾人最後的去向,以及他們與吐蕃、唐朝的關係。1988 年,王素《吐魯番所出武周時期吐谷渾歸朝文書史實考證》(《文史》1988 年第 29 輯)詳細考證了 1972 年新疆吐魯番阿斯塔那 225 號墓出土的三件有關武周時期吐谷渾歸朝事跡的文書,並將這次歸朝事件發生的時間考定在武周久視元年(700)八月至久視二年(701)二月之間。文章結合《通典》《舊唐書》《册府元龜》等史籍的記載,認爲文書中由一可汗統治的吐谷渾百姓十萬衆,是慕容宣超"叛去"由靈州帶到吐谷渾復國的力量,但難逃吐蕃控制,纔有了這次吐谷渾歸朝事件。荒川正晴《唐の中央アジア支配と墨離の吐谷渾(上)——トウルアン・アスターナ出土の豆盧軍牒の檢討を中心として》(《史滴》第 9 號,1988 年)利用阿斯塔那新出的豆盧軍牒和大谷探險隊的相關文書,探討了唐代中央對地方的調配、吐谷渾歸降的過程等問題。

4. 與吐谷渾關係密切的敦煌慕容氏家族在曹氏統治敦煌時期崛起,成爲曹氏在政治上拉攏或依靠的對象,這絶不是偶然所致。探討吐蕃統治敦煌時期、張氏歸義軍時期、曹氏歸義軍時期的吐谷渾人分佈情況,有益於我們對這一問題的理解和解決,有學者已經注意到這一點。

2004 年,馮培紅《從敦煌文獻看歸義軍時代的吐谷渾人》(《蘭州大學學報(社會科學版)》2004 年第 1 期)將瓜、沙慕容氏的族屬斷定爲吐谷渾王族後裔,利用敦煌文獻與石窟題記,描繪出晚唐五代宋初吐谷渾人在河西以及西域東部地區的分佈輪廓,並對他們的職業特徵、與歸義軍政權的關係進行了考察,從而勾勒出以吐谷渾王族慕容氏爲中心的吐谷渾人勢力崛起的過程。2006 年,鄭炳林《晚唐五代河西地區的居民結構研究》(《蘭州大學學報(社會科學版)》2006 年第 2 期)通過對敦煌文獻的研究,認爲晚唐五代時期,除了漢族以外,吐谷渾人主要居住在瓜州地區,並且這一狀況起源於唐朝前期,尤其是唐高宗和武則天時期。2010 年,尹雁《唐五代敦煌地區的吐谷渾人和慕容家族》(《蘭州學刊》2010 年第 6 期)探討了唐五代時期敦煌地區吐谷渾人的分佈情況,認爲敦煌的慕容家族屬於吐谷渾王室後裔,通過石窟供養人資料,考證出其在曹氏歸義軍政權中佔有重要的職位,並通過與曹氏聯姻來鞏固和加強自己的政治地位和影響力,保持家族在敦煌吐谷渾人中的地位。同時,吐谷渾人也與其他民族不斷融合。

此外，陳菊霞還利用敦煌文書和石窟供養人題記，對慕容氏家族成員進行了考證。2007年，陳菊霞《再議P.5032(9)〈沙州闍梨保道致瓜州慕容郎阿姊書〉的定年及相關問題》(《敦煌研究》2007年第2期)將P.5032(9)的書寫年代定爲公元972年，並將卷子中的"長勝"考定爲慕容歸盈的孫女，進而認爲敦煌文書和石窟供養人題記中記載的慕容長永、長政、言長(長言)等都是慕容歸盈的孫輩或侄孫輩，進一步深化了對敦煌慕容氏家族的研究。孔令梅對慕容氏家族與佛教的關係作了論述。2008年，孔令梅《敦煌大族與佛教》(2008年蘭州大學博士研究生學位論文)介紹了敦煌慕容氏家族的發展史，認爲慕容氏家族是重要的佛教信徒，反映在對敦煌石窟的修建上，這和他們與崇信佛教的曹氏有密切聯繫是分不開的。通過對慕容氏所修造石窟的分析，作者發現慕容氏造窟主要重修前人洞窟，而且其佛教信仰活動更加世俗化和功利性。2010年，馮培紅、孔令梅《漢宋間敦煌家族史研究回顧與述評(下)》(《敦煌學輯刊》2010年第3期)一文，繼續肯定了敦煌慕容氏爲吐谷渾王族後裔，繼而概括了敦煌慕容家族的研究現狀。

二、敦煌慕容氏家族與敦煌石窟營建的研究

敦煌慕容氏家族具有敦煌大族的共通性，營建有家窟或參與營建石窟。所以留下了一些與其有關的洞窟，這也是敦煌慕容氏家族研究的重要組成部分。

1. 關於榆林窟第12窟的研究。圖版方面，敦煌研究院編《中國石窟·安西榆林窟》(文物出版社，1997年)有榆林窟第12窟的部分圖版並附有圖版説明，分別爲：第12窟東壁南側佛弟子、菩薩；第12窟北壁西側阿彌陀經變中舞樂；第12窟西壁北側普賢變；第12窟西壁北側慕容夫人曹氏出行圖(部分)；窟內整體圖。敦煌研究院主編《敦煌石窟全集》中，也有少數圖版，如文殊經變樂隊(《敦煌石窟全集·音樂畫卷》，本卷主編鄭汝中，商務印書館，2002年)，雲端化生童子樂舞(《敦煌石窟全集·舞蹈畫卷》，本卷主編王克芬，商務印書館，2001年)，榜題釋迦十聖之一、榜題脅侍菩薩衆(《敦煌石窟全集·尊像畫卷》，本卷主編羅華慶，商務印書館，2002年)。

對窟內題記的研究，1980年，蘇瑩輝《榆林窟壁畫供養者題名考略——瓜沙史事叢考之四》(收入《榆林窟研究論文集》，上海辭書出版社，2011年)對榆林窟中的供養人題名進行了考證，認爲榆林窟第12窟中門洞南壁第一身供養人"檢校司空慕容□□"，可能與同窟南壁下方的"知瓜州刺史"是同一個人。此文並通過分析曹氏供養人題記，認爲曹延鼐所嫁之人可能是慕容保實之子，而延鼐可能是慕容歸盈的孫媳婦。1982年，蘇氏另一文《莫高窟C.245

窟及榆林窟 C.6 窟慕容氏題名考——瓜沙史事叢考之五》（收入《榆林窟研究論文集》，上海辭書出版社，2011 年）將莫高窟 C.245（敦煌研究院編號莫第 256）及榆林窟 C.6（敦號榆第 12）中的慕容氏供養人題記放在一起，對其所對應的人物、題名、時代以及人物之間的關係進行比較考證，將研究進一步推進，認爲莫高窟第 256 窟壁畫供養者的時代要早於榆林窟第 12 窟，兩窟中的"瓜州刺史檢校司空"應爲同一人，並推證曹議金以前之瓜州刺史，晚唐以至五代初期已由慕容氏遞任，爲後輩學者研究敦煌慕容家族提供了新的思路。

對窟內出行圖的研究，有段文傑《榆林窟的壁畫藝術》（《中國石窟·安西榆林窟》，文物出版社，1997 年）對榆林窟第 12 窟的供養人題名進行了錄文，認爲施主慕容保實是歸盈的孫輩，窟內繪製的慕容歸盈夫婦出行圖是曹議金夫婦出行圖的縮小和簡化。陳明對此提出了不同的看法，其《慕容家族與慕容氏出行圖》（《敦煌研究》2006 年第 4 期）一文，認爲瓜沙慕容氏是唐滅吐谷渾之後流落到這一地區的吐谷渾餘部，族源可追溯到遼代鮮卑。陳氏並結合莫高窟、榆林窟有關題記資料及相關文獻對慕容家族的世系進行考證，提出了自己的看法。此外，該文著重對榆林窟第 12 窟的供養人進行稽考，認爲慕容氏之所以能夠在家窟中繪製出行圖與其自身的獨立性和與曹氏的多重聯姻關係有關。岩本篤志《榆林窟第 12 窟——慕容夫妻出行圖の解説》（松井太、荒川慎太郎編《敦煌石窟多言語資料集成》，東京外國語大學アジア・アフリカ言語文化研究所出版，2017 年）對榆林窟第 12 窟的慕容歸盈及其夫人曹氏的出行圖進行了解説，認爲慕容歸盈出身於與吐谷渾王族有關係的名族，率領由吐谷渾部落形成的墨離軍，並娶曹議金的姐姐第十一小娘子，也就是第 12 窟中"曾皇妣曹氏一心供養"的"曹氏"。

另外榆林窟第 12 窟中還有很多少數民族文字的題記，對此學者們也進行了很多研究，主要有史金波、白濱《莫高窟榆林窟西夏文題記研究》（《考古學報》1982 年第 3 期），哈斯額爾頓、嘎日迪、巴音巴特爾《安西榆林窟第 12 窟前室甬道北壁回鶻蒙文題記釋讀》（《敦煌研究》1990 年第 3 期），敦煌研究院考古研究所、內蒙古師範大學蒙文系《敦煌石窟回鶻蒙文題記考察報告》（《敦煌研究》1990 年第 4 期），哈斯額爾頓、巴音巴特爾、嘎日迪《榆林窟第 12 窟道爾吉題記釋讀》（《敦煌研究》1992 年第 2 期），哈密頓、楊富學、牛汝極《榆林窟回鶻文題記譯釋》（《敦煌研究》1998 年第 2 期），牛汝極《敦煌榆林千佛洞第 12 窟回鶻文題記》（《新疆大學學報》2002 年第 30 卷第 1 期），牟成娟《回鶻佛教功德思想管窺——以榆林窟回鶻文爲例》（《西南民族大學學報》2011 年第 11 期）。因內容與敦煌慕容氏家族研究無關，不再贅述。

2.對於與敦煌慕容氏有關的其他洞窟，如莫高窟第 256、53、61、98、108、

202、205、454等窟,榆林窟第25、33、35、36等窟的相關研究成果不少,特分述如下:

對莫高窟第205、256窟的研究,主要集中在洞窟的營建者、營建時間、重修等問題的討論上。賀世哲、孫修身《〈瓜沙曹氏年表補正〉之補正》(《西北師範大學學報》1980年第1期)認爲慕容歸盈是曹議金的女婿,並於五代時主持了莫高窟第205窟的重修。萬庚育《珍貴的歷史資料——莫高窟供養人畫像題記》(《敦煌莫高窟供養人題記》,文物出版社,1986年)稱慕容氏爲"清河郡慕容氏",認爲慕容歸盈娶的是曹議金第十六女(第98窟北壁第三身供養像題名),並重修了莫高窟第205窟,其孫慕容言長開建了第256窟,第454窟窟主爲曹延恭與"敕授清河郡夫人慕容氏"夫婦二人。賀世哲《從供養人題記看莫高窟部分洞窟的營建年代》(《敦煌莫高窟供養人題記》,文物出版社,1986年)認爲莫高窟第256窟是晚唐窟型,只是在宋代曹氏統治晚期經過慕容言長重修過。另此窟東壁北側第二身供養人像殘存題名"窟主墨鼇(離)諸軍事任瓜州……一心供養",據莫高窟第256窟和榆林窟第12窟的供養人題名,認爲瓜州慕容氏長期掌管墨離軍權,推斷第205窟的重修窟主應該是慕容氏。又據第98窟北壁女供養人題名,認爲曹議金的第十六女出適慕容氏,而第205窟重修的窟主稱曹延祿爲姪男,推斷重修第205窟的慕容氏就應當是曹議金的女婿,曹元深的妹夫或姊夫,重修時間大概和第256窟同時,在曹元深時期,即公元940—945年之間。該文並認爲第256窟的窟主是慕容言長,供養人題記中被言長尊稱爲"皇祖"的慕容中盈爲慕容歸盈的同輩。馬德《敦煌的世族與莫高窟》(《敦煌學輯刊》1995年第2期)探討了敦煌世族與莫高窟的營建,認爲敦煌慕容氏是唐前期歸附唐朝的吐谷渾的一部分,有較强的經濟實力,並迅速接受了先進的漢族文化,營造了莫高窟第256窟,其後又多次進行重修;後又協助曹延恭重修了莫高窟第454窟,並將其家族祖孫幾代的巨身供養像畫於該窟甬道北壁,同南壁的曹氏祖孫三代六任節度使的供養像並列起來,表現出一種欲與曹氏平分或爭奪天下的氣勢。段文傑在《榆林窟的壁畫藝術》一文中提到,莫高窟第256窟的慕容氏家族畫像是慕容歸盈、慕容貴隆、慕容延長、慕容長政四世同堂,瓜州慕容氏是吐谷渾滅國後流落到瓜、沙二州的"退渾十部落",已經是漢化的吐谷渾人。馬德《敦煌文書〈某使君造龕設齋贊文〉的有關問題》(《敦煌研究》1997年第2期)通過對敦煌文書P.3542《某使君造窟設無遮齋會贊文》内容及莫高窟第256、205、98窟,榆林窟第12窟供養人題記的研究,認爲莫高窟第256窟是慕容歸盈於928—931年間建成的,並在落成後舉辦"無遮大會"慶賀,而P.3542正是對這一活動的記錄;又根據莫高窟第256窟的建造年代、内容以及當時的政局,指出莫高窟第

256窟是由慕容歸盈開鑿、後由其孫延長重修的慕容氏家窟。王惠民《敦煌佛教與石窟營建》（甘肅教育出版社，2017年）認爲莫高窟第256窟、榆林窟第12窟可能建於曹元深在位時期（939—944）。根據莫高窟256窟内供養人題記，結合98、85窟的供養人題記，並認爲第256窟可能是曹元深的功德窟，S.4245可能是第256窟的建窟發願文。

對莫高窟第454窟的研究，主要是對甬道北壁供養人的身份以及繪製背景的討論。馬德《敦煌石窟營造史導論》（臺灣新文豐出版公司，2003年）認爲莫高窟第205窟是唐代前期開鑿的，主室西壁是吐蕃時期的繪畫，即《臘八燃燈分配窟龕名數》中的"刹心佛堂"。文中重申莫高窟第256窟是慕容歸盈於公元928—931年間營造的"慕容使君窟"，後慕容言長又進行了重修。曹延恭重修莫高窟第454窟，其重修時的財力、物力大概主要是依靠其妻慕容氏家族的資助，所以該窟甬道北壁是慕容氏群僚的供養像，給人以曹氏政權衰落而慕容氏勢力崛起的感覺。郭俊葉《敦煌莫高窟第454窟研究》（甘肅教育出版社，2016年）對第454窟甬道南、北壁供養人，窟主及其重修等問題進行了研究，認爲第454窟新發現的主室南壁東向第一位榜題爲"故譙郡夫人曹氏"，是曹議金出適慕容氏"第十六小娘子"的女兒，與莫高窟第342窟甬道北壁第一身題名爲"……母……太夫人譙郡□（曹氏）一心供養"的女供養人爲同一人，推測第342窟也有可能是慕容言長主持重修的。另外，郭氏對於甬道北壁的男供養人列的觀點與馬德相同，認爲是慕容氏供養像。並由兩條題記中都有"故祖……"，結合相關資料，認爲慕容中盈與慕容歸盈是兩個人。另第454窟甬道北壁繪製慕容氏供養像有更深的含義，即在於慕容氏可能替夫續修，其母家可能爲主要的參與者。

三、敦煌慕容氏家族研究的反思與展望

通過以上回顧可以看到，敦煌慕容氏家族研究成果豐碩：第一，解決了敦煌慕容氏家族的族屬問題，並且在慕容歸盈、瓜沙關係以及慕容氏家族與敦煌石窟等方面做了深入、細緻的研究。第二，對散見於敦煌文書以及敦煌石窟供養人題記的敦煌慕容氏家族的資料進行了搜集、整理。但對敦煌慕容氏家族仍有進一步研究的空間。

1. 敦煌慕容氏的族屬，前輩學者大多認爲是吐谷渾王族的後裔。但敦煌慕容氏這一支屬是如何來到敦煌，並在這裏發展起來，成爲當時顯赫一時的大族，這一過程還不甚詳盡，還需繼續搜羅有關慕容氏的多種材料，嘗試解決這一問題。

2. 對敦煌慕容氏家族的世系應該做一個詳細、系統的研究，目前除陳菊

霞的研究外都是較零星的考證,也沒有較爲確實的結論。關於慕容歸盈是曹議金的姐夫或女婿,關於慕容歸盈的子孫以及他們的婚姻關係的爭論,還需綜合史籍、敦煌文書、敦煌石窟供養人題記以及石窟内容對此加以釐清。

3. 慕容氏執政瓜州時期的瓜沙關係以及其與中原王朝的關係方面,慕容歸盈執掌瓜州時期,曾多次與沙州一起甚至獨立派遣使者入貢中原王朝,這一獨特現象在當時到底有什麼喻意,瓜州在慕容家族執掌時到底與沙州的關係如何,這都需要重新耙梳史料,力求進一步釐清。

4. 敦煌大族與敦煌石窟的營建關係密切,曹氏歸義軍時期更是如此。至於敦煌慕容氏家族爲何會營造石窟,可能出於對佛教的信仰,也有可能受到曹氏的影響,利用佛教和石窟來展示自己家族的威望和實力。這裏,因爲目前還沒有發現與慕容氏信仰佛教的有關資料,所以,敦煌慕容氏的石窟營造活動,在很大程度上可能是一種社會行爲。榆林窟第 12 窟、莫高窟第 256 窟是其家窟,其家族成員還在其他很多洞窟中留下了供養人題記,更有益於我們對敦煌慕容氏家族與石窟營造活動的研究,以及對兩者之間的關聯作進一步探討。

5. 對於敦煌慕容氏的研究,前輩學者多關注其族屬、瓜沙關係等方面,沒有系統地對其家族進行整體研究或與其他大族進行比較研究。對慕容氏家族進行綜合研究,有益於探討敦煌慕容家族的家族傳統等問題。

回顧以往的研究,我們發現對敦煌慕容氏家族的研究沒有像其他敦煌大族那樣,被廣泛關注、系統研究,這可能是由於留存下來的史料較少。但敦煌慕容氏家族作爲一個少數民族大族有其特殊性和代表性,對其進行研究於曹氏歸義軍史乃至整個歸義軍史意義重大。

敦煌五臺山文獻與圖像研究綜述

趙曉星（敦煌研究院）

五臺山，屬太行山脈的一支，位於今山西省東北部的五臺和繁峙兩縣境内，周圍五百餘里。五臺山被佛教徒認爲是文殊菩薩的道場，與普陀、峨眉、九華並稱爲中國四大佛教名山。西晉時期五臺山被傳爲仙者之都，北齊時期五臺山佛教興盛，唐代這裏被正式確定爲文殊菩薩的道場。五臺山信仰隨之在唐代的中原興起，並傳到了遠在河西的敦煌，在敦煌遺書和敦煌石窟中保存了大量的五臺山文獻和圖像。得益於這裏豐富的資料，關於敦煌五臺山信仰的研究，已成爲敦煌研究中的熱點問題，取得了大量的學術成果。本文擬對這些成果進行一次梳理，以期明晰敦煌五臺山研究的基本情況。

一、莫高窟第 61 窟文殊堂與五臺山圖的研究

有關敦煌五臺山圖資料的研究，最早受到學者關注的是莫高窟第 61 窟的巨幅五臺山圖，相關研究成果最多。起初是對莫高窟第 61 窟五臺山圖的整體性考察，同時對底本的創作與繪製年代進行了充分的討論。宿白《敦煌莫高窟中的"五臺山圖"》①對五臺山的興起和繁榮、五臺山圖的流行、莫高窟第 61 窟五臺山圖中的建築三個方面分别進行了論述，認爲此圖粉本的年代應與日僧圓仁巡行的時間接近，所繪内容爲會昌廢佛以前不久的五臺山面貌。日比野丈夫《敦煌の五臺山図について》②認爲此圖是一幅勝跡遊覽圖和靈異圖，描繪的是會昌滅法之後至 10 世紀晚期恢復之前的五臺山面貌，表明了 10 世紀末敦煌人對五臺山的關注程度。小山滿《敦煌第六一窟〈五臺山図〉に関する一考察》③通過對莫高窟第 61 窟五臺山圖中佛光寺與法華寺之間的八角堂的考察，結合日本法隆寺夢殿營建的相關歷史，認爲這座八角堂很可能是《廣清涼傳》所記載的神英和尚的法華院，依據《法華經》營建的法隆寺夢殿被滲入了五臺山信仰並與五臺山信仰聯繫起來。王進玉《敦煌壁畫中的〈五臺山圖〉》④認爲此五臺山圖由五代宋初的沙州畫師繪製，並簡述了 1920 年敦煌人

---

① 宿白《敦煌莫高窟中的"五臺山圖"》，《文物》1951 年第 2 卷第 5 期，第 49—71 頁。
② ［日］日比野丈夫《敦煌の五臺山図について》，《佛教藝術》1958 年第 34 號，第 75—86 頁。
③ ［日］小山滿《敦煌第六一窟〈五臺山図〉に関する一考察》，《創大アジア研究》1983 年總第 4 號，第 81—105 頁；袁林譯，《敦煌學輯刊》1990 年第 1 期，第 143—153 頁。
④ 王進玉《敦煌壁畫中的〈五臺山圖〉》，《五臺山研究》1987 年第 1 期，第 23—24 頁。

民保護此圖和解放前梁思成先生在敦煌考察此圖與之後在五臺山上發現大佛光寺的歷史。孫修身《莫高窟佛教史跡畫内容考釋(八)》①將莫高窟的五臺山圖分成三種類型,並重點考證了此窟五臺山圖的一些地名和典故,包括鎮州及其城西大悲閣、文殊菩薩化老人身、湖南送供使、大竹林寺、龍泉店和貧女庵,並認爲此圖粉本不會早於五代後晉天福十二年(947)。杜斗城《敦煌所見〈五臺山圖〉與〈五臺山贊〉》②提出了在當時有創見且有影響的兩個觀點:一是莫高窟第61窟是五臺山在敦煌的"縮寫",二是此窟五臺山圖應稱爲《五臺山化現圖》。孫果清《敦煌壁畫〈五臺山圖〉的初步研究》③認爲此圖帶有地圖的性質,以舊本爲底本在繪製時增加了新的内容,繪製時間約在五代後期的天福十二年(947)至顯德二年(955)之間。趙聲良《莫高窟第61窟五臺山圖研究》④首先分析了文殊信仰的興起與五臺山圖的繪製,重點考證了莫高窟第61窟五臺山圖中的地理、寺院和勝跡,認爲此幅五臺山圖的性質是化現圖,並分析了圖像的藝術特色。此文至今仍是對莫高窟第61窟五臺山圖研究最爲全面、最具有啓發性的成果。王靜芬《敦煌61窟〈五臺山圖〉的再討論》⑤以壁畫的宗教與圖像兩個功能作爲詮釋圖像的框架,從歷史背景、壁畫内容與佈局、符號與聯想、再現與史實、繪畫敍事、繪畫藝術的時空觀、意識形態與空間結構等方面,結合佛典資料對壁畫進行全方位考察,揭示壁畫形式與内容的關係,認爲該圖是一幅宗教全景圖,從整體上展現了文殊淨土的特異景象,表現了佛教形而上的空間構想,同時敍述五臺山的歷史、地理空間、文殊菩薩的教義以及信仰對於供養人的政治價值。肖雨(崔正森化名)《敦煌莫高窟第61窟中的〈五臺山圖〉研究》⑥對莫高窟第61窟的開鑿歷史進行了陳述,再次肯定了此窟鑿成於後晉天福十二年(947)、窟主爲歸義軍節度使曹元忠夫婦的觀點,認爲其中所繪的五臺山圖是以敦煌畫院的藝師爲主於後漢天福十二年(947)九月繪成。田萌《美國國會圖書館藏〈五臺山聖境全圖略述〉》⑦主要對美國國會圖書館收藏的清道光年間繪製的《五臺山聖境全圖》進行了介紹,並在文末將其與莫高窟第61窟的五臺山圖進行了比較,反映出五臺山圖在後期的發展狀況。

---

① 孫修身《莫高窟佛教史跡畫内容考釋(八)》,《敦煌研究》1988年第1期,第3—8頁。
② 杜斗城《敦煌所見〈五臺山圖〉與〈五臺山贊〉(摘要)》,《敦煌研究》1988年第2期,第52頁;全文刊發於《敦煌石窟研究國際討論會文集》,瀋陽:遼寧美術出版社,1990年。
③ 孫果清《敦煌壁畫〈五臺山圖〉的初步研究》,《五臺山研究》1989年第3期,第21—25頁。
④ 趙聲良《莫高窟第61窟五臺山圖研究》,《敦煌研究》1993年第4期,第89—107頁。
⑤ [美] Dorothy C. Wong, *A Reassessment of the Representation of Mt. Wutai from Dunhuang Cave 61*, the Archives of Asian Art, 1993;王靜芬著、冀培然譯《敦煌61窟〈五臺山圖〉的再討論》,蘇州大學非物質文化遺產研究中心《東吳文化遺產》(第5輯),上海:三聯書店,2015年,第135—164頁。
⑥ 肖雨《敦煌莫高窟第61窟中的〈五臺山圖〉研究》,《五臺山研究》2008年第4期,第46—54頁。
⑦ 田萌《美國國會圖書館藏〈五臺山聖境全圖略述〉》,《五臺山研究》2008年第2期,第31—33頁。

隨著研究的不斷深入，莫高窟第61窟五臺山圖的細節問題也越來越引起學界的關注，除了對畫面細節的解讀與考釋之外，還有不少學者通過這些細節推測此圖的創作年代。高啓安《莫高窟第61窟"五臺山靈口之店推磨圖"之我見》①通過對壁畫的細緻觀察，認爲此圖中的"推磨圖"應是"杠子壓面圖"，其底本雖是來自中原但卻是對敦煌日常飲食生活習俗的反映。任長義《莫高窟第61窟五臺山圖"靈口之店"性質再議》②針對前文提出了不同看法，再次肯定了靈口之店院中的畫面爲"推磨圖"，並認爲其爲歷史上存在過"左旋石磨"提供了重要的實證史料。馬德《敦煌〈五臺山圖〉中的道路交通簡論》③將莫高窟第61窟畫中所繪的出入五臺山的兩條綫路，與圓仁《入唐巡禮行記》和嚴耕望《唐代交通圖考》中的"五臺山進香道"相結合進行了考察，對所經的各處進行了一一説明，並對部分交通畫面進行了介紹，認爲此圖是一幅古代交通畫卷。孫繼民《莫高窟第61窟五臺山圖"永昌之縣"小議》④考證出了此圖中的"永昌之縣"即今河北行唐縣，進而推測出本窟建於公元947—948年間，並認爲在"河北道山門東南路"中永昌縣應位於龍泉店之前。党燕妮、王雅紅《莫高窟第61窟五臺山圖中幾則地名及其有關問題考》⑤考證了第61窟五臺山圖中河北道從鎮州到五臺山綫路的地名，確定了鎮州—柳泉店—永昌之縣—青陽嶺—龍泉店—河東道山門東南路—石嘴關鎮—石嘴關門的基本路綫，並推測出此圖的創作年代爲後晉天福十二年（947）正月至六月間。公維章《敦煌莫高窟第61窟〈五臺山圖〉的創作年代》⑥對《廣清涼傳》記載的後晉天福十二年楚王送供五臺山之事提出質疑，並由此判定以往根據本條史料考證的莫高窟第61窟"湖南送供使"畫面及壁畫創作時間並不可靠，並進一步對圖中"永昌之縣"的設置時間和第61窟的開窟時間等歷史資料進行分析，認爲本窟五臺山圖的創作年代爲943—947年之間的農曆四五月份。李新《敦煌石窟古代朝鮮半島資料研究》⑦梳理了莫高窟第61窟五臺山圖中"新羅王塔""新羅送供使""高麗王使""菩薩之庵"共四處與古代朝鮮半島有關的圖像，並考察了這些圖像形成的歷史背景，特別是通過新羅與高麗貢使同時

---

① 高啓安《莫高窟第61窟"五臺山靈口之店推磨圖"之我見》，《敦煌學輯刊》2002年第1期，第112—114頁。
② 任長義《莫高窟第61窟五臺山圖"靈口之店"性質再議》，《黑龍江社會科學》2006年第5期，第155—157頁。
③ 馬德《敦煌〈五臺山圖〉中的道路交通簡論》，段文傑、茂木雅博主編《敦煌學與中國史研究論集——紀念孫修身先生逝世一週年》，蘭州：甘肅人民出版社，2001年，第41—46頁。
④ 孫繼民《莫高窟第61窟五臺山圖"永昌之縣"小議》，《敦煌研究》2002年第5期，第13—14頁。
⑤ 党燕妮、王雅紅《莫高窟第61窟五臺山圖中幾則地名及其有關問題考》，《敦煌研究》2003年第2期，第17—19頁。
⑥ 公維章《敦煌莫高窟第61窟〈五臺山圖〉的創作年代》，《敦煌學輯刊》2010年第1期，第90—98頁。
⑦ 李新《敦煌石窟古代朝鮮半島資料研究——莫高窟第61窟〈五臺山圖〉古代朝鮮半島資料研究》，《敦煌研究》2013年第4期，第25—32頁。

出現的畫面推測出本圖底稿可能繪製於新羅亡國之前的後晉天福三年(938)之前。李偉《莫高窟 61 窟〈五臺山圖〉靈異瑞現研究》①將此圖中的 47 處靈異瑞現分成菩薩諸天赴會、文殊化現和靈異化現三類後分別加以考證,認爲這些內容是佛教在漢地傳播過程中與中國傳統祥瑞文化相互影響和吸收的結果。

之後關於莫高窟第 61 窟作爲文殊堂的功用與意義,以及此窟五臺山圖的讀法和語境也成爲研究的重要問題。沙武田、梁紅《莫高窟第 61 窟中心佛壇造像爲繪塑結合"新樣文殊變"試考》②對莫高窟第 61 窟中心佛壇缺失的彩塑像進行了嘗試性的復原,認爲原應爲包括文殊五尊在內的文殊組像,並與西壁的五臺山圖構成完整的五臺山文殊道場。鄒清泉《敦煌壁畫〈五臺山圖〉新考》③指出莫高窟第 61 窟五臺山圖"敘事性圖解"的特徵,認爲本圖的繪製是在曹元忠作爲"沙州留後"的特殊時期,由曹氏畫院運用"空間單元"圖式結構,對中唐《文殊變》中的五臺山圖進行重構後發展出來的宏大格局。張書彬《神聖導引與視覺朝聖》④認爲莫高窟第 61 窟五臺山圖運用特定的時空邏輯和視覺語言,通過形象的方式力圖真實地呈現五臺山文化景觀,爲觀者呈現感同身受的視覺朝聖之旅,滿足敦煌本地百姓朝聖五臺山的需求;同時認爲此圖作爲神聖導引圖像應歸入"神聖輿圖"之列,並認爲這是佛教在東亞範圍内的一種重要的視覺傳播模式。胡冰、陳培愛《敦煌壁畫〈五臺山圖〉中的社會廣告内容研究》⑤以莫高窟第 61 窟五臺山圖爲例,將其作爲佛教在中國傳播的"社會廣告"進行討論,其角度比較新穎,但文中在敦煌壁畫和佛教資料的運用上有一些問題。

二、敦煌五臺山文獻研究

隨著學界對莫高窟第 61 窟五臺山圖的持續關注,敦煌文獻中的五臺山資料也引起了學者們的注意。文獻方面,首先是對《五臺山行記》《五臺山贊》和《五臺山曲子》的整體性研究。杜斗城《關於敦煌本〈五臺山贊〉與〈五臺山曲子〉的創作年代問題》⑥通過對敦煌文獻《五臺山贊》和《五臺山曲子》中涉及

---

① 李偉《莫高窟 61 窟〈五臺山圖〉靈異瑞現研究》,西北師範大學碩士學位論文,2015 年。
② 沙武田、梁紅《莫高窟第 61 窟中心佛壇造像爲繪塑結合"新樣文殊變"試考》,雲岡石窟研究院編《2005 年雲岡國際學術研討會論文集·研究卷》,北京:文物出版社,2006 年,第 441—456 頁。
③ 鄒清泉《敦煌壁畫〈五臺山圖〉新考——以莫高窟第 61 窟爲中心》,《中國國家博物館館刊》2014 年第 2 期,第 77—93 頁。
④ 張書彬《神聖導引與視覺朝聖——敦煌莫高窟 61 窟〈五臺山圖〉的時空邏輯》,《新美術》2016 年第 12 期,第 42—51 頁。
⑤ 胡冰、陳培愛《敦煌壁畫〈五臺山圖〉中的社會廣告内容研究》,《廣告大觀》2012 年第 5 期,第 76—84 頁。
⑥ 杜斗城《關於敦煌本〈五臺山贊〉與〈五臺山曲子〉的創作年代問題》,《敦煌學輯刊》1987 年第 1 期,第 50—55 頁。

的典故及人物時代的分析，認爲這些作品的創作年代均應在中晚唐之後，而不是此前任二北先生認定的武后至玄宗朝之間。孫安邦《敦煌遺書中有關五臺山的資料》①將敦煌本《五臺山贊》分成了四種類型，並認爲敦煌《五臺山贊》和《五臺山曲子》的創作年代爲中晚唐以後，甚至晚到晚唐五代之際。李正宇《印度普化大師五臺山巡禮記》②主要對敦煌文獻 P.3931－4 進行了錄文，認爲其中巡禮五臺山的"普化大師"可能是後晉的室利縛羅，此文獻當是後唐明宗至後唐末帝（926—936）時期的作品，文獻中記錄了很多當時五臺山的狀況。杜斗城《敦煌五臺山文獻校錄研究》③一書對敦煌五臺山文獻進行了全面的整理研究，全書分爲上、下兩編。上編以敦煌文獻《五臺山贊》和《五臺山曲子》爲中心，不僅對文獻進行了全面的校錄、分析與研究，還進一步聯繫敦煌《五臺山圖》及遼朝、新羅和日本的五臺山信仰進行討論。下編以《往五臺山行記》爲中心，對文獻中涉及的地理勝跡資料均有深入的研究。本書附錄部分還匯總了敦煌文獻中絕大多數與五臺山相關的資料，及"往五臺山僧人錄"。所以，本書至今仍是敦煌五臺山信仰研究的首選參考書。

在整體性考察之後，文獻中的細節考證也越來越深入。李麗《敦煌本〈往五臺山行記〉中的"王侍中"及其有關問題考》④考證出敦煌文獻 P.4648《往五臺山行記》中的"王侍中"爲五代時期的"王建立"，進而推斷出本件文獻寫於後唐天成五年（930）至後晉天福十二年（947）之間。鄭炳林、徐曉麗《敦煌寫本 P.3973〈往五臺山行記〉殘卷研究》⑤通過對敦煌文獻 P.3973《往五臺山行記》的分析，認爲其透露了在敦煌和中原之間存在一條交通北路，並反映出晚唐五代時期敦煌僧人頻繁巡禮五臺山的歷史事實。鄭炳林、陳雙印《敦煌寫本〈諸山聖跡志〉撰寫人與敦煌僧人的中原巡禮》⑥認爲敦煌文獻《諸山聖跡志》和 P.3973《往五臺山行記》的作者非同一人，《諸山聖跡志》的作者可能爲敦煌僧人范海印。陳雙印《敦煌寫本〈諸山聖跡志〉校釋與研究》⑦在對包含大量五臺山信息的《諸山聖跡志》寫本進行校釋的基礎上，於研究部分討論了《諸山聖跡志》與敦煌《往五臺山行記》之間的關係，及五臺山文殊信仰的興起對太原和河北兩地佛教傳播的推動作用。

同時，《五臺山贊》和《五臺山曲子》的專題研究也更加深入。茨默《三件

---

① 孫安邦《敦煌遺書中有關五臺山的資料》，《五臺山研究》1988 年第 3 期，第 20—25、6 頁。
② 李正宇《印度普化大師五臺山巡禮記》，《五臺山研究》1990 年第 1 期，第 32—33 頁。
③ 杜斗城《敦煌五臺山文獻校錄研究》，太原：山西人民出版社，1991 年。
④ 李麗《敦煌本〈往五臺山行記〉中的"王侍中"及其有關問題考》，《敦煌學輯刊》2000 年第 1 期，第 35—38 頁。
⑤ 鄭炳林、徐曉麗《敦煌寫本 P.3973〈往五臺山行記〉殘卷研究》，《敦煌學輯刊》2002 年第 1 期，第 1—12 頁。
⑥ 鄭炳林、陳雙印《敦煌寫本〈諸山聖跡志〉撰寫人與敦煌僧人的中原巡禮》，鄭炳林主編《敦煌歸義軍史專題研究三編》，蘭州：甘肅文化出版社，2005 年，第 177—194 頁。
⑦ 陳雙印《敦煌寫本〈諸山聖跡志〉校釋與研究》，蘭州大學博士學位論文，2007 年。

古突厥語〈五臺山贊〉殘片》①對德國柏林勃蘭登堡科學院收藏的三件吐魯番回鶻文《五臺山贊》(CH/U6956、U5684、U5335)進行了考釋,並認爲其文本來自敦煌,顯示了吐魯番與敦煌在佛教信仰方面的緊密聯繫。楊富學、張艷《回鶻文〈五臺山贊〉及相關問題考釋》②同樣對前述三件回鶻文《五臺山贊》進行了研究,同時對回鶻的五臺山信仰進行了梳理。卡特里《金色世界:敦煌寫本〈五臺山聖境贊〉研究》③對敦煌文獻 P.4617 玄本《五臺山聖境贊》中的 11 首詩一一做了分析,並認爲該詩打破了俗詩和雅詩的界限,突出了文殊菩薩顯靈和道場觀兩大主題,同時反映了佛教的中國化特徵。卡特里《五臺山的五色雲——來自敦煌的詩歌》④對敦煌五臺山詩歌進行了詳細的分析,認爲它們反映了唐五代時期五臺山向文殊菩薩道場的轉變,展示了這座山是如何成爲一個神聖的佛教空間,爲中國佛教的發展提供了重要的文學證據。湯君《敦煌〈蘇幕遮·五臺曲子〉試考》⑤對敦煌文獻《蘇幕遮·五臺曲子》進行了深入的分析,認爲敦煌的《五臺山曲子》屬於律詞,否定了以往學者將其定爲大曲或法曲的觀點,並認爲《五臺山曲子》最初的創作應與武則天時期推崇五臺山信仰的歷史背景有關。喻忠傑《敦煌大曲中與戲劇相關曲辭考述》⑥對敦煌文獻所見的四套與戲劇有關的大曲進行了逐一分析,認爲《蘇莫遮五臺山曲子》在演唱過程中具有相應的既定調式,並配有伴唱的舞蹈,這些大曲具備歌舞戲的基本要素,應該屬於唐代早期歌舞戲表演時的劇曲。

三、敦煌五臺山圖像的歷史考察

隨著相關研究的推進,學者們逐漸認識到敦煌保存的五臺山資料實際上非常豐富,文獻不僅限於贊、曲子和行記,圖像也不僅限於莫高窟第 61 窟壁畫。王進玉《敦煌文物中的五臺山資料》⑦從遺書資料和石窟藝術兩個方面,較爲全面又十分簡要地介紹了敦煌保存的與五臺山相關的文獻與圖像資料。

---

① [德] Zieme Peter《Three Old Turkic 五臺山讚 Wutaishanzan fragments》,《内陸アジア言語の研究》,2002年,第223—239頁;茨默著,楊富學、熊一瑋譯《三件古突厥語〈五臺山贊〉殘片》,《吐魯番學研究》2016年第1期,第122—131頁。
② 楊富學、張艷《回鶻文〈五臺山贊〉及相關問題考釋》,《五臺山研究》2014年第4期,第50—56頁,本文主要觀點亦見於張艷《回鶻五臺山信仰研究》第三章(西北師範大學碩士學位論文,2015年)。
③ [美] 卡特里著,楊富學、張艷譯《金色世界:敦煌寫本〈五臺山聖境贊〉研究》,《五臺山研究》2014年第1期,第11—20頁;原文見於美國唐史學會會刊《唐學報(T'ang Studies)》第23—24卷合刊,2005—2006年,第1—45頁。
④ [美] Mary Anne Cartelli, *The Five-Colored Clouds of Mount Wutai: Poem from Dunhuang*, Brill, 2013.
⑤ 湯君《敦煌〈蘇幕遮·五臺曲子〉試考》,《第三屆中國俗文化國際學術研討會暨項楚教授七十華誕學術討論會論文集》,四川成都,2009年,第189—205頁。
⑥ 喻忠傑《敦煌大典中與戲劇相關曲辭考述》,《河西學院學報》2014年第4期,第35—41頁。
⑦ 王進玉《敦煌文物中的五臺山資料》,《五臺山研究》1991年第3期,第25—30頁。

杜斗城《敦煌石窟中的五臺山史料》①也對這些資料進行了概述,兩者可以互爲補充。

敦煌最早的五臺山圖出現於中唐,即吐蕃統治敦煌時期,中唐五臺山圖也成爲敦煌五臺山信仰的一個研究熱點。扎洛《吐蕃求〈五臺山圖〉史事雜考》②對《五臺山圖》傳入吐蕃的歷史進行了梳理,其中利用了敦煌莫高窟中唐第159、222、237、361窟的五臺山屏風畫資料,推測這些五臺山圖出於同一底本,並與會賾所繪"五臺山小帳"有一定的淵源關係。張惠明《敦煌〈五臺山化現圖〉早期底本的圖像及其來源》③通過對莫高窟中唐五臺山圖和河北正定開元寺三門石刻的考察,總結出早期五臺山化現圖的基本樣式,並認爲騎獅文殊像是在唐景雲年間纔成爲五臺山寺院崇拜的主要對象,同時還對這一形象與粟特藝術之間的關係進行了探討。張惠明《九世紀的敦煌五臺山化現圖:底本的來源和傳播》④分別從莫高窟中唐四個洞窟(159、222、237、361)的五臺山化現圖、龍朔年間(661—663)記載五臺山化現圖的文獻、唐代的五臺山小帳與畫障、五臺山化現圖底本的傳播四個方面進行了論述,梳理了五臺山化現圖形成和傳播的歷史,其中對小帳和畫障的分析特別值得注意。郭祐孟《敦煌莫高窟361窟之研究》⑤圍繞莫高窟中唐第361窟的五臺山圖,梳理了五臺山信仰興起的宗教背景與本窟五臺山圖像的特點,率先推測出其中僧人與老人互動的畫面可能爲佛陀波利見文殊老人。劉禮紅《敦煌莫高窟中唐時期的五臺山圖》⑥以莫高窟第159窟五臺山圖爲出發點,認爲此圖表現了唐代梵僧釋迦密多羅巡禮五臺山的事跡,並將從唐至清的五臺山圖分成"游敍""四方五位""符號""自然山水"共四種模式,關注到五臺山圖底本的形成與五臺山聖化之間的關係,其中很多新觀點對五臺山圖像的研究都很有啓發性。王中旭《吐蕃時期敦煌〈五臺山化現圖〉與五臺山信仰》⑦以中唐時期敦煌的五臺山圖和五臺山信仰爲中心,認爲中唐敦煌五臺山化現圖的出現與長慶四年(824)吐蕃遣使求五臺山圖直接相關,進一步論述了當時的五臺山信仰體現了唐代官方國家信仰的特色,並認爲敦煌人陷蕃後仍以唐朝爲正統的

---

① 杜斗城《敦煌石窟中的五臺山史料》,《忻州師範學院學報》2004年第6期,第6—7、10頁。
② 扎洛《吐蕃求〈五臺山圖〉史事雜考》,《民族研究》1998年第1期,第95—101頁。
③ 張惠明《敦煌〈五臺山化現圖〉早期底本的圖像及其來源》,《敦煌研究》2000年第4期,第1—9頁。
④ Zhang Huiming, les representations des apparitions du mont Wutai de Dunhuang au 9e siècle: origine et diffusion des prototypes, Written Monuments of The Orient, 2008.2(9), pp.131–146.
⑤ 郭祐孟《敦煌莫高窟361窟之研究》,《圓光佛學學報》2009年總第15期,第143—173頁。
⑥ 劉禮紅《敦煌莫高窟中唐時期的五臺山圖》,丁寧、李淞主編《在北大讀藝術學——北京大學藝術學院碩士論文精選(美術學卷)》,西安:陝西師範大學出版社,2010年,第32—63頁。
⑦ 王中旭《吐蕃時期敦煌〈五臺山化現圖〉與五臺山信仰》,《美術研究》2009年第3期,第53—60頁;本文爲作者博士論文《陰嘉政窟——禮俗、法事與家窟藝術》(中央美術學院博士學位論文,2009年)的第二章,亦收於專著《陰嘉政窟:敦煌吐蕃時期的家窟藝術與望族信仰》(北京,民族出版社,2014年)。

情結是中唐敦煌五臺山圖流行的重要原因。趙曉星《吐蕃統治時期傳入敦煌的中土圖像——以五臺山圖爲例》①整理了吐蕃統治時期從第 222 窟到第 159、237 窟至第 361 窟四處五臺山圖的特徵與發展綫索,考察了中唐敦煌五臺山圖的底本來源與傳入路綫,以及五臺山信仰中的密教性質,最後對中唐以後敦煌五臺山圖的情况作了簡要的梳理。趙曉星《莫高窟第 361 窟的文殊顯現與五臺山圖》②對莫高窟中唐第 361 窟的兩扇五臺山圖屏風畫進行拼合後做了詳細考釋,通過現存題記確定了五臺圖中的主要情節,認爲這幅五臺山圖的底本可能屬於長慶二年吐蕃遣使於唐求回、並經吐蕃改造後再傳入敦煌的五臺山圖。

與此同時,敦煌普賢變背景中的山水被認爲是峨眉山的觀點也受到質疑,並引起熱烈討論。王中旭《吐蕃時期敦煌〈普賢行願、化現圖〉研究》《敦煌吐蕃晚期〈普賢行願圖〉、〈普賢並萬菩薩化現圖〉與相關問題研究》③,考證出莫高窟中唐第 237 窟和第 159 窟普賢變下方屏風畫爲《普賢行願圖》,指出莫高窟第 361 窟和第 144 窟的《普賢並萬菩薩化現圖》的背景山水不是峨眉山,並探討了普賢信仰與五臺山信仰之間的關係,以及禮懺佛事對普賢像流行所起到的推動作用。趙曉星《莫高窟第 361 窟的普賢顯現與聖跡圖》④對莫高窟第 361、144 等窟進行了實地考察,認爲莫高窟第 361 窟普賢顯現的聖跡山水爲創作期的作品,而第 144 窟的可以確定爲"五臺山",這種情况實際上反映了當時普賢菩薩道場尚未形成統一觀念的歷史背景,並通過對敦煌同類題材的梳理後認爲莫高窟普賢變的背景始終是五臺山,而從未出現過峨眉山。陳粟裕《五臺山與牛頭山》⑤在充分考察榆林窟第 32 窟東壁的文殊變和普賢變的基礎上,結合晚唐至宋初社會各界關於文殊和普賢菩薩住地的討論,認爲作爲西域佛教聖地于闐牛頭山也曾加入到普賢住地的爭奪中,揭示出當時對佛教聖地信仰的注重和各地間對此的爭論。

關於中唐敦煌五臺山圖的討論,也帶動了對莫高窟第 61 窟之外敦煌其他

---

① 趙曉星《吐蕃統治時期傳入敦煌的中土圖像——以五臺山圖爲例》,《文藝研究》2010 年第 5 期,第 119—127 頁。
② 趙曉星《莫高窟第 361 窟的文殊顯現與五臺山圖——莫高窟第 361 窟研究之二》,《五臺山研究》2010 年第 4 期,第 36—47 頁。
③ 王中旭《吐蕃時期敦煌〈普賢行願、化現圖〉研究》,鄭炳林主編《2009 年全國博士生學術論壇(傳承與發展——百年敦煌學史)論文集》,西安:三秦出版社,第 543—550 頁;《敦煌吐蕃晚期〈普賢行願圖〉、〈普賢並萬菩薩化現圖〉與相關問題研究》,《中國國家博物館館刊》2013 年第 10 期,第 101—112 頁。
④ 趙曉星《莫高窟第 361 窟的普賢顯現與聖跡圖——莫高窟第 361 窟研究之五》,中央文史研究館、敦煌研究院、香港大學饒宗頤學術館編《慶賀饒宗頤先生九十五華誕敦煌學國際學術研討會論文集》,北京:中華書局,2012 年,第 168—180 頁。
⑤ 陳粟裕《五臺山與牛頭山——榆林 32 窟〈文殊、普賢並侍從圖〉與菩薩住地的討論》,《美術研究》2013 年第 3 期,第 24—32,41 頁。

五臺山圖的研究熱潮。張惠明《關於聖彼德堡和巴黎分藏的兩幅五臺山文殊圖》[①]分別討論了收藏於俄羅斯艾爾米塔什博物館東方部的吐魯番壁畫TY－776和法國吉美博物館敦煌絹畫EO.3588的兩幅五臺山圖,認爲公元10世紀以後五臺山文殊信仰的繪製在圖像上已經發生了很大變化,其與7—9世紀中原地區流行的"太原本"五臺山化現圖已明顯不同。張南南《ギメ東洋美術館所藏〈五臺山文殊菩薩化現図〉について》[②]對法國吉美博物館收藏的EO.3588《五臺山文殊菩薩化現圖》進行了詳細的考證。許棟《論早期五臺山圖的底本來源》[③]通過對敦煌各時期五臺山圖的分析,認爲五臺山圖的産生與唐初祥瑞思想的盛行有著密切的關係,早期五臺山圖的底本來源是用於向武則天奏聞五臺山佳祥靈瑞的祥瑞圖,因此五臺山圖在某種程度上可以被看作是一種佛教類祥瑞圖。趙曉星《西夏時期的敦煌五臺山圖》[④]通過對敦煌西夏五臺山圖的分析,認爲這一時期敦煌五臺山圖開創了與五代宋時期不同的新傳統,西夏在賀蘭山中修建的"北五臺山"內容也傳到敦煌,並與敦煌的五臺山信仰相互影響。林偉正《乘雲文殊與流動的五臺山:敦煌石窟中所見的西夏五臺山信仰》[⑤]認爲,西夏本土五臺山的建立影響到了西夏五臺山圖的內容,並形成了觀想儀式性的新五臺山圖像,而五臺山信仰傳播的歷史也應被視爲一段五臺山與五臺山圖兩者之間互動的歷史。趙曉星《敦煌五臺山圖像的歷史》[⑥]對敦煌現存的20餘處五臺山圖像進行了全面梳理,將敦煌五臺山圖像的發展演變分成萌芽、形成、成熟、劇變四個歷史時期,總結出敦煌五臺山圖像發展的基本綫索。此外,張惠明《俄藏柏孜克里克石窟的一幅高昌回鶻時期的五臺山文殊圖壁畫研究》[⑦]對俄羅斯艾爾米塔什博物館東方部的吐魯番壁畫TY－776進行了詳細的考證與分析,認爲其作爲現存於高昌回鶻時期唯一的、最重要的作品,成爲中國内

[①] 張惠明《關於聖彼德堡和巴黎分藏的兩幅五臺山文殊圖——公元10至11世紀敦煌吐魯番五臺山文殊信仰的繪畫在圖像上的演變》,《2000年敦煌學國際學術討論會論文提要集》,敦煌:敦煌研究院編印,2000年,第31頁。

[②] 張南南《ギメ東洋美術館所藏〈五臺山文殊菩薩化現図〉について》,《京都美學美術史學》(岩城見一教授退職記念號)2006年第5期,第69—101頁;譯文《〈五臺山文殊菩薩化現圖〉簡釋》,中國美術研究年度報告編委會《中國美術研究年度報告2010》,北京:人民美術出版社,2011年,第26—37頁。

[③] 許棟《論早期五臺山圖的底本來源——以敦煌壁畫中的五臺山圖爲中心》,《社會科學戰綫》2013年第1期,第149—154頁。

[④] 趙曉星《西夏時期的敦煌五臺山圖——敦煌五臺山信仰研究之一》,杜建錄主編《西夏學》(第11輯),上海:上海古籍出版社,2015年,第228—234頁。

[⑤] 林偉正《乘雲文殊與流動的五臺山:敦煌石窟中所見的西夏五臺山信仰》,釋妙江主編《一山而五頂——多學科、跨方域、超文化視野下的五臺山信仰研究》,臺北:新文豐出版公司,2017年,第551—576頁。

[⑥] 趙曉星《敦煌五臺山圖像的歷史》,敦煌研究院、中國敦煌吐魯番學會聯合主辦"2015敦煌論壇:敦煌與中外關係國際學術研討會",甘肅·敦煌,2015年8月。

[⑦] 張惠明《俄藏柏孜克里克石窟的一幅高昌回鶻時期的五臺山文殊圖壁畫研究》,《敦煌吐魯番研究》第15卷,上海:上海古籍出版社,2015年,第157—179頁。

地五臺山文殊信仰向西流傳的一個重要的圖像例證。張惠明《西元七世紀中至八世紀末〈五臺山圖〉及其化現圖像研究》①利用傳世史料與敦煌圖像資料,對正定開元寺三門石刻《五臺山圖》進行了嘗試性的復原,認爲此石刻圖與莫高窟第222窟《五臺山圖》反映出8世紀末以前早期《五臺山圖》的基本面貌,顯示了西元7世紀佛教祥瑞感應思想對早期《五臺山圖》的影響。

四、敦煌五臺山文殊信仰的專題研究

因爲五臺山信仰和文殊信仰具有密不可分的關係,所以敦煌五臺山文殊信仰的專題研究亦有不少成果。党燕妮《五臺山文殊信仰及其在敦煌的流傳》②以文殊信仰爲中心,對敦煌的五臺山文獻、五臺山和文殊圖像進行了一次梳理,較之以往研究增加了木刻像和刻本資料,作者認爲晚唐五代時期是敦煌五臺山信仰的極盛時期。馮永昌《敦煌與五臺山》《由文殊信仰互動看佛教中國化進程》③兩文以敦煌高僧竺法護譯經爲出發點,認爲中國的文殊信仰緣起於敦煌,之後陳述了文殊信仰在五臺山的興起及再傳敦煌的歷史事實,指出文殊信仰在敦煌與五臺山之間的互動體現了佛教中國化的過程與特點。公維章《西夏時期敦煌的五臺山文殊信仰》④通過梳理敦煌流行的《華嚴經》、文殊普賢變和與西夏有關的文字資料,比較深入地挖掘出西夏時期敦煌五臺山文殊信仰的歷史,並認爲建於五代的莫高窟第61窟在西夏時期仍舊發揮作用,吸引西夏京畿地區的僧人前來交流學習。張惠明《中古中國文殊五臺山圖像學:根據公元七至十世紀的敦煌繪畫資料的研究》⑤以敦煌的繪畫圖像爲基本資料,結合大量的文本資料,對中古時期文殊菩薩和五臺山圖像在中國的出現、發展和演變的歷史作了廣泛而深入的探討。趙慧、許棟《鎮國與消災:曹氏歸義軍時期敦煌地區的五臺山文殊信仰研究》⑥認爲在曹氏歸義軍與中原交往的恢復和發展的背景下,敦煌五臺山文殊信仰盛行,並提出此時信仰具有庶民性、政治性和民族性三個特點,而鎮國消災越來越成爲文殊信

---

① 張惠明《西元七世紀中至八世紀末〈五臺山圖〉及其化現圖像研究》,釋妙江主編《一山而五頂——多學科、跨方域、超文化視野下的五臺山信仰研究》,臺北:新文豐出版公司,2017年,第515—550頁。
② 党燕妮《五臺山文殊信仰及其在敦煌的流傳》,《敦煌學輯刊》2004年第1期,第83—91頁;此文以《晚唐五代敦煌地區的五臺山信仰》收入鄭炳林主編《敦煌歸義軍史專題研究三編》(蘭州:甘肅文化出版社,2005年),也是她博士論文《晚唐五代宋初敦煌民間信仰研究》(蘭州大學博士學位論文,2009年)的第四章。
③ 馮永昌《敦煌與五臺山——文殊信仰的互動》,《五臺山研究》2008年第2期,第34—38頁;《由文殊信仰互動看佛教中國化進程》,《忻州師範學院學報》2008年第6期,第70—72頁。
④ 公維章《西夏時期敦煌的五臺山文殊信仰》,《泰山學院學報》2009年第2期,第14—21頁。
⑤ 張惠明《中古中國文殊五臺山圖像學:根據公元七至十世紀的敦煌繪畫資料的研究》,上海:上海古籍出版社,2018年。
⑥ 趙慧、許棟《鎮國與消災:曹氏歸義軍時期敦煌地區的五臺山文殊信仰研究》,《五臺山研究》2016年第4期,第26—32頁。

仰的重要内容。

五、新樣文殊與盛唐佛頂尊勝陀羅尼經變研究

　　由於新樣文殊與五臺山之間存在淵源，並有不少學者認爲新樣文殊係從五臺山傳入敦煌，因此敦煌新樣文殊圖像的研究也反映出五臺山信仰的一些情况。敦煌文物研究所《莫高窟第220窟新發現的複壁壁畫》[1]公佈了莫高窟第220窟甬道新發現的"新樣文殊"，並提出新樣文殊的主要標誌是牽獅者由原來的昆侖奴變成于闐王，認爲此圖樣可能係從于闐傳到敦煌。榮新江《從敦煌的五臺山繪畫和文獻看五代宋初中原與河西于闐的文化交流》[2]和《敦煌文獻和繪畫反映的五代宋初中原與西北地方的文化交往》[3]兩文通過對敦煌壁畫、白描畫、版畫和文獻的考察，認爲新樣文殊是從中原傳來，並重點討論了後唐莊宗時期敦煌、中原和于闐三地在五臺山信仰上的交流。孫修身《中國新樣文殊與日本文殊三尊五尊像之比較研究》[4]雖然是對中日新樣文殊進行比較，但其中對敦煌新樣文殊的出現、配置、人物特點及與五臺山信仰之間的關係都有重要的論述。沙武田《敦煌 P.4049"新樣文殊"畫稿及相關問題研究》[5]以敦煌白描畫 P.4049 爲中心，指出新樣文殊繪製的依據是將文殊化身貧女故事和佛陀波利見文殊老人的故事相結合，同時探討了"新樣文殊"畫稿與壁畫、絹畫、版畫的關係，肯定了"新樣文殊"底本來源於中原的觀點，但認爲其在敦煌的興起與公元10世紀于闐和沙州曹氏歸義軍政權的交往密切相關。孫曉崗《文殊菩薩圖像學研究》[6]對敦煌的新樣文殊和五臺山圖都進行了詳細的梳理，並認爲"新樣騎獅文殊"是騎獅文殊及眷屬以五臺山靈異、化現爲背景組合而成的五臺山文殊化現圖，屬於佛教藝術中的聖跡故事畫或説話圖。陳粟裕《"新樣文殊"中的于闐王形象研究》[7]認爲莫高窟第220窟新樣文殊中于闐王牽獅的形象在一定程度上借鑒了胡王朝貢的圖像，而于闐王和文殊菩薩的配置方式與《華嚴經》的流行及五臺山信仰有著密不可分的關係。

---

[1] 敦煌文物研究所《莫高窟第220窟新發現的複壁壁畫》，《文物》1978年第12期，第41—46頁。
[2] 榮新江《從敦煌的五臺山繪畫和文獻看五代宋初中原與河西于闐的文化交流》，《文博》1987年第4期，第68—75頁。
[3] 榮新江《敦煌文獻和繪畫反映的五代宋初中原與西北地方的文化交往》，《北京大學學報》1988年第2期，第55—62頁。
[4] 孫修身《中國新樣文殊與文殊三尊五尊像之比較研究》，《敦煌研究》1996年第1期，第44—58頁。
[5] 沙武田《敦煌 P.4049"新樣文殊"畫稿及相關問題研究》，《敦煌研究》2005年第3期，第26—32頁；本文以《敦煌"新樣文殊"畫稿研究》收入鄭炳林主編《敦煌歸義軍史專題研究三編》，蘭州：甘肅文化出版社，2005年。
[6] 孫曉崗《文殊菩薩圖像學研究》，蘭州：甘肅人民美術出版社，2007年，第69—89頁。
[7] 陳粟裕《"新樣文殊"中的于闐王形象研究》，《藝術設計研究》2014年第2期，第16—23頁。

許棟、許敏《新樣文殊中的于闐王及其相關問題研究》①將新樣文殊圖像形成置於安史之亂後的特定歷史背景中進行分析,認爲其中的于闐王可能是毗沙門天王,將其作爲文殊眷屬更加突出了密教文殊菩薩的護國護王功能。與新樣文殊一樣,盛唐時期敦煌的《佛頂尊勝陀羅尼經變》中對佛經序文的描繪,即佛陀波利入五臺山見文殊老人的典故,使這一經變畫與五臺山信仰之間發生了重要的聯繫。下野玲子《莫高窟第 217 窟南壁經變新解》②對莫高窟盛唐第 217 窟南壁經變進行了分析,認爲其並非以往認定的《法華經變》,而應是《佛頂尊勝陀羅尼經變》,並認爲經變畫右部所繪爲《佛頂尊勝陀羅尼經》的序文部分,描繪了僧人佛陀波利巡禮五臺山見文殊化現的老人後回印度取經並在中土傳譯的一系列傳説。

六、利用敦煌五臺山資料的綜合研究

上述研究之外,利用敦煌五臺山資料對歷史、地理、社會、宗教等各類問題進行研究的成果亦有不少。徐文明《中臺頂大泉名稱的演變與二十八祖説的始起》③利用敦煌五臺山文獻梳理了中臺大泉名稱的沿革,並進一步結合有關文獻考證了記載於《法寶東流因緣》的西天二十八祖之説最早源自於六祖惠能。黎薔《五臺山佛教樂舞戲曲文化鈎沉》④利用莫高窟第 61 窟五臺山圖和敦煌文獻,結合晉北和晉東南的古劇,梳理了五臺山佛教戲劇的原始形態和内容。張先堂《唐代淨土教宗師法照與五臺山、并州關係新探》⑤利用敦煌文獻 P.2130 的記載,對法照巡禮五臺山及到并州、長安的事跡進行了梳理,爲法照在并州的活動補充了珍貴的資料。李并成《一批珍貴的太原歷史資料——敦煌遺書中的太原史料綜理》⑥對敦煌文獻中的唐代地理志書、《諸山聖跡志》《五臺山行記》和莫高窟第 61 窟五臺山圖等涉及太原的史料進行了整理,爲古代太原的研究補充了重要的資料。貢俊録《敦煌壁畫〈五臺山圖〉中正定古建築相關問題芻議》⑦利用莫高窟第 61 窟五臺山圖所繪"河北道鎮州"的畫面,對唐代正定城的形制、鎮州衙署及其建築遺物進行了研究,並對現在無存的隋文帝敕建舍利塔、唐代大悲寺的位置和建築結構等進行了考

---

① 許棟、許敏《新樣文殊中的于闐王及其相關問題研究——以敦煌發現的新樣文殊圖像爲中心》,《吐魯番學研究》2016 年第 1 期,第 81—91 頁。
② [日]下野玲子著,牛源譯,劉永增審校《莫高窟第 217 窟南壁經變新解》,《敦煌研究》2011 年第 2 期,第 21—32 頁。
③ 徐文明《中台頂大泉名稱的演變與二十八祖説的始起》,《五臺山研究》1995 年第 1 期,第 19—23 頁。
④ 黎薔《五臺山佛教樂舞戲曲文化鈎沉》,《敦煌研究》2002 年第 2 期,第 87—94 頁。
⑤ 張先堂《唐代淨土教宗師法照與五臺山、并州關係新探》,《敦煌研究》2003 年第 3 期,第 61—67 頁。
⑥ 李并成《一批珍貴的太原歷史資料——敦煌遺書中的太原史料綜理》,《中國古都研究》(第 20 輯),太原:山西人民出版社,2005 年,第 222—232 頁。
⑦ 貢俊録《敦煌壁畫〈五臺山圖〉中正定古建築相關問題芻議》,《文物春秋》2005 年第 6 期,第 55—60 頁。

證。林韻柔《五臺山與文殊道場》①利用敦煌的五臺山資料，討論了唐宋五臺山信仰的延續與傳播。李并成、解梅《絲綢之路上的敦煌與夏州間的交通和文化交流考》②在考證敦煌與夏州間的交通時運用了敦煌文獻P.3973《五臺山行記》，並認爲夏州在連接五臺山和敦煌兩大佛教聖地的交往中扮演了重要角色。陰朝霞《隋唐五代時期山西的地域標識》③通過羅列分析敦煌文獻中的唐代河東道的資料，認爲受地形限制而相對封閉的山西地區，正是以文殊道場五臺山作爲地域標識爲世人所知的。林偉正《營造聖山：中國五臺山的佛教建築》④認爲"建築"是構建佛教聖地的手段，重點探討了建築與五臺山的關係，同時揭示佛教在中古中國本土化的過程，其中第六章運用敦煌資料討論五臺山圖的傳播，並以莫高窟第61窟爲例闡釋石窟建築如何將偌大的五臺山概念化。張書彬《神聖空間的建構與複製》⑤結合方志、僧傳、行記、靈驗故事和敦煌五臺山資料，詳細梳理了文殊五臺山信仰的興起、傳播與變化，著重考察了五臺山作爲神聖空間的構建與複製過程。武紹衛《中古時期五臺山信仰的傳播路徑考》⑥對五臺山巡禮和化現故事的層累脈絡進行了梳理，利用傳世史料和敦煌五臺山資料考察了五臺山信仰傳播的歷史，認爲唐前期和中晚唐五臺山信仰的發展和傳播有重要變化，口頭、文本和圖像都曾在發展的過程中發揮重要作用，特別指出了作爲政治中心的都城長安和洛陽在其中起到的特殊作用。

此外，還有一些成果是對敦煌五臺山資料研究史的總結。崔正森主編《敦煌石窟〈五臺山圖〉研究》⑦對2009年以前學界在本領域取得的主要成果做了一次彙編整理，分別介紹了敦煌保存的文獻資料、文殊變、千手千鉢文殊變、屛風畫五臺山圖和莫高窟第61窟五臺山圖的一些內容，並附有莫高窟五臺山文殊資料的簡目，但只陳述成果本身，並未對研究者和研究史進行交代。張煥粉《近百年來敦煌五臺山佛教資料的整理與研究》⑧從敦煌五臺山文書的整理與研究、五臺山圖與文殊菩薩圖像、晚唐五代敦煌與五臺山的佛教文化

---

① 林韻柔《五臺山與文殊道場——中古佛教聖山的形成與發展》，臺北：國立臺灣大學博士學位論文，2009年，第263—278頁。
② 李并成、解梅《絲綢之路上的敦煌與夏州間的交通和文化交流考》，鄭炳林主編《佛教藝術與文化國際學術研討會論文集》，西安：三秦出版社，2009年，第392—400頁。
③ 陰朝霞《隋唐五代時期山西的地域標識》，《忻州師範學院學報》2009年第4期，第81—83頁。
④ Wei-cheng Lin, *Building a Sacred Mountain: The Buddhist Architecture of China's Mount Wutai*, University of Washington Press, 2014.
⑤ 張書彬《神聖空間的建構與複製——以中古時期"文殊-五臺山"信仰在東亞的傳播爲中心》，《美術學報》2015年第6期，第23—32頁。
⑥ 武紹衛《中古時期五臺山信仰的傳播路徑考——以中古時期的五臺山"巡禮"和"化現故事"爲中心》，《首都師範大學學報》2017年第5期，第47—56頁。
⑦ 崔正森主編《敦煌石窟〈五臺山圖〉研究》，太原：山西科學技術出版社，2010年。
⑧ 張煥粉《近百年來敦煌五臺山佛教資料的整理與研究》，《世界宗教文化》2012年第6期，第100—104頁。

交流三個方面介紹了 20 世紀初至今的代表性研究成果。張焕粉《杜斗城先生與敦煌五臺山研究》①對杜斗城教授的敦煌五臺山研究工作進行了全面的整理與總結,並指出其在五方面的重要貢獻,即釐清了敦煌石窟中的五臺山資料,建立了敦煌五臺山資料整理與研究的基本框架,首次對《五臺山贊》進行分類並判釋了《五臺山贊》和《五臺山曲子》的抄寫與創作年代,提出莫高窟第 61 窟是敦煌的五臺山並首次對各地的五臺山展開研究,梳理出九條古代五臺山交通路綫。

可以看出,以上研究已經涉及敦煌五臺山文獻與圖像的各個方面。文獻上從專門的五臺山文獻文本的分析拓展到通過五臺山資料來補充或佐證傳世史料的缺漏,圖像上從最初的莫高窟第 61 窟的五臺山圖擴展到中唐和五代、宋、西夏、元代各個時期五臺山圖及相關圖像的研究,並在文獻與圖像的結合研究方面取得很多成果。近年來,隨著科技手段在敦煌資料方面的運用,使我們有條件比之前開展更爲深入的工作,爲敦煌五臺山研究開拓了更爲廣闊的空間。與以往相比,在深度方面隨著石窟調查的不斷推進,我們又發現了更多的五臺山圖像和更清晰的圖像細節;在廣度方面如何將敦煌的五臺山資料納入到不同歷史時期的大背景中去研究,突破零散的碎片式研究並建立一個更爲全面系統的研究體系,這些都將成爲日後研究的重要課題。

項目基金:甘肅省文物局"2014 年度文化遺産保護領域省級科研課題"《敦煌五臺山圖像研究》,合同號:GWJ2014004。

---

① 張焕粉《杜斗城先生與敦煌五臺山研究》,《忻州師範學院學報》2013 年第 4 期,第 5—6、26 頁。

2016 年西夏學研究綜述

韓樹偉（蘭州大學）

　　2016 年,西夏學研究在一批老、中、青專家和學者的辛勤努力下取得了豐碩的成果,湧現出了不少論著。據不完全統計,本年共出版論著 32 部,内容涉及西夏歷史、法律、佛教、文獻、建築、錢幣、瓷器等。

　　西夏歷史文化方面,卜憲群總撰稿《中國通史　遼西夏金元》(華夏出版社)描述了先民們在不同時代的生存狀態、精神世界和族群融合。該著在整個人類的發展進程中來敍述中國歷史,讓讀者真切體會到中華民族與全人類的關聯。陳海波《西夏簡史》(民主與建設出版社)對西夏歷史進行了繪聲繪色的簡述。鄧之誠《宋遼金夏元史》(北京理工大學出版社)熔紀事本末體、編年體、紀傳體、章節體等於一爐,尤以紀事本末體爲全書主幹,編製各朝史實、制度、學術、文學、風俗、宗教等,並輔以圖表,以簡馭繁,條目清晰,内容豐富,講述了宋遼金夏元這一多民族間不斷融合時期的歷史。杜建録主編"正説西夏"系列著作 4 部,由寧夏人民出版社出版:《話説西夏》以史爲綱,以人物故事和重大歷史事件爲目,全面展示了党項民族的興起、發展、滅亡及其經濟、文化、習俗和後裔的去向。全書從中華民族多元一體格局的高度出發,客觀公正、平實有度地講述了西夏歷史與文化。語言生動流暢,熔學術性、通俗性、趣味性於一爐。《還原西夏》還原了西夏的歷史文化和經濟生活,重現了西夏的輝煌和没落,將讀者帶回那神秘的西夏王朝。《解密西夏》以近些年對西夏學的最新研究成果爲基礎,以西夏王朝從興起到滅亡的發展過程爲歷史綫索,從政治、經濟、歷史、軍事、文化、社會生活等方面,生動翔實地爲讀者展現了一個短暫卻又神秘的西夏王朝。《神秘西夏》分 11 集,以近年來對西夏學的最新研究成果爲基礎,集西夏史料整理、考古發現、研究成果之大成,運用歷史唯物主義的觀點和方法給西夏歷史一個客觀的定位,生動翔實地展現了一段昔日絢麗輝煌、塵封近千年而又失落的記憶。李錫厚、白濱《遼金西夏史》(上海人民出版社)系統論述遼、金、西夏王朝的建立、興盛及其滅亡的歷史過程、經驗教訓,以及政治制度、經濟制度、軍事制度、宗教文化、社會生活諸方面的發展,是遼金西夏史研究領域的一部力作,充分展現了公元 10 世紀至 13 世紀與宋朝並存的我國少數民族政權的歷史。唐榮堯《西夏史》(陝西師範大學出版社)分《山海經》起探、360 年的流遷之歌、嵬名元昊、從蕃書到死字的 600 年、上昇的軌道五章對西夏史作了歷史性的描述。吳峰雲、楊秀山

《西夏文明》(寧夏人民出版社)以通俗的語言,深入淺出地闡述西夏政治、經濟、文化和民族風俗,主要內容包括:東方的金字塔、崇尚白色的古老民族、統萬城·靈州城·興慶府、遷徙使民族生存和發展、沉睡數百年的石碑問世等。

關於西夏建築、錢幣、瓷器,陳育寧、湯曉芳、雷潤澤《西夏建築研究》(社會科學文獻出版社)結合文獻記載,將歷年來在西夏故地發現的西夏建築遺址遺跡作爲研究對象,運用古建築類型學的方法進行梳理,參照古文獻對西夏建築的記載和西夏文獻中建築辭彙、版畫建築圖像及西夏石窟壁畫建築圖像等,對其始建年代與傳承使用、功能效用等幾個方面進行比較研究,從建築結構佈局、構築特點、裝飾藝術及前後變化的規律,探究它們的個性特徵和地域時代特點。李保亮《古泉集萃——遼金西夏珍罕錢幣圖賞》(西泠印社出版社)收集中國北方三朝遼、金、西夏的珍罕錢幣 400 多枚,分門別類,圖文並茂。其中尤以特大型鎏金萬歲頌聖吉語錢、超大型鎏金年號紀年錢、大中小型行用錢,契丹文字、西夏文字錢幣爲主,從側面反映了中華北方少數民族文化的燦爛,也使人們對遼、金、西夏錢幣有了全面的瞭解。李進興《西夏瓷》(寧夏人民教育出版社)研究了西夏瓷的造型、製作過程以及特徵。任長幸《西夏鹽業史論》(中國經濟出版社)由五部分組成,系統闡述了西夏党項民族的歷史發展,西夏鹽業資源、鹽政、鹽業貿易及西夏時期的鹽業貿易交通狀況,爲西夏制定鹽政提供了良好的範本。

文獻考釋、文物考古方面,杜建錄《中國藏黑水城漢文文獻整理研究》(人民出版社)分研究篇和整理篇,具體包括黑水城漢文文獻概論、中國藏黑水城漢文契約研究、中國藏黑水城漢文文獻敘錄等七章內容,具有重要的文獻研究價值。孫繼民等《中國藏黑水城漢文文獻的整理與研究》(中國社會科學出版社)分農政文書、錢糧文書、俸祿與分例文書、律令與詞訟文書卷,對研究西夏政治經濟、法律社會具有重要價值。關於語言文字,韓小忙《西夏文的造字模式》(社會科學文獻出版社)認爲西夏文字的造字模式可以分成兩大類:漢式和藏式。書中首先細緻梳理了傳世西夏文辭書有關字形構造解說的模式,並總結了其成敗得失。在此基礎上,作者借鑒漢字的六書理論對西夏文字進行了詳細的考察,得出"會意、形聲、轉注、反切"4 種造字方法是西夏文字形成的主要方法。同時作者模仿西夏人的解字模式,在六書理論的指導下對久已亡佚構形的西夏字形予以構擬,以期還原西夏文字的衍生過程。另外本書並不拘泥於漢字構形理論,而是開闢新的路徑,提出"藏式"西夏文造字模式的全新觀點。作者在分析大量西夏字例的基礎上,將部分西夏文字的構形與藏文字母疊加拼寫法聯繫起來,認爲西夏文中亦存在類似於藏文的"上加字、下加字、前加字、後加字"等造字模式,爲西夏文字研究提供了全新的視角,富有啓發意義。聶鴻音《西夏佛經序跋譯注》（上海古籍出版社）指出西夏帝后臣民在編印或散施佛經時寫下的短文，包括"序""跋""後序""願文""題記"等，一般附在相關佛經的卷首或卷尾一併流行，認爲這些作品或者用西夏文寫成，或者用漢文寫成，共同構成了西夏文學中一個獨特的類別。黎大祥、張振華、黎樹科《武威地區西夏遺址調查與研究》（社會科學文獻出版社）既有對個案遺址的介紹、對重要文物的研究，又有對同類遺址性質及其價值的探討和論述，爲以後深入研究西夏歷史文化以及武威地方史提供了科學的資料，也爲有關地區的西夏遺址調查與研究課題的實施提供了有益的借鑒和參考。

關於西夏法律，賀清龍《中國監察通鑒　宋、遼、金、西夏卷》（人民出版社）分十三章，主要內容包括：宋朝預防與懲治貪腐的概述、宋朝廉潔與貪腐概況、宋朝監察機制的主要內容、宋朝的反腐監察機制、宋朝的反腐實踐與成效等。姜歆《西夏司法制度研究》（鳳凰出版社）是"西夏研究論叢"之一，其內容涉及西夏法律文獻、司法觀念、起訴制度、刑偵制度、審判制度、刑罰執行制度、獄政制度、司法官吏責任、唐宋司法制度對西夏的影響等研究層面。該著對研究中國司法制度史、西夏法制文化，提供了有價值的、有學術水準的法律文化元素。潘潔《〈天盛律令〉農業門整理研究》（上海古籍出版社）以《俄藏黑水城文獻》卷十五爲研究對象，分校勘考釋、專題研究兩部分展開。上篇主要包括校勘、對譯、注釋等；下篇基於校勘考釋的結果，就長期被忽略或有待進一步深入的問題展開討論，對相關研究有重要的補充意義。于熠《西夏法制的多元文化屬性：地理和民族特性影響初探》（中國政法大學出版社）通過分析地理因素與民族個性同西夏法律的多元文化屬性之間的關係，找到地理、民族對西夏法律的多元文化影響背後所隱藏的西夏法律發展軌跡及其產生的原因，以期發現西夏法制所獨有的地理和民族特性，有利於我們進一步認識中華民族各不同部分的法制個性。周峰《西夏文〈亥年新法·第三〉譯釋與研究》（花木蘭出版社）探討西夏前後法律制度的發展變化，比較西夏與其同時的少數民族王朝法律的異同，對於西夏、遼、金三個少數民族王朝吸收、借鑒中原王朝法律的不同特點也有所認識，進一步加深了對西夏社會特別是其晚期社會的瞭解。

本年度出版的西夏研究論文集，有杜建錄《西夏史論集》（上海古籍出版社）從六個方面對唐宋時期的西夏歷史進行研究：一是西夏的立國規模和生存環境，主要探討西夏的人口、部落制度、自然環境等；二是西夏的經濟制度與階級結構，前者探討西夏的土地制度、賦稅制度、水利制度、官牧制度、財政制度等，後者探討西夏的貴族階級、庶民階層、依附民階層，認爲除了自由民勞動外，在西夏的農業和手工業生產中，大量使用依附民勞動，它決定了西夏社會具有農奴制色彩;三是西夏的社會生產,包括西夏的農業、畜牧業、採鹽、釀酒、冶煉、貿易等,認爲西夏農牧並重,先進的農業和發達的畜牧業與獨具特色的手工業,共同構成了西夏的立國基礎;四是《天盛律令》與西夏法律制度研究,包括《天盛律令》的特點、歷史文獻價值、研究中的若干問題以及西夏的司法制度、刑罰制度、審判制度等;五是西夏與黑水城文獻研究,包括榷場文書、借貸文書、撲買文書、草料文書、租賃文書等,該部分篇幅較大,約佔全書的三分之一;六是西夏碑刻整理研究,通過夏州政權首領及其幕僚的墓誌銘看唐宋西夏政權的社會歷史。杜建録主編《西夏學》第十二輯、第十三輯(甘肅文化出版社),共收録文章 75 篇,涉及西夏歷史文化、文獻考釋、文物考古、語言文字、民族關係等内容,對研究西夏歷史文化具有重要意義。李華瑞《宋夏史探研集》(科學出版社)分五個部分:一是關於宋代國家形象、社會變革運動、地方社會、南宋酒庫與軍費等方面的研究;二是通過比較宋朝與明朝財稅、來源等異同,觀察宋、明兩代社會的特點;三是涉及宋代荒政中的評價;四是關於宋夏時期東西陸路交通對當時社會歷史產生的影響;五是討論西夏重要法典《天盛律令》在中國少數民族法典史上的編纂特點和地位。

另外,本年度共發表論文 275 篇(其中包括學位論文 19 篇),内容主要涉及西夏的政治、經濟、宗教、文化、歷史、地理、軍事、與周邊地區關係等領域,尤其以對佛教經典的解讀、語言文字的考證、地理山川的方位溯源等居多。下面從文化藝術、宗教研究、文獻考釋、語言文字、軍事地理、法律社會、政治經濟、西夏遺民、民族關係、研究綜述等十個方面作簡要論述。

一、文 化 藝 術

文化方面,陳平、黃志浩《北宋遼西夏時期的民族交融與詞曲流變》(《社會科學家》2016 年第 9 期)認爲北曲、宋詞互滲交融,詞曲家在觀念和創作上出現了詞曲合流、雅俗雜陳的新格局。梁松濤《淺析西夏文〈宮廷詩集〉對修辭的運用》(杜建録主編《西夏學》第十二輯,甘肅文化出版社)有助於對西夏文化的瞭解。倪彬《讀〈中國藏黑水城漢文文獻〉中所收束帖文書劄記》(杜建録主編《西夏學》第十二輯,甘肅文化出版社)指出八件束帖文書的格式既是對唐宋書儀的部分繼承,又有其時代特色,反映了當地社會的交往禮儀。徐希平、彭超《俄藏與中國藏兩種西夏文曲辭〈五更轉〉之探討》(《民族文學研究》2016 年第 6 期)在學界相關考釋基礎上進一步探討其起源及内容風格演變,爲西夏文學提供了詩文之外新的體裁。趙陽《論宋代文學對西夏文學的影響》(《蘭州學刊》2016 年第 8 期)指出宋朝在政治軍事鬥爭中雖處於劣勢,但在"文化戰爭"中卻因漢文化深厚的積澱實現了一家獨大,西夏文學在這樣的文化背景下進行發展，自然也受到宋代文學的影響，形成了外蕃內漢的文學格局。同氏《西夏佛教文學作品的特點與價值》(《甘肅社會科學》2016年第1期)指出西夏佛教文學作品價值很高，包括了記、頌、詩、語錄等多種體裁，主要表現在文化交流、版本流傳、宗教史以及語言文字等方面，認為這些佛教文學作品應該得到學者們更多的關注。楊翰卿《儒學在西夏党項羌族文化中的地位、特徵和局限》(《西南民族大學學報》2016年第1期)指出西夏党項羌族政權儒佛並尊，有重儒崇儒的鮮明特點，然其儒學發展水準還遠滯後於同時期的中原儒學。

藝術方面，關於器具紋飾研究，程麗君、趙天英《西夏金銀器研究》(《西夏研究》2016年第4期)將西夏金銀器分為實用器、飾品等多種類型，主要用於標明身份、彰顯地位、朝貢交聘、賞賜軍功。文章指出造型簡潔、紋飾樸拙的西夏金銀器雖在製作工藝方面與同時代的宋、遼有相似之處，卻也形成了自己的獨特風格。李進興《西夏瓷器胎釉原料與窯溫關係探析》(杜建錄主編《西夏學》第十三輯，甘肅文化出版社)指出西夏瓷器有白色釉和黑青釉兩種釉色。黑青釉主要採用當地的黃土釉，白釉的主要成分是石灰、瓷土和玻璃；西夏瓷器所用的胎土為西夏境內的瓷土。釉色、胎色隨著窯溫的高低發生變化。馬洋《西夏文物上的牡丹紋與蓮花紋研究》(蘭州大學碩士學位論文)對目前所見的西夏文物上的牡丹紋、蓮花紋進行考古類型學的研究，總結西夏時期這兩種花紋的風格特徵，認為其紋飾紛繁複雜的變化有其本民族自身的特點，也離不開周邊民族和文化對其的影響。任懷晟、魏亞麗《西夏武職服飾再議》(《北方文物》2016年第2期)分析文獻中武職之冠的金銀裝飾工藝，揭示武職之冠的主體並非黃金製品，認為《比丘像》中男供養人為皇室成員，西夏的尖耳黑帽是一種既可以搭配公服又可以搭配甲衣的冠飾。

關於版畫，景永時、王榮飛《寧夏宏佛塔天宮裝藏西夏文木雕版考述》(《敦煌學輯刊》2016年第3期)指出寧夏宏佛塔天宮裝藏西夏文木雕版是世界上現存年代最早的木雕版之一，共計有2000多殘塊，內容均為西夏文佛經，包括《釋摩訶衍論》《別集》《續能□》以及其他三種未知名佛經。這些木雕版數量大、內涵豐富，是西夏雕版印刷高度繁榮的例證，也是研究古代雕版印刷術最直接、最重要的實物資料。王榮飛《一件宏佛塔天宮裝藏西夏文雙面木雕版考釋》(杜建錄主編《西夏學》第十二輯，甘肅文化出版社)發現其內容是《釋摩訶衍論·卷十》的一部分，並結合黑水城文獻對西夏文《釋摩訶衍論》木雕版的學術價值予以簡要闡釋。邵軍《宏佛塔出土絹畫題材內容再探》(《敦煌研究》2016年第4期)對西夏宏佛塔天宮出土的數件絹畫的題材內容重新進行了探討，對研究五代宋元時期宗教美術的發展變化具有一定的藝術史意義。

關於音樂舞蹈,劉文榮《党項民族與宋音樂文化關係新探——以俄藏黑水城文獻 Дx.02822 所見"水盞"樂器爲考據》(《民族藝術》2016 年第 4 期)通過大量文獻與圖像,以 Дx.02822 所載"水盞"樂器的名稱、形制、源流及用樂情況的考證爲中心,對党項民族與宋音樂關係的認識提出了新的思路和探索。吳珩、劉文榮《俄藏西夏漢文本〈雜字〉所見龍笛樂器考》(杜建録主編《西夏學》第十三輯,甘肅文化出版社)從宋夏音樂文化交流、元存夏樂及大量圖像入手,對西夏的龍笛樂器進行了詳細考證,對認識與研究西夏音樂有極爲重要的歷史價值。孫繼民《甘肅武威所出一組西夏漢文樂官文書考釋》(杜建録主編《西夏學》第十三輯,甘肅文化出版社)考釋了一組反映西夏的"樂人""樂官"制度、漢文文書制度和西夏官制的西夏漢文樂官文書,值得特別關注。楊滿忠《党項西夏音樂文化述略》(杜建録主編《西夏學》第十三輯,甘肅文化出版社)對党項西夏音樂文化的發展歷程、內容、流傳進行了梳理介紹,分析了党項、西夏音樂文化產生的社會基礎及其發展情況。鄭炳林、朱曉峰《壁畫音樂圖像與社會文化變遷——榆林窟和東千佛洞壁畫上的拉弦樂器再研究》(《東北師大學報》2016 年第 1 期)指出目前敦煌石窟壁畫僅有的拉弦樂器類圖像,也是已知最早的拉弦樂器圖像史料,它的出現對拉弦類樂器歷史和系統的完善具有重要的學術意義。

關於石窟圖像,高國藩《西夏水月觀音畫像與敦煌文書觀音崇拜及其傳承》(《西夏研究》2016 年第 3 期)指出榆林窟西夏水月觀音畫像與敦煌唐人觀音崇拜及其傳承的風俗內容上互相交織,形成了一種祝吉箴言的新風尚並廣泛流傳,在爲死者追福的同時,成爲民衆用來抒發熱愛祖國、關懷父老鄉親的傳統文化。何卯平、寧強《敦煌與瓜州西夏時期石窟藝術的比較研究》(《敦煌研究》2016 年第 6 期)從壁畫題材、造型風格、供養人構成、藝術功能等方面對敦煌與瓜州西夏時期的石窟藝術進行了比較研究,認爲敦煌與瓜州在西夏時期因政治狀況、經濟發展、軍事形勢等方面的明顯差異而顯示出不同的特點,集中反映了西夏在文化藝術上取得的傑出成就。黎大祥《武威西夏亥母洞石窟寺與金剛亥母鎏金銅造像》(杜建録主編《西夏學》第十三輯,甘肅文化出版社)指出亥母洞石窟寺屬於藏傳佛教石窟寺院,金剛亥母銅造像造型奇特,彌足珍貴,對研究西夏時期武威藏傳佛教、歷史文化及信仰具有一定意義。劉永增《瓜州東千佛洞的圖像源流與歷史價值——兼談東千佛洞的初創年代》(《故宮博物院院刊》2016 年第 4 期)根據新發現的東千佛洞老照片,與東崖、西崖進行了對比,認爲東千佛洞的開創年代始自北魏時代。文章基於實地考察和研究,對東千佛洞的圖像源流和歷史價值進行了深入分析。吳珩

《西夏圖像中的童子形象》(《西夏研究》2016年第1期)將西夏圖像資料中的童子形象按照功能進行了分類,並作了簡要分析,認爲西夏童子形象在一定程度上反映了西夏時期的宗教信仰、風俗習慣等。張博等《西夏陵夯補支頂加固工藝品質控制研究》(《敦煌研究》2016年第5期)針對西夏陵遺址本體根部夯築砌補,採用與原遺址相近的當地土,以固定品質夯錘爲夯築工具,並以傳統人工夯實方法進行夯築,分析研究夯土密度隨鋪土厚度和夯築次數的變化規律,探索最佳鋪土厚度和夯築次數。趙曉星、朱生雲《寧夏、内蒙古境内的西夏石窟調查——西夏石窟考古與藝術研究之一》(《敦煌研究》2016年第5期)通過實地調查,初步整理了三座西夏的石窟遺存,認爲山嘴溝石窟是西夏中心區最爲重要的石窟遺存,最能代表西夏中心區的石窟藝術。朱生雲《西夏時期重修莫高窟第61窟原因分析》(《敦煌學輯刊》2016年第3期)反映出西夏人重視五臺山信仰的特點,說明西夏在重修時也引入了自身信仰的新的美術題材,體現了西夏在洞窟重修方面新舊兼顧的特色。

二、宗教研究

蔡彤華《内蒙古出土的西夏擦擦及其特點》(杜建録主編《西夏學》第十三輯,甘肅文化出版社)是研究西夏佛教藝術,特別是藏傳佛教藝術的珍貴實物資料,也是這一時期佛教發展、教派流傳不可多得的歷史見證。陳瑋《西夏佛王傳統研究》(《中央民族大學學報》2016年第4期)指出在西夏史詩中,李繼遷被塑造爲文殊菩薩和轉輪王的化身。本文從喀什米爾、吐蕃僧人、八角形塔式建築、拜寺口西塔的影塑及其西夏文題記說明佛王轉輪的傳統,認爲在任得敬集團覆滅後,夏仁宗仁孝在西夏宫廷詩集中更是以佛的形象被廣爲讚頌。崔雲勝《張掖大佛寺相關問題辨析》(杜建録主編《西夏學》第十三輯,甘肅文化出版社)根據明宣宗《敕賜寶覺寺碑記》、出自臥佛腹内的《佛腹裝臟明成化十三年(1477)銅牌》以及《重刊甘鎮志》的記載,認爲張掖大佛寺始建於西夏永安元年(1098),興建者爲西夏皇族嵬咩及其師父西夏國師,表明張掖大佛寺的興建得到了上層社會的廣泛支持。郝振宇《歷史視角下党項人(7—13世紀)的宗教信仰漸變述論》(《西北民族大學學報》2016年第6期)指出党項人在7—13世紀經歷了自然崇拜、人本性的鬼神崇拜和國家性的佛教信仰,體現了宗教與政權組織形態人爲性的演變互動。李橋《武威所出西夏買地券再探》(杜建録主編《西夏學》第十三輯,甘肅文化出版社)再次對買地券的録文、定名、内容進行了探討,這些買地券中表現出的濃厚道教信仰,對於研究武威地區民間信仰具有很大的意義。李政陽《俄藏黑水城文獻TK75〈文殊菩薩修行儀軌〉考釋——兼論文殊信仰在西夏的流傳》(《五臺山研究》2016年第3期)認爲俄藏黑水城文獻TK75内含四種經文及一份"六十花甲"口訣,是一部以藏傳佛教文殊信仰爲主體内容的經文彙編,反映了文殊信仰特别是"六字文殊"的傳播超越了民族和地域的界限,從一個側面佐證了西夏文殊信仰所具有的"漢藏並傳""形式多樣""即世而離俗"等特點。任懷晟《西夏竈神像探疑》(杜建録主編《西夏學》第十三輯,甘肅文化出版社)從竈神周圍脅侍的衣著顔色、竈神的服色、竈神像多爲雕版紙本、祭拜人像或神像多以中軸綫左右對稱的構圖方式、主尊與脅侍的服飾有明顯區别、手印體現出與竈神信仰不符等六個方面,認爲俄藏黑水城圖像X32467的主尊並非西夏竈神。索羅寧《〈金剛般若經頌科次纂要義解略記〉序及西夏漢藏佛教的一面》(《中國藏學》2016年第2期)討論了黑水城西夏文《金剛般若經頌科次纂要義解略記》的序篇,證明西夏佛教曾經存在"漢藏佛教圓融"的趨勢。魏文《滂汀巴昆仲與上樂教法在藏地和西夏的早期弘傳》(《中國藏學》2016年第2期)通過對藏文文獻材料的發掘,考察了後弘期初期滂汀巴昆仲對於溝通印、藏、漢佛教所作出的重要的歷史性貢獻,揭示滂汀巴昆仲曾在甘青藏夏交界地帶活動的歷史,討論了其在早期印藏上樂傳承體系中的核心地位及其與上樂教法初傳的密切關係。袁志偉《西夏大手印法與禪宗關係考——以〈大乘要道密集〉爲中心》(《陝西師範大學學報》2016年第6期)指出以大手印法爲重要内容的西夏藏傳佛教,在本質上是一種融合漢藏佛學傳統的佛教體系,並在很大程度上開啟了元明清時代漢藏佛教的融合,以及党項、吐蕃和漢民族之間的宗教文化認同。趙陽《西夏佛教靈驗記探微——以黑水城出土〈高王觀世音經〉爲例》(《敦煌學輯刊》2016年第3期)從黑水城出土的《高王觀世音經》三種入手,認爲西夏文學研究相比社會經濟軍事研究處於起步階段,而佛教文學作品可爲西夏文學研究另闢新地。

關於佛經研究,安婭《西夏〈大威德熾盛光陀羅尼經〉考釋》(《民族論壇》2016年第6期)首次解讀西夏文《佛説大威德熾盛光諸星宿調伏消災吉祥陀羅尼經》殘片,並將兩部西夏佛經與漢文本進行比較,對其來源進行猜測。崔紅芬《從〈父母恩重經〉看儒釋融合——兼及敦煌、黑水城殘本的比較》(杜建録主編《西夏學》第十二輯,甘肅文化出版社)指出黑水城《父母恩重經》受到來自河西和中原等傳統儒家文化的共同影響,與唐以來統治者推崇儒家文化、推崇儒釋道三教的發展有關,也與佛教自覺適應中土思想文化、尋求與中土文化的相互融合吸收有關,是佛教中國化的具體表現。段玉泉《西夏文〈白傘蓋佛母總持發願文〉考釋》(《寧夏社會科學》2016年第2期)討論了俄藏Nнв.No.7589西夏文《大白蓋母之總持誦順要論》中的施經發願文,在全面釋録的基礎上加以漢譯和注釋,這是西夏佛教史料中難得的一則由僧人捨財雕印佛經的資料。何金蘭《甘肅省博物館藏西夏文〈妙法蓮華經心〉考釋》(杜建録主編《西夏學》第十二輯,甘肅文化出版社)再次公佈發現於甘肅武威張義修行洞、現保存於甘肅省博物館的《妙法蓮華經心》,並對其進行全文釋讀。馬振穎、鄭炳林《英藏黑水城文獻〈天地八陽神咒經〉拼接及研究》(《敦煌學輯刊》2016年第2期)比較了西夏本八陽經與敦煌本、中原本的內容,有助於瞭解西夏境內八陽經的來源,這對進一步研究西夏的佛教有所幫助。聶鴻音《〈顯密圓通成佛心要集〉裏的梵語言》(《寧夏社會科學》2016年第3期)指出遼人纂集的《顯密圓通成佛心要集》從前代漢譯佛經裏集録了18首真言,但由於編者沒有依照當時的漢語讀音進行統一的校譯,導致這些真言只能用於抄寫而幾乎不能用於念誦。母雅妮《西夏文〈大般若波羅蜜多經〉(卷三百三十八)考釋》(陝西師範大學碩士學位論文)採用"三行對譯法"考釋全經,對比中俄不同版本,爲西夏文獻整理及西夏語言文字研究提供了一份可供參考的資料。任長幸《西夏文〈大般若·初分諸功德相品〉譯釋》(陝西師範大學博士學位論文)發現其中佛教術語大部分譯自漢文底本,爲釐清西夏文《大般若經》初譯本和校勘本提供了新的證據,對於認識西夏文《大般若經》具有典型意義。任紅婷《西夏文〈佛説佛母出生三法藏般若波羅蜜多經〉(卷十六)研究》(陝西師範大學碩士學位論文)以蔣維崧與嚴克勤兩位先生於20世紀末在聖彼得堡所拍照片爲底本介紹了夏、漢《三法藏》的基本情況,對西夏文獻整理和語言文字研究有一定的意義。史金波《西夏文〈大白傘蓋陀羅尼經〉及發願文考釋》(杜建録主編《西夏學》第十二輯,甘肅文化出版社)翻譯考證了新見西夏文殘經卷及其時間,指出發願文中的"太子"爲闊端,其接受並弘揚藏傳佛教,爲涼州會談做了宗教信仰方面的準備和鋪墊。孫昌盛《西夏文藏傳密續〈廣義文〉所見印度大成就者黑行師事跡譯注》(《西夏研究》2016年第3期)表明黑行師在西夏受到推崇,一定程度上反映了黑行師所傳勝樂教法在西夏的流行。孫飛鵬、林玉萍《英藏西夏文〈華嚴經〉(八十卷本)殘片整理及校勘研究》(杜建録主編《西夏學》第十二輯,甘肅文化出版社)新考訂了二十餘件《華嚴經》寫本殘件,比較了不同西夏文本之間內容的差異,指出西夏文《華嚴經》曾有過系統的重校修訂,認爲《開寶藏》本與西夏文譯經底本密切關聯。湯君《〈增壹阿含經〉的西夏摘譯本》(《寧夏社會科學》2016年第2期)指出俄藏 Инв.No.3966號西夏寫本中的一部分內容實際上是《增壹阿含經》的摘譯,從現存部分可略窺其對經文原本的刪略手法,以見當時民間摘譯佛經的風格。王龍《黑水城出土西夏文〈十二緣生祥瑞經(卷上)〉考釋》(《西夏研究》2016年第1期)將《十二緣生祥瑞經》卷上進行全文校録和譯釋,對文中記載的印度紀月法的西夏譯名進行了初步探討,爲研究西夏佛教史以及西夏語提供了基礎性的語料。王培培《英藏漢文〈佛説天地八陽神咒經〉考釋》(杜建録主編《西夏學》第十二輯,甘肅文化出版社)介紹了現藏英國國家圖書館的漢文《佛説天地八陽神咒經》殘片。根據經文内容對讀,發現其與《大正藏》義淨譯本《佛説天地八陽神咒經》内容最爲相近。文章對編號爲 Or.12380-3921(K.K)的漢文佛經寫本殘片進行了拼配,並與敦煌本同名佛經内容進行對勘,探討了此佛經在西北地區的流傳。閆成紅《俄藏 Инв.No.6761 西夏文題記的歸屬——兼及西夏文獻〈極樂淨土求生念定〉的復原》(《西夏研究》2016 年第 2 期)據新刊佈的《俄藏黑水城文獻》第 22 册圖版,結合學界此前解讀的 Инв.No.8343 及 2265 等西夏文殘卷,以及俄藏 TK163 漢文殘本,拼配並構擬出傳世文獻中目前不曾見過的藏傳《極樂淨土求生念定》的完整漢文本。趙陽《黑水城出土〈新集藏經音義隨函録〉探微》(《吐魯番學研究》2016 年第 1 期)在對黑城本《隨函録》考證時指出,其版本並非簡單抄録原本,而是信徒在參讀《大方廣佛華嚴經》的過程中以原本《隨函録》爲參照自行增訂摘抄之物。而黑城藏本僅存《大方廣佛華嚴經》音義部分的現象,則與西夏當時的佛教背景相契合,此種背景亦是受到遼代佛教的影響。

關於占卜,孫伯君、王龍《西夏文"十二錢"卜卦書〈擲卦本〉考釋》(《北方民族大學學報》2016 年第 1 期)首次公佈了西夏文"十二錢"卜卦書《擲卦本》的録文和譯文,並指出此卦本與敦煌出土的"十二錢"卜卦書頗爲一致,説明西夏時期延續了唐五代以來河西地區的民間占卜術與佛教信仰互相滲透和融合的風氣。孫伯君《從兩種西夏文卦書看河西地區"大唐三藏"形象的神化和占卜與佛教的交融》(《民族研究》2016 年第 4 期)首次公佈了俄藏黑水城出土西夏文《大唐三藏卦本》和《觀世音菩薩造念誦卦本》的録文和漢譯文,認爲這兩個寫卷不僅是西夏時期"大唐三藏"已被百姓神化爲求籤膜拜的偶像的早期證據,也是西夏境内民間占卜術與佛教信仰相互交融的真實寫照。王巍《俄藏黑水城文書〈卜筮要訣〉考釋》(杜建録主編《西夏學》第十二輯,甘肅文化出版社)從録文、考釋兩部分對俄藏黑水城文書《卜筮要訣》進行了研究,並探討了該文書的性質及其文獻價值。趙坤《納甲筮法源流考——兼論黑水城易占文獻的學術價值》(寧夏大學碩士學位論文)綜合漢代以來傳世的納甲筮法文獻與出土文獻中與納甲筮法相關的材料,對納甲筮法的源流進行考辨,試圖揭示其形成的歷史背景與時代特色。黑水城占卜文獻對探索這一時期西北地區的社會生活、術數文化的流傳路徑,乃至彌補中國中古時期術數史研究的缺環,還原民間占卜術使用的原貌,都有著不可替代的價值。

三、文獻考釋

　　何曉燕、金寧《西夏陵區北端建築遺址出土文物研究》(杜建錄主編《西夏學》第十三輯,甘肅文化出版社)爲今後對北端建築遺址的性質定論提供了基礎資料。湯曉芳《阿拉善的西夏建築遺址》(杜建錄主編《西夏學》第十三輯,甘肅文化出版社)對新發現的西夏建築遺址從其分佈、數量、功能、建築層次等進行了分析,指出其以軍事建築爲主,在額濟納旗黑水城周圍較密集。李若愚《〈喜金剛現證如意寶〉:元帝師八思巴著作的西夏譯本》(《寧夏社會科學》2016年第5期)將錄文對勘藏文原本,並加以詳細解讀和注釋,發現了一批藏式佛教術語和一個新的西夏合體俗字。李曉明《英藏西夏文〈孫子兵法〉殘頁考釋》(《西夏研究》2016年第4期)對英藏黑水城文獻中收錄的兩份西夏文《孫子兵法》殘頁進行了釋錄,並在比較俄藏西夏譯本《孫子兵法》的基礎上對其內容與特徵做了考證。麻曉芳《西夏文〈善住意天子會·破魔品〉考釋》(《西夏研究》2016年第3期)對俄藏 Инв.No.533 西夏寫本《破魔品》進行了全文譯釋,並對文中涉及的佛教術語及西夏文虛字進行了初步探討,爲研究西夏佛教史以及西夏語提供了基礎性語料。孫伯君《黑水城出土西夏文〈八種粗重犯墮〉考釋》(《西夏研究》2016年第2期)刊佈了俄藏 Инв.No.6474 中所收《八種粗重犯墮》的錄文,指出這篇密教戒律文獻譯自藏文。西夏文本的發現,進一步證實了有關漢文本實爲黑水城所出的推斷。孫穎新《西夏文〈諸法一心定慧圓滿不可思議要門〉考釋》(《寧夏社會科學》2016年第5期)依據西夏語法和散存於不同漢文佛教文獻中的段落、章句甚至零星詞語,嘗試最大限度地復原夏譯所據漢文底本,同時指出原作者"沙門釋子 $zji^2 nji^2$"有可能是元代杭州靈隱寺的普就禪師。

　　宋滿平《從幾組醫方談西夏文醫藥文獻的來源》(杜建錄主編《西夏學》第十二輯,甘肅文化出版社)認爲醫方可能來源於西北邊遠地區民間社會。湯曉龍、劉景雲《西夏醫方〈治熱病要論〉"小兒頭瘡方"破譯考證》(《中華醫史雜誌》2016年第2期)依據西夏文與漢字之間的相關性,指出俄藏西夏文獻 Инв.No.6476－28、29、30 是西夏醫學文獻《治熱病要論》中三首治療小兒頭瘡的醫方,並與漢文醫學文獻進行對比,認爲西夏醫學與漢族醫學之間有著密不可分的關係,但也有西北遊牧民族的特色。于業禮、張如青《日本天理大學藏三件出土醫學文書考證》(《南京中醫藥大學學報》2016年第3期)對敦煌文獻中的三件與醫學相關的文書殘片進行考證,指出其中前兩件爲陶祖光(北溟)舊藏,與部分西夏文文書裝裱於同一册中,可能爲西夏文獻;第三件爲張大千舊藏文書,是現存《察病指南》最早的版本,可能出自於敦煌北區洞窟。

趙天英《甘肅新見瓜州縣博物館藏西夏藏文藥方考》(《中國藏學》2016年第2期)對出自瓜州縣東千佛洞泥壽桃洞的三件甘肅瓜州博物館藏西夏藏文醫藥文獻從出土地點、同時出土的文物以及文字特點等方面考證,認爲屬於西夏時期所寫。文中指出其中所記瀉藥藥方、涼藥藥方、創傷藥藥方、治眼方均具有藏醫藥特色,用藥多爲西夏常見藥物,反映出西夏時期河西地區的一些常見疾病,説明西夏醫藥學除了吸收宋、金的先進經驗外,還向吐蕃學習,構成了西夏多樣化的醫藥學特色。

佟建榮《漢文史料中的西夏番姓考辨》(《中央民族大學學報》2016年第4期)發現了"部曲""冬至""令王""搜厥"等姓氏,指出西夏文獻在西夏姓氏及其他名詞術語方面的價值應當引起學界的注意。王龍《黑水城出土西夏文〈佛説大方廣善巧方便經〉考補》(《圖書館理論與實踐》2016年第7期)對俄藏 Инв.No.6451 西夏文《佛説大方廣善巧方便經》殘頁進行了介紹和釋讀,同時參考施護漢譯本對西夏文殘頁做了翻譯,爲研究西夏佛教史以及西夏語提供了一份基礎性語料。同氏《西夏文〈佛説避瘟經〉考釋》(《寧夏師範學院學報》2016年第1期)對西夏文《佛説避瘟經》的版本、形制及其內容進行了全面系統的梳理,爲西夏文獻學和佛教史研究提供了基礎資料。許鵬《俄藏 Инв.No.8084ё 和 8084Ж 號〈天盛律令〉殘片考釋》(《寧夏社會科學》2016年第6期)指出俄藏未刊 ИнвNo.8084ё 和 8084Ж 號《天盛律令》殘片是相連的,可以補充第四卷"敵軍寇門"佚缺的三則律條。

張小剛、郭俊葉《文殊山石窟西夏〈水月觀音圖〉與〈摩利支天圖〉考釋》(《敦煌研究》2016年第2期)指出題中的兩幅畫發現於文殊山石窟群後山古佛洞中,其中《水月觀音圖》繪製了《玄奘取經圖》的小畫面,與瓜州榆林窟、東千佛洞等石窟中發現的西夏時期的《水月觀音圖》及《玄奘取經圖》具有基本相同的形式。《摩利支天圖》曾發現於敦煌與黑水城等地出土的藝術品中,爲研究西夏佛教藝術提供了重要的新資料。趙生泉《俄藏武威西夏文靈骨匣題記解詁》(《寧夏社會科學》2016年第6期)對武威西郊出土的靈骨匣前端立板上的四行西夏文題記進行了考釋,指出"竇依凡遣"與"罨斡玉尼"有可能是同一人,區別在於前者是俗名,後者是法名,分別在遵從道教習俗買地相墓時或請僧侶主持的火化及相關儀典時使用。文章認爲,無論道教還是佛教,特別是藏傳佛教,對武威乃至河西喪葬儀俗都具有深刻影響。朱滸《西夏文銀牌"內宿首領"考釋》(《寧夏社會科學》2016年第3期)對2013年發現於寧夏同心縣的半塊西夏文金屬牌與其他同類銅牌進行比較研究,初步斷定此牌正面銘文爲"內宿首領",背後銘文"蘇"係党項姓氏,屬於西夏鏟形宿衛牌,該符牌爲西夏史與西夏文物研究增加了新的材料,具有重要的研究價值。

四、語言文字

關於語法,段玉泉《西夏文獻〈聖勝慧到彼岸功德寶集偈〉中的兩組程度副詞》(《西夏研究》2016 年第 4 期)認爲鮮卑寶源漢譯本多與西夏文譯本一致,翻譯爲"真實""實",兩外一組翻譯爲"極""最極""至實",程度似乎更深一些,指出兩組程度副詞還會出現連用情況。彭向前《西夏語中的對比連詞 mji¹ djij²》(杜建錄主編《西夏學》第十二輯,甘肅文化出版社)指出其與藏語中的連詞 ma gtogs 相當,義略相當於"只……""僅……""唯……",用於前一分句之後,連接肯定與否定的分句,構成對比複句,表示對比關係。唐均《西夏語的施受格問題》(杜建錄主編《西夏學》第十二輯,甘肅文化出版社)指出西夏語形態句法上的施受格情形,在藏緬語中可以找到類似的對應表現,但其顯性標記成分之間卻顯示不出多少同源特徵。朱旭東《西夏語和緬甸語天氣方面的詞語比較》(杜建錄主編《西夏學》第十二輯,甘肅文化出版社)發現西夏語和緬甸語天氣詞語有相當數量的同源詞,在非同源詞中,西夏語的詞語多爲單純詞,而緬甸語則多複合詞,二者在詞源、構詞等方面的異同之處有助於界定藏緬語族各語言的關係。

關於語言,陳繼宏《勞費爾中亞古代語言文字研究淺介——以吐火羅語、藏語、西夏語爲例》(《江西科技師範大學學報》2016 年第 2 期)的内容涉及吐火羅語中的漢語外來詞 ri、漢語中的吐火羅語外來詞"阿魏"、藏文書寫形成時間與藏文語源、西夏文音韻學與句法結構等,由此可窺其在語言學研究上重細節與實證、與歷史學相結合、跨學科、立足科學的研究方法等特點。孫伯君《12 世紀河西方音中的党項式漢語成分》(《中國語文》2016 年第 1 期)利用番漢對音資料研究古代漢語時,分析漢語與這些民族語聲韻特點的差異,還原古代漢語的語音形式;《西夏語聲調問題再探》(《語言科學》2016 年第 1 期)根據最近刊佈的一份音韻學材料,對與西夏語聲調相關的幾個問題進行了再探討;《西夏語"𦘒·ja"的用法及與之相關的慣用型》(《寧夏社會科學》2016 年第 1 期)將𦘒在文獻中的用法進行了重新梳理,重點考求了與之相關的幾種慣用型,對學界確定此詞的意義和用法有一定的參考。

關於文字,賈常業《〈音同〉中的異體字與訛體字》(《西夏研究》2016 年第 1 期)指出《俄藏黑水城文獻》第 7 册刊佈的《音同》甲、乙、丁三個版本中就有異體字 248 個、訛體字 97 個,共甄別異訛字 345 個,有助於今後識別這些文字和解讀文獻。聶鴻音《黑水城出土"轉女身經音"初釋》(《北方民族大學學報》2016 年第 1 期)認爲在 12 世紀的西夏境内同時流行著兩種不盡相同的"西北方言":一種是党項人學説的漢語,另一種是漢族知識分子的讀書音。

孫宏開《西夏語聲母系統擬測》(《語言研究》2016年第1期)採用內部構擬和外部構擬相結合的方法,重新構擬了西夏語的聲母系統。佟建榮《西夏文刊本〈三才雜字〉殘頁考》(杜建錄主編《西夏學》第十二輯,甘肅文化出版社)認爲《三才雜字》對瞭解西夏社會有很重要的意義,證明該文獻在西夏不止一次被雕刻印發,是西夏一部通行的識字讀本。王培培《夏譯漢籍中的漢夏對音字研究》(《寧夏社會科學》2016年第1期)匯集夏譯本漢文典籍中的對音字,發現了三個問題,並進行了介紹。同氏《夏譯〈論語〉與宋代西北方音》(《西夏研究》2016年第2期)利用夏譯《論語》中的對音字,並結合《番漢合時掌中珠》中的對音材料,揭示12世紀漢語西北方音的某些特點,對於研究漢語宋代西北方音是一份重要的資料。

五、軍事地理

安北江《宋夏好水川之戰問題再探》(《寧夏師範學院學報》2016年第5期)對學界在好水川主戰場的地理位置、相關戰役路綫以及附近各城寨相距里程等方面存在的薄弱研究進行了梳理和探析。崔紅風《北宋熙河路軍事地理研究》(寧夏大學碩士學位論文)對熙河路的變遷以及軍事地理戰略作了詳細論述、考證,有助於瞭解北宋在西北邊境的狀況。鄧文韜《從葭蘆寨到晉寧軍——宋金河東堡寨典型個案研究》(《保定學院學報》2016年第2期)對宋夏間的堡寨進行了論述,有助於瞭解宋夏關係。郭志安、王曉薇《北宋時期的黃河禦夏戰略》(《北方論叢》2016年第3期)指出禦夏戰略在發揮一定的有效作用時,也充分暴露出北宋王朝對外鬥爭中的軟弱性,爲宋夏鬥爭的長期開展帶來一定弊端。郝振宇、許美惠《西夏疆域三分:治國理路與佛寺地理的交互視角考量》(《寧夏大學學報》2016年第3期)以西夏佛寺的地理分佈特點爲基礎,綜合考量西夏自身的實際政治控力、軍事戰略部署以及區域經濟特點等因素,探討西夏疆域三分的複雜情況中蘊含的理性思考。李昌憲《淺攻進築:范仲淹在北宋對西夏作戰中的戰略思想》(《河南大學學報》2016年第4期)對范仲淹在宋夏邊境對夏作戰的戰略思想進行了詳細介紹,有助於瞭解當時的宋夏關係。趙生泉《〈宋西北邊境軍政文書〉印記考釋三則》(杜建錄主編《西夏學》第十二輯,甘肅文化出版社)對"延安府印"枚數、"保安軍金湯城軍之記""鄜延路鄜州軍司之印"進行了考釋。

陳育寧《地斤澤在何處?》(杜建錄主編《西夏學》第十三輯,甘肅文化出版社)經考察、考證,指出地斤澤在內蒙古自治區烏審旗旗政府向北70公里處的胡同查幹淖爾。方天建《遼夏和親中的地緣安全因素考察》《民族學刊》2016年第6期)用歷史地理學的解析視角,考察了遼夏和親中的地緣安全因素。王使臻《出土西夏文獻所見"寧星"相關地理位置考述》(《西夏研究》2016年第2期)對《西夏地形圖》與俄藏 Дx.2822《字書》中所記載的"寧星""龍馬川""三角"三個地名進行對比分析,考述了北宋時期陝北地區和西夏之間的相關地理、歷史問題。王一凡《北宋環慶帥司路研究》(寧夏大學碩士學位論文)對北宋時宋夏對峙的前沿陣地環慶路進行了研究,反映了環慶路在宋夏戰爭中具有重要的戰略地位,並和其他幾路帥司路相輔相成,共同構築了北宋西北防禦體系。張多勇、楊蕤《西夏綏州—石州監軍司治所與防禦系統考察研究》(《西夏研究》2016年第3期)通過野外考察,在無定河銀州與夏州之間找到唯一的西夏古城遺址(橫山縣波羅鎮東古城),闡述了西夏綏州防禦系統到北宋建立綏德軍防禦系統的變遷。張多勇《西夏宥州——東院監軍司考察研究》(杜建錄主編《西夏學》第十三輯,甘肅文化出版社)梳理了唐代的宥州以及古城遺址,認爲城川古城爲西夏沿用並建立宥州嘉寧監軍司,推測其後改爲東院監軍司。張笑峰《西夏鐵箭制度初探》(杜建錄主編《西夏學》第十二輯,甘肅文化出版社)依據西夏文法典《天盛律令》中的鐵箭條文,結合漢文相關史料,認爲西夏鐵箭制度源於北方少數民族以箭號爲信契的傳統。趙坤《論清遠軍在宋夏戰爭中的有限作用及其原因》(杜建錄主編《西夏學》第十三輯,甘肅文化出版社)對清遠軍在宋夏戰爭的兩個階段所發揮的實際作用進行了梳理,對清遠軍的實際價值進行了客觀的評價,指出清遠軍因選址不當且很早失陷,隨著宋夏戰爭形勢的變化而逐漸淡出歷史舞臺。

六、法律社會

關於西夏法律,戴羽《西夏換刑制度考述》(杜建錄主編《西夏學》第十三輯,甘肅文化出版社)指出西夏換刑在借鑒唐宋律的官當與贖刑制度上,又有鮮明的民族特點,如官當等級更多更密、附帶革軍、賜衣僧道享有特權;罰金有罰鐵、罰錢、罰馬,而罰錢有以罰代刑的發展趨勢。李華瑞《再論〈天盛律令〉的修纂》(杜建錄主編《西夏學》第十三輯,甘肅文化出版社)認爲《天盛律令》將律令兼用並書,不以律文爲總綱,而大量的專門法也是就事論事,所以決定其只能就事按別門分類,從側面説明西夏法典的不成熟。許生根《英藏〈天盛律令〉殘卷西夏製船條款考》(《寧夏社會科學》2016年第2期)指出英藏《天盛律令》中新發現的"造船及運行牢固等賞"條例是俄藏《天盛律令》版本中遺失的部分,特別是其中涉及西夏造船的內容是反映西夏舟船製造工藝的重要史料,該條款還保存了西夏工匠的待遇及收入分配的史料,記載了西夏向工匠發放貨幣和兼有貨幣職能的絹帛,對研究西夏工匠法、製船業具有重要的意義。閻成紅《西夏文〈亥年新法〉卷十六十七合本釋讀與研究》(寧夏大學碩士學位論文)選取《亥年新法》卷十六、十七合的全部内容作爲研究對象,在解讀基礎上分三個步驟對法律文獻中所涉及的相關問題進行討論與探究,對研究西夏社會歷史的相關問題具有一定的意義。尤樺《西夏武器裝備法律條文與唐宋法律條文比較研究》(杜建錄主編《西夏學》第十三輯,甘肅文化出版社)探討各個政權對於武器裝備管理之間的差異,以及西夏法律條文與唐宋律法之間的淵源。張笑峰《西夏〈天盛律令〉中的頭子考》(《寧夏師範學院學報》2016年第1期)根據《番漢合時掌中珠》中"出與頭子"、西夏南邊榷場使文書中"安排官頭子"的漢文記載,將《天盛律令》中對應西夏文語詞譯爲"頭子";指出頭子具有捕逃、收葬、告奏、派遣、交納等用途,認爲西夏的頭子源於對宋朝頭子制度的借鑒,而又略有區別。

西夏社會、契約方面,潘潔、陳朝輝《西夏土地典賣中的親鄰權》(《西夏研究》2016年第2期)結合唐、宋、元史料,指出在唐、宋、元時期親鄰在土地交易中享有先買權,西夏受唐、宋影響也有親鄰權的記載,在借鑒宋代相關研究的基礎上,闡述了西夏研究中少有提及的親鄰權。潘潔《西夏官糧窖藏》(杜建錄主編《西夏學》第十三輯,甘肅文化出版社)利用《長編》、西夏文法典《天盛律令》、宋代法律文獻《天聖令》、宋人筆記《雞肋編》、隋唐倉儲遺址發掘報告等多種資料,對西夏大型官糧窖藏的特點等進行了論述。史金波《黑水城出土西夏文雇工契研究》(《中國經濟史研究》2016年第4期)將此件契約中的草書識讀爲楷書並譯成漢文,同時對其内容進行詮釋,反映了西夏時期的雇工情況,披露出很多與雇工相關的經濟細節,有助於瞭解這一時期農業的一些基本面貌。其發現填補了這一時期的雇工契史料空白,具有重要文獻價值和學術價值。《黑水城出土西夏文賣地契研究》(《歷史研究》2016年第2期)反映出党項民族遊牧習俗的影響和當地耕地較多的地方特色,補充了西夏法典《天盛律令》有關水利管理的規定,是唐宋契約和元代契約的一種中間過渡形式,爲瞭解西夏黑水城地區的土地買賣及相關情況提供了寶貴資料。孫小倩、張彥龍《西夏民間"會款"現象探析》(《山西檔案》2016年第2期)據考古發現及相關史料記載,指出民間"會款"是一種比較普遍的經濟活動,認爲它是流行於西夏民間社會的一種比較廣泛的資金融合方式,用於借貸或者互助等。于光建《〈天盛律令〉對買賣借典"中間人"的規制》(杜建錄主編《西夏學》第十三輯,甘肅文化出版社)指出《天盛律令》相關條文中對"中間人"的西夏文稱謂有多種表述形式,並對其在交易中的違法行爲也作出了嚴格規制。張淮智《黑水城所出〈大德十一年稅糧文卷〉整理與復原》(杜建錄主編《西夏學》第十二輯,甘肅文化出版社)將《中國藏黑水城漢文文獻》部分所收可能與大德十一年稅糧徵收、照勘相關的文書與文卷進行了比對,依據文書的内容和行文邏輯,對《大德十一年税糧文卷》中的兩號文書殘片進行了綴合,將其復原爲一件文書。

七、政治經濟

政治方面,陳光文《西夏時期敦煌的行政建制與職官設置》(《敦煌研究》2016 年第 5 期)指出西夏佔據敦煌後,在瓜州、沙州分別設立監軍司,負責當地的軍事與行政事務,並委派豪酋大族實行統治,同時在二州分別設立刺史、轉運司,這些自上而下構成了瓜、沙二州的職官體系。梁松濤、田曉霈《西夏"權官"問題初探》(《敦煌學輯刊》2016 年第 4 期)討論了西夏時期權官的類別、特點。梁松濤、李靈均《西夏晚期庫局分磨勘、遷轉及恩蔭禁約制度》(《寧夏社會科學》2016 年第 5 期)利用新譯出的《亥年新法》相關條文,討論西夏晚期局庫分磨勘、遷轉及恩蔭禁約制度,發現邊中六庫在磨勘時,其賬册不再按距離遠近在規定的時間内交磨勘司審驗,而是邊中各庫由各司院相互交换磨勘。馬旭俊、楊軍《論西夏蕃、漢禮之争的本質——以"任得敬"爲個案研究》(《西北民族大學學報》2016 年第 4 期)指出蕃、漢禮之争社會經濟的最深層次本質是:實現層級臣僚統治(以儒治國,加强皇權)與有限經濟能力(半農半牧)之間的固有矛盾。魏淑霞《西夏職官制度若干問題研究》(寧夏大學博士學位論文)對西夏職官制度中的幾個問題進行全面系統的梳理和研究,探求西夏職官制度運行中各利益群體的協調,體察西夏法律政令文本與實際執行之間的關係。張玉海《西夏佛經所見官職名人名述考》(《西夏研究》2016 年第 4 期)在前人職官研究的基礎上,系統梳理了存世的西夏文、漢文佛經中所存各種職官、人名,糾正了以往學界的部分認識錯誤。利用西夏佛經中保存的官職名、人名資料進行職官研究,可以豐富、深化我們對西夏官制及佛教管理制度的細節認知。

經濟方面,陳瑞青《從黑水城文獻看西夏榷場税率》(杜建録主編《西夏學》第十二輯,甘肅文化出版社)指出,西夏榷場税率大致維持在 3% 至 5% 之間,而以 4% 最爲常見,造成這一局面的主要原因在於西夏榷場的川絹與河北絹具有商品和一般等價物的雙重身份,體現了西夏榷場管理體制的嚴密性。杜維民《試析唐代内遷党項的社會經濟》(杜建録主編《西夏學》第十三輯,甘肅文化出版社)指出党項遷居隴右慶州和鄂爾多斯高原後,漢族先進的生産技術、農田水利灌溉系統、生産工具,對党項社會生産力的提高和經濟的發展,都起著積極的推動作用。孔祥輝《西夏時期的甘州馬場》(《寧夏大學學報》2016 年第 4 期)借助《天盛改舊新定律令》研究西夏時期甘州馬場的經營管理,對瞭解西夏社會,尤其是對西夏河西地區的畜牧業生産和經濟社會發展具有重要作用。李玉峰《西夏農具考釋》(寧夏大學碩士學位論文)通過對西夏農具的考釋,認爲當時西北地區的農業已不是粗放式的耕作,而是經過耕墾、播種、鋤草、收割、打碾等一系列程式的細作農業。駱詳譯、李天石《從〈天盛律令〉看西夏轉運司與地方財政制度——兼與宋代地方財政制度比較》(《中國經濟史研究》2016年第3期)以《天盛律令》出土的水利管理方面的律文爲重點,探討西夏地方財政的運作模式,反映出11—13世紀中國西北政權與漢族政權在財政制度上的傳承與演變。朱滸《寧夏首次出土篆書乾祐元寶》(《中國錢幣》2016年第1期)是繼篆書"光定元寶"後發現的第二種西夏篆書漢文錢,爲西夏錢幣增添了新品種,對研究西夏的歷史、制度、文化等具有重要意義。

八、西 夏 遺 民

有關西夏遺民,陳瑋《敦煌莫高窟題記所見西夏歸義人研究》(杜建録主編《西夏學》第十二輯,甘肅文化出版社)認爲第444窟題記爲西夏歸義人題記,年代爲北宋建中靖國元年(1101),反映了西夏對歸義人的安置政策以及宋夏緣邊藩部虔誠的佛教信仰。鄧文韜《元代西夏遺裔三旦八事跡考》(《寧夏社會科學》2016年第4期)論述了西夏遺僧三旦八的發跡過程,指出在亦思巴奚兵亂中,三旦八應對元廷統治秩序在福建的崩壞負有一定責任。姜錫東《北宋府州折氏的忠誠與世襲制》(《社會科學戰綫》2016年第10期)對北宋時期府州折氏家族進行論述,指出北宋府州折氏的世襲制,絕非一種簡單的普通的世襲制,而是一種中央主導下的血緣加能力的複合型世襲制,是一個特殊的成功案例。劉志月、鄧文韜《元代西夏遺民著述篇目考》(《西夏研究》2016年第2期)結合元明清人著録的文集、詩集、方志、金石文獻,反映了元代西夏遺民的唐兀人普遍具有較高的漢化水準。潘潔《西夏稅户家主考》(《寧夏社會科學》2016年第2期)對黑水城出土的西夏法典《天盛律令》的梳理及其他文書、史料的印證,進一步詮釋了稅户家主是有耕地的納稅農户,承擔"租役草",隨著封建化進程的加劇,稅户家主按地緣遠近編入農遷溜,是西夏鄉里制度史上的重要變革。于光建、鄧文韜《開封宋代繁塔夏州李光文題刻考述》(《石河子大學學報》2016年第3期)通過梳理李光文生平事跡以及任職履歷,可知李光文可能於宋開寶七年(974)四月至九年(976)十月到開封繁塔捐施財物。該題刻雖然僅13個字,但對研究宋初夏州党項歷史具有重要的價值,是目前發現夏州党項上層人物在宋都開封活動和信奉佛教的唯一實物資料,補充了正史資料的缺失。張琰玲《昔李鈐部家族研究述論》(《西夏研究》2016年第4期)依據《元史》、明清史籍、文集、方志、碑銘等資料,系統梳理了昔李鈐部家族文獻、研究動態,整理出《昔李鈐部家族人物表》。趙彥龍、孫小倩《西夏譜牒檔案探析》(杜建錄主編《西夏學》第十二輯,甘肅文化出版社)記載了西夏党項羌族的世系和人物事跡及在一定歷史時期的政治、經濟、文化狀況,對研究西夏歷史、社會、人口等具有史料價值。

九、民族關係

陳偉慶《蘇軾論宋夏關係》(《西夏研究》2016 年第 2 期)討論蘇軾對宋夏軍事力量的認識變化,對蘇軾對宋夏關係的態度和主張進行了詳細論述,有助於瞭解當時的宋夏關係。蔣靜靜《大蒙古國與金、西夏關係研究》(煙臺大學碩士學位論文)系統梳理了蒙古與金、西夏的戰爭,分析了交戰過程中雙方的關係,包括議和盟約之事,有助於對蒙夏、蒙金關係的認識。王震《遼西夏金"天使"考》(《齊齊哈爾大學學報》2016 年第 8 期)指出遼朝"天使"爲對皇帝使者的尊稱,表示一種身份而並非官職;西夏金朝的"天使"也是對使者的稱呼,包括將帥的使者,文章認爲西夏"銀牌天使"可能爲一種官職,相當於宋朝的内殿承班。張少珊《遼金承認西夏帝位的原因分析》(《赤峰學院學報》2016 年第 1 期)認爲遼、金承認西夏帝位的原因是所處内外環境複雜、統治危機加深、爲保存自己、共同應對外來敵人迫不得已採取的舉措。趙坤《遼、宋、金册封西夏"皇帝"始末考》(《河北北方學院學報》2016 年第 3 期)梳理西夏國君獲得皇帝封號的相關史實,不僅能夠對當時各政權之間的外交形勢有更爲清晰的認識,同時也可對元朝不修西夏史有更深刻的思考。周峰《金詩中的金夏關係》(杜建錄主編《西夏學》第十三輯,甘肅文化出版社)認爲現存金詩反映了與西夏毗鄰的金朝西陲邊地風貌,記敍並間接描繪了金夏戰事。

十、研究綜述與評介

關於綜述,安北江《"第四屆西夏學國際學術論壇暨河西歷史文化研討會"綜述》(《中國史研究動態》2016 年第 4 期)對西夏的歷史文獻、語言文字、社會經濟、歷史地理、文物考古、文化藝術、宗教信仰、河西歷史文化等方面的研究進行了交流,拓寬了西夏學研究的視野,還對"河西學"的構建等問題進行了深入的探討。同氏《西夏寺院經濟研究述論》(《山西大同大學學報》2016 年第 5 期)指出西夏寺院經濟的研究尚處於起步階段,對當前研究進行梳理,探究其現狀及原因,方便學界更好地把握西夏寺院經濟的研究熱點和難點。卜凱悦《2014 年西夏文物考古研究綜述》(《西夏研究》2016 年第 1 期)從墓葬、遺址、碑刻等方面回顧 2014 年西夏文物考古研究所取得的一系列新成果,並提出一些見解。段玉泉《西夏語文獻閱讀劄記》(杜建錄主編《西夏學》第十二輯,甘肅文化出版社)對西夏文獻中的一些詞語進行了研究。孔德翊、馬建軍《"西夏陵突出普遍價值"學術研討會綜述》(《寧夏師範學院學報》2016年第4期)從西夏文化與中華文明關係、西夏陵與中國帝王陵研究、西夏陵突出的普遍性價值三個方面,深入闡釋了西夏陵遺產的價值,有助於推動西夏陵的申遺工作。李華瑞《2014年遼宋西夏金元經濟史研究綜述》(《中國史研究動態》2016年第1期)統計相關領域發表論文近200篇,指出有新見的論文不多,重複、細碎性研究日趨嚴重,尚未見遼西夏金元經濟史方面的專題研究著作;宋代社會經濟史專題的研究在朝貢體系、借貸業、救荒、城市、建築等領域取得可喜進展,均較前人研究有所推進。孫效武、楊蕤《近二十年來〈天盛律令〉研究綜述》(《西夏研究》2016年第4期)基於西夏文出土文獻,對綜合性研究、成書年代與殘片補釋、法律層面研究、社會經濟四個部分的代表性專著與論文進行了綜述,評述了其研究價值與不足。魏淑霞《"北方民族文字數字化與西夏文獻研究國際研討會"綜述》(《西夏研究》2016年第4期)介紹會議於2016年8月21—23日在銀川召開,收到論文20餘篇,涉及西夏語言文字、西夏文獻整理與研究、北方民族文字數字化、契丹文和八思巴文研究等多方面内容。魏淑霞、胡明《西夏塔寺研究述評》(《西夏研究》2016年第1期)對前人研究成果進行回顧梳理,並對未來西夏塔寺研究作了簡單展望。于光建《西夏典當借貸經濟研究述評》(《西夏研究》2016年第3期)從《天盛改舊新定律令》與西夏典當借貸、典當借貸制度、西夏典當借貸契約三個方面回顧了學術界對西夏典當借貸經濟研究的成果,並展望了當前和今後西夏典當借貸經濟研究進一步深入的趨向。鄭玲《河西回鶻與西夏關係研究綜述》(《西夏研究》2016年第2期)系統梳理河西回鶻與西夏之間的戰和關係、貿易往來和文化交流等方面的研究成果,爲深入研究西夏與回鶻關係史作了基礎性學術史評述。周峰《2015年遼金西夏史研究綜述》(《中國史研究動態》2016年第6期)統計2015年該領域出版專著80餘種、發表論文1100餘篇,指出儘管相關研究雖然水準低且重複之作大量出現,但在政治史等領域出現了一些高水準的論著。文章強調史金波、宋德金主編的《中國遼夏金研究年鑒(2013)》是本系列年鑒的第一部,爲學術界全面瞭解遼金西夏史的年度進展提供了翔實的資料。

關於評介,鄧文韜《〈党項西夏碑石整理研究〉評介》(杜建録主編《西夏學》第十二輯,甘肅文化出版社)介紹了《党項西夏碑石整理研究》的内容,對西夏金石資料進行了全面的搜集、整理與研究,並指出了不足。Guillaume Jacques、聶鴻音《〈党項語歷史音韻和形態論綱〉述評》(《當代語言學》2016年第4期)對存世文獻做出共時的語文學闡釋,參照夏譯漢文語料來確定西夏字義和描述西夏語法特徵，認爲這些研究成果對於解讀文獻是絕對必需的，但距離語言學的最高理想還很遙遠。李曉鳳《姓名學視域下的西夏學研究——〈西夏姓名研究〉述評》（《西夏研究》2016年第4期）指出，《西夏姓名研究》在廣泛吸收前人研究成果基礎上，從姓名學、語言學、歷史學、民族學、文獻學角度解決了西夏人的姓名這一難題，將西夏姓氏、人名研究提高到了一個新高度，爲深入解讀西夏歷史文化提供了全新路徑，是西夏學研究的典範之作。張永富、安北江《西夏文獻目錄學的鼎力之作——〈西夏文獻解題目錄〉評介》（《西夏研究》2016年第3期）指出《西夏文獻解題目錄》彌補了諸多不足，是迄今爲止收錄文獻較爲全面、考證較爲嚴謹、編目分類較爲合理的一部力作。劉紅軍、孫伯君《〈西夏佛經序跋譯注〉讀後》（《寧夏社會科學》2016年第6期）指出該書首次彙集並系統整理了俄藏黑水城文獻中西夏文佛經裏的發願文與部分題記，並對這些佛經序跋的內容進行了語文學與文獻學考釋，認爲這份基礎材料的彙集和譯注的出版，必將嘉惠西夏學界、佛學界、中國文學史學界的研究。孫伯君《〈西夏文金剛經研究〉讀後》（《寧夏社會科學》2016年第4期）指出荒川慎太郎《西夏文金剛經の研究》分研究、文本、圖版三編，彙集了其多年來西夏文獻解讀、西夏語音和語法研究的成果，體大思宏，新見迭出，是迄今爲止對存世西夏文《金剛經》漢夏文本梳理最爲詳盡的著作，在語言學、文獻學上各有三項突出貢獻，是西夏文獻語言學的經典之作。于光建《西夏六個方位監軍司的治所在哪裏？——讀張多勇〈西夏京畿鎮守體系蠡測〉有感》（《西夏研究》2016年第4期）指出張多勇《西夏京畿鎮守體系蠡測》首次確定了西夏東院、西院、南院、北院、北地中、南地中六個方位監軍司的治所，雖未爲定論，卻使西夏監軍司研究取得重要突破。趙天英《〈黑水城出土西夏文醫藥文獻整理與研究〉讀後》（《西夏研究》2016年第3期）指出梁松濤《黑水城出土西夏文醫藥文獻整理與研究》分爲上、下兩編：上編探討了西夏醫藥文獻的底本、價値、特點、醫學特色及其所反映的西夏文化；下編對11件文獻共計94首醫方逐一做了解讀與考釋。

關於考察紀行，劉永增《寧夏內蒙古甘肅隴東石窟考察記》（杜建錄主編《西夏學》第十三輯，甘肅文化出版社）有助於對這些區域石窟遺存的認識，是研究當時佛教造像流行與發展不可多得的資料。王禹浪、王文軼、王俊錚《寧夏西夏王陵、賀蘭山岩畫、靖邊統萬城考察紀行》（《黑河學院學報》2016年第4期）通過實地考察，對西夏王陵、賀蘭山岩畫、靖邊統萬城做了詳細的記錄。

2017 年西夏學研究綜述

韓樹偉（蘭州大學）

  2017 年西夏學研究取得了一定的成果，據筆者不完全統計，2017 年出版論著 24 部，内容涉及西夏歷史文化、社會經濟、佛經考釋、民族關係等。

  西夏歷史文化方面，李昌憲《中國行政區劃通史　宋西夏卷》（修訂本）（復旦大學出版社）依據《宋史》《資治通鑑》《續資治通鑑長編》《宋會要輯稿》《太平寰宇記》《元豐九域志》《元和郡縣圖志》等史書及大量的地方志、文集、筆記等資料，共分六編，從學術上全面、深入地論述了宋代地方行政體制與行政區劃的變遷以及西夏的地方行政體制，填補了宋代及西夏政區地理研究的空白。李强《西夏王——英雄之生，當爲王霸》（現代出版社）以西夏景宗李元昊爲主角，講述了少數族羣党項人的漫長起源，以及党項皇族在西北建立少數民族政權並發展壯大，直至消亡的歷史。本書鉤稽史料，著述嚴謹，深入分析党項人的源流與去向，破解党項人及其他少數族羣與漢人的關係，解密西夏文明，揭示了少數族羣與漢人共同創造發展中華文明的特有歷史規律。李兆慶《成吉思汗》（中國文史出版社）敍述了成吉思汗從苦難中崛起，統一蒙古草原諸部，繼而揮師南下攻金、遠征中亞、殲滅西夏，並且横掃亞歐大陸，直至建立蒙古帝國的傳奇經歷，歌頌了他對中華民族的統一和發展做出的傑出貢獻。［日］杉山正明著，郭清華譯《疾馳的草原征服者：遼、西夏、金、元》（臺灣商務印書館）是日本講談社"中國的歷史"系列"遼西夏金元"一卷。"中國的歷史"爲日本講談社百週年獻禮之作，是日本歷史學家寫給大衆的中國通史讀本。本卷涉及的是 9 世紀後半期至 14 世紀末大約五百年間的歷史。作者認爲本書所涉五百年乃至六百年間，歷史的整個進程正是開啓歐亞大陸世界史和中國史邂逅、交鋒的六百年。童超《看得見的中國史　遼西夏金》（北京聯合出版公司）敍述了各少數民族政權建立的過程，探討了它們之間的關係。陳瑋《西夏番姓大族研究》（甘肅文化出版社）緒論部分含西夏的族羣結構與族羣認同、番姓大族與西夏社會、前人研究述評及問題的提出、本書結構安排等。全書分三章：第一章《西夏番姓大族的身份認同》；第二章《從藩鎮到皇朝：西夏番姓大族的權力構建》；第三章《政治化的西夏番姓大族信仰》。彭向前《党項西夏名物匯考》（甘肅文化出版社）是史金波、杜建録主編《西夏學文庫》之一，作者利用正史、編年、政書、文集、筆記、碑刻等多種史料，把漢文文獻與党項、吐蕃少數民族語文材料結合起來，運用學術研究中"審音勘同"手段,首次對大批党項與西夏及其相關的專名進行校勘、研究,所考訂的詞目近 300 條,涉及漢文、西夏文詞目上千條,有助於解決党項、西夏歷史文獻中的專名混亂、訛誤等問題,使相關史料得到正確的詮釋和運用,對促進西夏史研究乃至宋代西北民族研究都具有十分重要的意義。史金波《西夏風俗》(全彩插圖本)(上海文化出版社)是"中國風俗通史叢書"之一,作者利用各種文獻資料,敍述了西夏時期的喪葬、飲食、居住、服飾、行旅、生育、婚姻、養老、喪葬、商貿、信仰、歲時等風俗習慣。賈常業《西夏文字揭要》(甘肅文化出版社)作爲《西夏學文庫》第一輯《論集卷》的重要組成部分,收錄了作者自 2005 年以來所撰寫的 20 篇學術論文,書後還附有《西夏文檢字部首目錄》和《西夏文部首檢字表》,爲廣大西夏學研究者進行查閱提供了便利。《西夏文字揭要》一書豐富了西夏語言文字研究的内容,推動了西夏學研究的穩步發展。雪漠著《西夏的蒼狼》《西夏咒》《無死的金剛心》(中國大百科全書出版社)被稱爲"靈魂三部曲",其中《西夏的蒼狼》寫了一位南方女子紫曉尋找西夏遠古神獒的後裔"蒼狼",進而追尋西部黑歌手的生命旅程。《西夏咒》從西夏神秘岩窟金剛亥母洞裏發掘出的歷史秘笈的解讀和演繹,展示了諸多鮮爲人知的西部人文景觀。

關於社會經濟,史金波《西夏經濟文書研究》(社會科學文獻出版社)從西夏王朝和西夏的經濟,西夏文獻中有關西夏經濟的記載,户籍文書、租税文書、糧物計賬文書、商貿文書、契約文書,漢文經濟文書對出土文獻中的有關西夏經濟的資料進行了研究,書末附有西夏文經濟文書的録文、對譯和意譯。乜小紅《中國古代契約發展簡史》(社會科學文獻出版社)對契約研究作了學術回顧,並從經濟關係的契券與發展、家庭宗族内規約、社會基層券約等方面進行了研究,其中第八章探討了各民族文字契約,包括西夏文契約。

關於西夏研究論文集,陳廣恩《西夏元史研究論稿》(中國社會科學出版社)是"暨南史學叢書"之一。該書從作者已發表的論文中挑選出 19 篇組成,其中西夏史 7 篇,元史 12 篇。西夏史論文中,關於西夏的人民起義、伊斯蘭教和景教的論述,是以往研究中没有探討過的論題,而多元性則是西夏文化的一個顯著特點,西夏的部分科技成就在同時期中國科技史上佔據領先地位。崔紅芬《西夏佛教文獻研究論集》(宗教文化出版社)屬於"中國佛教學者文集/寶慶講寺叢書"之一,收録了作者關於西夏文本,如《大乘聖無量壽王經》《聖勝慧到彼岸功德寶集偈》《藥師琉璃光七佛本願功德經》等各種經典的考察。姜錫東主編《宋史研究論叢》第二十輯(科學出版社)收録 30 篇學術性專論,分爲宋代政治制度、地方社會、思想科技、遼金專題、文獻考證、書評綜述等專欄,所發文章是目前宋、遼、金、西夏史學界相關問題的研究成果。李華瑞《宋遼西夏金史青藍集》（中國社會科學出版社）是作者指導的研究生在學期間發表的論文集，收有黃正林《國民"扶植自耕農"問題研究》、徐黎麗《論民族的三個基本屬性》、彭向前《試論遼對西夏的遏制政策》、馬玉臣《試論宋神宗時期的州縣省廢》、韓毅《宋代僧人對儒家中庸思想的認識與回應——以宋學形成前釋智圓和釋契嵩爲中心的考察》等文章。李華瑞《西夏史探賾》（甘肅文化出版社）是"西夏學文庫·論集卷"之一，收錄了著者《試論西夏經營河西》《北宋仁宗時期聯蕃制夏政策述論》《論宋夏爭奪西北少數民族的鬥爭》《元朝人不修西夏史芻議》《貿易與西夏侵宋的關係》《北宋朝野人士對西夏的看法》《北宋末期及南宋與西夏的關係》等近三十篇文章。馬聰、王濤、曹旅寧《出土文獻與法律史研究現狀學術研討會論文集》（暨南大學出版社）是第六屆"出土文獻與法律史研究現狀學術研討會"的成果結集，共收集論文二十餘篇。收錄文章有嶽麓書院藏秦簡中的部分簡牘的歸類及針對其中出現的若干令名的研究成果，對張家山漢簡二年律令與秦漢法律史的研究現狀進行的總結，就睡虎地秦簡所見的法律術語展開的細緻討論，從法律制度、法律思想等若干角度對秦漢、隋唐法律制度乃至西夏法制進行的深入研究。之承《晚晴集》（寧夏人民出版社）收錄了作者近些年所寫的近體詩300餘首，收錄了水洞溝、寧夏博物館、蘇峪口、沙湖、賀蘭山岩畫、西夏王陵、中華回鄉文化園、塞上初春、塞上春寒、黃河樓等作品。周偉洲主編《西北民族論叢》第十五輯（社會科學文獻出版社）對西夏文《同義》詞書、《黑城出土文書》中所見元代亦集乃路的灌溉渠道、敦煌懸泉置遺址所出有關烏孫漢簡的考釋等進行了論述。周偉洲《党項西夏史論》（甘肅文化出版社）是"西夏學文庫"之一，分上、下兩篇：上篇《唐代党項》六章，含緒論、唐初党項的降州及党項諸羈縻府州的設置、唐代党項的內徙與分佈、唐朝中後期的党項、唐末党項拓跋部的崛起及其割據勢力的形成、五代時期的党項；下篇《党項西夏論文》，收入論文有：《陝北出土三方唐五代党項拓跋氏墓誌考釋——兼論党項拓跋氏之族源問題》《早期党項拓跋氏世系考辯》《早期党項拓跋氏世系補考》《五代馮暉墓出土文物考釋》《五代至宋初陝北党項及宋夏在陝北的爭戰和影響》《宋初党項李氏割據勢力的消亡與復興》《夏州党項李氏割據政權的鞏固與西夏建國基礎的奠定》《元昊簡論》。文末還附有《西夏的興起與青白鹽問題》譯文。

關於佛經考釋，楊志高《〈慈悲道場懺法〉西夏譯文的復原與研究》（中國社會科學出版社）利用中、俄、英等地收藏的《慈悲道場懺法》西夏文本，對其進行了校對綴合，有助於對西夏佛教史乃至中國佛教史的認識，也有益於梳理中原地區和少數民族地區宗教文化交流的某些特點，具有重要的文物、文獻、語言文字和歷史研究價值。

關於民族關係，杜建錄《西夏與周邊民族關係》（甘肅文化出版社）是"西夏學文庫"第一輯之一，上篇論述了西夏與周邊民族關係史，中篇探討了宋夏關係的若干問題，下篇是西夏交聘表。

另外，2017年共發表論文228篇，其中學位論文27篇（博、碩論文是近幾年突增的研究趨勢，尤其在對西夏學相關領域的文獻搜索與闡述方面頗有意義），《西夏學》《西夏研究》發表論文85篇，加上《寧夏社會科學》發表的21篇，寧夏大學學位論文7篇，共113篇，將近總數的一半。從這些論著的作者所在單位來看，寧夏大學已經成爲名副其實的研究西夏學及培養人才的重要陣地。這些論著主要涉及西夏文獻考釋、佛教經典解讀、語言文字考究、法律契約文書整理與研究、西夏遺民考證、研究綜述、名家名著介紹等多個方面，尤其對出土文獻的考釋、佛教經典的解讀比較集中。下面從政治軍事地理、法律社會經濟（包括錢幣）、文獻考釋文化互動、語言文字、佛教及其經典、西夏石窟考古藝術、西夏遺民考證、述評八個方面進行概述。

一、政治·軍事·地理

政治方面的研究，主要著眼於西夏與其他政權的關係。郭冰雪《北宋對黨項貴族的賵賻之禮》（《西夏研究》2017年第1期）認爲，這一儀禮一定程度上有緩解宋與黨項政權之間緊張關係的作用。黃純艷《北宋東亞多國體系下的外交博弈——以外交談判爲中心》（《中國邊疆史地研究》2017年第1期）指出華夷觀念是外交博弈的基本理念，在華夷觀念下代表著等級制國際關係的名分是外交博弈的首要目標，利益是外交博弈的核心訴求，其背後都是對國家安全的追求。外交博弈的結果主要取決於綜合實力，同時受到外交政策的深刻影響。北宋外交博弈既有歷史共性，也有多國體系下的特殊性。張永富《西夏文獻中的"群牧司"與"州牧"》（《西夏研究》2017年第1期）通過漢文典籍中出現的地方軍事行政長官"群牧司""州牧"在西夏文本《類林》中被譯成了"群牧司大人"，旨在說明夏譯漢文典籍中類似因誤解漢文意思的翻譯爲數不少。郝振宇《唐宋絲綢之路視域下黨項西夏政權建立的歷史考察》（《西北民族大學學報》2017年第2期）以李元昊依托河西地區建立黨項政權的過程爲考察對象，探求河西地區歷史發展的轉變軌跡以及陸上絲綢之路的變化給中原王朝發展帶來的極大影響。王萬志《遼夏封貢關係探析》（《史學集刊》2017年第5期）對遼夏封貢關係的開始、建立、發展、破壞和修復進行了介紹，指出在遼夏封貢體系之下，兩國保持著冊封、進貢、朝賀、吊祭等朝貢活動往來，並且在軍事、政治方面有密切互動和聯繫。在遼朝的朝貢體系中，西夏屬於遼朝的"外圈"朝貢體系。燕永成《北宋後期的禦將新體制及其影響》

(《文史哲》2017年第5期)不僅對北宋邊境政策有了認識,而且對宋與遼、金、西夏等北方少數民族關係有了清晰的把握。馬旭俊《金夏關係研究》(吉林大學博士學位論文)對金夏交聘制度與禮儀、金夏使節、金夏經濟互動、其他政權對金夏關係的影響等問題進行了考察,對於理解金與西夏這兩個少數民族主導的政權以及12世紀中國的政治格局、民族關係、經濟文化交流等問題有著重要的意義。張順利《民族交往視角下的西夏與遼朝民族政策探析》(煙臺大學碩士學位論文)討論了西夏與遼的交往和政策,分析了西夏與遼民族政策與民族交往的共性特點,有助於我們從民族視角下認識西夏與遼朝的民族政策。

軍事方面,范學輝《俄藏黑水城金代〈西北諸地馬步軍編册〉新探暨重命名》(《歷史研究》2017年第1期)根據孫繼民《西北諸地馬步軍編册》之標點錄文,在考證文書形成年代、背景和主要内容的基礎上,認爲該文書應當重新命名爲《金貞祐三年十月臨洮路上陝西宣撫司核實世襲蕃部巡檢與弓箭手編册》,同時對文書中出現的人物族屬問題也進行了辨析,指出文書是金朝備戰金夏臨洮戰事的產物,也在臨洮之戰中落入西夏之手。[日]荒川慎太郎著,王玫譯《西夏的"炮"設計圖》(《西夏研究》2017年第4期)通過對俄羅斯聖彼得堡東方文獻研究所保存的編號爲Tang.46 inv.No.156(2006) st.inv.No.5217的西夏文寫本進行研究,認爲"圖中所展示之物爲弦樂器"這一結論有諸多不合理之處,應爲中國古代"炮"(投石器、投石機)的設計圖。宋士龍《宋軍在三川口、平夏城兩場戰役中的防禦戰術之比較》(《西夏研究》2017年第4期)認爲據城堅守、待隙進攻、援軍持重、相機攻守、策應牽制的攻防結合戰術爲有效抵禦西夏或其他遊牧民族侵略提供了重要借鑒。景永時《西夏地方軍政建置體系與特色》(《寧夏社會科學》2017年第6期)分析指出西夏地方軍政按不同的軍政屬性設立了相對獨立的管理體系,地方軍政事務分京師和邊中,由殿前司和經略司分別管轄。

歷史地理方面,史金波《西夏與開封、杭州》(《浙江學刊》2017年第1期)指出夏州、靈州和興慶先後與北宋都城開封有複雜而密切的往來,反映出西夏建國前後與北宋政治、經濟、文化等方面的關係。宋朝南渡後西夏與南宋的往來被金朝阻隔,興慶府與南宋都城杭州基本斷絕了往來。西夏滅亡後,黨項族民族地位較高,元朝統治者敕命在杭州雕印西夏文《大藏經》,西夏後裔黨項族僧人董理其事,並於杭州飛來峰雕刻佛教造像,在杭州留下了黨項後裔的歷史足跡。鄭彥卿《西夏省嵬城歷史考略》(《西夏研究》2017年第3期)指出省嵬城是拱衛西夏京畿北部的門户,也是西夏北部的一個經濟中心,推測省嵬城可能是定州州治所在地,認爲省嵬城的位置原在黄河之東,後因黃河改道而在黃河之西。任歡歡《西北堡寨在宋夏戰爭中的作用——以青澗城爲例》(《北方論叢》2017年第4期)對北宋爲應對西夏在西北所採取的措施進行了分析,反映了青澗城在西北邊陲與夏交鋒中發揮了重大作用。王源《遼西京在遼夏往來中的地位與作用》(內蒙古大學碩士學位論文)揭示遼西京既是防禦西夏的前沿地區,戰略地位十分重要,又是遼夏政權之間友好交往的平臺,旨在説明遼夏關係的主流是和平交往。

二、法律·社會·經濟

關於西夏《天盛律令》及其他法律研究,[俄]Е.И.克恰諾夫著,唐克秀譯《西夏的"自然人"與"法人"——〈天盛律令〉研究專著第二部分譯文》(《西夏研究》2017年第1期)從理論層面論述了自然人和法人的問題,介紹了前者所享有的法律權利和行爲能力。作者在列舉中外學者關於西夏社會性質的主要論斷後,認爲西夏是奴隸社會。李温《西夏喪服制度及其立法》(《西夏研究》2017年第1期)比較《唐律疏議》和《天盛改舊新定律令》的相關法條,認爲其反映了西夏對唐宋喪服制度的傳承。駱詳譯《從〈天盛律令〉看西夏荒地產權制度的流變》(《中國邊疆史地研究》2017年第1期)通過比較西夏與唐宋荒地產權制度的相關問題,分析唐宋、西夏土地買賣契約文書,認爲西夏荒地產權制度不僅反映了西夏一朝土地私有制的發展狀況,更是唐代均田制瓦解以來土地私有化在西北地區的歷史繼承。惠宏《西夏〈天盛律令〉之中藥名"蔓荊子"考釋》(《寧夏社會科學》2017年第4期)對《天盛律令》卷十七"物離庫門"中的一味中藥進行了考釋,認爲它是中藥名"蔓荊子"的音譯。姜歆《論西夏的司法觀念》(《寧夏社會科學》2017年第6期)指出西夏的司法觀念深受儒家、法家及本民族習慣法的影響,尤其是儒家思想的影響在西夏制定的成文法典中表現最爲突出。西夏司法觀念的確立,説明西夏能夠對中國傳統思想輾轉承襲,又能結合自身實際,形成了特色鮮明的司法觀念。周峰《金朝與西夏盜竊法比較研究》(《遼金歷史與考古》第七輯,遼寧教育出版社)認識到金朝與西夏對官私財物的保護,揭示了其保護統治階級既得利益、維護社會穩定的對策和前後發展的變化。張松松《西夏軍事法條研究》(河北大學碩士學位論文)在對所存西夏文文獻中的軍事法條耙梳的基礎上,首先從歷史文獻學角度對西夏軍事法條所在的法典文獻的版本進行了介紹,對當前保存狀況有全面認識。該文利用漢文譯本材料,探究西夏每部法典修訂時軍事法制建設的重點,追尋西夏軍事法制建設的脈絡,分析西夏軍事法條形式簡潔、普遍適用、可操作性強的特點,有助於讀者從整體上把握西夏軍事法條。安北江《西夏文獻〈亥年新法〉卷十五(下)釋讀與相關問題研究》(寧夏大學碩士學位論文)對《俄藏黑水城文獻》第九册所刊《亥年新法》卷十五後半部分文獻作了具體譯釋,並有完整的譯文。本文通過對比西夏前後時期以及與同時期不同政權法典之間的異同,爲進一步研究西夏法制與社會歷史提供了一份材料。

西夏社會方面,徐婕、胡祥琴《西夏時期的自然災害及撰述》(《西夏研究》2017年第2期)對西夏時期自然災害的撰述情況進行對比分析,指出相關災害撰述不僅散見於《宋史·五行志》中,更多見於宋、遼、金各正史史籍及後人的輯錄中,說明西夏自然災害的撰述已逐漸擺脱以往正史中以人事解釋災害的傳統模式,代之以客觀理性的史學撰述方法。文章還通過對西夏時期自然環境、人文地理及自然災害種類的考察,指出該時期自然災害主要有乾旱少雨、民多疾苦、連續性與并發性顯著以及來勢迅猛、破壞性大等特點。杜立暉《黑水城西夏南邊榷場使文書所見"替頭"考》(《文獻》2017年第3期)認爲"替頭"一詞從構詞方式上受到了自唐代以來"某字"加"頭"的稱謂詞的影響,"替頭"代爲行使的當是南邊榷場中相關胥吏的職能。從"替頭"的角度來看,南邊榷場使文書的主要内容,似是南邊榷場使向銀牌安排官所呈文,彙報"替頭"發送回貨到其處的具體情況,而非旨在彙報榷場的"稅收"問題。史金波《西夏文社會文書對中國史學的貢獻》(《民族研究》2017年第5期)指出西夏文社會文書爲歷史文獻缺乏的西夏學增添了新的資料,對西夏社會研究具有重要意義,爲中國政治史、軍事史、經濟史提供了很多新的、原始性資料。郝振宇《論西夏養子的類型及其社會地位》(《寧夏社會科學》2017年第5期)以西夏法典、傳世文獻和出土文書互相印證,對西夏養子的類型及社會地位等問題進行分析,反映了党項民族自身的社會特色。

在經濟方面,包括出土的契約文書、錢幣研究。駱詳譯《從黑水城出土西夏手實文書看西夏與唐宋賦役制度的關係》(《中國社會經濟史研究》2017年第2期)指出黑水城出土的兩件西夏手實文書與唐宋手實的登載内容在順序上有所不同,尤其是在土地信息和人口信息這兩方面。西夏是土地信息在前、人口信息在後,唐宋則相反。作者認爲這不僅僅是書寫習慣的不同,還與西夏的賦役制度有關。同時,這種差異與唐宋賦役制度的歷史演變息息相關,特別是均田制崩潰後,以丁身爲本轉爲以資産爲宗的賦役制度,深刻影響了西夏的賦役制度。潘潔《試析西夏土地的墾闢和注銷》(《西夏研究》2017年第1期)指出土地的墾闢和注銷在《天盛改舊新定律令》中有零星記載,法律規定了劃定土地範圍、個人自願申請、地方轉運司覆核、確定租役草以及違律處罰五個墾闢和注銷過程中的重要環節,通過土地類型、所有權、租役草等的變化,反映出西夏鼓勵墾闢、允許注銷的政策,認可、保護私有權的態度,以及"括田疇以足徵賦"的經濟目的。趙天英《黑水城出土西夏文草書借貸契長卷(7741號)研究》(《中國經濟史研究》2017年第2期)將西夏文草書轉錄成楷書,譯爲漢文,其中包含普渡寺出貸糧食契約20件。這些文書是西夏社會經濟研究的珍貴原始資料,反映出西夏糧食借貸以家庭爲主,契約中必須有擔保人,西夏寺院的糧食借貸利率偏高,違約懲罰力度大;契約中出現的人名較多,折射出西夏的民族組成情況和西夏人的姓名取向。許生根《論西夏元初黑水城穀物供給途徑》(《西夏研究》2017年第4期)認爲邊塞屯田是黑水城穀物供給的途徑,爲古代社會如何保障荒漠邊塞供給提供了參考。趙彥龍《西夏漢文契約檔案中的計量單位及其用字研究》(《西夏研究》2017年第1期)對西夏漢文契約檔案中出現的貫、文、貫文、兩、畝、斤、石、斗、升、位、富、口、張、個、面、尺等計量單位加以研究,該成果既可反映西夏對中原計量單位的借鑒,又能深化對漢文契約檔案中音近假借、繁體簡寫、形近而錯等用字現象的研究。李學泰《俄藏黑水城西夏漢文經濟文獻研究》(西北民族大學碩士學位論文)涉及西夏的典當和高利貸行業、借貸租賃文書、榷場物品和榷場管理制度、邊境貿易和計量單位、金銀器和絲毛織品生產加工、農產品種類和租稅收繳標準等的討論。其中部分文獻也反映了西夏土地所有權制度和契約擔保制度,以及牲畜種類和畜牧業的發展情況。這些文獻爲我們提供了研究西夏經濟制度的直接材料,豐富了西夏經濟史研究的內容。文章認爲這些文獻體現了其原始獨有性、分散不完整性等特徵,具有珍貴的歷史文獻價值。

錢幣方面,李鳴驥《西夏錢幣鑄造特點及其變化原因初探》(《西夏研究》2017年第1期)以西夏與宋、遼、金國家關係爲背景,從國家間外交關係、經濟貿易、國力強弱變化等多方面出發,在對西夏天盛之前的鑄幣量少及原因進行解析的基礎上,推論西夏仁宗仁孝期間及其後相對規模化鑄錢的原因。文章認爲西夏錢幣鑄造特徵具體表現爲:立國符號;初期鑄錢象徵意義大於實際流通意義;天盛時期由於經濟社會原因鑄錢量快速上昇;中後期錢幣鑄造精美是經濟、技術水準等多要素作用的結果。李憲章《西夏文古錢憶舊——錢文譯識考證》(《江蘇錢幣》2017年第3期)介紹了西夏文古錢幣的形制、特點,並對其來歷做了介紹。趙生泉、史瑞英《西夏錢幣書法演變源流探賾》(《中國錢幣》2017年第1期)從書法的角度,考證了西夏錢幣上的文字演變源流,反映了西夏繁盛的文化。

三、文獻考釋・文化互動

西夏文獻考釋方面,湯曉龍、劉景雲《西夏醫方"合香雜製劑"破譯考釋初探》(《中華文獻雜誌》2017年第1期)認爲《俄藏黑水城文獻》中西夏醫方"合香雜製劑"中"瀫、丘、欽"三字分別仿漢字"香、麝、蘭",指出其雖不是沿用中原醫學而來,但是深受中原醫學的影響而製。劉景雲《輝煌的華夏史詩:〈夏聖根讚歌〉》(《敦煌研究》2017年第4期)指出《夏聖根讚歌》不僅是一首歌詠西夏聖祖的宏偉史詩,更是一首輝煌的讚頌華夏祖先的史詩,體現了西夏追求文化上正統地位的要求。趙彥龍《西夏檔案編纂研究》(《檔案學研究》2017年第1期)指出,20世紀90年代以後,兼及清和近代的兩部漢文檔案編纂成果,主要以大型文獻叢書《俄藏黑水城文獻》《英藏黑水城文獻》《中國藏西夏文獻》《日本藏西夏文文獻》等爲代表,借此研究編纂西夏檔案的種類、方法、標題、成果的行款格式、文字、來源、原則、注釋等內容,揭示其實質內容,展示出西夏檔案的珍貴價值。趙彥龍《西夏曆法檔案整理研究》(《中國檔案學研究》第三輯)指出西夏曆法檔案是西夏國人在觀測日、月、五行等活動中保留下來的既有西夏文曆法檔案,又有漢文曆法檔案,還有夏漢合璧曆法檔案的不同文字的珍貴而原始的史料,能夠真實再現西夏曆法工作的原貌,有重要的文物和檔案價值。聶鴻音《西夏文"君臣問對"殘葉考》(《寧夏社會科學》2017年第2期)對英國國家圖書館收藏的Or.12380–2579號寫本殘葉考證指出,其爲出自一部已佚漢文著作的西夏譯本,擬題爲"君臣問對",譯本的現存部分以賦斂和頒賞爲主題,似乎與治國有關,但具體行文則反映出原作者的文化水準不高,徵引的古代故事多來自坊間傳聞而非正統史籍,表明漢文原著是一部假托唐太宗與大臣談話的民間作品。梁松濤《黑水城出土西夏文〈明堂灸經〉殘葉考》(《文獻》2017年第3期)對俄羅斯科學院東方文獻研究所收藏的編號爲Инв.No.4167的西夏文殘葉的前五行進行了補譯,進一步理清了殘卷的閱讀順序,認爲其裝幀形式爲縫繢裝。馬萬梅《〈英藏黑水城文獻〉漏刊的兩件西夏文獻考釋》(《西夏研究》2017年第3期)據IDP數據庫所提供圖版,考釋編號爲Or.12380/3899、3900的兩件西夏文文獻皆屬於西夏文《佛說佛母出生三法藏般若波羅蜜多經》殘卷,爲其卷二之內容。兩件文獻出土編號均屬於K.K.II.0278,文獻形制及殘損程度相似,爲同一卷軸裝寫本斷裂而成的不同部分,內容上接近於相連。兩個殘件的考釋可以彌補英藏西夏文獻以往研究的缺漏。景永時、王榮飛《俄藏黑水城文獻未刊〈同音〉37B殘葉考釋》(《北方民族大學學報》2017年第5期)指出俄藏黑水城文獻未刊的Ио.4776《同音》中有一書葉係收藏單位整理文獻時誤將兩個不同葉的半葉拼合而成的,a面爲重校本《同音》22a,b面爲重校本《同音》37b。該b面殘葉帶有背注,是俄藏X1號《同音》散落的葉面。37b殘葉是對X1號《同音》的重要補充。該文增進了人們對該文獻的瞭解,也爲西夏學研究提供了新材料。

西夏與周邊政權在文化上表現出互相借鑒與吸收的態勢。郭明明《〈聖立義海〉孝子故事史源補考》(《西夏研究》2017 年第 1 期)結合傳世文獻、敦煌遺書《孝子傳》及考古資料,對《聖立義海》中孝子故事做一補考,探求所有孝子的原型及史料來源。孔維京《碰撞與融合:西夏社會變革中的"孝文化"》(《西夏研究》2017 年第 2 期)指出儒釋相容、多元融合是西夏文化的重要特點,西夏社會倫理以孝道爲綱目,法律原則以孝親爲優先,佛教思想以行孝爲修行,儒學教育以倡孝爲重點,體現出西夏文化多元色彩的一面,代表著這一特殊歷史時期超越民族和國家畛域的文化認同。孫穎新《英國國家圖書館藏〈孝經〉西夏譯本考》(《寧夏社會科學》2017 年第 5 期)通過對英藏本《孝經》進行釋讀,比對俄藏本發現的兩個譯本的行文差異,認爲其出自不同譯者之手。根據兩者翻譯方法的不同,作者推斷英藏本的譯出時間要早於俄藏本。彭向前《西夏文草書〈孝經傳序〉譯釋》(《寧夏社會科學》2017 年第 5 期)以專文的形式對西夏文《孝經傳序》重新作出譯釋,包括楷書轉寫、校勘、對譯、漢譯、注釋等,首次向學界披露了這篇序言的主要內容。從中我們可以瞭解吕惠卿編寫《孝經傳》的緣起、編寫過程及其政治目的等,爲研究北宋新經學派及破解西夏文草書提供了一份不可多得的新資料。高奕睿、湯君《夏譯中原兵書的異同》(《西夏研究》2017 年第 2 期)表明西夏並没有標準的兵書譯本,即使諸葛亮在西夏也不爲人所知,現存的西夏兵書譯本是互不相干的,並没有表現出像中原《武經七書》那樣的内部關聯。田曉霈《西夏文〈將苑〉整理與研究》(河北大學碩士學位論文,2017 年)對夏譯《將苑》進行了録文及釋義,並與漢文本對勘,相參文意,考校異同。作者通過對比研究,認爲夏譯本《將苑》在翻譯手法上獨具一格,不似儒家經典逐字逐句而譯,而是採其大旨,著意變通,對漢文本進行大幅删削,改編成文。吳珩《西夏樂舞研究》(寧夏大學碩士學位論文)指出西夏樂舞圖反映了党項民族的居住環境、生活習俗、民族性格、宗教信仰。西夏樂舞在繼承本民族樂舞文化的基礎上,對唐宋禮樂文化、吐蕃樂舞文化有著一定的吸收和借鑒。西夏樂舞在唐宋至元代樂舞發展歷史中起到了承前啟後的作用,對元代乃至後代的樂舞文化產生了重要影響。

四、語 言 文 字

對西夏語言語法的考究方面,許鵬《釋西夏語詞綴 wji^2》(《西夏研究》2017 年第 1 期)對學界認爲的西夏語中的"𘓺"wji^{2}是助動詞或者動詞提出不同看法,指出它是一個謂詞詞綴,既可以附加在單音節動詞或形容詞之後,又可以附於雙音節動詞後作句子的謂語。木仕華《西夏黑水名義考》(《遼金歷史與考古》第七輯,遼寧教育出版社)指出"黑水"語詞的讀音和來源各異,名稱涉及漢語、西夏語、古突厥語和古藏語、契丹語、納西語、彝語、蒙古語、滿語等語言,在一定程度上反映了諸語言中黑河名稱之間語義上的若干關聯。孫伯君《論西夏對漢語音韻學的繼承與創新》(《中華文史論叢》2017年第2期)通過梳理存世西夏韻書和字典的編排體例以及對漢語音韻學術語的翻譯與運用,論述了西夏對漢語音韻學的繼承。同時指出西夏人對漢語音韻術語的理解和韻書編排的某些"疏失",實際是基於西夏語特點的一種創新,某種程度上反映了12世紀河西方音的語音特點。孫伯君《12世紀河西方音的鼻音聲母》(《勵耘語言學刊》,中華書局)梳理了西夏時期新譯佛經陀羅尼中鼻音聲母字與梵文的對音情況,重新論證了《掌中珠》中有特殊標記的漢字的擬音,認爲其中"泥托""泥浪""𡨧落""𡨧绿""泥六""你足""泥骨"等用例當與梵漢對音中"輅(切身)"等用法一致,表示党項語的 du 或 nu 音節。同時,通過分析鼻音聲母字轉讀爲 mb-、nd-、ŋg-是在舌根鼻音韻尾失落之前就已經發生,認爲鼻音聲母字含有鼻輔音和同部位的濁塞音兩個成素的讀法與舌根鼻音韻尾和塞音韻尾的脱落没有關聯,或是在唐代之前隨著唇音等幾類聲母的分化而發生的變讀。王培培《12世紀西北地區的 f、h 混讀現象》(《寧夏師範學院學報》2017年第4期)指出 f、h 混讀這種不合現代漢語方言慣例的現象不是宋代漢語西北方言的特徵,而是當地党項人學説漢語時發生的音位負遷移所致。

西夏文字方面,高仁、王培培《西夏文〈雜字·漢姓〉譯考》(《西夏研究》2017年第2期)對西夏文《雜字·漢姓》的原始文本展開了再次譯釋,提供了更爲準確的譯文,從中可見西夏語用語的複雜性。史金波《新見西夏文偏旁部首和草書刻本文獻考釋》(《民族語文》2017年第2期)指出"三十字母"爲西夏文點、橫、豎、撇、折等基本筆畫,是作者找出西夏文字最原始結構的一次新的嘗試;文獻對西夏文字偏旁的分析與西夏文韻書《文海》對文字構造的分析有相同的部分,也有明顯的差異。孟一飛等《基於 Mean Shift 演算法的西夏文字筆形識別》(《廣西大學學報》2017年第3期)提出基於西夏文四角編碼規則,通過識別文字的四角構件確定文字的編碼,實現對字符的識別;在識別文字構件的環節,提出採用 MeanShift 核估計直方圖統計方法,提取特徵值,實現智能識別。

五、佛教及其經典

關於佛教研究,袁志偉《西夏華嚴禪思想與党項民族的文化個性——西夏文獻〈解行照心圖〉及〈洪州宗師教儀〉解讀》(《青海民族研究》2017年第1期)通過對西夏佛教文獻《解行照心圖》及《洪州宗師教儀》的解讀,指出西夏佛教思想不僅是對中原佛教文化進行引進與創新的結果，同時還是党項民族進行文化改造與創新的成果。聶鴻音《賢覺帝師傳經考》(《中華文史論叢》2017年第2期)認爲"帝師"波羅顯勝傳授的四種作品只是簡單地介紹密教的念誦供養法而没有涉及佛學理論，說明他的興趣只在修行而不在思辨。現有資料表明賢覺帝師雖然在名義上是西夏佛教事務和僧人的總管，但並不曾爲政府和河西佛教提供實質性的幫助，而僅僅作爲西夏皇室中一個藏傳佛教的符號而存在。可見西夏早期的帝師與元朝政治制度中的帝師具有完全不同的性質，賢覺帝師在文化史上的地位不像此前人們想象的那麽重要。孫伯君《西夏國師法獅子考》(《北方民族大學學報》2017年第2期)認爲法獅子是祥仁波切(Zhang rin-po-che)和薩欽貢噶寧波(Kun-dga' snying-po)的弟子，曾把兩位上師所傳的多種經典傳至西夏。早期藏傳佛教的紛繁面貌也體現在法獅子所傳的諸多經典中，反映了西夏仁宗朝"篤信密乘"的宗教氛圍。孫昌盛《俄藏西夏文藏傳密續〈勝住儀軌〉題記譯考——兼論藏傳佛教傳播西夏的時間》(《北方民族大學學報》2017年第2期)揭示該題記記載了《勝住儀軌》的梵文著者、藏文譯者和西夏文譯者，結合現存藏傳西夏文佛經的譯經時代，考證藏傳佛教早在惠宗秉常和崇宗乾順時期就已經開始在西夏傳播。魏淑霞《西夏僧侶社會活動管窺》(《西夏研究》2017年第4期)依據傳世文獻、出土社會文書及文獻等史料，對西夏僧侶的社會活動進行了梳理考察，發現西夏僧侶的社會活動以譯經、校經、做法事、宣講佛學爲主，同時他們也積極參與了與寺院相關的社會經濟活動。但他們的政治參與性卻未如我們所設想的那樣高，爲我們客觀地認識西夏的政教關係及佛教僧侶在西夏的政治地位提供了一些佐證。陳瑋《黑水城文獻所見西夏歸義人研究——以〈注華嚴法界觀門〉發願文題記爲中心》(《寧夏社會科學》2017年第5期)揭示該題記反映了西夏歸義僧劉德真從投降地到西夏首都的自由流動，以及在西夏首都對《注華嚴法界觀門》的修習、印施活動。

在佛教經典的研究上，孔祥輝《英藏西夏文〈金剛經〉殘片考辨》(《西夏研究》2017年第1期)利用俄藏黑水城文獻中的《金剛經》漢文本和西夏文本，對英藏黑水城中的幾則《金剛經》佛經殘頁進行定名與考釋，並對三則編者訛定的《金剛經》殘片進行考辨，爲繼續深入整理與研究黑水城文獻提供借鑒和參考，進一步豐富了西夏語料庫。李曉明《英藏若干西夏文〈真實名經〉殘頁考釋》(《西夏研究》2017年第1期)在整理《真實名經》殘頁的基礎上，結合其他文獻材料與前人的研究，得知該經當是西夏時期西北地區較爲流行的一部佛經。張九玲《西夏文〈消災吉祥陀羅尼經〉釋讀》(《寧夏社會科學》2017年第1期)參照黑水城出土漢文本《大威德熾盛光消災吉祥陀羅尼》，對

俄藏 Инв.No.5402、7038 號和英藏 Or.12380/2845RV 西夏文《消災吉祥陀羅尼經》殘片拼配後,基本可以窺知西夏本《消災吉祥陀羅尼經》的全貌。段玉泉、米向軍《新發現的西夏文〈聖勝慧到彼岸功德寶集偈〉殘葉考》(《寧夏社會科學》2017 年第 2 期)檢出該經殘葉五件,其中兩件内容屬於第 14 品共 18 句,是此前所見各藏卷中缺失之部分,爲學術界試圖拼配出完整的《聖勝慧到彼岸功德寶集偈》提供了彌足珍貴的材料。王龍發表了 5 篇關於佛教經典的研究論文:《西夏寫本〈阿毗達磨順正理論〉考釋》(《寧夏社會科學》2017 年第 2 期)是對俄羅斯科學院東方文獻研究所藏本進行的考釋,文中指出存世的兩個抄件卷尾一折同爲卷十的内容,這一點是前人在著録中没有注意到的。本文通過録文對勘漢文原本並加以詳細解讀和注釋,旨在爲研究西夏佛教史以及西夏語提供一份基礎性語料。《西夏文〈十輪經〉考論》(《西夏研究》2017 年第 2 期)首次從中國藏西夏文獻《地藏菩薩本願經》輯録出了《十輪經》的殘頁,並對其進行了録文,借助漢文本對西夏文本做了解讀和注釋,系統梳理了存世《十輪經》的西夏譯本,有助於我們瞭解地藏菩薩信仰在西夏的傳承情况。《西夏寫本〈大乘阿毗達磨集論〉綴考》(《文獻》2017 年第 3 期)揭示《大乘阿毗達磨集論》是發現的極少量的西夏文"對法"類作品之一,譯自唐玄奘同名漢文本,僅存卷三。文中認爲其存世的兩個抄件 Инв.No.70 和 Инв.No.2651 可以直接綴合。《俄藏西夏文〈瑜伽師地論〉卷八十八考釋》(《西夏研究》2017 年第 4 期)對存世的《瑜伽師地論》做了介紹,對其進行了釋讀,並就其文獻的版本和相關注釋術語作了探討。《藏傳〈聖大乘勝意菩薩經〉的夏漢藏對勘研究》(《北方民族大學學報》2017 年第 5 期)指出《聖大乘勝意菩薩經》的西夏文本並非直接譯自藏文本,而是根據漢文本轉譯的,並且西夏文殘缺卷首題款與漢文本基本一致,由此可以瞭解到西夏時期某些番、漢兩譯的佛經可能是先翻譯成漢文,然後再根據漢文翻譯成西夏文的。

張永富《西夏文〈大寶積經〉卷三十六勘誤》(《西夏研究》2017 年第 2 期)指出西夏文《大寶積經》文本之誤主要有認錯漢字、脱文、衍文、形近致訛、音近致訛、譯經人筆誤致訛六種情况,認爲是初譯本抑或是校勘不精的緣故。崔紅芬《俄藏黑水城〈佛説大乘聖無量壽王經〉及相關問題考略》(《寧夏社會科學》2017 年第 3 期)認爲《佛説大乘聖無量壽王經》入藏應在宋代三次增補佛經目録時期,並隨著西夏與宋的官方或民間交往而傳至西夏。文章還探討了《佛説大乘聖無量壽王經》的别本在西夏流傳和翻譯的情况,表明西夏政權既繼承了河西地區佛經流行的傳統,也深受宋佛教文化的影響,充分反映了西夏佛經來源的多元化和西夏佛教文化融合性的特點。同氏《西夏文〈過去莊嚴劫千佛名經〉發願文之西北方音及相關問題》(《寧夏社會科學》2017 年第6期)通過對國圖藏元刊西夏文《過去莊嚴劫千佛名經》發願文進行重讀和考證,指出發願文中的一些用詞具有明顯的西北方音特色,並以此爲基礎對學界有爭議的兩個西夏文年號重新考證,認爲其分別是治平年、熙寧年。王培培《西夏文〈佛説入胎藏會第十四之二〉考釋》(《西夏研究》2017年第3期)對俄藏西夏文《佛説入胎藏會第十四之二》進行了全文漢譯和考釋,爲西夏佛教史和西夏語研究提供了基礎資料,其中一些不見於西夏文字典的詞語爲西夏文字詞的解釋補充了一份重要資料。史金波《泥金寫西夏文〈妙法蓮華經〉的流失和考察》(《文獻》2017年第3期)介紹了西夏文《妙法蓮華經》6卷被掠往法國的過程,並追溯國內外專家對此文獻介紹、研究的歷史,指出1932年出版的《國立北平圖書館館刊》"西夏文專號"刊登了此經卷第一卷首經圖和兩面序言的照片,保存了珍貴資料。趙陽《黑城本〈彌勒上生經講經文〉爲詞曲作品説》(《敦煌學輯刊》2017年第3期)將黑水城本《彌勒上生經講經文》與敦煌講經文比較後可以看出,它的內容和格式均不符合講經文的特點,認爲將其判定爲講經文似乎欠妥,它更像是作者在念佛之餘以經文爲歌辭的一首詞曲作品。麻曉芳《俄藏西夏文〈佛説瞻婆比丘經〉殘卷考》(《西夏研究》2017年第4期)對俄羅斯科學院東方文獻研究所收藏的 Инв.No.42 西夏寫本《佛説瞻婆比丘經》殘卷進行譯釋,並對文中涉及的佛教術語及西夏文虛字進行了初步探討,爲研究西夏佛教史以及西夏語提供了基礎性語料。孫伯君《裴休〈發菩提心文〉的西夏譯本考釋》(《寧夏社會科學》2017年第4期)認爲黑水城出土的西夏文 Инв.No.6172 號文獻譯自裴休所撰《發菩提心文》,並根據漢文本翻譯了殘存的內容。這是裴休所撰作品在西夏文文獻中第一次得到確認,對研究《發菩提心文》文本的流傳以及唐代興盛的華嚴禪在西夏的傳行具有參考價值。

六、西夏石窟·考古藝術

關於西夏石窟,孫昌盛《靈武回民巷西夏摩崖石刻》(《寧夏社會科學》2017年第1期)記載了回民巷摩崖石刻的開鑿時間、緣起、內容以及參與開鑿石刻的人員等。雖然石刻文字風化剝落嚴重,殘存內容不多,但對研究西夏佛教、西夏社會生活具有一定價值。張鐵山、彭金章《敦煌莫高窟B465窟題記調研報告》(《敦煌研究》2017年第1期)集錄B465窟內的題記,對其中幾條重要的題記展開論述,認爲題記雖歷經不同時代的人爲破壞或自然侵蝕,但對於洞窟的斷代和發展演變、壁畫內容的確定,仍具有無法替代的重要意義。蔣超年、趙雪野《武威亥母寺遺址01窟覆鉢式佛塔年代探討》(《西夏研究》2017年第2期)通過對五座佛塔建築材料的觀察和考古發掘獲得的層位關係分析,確認武威亥母寺遺址 01 窟五座覆鉢式佛塔是 20 世紀 30 至 80 年代的建築,其年代並非 13—14 世紀的西夏、元時期。湯曉芳《一幅西夏時期的壁畫——阿爾寨石窟第 33 窟壁畫釋讀》(《探索、收穫、展望——鄂爾多斯學十五週年紀念文集》)依據《阿爾寨石窟》一書中發佈的十幅壁畫截面,認爲其是從一幅大型山水人物花鳥畫中分解出來的,並根據人物、山水物象重疊情況,可以還原一幅比較完整的畫面。楊富學《瓜州塔考辨》(《敦煌研究》2017 年第 2 期)對"瓜州塔"塔名做了説明,從瓜州鎖陽城塔爾寺遺址發現的西夏文六字真言殘片推斷,瓜州鎖陽城現存大塔具有明顯的藏傳佛教特徵,認爲該寺爲元代之遺存,其修建時代大致在 1276 年或 1289 年之後不久。

關於西夏藝術,[美] 黃士珊著、楊冰華譯《西夏佛經版畫再探》(沙武田主編《絲綢之路研究集刊》第一輯,商務印書館)介紹西夏考古狀況,搜集西夏佛經版畫,探究佛教繪畫的多元文化環境,並與北宋、遼、金等其他時期的佛經作品進行比較,建立起西夏佛教藝術遺產與印經文化的聯繫。李濤《黑水城遺址出土西夏時期染色紙張的分析》(《西夏研究》2017 年第 3 期)利用顯微激光拉曼光譜和赫茲伯格染色法,對黑水城遺址出土的西夏時期的藍色和紅色染色紙張進行了鑒別研究,首次明確了藍色和紅色染料分別爲靛藍和羥基茜草素,應來自含靛植物和茜草屬植物,根據顯色反應與纖維的顯微形態特徵,判斷紅色紙張以麻類爲纖維原料,藍色紙張則以樹皮類纖維爲原料,提出紙張加工工藝研究的改進意見。寧强、何卯平《西夏佛教藝術中的"家窟"與"公共窟"——瓜州榆林窟第 29 窟供養人的構成再探》(《敦煌學輯刊》2017 年第 3 期)重新檢索了榆林窟第 29 窟供養人的身份構成,認爲此窟的性質是一個有濃重官方背景的"公共窟"而非通常認爲的"家窟"。西夏文武官員集合財力、權力開創新窟,使瓜沙地區的西夏石窟具有了與前代佛窟不同的性質和功能。于光建《武威西夏墓出土太陽、太陰圖像考論》(《寧夏社會科學》2017 年第 3 期)指出武威西郊林場 2 號西夏墓出土的 29 幅木板畫的本質内涵是唐宋時期喪葬墓儀中特别流行的墓葬神煞,其與河西魏晉墓圖像都有表現墓主人生前生活的情景和反映宇宙天象與天界景象的内容,都被賦予了鎮墓辟邪的作用,反映了墓主人事死如生、"引魂昇天"的生死觀,以木板畫爲代表的西夏葬俗是在對漢魏隋唐河隴喪葬文化繼承基礎上的一種變革。

七、西夏遺民・人物考證

關於西夏遺民,杜建録、鄧文韜《安徽歙縣貞白里牌坊始建年代考——兼考西夏遺民余闕僉憲浙東道期間的史跡》(《寧夏社會科學》2017 年第 1 期)指出元至順三年(1332)貞白里坊初建之時本是一座木質牌坊,後來纔改爲由浙東海右道肅政廉訪司僉事余闕題額的石質牌坊。因余闕任此官職的年代約爲1349—1351年,故貞白里石坊也應在此時間段内修建。除爲該牌坊題額以外,余闕在浙東道廉訪司任職期間還有糾察不法官吏、平均民户差役、嘉獎清官能吏、表彰節婦和舉薦人才等政績,並且收授了戴良等數位弟子,完成了一些經學、詩歌和書法作品的創作。鄧文韜《元代唐兀人研究》(寧夏大學博士學位論文)從元代"唐兀"的概念及其族群構成、元代唐兀人的遷徙與分佈、唐兀人的仕進及其活動、唐兀人的姓名與婚姻、家庭觀念與户計歸屬、儒學與宗教活動等七章進行了論述,對瞭解元代唐兀人以及民族融合具有重要的意義。楊富學、胡蓉《從〈述善集〉看宋元理學對濮陽西夏遺民的影響》(《西北師範大學學報》2017年第3期)對元末濮陽西夏遺民唐兀崇喜編纂的文集進行了介紹,從其記録的作品反映出元代西夏遺民受理學影響,説明此爲元代晚期理學在社會上廣泛流行的縮影,在中國理學史上佔有一席之地。

有關西夏人物的考證,佟建榮、蔡莉《有關西夏姓名若干問題的再探討》(《西夏研究》2017年第2期)利用近年來的出土資料對西夏姓名中的幾個問題進行了討論。其中西夏姓氏運用資料顯示西夏境内存在著普遍的長期的民族通婚;賤名中的詞語元素a顯示出西夏姓名立意豐富,遠非一"賤"字可以概括;其獨特的名字關聯現象反映著西夏注重母系血統、承認女兒對家族血脈的繼承等社會問題,是研究西夏社會歷史的重要資料。張玉海《莫高窟榆林窟西夏文題記所見人名姓氏淺析》(《寧夏社會科學》2017年第6期)是研究西夏語言文字、佛教及西夏姓氏與民間習俗的珍貴資料。此文從題記出現的60多個人名,窺見當時不同民族間與同一民族内部不同部族間以婚姻爲紐帶而形成的民族融合及其對原來民族影響的影子,揭示了中古民族間形成、融合與相互轉化的一般規律。劉志月《元代西夏遺民李朵兒赤事跡考論》(《西夏研究》2017年第3期)從李朵兒赤的祖籍、源出藏語Rdo-rje的本名、西夏遺民身份"賀蘭"、歷任官職考證了元初江南地區西夏遺民官僚李朵兒赤的事跡,肯定了其在任職期間施行仁政與推廣儒家文化和禮儀,得到了與其交遊的其他江南士人的讚譽。趙天英、于孟卉《甘肅省博物館藏西夏應天丁卯年首領印正誤》(《西夏研究》2017年第4期)對甘肅省博物館藏的一方西夏首領印進行了正誤,指出2006年《甘肅省博物館文物精品圖集》誤將印面圖版配爲同爲該館所藏的北元宣光二年中書右司都事廳印的印面;2015年《西夏文物·甘肅編》刊佈了正確的印面圖版,但將館藏地點誤作"張掖地區博物館"。王震《西夏首領研究》(寧夏大學碩士學位論文)利用出土西夏文文獻、金石以及傳世漢文典籍,從西夏首領的種類、西夏首領的族屬以及西夏首領的職能三個方面對首領作具體的分析,有利於認識西夏的基層社會和部落兵制,也有助於認識西夏的社會性質,具有重要的研究價值。

八、學術綜述與書評

在相關研究綜述方面,韓樹偉《西夏法律社會文書研究綜述》(《西夏研究》2017年第1期)從法律社會史的角度,對近年來有關西夏法律、經濟社會的研究成果作了系統梳理,爲學界研究西夏歷史、社會、法律、經濟提供了基礎性的重要史料。李甜《文殊山石窟研究的回顧與展望》(《石河子大學學報》2017年第1期)對文殊山石窟的學術研究進行了總結,指出目前研究的不足,有助於文殊山石窟研究的進一步深入開展。羅海山《國内西夏契約文書研究評述與展望(1980—2015)》(《中國史研究動態》2017年第1期)對目前學界整理刊佈的西夏契約文書做了介紹,爲學界深入研究西夏時期的經濟、社會、法律、文化、民族等問題提供了極大便利。該文對研究成果進行了論述,指出其研究的特點與不足,並提出了未來研究的展望。張如青、于業禮《出土西夏漢文涉醫文獻研究述評》(《中醫文獻雜誌》2017年第1期)對以往出土西夏漢文涉醫文獻研究進行了梳理評述,對研究中原地區醫藥文化在西夏的傳播、西夏文涉醫文獻的翻譯整理、西夏醫藥文化體系構建都具有重要意義。蔡莉《西夏服飾研究綜述》(《西夏研究》2017年第3期)是對近二十年來相關西夏服飾研究成果的梳理,分析了西夏服飾研究的特點和存在的問題,探討了未來西夏服飾研究的方向。趙天英《新見甘肅省瓜州縣博物館藏西夏文獻考述》(《文獻》2017年第3期)對甘肅省瓜州縣博物館藏15件西夏文獻的出處、内容、特點進行了論述。李新偉《宋夏戰爭述評》(《長江論壇》2017年第6期)從時間段分析了宋夏戰爭,並指出西夏以一隅抗全國,綜合國力不足;北宋經濟實力較爲雄厚,後期國防和軍隊建設得以加強,聯盟戰略運用得以成功,戰術戰法多有改善。

書評方面,聶鴻音《〈英藏黑水城藏文文獻〉讀後》(《西夏研究》2017年第1期)指出該書首次全面公佈了英國國家圖書館所藏斯坦因在黑水城遺址和額濟納河三角洲獲得的藏文文獻,並提供了前者的詳細描述和後者的基本信息。孫穎慧《讀〈西夏司法制度研究〉有感》(《西夏研究》2017年第4期)揭示了西夏對唐宋法制的借鑒過程,論述了西夏司法制度在中華法系中的地位。陳朝輝《〈《天盛律令》農業門整理研究〉評介》(《西夏研究》2017年第2期)指出《〈天盛律令〉農業門整理研究》不但改進了研究方法,拓寬了研究思路,而且其研究在西夏鄉里組織、横縱區劃、賦役制度、倉糧存儲等方面有所補充,對西夏農業發展及其相關問題研究具有一定價值。曹穎僧《〈西夏文史薈存〉第三輯弁言》(《西夏研究》2017年第3期)是曹穎僧先生對其研究的西夏文字所作的一些概況性說明，內容主要包括研究資料、研究方法和研究思路等，展現了作者對西夏文音、形、義等研究方面的一些構想和看法，具有一定的學術史意義。李小霞《李華瑞教授〈宋夏史探研集〉讀後》（《中國史研究動態》2017年第5期）介紹此書涉及宋代國家與社會、宋明社會結構和財稅政策、宋夏時期陸路交通及政治關係、治史心得與憶念師友等內容，取材豐富，論題多樣。

有很多西夏學專家、學者對推動西夏學的研究做出了重要貢獻，相關介紹文章也屢有發表。如他維宏《金寶祥先生與宋夏史研究》（《西夏研究》2017年第1期）、孫文廣《悠悠百世功　矻矻當年苦——記李範文先生的西夏學研究歷程》（《西夏研究》2017年第2期）、高士榮《不到長城非好漢——記西夏史專家李蔚教授》（《西夏研究》2017年第3期）、楊蕤《一位被遺忘的西夏學者：略述曹穎僧先生對西夏學的貢獻》（《西夏研究》2017年第3期）、祁萌《我與西夏語——林英津老師訪談錄》（《西夏研究》2017年第4期）等，這些文章回顧了他們的成長經歷與教學生涯，介紹並評價了其治學成就與學術貢獻，展現了一代西夏學人的風采，鼓勵我們砥礪前行，不忘初心。另外，劉旭瀅、張敬奎《首屆中日青年學者宋遼西夏金元史研討會召開》（《中國史研究動態》2017年第4期）就宋遼西夏金元各時期的政治、制度、思想、軍事、經濟、社會諸領域，及其研究的"新可能性"做了論述，並對會議做了介紹與說明。

總體上看，隨著出土文獻以及新資料的發現與刊佈，2017年西夏學研究不論是在文獻考釋、佛教經典解讀、語言文字考究方面，還是在法律契約文書整理與研究、西夏移民考證等領域的研究上，都更加深入，選題新穎，論證充分，對過去西夏學研究的成果在反思、檢討與展望上總結得更加具體、全面、到位。不過，在與其他領域如遼史、金史、宋史、蒙元史的研究上要注意整體性理論體系的比較研究，因爲只有這樣，各少數民族的歷史纔會更加真實、宏闊地展現在世人面前。

絲綢之路上的敦煌與長安國際學術研討會
——暨中國敦煌吐魯番學會 2017 年理事會綜述

石建剛（陝西師範大學）

  2017 年 7 月 13 日至 16 日，由中國敦煌吐魯番學會、陝西師範大學歷史文化學院、陝西歷史博物館聯合主辦，陝西師範大學絲綢之路歷史文化研究中心、陝西歷史博物館科研管理處、中國敦煌吐魯番學會絲綢之路專業委員會共同承辦的"絲綢之路上的敦煌與長安國際學術研討會——暨中國敦煌吐魯番學會 2017 年理事會"在陝西師範大學隆重召開。來自俄羅斯科學院、日本橫濱美術大學、韓國東國大學、香港大學、澳門大學、北京大學、首都師範大學、蘭州大學、浙江大學、清華大學、中國社會科學院、敦煌研究院、陝西省考古研究院、陝西歷史博物館、吐魯番學研究院等國內外 50 餘家高校和科研機構的 120 餘位學者參會。

  本次研討會共收到中外學者提交的論文近百篇，成果豐碩。這些論文主要圍繞敦煌與長安關係研究、敦煌石窟與圖像研究、敦煌吐魯番寫本文獻研究、敦煌區域社會研究、絲綢之路歷史文化研究、絲綢之路考古與藝術研究、絲綢之路宗教文化研究、絲綢之路民族文化研究、絲路考察與學術史等專題進行了深入討論。本文分專題對本次會議提交的論文作一扼要的綜述。

一、敦煌與長安關係研究

  敦煌是古代中原王朝的邊陲重鎮，是東西之間經濟、文化、宗教、藝術等相互交流的中轉站；長安是以漢唐爲代表的十三朝古都，長期以來是古代中國的政治、經濟和文化中心。如果將絲綢之路比作一張網，那麼敦煌和長安無疑是其中最爲耀眼的兩顆明珠，二者雖相隔數千里之遥，但在政治、經濟、文化、藝術等各個方面均保持著密切的聯繫，所以有關敦煌與長安關係的研究是本次會議討論最爲熱烈的一個主題，有多篇文章涉及該內容。

  考察長安對敦煌的影響和以敦煌來反觀長安乃是敦煌學界，特別是敦煌石窟藝術研究領域長期以來十分重視的內容。陝西師範大學沙武田教授和西北師範大學碩士研究生李批批合作的《敦煌石窟彌勒經變剃度圖所見出家儀式復原研究》將留存在唐五代宋初敦煌壁畫彌勒經變中的剃度圖，與唐代道宣《四分律刪繁補闕行事鈔》和道世《法苑珠林》等佛教典籍中記載的僧尼出家所經歷的"摩羯告衆""發心請師""莊嚴道場""辭親易服""灌頂皈依"

"剃髮""受袈裟""受三歸五戒"等環節的儀式進行對比分析，説明敦煌壁畫中的剃度圖像是現存較爲完整的有關唐五代宋初佛教出家剃度儀式和過程的圖像資料，具有重要的學術研究價值。該文結合相關佛典，從形象史學的角度，在一定程度上幫助瞭解和復原了中古時期佛教出家剃度等相關問題。北京大學史睿教授《隋唐法書屏風考——從莫高窟220窟維摩詰經變談起》認爲莫高窟第220窟的一組五幅維摩詰經變，源自隋代著名畫家孫尚子創於長安定水寺的新樣，關鍵要素是其中的法書屏風，而這一要素的考辨，必須借助張彥遠《歷代名畫記》和段成式《寺塔記》的兩條文獻資料。孫尚子的新樣維摩變不僅模仿了帝王圖的樣式，而且將江南盛行的法書屏風融入其中，是其重要的創新。作者追溯維摩變法書屏風的齊梁起源，又考究隋唐時期書屏的興盛，乃至宋金時期在普通百姓家庭的使用，大致可以勾畫出書屏從貴族珍寶，到文士雅翫，直至變爲日常家俱的發展歷程。陝西歷史博物館楊效俊研究員《武周時期從長安到敦煌的佛舍利崇拜——以莫高窟332窟爲中心》認爲武周時期的敦煌莫高窟有兩個特點：一方面，由於敦煌地域傳統寺院崇教寺和世家大族李氏家族對敦煌佛教傳統的保護、傳承，很好地繼承了敦煌當地的傳統佛教內容；另一方面，長安最新的佛教信仰、禮儀、造型藝術又通過官寺大雲寺和往來其間的僧侶傳入敦煌，並迅速被接受和表現。崇教寺和李氏家族成員營建的莫高窟第332窟正是融攝敦煌和長安兩方面因素，權衡王權、佛法、家族等多種力量影響而形成的一座石窟宗教空間，開窟者在其間虔誠祈禱、悉心保護，表達深沉赤誠的家國情懷。中國國家畫院張惠明研究員《莫高窟初唐洞窟中文殊騎獅與普賢騎象圖像的對稱佈局形式及來源》（提要）注意到，畫史所見繪製最早的騎獅文殊與乘象普賢對稱圖像和最早記載這一圖像組合的佛經《陀羅尼集經》的產生時間均晚於敦煌莫高窟第220窟的圖像實例，因而認爲在探討這一對稱圖像的來源時需更多地從初唐時期絲路上流傳的多種藝術傳統與樣式等方面綜合考慮。復旦大學李星明教授《唐代士人吏隱風氣與山水畫之流行》（提要）在還原唐代朝官和外官吏隱生活中的山水畫創作、欣賞和流行狀況的基礎上，認爲山水畫與詩歌等一同構成了唐代士人吏隱生活的品位。文章並通過實例闡釋官員如何通過志導遊藝而達到身仕心隱的境界，使宦遊富有詩情畫意的出世情調，説明山水畫在某種意義上是吏隱的圖像詮釋和象徵。此文同時也揭示了山水畫在唐代得以迅速發展的一個重要原因。陝西師範大學于靜芳講師《唐墓壁畫貴婦圖像探析》對16座唐墓壁畫中的貴婦圖像從身份分類、體貌服飾和繪製位置三個方面進行了分析。敦煌研究院朱生雲館員《長安鏡像——莫高窟第45窟"觀經變"中的樹下人物》認爲莫高窟第45窟"觀經變"兩側的十六觀和未生怨採用了全新的"樹下美人"表現形式,全然不同於敦煌唐代其他"觀經變"中的同類圖像,這應是受到唐代長安地區所流行的"樹下美人"圖像的影響,表現出長安與敦煌在繪畫藝術上的交流。陝西師範大學博士生楊冰華《從長安到敦煌:唐代濮州鐵彌勒瑞像探析》結合文獻和圖像資料對唐代鐵彌勒圖像和信仰的產生、流傳情況做了詳細考證。神龍二年,東京相國寺慧雲法師一手創作了報成寺濮州鐵彌勒佛教感應故事,將鐵彌勒作爲相王龍飛的標誌,並逐漸發展成佛教感應瑞像。開元年間山西交城、河北易縣等地借助諸州興建開元寺的機會營建鐵彌勒像,天寶三年睿宗忌日時玄宗敕令宮廷繪製鐵彌勒瑞像等分送全國諸州,由此鐵彌勒瑞像在全國流行開來。敦煌藏經洞出土盛唐時期的絹畫鐵彌勒瑞像與文獻所載慧雲法師所鑄鐵彌勒像形象一致,可作爲該瑞像的標準形象。陝西歷史博物館岳敏靜館員《唐代長安與敦煌兩地竿木雜技形象探析》從文獻、壁畫、考古實物等方面入手,對唐代長安和敦煌兩地的竿木雜技圖像進行了詳細比較,認爲二者內容基本一致,僅是表現載體略有差異,説明兩地有著密切的文化交流。同時認爲開元時期長安地區雜技俑的流行與唐玄宗的推崇密切相關,而歸義軍時期敦煌莫高窟出現的大量竿木雜技圖像又明顯受到吐蕃文化的影響。黔西南州博物館馬俊鋒館員和新疆維吾爾自治區博物館王雨館員《敦煌建築畫卷中的大唐長安影像——以慈恩寺大雁塔爲例》在前人對大雁塔復原研究的基礎上,在敦煌壁畫中找到了以初創時期的大雁塔和武則天時期重建的大雁塔爲藍本的佛塔建築,反映出它們對敦煌壁畫中佛塔建築的重要影響。同時,作者認爲武則天時期重建後的大雁塔應爲十層,而在唐末戰亂中損毀"止存七層"。甘肅省文物考古研究所馬麗《盛唐藝術影響下的敦煌莫高窟第45窟》通過對敦煌莫高窟第45窟繪塑內容的詳細考察,認爲其內容體現出濃郁的唐風元素,其圖像藝術包含了唐長安普遍流行的人物、山水樓閣建築、花鳥以及彩塑樣式,其中必然有來自長安的圖像粉本。陝西師範大學本科生郭子睿《莫高窟第445窟的造像組合與功能——以禮懺爲中心》通過對莫高窟第445窟的洞窟形制、造像組合及其營建背景等方面的綜合性解讀,認爲該窟具有明確的禮懺功能。

敦煌與長安間的人員流動是兩地文化、藝術等方面交流的重要載體,故而歷來受到學界重視。浙江大學馮培紅教授《從邊陲到京城:敦煌大族的京漂生活》以流徙京城的敦煌大族爲對象,考察了不同歷史時期他們從西陲敦煌到帝國京城之間的流動情況:東漢時期,敦煌大族開始形成,並通過遊學、做官等途徑來到帝都。西晉是敦煌大族在京城最爲活躍的時代,以索、氾、張氏構成的"敦煌五龍"在太學中獨領風騷。十六國時期,對於原來地處邊陲的敦煌大族來説,咫尺帝京,這爲他們發揮才幹提供了更爲方便的舞臺。這一時期敦煌大族的動向頗爲引人注目,尤其是在漢人建立的前涼、西涼政權中,他們扮演了十分重要的角色。敦煌大族最爲悲慘的命運是北魏滅北涼之後,他們被大批遷徙到平城,命運十分坎坷,也幾乎斬斷了敦煌文化的根脈。從北朝至隋唐時期,內遷的敦煌大族後裔輾轉遷徙,在以洛陽、鄴城、長安爲中心的中原地區漂泊生存,他們仍然以敦煌人自居,在郡望上具有鮮明的地域特色。但隨著唐五代門閥士族的總體衰落,內遷的敦煌大族後裔也同樣逐漸淡出了歷史舞臺。陝西師範大學碩士研究生楊丹《試論唐代敦煌僧人悟真入長安一事反映的佛教與社會》以敦煌文書所載唐大中年間敦煌僧人悟真在長安遊歷兩街佛寺的見聞爲核心,對當時長安地區的佛寺情況進行了詳細考察,進一步對會昌和大中時期長安的佛教情況進行了縱向對比,對大中時期敦煌與長安的佛教狀況進行了橫向對比,從而得出佛教發展主要受到當地社會形態和社會基礎影響的結論。

二、敦煌石窟與圖像研究

敦煌石窟與圖像研究涉及宗教、藝術、考古、文獻等多方面內容,是敦煌學研究的核心內容,也是本次會議的核心議題之一。日本橫濱美術大學濱田瑞美副教授《唐代敦煌與日本的維摩詰經變》以日本奈良時代的維摩詰經變爲綫索,認爲敦煌唐代石窟維摩詰經變的位置發生了明顯變化,從隋代的窟頂或龕外左右側到唐代的西壁龕外左右側或龕內、東壁、北壁等位置,這種變化旨在表明中國皇帝所在的娑婆世界的中國正是未來世的佛法繼承地。盛唐以後,具有同樣意涵的彌勒經變基本佔據了石窟北壁位置,因而維摩詰經變也隨之基本固定在了東壁位置。蘭州大學張景峰副教授《敦煌莫高窟第138窟兩鋪報恩經變及其成因試析》對莫高窟第138窟兩鋪報恩經變的內容和構圖形式進行了詳細解讀,認爲該窟在繼承莫高窟第231窟報恩經變內容的基礎上,大量增加了報君恩的內容。關於兩鋪報恩經變的成因和內涵,作者認爲既有對吐蕃時期陰家窟報父母恩思想的延續,又有陰季豐家族向歸義軍節度使張承奉表達忠誠的新內涵,進一步體現了敦煌佛教的世俗化。敦煌研究院趙蓉副研究員《敦煌早期石窟頂部的演變分析》(提要)將客觀的形式分析與基於心理、社會、文化等層面的對石窟頂部空間的認識和詮釋相結合,對敦煌早期石窟頂部建築和空間的客觀變化與附著其上的裝飾紋樣和佛教圖像母題進行綜合考察。四川大學博士生魏健鵬《生天與淨土——莫高窟第9窟營建思想解讀及思考》認爲,莫高窟第9窟主室覆斗頂繪華嚴經變作爲統攝全窟的主導思想,體現了華嚴與淨土融合下的石窟營建功能,通過圍繞中心龕柱、稱念阿彌陀佛名號與誦讀各壁面相關經典,以往生蓮花藏世界爲生天終極歸宿。同時,北壁出現的吐蕃時代特有的贊普及侍從聽法圖,説明該窟的營建有吐蕃遺民參與。黔西南州博物館助理館員馬俊鋒《榆林窟第 25 窟婚嫁圖繪製年代探析》在繼承乃師沙武田先生榆林窟第 25、15 窟是爲紀念唐蕃清水會盟而建雙窟觀點的基礎上,認爲第 25 窟婚嫁圖的繪製年代與該窟的整體營建年代一致,應在 783 年清水會盟前後。漢藏婚禮圖反映的是唐蕃聯姻和唐蕃友好的歷史,同該窟主旨一樣是對清水會盟的紀念。西北民族大學碩士研究生白琳《敦煌圖像所見僧尼隨侍現象探析》對敦煌高僧寫真像、供養人像和剃度圖中的僧尼隨侍內容進行詳細考察,佐證並部分彌補了典籍文獻對僧尼隨侍身份的性質、社會地位、活動場合及出現原因等方面的記載。西北師範大學碩士研究生李玭玭《唐五代宋初敦煌佛教幢供養》在對敦煌壁畫中的寶幢圖像進行了詳細考察的基礎上,認爲唐五代宋初敦煌佛教節日或法會時寶幢通常被安置於高顯處,具有祈福消災、積累功德的功能。敦煌壁畫彌勒經變中婆羅門拆幢圖中的寶幢車正是借鑒了敦煌地區正月行像活動中彩車的樣式。陝西師範大學碩士研究生劉人銘《莫高窟第 409 窟回鶻供養人畫像闡釋》通過對莫高窟第 409 窟供養人畫像中的團龍服飾紋樣、儀衛特徵等內容的綜合分析,並結合有關沙州回鶻的文獻記載,認爲該窟供養人極有可能是沙州回鶻鎮國王子夫婦。陝西科技大學韓湘講師《敦煌莫高 158 窟涅槃經變圖像學分析》對莫高窟第 158 窟的涅槃經變進行了詳細的圖像學分析,並認爲該經變是吐蕃統治時期敦煌漢族民衆對受壓迫生活的曲折反映。

另外,關於敦煌莫高窟的編號問題也是敦煌石窟研究最爲基礎和重要的一項工作,西安美術學院張寶洲教授多年來持續關注和深入研究這一問題,獲得了豐碩成果。他在本次會議上提交的《莫高窟幾個典型的編號對照表問題分析——莫高窟考察歷史文獻解讀(十)》列出莫高窟最具代表性的四家編號對照表進行分析,認爲其中的陳祚龍《新校重訂莫高窟重要公私諸家編號對照表》和《伯希和敦煌石窟筆記·敦煌石窟各家編號對照表》基本上是不能參照利用的廢表,而徐自强《新訂敦煌莫高窟諸家編號對照表》和敦煌研究院《莫高窟各家編號對照表》因爲編製體例問題仍不完全適合實際運用。

三、敦煌吐魯番寫本文獻研究

敦煌吐魯番寫本文獻研究是敦煌吐魯番學研究的基本內容之一,本次會議有多篇論文涉及這一主題。韓國東國大學郭磊研究員《敦煌文獻中出現的"新羅王子"身份再考》綜合考察了新羅文殊信仰的傳入和慈藏與五臺山文殊信仰的關係等文獻資料,認爲慈藏並沒有前往唐五臺山參訪,他與五臺山文殊信仰也没有直接的關聯。敦煌文獻中出現的"新羅王子"並不是慈藏,有可能只是一種對外國僧人的模糊稱呼，亦或是朝鮮半島流傳的慈藏與五臺山信仰的傳說被傳播到敦煌後而發生的一種文化現象。蘭州大學王晶波教授《從敦煌本〈佛説孝順子修行成佛經〉到〈金牛寶卷〉》依據中、韓所存相關文獻，討論了《佛説孝順子修行成佛經》與《金牛寶卷》的關係，認爲《金牛寶卷》和韓國存《第七地金犢太子》都是承接唐代《佛説孝順子修行成佛經》而來，是該典籍在中國民間通俗演變的結果。浙江大學許建平教授《吐魯番出土〈詩經〉文獻敍録》在早年王素先生《敦煌吐魯番文獻》統計吐魯番所出《詩經》寫本4件的基礎上，搜集到吐魯番所出《詩經》白文本9號、傳箋本5號、正義本5號，綴合成15件，並對每件文書的基本情况進行了詳細説明。陝西師範大學李宗俊教授《敦煌文書〈曹盈達寫真贊並序〉反映的其與曹氏歸義軍關係考》根據敦煌文書《曹盈達寫真贊並序》中稱曹盈達爲"敦煌郡首張公第十六之子婿"等句，以及莫高窟98窟有關"外王父"的題記，認爲曹盈達當爲張議潮的女婿、曹氏歸義軍首任節度使曹議金兄弟的父親，是該家族興起的奠基者。天水師範學院陳于柱教授和張福慧副研究員《新發現的綫裝本〈張天師發病書〉〈發病全書〉整理研究——兼論敦煌吐魯番出土發病書寫卷》認爲新近搜集的《張天師發病書》《發病全書》和敦煌吐魯番出土的《發病書》寫卷共同彌補了唐宋至明清以降《發病書》史料鏈條的缺環，有力地證明了《發病書》確曾作爲一類專門書籍長期存在。敦煌吐魯番出土《發病書》寫卷並非西北某一地區所特有，而是該類文獻在歷史時期普遍流行背景下的區域縮影。蘭州大學趙青山副教授《敦煌疑僞經〈佛説五百梵志經〉及相關問題考》以新近公佈的杏雨書屋羽633－2《佛説五百梵志經》爲核心，認爲該經與竺律炎譯《梵志經》並非同本異出，該經亦並非《百喻經》之序品。敦煌本《衆經要攬》所抄"五百梵志經"並非《五百梵志經》。該經的"人身從五穀生"之説明顯與佛教義理不合，其反映的是外道口力論師之理論，所以該經無疑是一部疑僞經。蘭州大學劉全波副教授和本科生戴永生合作的《〈長洲玉鏡〉編纂考——兼論中古時期官修類書的因襲與替代》認爲，《長洲玉鏡》的編纂者除虞綽、虞世南、庾自直、劉顧言和王曹外，還有諸葛穎、王劭、蔡允恭和王胄等人，而且《大業雜記》中記載的王曹很可能是王胄的誤寫。該書的編纂時間爲大業元年十月至二年六月，編纂地點爲江都長洲苑。在内容與體例上，《長洲玉鏡》受到《華林遍略》和《修文殿御覽》的共同影響，初步實現了南北類書編纂的融合。該書原有四百卷，至唐初有二百三十八卷，但流傳不久便失傳，其原因在於其内容和體例被新出類書《文思博要》《三教珠英》等因襲。浙江大學竇懷永副教授《敦煌小説〈黄仕强傳〉新見寫本研究》發現新近出版的《濱田德海搜藏敦煌遺書》中所存的一件小説《黄仕强傳》寫本，與業已公佈的其他寫本不同，故通過異文比較的方法,對該寫卷的文本傳抄系統進行了初步研究,並重新作了校錄。西南大學趙鑫曄副教授《敦煌册頁裝〈金剛經〉的初步復原》以敦煌文獻中散落的《金剛經》册頁爲研究對象,對其中十二組進行了復原。國家圖書館劉波副研究員《關於唐開元四年寫本〈文選注〉》認爲唐開元四年寫本《文選注》在文本、卷次、格式、水漬、印章等方面存在疑點,很可能是僞卷。同時,開元四年寫本《文選注》卷第二與津藝107《文選注》的形式和内容都非常接近,極有可能是以津藝107爲底本僞造的。蘭州大學博士生姬慧《敦煌社邑文書語言特徵考述》詳細總結了敦煌社邑文書在文本的具體格式和語言表現方面所表現出的三個顯著特點:格式齊整,自成一體;駢散相間,雅俗相合;用詞豐富,義近形異。

四、敦煌區域社會研究

敦煌區域社會研究專題著重關注敦煌區域史、社會生活史的内容,是敦煌學研究不可或缺的部分。武漢大學劉安志教授《唐代沙州昇爲都督府時間考定——以〈唐會要〉版本考察爲中心》通過詳細考察國内外所藏十數種《唐會要》抄本有關唐代沙州昇爲都督府時間的相關記載,確認了《四庫全書》本《唐會要》所載"永泰二年五月"準確無疑,而武英殿本《唐會要》所記載的"永徽二年五月"明顯有誤,有可能是清四庫館臣對所據底本的删改。中國社會科學院楊寶玉研究員《晚唐敦煌文士張球及其作品研究評議》詳細梳理了學界對張球及其作品的研究情況,清晰地展現了相關研究現狀及存在問題。文章特別強調了張球這樣一位特殊文士的特殊經歷及其作品中的特殊内容,具有極高的學術價值,有必要進一步對其進行多角度的研究。上海師範大學陳大爲教授和碩士研究生陳卿《敦煌金光明寺與世俗社會的關係》通過對金光明寺僧人家族背景、寺院法會、抄寫佛經、寺學教育、社會經濟活動等方面内容的考察,認爲唐五代宋初時期的金光明寺已經完全融入了敦煌世俗社會,與敦煌地區各階層民衆關係密切,儼然成爲維護社會穩定、推動社會發展的重要力量。甘肅省社會科學院買小英副研究員《有關中古敦煌家庭倫理落實的若干問題研究》認爲中古時期敦煌佛教的興盛與繁榮,使得儒家倫理同佛教倫理相互融變,二者彼此助推的效果直接反映在核心家庭與家族關係,寺院教育取代官辦教育,法律、倫理同宗教的結合,三教融合"忠君孝親"以及以儒家價值體系爲主導等問題上,體現出中古敦煌地區的特殊性。作者對於敦煌地區家庭倫理的考察,使我們從社會實踐的層面對敦煌家庭倫理的落實問題有了較爲具體的答案。甘肅省委黨校周銀霞女士和甘肅省博物館李永平研究員《敦煌西晉墓出土"李廣騎射"彩繪磚及相關問題》認爲敦煌西晉墓出土的"李廣騎射"彩繪磚一般佈局在墓葬圖像中心位置,是魏晉早期墓葬文物圖像的一個特殊現象,這一圖像內容的出現與敦煌李氏家族密切相關。作者進一步認爲對李廣的崇拜是西晉社會風尚和符瑞思想的反映。西北師範大學碩士研究生秦凱和秦丙坤副教授《墨池背後的記憶變遷:從張芝到王羲之》詳細梳理了墨池由原本的張芝臨池學書場所到與王羲之緊密關聯的歷史變遷過程,以及敦煌民衆在被動接受王羲之地位的同時又借助王羲之來塑造張芝形象的積極應對措施。通過墨池背後的記憶變遷充分反映了地方、國家記憶之間的互動與離合,而從根本上呈現的是歷史記憶在各方利益碰撞情況下的傳承、變遷和認同機制。

五、絲綢之路歷史文化研究

絲綢之路歷史文化研究專題涉及絲綢之路上的東西文化交流、歷史地理、經濟貿易和社會歷史等多方面內容,是本次會議的又一重要議題。

本次會議共有六篇論文以絲綢之路上的東西文化交流爲主要研究內容。北京大學榮新江教授《條條大路通長安——唐代對絲路文明的吸收》假設站立在唐長安城西邊的金光門或開遠門上,從這個角度來審視絲綢之路,考察一批又一批沿著絲綢之路進入長安的來客以及他們帶來的絲綢之路上的精神文明和物質文化,將諸多與絲綢之路有關的史事與長安密切關聯起來,復原出一個動態的國際大都市長安的場景。西南交通大學唐均教授《西域獅名入華勘同與早期絲綢之路的伊朗因素》對早期漢字記音的"獅子"的語源詞彙進行了詳細的語言學考察,認爲"狻麑"詞系和"酋耳"詞系直接源自伊朗語,以非伊朗系的吐火羅語中介命名的詞彙"師子"語義源頭也來自伊朗,甚至純粹源出印度系的"驪虞"也與伊朗系存在關聯。作者從語言學方面提供了早期絲綢之路伊朗和中原文化交流的證據,具有重要價值。陝西師範大學李永平教授《中國早期的魔術師:左慈幻術的西域源流》在詳細考察西域幻術及其傳入途徑的基礎上,對《三國演義》中左慈及其幻術的內容、來源做了系統論述,認爲左慈幻術的三大來源分別是中國本土幻術、西域以及印度等外國幻術和宗教幻術。中國社會科學院陳粟裕副研究員《傳播與雜糅:多種因素的于闐守護神圖像》(提要)認爲于闐守護神是于闐人融合了來自印度、薩珊波斯等不同地域的神靈特徵,並參考了本地民衆、過往商人、士兵裝束,而創造出的屬於于闐人的佛教守護神。隨著五代宋初于闐與敦煌的交往,這些雜糅了諸多因素的于闐守護神被繪製在敦煌石窟中,體現了漢地民衆對他們的接受和認可。甘肅省社會科學院助理研究員張瑛《敦煌與絲綢之路文化交流》從經濟文化、語言文字、繪畫雕塑藝術、樂舞藝術、宗教文化等方面對敦煌與絲綢之路文化交流進行了闡述。和田師範專科學校買托合提・居來提副教授《宗教與醫學：伊斯蘭教對維吾爾醫學的影響》認爲維吾爾醫學在醫德、醫藥專業名詞、藥名等方面均受到伊斯蘭教的影響。

涉及絲綢之路歷史地理方面研究的論文共有三篇。西北師範大學李并成教授《索橋黃河渡口與漢唐長安通西域"第一國道"》在實地調查的基礎上，對索橋黃河渡口的現狀和歷史沿革進行了詳細考證，認爲索橋黃河渡口爲漢代遺址，且一直沿用至民國初年，而並非是明代遺址。同時，作者對"漢代第一國道"，即長安經由"北道"前往河西走廊、西域的古交通綫的具體走向進行了考察，並認爲索橋渡口恰好處在這條交通綫上，是最爲近便的黃河渡口。中央民族大學陳楠教授《唐梵新路與西域求法高僧》根據漢藏相關文獻的記載，對唐蕃和親、唐蕃新路開通及沿此路西行求法的高僧等相關事實進行系統梳理與考述，自文成公主入蕃，開啓了唐蕃關係的新篇章，而後開闢了一條通往印度的捷徑——吐蕃泥婆羅路。循此路西行求法的高僧們是唐代西域求法高僧群體的重要組成部分，爲唐代中印文化交流作出了重要貢獻。但他們的生平業績長期無人問津。文成公主資助唐朝僧人玄照法師往返天竺更是唐蕃交往關係的一段佳話，但由於漢藏史籍文獻乏載等原因，幾乎湮没無聞。浙江大學劉進寶教授《〈史記・大宛列傳〉中的"西城"、"西域"考辨》認爲《史記・大宛列傳》中的兩處"西域"原本都是"西城"，而兩"西城"又非同一地方。"是歲漢遣驃騎破匈奴西城數萬人"的"西城"應是指"西邊""西方"，具體地域應該在張掖附近。匈奴單于令烏孫王昆莫"長守於西城"的"西城"則應該在漢代西域範圍內，可能就在今新疆的東部地區。

另有絲綢之路經濟貿易、社會生活等方面論文五篇。西北大學李瑞哲副教授《古代絲綢之路商隊的主要交易品特點》利用考古資料和傳世文獻，對古代絲綢之路上的商隊所經營的主要商品的種類進行了分析，認爲在絲綢之路上從事的是一種遠距離貿易，以粟特人爲主的商隊主要販運的是一些貴重的商品，包括絲綢、奴隸、馬匹等商品，絲綢之路中國境內發現的一些帶有異域風格的器物也與商隊的商業活動有密切關係，商隊交易的商品具有價值大、利潤高的特點。陝西師範大學陳瑋講師《李元忠神道碑所見安史之亂後唐朝統治河西、西域史研究》根據李元忠神道碑的記載：廣德二年吐蕃攻陷涼州前，馬璘所率援軍東返勤王以及河西軍精銳在血戰僕固懷恩後不被安撫，加速了將士離心和楊志烈棄城。楊志烈在逃亡甘州途中被殺，後涼失陷。楊休明以涼州長史繼任河西兼伊西庭節度使，但被覬覦權力的伊西庭留後周逸謀殺。楊休明副將李元忠起兵復仇後擔任河西副元帥、伊西庭節度使，延續了安史之亂前河西軍將、河西節度使執掌北庭大權的政治傳統。他重用河西舊人,利用回鶻路與唐廷互遣使者,使北庭成爲唐廷在西域的代言人,與葛邏禄、拔汗那保持著外交往來,共同防禦回鶻、吐蕃和大食。陝西歷史博物館楊謹研究員《國内外關於唐代"胡人"研究綜述》對國内外有關唐代"胡人"的研究情況進行了詳細梳理和簡要評述,並認爲今後應該從以下四個方面著力進行研究:一、在世界史視野下進行綜合觀察;二、在一個長時段的複雜而動態的演變過程中進行考察;三、放置在胡漢交往的長時段歷史演變過程中進行梳理;四、利用形象史學和新社會史學的研究範式進行考察。吐魯番市文物局王霄飛局長和吐魯番學研究院湯士華研究員《吐魯番與絲綢之路——以吐魯番出土文書爲中心》以吐魯番出土文書爲核心,闡述了吐魯番在絲綢之路上的重要地位以及吐魯番因絲綢之路而具有了更加輝煌燦爛的歷史文化。蘭州大學博士生韓樹偉《絲路沿綫出土佉盧文書相關研究綜述》對中國境内所出佉盧文文書的釋讀、研究情況作了較爲詳細的梳理,對進一步研究佉盧文使用地域及其周邊地區的社會歷史、法律制度、經濟貿易等問題提供了便利。

六、絲綢之路考古與藝術研究

絲綢之路考古與藝術專題主要涉及絲綢之路上的墓葬、石窟造像、玉礦與玉石等方面内容,這些論文或是公佈考古新資料、或是研究絲綢之路藝術交流,成爲本次會議頗受關注的議題之一。

本次會議共有六篇論文涉及絲綢之路上的墓葬考古與墓葬藝術研究。蘭州財經大學高啓安教授《中國古代的"行炙"》通過大量文獻和考古資料,對中國古代"行炙"的操作過程、源流演變及其他相關問題作了詳述。陝西省考古研究院張藴研究員《唐讓帝李憲惠陵考古相關問題》(提要)對唐李憲惠陵的發掘情況和出土文物作了系統介紹,並對其所反映的唐代社會現狀、長安與異國的交往等相關問題作了深入分析。西北大學王維坤教授《關於西安發現的北周粟特人墓和罽賓人墓的葬制與葬俗之我見》以西安地區發現的北周粟特人安伽、史君、康業墓葬和罽賓人李誕墓爲對象,認爲它們在葬制和葬俗上均呈現出極强的"漢化"特點。這些墓葬坐北面南,主要由長斜坡墓道、天井、過洞、封門、甬道、土洞單室墓所構成的基本墓葬建制,爲漢式葬制明顯特點。同時,作者認爲這些墓葬所見亡者口含東羅馬金幣的習俗並非來自西方,而是中國固有的傳統習俗。西北師範大學卞坤教授和秦丙坤副教授《交河故城出土怪獸啄虎金牌飾的文化分析》認爲吐魯番交河故城溝北一號臺地漢代墓出土的怪獸啄虎金牌飾,其造型源自匈奴文化的鷹虎搏鬥紋牌飾。而其中鷹的樣式則受到來自内陸地區的鳳紋影響。這一件牌飾體現了匈奴文化與漢文化的融合,同時說明多種文化交流與融合正是兩漢時期吐魯番地區的文化特點。陝西歷史博物館張維慎研究員《從文物圖像看趙過"耦犁"的推廣及其影響》將文獻與考古圖像相結合,認爲趙過發明的"耦犁"就是二牛擡扛,其原始形態是二人牽牛、一人扶犁,改進形態是一人牽牛、一人扶犁、一人壓轅(兼趕牛),最終形態則因牽牛技術的改進和活動式犁箭的發明而改爲西漢末一人驅二牛(擡扛)而耕,至東漢時期使用更加廣泛。寧夏大學博士生李玉峰《河西走廊所見西夏農具述論》結合文獻記載,對河西走廊所見西夏農具的圖像和實物資料進行詳細考察,著重對其形制和材質進行分析,並探討了其與中原地區和河隴地區前代農具的關係。

　　涉及絲綢之路石窟考古與石窟藝術的論文共有八篇。澳門大學助理教授朱天舒女士《"一佛五十菩薩圖"新探》認爲"一佛五十菩薩圖"源自印度,貴霜王朝時期犍陀羅風格的默罕穆德-納里石刻應正是這一圖像的早期原型。在3世紀末4世紀初,這一圖像傳入中國,被稱爲"一佛五十菩薩圖",但當時並沒有流行起來。而北涼時期莫高窟第272窟後壁坐佛和兩側菩薩組合卻是罕見的"一佛五十菩薩圖"實例。隋唐之際,這一圖像復出,以京畿之地爲中心,再傳到中國各地,並東到日本。北京服裝學院邱忠鳴教授《視覺的政治:從北齊大型佛教造像出發》通過細讀浙江新昌石佛寺南梁天監十二年劉勰撰《建安王造石城寺石像碑》和山東青州龍興寺北齊武平四年《臨淮王像碑》,認爲北齊境內大型佛像的製作起著承上啓下的作用,切實影響到唐朝衆多依山雕鑿大佛的局面。這種大佛不僅重塑了歷史,更在相當大的程度上改造了當地的自然景觀,言說了造像主——統治者政權的合法性,塑造了民衆的集體記憶與身份認同。在這一過程中,"轉輪聖王"的觀念起著十分重要的作用。蘭州大學張善慶副教授《佛教藝術語境中的佛教啓門圖》認爲,在漢代和宋元墓葬啓門圖大行其道的時代,佛教藝術也引進了這種圖像。在北朝時期,較爲典型的啓門圖更多地表現爲天宮圖像,之後似乎隨著墓葬啓門圖的沒落而沉寂下去,到晚唐時期纔再次重興。宋元時期的佛教啓門圖多出現在喪葬情景中,在經營位置、構圖元素以及圖像意涵等方面,都和墓葬啓門圖非常接近。大足石刻研究院米德昉副研究員《寶頂山南宋聖壽寺遺構"毗盧庵"造像的調查研究》在對大足寶頂山南宋聖壽寺遺構"毗盧庵"造像進行簡報的基礎上,認爲其修建完成於紹定四年,是趙智鳳修行的禪窟。"毗盧庵""柳本尊十鍊圖"造像表現出"趙智鳳派"對毗盧化身柳本尊的崇拜,同時,庵內所存爲帝王歌功頌德的圖文內容也反映出"趙智鳳派"爲弘教而做的變通。清華大學博士生王友奎《大同雲岡第三期洞窟圖像組合分析》認爲,雲岡第三期洞窟在圖像配置方面,中型洞窟大多採用對稱法則配置兩側壁龕像,這一方面是洞窟體量、形制使然，另一方面也是第一、二期對稱構圖傳統的延續。小型洞窟在圖像配置上相對自由，但需要在更加有限的空間內表現相對完整的主題。在圖像組合思想方面，第三期的三壁三龕式洞窟大多沿用了第二期洞窟的思想內容，基本上表達了法華經強調的一佛乘思想和彌勒上生、下生信仰這兩種內涵，乃至與其他大乘成佛思想元素的結合。寧夏大學王勝澤副教授《西夏藝術圖像中的絲路印記》以圖像爲載體挖掘絲綢之路印記，從唐僧取經圖、印度舞供養菩薩、阿彌陀佛來迎圖和星宿圖等來探討西夏的絲綢之路文化交流，從商人遇盜圖探討西夏的絲路商業貿易，以圖像印證了西夏時期絲綢之路上中西交往的重要活動。清華大學博士生朱己祥《贊皇治平寺唐開元二十八年造像塔及相關問題述論》基於實地調查和學界刊佈資料，具體闡釋了贊皇縣治平寺唐開元二十八年造像塔的圖像和銘文內容，並認爲淨明等比丘尼與世俗信衆選擇齋日建造此塔，主要目的在於爲師僧、亡者及現存眷屬祈福。陝西師範大學博士後石建剛《金代〈丁家泉三教仙石洞記〉考釋——兼論延安清涼山仙石洞的營建》在詳細校錄金代碑刻《丁家泉三教仙石洞記》內容的基礎上，將碑文內容與清涼山部分石窟、題刻內容相結合，共同勾勒出道士梁文仙到清涼山修行、創建仙石洞、死後安葬在此的人生經歷。現在的清涼山桃花洞區正是仙石洞所在，清涼山第 5 窟疑爲梁文仙主持開鑿的三教仙石洞，第 7 窟是其生前修行和死後安葬的洞窟仙靈堂。作者同時對清涼山道教從金代創立到明清時期不斷發展的歷史脈絡進行了簡要梳理。

另有兩篇文章是對絲綢之路上的玉礦考古和玉石使用情況進行探討。甘肅省文物考古研究所陳國科副研究員《河西走廊地區玉礦遺址考古新發現》（提要）對甘肅省文物考古研究所在河西走廊地區先後發現的肅北徑保爾草場、寒窰子草場、敦煌旱峽等幾處玉礦遺址的調查和發掘工作做了介紹。南京博物院沈驫先生《歷代絲綢之路上的和田玉》對絲綢之路上和田玉的開採、加工、貿易、使用等情況，分先秦、漢晉南北朝、隋唐五代、宋遼金元、明清五個時段進行了詳細梳理和闡釋。

七、絲綢之路宗教文化研究

在絲綢之路歷史上，宗教的傳播和交流佔有很大比重，起過重要作用，可以說外域宗教的入華和中國宗教文化的外傳基本上均是通過絲綢之路實現的，所以絲綢之路宗教文化研究一直是絲綢之路的熱門議題。本次會議有多篇文章是對絲綢之路宗教文化的研究。

佛教文化一直是絲綢之路宗教文化研究的重頭戲，本次會議共有十篇論文是對絲綢之路佛教文化的研究。其中，共有七篇論文從文獻學或語言學角度對絲綢之路佛教文化進行研究。西北民族大學才讓教授《"炳靈寺"寺名來源考》從語言學的角度對"炳靈寺"寺名的來源進行了詳細考釋：藏文'Bum gling(炳靈)，最初作 Bum lIng，是漢語"風林"的音譯，吐蕃中後期以此指炳靈寺地區，Bum lIng 又演變爲'Bum gling。吐蕃晚期時，炳靈寺成爲吐蕃重要寺院之一，由此吐蕃佛教傳入這裏，並延續至後世。到宋代時，藏文之'Bum gling 又音譯爲"炳靈"。大抵在明代時期，藏傳佛教界認爲炳靈寺是彌勒聖地，遂在'Bum gling 之前加了 Byams pa(彌勒)一詞，成爲 Byams pa 'bum gling 這一語義明確的寺名，爲合理解釋其中的'Bum(十萬)，遂言炳靈寺石窟有以彌勒大佛像爲主的十萬彌勒造像。敦煌研究院趙曉星研究員《古代日本的五臺山信仰調查》通過對有關的日本傳世史料進行研讀，找到了日本 30 餘位巡禮過中國五臺山的僧人，對他們的生平及其在五臺山信仰傳播到日本的過程中起到的作用進行了梳理。可以清楚看到，五臺山信仰傳播的過程中，唐代和宋代在日本本土形成了兩次信仰高潮。日本皇室的推動，將軍等貴族階層的倡導都起到過重要作用，而遣唐僧和渡宋僧則是五臺山信仰的主要傳播者，他們的行爲共同促成了在日本本土興建五臺山的實踐活動，並使"五臺山文殊"成爲一種固定的文殊形象。北京師範大學趙貞教授《〈神龍散頒刑部格〉所見"宿霄行道"考》認爲，從佛教文獻來看，唐代的"宿霄行道"應是佛教"夜三時"，是旨在以禮佛、懺悔爲核心的佛教修行活動，在道教齋會中也有類似的活動。這種齋會具有"拔度先祖""禳災致福"的功能，所以得到官方的普遍認同和支持。但僧道夜間的傳法活動往往與"妖訛"相提並稱，成爲影響當地社會穩定的一大隱患，因此官方對"宿霄行道"多有限制和禁絕，但"午夜不行"的規定並沒有得到很好的實行。五代以後，在州縣、鄉村甚爲流行的"夜聚曉散，傳習妖教"的秘密宗教活動可以説是唐代"宿霄行道"進一步延伸和擴展的產物。酒泉市文化遺産保護研究中心李旭東先生《玄奘西行取經諸夢與占卜感應靈驗鈎沉——以玄奘首途長安之夢與占卜在瓜州神奇應驗爲例》對玄奘西行取經過程中在長安之夢與占卜在瓜州得到應驗的文獻記載做了細緻梳理，並分析了玄奘篤信神靈的心理因素。山西師範大學楊學勇副教授《三階教化度寺無盡藏機構的管理與運轉》認爲，化度寺無盡藏是三階教的經濟機構，存在僧人乃至俗人管理的情況，但管理並不嚴密，缺少監督。三階教對無盡藏財物的施捨、運轉都有明確規定，從其行爲來看應該不是出息、放貸機構，而是慈善機構，但某些寺院的放貸行爲也給化度寺無盡藏貼上了出息放貸的標籤。化度寺無盡藏的雄厚財富引起了政府的不安，其慈善事業又與政府意圖相背，進而引起政府的猜忌，故而在唐玄宗的強力禁斷下始絕其跡。駱慧瑛女士《新疆出土古佛經——考究古佛經六片十二面出處與因緣》對新疆出土的一組六片十二面古寫經進行了詳細釋錄和綴合，該寫經以實叉難陀譯《大乘入楞伽經》卷二内容爲主，另涉及卷三少許内容。新疆博物館孫麗萍館員《夏合吐爾遺址出土寺院、僧侶文書札記》通過對夏合吐爾遺址出土文書的解讀，説明夏合吐爾遺址内的寺院是一座大乘佛寺，寺内經常舉行講經説法活動，也包括俗講和變文的形式。龜兹地區的民衆對《金剛經》十分推崇，抄經發願一次就佈施上千部《金剛經》。寺院的懺悔文通過懺悔戰陣殺戮之罪業，也給駐守安西的將士們帶來了精神上的慰藉。龜兹地區的僧侶們也有信奉密宗者。各地寺院的僧侶多有聯繫，書信互答。王室在供奉舍利時也會舉行大型的法會活動，各地僧人均可參加。除了日常佛事活動外，寺院僧侶還要參加世俗活動。政府派駐的都僧統統管安西四鎮寺院，夏合吐爾遺址的寺院也要根據官府的指派承擔掏拓渠堰的徭役，官府還會臨時徵發寺院的僧侶車牛搬運裝載物資。僧人也經常作爲民間契約的知見者參與到民間債務活動中。

另有三篇文章主要是從藝術史或圖像學的角度對絲綢之路佛教文化進行闡釋。東南大學于向東教授《從影堂至祖堂——晚唐至宋代祖師圖像樣式、場所與祭祀儀式的變遷》認爲，晚唐五代時期，作爲影堂的一種特殊類型，祖堂逐漸興起，到了北宋後期，發展出供奉本宗主要祖師真像的新格局，意味著祖堂已經從傳統影堂中分化、獨立出來。晚唐至北宋時期，隨著祖堂的發展，祭祀祖師儀式不斷完善，真像供奉的場所也有別於唐代。牌位與真像並用，也是宋代佛教影祭有別於唐代的一個重要方面。東南大學于薇講師《聖物製造：隋文帝仁壽舍利頒送活動研究》從物質文化及儀式層面，對隋文帝時代的舍利崇拜及統一的瘞埋制度進行分析，認爲隋文帝雖以佛典中的阿育王分舍利建塔爲權力建構的模仿對象，卻力圖塑造出有別於域外風格的舍利瘞埋規制，且借助於一套政治運作與宗教儀式相結合的重複運動，完成宗教聖物的製造與政治權利的統一。西安交通大學熊雯講師《須彌山還是耆闍崛山——唐慶山寺地宮北壁山嶽圖像志考》認爲慶山寺地宮北壁所繪山嶽，不符合佛教中須彌山固有的造型和模式。而通過溯源慶山寺歷史中"慶山"名稱的來歷，加之武周政權後將慶山附會爲耆闍崛山以及唐人曾遠遊天竺親眼目睹耆闍崛山的史事，因此認爲將慶山寺地宮的山嶽認定爲耆闍崛山更加合理。

另有兩篇文章涉及絲綢之路其他宗教文化研究。暨南大學張小貴教授《古伊朗文獻所見伐迦 Baga 考釋》從語言學的角度對伐迦做了詳細考察，認爲在古波斯文獻中伐迦作爲神的敬語被普遍使用，且其並非專指某一神，而應是大神的尊稱，在粟特文獻中仍然如此。作者還發現，在吐魯番文獻中伐迦一詞仍然保留著古伊朗和粟特地區表對天神尊稱的含義。西安建築科技大學副教授孫武軍《貴霜瑣羅亞斯德教神衹研究史》對國內外有關貴霜瑣羅亞斯德教神衹的研究情況做了詳細梳理。國外研究開始較早，經歷了起步階段、深入階段和比較融合階段三個層次，而國內研究纔剛剛起步。

八、絲綢之路民族文化研究

絲綢之路歷史上曾活躍著衆多的少數民族，可以說絲綢之路就是一條民族走廊，這些民族均爲絲綢之路的形成和發展產生了重要作用。本次會議有多篇文章是對藏族、党項、回鶻等絲路民族及其文化的討論。

涉及藏族和吐蕃歷史文化的文章有三篇。西南民族大學楊銘教授和貢保扎西教授《絲綢之路沿綫所出古藏文契約文書概說》對國內外刊佈的古藏文契約文書及其研究情況進行了綜述，並對即將出版的《絲綢之路出土民族契約文獻集成·吐蕃文卷》的結構編排和主要內容做了介紹。南京師範大學陸離教授《關於吐蕃職官制度的兩個問題》對吐蕃職官制度中的紕論（phyi-blon）和押牙（am va gav）兩個問題進行了專題研究。吐蕃職官逾寒波（bkar-yo-gal-vchos-pavi-mi）很可能屬於紕論系統，由紕論發展而來。逾寒波的主要職責是對官員屬民的行爲進行監察獎懲，並向贊普直接彙報。位居貢論（dgung-blon）、囊論（nang-blon）之後，爲吐蕃三大職官系統之一，有大、中、小三個級別。吐蕃河隴等地的押牙職能與中原內地和歸義軍押牙相同，負責處理吐蕃本部及河隴西域各地各級官府機構中的軍政事務，並兼任了扎論（dra blon）、稅務官（kral dpon）、文書官（yi ge pa）等官職，其無疑是模仿自唐制。四川大學張延清（華青道爾傑）副教授《從敦煌看絲綢之路上的吐蕃元素》認爲作爲絲綢之路上的新興勢力，早在7世紀40年代起，吐蕃勢力就活躍在了絲綢之路上，與絲綢之路上的國家和民族有了交往。安史之亂後，吐蕃管控絲綢之路近一個世紀。9世紀中葉，吐蕃王朝崩潰，儘管吐蕃勢力撤出了絲綢之路，但散居在絲綢之路沿綫的吐蕃部族已經成爲絲綢之路大家庭的一員。藏文仍然是絲綢之路的通用語言，敦煌壁畫中繼續出現著吐蕃元素。作者以敦煌文獻和石窟壁畫爲核心，考察了吐蕃文化在絲綢之路上的傳播和影響。

關注党項和西夏文化的共有五篇文章。寧夏大學于光建講師《西夏的債權保障措施述論》認爲爲了保護債權人出借的本利能夠及時收回，西夏法典《天盛律令》製定了完備的債務保障措施，主要有契約簽訂、違約處罰、官府受理、同借擔保者代償、出工抵債、家資抵押等。但在實際的借貸活動中，有些並沒有完全依據法典所規定的保障措施執行，有部分習慣法的因素。寧夏大學張笑峰講師《元代亦集乃路的訴訟與審判制度考——以黑水城出土元代律令與詞訴文書爲中心》以黑水城出土文獻爲核心，對元代亦集乃路的訴訟和審判制度進行研究，認爲訴訟與審判程序中所使用的各類基本文書格式，除"狀"延續唐宋訴狀格式外，詞訴文書狀首、正文、結尾保持了固定格式，同時，在詞訟文書中也出現了一些常用術語替換現象及不規範之處。而元代亦集乃路的訴訟和審判制度中除具有"圓署""肅政廉訪司監察制度"等元代特有的司法特徵外，仍有其不同之處。寧夏大學鄧文韜講師《試論元代東遷河西人對理學思想的接納與吸收——兼釋元末西夏遺裔的忠君現象》認爲西夏滅亡以後，西夏儒學被用於鞏固政權的使命宣告結束，元代河西人的儒學不再像西夏時期那樣過度側重於構建官僚制度和政治文化。加之蒙元統一中華以後，原來流傳於南宋的各儒家學派思想逐漸影響河西儒生，他們開始接納理學思想，其主要表現在四個方面：一是尊視道統，崇尚濂洛諸子；二是結合某學派理論闡釋上古經典；三是重視興修作爲理學傳播陣地的書院；四是建造家祠與祭祀祖先。此外，河西人接受理學思想更爲深遠的影響，則是將他們"有條件的忠君"觀念演進爲"無條件的忠君"觀念，最終在元末明初做出了殉節和守節的政治抉擇。寧夏大學潘潔副教授《兩件〈天盛律令〉未刊殘頁考釋》考察認爲，兩件《天盛律令》未刊殘頁爲左右相連的兩面，分爲三部分。右面第一行接《俄藏黑水城文獻》卷十四（6-6），爲"相傷爲憑據"條末尾最後一句；其餘爲"殺節親私和"條全部；左邊最後一行爲"大小相毆告日限"條開頭。由於文書下部殘損無法給出完整的譯文，但殘頁爲俄藏《誤毆打爭鬥門》所缺，綴合了文書，補充了西夏文，通過與唐宋律令中"保辜""親屬被殺私和"條的比較，充分說明《天盛律令》是在中原漢地法律的基礎上，結合本民族特點製定的西夏法典。陝西師範大學碩士生郭靜《榆林窟第3窟五十一面千手觀音經變中的西夏物質文化影像》認爲榆林窟第3窟五十一面千手觀音經變在觀音持物內容、構圖方式、組合關係等方面均不同於傳統圖像樣式，尤其是圖像中大量出現的與日常生產生活相關的器物和場景極具特色。作者對壁畫中出現的世俗器物和生產生活場景進行了詳細梳理和歸類，並試圖以此來還原西夏時期河西地區的物質文化概貌。

　　涉及回鶻文化的共有兩篇文章。西南科技大學張巧雲講師《回鶻文譯經中佛經口頭性的再現研究》認爲佛教傳入回鶻以後，講經、唱導等佛事活動漸漸融合了回鶻口頭傳統中的因素。漢譯佛典來源的回鶻文譯經又向"質樸、通俗、口語化"的原始形態回歸了，變成了名副其實的口頭佛經文本。這些數量巨大的口頭文化遺產，爲研究維吾爾傳統文化提供了重要資料。吐魯番學研究院李剛副研究員《吐魯番博物館藏回鶻文書相關問題探微》認爲吐魯番博物館藏回鶻文書種類較多，多以佛經文獻爲主，偶見世俗類文書。關於這些文書的斷代,需要結合出土地點、書寫內容、文字特點和版本形式等方面進行綜合研究。

另有河西學院賈小軍教授《絲綢之路視野下的河西民族變遷申論》在絲綢之路視野下對河西走廊的民族變遷做了詳細考述。羌、月氏與匈奴等民族,應當是早期絲綢之路貿易的承擔者。鮮卑則通過長時段、大範圍的民族遷徙和控制河西走廊,在絲綢之路上扮演了既建設又破壞的矛盾角色。氐族在十六國時期一度成爲河西走廊的統治者,並成爲中原與西域經濟、文化交流的使者。粟特人於中古時期沿著絲綢之路不斷東來入華,在河西走廊留下了豐富的印記。五涼時期各少數民族和後來的西夏對絲綢之路的經營,反映出分裂時代絲路貿易依然延續,只是在形式上存在差別。裕固族的形成史,尤其是其來自西至哈至的傳說,對考察河西史、絲綢之路文化變遷具有重要意義。貴州省委黨校朱麗娜副教授《唐代西州地區蕃胡活動及認同考述》一文認爲唐朝經營西州時期,西州社會有大量蕃胡群體活動,不同群體的蕃胡與西州政府的關係親疏不同,大體呈現出散居在鄉里社會中的、原有組織形式殘存相對聚居的和城傍部落三類居住形態。蕃胡之間社會網絡的建立對其自身生活產生了深遠影響,他們利用自身的傳統和社會網絡優勢影響著當地社會的發展,也影響了自身的角色認同和對唐朝的政權認同。

九、絲路考察和學術史

首都師範大學劉屹教授《大谷光瑞與中國(一)——以明治、大正時期爲中心》在簡要梳理大谷光瑞宗門和姻戚網絡的基礎上,考察了大谷光瑞組織並進行三次中亞探險的基本情況,認爲大谷探險隊及其成員所涉足的地域雖廣,但他們所從事的就是探尋佛教東漸之路的考察探險活動。作者並進一步對大谷光瑞"亞洲主義"思想的形成和發展過程做了考察和分析,認爲這一思想在大正初年以前基本是正面的,希望中國獨立自強,而在此之後則發生了徹底改變,其目的是將中國等亞洲國家囊括到日本的統治之下。俄羅斯科學院尹琳娜·波波娃女士《斯文·赫定與中亞俄羅斯探險家》主要依據俄羅斯所藏有關斯文·赫定的歷史文獻資料,對斯文·赫定與俄羅斯探險家們的關係和交往情況做了簡要介紹。中國美術學院何鴻教授《向達先生給"羅、顧二先生"信札釋實》對廬江草堂所藏一封向達先生寫給"羅、顧二先生"的信札內容做了詳細介紹,並就其所涉及的向達先生考察敦煌的時間與路綫、羅顧二先生的身份及他們與向達先生的交往情況、信札所述破城子的位置等問題做了詳細考察。香港大學駱慧瑛女士《饒公觀音貫古今——淺談饒宗頤教授筆下唐代觀音菩薩畫像》對饒宗頤先生創作的這鋪觀音像的技法和内涵做了解讀。

結　　語

　　本次會議不僅規模大，而且學術水準高，討論熱烈，學者們發表了不少自己的新見解，極大地擴展了絲綢之路、敦煌吐魯番學以及長安學的研究領域和研究思路。首先，對敦煌與長安關係的研究，將敦煌與長安兩個看似沒有太大關係的點，通過絲綢之路這條綫緊密地聯繫起來，或是考察長安對敦煌的影響，或是以敦煌来反觀長安，爲敦煌學、長安學乃至絲綢之路未來的研究提供了非常有益的探索，開拓了研究思路和研究視野，取得了非常好的效果。其次，本次會議還公佈了許多前所未知的新發現和新資料，研究了許多新問題。如唐讓帝李憲惠陵相關情況、新發現的綫裝本《張天師發病書》與《發病全書》、新疆出土古佛經、兩件《天盛律令》未刊殘頁、寶頂山南宋聖壽寺遺構"毗盧庵"造像、贊皇治平寺唐開元二十八年造像塔、金代《丁家泉三教仙石洞記》與延安清涼山道教石窟等，都是利用全新的資料進行研究，非常難得。而且有一些長期模糊不清的問題得到了解決，例如"炳靈寺"寺名來源問題、唐代沙州昇爲都督府的時間問題、莫高窟的洞窟編號問題等，都是頗具新意的。新資料的公佈和新的研究方法的探索，對於促進絲綢之路與敦煌吐魯番學的發展均起到了非常重要的作用。

　　近年來，隨著"一帶一路"戰略倡議的穩步推進實施，絲綢之路和敦煌吐魯番學研究迎來了千載難逢的歷史機遇。在這一時代背景下，陝西師範大學和中國敦煌吐魯番學會、陝西歷史博物館聯合舉辦"絲綢之路上的敦煌與長安國際學術研討會——暨中國敦煌吐魯番學會2017年理事會"恰逢其時，對加強絲綢之路和敦煌吐魯番學研究具有重要意義。這次論壇必然會有力地促進和帶動絲綢之路、敦煌吐魯番學、長安學等相關領域的研究。

傳承與創新的盛會
——"紀念段文傑先生誕辰 100 週年敦煌與絲綢之路國際學術研討會"綜述

張先堂　李　國（敦煌研究院）

敦煌研究院攜手中國敦煌吐魯番學會於 2017 年 8 月 23—25 日在莫高窟聯合舉辦了"2017 敦煌論壇：傳承與創新——紀念段文傑先生誕辰 100 週年敦煌與絲綢之路國際學術研討會"。來自美國、英國、法國、意大利、挪威、日本、韓國、伊朗、印度以及中國大陸、臺灣、澳門等地區的 230 餘位學者與會，提交論文 157 篇。

這些論文涉及學科領域廣泛，内容豐富，主要圍繞緬懷段文傑先生歷史功績、敦煌藝術傳承創新、石窟考古藝術與敦煌和絲綢之路歷史文化研究、文化遺産保護研究四大議題進行了研討。本文予以扼要綜述。

一、緬懷段文傑先生的業績

紀念段文傑先生誕辰百年是本次會議主題之一，有多篇論文緬懷段先生的歷史功績。中華書局柴劍虹先生《敦煌守護衆神與絲路之魂——爲紀念段文傑先生百年誕辰而作》回顧了段先生招賢納士，重視培養人才，不僅不拘一格，而且全方位積極落實，敦煌石窟保護和研究事業纔得以發展、弘揚、壯大和鞏固；段先生在關切研究院"個人"的同時，還特別强調建設"團隊"的重要性。臺灣南華大學、四川大學鄭阿財教授《段文傑先生對我在敦煌研究上的啟發》回憶在敦煌文獻研究過程中每每受到段先生的啟發，如段先生有關佛教石窟壁畫融入中國傳統的神仙思想和表現技法的中國化表現，以及以壁畫圖像爲核心，結合傳世典籍圖文互證的研究觀念與方法，對作者在敦煌文獻的研究方面多所啟發。浙江大學劉進寶教授《傑出的學者，卓越的學術領導人》認爲段先生作爲掌門人，在高度重視學術研究、創辦《敦煌研究》、延攬及大力培養人才、爲編寫敦煌研究院院史和收集資料等方面，爲敦煌研究院的發展作出了突出貢獻。新疆藝術學院史曉明教授《美術大家風範　敦煌學界豐碑》回顧了段先生不僅在敦煌藝術研究和壁畫臨摹創作上有著開拓性成就，而且在規劃敦煌學未來、擴充壯大敦煌學隊伍、凝聚中外研究力量、促進交流合作、提高石窟文物的科學保護水準多方面都做出了卓越貢獻。敦煌研究院王志鵬研究員《宏圖繪敦煌　彩筆寫飛天》回顧了段先生以自己豐富的敦煌壁畫臨摹創作實踐經驗，從敦煌壁畫藝術研究入手，開啓了敦煌學研究的新時代。甘肅北石窟寺文物保護研究所吳正科所長《段文傑先生對北石窟寺文物的斷代》回憶 1974 年段先生帶領敦煌文物研究所專家對北石窟寺重點洞窟做了分析斷代，開啓了北石窟寺研究的先河。敦煌研究院馬强研究員《心摹手追　妙合神契——探究段文傑先生敦煌壁畫臨摹藝術》以前所未有的細緻系統梳理了段先生臨摹敦煌壁畫各時段的内容、特色和心路歷程，進而深入地探究段先生臨摹事業的精神世界和藝術成就。趙俊榮副研究員《咫尺匠心　砥礪傳承——段文傑先生對敦煌壁畫藝術的臨摹研究與傳承》認爲段先生不僅對壁畫藝術臨摹有豐富的實踐，而且對壁畫臨摹工作進行了全面總結，提高到理論的高度，對敦煌石窟壁畫藝術的臨摹、傳承、研究具有深遠的、綱領性的指導意義。四川美術學院黄山教授《川籍畫家在敦煌壁畫研究與保護上的歷史地位與作用》回顧了張大千、段文傑、史葦湘、歐陽琳、孫儒僩、李其瓊等川籍畫家對中華傳統藝術膜拜和崇尚的集群意識以及對民族文化追根溯源的文化自覺，在中國現代美術史上產生了重要的歷史影響。

二、敦煌藝術及其傳承創新研究

多位學者關注探討敦煌藝術的特色及其價值。北京林業大學高陽副教授《敦煌莫高窟北朝時期裝飾圖案色彩研究》認爲敦煌圖案所呈現出的色彩演變與歷史、文化、審美背景的變化有關，而不同色彩效果的產生，則主要是通過改變色彩配置的比例、冷暖、明度、純度、面積等實現的。敦煌研究院鄒雨芹《圖案在空間中的運用——莫高窟中的裝飾圖案》認爲壁畫裝飾圖案具有深刻佛教文化内涵和人文精神，它的存在離不開整個洞窟空間，因此需要探尋敦煌圖案在洞窟空間中承擔的職能及其與空間結構的關係。謝成水先生《敦煌絹畫對中國傳統繪畫的影響》認爲絹畫的重彩畫法打破了之前繪畫用色極少的表現形式，對唐代和後來興起的卷軸畫藝術產生了巨大影響。日本東京藝術大學大竹卓民先生《圖形"間"的排列、秩序——青緑山水空間語境的構造》認爲青緑山水是中國繪畫的藝術獨創，是岩彩繪畫成熟期的一個重要内容題材。莫高窟第 217 窟經變故事空間場景，超越了人物故事場景而具有了實質性意義的青緑山水的空間營造。敦煌研究院沈淑萍副研究員《關於敦煌莫高窟第 107 窟、第 130 窟壁畫的"刻綫"與"壓綫"》認爲莫高窟第 107、130 窟壁畫局部出現的凹痕不是"刻綫法"起稿遺留的痕跡，而是後期人爲描拓壁畫留下的壓痕。岳陽館員《淺析中國古代壁畫繪製技法——瀝粉堆金》認爲中國傳統壁畫的瀝粉堆金的藝術特點主要在於它給予畫面立體性和裝飾性，將兩者合成一種特殊的立體裝飾結構。西安交通大學王小雄先生

《唐宋繪畫中折枝花圖像研究》考察佛教美術圖像中和唐宋花鳥畫、人物畫中折枝花圖像的起源、成形、風格、形式、意義、傳播等,試圖尋求佛教美術圖像和中國花鳥畫、人物畫的發展之間的關係。同濟大學王荔教授《敦煌壁畫色彩研究紀實點滴》回顧、記錄了父亲王伯敏先生致力於敦煌石窟壁畫山水畫、色彩研究的情況,以及作者自己受父親影響研究敦煌壁畫色彩的收穫。

有關敦煌藝術傳承創新是學者們熱烈討論的話題。中央美術學院孫景波教授《敦煌藝術的啓示》回憶了20世紀70年代親歷敦煌,在千年藝術長廊考察、臨摹,從中汲取營養,臨摹、借鑒、轉入到再創作——傳承敦煌藝術的經歷。甘肅畫院段兼善先生《敦煌石窟藝術對人民大會堂甘肅廳壁畫創作的啓示》探討了敦煌壁畫在構圖和造型方法上給美術工作者在人民大會堂甘肅廳畫稿創作上的啓示。敦煌研究院侯黎明研究員《敦煌美術研究的歷程與展望》從敦煌美術研究的回顧、現狀、展望三個方面探討了敦煌研究院73年來美術研究從無到有、從弱到強、從發展到飛躍的歷程。西北師範大學田衛戈教授《百年情緣——西北近現代美術與敦煌藝術精神》認爲西北近現代美術的開啓乃至中國美術史中的近現代敘事,在某種程度上與敦煌"被發現"這一歷史事件有關。天津美術學院趙栗暉教授《尋求具象繪畫中的意象表達——敦煌藝術當代啓示錄》認爲應該從中國繪畫藝術中的圖像學、材料學、色彩學和構圖學,進入到中國繪畫體系的深入解讀與挖掘中,並在體系的框架下解決繪畫語言的問題,接續傳統發展脈搏,爲今後中國繪畫藝術的健康發展注入新的生命和活力。中國美術學院毛建波教授等《"融合"與"創新"——顧生岳工筆人物畫中的敦煌元素》認爲當代著名浙派人物畫家顧生岳先生通過在敦煌、麥積山等地臨習壁畫,有機會從中汲取營養,其工筆重彩人物畫在"氣息"上具有敦煌壁畫的特徵。北京服裝學院楚艷副教授《敦煌莫高窟唐代女供養人服飾復原研究及創新設計》以仿製敦煌洞窟唐代壁畫供養人服飾及創新設計爲前提,仿製出了5套傳統式樣的敦煌服飾,盡可能忠實壁畫人物形象原貌,恢復使用傳統染、織、繡等手工技藝,再現盛唐時代中國傳統服飾華麗絢爛的風貌。中國美術學院王雄飛教授《建構傳統敦煌壁畫體系下的岩彩畫技藝與方法》認爲敦煌讓中國的藝術家找到了屬於自己的文化根脈,從敦煌藝術中看到了過去所忽視的中國傳統美術的價值,同時也爲當代岩彩畫的探索和發展,提供了研究與借鑒的經驗。吉林工程技術師範學院孫玉明副教授《敦煌飛天的美學特徵及其綫描運用》通過在繪畫實踐過程中對飛天綫描技法的學習運用,説明了敦煌飛天對靜物、山水乃至人物等繪畫創作的借鑒意義。南昌大學藤町教授《恒器敦煌·花開的聲音》探討了陶瓷文化和敦煌文化兩條不曾相遇的文化,推介了以敦煌圖案爲主體的陶藝作品技術與藝術在材料與燒造、審美與創造等方面的研究情況。

還有一些論文探討了敦煌樂舞藝術的傳承。甘肅敦煌藝術劇院許琪先生《敦煌舞蹈新理念》認爲敦煌舞蹈新理念"抻曲、旋擰、勁、意（勁兒）"的提出，是作者四十餘年來對敦煌石窟藝術學習實踐的總結。北京舞蹈學院史敏教授《敦煌壁畫伎樂天男性舞蹈研究與呈現》認爲既要繼承中華文化中歷史悠久、絢麗璀璨的舞蹈藝術精神，亦要緊緊抓住民族舞蹈之根，學習、研究、探索、發現其價值和內涵，從中獲取有價值的藝術表現形式。蘭州藝術學校羅澤燕《大美，敦煌樂舞——旋擰出敦煌舞蹈新元素》認爲敦煌舞蹈"S"型的曲綫之美，由頭、頸、胸、腰、胯、膝、足等部位協調動作，形成勾腳出胯的 S 型曲綫，從曲綫本身出發，給人一種美的感受和樂趣。袁媛《傳承敦煌樂舞文化精髓》認爲吸納千年敦煌石窟中現存豐富多彩的樂舞形象，將壁畫上的舞姿形象地復活於舞臺之上的新舞種大型舞劇《絲路花雨》，至今仍然活躍在國內外觀衆的視野裏。中國臺灣中華國際敦煌協會諶瓊華教授《舞之精華——來自千年壁畫的舞蹈創新》從千年石窟中體會到了古人文化藝術舞蹈及養生的智慧，創立了"中華國際敦煌協會""敦煌舞蹈學院"等民間機構，讓更多的臺灣民衆瞭解敦煌，喜愛敦煌樂舞藝術。簡秋柏、廖鴻昌先生《向"敦煌壁畫與彩塑"全方位終身學習》從結緣敦煌，志願成爲敦煌藝術仰慕者與追隨者，誓以敦煌舞養身、以敦煌文化藝術養心——以身感悟、以心守望敦煌，祈願能成爲敦煌藝術及文化之弘揚者。敦煌研究院朱曉峰博士《晚唐敦煌地區鼓類樂器製作考》認爲敦煌文書中有一定數量與音樂相關的記載，如果將這些記載做橫向關聯，就會發現在漫長的社會變遷中，敦煌地區曾形成過一個包括音樂管理、教育、從業、製作、傳播以及消費在內的系統產業鏈。敦煌壁畫中有關鼓類樂器的圖像資料，就爲鼓在當地製作、實際使用等方面提供了一定的現實依據。甘肅敦煌藝術劇院賈培浩先生《淺談敦煌唐五代琵琶曲撒金沙、急胡相問的演奏及樂曲的藝術創構》介紹了從敦煌藏經洞出土的現存法國巴黎國家圖書館號稱"天書"的 P.3808 號，被席臻貫先生解譯的第二十二首撒金沙和第十九首急胡相問兩首曲譜。中華女子大學段伯毅先生《音樂的時代性與超時代感染力》探討了音樂活動伴隨著人類社會由原始階段到文明社會發展的全過程。

還有一些論文對古代書法進行研究。意大利畢羅（Pietro De Laurentis）《從敦煌遺書看中古書法史的一些問題》主要從書寫格式、書者身份和作品優劣的角度，提出了關於中古書法史的一些問題，認爲抄寫是決定漢字書寫可以達成藝術境界的主要前提條件，也是客觀評價敦煌遺書以及其他墨蹟文本的標準之一。

三、石窟考古藝術與敦煌、絲綢之路歷史文化研究

有關石窟考古藝術與敦煌和絲綢之路歷史文化研究是本次會議最多最廣泛的議題,其中涉及多方面話題。

1. 石窟考古藝術研究是本次會議的熱門話題。法國巴黎中國文化中心李中耀、阿爾多瓦大學李曉紅教授《敦煌北魏龕楣(梁)Kamidana 上雙首一身龍紋與商代青銅器龍紋圖像形態及甲骨文虹/霓字的淵源》從敦煌自北朝至隋的龕楣或龕梁中的龍紋形象溯源到商代青銅器雙首一身以及甲骨文虹字,並與法國盧浮宮所藏伊朗、埃及古代龍紋形態予以比較,從中尋求中國傳統文化中龍紋崇拜的最初形象以及受西域影響的雙首一身龍紋的圖像演變。中國美術學院謝漢兮《敦煌石窟北朝白衣佛再考》認爲敦煌北朝時期的五鋪白衣佛是犍陀羅風格的釋迦瑞像圖,一是作爲釋迦瑞像繪製於中心塔柱窟中以供奉和禮拜,二是對印度犍陀羅造像的摹寫與繼承,是一種雕塑的參照摹本。敦煌研究院馬兆民館員《〈大方等陀羅尼經〉信仰與莫高窟第 249 窟的營建》認爲第 249 窟窟頂的主體內容應爲依據流行於西魏前後的《大方等陀羅尼經》所繪製。趙聲良研究員《敦煌隋代經變畫藝術》認爲佛教經變畫是隋唐時代壁畫的重要內容,反映了佛教信衆對淨土佛國世界的嚮往,審美方面體現出中國傳統審美思想對宏大空間的追求。日本橫濱美術大學濱田瑞美《關於莫高窟隋代維摩詰經變的圖像組合》討論了敦煌隋代維摩詰經變與其他圖像的組合情況,確認其明確表現了佛法的付囑、相承以及經變所展示的穢土即爲佛國淨土的場景。敦煌研究院樊雪崧館員《莫高窟第 419 窟須大拏本生圖像新探》從第 419 窟須大拏圖像中新發現的幾處綫索出發,引入對南傳佛典本生經的參考,對敦煌須大拏圖像的源流問題提出新的探討。武瓊芳博士《莫高窟隋初第 303、304、305 窟壁畫世俗供養人服飾》探討隋代三個洞窟中所反映的當時敦煌地區不同階層身份的世俗男女在正式場合的服飾樣貌和搭配形式。中國臺灣東華大學劉惠萍女士《從摹寫時尚到超凡登仙——莫高窟壁畫中的"飛襳垂髾"服》認爲莫高窟初唐第 203、334 窟的吉祥天女、盛唐第 45 窟化現大自在天的觀世音穿著這種服裝,可能是想借由這種服飾突顯其"超凡登昇"的形象。

北京大學榮新江教授《玄奘東歸與敦煌莫高窟翟家窟的修建》探討了初唐時期敦煌與長安之間的聯繫,考察了玄奘東歸時長安官員來往敦煌的情況,以及敦煌地方豪族與長安官員的密切關係,爲長安畫樣的傳入敦煌、莫高窟第 220 窟的營建,提供了新的更爲豐富深入的歷史背景。敦煌研究院陳菊

霞研究員《莫高窟第217窟應是劉家窟》根據第217窟西壁下方和前室西壁門上的盛唐供養人中有"劉懷念"和"劉承化"之題名,以及五代時以洪認爲代表的劉氏家族重修第217窟,提出將第217窟定爲劉家窟要比定爲陰家窟妥當的新觀點。四川大學張勇教授《敦煌莫高窟的等級和地位新說》根據文獻碑刻諸種史料,對敦煌莫高窟一帶的石窟寺群在歷史上的實際地位,作出了新的思考。陝西師範大學沙武田教授《觀念表達 圖像記憶——敦煌石窟朝鮮半島人物形象闡釋》指出敦煌石窟中的朝鮮半島人物圖像顯示了古代文化交流現象,也讓人們看到佛教圖像在創作和傳播的過程中,受到當時社會政治、文化認同等諸多複雜因素和觀念的影響。敦煌研究院張元林研究員《關於敦煌〈法華經變〉中"靈山會+虛空會"場景定名的再思考》在對敦煌法華經變中的"靈山會+虛空會"場景形成過程及具體表現形式進行整理和解析的基礎上,結合《法華經》的文本結構,對其重新進行定名、釋讀。趙燕林《莫高窟第220窟維摩詰經變中的"帝王圖"研究》認爲第220窟帝王所穿冕服章紋符合相關文獻要求,此冕服係"六冕之制"之"絺冕",係唐"武德令"和"開元禮"糾纏期間的產物。西安交通大學熊雯《敦煌與長安關係語境中的涅槃變相研究——以慶山寺舍利寶帳中涅槃變相的敘事性爲例》認爲慶山寺舍利寶帳中"荼毗圖"的出現,一方面與印度和中亞涅槃圖像系統的影響有關,另一方面與涅槃經的翻譯和流傳有關,慶山寺舍利寶帳上的涅槃圖像相對敦煌第148窟的多情節敘事更爲完整凝練。臺灣覺風佛教藝術中心簡佩琦《敦煌金光明經變再識讀》指出金光明經變遺存地區包括敦煌、高昌、于闐、江蘇四處,在敦煌金光明經變的研究中尚有許多問題,如數量、樣本與粉本、構圖型態、圖像演變等更待進一步揭櫫。敦煌研究院王嬌《敦煌石窟維摩詰經變中的淨土思想淺析》認爲敦煌石窟中維摩詰經變最早出現在西魏第249窟,採用印度—西域式菩薩的形象來表現維摩詰和文殊菩薩,該經變受到了中原維摩詰信仰流行的影響而出現,突出表現了維摩詰經變中的淨土思想。北京工業大學李惠東教授《從佛陀造像的面部特徵看民族文化藝術的融合與演變》對比第275窟與第130窟彌勒造像的比例關係、塑造特徵,探討了造像面部形象的時代差別、人種差異、民族差異與塑造差異的關聯及延續性。印度國際文化學院(International Academy of Indian Culture Nirmala Sharma India)夏爾瑪教授《武則天女皇的合法性與敦煌的大佛像》、日本佛教大學大西磨希子教授《倚坐彌勒佛的流傳與則天武后——敦煌莫高窟彌勒下生經變的出現背景》都考察了初唐倚坐彌勒大佛的盛行與武則天執政及其宣傳佛教信仰觀念的密切關係。敦煌研究院郭俊葉副研究員《〈辛亥年臘八燃燈分配窟龕名數〉文書中的"法華塔"考》認爲法華塔應是莫高窟第234窟上方之塔。祁曉慶副研究員《敦煌藏經洞 P.4524〈牢度叉鬥聖變圖〉研究》分析了該幅卷軸畫的構圖特點、創作年代、與敦煌壁畫同類題材構圖的異同。張小剛研究員《再論敦煌石窟中的于闐國王與皇后及公主畫像》認為莫高窟第 4 窟東壁門南于闐皇室供養人像分別是于闐國王尉遲蘇羅及其皇后陰氏、兩位于闐公主及兩位婢女，該窟可能是于闐皇室與陰氏家族共同開鑿的洞窟。張先堂研究員《回鶻石窟藝術的代表——敦煌西千佛洞回鶻石窟試探》指出回鶻人在西千佛洞創建特別是集中重修的許多洞窟，在造窟形式、造像題材等方面有一些自己的特色和價值，堪稱為回鶻石窟的代表。殷博《敦煌莫高窟回鶻時期比丘形象初探》考察回鶻比丘形象的造型特徵、藝術風格、時代特色，試圖探討莫高窟回鶻時期比丘形象所反映出的部派因素。新疆龜茲研究院苗利輝研究員《絲綢之路的回鶻藝術——西域、敦煌兩地回鶻壁畫藝術的比較研究》認為龜茲與敦煌的回鶻洞窟壁畫既有明顯的相似性，但在題材內容、人物造型、色彩運用、綫條表現、圖案紋飾使用上也有諸多不同，其差異主要應與其周邊的文化環境有關。陝西師範大學楊冰華博士《莫高窟第 61 窟甬道北壁西夏重修僧尼供養人像探析》猜測第 61 窟甬道僧尼供養人像可能與西夏仁宗皇后羅皇后有關。敦煌研究院孫毅華副研究員《甘肅西夏石窟中的建築畫與中原建築之比較》試圖通過敦煌石窟群西夏壁畫中的建築圖像來為中原的宋遼金建築提供一些可靠的圖像資料。王慧慧館員、劉永增研究員《皇慶寺碑原址考——兼談皇慶寺與莫高窟第 61 窟、第 94 窟之關係》認為清代文殊洞是指第 94 窟，而非第 61 窟，皇慶寺寺址可能與第 94 窟有關。麥積山石窟藝術研究所董廣強副研究員《敦煌莫高窟洞窟形制的三個細節問題》從《新大德造窟簽計料》中的"承柱通地枋"、莫高窟隋代洞窟中的"雙層龕"以及涅槃洞窟中的"炕"三個方面，從建築學的角度討論了佛教石窟中的洞窟形制問題。太原理工大學許棟講師、天龍山石窟研究所武新華館員《敦煌石窟中有關文殊信仰資料拾零》根據敦煌藏經洞出土文獻中有關文殊信仰資料，依其內容及性質，將敦煌遺存中所保留與文殊信仰有關的各種資料分為文殊類經典、中土撰述文獻、文殊變及其相關圖像三類。日本大妻女子大學菊地淑子《伯希和考察筆記對敦煌石窟供養人題記研究的貢獻》在仔細研究伯希和原始筆記的同時，結合莫高窟的實地考察，重新審視了《伯希和考察筆記》對敦煌石窟供養人題記研究的貢獻。

  還有一些論文論及其他地區石窟考古研究。意大利魏正中教授《龜茲石窟中的"毗連建築"》以區段組合的概念探討了克孜爾石窟成組出現的"毗連建築"的特徵及其功能。吐魯番學研究院陳愛峰副研究員《淨土的選擇：柏孜克里克第 29 窟六字觀音經變考釋》分析了柏孜克里克第 29 窟左側壁六字觀音經變的內容及其繪畫風格，同時也關注了該經變與窟內正壁彌勒塑像、右側壁西方淨土經變兩種經變畫之間的關係。龍門石窟研究院楊超傑研究員《從敦煌石窟看龍門隋代窟龕造像》指出龍門石窟目前得到確認的隋代石窟僅100多個小龕，沒有大型洞窟，這一反常現象應該得到重視和思考，同時討論了第1387窟（藥方洞）、第669窟（老龍洞）、第1069窟（破窯）等屬隋代開鑿隨後輟工以及廢棄的原因。敦煌研究院王友奎博士《大同雲岡第5、6窟圖像構成分析》對雲岡石窟第5、6窟的圖像配置、圖像構成作了分析。山東省青州市博物館王瑞霞研究員《古青州地區出土北朝文物中的紋樣來源探析》採用考古學與藝術史結合的方法整理古青州地區出土的北朝時期文物資料，進而從紋樣紋飾的角度切入，進行藝術風格來源的探究。麥積山石窟藝術研究所夏朗雲研究員《試論麥積山第4窟（散花樓、上七佛閣）是北周皇家洞窟》認爲麥積山第4窟是北周皇家營造的洞窟。項一峰副研究員《六世紀前〈維摩詰經變〉圖像研究——以涇渭河流域造像爲中心》指出6世紀前涇渭河流域壁畫、造像碑中的《維摩詰經變》圖像，由於所依據經典的譯本不同，造成經變圖像的差異。中央美術學院王雲副教授《麥積山早期洞窟與西方的關係》認爲麥積山早期造像身體造型具有貴霜時代的犍陀羅、馬圖拉佛像等中亞與印度以及中國早期佛像的特徵，僧衣形式來自西方，是古希臘哲學家、祖先像中的一種常見著裝方式。麥積山石窟藝術研究所林梅、謝筱之《麥積山石窟女性因素相關問題調查》指出麥積山石窟諸多女性造像，與北朝晚期皇室女性大力推崇佛教的社會風氣有關。陝西師範大學石建剛博士《陝西志丹縣城臺石窟第2窟調查與初步研究》考察城臺石窟第2窟的洞窟形制、造像題材、題記碑刻等，並分析了題記內容、石窟營建及重修情況、功德主身份及其祈願內容、造像工匠等問題。四川省社科院胡文和研究員《成都龍泉驛區山泉鄉石佛寺摩崖石刻考察報告》對四川省成都市龍泉驛區山泉鄉石佛寺的北周文王碑及其他碑刻、題記、造像進行了較爲詳盡的調查與研究。大足石刻研究院米德昉副研究員《南宋佛教"趙智鳳派"石窟造像的初步調查》調查大足與安岳兩地趙智鳳派石窟造像遺存的分佈、規模、內容、風格等情況，爲探討該派弘教思想、播佈空間、社會影響等問題提供一定的依據。麥積山石窟藝術研究所高原、楊彩蘭等《麥積山石窟馮國瑞洞窟編號考對》對麥積山石窟東崖、西崖兩崖面馮國瑞洞窟編號與現行編號進行了較爲詳盡的比對和考證。

　　還有一些論文考察各地出土文物。西安博物院王樂慶副研究員《西安博物院藏〈唐會昌二年銘經幢〉小考》指出西安博物院現藏一基唐代經幢對於考證陀羅尼經在唐代的流播狀況、唐代民眾的社會信仰和民俗情況，以及建幢人劉氏家族的族源、族系情況具有珍貴價值。麥積山石窟藝術研究所屈濤先生《神聖與凡俗:襄陽曾家巷宋代僧人墓綫刻畫圖像的釋讀暨内涵研究(上)》認爲襄陽曾家巷宋墓爲一座古代高僧墓葬,兼有俗世"墓室"和高僧"影堂"的雙重屬性,探討了宋代僧人在對待生死問題上介乎"神聖與凡俗"之間的角色心理作用。天水師範學院陳于柱教授《江蘇揚州市曹莊隋煬帝墓出土雙人首蛇身俑研究——兼論武威西夏二號墓中的雙龍首木板畫》認爲江蘇揚州曹莊隋煬帝墓中隨葬品雙人首蛇身陶俑係北朝至宋元時期墓葬中普遍使用的冥器"地軸",並考證武威西夏二號墓中的雙龍首木板畫是冥器"地軸"的變相,而非此前學界所認爲的"墓龍"。

2. 有關宗教歷史文化研究也是本次會議熱議的話題。四川省社科院胡文和研究員《巴蜀漢代銅錢樹佛像源流與提花——蜀錦輸出路綫新探索》認爲以巴蜀爲代表的中國早期佛像主要是受公元1—3世紀貴霜犍陀羅或秣菟羅佛教藝術造型模式的影響,是通過兩條路綫傳入中土的,一條是由"絲綢之路北道"輸送到中原地區,另一條是通過"絲綢之路南道"再經"甘肅、青海絲路"傳送到長江上游的蜀地。法國遠東學院郭麗英教授《談敦煌受戒儀文書和戒牒上的人師及佛菩薩師》考察敦煌早期僧人安居受戒文書,並據公元五、六世紀《菩薩戒經》《瑜伽師地論》及觀經等探討了出家在家菩薩戒牒内容的含義和承傳。首都師範大學劉屹教授《"法滅思想"及"法滅盡經類"佛經在中國流行的時代》指出古代有一批"法滅盡經類"佛經,並區分了印度佛教"法滅思想"與中國佛教"末法思想",對二者各自興起和流行的時代初步作了界定。法國高等研究實驗學院牟和諦(Moretti)《中世紀佛教僞經中的修積功德、齋戒與其他救濟方法》指出考察敦煌石窟中保存的《提謂波利經》《佛説淨度三昧經》《佛説十王經》等疑僞經和疑僞經圖像,對疑僞經及圖像在佛教中國化、世俗化過程中的作用及宗教信仰、風俗習慣等獲得進一步的認識。北京師範大學嚴耀中教授《試説隋唐以降涅槃的圖像表達》認爲隋唐時期涅槃圖像的盛行,是西晉之後涅槃學在隋唐後續發展的一個重要方面,北方石窟中涅槃圖像的流行,説明注重具形的涅槃概念,而非抽象的形而上之涅槃。臺灣大學趙飛鵬《試論〈六祖壇經〉之〈無相頌〉——以敦煌系統本爲主的考察》從文獻呈現與思想脈絡兩個角度,對《六祖壇經》中三首《無相頌》詩偈之名稱及應在的位置,提出了一些個人看法。上海師範大學侯沖教授《敦煌佛教齋意文S.2832釋讀》通過對S.2832的釋讀,發現對地域廣泛性的關注顯然被前此整理者忽略了,S.2832非敦煌本地文本,它應該是晚唐五代宋初中國佛教儀式文本的重要範本。陳大爲教授《唐五代宋時期敦煌靈圖寺研究》考察了靈圖寺的寺院建築、僧人群體的佛教活動、寺學、社會交流,指出從悟真昇遷的告身可以看出,歸義軍政權在敦煌地區的影響及敦煌佛教教團在敦煌佛教發展中起著決定性的領導作用。董大學博士《般若與唯識之會通——敦煌寫本伯 2165 號背與斯 2047 號〈金剛經疏〉的綜合研究》指出學界對於伯 2165 號所抄内容性質的判定雖無分歧，但在寫本題記内容釋録、題記歸屬等具體細節方面仍存有不少漏誤，對其内容和價值關注不足，重點對其内容和解經特色進行了論述。臺灣政治大學楊明璋副教授《敦煌文獻中的無著、世親菩薩神異傳說與神聖崇拜》認爲《唯識論師世親菩薩本生緣》的編撰，應是以南朝陳真諦所譯的《婆藪盤豆法師傳》爲基礎，參酌了玄奘的《大唐西域記》與曇曠的《大乘百法明門論開宗義決》進行改寫而成，可能出自與西藏有往來的曇曠之手筆。敦煌研究院胡同慶副研究員《敦煌壁畫中反映的人性"三毒"及其對治方法》探討了敦煌壁畫中關於人性"三毒"即貪欲心、嗔怒心和愚癡心，以及與其相對的布施與持戒、忍辱與禪定、精進與般若三種對治方法。

日本广島大學荒見泰史教授等《摩尼教〈下部贊〉與佛教儀禮的轉化》分析敦煌文獻中摩尼教資料，認爲在探討中華社會宗教的時候，無論是儒家、道家還是佛家，無論是經典、詮釋或唱導、講經，一定要把當時王朝管理宗教的方針、語言背景和同時代的不同宗教的情況考慮進去。敦煌研究院楊富學研究員《元代敦煌伊斯蘭文化覓蹤》認爲元朝後期來自中亞的蒙古豳王家族入主敦煌一帶，給敦煌帶來了前所未有的伊斯蘭文化因素，如從莫高窟北區 B53 窟出土的回鶻文佛教詩歌對穆斯林和大食（阿拉伯帝國）的稱頌，以及在鎖陽城、西域城、赤金城西北角刻意留下的伊斯蘭風格圓形角墩。

3. 有多篇論文探討敦煌語言文學研究。臺灣嘉義大學朱鳳玉教授《敦煌詩歌寫本原生態及文本功能析論》指出敦煌詩歌寫本原生態呈現的文本具有詠物詩寫本的詩歌教育功能、詠史詩寫本的歷史教育功能、展現地方風物知識的功能、訓誡詩的通俗教育功能。西華師範大學伏俊璉教授等《李唐〈文姬歸漢圖〉與劉商〈胡笳十八拍〉圖文關係研究》認爲唐人劉商的《胡笳十八拍》與宋人李唐的《文姬歸漢圖》各自代表了當時的民族思想，展示了歷史的真容，它們與祖國命運、時代精神緊緊聯繫，還摻入了作家個體的人生際遇與生命感悟。李青青《S.5556〈望江南〉三首曲子詞所涉人事及創作時間考訂》探討了《望江南·邊塞苦》《望江南·龍沙塞》《望江南·曹公德》三首曲子詞所涉及的歷史人物事件及各詞的創作時間。浙江大學許超雄博士《P.3620 號〈無名歌〉本事考》對《無名歌》的寫作年代、寫作地點及相關的歷史背景作了進一步的分析。四川省社會科學院蘇寧研究員《唐詩中的絲綢之路與天府之國》認爲絲綢之路所帶來的社會變化、文化風尚與題材體裁的奇情異彩，爲唐代巴蜀詩歌、宮廷樂舞等文學藝術創作帶來多維影響，巴蜀文化的深厚積澱與豐富内涵深深影響了唐代文化。美國肯恩大學孔旭榮教授《"仰皇風而悅化": 三世紀文學中的絲綢之路》指出雖然絲綢之路爲3世紀的社會帶來了劇烈變化,但文學研究中卻很少提到絲綢之路對文學的影響。作者從詠物賦這一關鍵點出發,探討了詠物賦從曹魏到西晉時期的發展、興衰。

日本大阪大學松井太副教授《榆林窟第16窟敍利亞字回鶻文題記》對瓜州榆林窟第16窟敍利亞字回鶻文題記進行了較爲詳盡的分析解讀。遼寧師範大學白玉冬副教授《Or.8212/76突厥魯尼文文書研究》對英國圖書館藏Or.8212/76突厥魯尼文文書做了換寫、轉寫和簡單詞注。復旦大學張小艷教授《敦煌本〈字寶〉(平聲)詞語疏證》對《字寶》平聲部分前人未曾考釋或釋義欠妥的詞語進行疏證,借以探求《字寶》的原貌。

4. 有關敦煌歷史文獻的研究是本次會議廣泛討論的内容。政治史方面,蘭州大學鄭炳林教授《唐敦煌歸義軍瓜州刺史康秀華考》認爲瓜州刺史康使君就是康秀華,是敦煌粟特人康氏家族的代表,在吐蕃時期擔任敦煌粟特部落的部落使,並請人在莫高窟第44窟南壁繪製觀世音菩薩一身;大中年間參與張議潮收復瓜沙及河西等一系列戰爭,因軍功而晉昇爲瓜州刺史墨離軍使。中國社會科學院楊寶玉研究員《河西軍移鎮沙州史事鈎沉》認爲傳世史書和敦煌文書對涼州失陷後率軍移鎮者爲楊休明的記載是一致的,以前之所以認爲敦煌文書所記與傳世史籍相左並以文書否定史籍,是因爲誤讀了敦煌文書的文意。浙江大學宋坤博士《敦煌吐魯番文書所見唐代起訴文書的程式及演變》對照研究唐代起訴文書文體的演變與其前後各朝起訴文書文體,以期對唐代訴訟制度在我國古代訴訟制度發展史中的地位有一個更爲清晰的認知。趙大旺博士《唐五代敦煌的地方精英與民間結社——以社邑"三官"爲主的考察》指出地方精英由於具有一定的政治、經濟、文化優勢,在其活動的範圍内擁有一定的權威,也常常會被推薦成爲社邑"三官",他們利用自己的社會資源,促成了社邑集體利益的實現。經濟史方面,上海師範大學姚瀟鶇副教授《敦煌文獻所見"胡粉"考略》認爲胡粉並不是一種天然的礦物,而是人工合成品,因而並不存在產地的限制。中原内地使用胡粉的歷史也很悠久,至少在秦代已傳入。蘭州財經大學王祥偉教授《敦煌寺院經濟文書ДХ.01426+P.4906+ДХ.02164綴合研究》將法藏、俄藏3件文書拼接綴合,認爲其殘存的内容雖有所增多,但主要還是報恩寺二月至九月的斛斗破用賬曆,故擬名爲《公元962年報恩寺諸色斛斗破用曆》。文化史方面,敦煌研究院馬德研究員《敦煌本〈諸經雜輯〉芻探——兼議敦煌草書寫本研究的有關問題》認爲敦煌草書寫本無論對佛教文獻的整理研究,還是對書法藝術的學習研究,對中華民族優秀傳統文化的傳承和創新方面都具有重要意義。西華師範大學譚茹《寫本情境下P.3128+S.2682綜合研究》認爲P.3128+S.2682寫本的抄寫者爲敦煌某寺院的僧人惠深,其内容爲佛教經典及民間俗文學變文、社齋文、曲子詞,是惠深平時學習並參與僧俗儀式活動的備用講誦文稿。敦煌研究院李新館員《敦煌古代朝鮮半島人姓氏研究》確定了敦煌文獻中發現的菜、頓、蓋、具、難、判、泉、鉗、似、松、昔、星、新城、影、貞、兆等姓氏,基本可以認定敦煌古代朝鮮半島人姓氏的真實性,認爲這足以證明史籍的可信。蘭州城市學院王萍教授《清代敦煌神廟戲場文獻考略》認爲神廟祭祀演出在清代敦煌軍户、移民日常生活中有著非常重要的作用,戲劇史等文獻資料對全面研究清代敦煌衛所建置及其移民文化、精神歷程有著一定的補證、旁證的作用。

四、文化遺産保護研究

　　文化遺産保護研究也是本次會議研討的主要議題,涉及多方面的話題。

　　石窟保護是本次會議一個熱門的話題。敦煌研究院王旭東研究員《敦煌石窟崖體加固歷程——以崖體加固爲例》回顧總結了不同時期敦煌石窟崖體的加固,系統梳理了石窟保護理念以及保護技術的發展歷程。日本京都大學三箇山茜等《風沙對敦煌莫高窟第285窟壁畫劣化的影響研究》提出三個結論:最嚴重的脱離剥落劣化可能來自風沙的影響,沙的黏附將使壁畫在向上傾斜的牆壁上褪色,東壁上的細微擦痕預計是未知原因的結果。敦煌研究院蘇伯民研究員、張化冰副研究員等《高分子材料用於莫高窟壁畫保護的歷史、現狀與研究》介紹敦煌研究院保護研究所開展的高分子類壁畫保護材料的性質評價與研究,分析了材料的物理化學參數,評價了材料的工作性質,材料的耐老化性質。陳港泉研究員、李燕飛副研究員等《莫高窟壁畫疱疹形態與分析》指出疱疹作爲莫高窟壁畫的一種典型的多發鹽害,疱疹類型多樣,疱疹的外貌、大小、分佈特點各有不同,絕大部分的疱疹分佈呈規律性,表明疱疹病害的形成與水的侵蝕、流向有密切關係。武發思副研究員、汪萬福研究員等《古代壁畫生物病害及其防治研究回顧與展望》回顧了全球範圍内古代壁畫生物病害及其防治的研究現狀,對比了石窟寺、岩穴、殿(教)堂、博物館和墓室等不同保存條件下典型壁畫生物病害特點,梳理了不同類型優勢病害生物侵蝕和損壞壁畫的作用機理,分析了影響壁畫生物病害發生、發展的主要因素,並歸納了相關的研究方法與技術手段。北京航空航天勘察設計院王璐,蘭州大學韓淑嫻、張虎元教授《莫高窟旅遊垃圾現狀及填埋處置建議》實地調查了莫高窟垃圾的來源、類型、性質和産量,進行了廢棄物數量和成分的典型抽樣調查,並根據相關資料對莫高窟旅遊垃圾未來發展趨勢做了預測。中國地質大學(武漢)嚴紹軍教授等《龍門石窟鮞粒灰岩劣化試驗》指出在相對恒定的酸性、水體流動環境條件下,鮞粒灰岩風化明顯,出現類似現場風化現象;在風化影響因素上,ph 值影響明顯,H+離子濃度越高,風化速度越快。凍融這種物理風化對這種鮞粒灰岩影響不是太明顯。

有多篇論文探討遺址保護研究。英國考陶爾德藝術學院莎倫‧凱瑟(Sharon Cather)教授《保護,氣候變化與創新:21 世紀預防性技術對絲綢之路遺址的保護》認爲氣候的不斷變化與旅遊業的發展威脅著遺址過去千年內保持著的相對穩定性,用新技術去瞭解劣化的進程和機理,創造新方法去阻止變化,將會對這些非凡的遺址保護得更加完好和長久。英國牛津大學希瑟‧威爾斯(Viles Heather)《向自然學習——絲綢之路土遺址保護》介紹近期牛津大學與敦煌研究院合作研究,共同改進中國絲綢之路土遺址保護的信息與技術,探討了怎樣與自然協作可以幫助保護這些瀕危遺址。意大利帕多瓦大學 C.Modena《遺址修復與加固的標準、方法與技術》介紹意大利的研究與規劃機構一直致力於制定、完善能夠保護與改善遺產結構性能措施的設計與實施方法,還盡可能地保留其歷史與藝術價值;提出對於遺址的修復與加固,無論是利用傳統的還是創新的技術,都要盡可能減少干預原始建築行爲,注重日常的保養和維護。日本大阪大學谷本親伯教授《遺產科學中的發現》總結了作者 25 年裏在中國與埃及的石質遺址保護經驗,其科學基礎是土木工程,尤其是岩石力學、隧道工程、結構分析、材料科學和現場測量。蘭州大學張明泉教授等《東山村遺址滲水病害防治技術研究》針對遺址保存區黏性土層特殊的水理性質,在總結分析已有地下水防滲、排水技術方法的基礎上,提出了適宜黏性土地層中地下水控制的填砂排水溝技術方法。西北大學孫滿利教授《漢陽陵外藏坑監測與預防性保護》探討了遺址博物館的監測內容和方式、預測、預報及風險預控。東南大學李永輝副教授等《不同通風及採光環境下潮濕土遺址表面黴菌生長速度實驗研究》指出四種環境下潮濕夯土表面均有黴菌生長,不通風環境下潮濕土遺址表面黴菌生長滯後於通風條件下的黴菌生長,不通風、無光的環境中土遺址表面黴菌發育速度落後於人工照明和自然照明條件下。中國科學院靳治良研究員等《土體中硫酸鈉與氯化鈉遷移速率的模擬研究》指出在各種運移方式中,氯化鈉的滲透系數均較硫酸鈉大,NaCl 和 Na_2SO_4 在重力作用下的自上而下運移時的滲透系數較自下而上飽和自然吸附運移時大,SO_4^{2-} 受土質膠體的吸附作用大,加之硫酸鈉晶型結構多變,其溶解度隨溫度昇高變化劇烈。

有多篇論文探討了現代科技在文物保護中的應用。敦煌研究院吳健研究員《科技引領下的敦煌石窟數字文化創新與推廣》介紹敦煌研究院近 20 年開展敦煌石窟數字化工程,形成了一整套科學的數字化工作理念、程式和方法，全面推進了石窟寺數字化行業的進程。武漢測繪遙感信息工程國家重點實驗室黃先峰教授《空地一體化遙感技術在石窟數字化的應用》介紹運用航空攝影、激光掃描、近景攝影等技術手段獲取莫高窟內外的壁畫、雕塑、洞外環境、地形、地貌等全方位的三維點雲資料和影像資料，建立敦煌莫高窟地區的數字地面模型、正射影像、三維視覺化模型、部分洞窟的三維環境，建立全方位的石窟檔案。中國科學院高能物理研究所陳剛研究員等《現代射綫技術與文物保護/考古應用研究》介紹了中科院高能所在現代射綫技術與文物保護及考古研究領域所做的一些工作。美國羅斯福國家實驗室李培勳（Peixun LI）《中子散射在文化遺產中的應用》介紹了最近在 ISIS，盧瑟福·阿爾普頓實驗室開展的文化遺產方面科學研究的範例，説明中子作爲一種研究"原子位置和原子如何相互作用"工具的獨特能力，以及與其他實驗技術的互補性。上海光源、中國科學院上海應用物理研究所魏向軍研究員等《同步輻射在彩繪類文物工藝研究中的應用》指出同步輻射光源以其高亮度、高強度、高空間分辨、高探測靈敏和快時間分辨等特點，可提昇文物彩繪分析工作的廣度和深度。

總　　結

總括而言，本次國際學術研討會取得了多方面的成果：

首先，本次國際學術會集中展示了近期國內外學者有關敦煌藝術傳承創新、石窟考古美術與敦煌和絲綢之路歷史文化研究、文化遺產保護研究等學術領域的大量研究成果，學者們或糾正彌補前人研究的疏漏，或介紹新的研究資料，或提出新的觀點，顯示了相關領域最新的學術成就。

其次，本次會議顯示出國內外學者在考古、美術、文化、歷史、文獻、語言、文學、宗教、文化遺產保護研究等學科領域努力尋求新角度、新視野，在探索新的研究方法上取得了一些新的進展。

第三，在本次國際會議中，國內外學者交流了學術，溝通了信息，增進了友誼，還顯示了敦煌學研究隊伍老中青結合、薪火相傳、後繼有人的良好態勢。

《英藏敦煌社會歷史文獻釋録》
第一卷修訂版説明

郝春文（首都師範大學）

　　《英藏敦煌社會歷史文獻釋録》第一卷於 2001 年由科學出版社出版。由於經費方面的原因，自第二卷以後的各卷改由社會科學文獻出版社出版，現在已經出版了十五卷。這樣，只有第一卷和其他各卷出版社不同，開本的大小和顔色也不一樣，放在一起，反差較大。近 20 年來，敦煌文獻整理和研究進步很大，也有一些針對第一卷的釋文進行討論的論文，我們的整理細則也發生了一些的變化。這些因素促成了編纂第一卷修訂版的計劃，修訂版改由社會科學文獻出版社出版，這樣整套書的出版社、開本、設計樣式和顔色也就都統一了。此次修訂，增加了一些漏收的文書、補充了一些可以綴合的文書、吸收了近二十年學術界的研究成果，所有文書都按最新的細則重新整理。所以，這個修訂版，其實等於重做，篇幅也增加了三分之一左右。

　　借此機會，我想把第一卷出版後的一些情況也向讀者略作説明。

　　本書第一卷出版以後，這個課題於 2004 年獲得國家社科基金一般項目的資助，2005 年獲得上海市哲學社會科學規劃重大課題資助。2010 年，又被列爲第二批國家社科基金重大項目，這是國家社科基金首次面向基礎研究領域以公開招標的形式確定重大項目，也是我校和敦煌學領域的第一個國家重大課題。此外，本書各卷的出版都得到了國家古籍整理出版專項經費的資助。我們課題組成員對全國社科規劃辦、國家古籍整理出版領導小組、上海市社科規劃辦以及參與評審的專家都充滿感恩之情，這些資助保證了我們的課題得以在高質量的前提下不斷推進。爲解決文書整理遇到的難題，課題組利用國家社科基金重大項目資助的經費，曾在 2012 年、2014 年和 2016 年三次組團赴英國倫敦英國國家圖書館查閲敦煌文書原件，辨認出了很多在國内因黑白圖版模糊不清而無法辨識的文字和朱筆校改，極大地提高了本書的質量。

　　爲了保證編纂質量，獲得國家重大項目資助以後，我們課題組的工作模式和程序也發生了很大變化。一是自 2011 年 2 月開始舉辦研讀英藏敦煌社會歷史文獻的讀書班，每周一次，讀書班的成員爲課題組成員和相關專業的在讀研究生。讀書班是以大家集體會讀某件文書的方式，使參加者瞭解並逐漸掌握整理文書的程序、體例和方法，同時解決整理工作中遇到的難題。通過這樣的訓練，課題組成員對於整理的體例、細則、方法都有了親身體會，這有助於保持課題最終成果的一致性，最大程度避免因衆手修書帶來的體例不一問題。讀書班的舉辦不僅對提高文書整理質量有很大的幫助，也培養了出土文獻整理人才。二是設立中心組。從 2011 年 9 月起，課題組設立了讀書班中心組，成員包括各子課題負責人及讀書班的骨幹成員。中心組成員的任務包括：第一，通讀各卷初稿，發現不合體例之處等各種問題；第二，將全部釋文核對一次圖版，找出問題。在中心組成員工作的基礎上，最後再由我統稿。中心組成員的確定引入競爭機制，採取動態方式，長期無貢獻者退出，讀書班中成績優異者可進入中心組。這樣一種方式，保證了課題組的人才來源，使每件被收錄的敦煌文獻至少經過六人以上人次的審讀，最大限度地減少了錯誤。

我們現在採用的編纂流程也比開始嚴密多了。第一道程序是由我確定各卷收錄的文書，編成每卷的工作文本，並確定負責整理每件文書的責任人。二是各責任人按工作體例和細則對所負責的文書重新整理，其中包括依據文書圖版核對釋文，並將新的整理稿交我審查。三是由我對各責任人交來的每件文書逐一進行審查，指出不合體例和整理細則之處，退還給責任人進行修改。責任人按我的修改意見修改後再將文本交給我。四是由我統一將各責任人整理的文稿經再次審查修改合格後提交中心組進行審讀。中心組成員審讀後將對每件文書的具體意見返還各文書的責任人，由各文書的責任人彙總中心組成員的意見，並提出初步處理意見交給我。我則對中心組成員的每條意見採納與否進行裁決，或提出新的處理意見。各責任人再按我的意見整理出各件文書新的清本。五是將新的清本提交編委審讀，編委的意見返還後，由某位課題組成員彙總並提出初步處理意見交我裁決，並依據我的裁決整理出交付出版社的清本。六是逐字審讀出版社的二校樣。二校樣審讀分爲課題組成員審讀和我的單獨審讀，課題組成員的任務一是通讀二校樣，二是將校樣的釋文與文書圖版再核對一次。我的任務則是逐字審讀二校樣。最後由我再次裁決課題組成員審讀的結果，並把裁決結果和我審讀的結果整合在一起，交付出版社改正。整個流程包括六道程序，至少要將釋文與文書圖版核對四次以上，經我統稿四次以上。這樣嚴密的程序應該說對提高書稿的質量起到了重要作用。特別是中心組審讀書稿，現在已經成爲本書編纂的中心環節，每卷書稿中心組成員都會提出大量的質疑和討論，我們中心組對各卷問題討論的記錄，其總字數都超過了各卷實際出版的字數。

本項目的階段性成果採用繁體豎排的形式出版，書中使用了很多特殊格式和符號，所以編輯工作難度很大。近二十年來，先後有科學出版社的閆向東、孫莉、黄文昆和社會科學文獻出版社的雁聲、張敏、陳振藩、宋月華、山川、魏小薇、李建廷、王曉燕等編輯爲出版此書付出了辛勤的勞動。如果没有這些責任編輯兢兢業業的細緻工作，本書的出版質量就無法達到現有的水平。我們課題組成員對各卷的責任編輯都充滿感激之情。首先應該感謝科學出版社的閆向東，是他主動找到我，提出由他們出版社出版這套書。當時黃文昆先生剛剛退休，被科學出版社聘任，本書的編排版式是由黃先生確定的，這樣的版式後來被社科文獻出版社所沿用。由於我不能承諾提供出版資助，本書第二、三卷書稿的出版遇到了困難。是社科文獻出版社的雁聲編輯主動找到我，説他們出版社可以不要出版補助。她還説出版社不能用具有社會效益和傳承文化的著作來賺錢。她的見識和誠意深深地打動了我，於是從第二卷起本書就改由社科文獻出版社出版了。從 2006 年起，本書的出版策劃改由人文分部主任宋月華女士負責。十多年來，現在已是人文分社社長的宋女士一直支持本書的出版工作。爲編好這套書，人文分社先後引進了兩位熟悉古籍整理的編輯。

爲各卷書的編纂付出辛勤勞動的還有本書的編委。編委的任務是在課題組完成初稿後通讀一遍書稿，提出修改意見。雖然各位編委都是忙人，但我們每卷給編委限定的審讀都只有一個月時間。多數情況下編委都能在限定時間内退還書稿，並能提出很好的修訂意見。編委審讀對提高各卷的書稿質量具有重要作用，我們課題組成員對編委的支持和幫助也會永遠銘記於心。

作爲項目的首席專家，我還應該感謝所有參與過這個項目的課題組成員，包括史睿、劉屹、朱俊鵬、張華宇、金瀅坤、趙貞、周尚兵、陳于柱、游自勇、聶志軍、董大學、宋雪春、王曉燕、杜立暉、趙晨欣、韓鋒、王秀林、李芳瑶、侯愛梅、張鵬、武紹衛、王蘭平、趙玉平、王義康、么振華、石冬梅等。之所以要用"所有參與過"這樣的表達方式，是因爲課題組的成員實際上是流動的，不斷有人退出，又不斷有人加入。以上名單是按出場先後排列的，有的人負責的部分尚未出版，所以實際上尚未出場。這些人在整理工作中的貢獻差異很大，有的只參加過幾件文書的整理，有的則協助我完成過兩卷甚至更多的工作。課題組成員絶大部分是我的學生，其中有十幾位是以博士後的身份參加這項工作的。讓這麽多年輕人參加這項工作，一方面是因爲這個項目工程浩大，個人難以獨立完成；同時也有培養人才的考慮，希望後繼者能夠成長起來，逐漸接替我的工作，使我能夠逐漸超脱直至最後淡出。但至少到現在，我的願望尚未實現，至今我在課題組中仍處於中心地位，仍是唯一參與各卷全部流程的編纂者，仍需要每卷統稿四次以上。倒是我的學生們，不少人在當了教授、副教授以後就逐漸淡出了。雖然如此，我還是要感謝這些年輕人。大家能有合作的機會就是緣分，我還是十分珍惜這樣的緣分的。雖然我經常用"靡不有初,鮮克有終"來激勵剛加入這個項目的學生,但對他們的陸續淡出其實我也是能夠理解的。在當今的評價指標體系中,耗費大量時間整理敦煌文書和在權威期刊發表論文,孰優孰劣是很清楚的。我自己在最近二十年寫的論文就很少,很慚愧還搭上了很多學生的寶貴光陰。當然,我也並不認爲我帶領一群學生在做犧牲。這個問題説到底還是個價值取向和價值認知問題。現在的學術評價體制具有很强的短期性和功利性,不利於青年人安心創作無可替代的原創性成果。因爲創作這樣的成果往往需要十年、二十年、三十年甚至一生的不懈努力。所以,我希望我們的青年學者能在一定意義上超脱目前的評價體制,以"爲往聖繼絶學"的志向從事學術研究。多想想你能在學術史上留下些什麽,你的成果過一百年、一千年甚至一萬年還會不會有人參考!至少在我看來,在所謂權威核心期刊發表的論文在五十年或者一百年後還有没有人看是需要歷史檢驗的。但我們這套書,我可以肯定,即使過一萬年,只要人類還存在,只要歷史學還存在,就一定會有人看的。這就是我能在諸多學生離我而去後還能堅持下去的原因。我是以鍥而不捨、堅韌不拔、百折不撓的精神來從事這一神聖事業的!不管別人如何,我已經是過河的卒子,只能向前了!

雖然我從事敦煌文獻的整理和研究已有三十多年,卻越來越感到這項工作是無底洞,我們掌握的知識和信息遠遠不能滿足整理和研究工作的需要。所以,三十多年的歷練並未讓我達到駕輕就熟的境界,反而更加感到從事此項工作永遠要保持如臨深淵、如履薄冰、如臨大敵、戰戰兢兢的謹慎態度,稍有不慎,就會留下遺憾甚至錯誤。

即使我們盡了最大的努力,由於此書涉及的領域十分廣泛,再加上我們的水平有限,所以在釋文、説明、校記中仍難免會存在錯誤、缺點和不足,我們仍然一如既往地期待著讀者的批評和幫助。

2018 年 1 月於北京

《敦煌十六國至隋石窟藝術》評介
楊博皓（蘭州大學）

敦煌石窟藝術特別是北涼至隋代的石窟藝術，在犍陀羅藝術和中原漢化佛教藝術的影響下不斷創新，最終走出了一條中國式發展道路。因此，描寫這一時期石窟藝術的基本面貌和主要特徵，揭示各時代在洞窟形制、彩塑和壁畫藝術上的相互傳承與不斷革新已成爲研究和展示敦煌石窟藝術的重要環節。由鄭炳林教授主編的"敦煌與絲綢之路石窟藝術叢書"之一，顧淑彥副研究員所著《敦煌十六國至隋石窟藝術》一書，就是從洞窟類型、彩塑藝術、壁畫藝術以及代表洞窟等方面專門對十六國至隋代的敦煌石窟藝術進行全面而系統的描寫和論述的著作。該書可謂近年來研究敦煌石窟藝術發展脈絡的又一力作。

全書共五章，分爲三部分：

第一部分爲第一章，概述了敦煌石窟藝術的發展全貌。作者將敦煌石窟藝術分爲北涼、北魏、西魏、北周、隋代、初唐、盛唐、中唐、晚唐、曹氏歸義軍及回鶻、西夏、元代11個階段，詳述了每一階段營造的社會背景、洞窟類型以及彩塑和壁畫的主題内容、藝術風格等，使讀者對敦煌石窟各個時期的藝術面貌和主要特徵有了具體的瞭解。

第二部分爲第二至第四章，從崖面位置、洞窟形制、彩塑和壁畫藝術四個方面介紹並論述了十六國至隋時期的敦煌石窟。作爲該專著的主體部分，使讀者對十六國至隋代敦煌石窟的形制與特點、彩塑類型與藝術形象、壁畫題材和主要内容及它們所反映的佛教思想與藝術風格等形成較爲全面的認識。

第三部分爲第五章，是對北涼至隋代的代表性洞窟的細緻介紹和描述，不失爲此書的點睛之筆。通過著者對典型洞窟的討論，讀者不僅將對敦煌石窟的形制特點、彩塑和壁畫的藝術特徵有詳盡的瞭解，也會對這些藝術的成因、流變和發展有較爲完整的認識。

在研究個體石窟藝術的同時，還需要宏觀關注時代傳承與石窟藝術的發展演變，《敦煌十六國至隋石窟藝術》不僅介紹了特定時期的敦煌藝術，也提醒我們在研究石窟藝術時要有宏觀分析的視角。以下從兩個方面對本書特點進行歸納和評述。

一、體現出共時與歷時、典型與一般相結合的特點

　　如同佛教中國化的歷程一樣，敦煌石窟藝術的形成並非一蹴而就，而是在西域佛教與漢文化的交互影響下，經歷了持續傳承和與本土文化不斷結合而形成的。這部著作注重敦煌石窟藝術時代上的傳承與流變關係，在章節的設置和内容的安排上有充分的體現。

　　以時代爲經，石窟藝術類型爲緯，經緯縱橫，無論是從時間演變的角度還是類型對比的方面都讓讀者一目了然，這是本書的一大特色。著者以十六國至隋代的敦煌石窟藝術爲研究對象，在第一部分按照時代分十一小節完整闡述了敦煌石窟藝術的演變和發展。在每一節中，作者首先交代該時代石窟修建的社會文化背景，並對所建石窟的數量、編號等做出簡要的說明，如介紹敦煌盛唐石窟藝術是指唐神龍年間至貞元二年間的敦煌石窟藝術，此後河西地區逐漸被吐蕃佔領。此期建窟共計 97 個，代表洞窟有第 217、215、130、45、46 窟等[①]。在概述每一個時代的石窟藝術時，著者力求對石窟藝術的三種表現形式——洞窟的形制、彩塑的藝術形象和壁畫的題材層次分明地做出描述，並對其反映的文化特點、思想主題和藝術風格予以論述。這使讀者不僅對每個時代敦煌石窟藝術的基本面貌和主要藝術特徵有了共時的瞭解，亦能通過對比各個時代藝術的異同，梳理出敦煌石窟藝術各時代的相互傳承、不斷變革和創新的歷史脈絡。

　　通過時代的更替來瞭解不同時期敦煌石窟的藝術特點是不夠的，還需從系統的分類中去分析同一類型的藝術品在不同時期所形成的不同風格。在第二部分，著者從四個方面、三個類型比對總結石窟藝術發展的變化，其中專門對北涼至隋的代表石窟予以細緻的介紹和論述，目的是讓讀者瞭解和體味出每一個時代中外文化相互融合、不斷創新的一般規律。

　　全書圖片共 545 張，有地理位置圖、外景圖、崖面位置圖、平面圖、立面圖、綫描圖、洞窟全景圖、彩塑特寫、壁畫全景及特寫等，全面展示了各個時期敦煌石窟藝術的全貌。在該著的開篇，作者就以位置圖和外景圖直觀地呈現出敦煌石窟的位置和壯闊的外貌，對未曾親臨的讀者有了一個清晰的圖像概念。文中還插入大量的洞窟平面、立面、剖面和内景圖來展現洞窟的形制，從受印度支提窟影響的中心塔柱窟到隋唐興起並發展的覆斗頂形窟，再到唐以後的殿堂窟，可謂圖文並茂。通過形制的對比，我們可以從中發現

[①] 顧淑彦《敦煌十六國至隋石窟藝術》，蘭州：甘肅教育出版社，2016 年，第 44 頁。

敦煌洞窟形制的演變特點。造像和壁畫是洞窟內容的主要組成，大量圖片的使用，彌補了文字的抽象描述，使讀者能夠清晰具體地對比文字敍述來瞭解洞窟內容。基於此，此書正是介於學術專著與普及介紹之間的著作，既可用專業嚴謹的態度去研究分析敦煌石窟的藝術特點，又能爲相關的興趣愛好者提供全面的圖文資料。在經緯交錯的網格中輔以豐富的圖版，可謂以文述圖，以圖繪文，彌補了衆多圖版和著作圖文分離的窘境，這也是本書的一大特色。

著者在安排章節内容時注重將共時與歷時相結合、典型與一般相結合，使得即便是一個敦煌石窟藝術的初學者，也能在短時間內對敦煌石窟藝術的演變和發展形成清晰的概念，這也是本書的獨到之處。

二、普查與研究點面結合，在全面介紹敦煌石窟藝術的同時，重點探討特定的洞窟内容

《敦煌十六國至隋石窟藝術》一書在全面分析中很好地把握了重點問題。第一章，著者將不同時期的敦煌石窟藝術特點以時間爲軸分期介紹，使讀者可縱觀全域，梳理時間概念。該書每一節又分爲三個部分：第一部分是對社會背景，如統治者的思想政策、大環境下的社會環境，營建石窟的條件，中西文化交流程度的介紹與梳理；第二部分是以具體洞窟爲例，對洞窟形制、彩塑造像、壁畫類型分類介紹；第三部分總結藝術特點。通過著者的描述，使石窟藝術無論是在時間還是在空間上的特點都得到了具體清晰的呈現。

在書中，作者重點探討了隋代石窟藝術。正如書中所述，"隋代，在中國歷史長河之中只有 37 年的壽命，可以算是一個短命王朝，卻開鑿洞窟百餘座"[1]。這樣的建窟速度和比例在莫高窟營建史上是絶無僅有的。儘管洞窟數量最多的是唐代，但"平均每年營造近三個洞窟，這樣的速度和數量是其他朝代無法相比的"[2]。絲綢之路的頻繁交流，安定繁榮的社會環境等因素，使得隋朝石窟藝術迅速發展，這就是作者著重探討隋代敦煌石窟藝術的原因所在。隋代石窟的研究不及早期石窟的力度大，代表性的成果主要有樊錦詩、關友惠、劉玉權《莫高窟隋代石窟分期》[3]，賀世哲《敦煌莫高窟隋代石窟與

---

[1] 顧淑彦《敦煌十六國至隋石窟藝術》，第 3 頁。
[2] 顧淑彦《敦煌十六國至隋石窟藝術》，第 3 頁。
[3] 樊錦詩、關友惠、劉玉權《莫高窟隋代石窟分期》，敦煌文物研究所編《中國石窟·敦煌莫高窟》（二），北京：文物出版社，1984 年，第 171—186 頁。

"雙弘定慧"》①,李其瓊《隋代的莫高窟藝術》②,段文傑《融合中西成一家——莫高窟隋代壁畫研究》③,王惠民《敦煌佛教與石窟營建》④等。這些成果主要著眼於洞窟的分期斷代,隋代流行的佛教思想對敦煌莫高窟的影響,隋代莫高窟洞窟的形制,造像和壁畫的特點,壁畫内容從早期故事畫題材到經變畫的轉變等。《敦煌十六國至隋北朝藝術》正是在這些研究基礎上對頗具特點的隋代敦煌石窟進行了詳盡的介紹與研究,以期引導讀者深入瞭解隋代石窟藝術的同時,唤起學術界對這一時期藝術的重視,爲今後敦煌石窟的研究提供一個方向。

在第一、二章總體介紹敦煌石窟藝術時,作者不僅分時代對石窟藝術進行了總體概括,還介紹了敦煌北涼至隋的洞窟崖面位置及洞窟類型,對探究洞窟的開鑿是否具有整體規劃還是毫無章法地遵從個人意願,不同時期的思想信仰以及文化交流對洞窟類型的影響等問題都有所涉及。

在第三、四章,著者分別介紹了十六國至隋時期的彩塑和壁畫藝術,這也是該書的主體内容。彩塑分爲佛、菩薩、弟子、天王、金剛力士、羽人、禪僧、地鬼、龍首九類,壁畫則分爲尊像、故事、經變、供養人、裝飾圖案五類進行敘述。通過分類介紹和描述,可以瞭解不同類型的藝術特點與流變,對比出不同時期造像的異同究竟是時代風格的差異還是造像技法高低的不同。佛教早期傳播的載體主要有造像、佛經、壁畫等。在十六國北朝時期,敦煌石窟内多流行以故事畫來表達佛教與儒家思想的融合等内容,例如睒子本生故事畫。隋代前期洞窟延續北朝故事畫題材,主要以本生故事畫爲主;到了隋後期,經變畫出現並流行,場面也趨於宏大,爲唐代大型經變畫的出現並流行打下基礎。作者將大量的彩塑和壁畫進行細緻的分類並加以描述,圖文並茂,將北朝至隋時期的藝術特點、洞窟内容展現無遺。

第五章是代表洞窟的介紹。在系統介紹敦煌石窟藝術的基礎上,作者通過對典型洞窟的舉例探討,既能讓初學者做到全面細緻地瞭解敦煌石窟,也能達到讓研究者梳理石窟時間、空間的效果。如隋代第 302、303 窟兩個中心塔柱窟與北朝時期的塔柱窟出現了明顯的差别,塔柱變爲須彌山,呈漏斗狀,這種典型洞窟的舉例更能體現出不同時代造就的不同藝術風格。

---

① 賀世哲《敦煌莫高窟隋代石窟與"雙弘定慧"》,敦煌文物研究所編《1983 年全國敦煌學術討論會文集》(石窟·藝術編上),蘭州:甘肅人民出版社,1985 年,第 17—60 頁。
② 李其瓊《隋代的莫高窟藝術》,敦煌文物研究所《中國石窟·敦煌莫高窟》(二),北京:文物出版社,1984 年,第 161—170 頁。
③ 段文傑《融合中西成一家——莫高窟隋代壁畫研究》,載《段文傑敦煌石窟藝術論文集》,蘭州:甘肅人民出版社,1994 年,第 342—373 頁。
④ 王惠民《敦煌佛教與石窟營建》,蘭州:甘肅教育出版社,2013 年,第 235—257 頁。

結　語

《敦煌十六國至隋石窟藝術》對特定時期的敦煌石窟藝術進行了深入介紹，特點鮮明，但書中還存在一些不夠嚴謹細緻的地方。如第一章第五節寫到現存隋代洞窟有 100 個[①]。據筆者查閱相關資料，現存隋代洞窟數量雖無定論，但確已超過 100 個。作者的根據應是《莫高窟隋代分期》[②]中提到的隋代洞窟現存 101 個，後將第一期 34 個删減爲 33 個，故推斷總數應爲 100 個。同樣在本節中，第三期洞窟文中寫 39 個，但實際只有 38 個，其中第 429 窟在第二期中重複提過，若第 429 窟歸爲第二期，那第三期洞窟實際數量只有 37 個。此觀點在王惠民《敦煌佛教與石窟營建》中早已提出[③]。作者應是直接引用《莫高窟隋代分期》[④]中的定論，雖有發現並更改了第一期洞窟數量，但並未對後續研究深入調研。另外，第一章每一小節中分別對各個時代石窟開鑿的歷史社會背景都有簡要的敍述，筆者以爲這是很好的一種形式。但第一節北涼時期直接開門見山，筆者認爲如果補充敍述當時的社會歷史背景會更加相得益彰。

敦煌莫高窟歷經千年的佛教藝術傳播，保留了中古時期豐富的文化遺産與宗教藝術。《敦煌十六國至隋石窟藝術》分别從洞窟形制、造像、壁畫等方面多角度地對敦煌石窟藝術的源流進行了系統介紹，並分析了當時的社會背景和藝術特點。從本書中，無論是初學者還是研究者都能各取所需。此書既不像學術專著那樣晦澀難懂，也不像科普讀物僅有皮毛。加之配有大量的圖版，對讀者瞭解敦煌藝術特别是北朝至隋的石窟藝術起到很大的助力。該書不僅是近年來敦煌石窟藝術的一部入門佳作，也對敦煌北朝至隋代石窟的研究有一定的借鑒和促進作用。

本文係 2017 年度國家社科基金一般項目"敦煌寫本喪俗文書整理與研究"（17BZS029）階段成果之一。

[①] 顧淑彦《敦煌十六國至隋石窟藝術》，第 33 頁。
[②] 樊錦詩、關友惠、劉玉權《莫高窟隋代石窟分期》，第 171—186 頁。
[③] 王惠民《敦煌佛教與石窟營建》，第 236 頁。
[④] 樊錦詩、關友惠、劉玉權《莫高窟隋代石窟分期》，第 171—186 頁。

2017年敦煌學研究論著目錄

宋雪春（上海師範大學）　楊敬蘭（敦煌研究院）

  2017年度,中國大陸地區共出版敦煌學專著40多部,公開發表相關論文300餘篇。現將研究論著目錄編製如下,其編排次序爲：一、專著部分；二、論文部分。論文部分又細分爲概説、歷史地理、社會文化、宗教、語言文字、文學、藝術、考古與文物保護、少數民族歷史語言、古籍、科技、書評與學術動態十二個專題。

一、專　著

陳紅彥《敦煌·西域·民語·外文——善本掌故》,上海：上海遠東出版社,2017年1月。

程同根主編《敦煌楷書大字典》,南昌：江西美術出版社,2017年1月。

程同根主編《敦煌行書大字典》,南昌：江西美術出版社,2017年1月。

吳荭《北周石窟造像研究》,蘭州：甘肅教育出版社,2017年1月。

方廣錩、吳芳思主編《英國國家圖書館藏敦煌遺書》(41—50),桂林：廣西師範大學出版社,2017年2月。

趙貞《敦煌文獻與唐代社會文化研究》,北京：北京師範大學出版社,2017年2月。

方豪著,鄭阿財編《中西交通史》,杭州：浙江大學出版社,2017年2月。

魏文斌《麥積山石窟初期洞窟調查與研究》,蘭州：甘肅教育出版社,2017年3月。

張景峰《敦煌陰氏與莫高窟研究》,蘭州：甘肅教育出版社,2017年3月。

趙曉星《吐蕃統治時期敦煌密教研究》,蘭州：甘肅教育出版社,2017年3月。

馮培紅《敦煌學與五涼史論稿》,杭州：浙江大學出版社,2017年3月。

姜亮夫《敦煌學論稿》,杭州：浙江大學出版社,2017年4月。

王招國(定源)《佛教文獻論稿》,桂林：廣西師範大學出版社,2017年4月。

《歷代碑帖法書選》編輯組《敦煌本柳公權書金剛經》,北京：文物出版社,2017年5月。

徐秀玲《隋唐五代宋初雇傭契約研究：以敦煌吐魯番出土文書爲中心》,北京：中國社會科學出版社,2017年5月。

陳可冀、李金田、戴恩來編《敦煌文化與中醫學·中華文化與中醫學叢書》,北京:中國中醫藥出版社,2017年5月。

趙聲良《佛陀微笑》,蘭州:甘肅教育出版社,2017年6月。

于華剛主編《世界民間藏中國敦煌文獻(第二輯)》,北京:中國書店出版社,2017年6月。

竇俠父《敦煌上下兩千年》,蘭州:敦煌文藝出版社,2017年7月。

郝春文主編《2017敦煌學國際聯絡委員會通訊》,上海:上海古籍出版社,2017年7月。

程同根主編《敦煌草書大字典》,南昌:江西美術出版社,2017年7月。

張德芳、王立翔《簡帛書法大系:敦煌馬圈灣漢簡書法》(壹、貳、叁),上海:上海書畫出版社,2017年7月。

段文傑《敦煌石窟藝術研究(精)》,蘭州:甘肅人民出版社,2017年8月。

郝春文編著《英藏敦煌社會歷史文獻釋錄》第15卷,北京:中國社會科學出版社,2017年8月。

王亞麗《敦煌寫本醫籍語言研究》,北京:中央民族大學出版社,2017年8月。

楊利民、范鵬主編《敦煌哲學(第四輯)》,蘭州:甘肅人民出版社,2017年9月。

楊郁如《敦煌隋代石窟壁畫樣式與題材研究》,蘭州:甘肅教育出版社,2017年9月。

張元林《北朝——隋時期敦煌法華圖像研究》,蘭州:甘肅教育出版社,2017年9月。

王惠民《敦煌佛教與石窟營建》,蘭州:甘肅教育出版社,2017年9月。

馬國俊《敦煌書法藝術研究》,北京:文物出版社,2017年9月。

金少華《敦煌吐魯番本〈文選〉輯校》,杭州:浙江大學出版社,2017年9月。

沙武田《歸義軍時期敦煌石窟考古研究》,蘭州:甘肅教育出版社,2017年9月。

劉傳啓《敦煌喪葬文書輯注》,成都:巴蜀書社,2017年9月。

金雅聲、郭恩主編《法國國家圖書館藏敦煌藏文文獻》(21),上海:上海古籍出版社,2017年10月。

張小琴《敦煌壁畫精品綫描》,石家莊:河北教育出版社,2017年10月。

李建強《敦煌·對音·初探——基於敦煌文獻的梵、藏漢對音研究》,北京:中國社會科學出版社,2017年11月。

甘肅省文物局、敦煌研究院編纂,馬德主編《甘肅藏敦煌藏文文獻》(1),上海古籍出版社,2017年12月。

陳海濤、陳琦《圖說敦煌二五四窟》,北京:生活·讀書·新知三聯書店有限公司,2017年12月。

饒宗頤主編《敦煌吐魯番研究》第 17 卷,上海:上海古籍出版社,2017 年 12 月。

二、論　　文

(一) 概説

朱鳳玉《陳闔舊藏敦煌文獻題跋輯録與研究》,《敦煌研究》2017 年第 1 期。

馬德《莫高窟前史新探——宕泉河流域漢晉遺跡的歷史意義》,《敦煌研究》2017 年第 2 期。

孫志軍《1907—1949 年的莫高窟攝影》,《敦煌研究》2017 年第 2 期。

經崇儀著,王平先譯《照片檔案遺産:敦煌、探險照片與羅氏檔案》,《敦煌研究》2017 年第 2 期。

車守同《由〈吴忠信日記〉再探國立敦煌藝術研究所的時代背景》,《敦煌研究》2017 年第 2 期。

黄征《古籍整理的規範問題——以敦煌文獻爲中心》,《敦煌研究》2017 年第 2 期。

榮新江《絲綢之路也是一條"寫本之路"》,《文史》2017 年第 2 期。

劉進寶《東方學背景下的敦煌學》,《敦煌研究》2017 年第 3 期。

王冀青《英藏敦煌漢文文獻"蔣孝琬目録"編纂始末》,《敦煌研究》2017 年第 4 期。

王慧慧《"西北藝術文物考察團"在敦煌考察時間考》,《敦煌研究》2017 年第 3 期。

梁旭澍、王海雲、盛岩海《敦煌研究院藏王子雲、何正璜夫婦敦煌資料目録》,《敦煌研究》2017 年第 3 期。

韓春平《敦煌遺書數字化演進史》,《中國社會科學報》2017 年 6 月 28 日。

王楠《伯希和與清代官員學者的交往(1906—1909 年)》,《西域研究》2017 年第 4 期。

段小强、陳亞軍《敦煌地區史前文化初步研究》,《敦煌學輯刊》2017 年第 4 期。

王冀青《伯希和 1909 年北京之行相關事件雜考》,《敦煌學輯刊》2017 年第 4 期。

鄭麗穎《俄藏斯坦因致奧登堡信件研究》,《敦煌學輯刊》2017 年第 4 期。

張瑛《先秦時期的敦煌文化》,《中國史研究》2017 年第 4 期。

蔡迎春《民國時期敦煌學著作及其整理研究》,《圖書館雜誌》2017 年第 3 期。

邢培順、王明東《劉昞與他的〈敦煌實錄〉》,《古籍整理研究學刊》2017年第3期。

賈應生《敦煌哲學建設的學派意義》,《甘肅社會科學》2017年第4期。

杜海、鄭炳林《曹氏歸義軍時期敦煌文獻書寫特徵研究》,《敦煌學輯刊》2017年第4期。

(二) 歷史地理

陳國燦《試論吐蕃佔領敦煌後期的鼠年改革——敦煌"永壽寺文書"研究》,《敦煌研究》2017年第3期。

楊寶玉《〈張淮深墓誌銘〉與張淮深被害事件再探》,《敦煌研究》2017年第2期。

李宗俊《晚唐張議潮入朝事暨歸義軍與嗢末的涼州之爭再探——以新出李行素墓誌及敦煌文書張議潮奏表爲中心》,《敦煌研究》2017年第4期。

李并成《瓜州新發現的幾座古城址的調查與考證》,《敦煌研究》2017年第5期。

孫寧《"瓜州今敦煌"地理認識的形成——以〈左傳〉相關注解爲中心》,《敦煌研究》2017年第5期。

朱艷彤《酒泉馬氏與五涼王國——以〈西涼建初四年(408)秀才對策文〉與辛氏墓誌中"馬騺"爲中心》,《敦煌研究》2017年第5期。

鄭炳林、唐尚書、曹紅《北魏至隋唐羅布泊地區的生態修復與城市重建》,《敦煌學輯刊》2017年第3期。

鄭炳林、史志林、郝勇《黑河流域歷史時期環境演變研究回顧與展望》,《敦煌學輯刊》2017年第1期。

楊富學《"瓜州塔"考辨》,《敦煌研究》2017年第2期。

高啓安《烏蘭縣置廢與轄境申説》,《敦煌研究》2017年第2期。

馮培紅、王蕾《中古時期烏蘭關、縣位置考辨》,《敦煌研究》2017年第2期。

張啓榮、張啓芮《五方隋唐烏蘭墓誌考釋》,《敦煌研究》2017年第2期。

杜立暉《黑水城文獻所見元代亦集乃路的機構建制與運行機制》,《敦煌研究》2017年第2期。

鄭怡楠《新出〈唐敦煌張淮澄墓誌銘並序〉考釋》,《敦煌學輯刊》2017年第1期。

魏迎春、鄭炳林《敦煌歸義軍節度使承襲制度研究(上)——張氏歸義軍節度使的承襲引發的有關問題》,《敦煌學輯刊》2017年第1期。

高士榮《簡牘文獻中秦及漢初奴婢制度的特徵》,《敦煌學輯刊》2017年第1期。

鄭怡楠、鄭炳林《敦煌寫本〈曹議金重修開元寺功德記〉考釋》,《敦煌學輯刊》2017 年第 2 期。

王樂《魏唐時期敦煌吐魯番地區的綾織物》,《敦煌學輯刊》2017 年第 2 期。

郝二旭《唐五代敦煌柴草消費對生態環境的影響》,《敦煌學輯刊》2017 年第 3 期。

蘇金花《敦煌吐魯番文書所見糧食作物"床"名實辨析》,《中國經濟史研究》2017 年第 6 期。

尹波濤《粟特康氏會稽郡望考論》,《敦煌學輯刊》2017 年第 1 期。

王慶衛《新出唐代張淮澄墓誌所見歸義軍史事考》,《敦煌學輯刊》2017 年第 1 期。

朱艷桐《姑臧城空間佈局與五涼河西政治》,《敦煌學輯刊》2017 年第 2 期。

王蕾、劉滿《劉元鼎入蕃路綫河隴段考》,《敦煌學輯刊》2017 年第 2 期。

鄭紅翔《唐安史之亂後河隴陷蕃問題再探》,《敦煌學輯刊》2017 年第 4 期。

王瑞芳《新見唐〈竇希玠墓誌〉考釋》,《敦煌學輯刊》2017 年第 4 期。

王力平《八到十世紀的敦煌杜氏家族研究——兼及藏經洞文書的"偏向性"》,《敦煌學輯刊》2017 年第 2 期。

尹偉先、李賀文《甘肅隴東地區北朝碑銘所見人名研究——以〈山公寺碑〉〈北周立佛像〉等爲例》,《敦煌學輯刊》2017 年第 2 期。

陳光文《元代諸王出鎮敦煌相關問題新探》,《敦煌學輯刊》2017 年第 2 期。

吳炯炯《〈新唐書宰相世系表〉之唐貞休世系再考》,《敦煌學輯刊》2017 年第 1 期。

杜海《敦煌文書中的"國太"夫人考》,《敦煌學輯刊》2017 年第 3 期。

趙貞《唐代黃口的著録與入籍——以敦煌吐魯番文書爲中心》,《西域研究》2017 年第 4 期。

任艷艷《試論唐代河東道之交通——以敦煌文書和圓仁〈入唐求法巡禮行記〉中關、驛、店爲中心的考察》,《安徽史學》2017 年第 4 期。

邵天松《黑水城出土〈宋西北邊境軍政文書〉校補》,《敦煌研究》2017 年第 4 期。

趙大旺《唐前期的"小男當户"李世龍》,《敦煌研究》2017 年第 5 期。

田衛衛《旅順博物館藏唐户令殘片考——以令文復原與年代比定爲中心》,《中華文史論叢》2017 年第 3 期。

（三）社會文化

李正宇《公平形式掩蓋下的不公平——敦煌契約別議》,《敦煌研究》2017 年第 3 期。

趙和平《奠雁——兩千年婚禮儀式的變與不變》,《敦煌研究》2017 年第 5 期。
薛艷麗、王祥偉《敦煌文書 S.4657 與 BD09282 釋錄研究》,《敦煌研究》2017 年第 4 期。
鍾羅慶《敦煌社邑文書反映的文書檔案工作情況研究》,《檔案學研究》2017 年第 5 期。
董大學《英藏敦煌寫本斯三三三〇號背諸文獻綜合研究》,《瀋陽大學學報》2017 年第 1 期。
買小英《身體力行與躬行實踐——敦煌文書所見中古兄弟間的倫理關係》,《敦煌研究》2017 年第 4 期。
趙青山《唐代禁殺思想傳播的兩種渠道及其影響》,《敦煌學輯刊》2017 年第 3 期。
何志文《吐蕃統治敦煌西域時期的雇傭問題探析——兼與陷蕃之前及歸義軍統治時期雇傭比較》,《中國農史》2017 年第 5 期。
蒲成中《非奴婢而是被收養人：敦煌文書中"恩子"的身份》,《上海師範大學學報》2017 年第 5 期。
陳于柱、張福慧《新發現的綫裝本〈張天師發病書〉〈發病全書〉整理研究》,《敦煌學輯刊》2017 年第 2 期。
楊秀清《千年歷史入眼來——敦煌石窟壁畫中的古代社會生活（上、中、下）》,《文史知識》2017 年第 1、2 期。
楊秀清《情態任天然（上）（中）（下）——敦煌壁畫中的古代兒童遊戲》,《文史知識》2017 年第 3、4、5 期。
宋坤《填還陰債與預寄珍財——代"受生""寄庫"觀念考辨》,《敦煌研究》2017 年第 3 期。
許飛《論吐魯番隨葬衣物疏中的"海東頭、海西壁"》,《敦煌研究》2017 年第 6 期。
宋翔《唐五代時期敦煌城外園宅地的空間佈局》,《敦煌研究》2017 年第 6 期。
劉傳啓《"勸孝"與敦煌喪儀》,《敦煌學輯刊》2017 年第 4 期。
鄭燕燕《釋迦牟尼葬禮再考察——兼析傳譯者及解讀者對涅槃經的重構》,《敦煌學輯刊》2017 年第 4 期。

（四）宗教

方廣錩《隋唐敦煌漢傳佛教的宗派問題》,《西南民族大學學報》2017 年第 6 期。
徐鍵《吐蕃高僧吳法成生平三題》,《敦煌學輯刊》2017 年第 1 期。
趙青山《敦煌寫經的歷史與現實意義》,《中國社會科學報》2017 年 2 月 14 日。

董大學《論唐代〈金剛經〉信仰之儀式化傾向——以敦煌文獻爲中心的考察》，
　　《華東師範大學學報》2017年第1期。
方廣錩《一條達摩入華的另類資料》，《敦煌研究》2017年第5期。
張炎《敦煌佛經殘卷的綴合與定名——以〈妙法蓮華經〉爲例》，《敦煌研究》
　　2017年第5期。
張炎《英藏敦煌本〈大集經〉殘卷綴合研究》，《中國典籍與文化》2017年第
　　1期。
張炎《俄藏敦煌本〈灌頂拔除過罪生死得度經〉殘卷綴合研究》，《古籍研究》
　　2017年第1期。
羅歷辛《宜賓市博物院藏敦煌寫本〈妙法蓮華經〉殘卷考》，《新疆大學學報》
　　2017年第6期。
趙曉星、勘措吉、萬瑪項傑《敦煌本〈六門陀羅尼經〉研究——中唐敦煌密教文
　　獻研究之四》，《敦煌研究》2017年第5期。
王邦維《再談敦煌寫卷P.2001號：學術史與〈大唐西域求法高僧傳〉的書
　　名》，《清華大學學報》2017年第5期。
路旻、劉永明《從敦煌本〈度人經〉及南齊嚴東注本刊道教天界觀的形成》，
　　《敦煌學輯刊》2017年第1期。
劉屹《古靈寶經出世歷程之我見》，《敦煌吐魯番研究》第17卷，上海：上海古
　　籍出版社，2017年12月。
陳大爲、陳卿《敦煌金光明寺與世俗社會關係》，《敦煌研究》2017年第5期。
韓傳強《敦煌寫本〈圓明論〉錄校與研究》，《敦煌研究》2017年第6期。
錢光勝《敦煌寫卷〈靈州龍興寺白草院史和尚因緣記〉與唐五代的刺血寫經》，
　　《敦煌研究》2017年第6期。
邰同麟《〈天尊説隨願往生罪福報對次説預修科文妙經〉初探》，《敦煌研究》
　　2017年第6期。
景盛軒、陳琳《英藏敦煌〈大般涅槃經〉殘卷初步綴合》，《敦煌研究》2017年第
　　3期。
龍成松《北朝隋唐侯莫陳氏家族與佛教研究——兼論〈頓悟真宗要訣〉之背
　　景》，《敦煌研究》2017年第4期。
馬德、段鵬《新見敦煌寫經二件題解》，《敦煌學輯刊》2017年第1期。
王冀青《近代印度學體系中的牛津大學佛教研究》，《敦煌學輯刊》2017年第
　　2期。
張銘《兩宋時期麥積山與南方佛教交流——從第43窟宋代題記談起》，《敦
　　煌學輯刊》2017年第1期。

計曉雲《羽153V〈妙法蓮華經講經文〉中九色鹿王本生故事源流考》,《敦煌學輯刊》2017年第3期。
楊學勇《三階教化度寺無盡藏機構的管理與運轉》,《敦煌學輯刊》2017年第3期。
趙洋《新見旅順博物館藏吐魯番道經敍錄》,《敦煌吐魯番研究》第17卷,上海:上海古籍出版社,2017年12月。
王晶波、朱國立《從敦煌本佛教靈驗記看佛教的傳播技巧》,《敦煌學輯刊》2017年第2期。
羅慕君《〈俄藏敦煌文獻〉未定名〈金剛經〉殘片考》,《敦煌吐魯番研究》第17卷,上海:上海古籍出版社,2017年12月。
盧芳玉、薩仁高娃《〈大唐三藏聖教序〉考》,《敦煌吐魯番研究》第17卷,上海:上海古籍出版社,2017年12月。
史經鵬《敦煌遺書地論學派〈涅槃經疏〉(擬)中的佛性思想——以BD2224、BD2316、BD2276爲中心》,《西南民族大學學報》2017年第7期。
湛如《居家律範——從P.2984V看敦煌的檀越戒儀形態》,《敦煌研究》2017年第1期。
張涌泉、劉明《敦煌本〈佛說大乘稻芉經〉及其注疏殘卷綴合研究》,《浙江師範大學學報》2017年第2期。
張磊、左麗萍《國家圖書館藏敦煌寫本〈大乘無量壽經〉綴合研究》,《文獻》2017年第1期。
計曉雲《〈維摩詰經講經文〉中的文殊信仰——以貞松堂藏本及國圖藏〈文殊問疾〉爲考察中心》,《宗教學研究》2017年第2期。
鍾書林《敦煌吐魯番文書的又一新發現——"馮氏藏墨"中的〈重譯妙法蓮華經〉長卷及題跋》,《江漢論壇》2017年第1期。
陽清《敦煌寫本殘卷〈慧超往五天竺國傳〉中的五言詩——兼論中世佛教行記的情感抒寫及其詩筆》,《清華大學學報》2017年第4期。
劉林魁《敦煌本〈佛法東流傳〉的學術價值》,《中南大學學報》2017年第4期。
李尚全《敦煌唐代皇家寫本〈妙法蓮華經〉殘卷考述》,《揚州大學學報》2017年第5期。
徐浩、張涌泉《〈國家圖書館藏敦煌遺書〉誤綴四題》,《文獻》2017年第1期。
徐浩、張涌泉《從綴合看古代寫經的製作——以敦煌本漢文〈大般若經〉爲例》,《人文雜誌》2017年第10期。
武海龍《心道與民國時期涼州佛教的復興》,《敦煌學輯刊》2017年第4期。
韓紅《佛教傳入後中土冥界觀演變研究》,《敦煌學輯刊》2017年第4期。

顏福《元西行景教僧朝聖路綫考》,《敦煌學輯刊》2017年第4期。

(五) 語言文字

鄧文寬《敦煌本〈開蒙要訓〉三農具解析》,《敦煌吐魯番研究》第17卷,上海：上海古籍出版社,2017年12月。

張穎《敦煌佛經音義聲母演變的中古特色》,《敦煌學輯刊》2017年第3期。

張小艷《〈敦煌醫藥文獻真跡釋録〉校讀記》,《敦煌吐魯番研究》第17卷,上海：上海古籍出版社,2017年12月。

竇懷永《敦煌寫卷避諱字形遞變現象初論》,《敦煌吐魯番研究》第17卷,上海：上海古籍出版社,2017年12月。

牛尚鵬《〈太上洞淵神咒經〉異文考校十一則》,《宗教學研究》2017年第2期。

吴士田《敦煌寫本〈壇經〉的繁化俗字》,《長春大學學報》2017年第5期。

趙大旺《敦煌社邑文書校讀劄記三則》,《中華文史論叢》2017年第3期。

趙家棟《〈序聽迷詩所經〉疑難字詞考辯》,《敦煌研究》2017年第5期。

孫幼莉《説"屈戌"》,《敦煌研究》2017年第6期。

鄧强《唐五代西北方音見系開口二等演變考》,《敦煌研究》2017年第6期。

陳曉强《論敦煌文獻中的"墼"》,《敦煌研究》2017年第6期。

鄧文寬《敦煌文獻詞語零拾》,《敦煌研究》2017年第4期。

姬慧《敦煌文獻慾惠類語義場詞語演變考》,《敦煌學輯刊》2017年第4期。

陳雙印《〈高僧傳〉地名"抱罕"爲"枹罕"校誤》,《敦煌學輯刊》2017年第4期。

(六) 文學

王素《敦煌本〈珠英集·帝京篇〉作者考實》,《敦煌研究》2017年第1期。

李軍《敦煌本〈唐佚名詩集〉作者再議》,《敦煌學輯刊》2017年第1期。

喻忠傑《敦煌因緣與佛教戲劇關係考》,《敦煌學輯刊》2017年第1期。

邵文實《〈王昭君變文〉與唐咸安公主關係論考》,《敦煌學輯刊》2017年第3期。

任偉《〈敦煌願文集〉之〈兒郎偉〉再校補》,《敦煌學輯刊》2017年第1期。

趙陽《黑城本〈彌勒上生經講經文〉爲詞曲作品説》,《敦煌學輯刊》2017年第3期。

王晶波《從敦煌本〈佛説孝順子修行成佛經〉到〈金牛寶卷〉》,《敦煌學輯刊》2017年第3期。

林生海《從"歸來去"到"大聖變"：唐宋時代淨土信仰的一側面》,《敦煌吐魯番研究》第17卷,上海：上海古籍出版社,2017年12月。

段真子《國家圖書館藏"八相變"的寫本學考察——以BD3024號爲中心》,

《敦煌吐魯番研究》第 17 卷,上海:上海古籍出版社,2017 年 12 月。

喻忠傑《敦煌儺:作爲儀式與戲劇的中介——以敦煌驅儺詞爲考察中心》,《吐魯番研究》2017 年第 1 期。

許松、程興麗《論敦煌變文駢句的個性與功能》,《敦煌研究》2017 年第 1 期。

劉景雲《輝煌的華夏史詩:〈夏聖根讚歌〉》,《敦煌研究》2017 年第 4 期。

鄭阿財《敦煌寫本〈隋淨影寺沙門惠遠和尚因緣記〉研究》,《敦煌研究》2017 年第 1 期。

何劍平《〈維摩詰經講經文(八)〉校注》,《中國俗文化研究》2017 年第 1 期。

張涌泉《〈秋胡小説〉校注》,《中國俗文化研究》2017 年第 1 期。

楊寶玉《敦煌佚名詩研究芻議——以〈張淮深碑〉寫本卷背詩爲例》,《西華師範大學學報》2017 年第 6 期。

賈娟《敦煌變文寫卷整理思考》,《文教資料》2017 年第 11 期。

冷江山《敦煌文學寫本題記探析》,《貴州師範大學學報》2017 年第 5 期。

（七）藝術

劉玉權《長安興教寺塔玄奘塑像設置時代問題探討——玄奘圖像學考察（二）》,《敦煌研究》2017 年第 1 期。

馬兆民《敦煌莫高窟第 285 窟"天福之面"（kritimukha）考》,《敦煌研究》2017 年第 1 期。

顧穎《論西域樣式凹凸法與天竺遺法》,《敦煌研究》2017 年第 2 期。

張寶璽《梵天勸請圖像考釋》,《敦煌研究》2017 年第 3 期。

張亮《四川大邑藥師岩新發現〈佛頂尊勝陀羅尼經變〉及相關問題討論》,《敦煌研究》2017 年第 3 期。

任平山《龜茲壁畫"殺犢取皮"》,《敦煌研究》2017 年第 4 期。

黃文崑《敦煌早期三窟及濕壁畫技法——〈敦煌石窟全集〉第一卷〈莫高窟第 266—275 窟考古報告〉編後》,《敦煌研究》2017 年第 5 期。

高海燕《試析捨身飼虎本生與睒子本生圖像的對應組合關係——兼論麥積山第 127 窟功德主》,《敦煌研究》2017 年第 5 期。

龍德俊《新見白描〈晚唐敦煌菩薩像幡〉探微》,《敦煌研究》2017 年第 5 期。

陳琦、陳海濤《莫高窟第 254 窟割肉貿鴿圖的藝術表現特徵》,《敦煌研究》2017 年第 5 期。

周方、卞向陽《莫高窟第 285 窟南壁故事畫中的持麈人物》,《敦煌研究》2017 年第 6 期。

陳曦、洪德善《桂州窰遺址出土陶塑佛教造像初步研究》,《敦煌研究》2017 年第 6 期。

曹學文《炳靈寺新發現的兩塊銘文磚及其所反映的重修歷史》,《敦煌研究》2017年第6期。

朱曉峰《敦煌畫稿中的音樂圖像研究》,《敦煌學輯刊》2017年第2期。

王友奎《大同雲岡第1、2窟圖像構成分析》,《敦煌學輯刊》2017年第2期。

董華鋒《成都出土石刻阿育王瑞像研究》,《敦煌學輯刊》2017年第1期。

鄭阿財《從敦煌佛教文獻、壁畫論佛經繪圖形式與功能之發展》,《敦煌學輯刊》2017年第1期。

邵强郡《莫高窟第98窟〈維摩詰經變〉新探》,《敦煌學輯刊》2017年第1期。

李金娟《敦煌晚唐時期報恩窟營建的流行——以莫高窟索義辯窟爲例》,《敦煌學輯刊》2017年第1期。

李金娟、高秀軍《大足石刻彌勒信仰下的兩處"啓門圖"》,《敦煌學輯刊》2017年第2期。

葉梅《克孜爾石窟壁畫中的龍形象探析》,《敦煌學輯刊》2017年第3期。

王毓紅、馮少波《營造現實版的西天淨土:敦煌石窟的性質》,《西夏研究》2017年第1期。

寧强、何卯平《西夏佛教藝術中的"家窟"與"公共窟"——瓜州榆林窟第29窟供養人的構成再探》,《敦煌學輯刊》2017年第3期。

趙燕林《莫高窟"三兔藻井"圖像釋義》,《西北民族大學學報》2017年第5期。

張善慶《涼州瑞像示現之"正光説"獻疑》,《敦煌學輯刊》2017年第3期。

邵曉峰《敦煌壁畫中椅子圖式的漢化與發展》,《民族藝術》2017年第5期。

王惠民《敦煌莫高窟第390窟繪塑題材初探》,《敦煌研究》2017年第1期。

八木春生著,姚瑶譯《初唐至盛唐時期敦煌莫高窟西方淨土變的發展》,《敦煌研究》2017年第1期。

陳清香《敦煌莫高窟第76窟八塔變佛圖像源流探討》,《敦煌研究》2017年第2期。

蔣人和著,王平先譯《阿育王式塔所具有的多種意義》,《敦煌研究》2017年第2期。

王友奎《雲岡石窟第11—13窟圖像構成分析》,《敦煌研究》2017年第4期。

張總《風格與樣式——中國佛教美術中四家樣説簡析》,《敦煌研究》2017年第3期。

李靜傑《炳靈寺第169窟西秦圖像反映的犍陀羅文化因素東傳情況》,《敦煌研究》2017年第3期。

潘亮文《盧舍那佛像研究——以7世紀以前的中原地區發展爲中心》,《敦煌研究》2017年第3期。

張小剛《莫高窟第 220 窟甬道南壁寶冠佛像淺析》,《絲綢之路研究集刊》,2017 年。

周安慶《敦煌莫高窟第 323 窟〈康僧會金陵佈教圖〉壁畫賞讀》,《東方收藏》2017 年第 8 期。

孟建軍《第一個仿製敦煌壁畫樂器的人(上)(下)——訪著名敦煌樂器學專家鄭汝中》,《樂器》2017 年第 9、10 期。

馬若瓊《莫高窟第 285 窟窟頂壁畫題材與構圖特徵》,《敦煌學輯刊》2017 年第 4 期。

陳振旺、佟艷《中唐早期莫高窟藻井圖案研究》,《敦煌學輯刊》2017 年第 4 期。

林嚴冬《敦煌石窟藝術的特殊呈現——以曹氏三窟爲中心》,《敦煌學輯刊》2017 年第 4 期。

楊冰華《莫高窟第 61 窟甬道北壁西夏重修供養人像蠡探》,《敦煌學輯刊》2017 年第 4 期。

(八) 考古與文物保護

四川大學考古學系、四川大學考古學實驗教學中心、成都文物考古研究所、安嶽縣文物局《四川安嶽上大佛摩崖造像調查簡報》,《敦煌研究》2017 年第 4 期。

四川大學考古學系、四川大學考古學實驗教學中心、成都文物考古研究所、安嶽縣文物局《四川安嶽捨身岩摩崖造像調查報告》,《敦煌研究》2017 年第 4 期。

張多勇、李并成、崔惠萍《安武縣地望與南北石窟寺名稱的由來》,《敦煌研究》2017 年第 1 期。

夏立棟《試論高昌地面佛寺的類型與分期》,《敦煌研究》2017 年第 2 期。

李國、沙武田《莫高窟第 156 窟營建史再探》,《敦煌研究》2017 年第 5 期。

王玉、張曉彤、周智波、王樂樂、葉梅《新疆庫木吐喇石窟壁畫顏料的分析研究》,《敦煌研究》2017 年第 1 期。

石建剛、劉向峰《陝西靖邊魚頭寺石窟調查與初步研究》,《敦煌學輯刊》2017 年第 4 期。

王惠民《敦煌石窟考古的進展——石窟考古的六個領域及其研究現狀》,《敦煌研究》2017 年第 1 期。

梁金星、萬曉霞、孫志軍、李嬋、李俊峰《敦煌壁畫顏料顏色數據庫構建方法》,《敦煌研究》2017 年第 1 期。

張楠、張乾、馮偉等《古代壁畫病害標識系統及其在敦煌莫高窟的應用》,《敦煌研究》2017年第2期。

陳冬冬、黃睿、馮偉、王小偉、柴勃隆、丁淑君、孫濟洲《一種面向文物本體微小變化監測的三點重定位方法》,《敦煌研究》2017年第3期。

楊善龍、王旭東、郭青林、裴強強《敦煌莫高窟崖體中鹽分分佈特徵研究》,《敦煌研究》2017年第4期。

岳琪峰、黃睿、馮偉、張龍、叢一蓬、孫濟洲《基於圖像分析的室外文物病害演變監測方法與應用實例》,《敦煌研究》2017年第4期。

錢玲、夏寅、胡紅岩、張尚欣、呂功煊、陳港泉《熊家塚含鹽情況調查與分析》,《敦煌研究》2017年第5期。

張春庭、蘇伯民、張正模《敦煌莫高窟微環境控制方式的CFD模擬與實驗》,《敦煌研究》2017年第6期。

王沖、謝振斌、郭建波、陳顯丹《樂山麻浩崖墓石刻風化機理研究》,《敦煌研究》2017年第6期。

鄒飛《塔克西拉佛教遺址發掘歷程述論》,《敦煌學輯刊》2017年第3期。

王百歲《甘肅省西和縣法鏡寺石窟調查與研究》,《敦煌學輯刊》2017年第3期。

補雅晶、萬曉霞、李俊鋒等《基於可見光譜特徵提取的敦煌壁畫顏料識別方法研究》,《文物保護與考古科學》2017年第3期。

張鐵山、彭金章《敦煌莫高窟B465窟題記調研報告》,《敦煌研究》2017年第1期。

楊富學《裕固族與晚期敦煌石窟》,《敦煌研究》2017年第6期。

(九) 少數民族歷史語言

吐送江·依明《回鶻文〈玄奘傳〉國內外研究情況綜述》,《敦煌學輯刊》2017年第1期。

陸離《敦煌藏文文書〈吐蕃官吏呈請狀〉所記陸、岸二部落考》,《西藏研究》2017年第1期。

牛宏《P.T.116中有關禪師語錄的文獻譯注》,《中國藏學》2017年第2期。

沈禎雲《清代茶馬貿易制度及其對漢藏關係的影響》,《敦煌學輯刊》2017年第1期。

陳踐《敦煌藏文文獻〈古太公家教〉譯釋(上)(下)》,《西藏民族大學學報》2017年第2、3期。

陳踐《英藏敦煌藏文文獻IOL Tib J 506號時日宜忌文書譯釋》,《西藏民族大學學報》2017年第4期。

德吉卓瑪《敦煌文本P.T.993吐蕃寺院稽考》,《西藏研究》2017年第1期。

陳踐《法藏敦煌藏文文獻 P.T.55（4）號夢兆禳解譯釋》，《西藏民族大學學報》2017 年第 1 期。

鍾書林《敦煌寫本〈爲肅州刺史劉臣璧答南蕃書〉疏證——兼論唐代中期的唐、蕃關係及書信創作時間》，《中國典籍與文化》2017 年第 4 期。

劉有安、張俊明《民國時期哈薩克族在河西走廊的活動述論》，《敦煌學輯刊》2017 年第 4 期。

才讓《P.T.245 號密宗超度儀軌之譯解》，《中國藏學》2017 年第 2 期。

王啓濤《"目""翟"二姓與粟特關係新證——以吐魯番出土文獻爲中心》，《民族研究》2017 年第 1 期。

張鐵山、崔焱《回鶻文契約文書參與者稱謂考釋——兼與敦煌吐魯番漢文文書比較》，《西域研究》2017 年第 2 期。

皮特·茨默著，王平先譯《解讀敦煌文獻 B464：67 之回鶻文詩歌》，《敦煌研究》2017 年第 1 期。

松井太著，白玉冬譯《英國圖書館藏"蕃漢語詞對譯"殘片（Or.12380/3948）再考》，《敦煌研究》2017 年第 3 期。

陳于柱、張福慧《敦煌古藏文寫本 P.T. 1055+IOL Tib J744〈十二錢卜法〉研究——敦煌漢藏文術數書的比較歷史學研究之三》，《蘭州大學學報》2017 年第 5 期。

陸離《關於發放堪布土登口糧契約的幾個問題——以三件英藏敦煌藏文文書爲例》，《青海民族大學學報》2017 年第 2 期。

任小波《暗軍考——吐蕃王朝軍政體制探例》，《中國藏學》2017 年第 2 期。

薩爾吉、薩仁高娃《敦煌藏文儒家格言讀物研究——以中村不折舊藏本〈古太公家教〉爲中心》，《中國藏學》2017 年第 1 期。

（十）古籍

劉全波《論中古時期佛教類書的編纂》，《敦煌學輯刊》2017 年第 2 期。

劉全波《〈經律異相〉編纂考》，《敦煌學輯刊》2017 年第 3 期。

張新朋《〈中國藏黑水城漢文文獻〉之儒學典籍殘片考》，《敦煌吐魯番研究》第 17 卷，上海：上海古籍出版社，2017 年 12 月。

景永時、王榮飛《未刊佈的西夏文刻本〈碎金〉考論》，《敦煌學輯刊》2017 年第 4 期。

田永衍、吴大洲《張元素修訂本〈五臟論〉辨僞》，《敦煌學輯刊》2017 年第 2 期。

牛潤珍《敦煌本 2526 號類書殘卷新證》，《歷史研究》2017 年第 3 期。

范習加《〈諸經要集〉書名、著者等問題考》，《歷史教學》2017 年第 3 期。

金少華《敦煌寫本〈文選〉李善注引〈毛詩〉考異》,《敦煌研究》2017年第3期。

（十一）科技

趙貞《敦煌具注曆日中的漏刻標注探研》,《敦煌學輯刊》2017年第3期。

劉英華《敦煌本P.3288 3555AV°藏文星占文書研究之一——九曜和二十八宿名表釋讀》,《西藏民族大學學報》2017年第5期。

沈澍農《俄法兩個敦煌卷子綴合與相關研究》,《中醫藥文化》2017年第4期。

（十二）書評與學術動態

許建平《敦煌學與避諱學的互動——評〈敦煌文獻避諱研究〉》,《敦煌研究》2017年第3期。

趙大旺《〈敦煌吐魯番文書與中古史研究〉評介》,《敦煌研究》2017年第4期。

李靜傑《關於佛教感通圖像研究的新成果——〈敦煌佛教感通畫研究〉讀後感言》,《敦煌研究》2017年第5期。

王丹《佛教造像之神聖性建構與崇拜研究的新拓展——評蔣家華〈中國佛教瑞像崇拜研究——古代造像藝術的宗教性闡釋〉》,《敦煌研究》2017年第6期。

李金娟《〈敦煌陰氏與莫高窟研究〉評介》,《敦煌學輯刊》2017年第2期。

張小貴評《榮新江〈絲綢之路與東西文化交流〉》,《敦煌吐魯番研究》第17卷,上海：上海古籍出版社,2017年12月。

白玉冬評《劉戈〈回鶻文契約斷代研究——昆山識玉〉》,《敦煌吐魯番研究》第17卷,上海：上海古籍出版社,2017年12月。

李方評《劉子凡〈瀚海天山——唐代伊、西、庭三州軍政體制研究〉》,《敦煌吐魯番研究》第17卷,上海：上海古籍出版社,2017年12月。

陳昊評《岩本篤志〈唐代の醫藥書と敦煌文獻〉》,《敦煌吐魯番研究》十七卷,上海：上海古籍出版社,2017年12月。

孫寧《劉進寶著〈敦煌文書與中古社會經濟〉評介》,《中國史研究動態》2017年第5期。

張銘《〈麥積山石窟初期洞窟調查與研究〉介評》,《敦煌學輯刊》2017年第2期。

柴劍虹《敦煌"守護眾神"與絲路之魂——爲紀念段文傑先生百年誕辰而作》,《敦煌研究》2017年第6期。

鄭阿財《段文傑先生對我在敦煌研究上的啓發》,《敦煌研究》2017年第6期。

劉進寶《傑出的學者 卓越的學術領導人——紀念段文傑先生誕辰100週年》,《敦煌研究》2017年第6期。

史曉明《美術大家風範 敦煌學界豐碑——我心目中的段文傑先生》,《敦煌研究》2017年第6期。

馬強《心摹手追　妙合神契——探究段文傑先生敦煌壁畫臨摹藝術》,《敦煌研究》2017年第6期。

趙俊榮《咫尺匠心　砥礪傳承——段文傑先生對敦煌壁畫藝術的臨摹研究與傳承》,《敦煌研究》2017年第6期。

吳正科《段文傑先生對北石窟寺文物的斷代——從張魯章先生筆記中整理》,《敦煌研究》2017年第6期。

柴劍虹《深切懷念馮其庸先生》,《敦煌吐魯番研究》第17卷,上海:上海古籍出版社,2017年12月。

榮新江《馮其庸先生敦煌學二三事》,《敦煌吐魯番研究》第17卷,上海:上海古籍出版社,2017年12月。

鄧文寬《芳草地上留芬芳——懷念沙知教授》,《敦煌吐魯番研究》第17卷,上海:上海古籍出版社,2017年12月。

郝春文《回憶沙知先生》,《敦煌吐魯番研究》第17卷,上海:上海古籍出版社,2017年12月。

榮新江《絲綢之路與中外文化交流研究動態》,《敦煌研究》2017年第1期。

張先堂《2016年在敦煌舉辦的敦煌學學術會議動態》,《敦煌研究》2017年第1期。

蓋佳擇、楊富學《唐代兩京敦煌景教寫本文獻研究述評》,《唐史論叢》2017年第1期。

張廣才《近百年敦煌文獻整理研究綜述》,《湖北社會科學》2017年第1期。

王旭東《敦煌學研究動態暨〈敦煌研究〉發展研討會致辭》,《敦煌研究》2017年第1期。

黃文昆《堅定不移以敦煌石窟研究為〈敦煌研究〉選題重點——根據敦煌學研究發展趨勢確定〈敦煌研究〉發展方向》,《敦煌研究》2017年第1期。

張加萬《敦煌文物數字化保護傳承技術》,《敦煌研究》2017年第1期。

高啓安《引領敦煌研究向深度和廣度前進》,《敦煌研究》2017年第1期。

馬德《恪守學術特色　堅持高端創新》,《敦煌研究》2017年第1期。

張德芳《敦煌學研究應該把河西漢簡的研究包括進來》,《敦煌研究》2017年第1期。

馮培紅《〈敦煌研究〉的特色與定位》,《敦煌研究》2017年第1期。

楊富學《敦煌民族史研究的現狀與展望》,《敦煌研究》2017年第1期。

戴春陽《敦煌學研究動態與〈敦煌研究〉發展相關問題漫議》,《敦煌研究》2017年第1期。

汪萬福《積極申請〈敦煌研究〉自然科學版》,《敦煌研究》2017 年第 1 期。
楊秀清《把握敦煌學研究動態　引領敦煌學學術導向》,《敦煌研究》2017 年第 1 期。
葉愛國《關於期刊編校品質的問題——以〈敦煌研究〉第 4 期爲例(部分)》,《敦煌研究》2017 年第 1 期。
趙聲良《嚴謹踏實、開拓進取,推動敦煌學研究的發展》,《敦煌研究》2017 年第 1 期。
党燕妮《〈敦煌研究〉工作報告》,《敦煌研究》2017 年第 1 期。
孔令梅《〈敦煌研究〉網站建設報告》,《敦煌研究》2017 年第 1 期。
張先堂、李國《傳承與創新的盛會——"紀念段文傑先生誕辰 100 週年敦煌與絲綢之路國際學術研討會"述要》,《敦煌研究》2017 年第 6 期。
魏學宏、侯宗輝《肩水金關漢簡中的"家屬"及其相關問題》,《敦煌研究》2017 年第 4 期。
林獻忠《〈敦煌馬圈灣漢簡集釋〉辨誤十二則》,《敦煌研究》2017 年第 4 期。
孫其斌、何雙全、張德紅《敦煌、居延簡牘中的絲路漢代戍邊醫學》,《敦煌研究》2017 年第 6 期。
代國璽《從懸泉置壁書看新莽羲和、納言的職掌及相關問題》,《敦煌研究》2017 年第 6 期。
黃艷萍《〈肩水金關漢簡(肆)〉中的紀年問題》,《敦煌研究》2017 年第 6 期。
姚磊《〈肩水金關漢簡(肆)〉綴合與釋文補正》,《敦煌研究》2017 年第 6 期。

2017 年吐魯番學研究論著目録

范英傑　陳　焱（蘭州大學）

　　據筆者統計整理,2017 年中國大陸地區吐魯番學研究成果豐碩,共出版專著與文集(含再版、譯注)80 餘部,公開發表相關論文近 500 篇。現編製目録如下,概分爲專著與文集、論文兩大部分。

一、專著與文集

新疆美術攝影出版社編《西域壁畫全集(1　克孜爾石窟壁畫)》,烏魯木齊:新疆文化出版社,2017 年 1 月。

新疆美術攝影出版社編《西域壁畫全集(2　克孜爾石窟壁畫)》,烏魯木齊:新疆文化出版社,2017 年 1 月。

新疆美術攝影出版社編《西域壁畫全集(3　克孜爾石窟壁畫)》,烏魯木齊:新疆文化出版社,2017 年 1 月。

新疆美術攝影出版社編《西域壁畫全集(4　庫木吐喇石窟壁畫)》,烏魯木齊:新疆文化出版社,2017 年 1 月。

新疆美術攝影出版社編《西域壁畫全集(5　森木塞姆石窟　克孜爾尕哈石窟壁畫)》,烏魯木齊:新疆文化出版社,2017 年 1 月。

新疆美術攝影出版社編《西域壁畫全集(6　柏孜克里克石窟壁畫)》,烏魯木齊:新疆文化出版社,2017 年 1 月。

新疆美術攝影出版社編《西域壁畫全集(7　古代佛教寺院墓室壁畫)》,烏魯木齊:新疆文化出版社,2017 年 1 月。

［法］菲力浦・弗朗德蘭(Philippe Flandrin)著,一梧譯《伯希和傳》,桂林:廣西師範大學出版社,2017 年 1 月。

阮榮春、張同標《從天竺到華夏:中印佛教美術的歷程》,北京:商務印書館,2017 年 1 月。

沈衛榮《藏傳佛教在西域和中原的傳播:〈大乘要道密集〉研究初編》,北京:北京師範大學出版社,2017 年 1 月。

慶昭蓉《吐火羅語世俗文獻與古代龜兹歷史》,北京:北京大學出版社,2017 年 1 月。

彭國忠《唐宋詞與域外文化關係研究》,合肥:安徽大學出版社,2017 年 1 月。

陳紅彦《敦煌・西域・民語・外文　善本掌故》,上海:上海遠東出版社,2017

年 1 月。

楊軍、高廈《怛邏斯之戰——唐與阿拉伯帝國的交鋒》,北京:商務印書館,2017 年 1 月。

李偉主編《穿越絲路》,北京:中信出版社,2017 年 1 月。

《首屆絲綢之路(敦煌)國際文化博覽會論文集》編委會編《首屆絲綢之路(敦煌)國際文化博覽會論文集》,蘭州:甘肅人民出版社,2017 年 2 月。

趙貞《敦煌文獻與唐代社會文化研究》,北京:北京師範大學出版社,2017 年 2 月。

沈澍農《敦煌吐魯番醫藥文獻新輯校》,北京:高等教育出版社,2017 年 2 月。

陳高華《明代哈密吐魯番資料彙編》,北京:商務印書館,2017 年 2 月。

王炳華《孔雀河青銅時代與吐火羅假想》,北京:科學出版社,2017 年 3 月。

馮培紅《敦煌學與五涼史論稿》,杭州:浙江大學出版社,2017 年 3 月。

孟憲實《出土文獻與中古史研究》,北京:中華書局,2017 年 3 月。

乜小紅《中國古代契約發展簡史》,北京:中華書局,2017 年 3 月。

洛齊著繪《絲路藝術筆記:龜茲》,桂林:漓江出版社,2017 年 3 月。

金少華《敦煌吐魯番本〈文選〉輯校》,杭州:浙江大學出版社,2017 年 4 月。

國家文物局編《2016 中國重要考古發現》,北京:文物出版社,2017 年 4 月。

陳戈《新疆考古論文集》(上、下冊),北京:商務印書館,2017 年 4 月。

(清)王樹枬纂修,朱玉麒整理《新疆圖志》(附索引),上海:上海古籍出版社,2017 年 4 月。

鄭培凱主編《西域:中外文明交流的中轉站》,合肥:黃山書社,2017 年 4 月。

楊銘、李鋒《絲綢之路與吐蕃文明》,北京:商務印書館,2017 年 4 月。

王招國(定源)《佛教文獻論稿》,桂林:廣西師範大學出版社,2017 年 4 月。

夏鼐《夏鼐文集》,北京:社會科學文獻出版社,2017 年 5 月。

徐秀玲《隋唐五代宋初雇傭契約研究:以敦煌吐魯番出土文書爲中心》,北京:中國社會科學出版社,2017 年 5 月。

吐魯番學研究院、吐魯番博物館編《高昌石窟壁畫綫描集:吐峪溝石窟》,上海:上海古籍出版社,2017 年 5 月。

《新疆美術大系》編委會編《新疆美術大系:新疆古代美術卷》,烏魯木齊:新疆文化出版社,2017 年 5 月。

《新疆美術大系》編委會編《新疆美術大系:新疆壁畫分類全集卷》,烏魯木齊:新疆文化出版社,2017 年 5 月。

《新疆美術大系》編委會編《新疆美術大系:新疆岩畫卷》,烏魯木齊:新疆文化出版社,2017 年 5 月。

《新疆美術大系》編委會編《新疆美術大系：新疆書法篆刻卷》，烏魯木齊：新疆文化出版社，2017年5月。

［美］米華健（James A. Millward）著，賈建飛譯《嘉峪關外：1759—1864年新疆的經濟、民族和清帝國》，香港：香港中文大學出版社，2017年5月。

艾合買提・買買提《維吾爾族古文獻論集》，瀋陽：遼寧民族出版社，2017年5月。

國家圖書館古籍館編《國家圖書館藏西域文獻的修復與保護》，北京：國家圖書館出版社，2017年5月。

王欣《吐火羅史研究》（增訂本），北京：商務印書館，2017年5月。

河南博物院編《誰調清管度新聲：絲綢之路音樂文物》，北京：文物出版社，2017年6月。

孫寧《唐代户籍編造史稿》，北京：中國社會科學出版社，2017年6月。

魏東《青銅時代至早期鐵器時代新疆哈密地區古代人群的變遷與交流模式研究》，北京：科學出版社，2017年6月。

周偉洲《吐谷渾資料輯録》，北京：商務印書館，2017年6月。

芮傳明《古突厥碑銘研究》（增訂本），北京：商務印書館，2017年6月。

朱玉麒主編《西域文史》第11輯，北京：科學出版社，2017年6月。

郝春文主編《2017敦煌學國際聯絡委員會通訊》，上海：上海古籍出版社，2017年7月。

王啓濤主編《吐魯番文獻合集・儒家經典卷》，成都：巴蜀書社，2017年7月。

努爾蘭・肯加哈買提《碎葉》，上海：上海古籍出版社，2017年7月。

向達《唐代長安與西域文明》，上海：學林出版社，2017年7月。

［日］羽田亨著，耿世民譯《西域文化史》，北京：華文出版社，2017年7月。

李永平《絲綢之路與文明交往》，西安：陝西師範大學出版社，2017年7月。

（清）王樹枏纂修，朱玉麒整理《新疆圖志・地圖》，上海：上海古籍出版社，2017年7月。

黄駿、謝成水《中國石窟壁畫修復與保護》，杭州：中國美術學院出版社，2017年7月。

朱玉麒、劉子凡編《新疆圖志・索引》，上海：上海古籍出版社，2017年7月。

史明文、曹志敏《稿本〈新疆圖志〉校理》，北京：社會科學文獻出版社，2017年7月。

西北民族大學、上海古籍出版社、英國國家圖書館編《英國國家圖書館藏敦煌西域藏文文獻9》，上海：上海古籍出版社，2017年8月。

胡靜、楊銘《英國收藏新疆出土古藏文文獻敍録》，北京：社會科學文獻出版社,2017 年 8 月。

劉韜《唐與回鶻時期龜兹石窟壁畫研究》,北京:文物出版社,2017 年 8 月。

沈衛榮主編《西域歷史語言研究集刊》第 9 輯,北京:科學出版社,2017 年 9 月。

張安福《西域屯墾經濟與新疆發展研究》,廣州:廣東人民出版社,2017 年 9 月。

孟凡人《尼雅遺址與于闐史研究》,北京:商務印書館,2017 年 9 月。

劉進寶、張涌泉主編《絲路文明的傳承與發展》,杭州:浙江大學出版社,2017 年 9 月。

石雲濤《漢代外來文明研究》,北京:中國社會科學出版社,2017 年 10 月。

李肖主編《絲綢之路研究》第 1 輯,北京:生活·讀書·新知三聯書店,2017 年 10 月。

賴永海主編《絲路文化研究》第 1 輯,北京:商務印書館,2017 年 10 月。

[美]樂仲迪著,毛銘譯,敦煌研究院編《從波斯波利斯到長安西市》,桂林:灕江出版社,2017 年 10 月。

[烏兹別克斯坦]瑞德維拉紮著,敦煌研究院編,高原譯,毛銘校《張騫探險之地》,桂林:灕江出版社,2017 年 10 月。

寧夏博物館編著《絲綢之路——大西北遺珍》,北京:文物出版社,2017 年 10 月。

林梅村《西域考古與藝術》,北京:北京大學出版社,2017 年 11 月。

吴玉貴《突厥汗國與隋唐關係史研究》,北京:商務印書館,2017 年 11 月。

王紅梅、楊富學、黎春林《元代畏兀兒宗教文化研究》,北京:科學出版社,2017 年 11 月。

何恩之、[意]魏正中(Giuseppe Vignato)著,王倩譯《龜兹尋幽:考古重建與視覺再現》,上海:上海古籍出版社,2017 年 11 月。

羅福萇著,王旭梁編《羅福萇集》,上海:中西書局,2017 年 11 月。

牛汝辰《新疆地名的積澱與穿越:新疆地名歷史語言學探源》,北京:中國社會出版社,2017 年 12 月。

孟憲實、朱玉麒主編《探索西域文明——王炳華先生八十華誕祝壽論文集》,上海:中西書局,2017 年 12 月。

劉進寶主編《絲路文明》第 2 輯,上海:上海古籍出版社,2017 年 12 月。

徐文堪《絲路歷史語言與吐火羅學論稿》,杭州:浙江大學出版社,2017 年 12 月。

何志國《漢晉佛像綜合研究》,上海:上海人民出版社,2017 年 12 月。

饒宗頤主編《敦煌吐魯番研究》第 17 卷,上海:上海古籍出版社,2017 年 12 月。

葛嶷、齊東方《異寶東來:考古發現的絲綢之路舶來品研究》,上海:上海古籍出版社,2017 年 12 月。

徐蘋芳《絲綢之路考古論集》,上海:上海古籍出版社,2017 年 12 月。

榮新江主編《唐研究》第 23 卷,北京:北京大學出版社,2017 年 12 月。

二、論　文

(一) 政治

凌文濤《吐魯番出土〈秀才對策文〉與西涼立國之策》,《西域研究》2017 年第 1 期,第 9—21+148 頁。

趙衛賓《回疆東四城伯克遣使投清史事考——兼談雍正即位初年的西域經略觀》,《西域研究》2017 年第 1 期,第 30—36+148 頁。

孫文傑《從滿文寄信檔看"烏什事變"中的首任伊犁將軍明瑞》,《新疆大學學報》2017 年第 1 期,第 66—69 頁。

韓樹偉《論西涼政權及其在絲路史上的歷史地位和影響》,《青海師範大學學報》2017 年第 1 期,第 92—98 頁。

趙衛賓《清末新政期間新疆警政的創建與發展》,《中國邊疆史地研究》2017 年第 1 期,第 110—117+181 頁。

孫文傑《烏魯木齊都統和瑛宦績新考——以中國第一歷史檔案館館藏檔案爲依據》,《山西檔案》2017 年第 1 期,第 171—173 頁。

陳君《漢代車師國史表(前 108—191)》,《國學》2017 年第 1 期,第 76—99 頁。

尚衍斌《高昌廉氏家族史事補正》,《西域研究》2017 年第 2 期,第 17—25+140 頁。

徐磊《同治、光緒年間清廷治疆過程中的大臣議政活動述論》,《新疆大學學報》2017 年第 2 期,第 86—90 頁。

董紅玲《清代昌吉地區臺站機構的安設及對軍事和經濟的影響》,《昌吉學院學報》2017 年第 2 期,第 20—25 頁。

楊恕、劉亞妮《新疆史研究應注意的幾個問題》,《蘭州大學學報》2017 年第 2 期,第 1—8 頁。

孫文傑《喀什噶爾參贊大臣和瑛與喀喇沙爾虧空案》,《雲南民族大學學報》2017 年第 2 期,第 134—141 頁。

陳君《漢代車師國史表(前 108—191)》,《江蘇師範大學學報》2017 年第 3 期,第 90—101 頁。

白京蘭、張建江《多元族群與國家建構：清代回疆治理的問題與省思》，《西域研究》2017年第3期，第1—12+142頁。

王楠《伯希和與清代官員學者的交往（1906—1909年）》，《西域研究》2017年第4期，第124—130頁。

楊榮春《沮渠牧犍與北涼政權》，《昌吉學院學報》2017年第6期，第11—23頁。

梁景寶《開元時期唐、突騎施、大食及吐蕃對西域的爭奪》，《安康學院學報》2017年第6期，第72—75+96頁。

王凱《論班氏家族及其對絲綢之路的貢獻》，《洛陽理工學院學報》2017年第6期，第88—92頁。

魯靖康《清代哈密廳建置沿革與西北地方的權力制衡》，《西域研究》2017年第3期，第13—23+142頁。

康繼亞、張世才《乾隆改"西域"爲"新疆"的緣由探析》，《昌吉學院學報》2017年第5期，第26—29頁。

尚衍斌《元代高昌廉氏家族研究》，《中國邊疆民族研究》2017年，第21—69+308頁。

任崇岳《魏晉南北朝時期中原與西域的絲路交往》，《中原文化研究》2017年第5期，第43—46頁。

趙亞軍《從"内疆"到"外城"：明代對哈密的經略》，華中師範大學2017年碩士學位論文。

劉子凡《北庭的李元忠時代——胡廣記〈唐李元忠神道碑〉研究》，《文史》2017年第2輯，北京：中華書局，第121—134頁。

趙麗《清末吐魯番行政機構研究》，蘭州大學2017年碩士學位論文。

李淑、孟憲實《麴氏高昌國史新探——以明人胡廣〈記高昌碑〉爲中心》，《文史》2017年第2輯，北京：中華書局，第105—120頁。

魯靖康《吐魯番、哈密二廳"咸豐五年昇直隸廳說"辨誤》，《歷史檔案》2017年第2期，第118—122頁。

楊濤維《王瓊的治邊理念研究——以處理哈密危機爲例》，《檔案》2017年第10期，第25—29頁。

張弛、李聰《唐朝對邊疆利益的保護及衛疆力量的佈建》，《中州學刊》2017年第11期，第119—123頁。

張尚慶《11世紀喀喇汗王朝和西夏、北宋關係的演變》，《蘭州教育學院學報》2017年第11期，第3—4頁。

陳福麟《和親的力量——以8世紀幾大勢力在西域的爭奪爲例》，《現代交際》

2017 年第 14 期,第 192—193 頁。

曹宇《論西域歷史上宦官之活動及其積極意義——以唐、北宋、明爲例》,《蘭臺世界》2017 年第 17 期,第 96—98 頁。

陳星宇《唐與薛延陀諾真水之戰真實戰況考略》,《蘭臺世界》2017 年第 22 期,第 105—107 頁。

孫文傑《〈福珠哩殞難碑〉相關人事考》,《西域文史》第 11 輯,北京:科學出版社,2017 年 6 月,第 327—338 頁。

孫聞博《海都崛起與窩闊台系在中亞的進退》,《西域歷史語言研究集刊》第 9 輯,北京:科學出版社,2017 年 10 月,第 11—22 頁。

華立《〈塔爾巴哈台奏稿〉與嘉慶時期新疆北部邊政研究》,《西域歷史語言研究集刊》第 9 輯,北京:科學出版社,2017 年 10 月,第 213—228 頁。

徐黎麗《絲綢之路在西漢"貫通"對中國經略西北邊疆的影響》,《絲路文化研究》第 1 輯,北京:商務印書館,2017 年 10 月,第 66—82 頁。

陳瑋《安史之亂後唐北庭歸朝官孫杲墓誌研究》,《絲路文明》第 2 輯,上海:上海古籍出版社,2017 年 12 月,第 131—146 頁。

孟憲實《略論唐朝的魚符之制》,《敦煌吐魯番研究》第 17 卷,上海:上海古籍出版社,2017 年 12 月,第 59—74 頁。

(二) 歷史地理

陳國燦《西州回鶻時期吐魯番地名的音變——吐魯番古代地名研究之五》,《吐魯番學研究》2017 年第 1 期,第 26—38 頁。

朱玉麒《〈疏附鄉土志〉輯佚初稿》,《吐魯番學研究》2017 年第 1 期,第 39—48 頁。

羅帥《蒙元時期鴉兒看的疆域與交通》,《西域研究》2017 年第 1 期,第 22—29+148 頁。

張瑛《〈西域圖志〉纂修略論》,《西夏研究》2017 年第 1 期,第 114—120 頁。

鄒振環《蔣友仁的〈坤輿全圖〉與〈地球圖説〉》,《北京行政學院學報》2017 年第 1 期,第 111—121 頁。

李樹輝《獪胡居地與維吾爾語地名 qajlur》,《語言與翻譯》2017 年第 1 期,第 26—31 頁。

徐雪强《〈新唐書·地理志〉標點辨誤一則》,《中國歷史地理論叢》2017 年第 1 輯,第 31 頁。

程鍾書、顔世明《〈張騫出關志〉研究二題》,《西北民族大學學報》2017 年第 1 期,第 99—105 頁。

易國才《漢代新疆絲綢之路北道路綫考辨》,《連雲港師範高等專科學校學報》

2017 年第 1 期,第 90—94 頁。

孫延青《向達與中西交通史學》,《湘南學院學報》2017 年第 1 期,第 38—43 頁。

夏國强《岑參西域詩史地學價值論略》,《昌吉學院學報》2017 年第 1 期,第 16—20 頁。

王連旗、崔廣慶、高汝東《先秦秦漢時期陸上絲綢之路與中國西北邊疆安全》,《塔里木大學學報》2017 年第 1 期,第 41—47 頁。

阿爾斯朗·馬木提、木合塔爾·麥丁、唐世明《塔里木河下游綠洲景觀興衰淺析》,《和田師範專科學校學報》2017 年第 1 期,第 102—104 頁。

顔世明《許敬宗〈西域圖志〉研究拾零——兼議道世〈法苑珠林〉的成書時間》,《圖書館理論與實踐》2017 年第 2 期,第 59—72 頁。

葛承雍《敦煌懸泉漢簡反映的絲綢之路再認識》,《西域研究》2017 年第 2 期,第 107—113+142 頁。

葛承雍《敦煌懸泉漢簡反映的絲綢之路再認識》,《甘肅省第三屆簡牘學國際學術研討會論文集》,上海：上海辭書出版社,2017 年 12 月,第 6—13 頁。

[美]傑佛里·勒納著,龐霄驍譯,楊巨平審校《希臘—巴克特里亞時期的瓦罕城堡與絲綢之路》,《西域研究》2017 第 3 期,第 60—70+143—144 頁。

田澍《陸路絲綢之路上的明朝角色》,《中國邊疆史地研究》2017 年第 3 期,第 30—39+180 頁。

王子今《上郡"龜兹"考論——以直道史研究爲視角》,《咸陽師範學院學報》2017 年第 3 期,第 1—6 頁。

希都日古《〈西域地名考録〉蒙古地名考誤》,《中國史研究》2017 年第 3 期,第 194—205 頁。

陳海龍《〈西域聞見録〉所載伊犁至烏什之"冰嶺道"考釋》,《中國歷史地理論叢》2017 年第 3 輯,第 39—44 頁。

金楠《漢代"絲綢之路"上的邊疆安全——以軍事保障制度爲視角》,《北京科技大學學報》2017 年第 3 期,第 61—65 頁。

王耀《古代輿圖所見達瓦齊南逃路綫及伊犁通烏什道》,《故宫博物院院刊》2017 年第 3 期,第 57—64+160 頁。

劉進寶《"西城"還是"西域"？——〈史記·大宛列傳〉辨析》,《中國史研究》2017 年第 4 期,第 201—205 頁。

史雷《清代浩罕與新疆之間的交通路綫研究——以〈霍罕行程記〉爲中心》,《歷史地理》第 34 輯,上海：上海人民出版社,2017 年 1 月,第 189—203 頁。

李晶《清代以哈密爲中心的天山南北道路興衰變化》,《歷史地理》第 34 輯,上海:上海人民出版社,2017年1月,第204—212頁。

田澍《國家安全視閾下的明代綠洲絲綢之路》,《中國史研究》2017年第4期,第21—27頁。

白玉冬《"可敦墓"考——兼論十一世紀初期契丹與中亞之交通》,《歷史研究》2017年第4期,第158—170+193頁。

李樹輝《新疆地名文化:語源、語義和文化特點》,《石河子大學學報》2017年第4期,第54—65頁。

王旭送《晉唐時期高昌塢的變遷》,《西域研究》2017年第4期,第35—45+142頁。

袁劍《絲綢之路、地方知識與區域秩序——"絲綢之路"的概念、話語及其超越》,《陝西師範大學學報》2017年第4期,第73—79頁。

史雷《清代拉達克與新疆之間的交通路綫研究》,《雲南大學學報》2017年第5期,第63—73頁。

馬雪兵、高健《〈西域地理圖説〉相關問題再探》,《昌吉學院學報》2017年第6期,第24—30頁。

邵文實《〈王昭君變文〉中的昭君出塞路綫考》,《魯東大學學報》2017年第6期,第6—11頁。

王啓明《清代新疆"後溝路"研究》,《中國邊疆民族研究》2017年,第110—120+309頁。

僧海霞《歷史時期中原與西域的界標及其意象變遷研究》,《地理科學》2017年第8期,第1170—1177頁。

李書吉、趙洋《從雁門到伊吾——草原絲路上的兩重鎮》,《社會科學戰綫》2017年第9期,第114—122頁。

張安福《全球史視野下民族連通與絲綢之路的開闢》,《蘭州學刊》2017年第11期,第25—33頁。

郭曉花《論〈西域水道記〉的學術特點》,《名作欣賞》2017年第11期,第89—90頁。

汪斌榮《以〈西域水道記〉爲例看清代徐松的學術走向》,《名作欣賞》2017年第5期,第77—78頁。

羅帥《玄奘之媲摩與馬可·波羅之培因再研究》,《絲綢之路研究》第1輯,北京:生活·讀書·新知三聯書店,2017年10月,第126—146頁。

雍際春《北新道的開闢與絲路北道的形成》,《甘肅省第三屆簡牘學國際學術研討會論文集》,上海:上海辭書出版社,2017年12月,第14—26頁。

李樹輝《瀚海新考——兼論〈辭源〉、〈辭海〉相關詞條的釋義》,《中國邊疆史地研究》2017年第4期,第46—58+180—181頁。

陳國燦《對高昌東部諸古城遺址的查訪——吐魯番古代地名研究之六》,《吐魯番學研究》2017年第2期,第12—21頁。

張永兵《吐魯番酒泉城的歷史及今地考》,《吐魯番學研究》2017年第2期,第59—63+158頁。

（三）社會文化

叢振《敦煌、吐魯番文獻所見藏鈎遊藝考》,《吐魯番學研究》2017年第1期,第58—62頁。

李正宇《絲綢之路名實論》,《石河子大學學報》2017年第1期,第21—24頁。

李冀《試論漢代西王母形象的演變與發展》,《老子學刊》2017年第1期,第131—139頁。

張連銀《嘉峪關外:内地化進程中的邊陲社會——以明清時期的王子莊爲個案》,《中國邊疆史地研究》2017年第1期,第151—163+182頁。

徐磊《清同治、光緒年間新疆地方漢團的發展成因及其歷史價值探微》,《西北民族論叢》2017年第1期,第115—126+232—233頁。

王力、吾甫爾·努爾丁·托侖布克、劉建剛、鄧俊《19世紀中葉以來新疆坎兒井的演變研究》,《中國水利水電科學研究院學報》2017年第1期,第70—74頁。

傅夢孜《對古代絲綢之路源起、演變的再考察》,《太平洋學報》2017年第1期,第59—74頁。

王治來《絲綢之路的歷史文化交流與"一帶一路"建設》,《西域研究》2017年第2期,第98—106+142頁。

朱麗《兩漢時期西域風物東傳探略》,《新疆地方志》2017年第2期,第48—52+64頁。

田海峰《墓葬遺存與環塔里木歷史文化研究》,《寧夏社會科學》2017年第2期,第189—195頁。

施展《歷史哲學視域下的西域—中亞》,《俄羅斯研究》2017年第2期,第3—16頁。

劉啓振、王思明《略論西瓜在古代中國的傳播與發展》,《中國野生植物資源》2017年第2期,第1—4+8頁。

王志煒、羅丹《隋唐時期新疆地區草原石人所佩戴刀劍器名考》,《山西檔案》2017年第2期,第174—176頁。

安尼瓦爾·哈斯木《饢·饢坑與饢文化漫談》,《新疆地方志》2017年第2期,第53—58頁。

劉慶《從古代詩句中映象出的葡萄酒文化(上)》,《世界文化》2017年第2期,第33—34頁。

劉慶《從古代詩句中映象出的葡萄酒文化(下)》,《世界文化》2017年第3期,第33—35頁。

周泓《漢域歷史上的西域文化考略》,《青海民族研究》2017年第3期,第148—153頁。

高人雄《從地緣視閾考察伊州樂歌生成的文化源流及其詞牌曲調的發展》,《蘭州學刊》2017年第3期,第79—86頁。

劉啓振、張小玉、王思明《漢唐西域葡萄栽培與葡萄酒文化》,《中國野生植物資源》2017年第4期,第5—8頁。

程傑《西瓜傳入我國的時間、來源和途徑考》,《南京師大學報》2017年第4期,第79—93頁。

李錦繡《古代"絲瓷之路"綜論》,《新疆師範大學學報》2017年第4期,第53—60+2頁。

王瑩《漢帝國的絲路想象初探——以蒲陶和天馬爲個案》,《廣西師範學院學報》2017年第4期,第13—18頁。

張婧《鄯善國馬之用途初探》,《西安文理學院學報》2017年第4期,第21—24頁。

梁森《李白家世研究"西域胡人説"平議》,《中央民族大學學報》2017年第4期,第123—127頁。

王聰延《管窺漢代西域少數民族上層對中原漢文化的認同》,《兵團黨校學報》2017年第5期,第98—104頁。

張緒山《漢唐時代華夏族人對希臘羅馬世界的認知——以西王母神話爲中心的探討》,《世界歷史》2017年第5期,第121—140+160—161頁。

張振嶽《張騫出使西域於華夏"天下觀"之影響》,《黑河學刊》2017年第5期,第41—43頁。

張雲、張付新《試論隋唐胡食的傳播及其影響》,《内蒙古電大學刊》2017年第5期,第31—34頁。

周泓《中古漢地之西域文化》,《民族學刊》2017年第5期,第21—34+102—104頁。

張連傑《試論漢武帝伐大宛取汗血馬中的求仙因素——兼談漢武帝時期的汗血馬之路綫》,《渭南師範學院學報》2017年第5期,第25—30頁。

許飛《論吐魯番隨葬衣物疏中的"海東頭、海西壁"》,《敦煌研究》2017年第6期,第113—120頁。

榮新江《絲綢之路與文明傳播》，北京大學、北京市教育委員會、韓國高等教育財團《北京論壇（2017）文明的和諧與共同繁榮——變化中的價值與秩序：中華文明的國際傳播論文與摘要集》，2017年。

鄭阿財《國際傳播視野下蒙書的流傳與中華文明》，北京大學、北京市教育委員會、韓國高等教育財團《北京論壇（2017）文明的和諧與共同繁榮——變化中的價值與秩序：中華文明的國際傳播論文與摘要集》，2017年。

黃瑞柳、丁慧、李孟丹、何夢曦《高昌王國漢人生活方式的傳承與變遷——建築和文化篇》，《北方文學（下旬）》2017年第5期，第227頁。

黃瑞柳、丁慧、李孟丹、何夢曦《高昌王國漢人生活方式的傳承與變遷——飲食和交通篇》，《北方文學（下旬）》2017年第5期，第244頁。

黃景春《高昌衣物疏的演變及衰落原因》，《寶雞文理學院學報》2017年第3期，第32—37頁。

莫瑩萍《唐西州時期吐魯番地區民眾孝觀念研究》，南京師範大學2017年碩士學位論文。

顧晶晶《中阿（富汗）絲綢之路文明交往的歷史演進及當代啓示》，《西安財經學院學報》2017年第6期，第68—73頁。

榮新江《歐亞大陸視野下的漢唐絲綢之路》，《絲綢之路研究》第1輯，北京：生活・讀書・新知三聯書店，2017年10月，第59—68頁。

姑麗娜爾・吾甫力、王曉東《在喀什開展巴基斯坦研究的必要性和可行性分析》，《絲綢之路研究》第1輯，北京：生活・讀書・新知三聯書店，2017年10月，第291—298頁。

方懷銀《一封飄零千年的家信》，《中國郵政》2017年第8期，第61頁。

陳剛《古絲綢之路與中原和西域科學技術的傳播交流》，《蘭臺世界》2017年第20期，第106—108頁。

張新朋《吐魯番出土〈千字文〉敍錄》，《童蒙文化研究》第2卷，北京：人民出版社，2017年8月，第55—72頁。

冉萬里《一幅珍貴的"無花果採摘歸來圖"》，《西部考古》第13輯，北京：科學出版社，2017年5月，第216—222頁。

尹璐《談絲綢之路成因及影響》，《才智》2017年第13期，第223頁。

魏軍紅《西域絲綢之路文化的特點及當代價值——新疆特色文化自信的根基》，《黨政幹部學刊》2017年第12期，第74—80頁。

喬天《唐代三勒漿雜考》，《唐史論叢》第25輯，西安：三秦出版社，2017年9月，第205—221頁。

陳麗芳《唐代于闐漢人的文化生活》，《西域文史》第11輯，北京：科學出版社,2017年6月,第213—224頁。

尚永琪《絲綢之路羊文化略論》,《絲路文化研究》第1輯,北京:商務印書館,2017年10月,第103—128頁。

任萌《關於天山地區早期遊牧文化的思考》,《文物、文獻與文化——歷史考古青年論集》第1輯,上海:上海古籍出版社,2017年10月,第233—246頁。

陳曉露《從考古材料看西域駱駝的擴散》,《文物、文獻與文化——歷史考古青年論集》第1輯,上海:上海古籍出版社,2017年10月,第247—262頁。

(四)經濟

劉源《漢晉鄯善國社會經濟史研究述要》,《吐魯番學研究》2017年第1期,第117—124頁。

乜小紅、陳國燦《對絲綢之路上佉盧文買賣契約的探討》,《西域研究》2017年第2期,第64—78+141頁。

張鐵山、崔焱《回鶻文契約文書參與者稱謂考釋——兼與敦煌吐魯番漢文文書比較》,《西域研究》2017年第2期,第79—84+141頁。

劉錦增《清代吐魯番的屯田及其影響》,《新疆大學學報》2017年第1期,第76—82頁。

王啓明《晚清吐魯番郡王經濟權益研究》,《中國邊疆史地研究》2017年第1期,第126—131+181頁。

葛承雍《中古時代胡人的財富觀》,《絲綢之路研究集刊》第1輯,北京:商務印書館,2017年5月,第1—15+346頁。

李楠《兩漢西域屯田組織管理體系》,《農業考古》2017年第1期,第124—132頁。

張婧《佉盧文書所見鄯善國稅收制度探析》,《新疆大學學報》2017年第1期,第70—75頁。

陳躍《陝甘總督與乾隆年間的新疆屯墾》,《中國邊疆史地研究》2017年第1期,第105—109+181頁。

鄧一帆、郭風平《清代中後期和闐農業發展述論》,《農業考古》2017年第1期,第26—31頁。

潘伯榮、劉文江、束成傑、張丹《古絲綢之路對新疆農林業發展的影響》,《中國野生植物資源》2017年第1期,第4—8頁。

申慧青《簡論北宋對絲綢之路的經營與利用》,《宋史研究論叢》2017年第1期,第537—547頁。

王啓明《晚清吐魯番義倉的設置與分佈》,《中國農史》2017年第2期,第70—79頁。

鮑海勇《清乾隆、道光兩朝貿易禁運述論——以絲斤、大黄、茶葉爲中心》,《新疆大學學報》2017 年第 2 期,第 91—98 頁。

楊榮春《北涼農牧業研究——以吐魯番、河西出土文獻爲中心》,《古今農業》2017 年第 2 期,第 37—49 頁。

趙毅《清末新疆基層社會治理:基於坎兒井契税的考察》,《昌吉學院學報》2017 年第 2 期,第 15—19 頁。

劉壯壯《清代新疆農業開發研究述評》,《西域研究》2017 年第 3 期,第 127—136 頁。

殷晴《6 世紀前中印陸路交通與經貿往來——古代于闐的轉口貿易與市場經濟》,《中國經濟史研究》2017 年第 3 期,第 82—95 頁。

楊富學、劉源《佉盧文簡牘所見鄯善國絲織品貿易》,《石河子大學學報》2017 年第 3 期,第 52—60 頁。

郭超文《清代新疆屯墾及其歷史意義概略察究》,《新疆地方志》2017 年第 3 期,第 61—64 頁。

鄭炳林、唐尚書、曹紅《北魏至隋唐羅布泊地區的生態修復與城市重建》,《敦煌學輯刊》2017 年第 3 期,第 1—8 頁。

袁煒《兩晉南北朝正史所見西域錢幣考》,《中國錢幣》2017 年第 3 期,第 45—49 頁。

王鵬輝《清代新疆的蝗災與蝗神信仰》,《西域研究》2017 年第 4 期,第 78—88+142—143 頁。

楊小敏《北宋時期的秦州(天水)經濟與陸上絲綢之路》,《中國史研究》2017 年第 4 期,第 15—20 頁。

蔣靜、朱麗娜《清乾嘉時期烏魯木齊屯墾經濟的繁榮發展》,《經濟研究導刊》2017 年第 4 期,第 52—53 頁。

趙貞《唐代黄口的著録與入籍——以敦煌吐魯番文書爲中心》,《西域研究》2017 年第 4 期,第 46—60+142 頁。

劉漢興《從考古資料考察烏孫的農業經濟》,《農業考古》2017 年第 4 期,第 68—72 頁。

胡岩濤《漢帝國西域屯墾與國防的戰略選擇》,《西北民族大學學報》2017 年第 4 期,第 78—84 頁。

李世龍、趙大旺《唐前期的"小男當户"》,《敦煌研究》2017 年第 5 期,第 85—92 頁。

夏時華《北宋時期陸上絲綢之路乳香貿易問題探究》,《西北民族大學學報》2017 年第 5 期,第 117—124 頁。

張安福《清代屯墾與烏魯木齊行政中心的形成》,《石河子大學學報》2017年第5期,第111—117頁。

何志文《吐蕃統治敦煌西域時期的雇傭問題探析——兼與陷蕃之前及歸義軍統治時期雇傭比較》,《中國農史》2017年第5期,第67—77頁。

何亦凡、朱月仁《武周大足元年西州高昌縣籍拾遺復原研究》,《文史》2017年第4輯,北京:中華書局,第197—214頁。

孫啓忠、柳茜、陶雅、徐麗君《兩漢魏晉南北朝時期苜蓿種植利用芻考》,《草業學報》2017年第11期,第185—195頁。

王玉萍《回鶻商業發展史研究》,西北民族大學2017年碩士學位論文。

王子今《絲綢貿易史上的漢匈關係》,《文史知識》2017年第12期,第3—9頁。

劉源《佉盧文書所見鄯善國與周邊紡織品貿易》,西北民族大學2017年碩士學位論文。

魯靖康《清代新疆農業研究》,陝西師範大學2017年博士學位論文。

楊富學、劉源《佉盧文簡牘所見鄯善國絲織品貿易》,《甘肅省第三屆簡牘學國際學術研討會論文集》,上海:上海辭書出版社,2017年12月,第27—40頁。

張星月《生態視野下的錫伯渠探微》,新疆師範大學2017年碩士學位論文。

鄧一帆《清代新疆塔里木河流域的農業開發及生態影響研究》,西北農林科技大學2017年碩士學位論文。

李錦綉《漢唐西北邊疆地區農業開發和畜牧業發展綜述》,《絲路文明》第2輯,上海:上海古籍出版社,2017年12月,第103—114頁。

張重洲《唐代西州粟特人貿易活動考索》,《敦煌學輯刊》2017年第4期,第33—42頁。

錢伯泉《從吐魯番出土文書看南北朝時期高昌地區的棉紡織業》,《吐魯番學研究》2017年第2期,第31—42頁。

(五)文獻

包曉悦《日本書道博物館藏吐魯番文獻目錄(下篇)》,《吐魯番學研究》2017年第1期,第125—153頁。

陳于柱、張福慧《新發現的綫裝本〈張天師發病書〉〈張發病全書〉整理研究》,《敦煌學輯刊》2017年第2期,第127—134頁。

鍾書林《敦煌吐魯番文書的又一新發現——"馮氏藏墨"中的〈重譯妙法蓮華經〉長卷及題跋》,《江漢論壇》2017年第1期,第103—108頁。

王啓濤《吐魯番文獻釋錄中的幾個問題》,《新疆師範大學學報》2017年第2期,第133—139頁。

游自勇《吐魯番所出〈老子道德經〉及其相關寫本》,《中華文史論叢》2017年第3期,第139—161+397頁。

劉子凡《大谷文書唐〈醫疾令〉、〈喪葬令〉殘片研究》,《中華文史論叢》2017年第3期,第215—229+398—399頁。

張新朋《敦煌吐魯番出土〈詩經〉殘片考辨四則》,《西南民族大學學報》2017年第4期,第177—180頁。

榮新江《絲綢之路也是一條"寫本之路"》,《文史》2017年第2輯,北京:中華書局,第75—103頁。

尹雪萍《清代新疆方志碑刻整理與研究》,新疆大學2017年碩士學位論文。

曾華明《西域文化研究背景下西域文獻數字化評價》,《蘭臺世界》2017年第7期,第65—68頁。

段真子《旅順博物館藏吐魯番出土"律呂書"考釋》,《文史》2017年第4輯,北京:中華書局,第215—228頁。

王啓濤《儒學在古代絲綢之路流傳寫本考》,《西南民族大學學報》2017年第8期,第1—10頁。

司艷華《〈西域考古錄〉的文獻學價值探析》,《中國地方志》2017年第10期,第50—55+64頁。

[日]關尾史郎著,王蕾、馮培紅譯《〈新獲吐魯番出土文獻〉所收"五胡"時代公文書試探》,《絲路文明》第2輯,上海:上海古籍出版社,2017年12月,第61—74頁。

[日]關尾史郎著,李秀梅、李亮譯《"五胡"時代的墓誌及其周邊》,《吐魯番學研究》2017年第2期,第128—136頁。

鄧文寬《釋吐魯番文書中的"影名"》,《吐魯番學研究》2017年第2期,第43—45頁。

王振芬《旅順博物館藏新疆出土漢文文獻的入藏與整理》,《吐魯番學研究》2017年第2期,第64—73頁。

王蕾《吐魯番出土鈐"玉門關之印"的過所文書考》,《吐魯番學研究》2017年第2期,第74—81頁。

張遠華《〈吐魯番出土文書〉圖文本與釋文本對照(四)》,《吐魯番學研究》2017年第2期,第143—155頁。

(六)民族

王啓濤《"目"、"翟"二姓與粟特關係新證——以吐魯番出土文獻爲中心》,《民族研究》2017年第1期,第88—99+126頁。

楊銘《敦煌西域文獻中所見的蘇毗末氏》,《西北民族論叢》2017年第1期,第

62—73+229—230 頁。

朱建路《元代真定路的幾個畏兀兒人家族》,《西北民族論叢》2017 年第 1 期,第 90—100+231 頁。

范正生《"樓蘭"與"柔然"考辨》,《泰山學院學報》2017 年第 1 期,第 122—126 頁。

孫文傑《清代中期中央政府對新疆民族問題的管理與認識——以和瑛西域著述爲中心》,《山西檔案》2017 年第 2 期,第 168—170 頁。

李嶺《烏禪幕相關史事還原——與林梅村先生商榷》,《內蒙古社會科學（漢文版）》2017 年第 2 期,第 87—90 頁。

楊富學、王朝陽《論元代畏兀兒的忠君與報國》,《新疆師範大學學報》2017 年第 2 期,第 140—148 頁。

許建英《清代以來維吾爾族華人華僑形成的歷史考察》,《中國邊疆史地研究》2017 年第 2 期,第 127—137+182 頁。

陸離《吐魯番所出武周時期吐谷渾歸朝文書史實辨析》,《西北民族論叢》2017 年第 2 期,第 93—111 頁。

周偉洲《清代新疆回族及其經濟生活》,《西北民族論叢》2017 年第 2 期,第 219—227 頁。

邱田《維吾爾移民內遷與清代河西走廊西部灌溉秩序的演化》,《西北民族論叢》2017 年第 2 期,第 228—241 頁。

龍國仁《試論清代伊犁八旗的社會保障》,《西北民族論叢》2017 年第 2 期,第 242—256 頁。

[日]松井太撰,曹金成譯《蒙古時代的畏兀兒農民與佛教教團——U5330（USp 77）文書的再研究》,《西域研究》2017 年第 3 期,第 97—115 頁。

張峰峰、武沐《清代新疆東布魯特屬部考》,《西域研究》2017 年第 2 期,第 26—36+140 頁。

温旭《孛要合自西域東歸的歷史年代新探》,《中國史研究》2017 年第 2 期,第 199—201 頁。

厲聲《歷史上匈奴統一與經營西域研究的思考》,《伊犁師範學院學報》2017 年第 3 期,第 21—26+2 頁。

金琰《回鶻與絲路文明》,西北民族大學 2017 年碩士學位論文。

馬智全《漢代民族歸義與西北邊疆開拓》,《西北民族大學學報》2017 年第 5 期,第 100—107 頁。

李水城《前絲綢之路的誕生：歐亞草原與中國西北的族群遷徙與交互》,《絲綢之路考古》第 1 輯,北京：科學出版社,2017 年 11 月,第 76—81 頁。

榮新江《蔡鴻生〈唐代九姓胡與突厥文化〉》,《絲綢之路考古》第 1 輯,北京:科學出版社,2017 年 11 月,第 247—249 頁。

[日]吉田豐《粟特語摩尼教文獻中所見 10 至 11 世紀的粟特與高昌關係》,《中山大學學報》2017 年第 5 期,第 104—115 頁。

[日]吉田豐《粟特語摩尼教文獻所反映的 10 至 11 世紀河中與吐魯番關係》,《絲綢之路研究》第 1 輯,北京:生活·讀書·新知三聯書店,2017 年 10 月,第 113—125 頁。

咸成海《流沙西域 餞日東邊:論"二太子"察合台》,《蘭臺世界》2017 年第 10 期,第 94—98 頁。

李方《漢唐西域民族與絲綢之路和邊疆社會》,《吐魯番學研究》2017 年第 2 期,第 46—58 頁。

(七) 宗教

霍旭初《論古代新疆"説一切有部思想文化帶"》,《絲綢之路研究集刊》第 1 輯,北京:商務印書館,2017 年 5 月,第 173—190+351 頁。

呂麗軍《高昌北涼寫經對後世的影響——以鳩摩羅什譯經爲中心》,《太原師範學院學報》2017 年第 1 期,第 107—109 頁。

崔中慧《北涼石塔刻經與寫經生》,《絲綢之路研究集刊》第 1 輯,北京:商務印書館,2017 年 5 月,第 99+351—352 頁。

才吾加甫《絲綢古道上的柔然佛教研究》,《青海民族大學學報》2017 年第 1 期,第 145—150 頁。

楊榮春《北涼高僧曇無讖研究》,《五臺山研究》2017 年第 1 期,第 18—24 頁。

姚勝《明代吐魯番佛教的衰亡》,《國際漢學》2017 年第 2 期,第 126—131+206 頁。

霍旭初《玄奘、義淨法師譯經——龜兹佛教義學的寶典》,《石河子大學學報》2017 年第 2 期,第 12—21 頁。

郭益海《西域佛教衰落原因新探》,《實事求是》2017 年第 2 期,第 83—86 頁。

葛承雍《從新疆吐魯番出土壁畫看景教女性信徒的虔誠》,《世界宗教研究》2017 年第 3 期,第 11—17 頁。

張麗香《中國人民大學博物館藏和田新出〈妙法蓮華經〉梵文殘片二葉》,《西域研究》2017 年第 3 期,第 49—59+143 頁。

趙洋《唐代西州道經的流佈》,《中華文史論叢》2017 年第 3 期,第 163—192+397—398 頁。

[日]橘堂晃一著,楊富學、胡蓉譯《回鶻人書寫的漢語"禮懺"文獻二種》,《河西學院學報》2017 年第 3 期,第 29—39 頁。

［俄羅斯］盧湃沙著,毛銘譯,武志鵬校《從巴比倫主神到于闐毗沙門:一個波斯神譜中的異類?》,《内蒙古大學藝術學院學報》2017年第3期,第68—75頁。

衡宗亮《古代西域道教宫觀》,《世界宗教文化》2017年第4期,第35—40頁。

李瑞哲《論小乘佛教説一切有部在龜兹的流行》,《世界宗教研究》2017年第4期,第75—86頁。

楊德春《佛教早期語言策略與早期漢譯佛經的來源》,《殷都學刊》2017年第4期,第113—118頁。

蘇思銘《龜兹彌陀净土信仰流播初探》,《西部學刊》2017年第5期,第53—57頁。

馬亞輝、王巧娟《論清朝統一新疆前乾隆朝對準噶爾的宗教政策》,《昆明學院學報》2017年第5期,第105—110頁。

張乃翥《"感德鄉"景教社團與隋唐東都人文地理之因緣——以新出土唐元琰、劉談經墓誌紀事爲緣起》,《石河子大學學報》2017年第5期,第73—85頁。

周秋良《〈西遊記〉小説之前的觀音書寫——以"玄奘西行"題材爲中心》,《中南大學學報》2017年第5期,第184—189頁。

王珺《來華景教徒與怛邏斯衝突之形成》,《歷史教學(下半月刊)》2017年第7期,第52—57頁。

王蕊《魏晉南北朝佛教的播遷與東西絲路的連通》,《東嶽論叢》2017年第7期,第160—167頁。

鄭賢章《佛經的翻譯與傳抄對漢字發展的影響》,《智慧中國》2017年第9期,第76—77頁。

丁亞文《清末民初佛教在新疆的發展演變》,《蘭臺世界》2017年第18期,第90—92頁。

勞心《敦煌出土于闐使者文書和尉遲僧伽羅摩年代考——張廣達、榮新江〈于闐史叢考〉補正》,《科學大衆(科學教育)》2017年第10期,第185—186+27頁。

王振芬、孟彦弘《新發現旅順博物館藏吐魯番經録——以〈大唐内典録·入藏録〉及其比定爲中心》,《文史》2017年第4輯,北京:中華書局,第171—196頁。

苗利輝《唐代漢傳佛教在龜兹地區的傳播及其影響——以佛陀觀爲中心》,《絲綢之路研究》第1輯,北京:生活·讀書·新知三聯書店,2017年10月,第251—264頁。

趙洋《新見旅順博物館藏吐魯番道經敍録》,《敦煌吐魯番研究》第 17 卷,上海:上海古籍出版社,2017 年 12 月,第 189—214 頁。

(八) 法制

白京蘭、張建江《新疆地區法律的歷史格局及演進——兼論多元法律文化與邊疆治理》,《貴州民族研究》2017 年第 1 期,第 38—45 頁。

孫寧《干支紀年因素與唐前期户籍編造的穩定》,《中國農史》2017 年第 1 期,第 63—71 頁。

田衛衛《旅順博物館藏唐户令殘片考——以令文復原與年代比定爲中心》,《中華文史論叢》2017 年第 3 期,第 193—214+398 頁。

薛姣《從唐朝保辜制度看現代刑事和解制度》,《公民與法(綜合版)》2017 年第 6 期,第 26—27 頁。

韓樹偉《敦煌吐魯番法律契約文書研究回顧與展望》,《吐魯番學研究》2017 年第 2 期,第 115—121 頁。

(九) 醫學

王啓濤《古代絲綢之路的疾病防治及其對"一帶一路"戰略的啓示》,《西南民族大學學報》2017 年第 4 期,第 23—34 頁。

羅帥《人口、衛生、環境與疾病——〈馬可·波羅行紀〉所載莎車居民之疾病》,《西域研究》2017 年第 4 期,第 61—77+142 頁。

買托合提·居來提、艾比拜·阿布都卡地爾、阿地力·阿不都克力木《回顧與瞻望——維吾爾醫學的現狀與歷史貢獻》,《新疆醫學》2017 年第 5 期,第 468—470+475 頁。

胡穎翀、古麗其克熱·海比布《中國維吾爾醫學古籍保護與整理芻議》,《新疆醫學》2017 年第 9 期,第 970—972 頁。

[英]辛姆斯—威廉姆斯著,楊富學、單超成譯《吐魯番出土古敍利亞語和新波斯語醫學文獻》,《吐魯番學研究》2017 年第 2 期,第 122—127+158 頁。

(十) 語言文字與文學

[日]松井太著,楊富學、陳愛峰譯《吐魯番諸城古回鶻語稱謂》,《吐魯番學研究》2017 年第 1 期,第 95—116 頁。

劉震、陳靖文《略論波斯文本〈彌勒授記經〉》,《西域研究》2017 年第 1 期,第 128—141+150 頁。

李樹輝《T.Ⅱ.D.205b 回鶻文寫本撰寫時間及相關史事研究》,《青海民族研究》2017 年第 1 期,第 106—110 頁。

程如鐵、吳孝成《伏臘同風過月氏——清代西域詩中惠遠的歲時節慶習俗》,《伊犁師範學院學報》2017 年第 1 期,第 40—43 頁。

賴洪波《清代惠遠城望河樓及其文化鏡像剖析》,《伊犁師範學院學報》2017年第1期,第25—29頁。

史國强《〈烏魯木齊賦〉創作及傳播研究》,《新疆大學學報》2017年第1期,第61—65頁。

史國强《黄聘三及其〈西行漫草〉研究》,《伊犁師範學院學報》2017年第1期,第30—34+2頁。

周燕玲、吴華峰《唐道西域著述考辨》,《伊犁師範學院學報》2017年第1期,第35—39頁。

翁暉、姚曉菲《黄治西域詩整理與研究》,《昌吉學院學報》2017年第1期,第29—32頁。

王璞《"西域"英譯考辨》,《世界民族》2017年第1期,第105—110頁。

王繼青、馮英華《新疆絲路語言文化的價值與思考》,《新疆教育學院學報》2017年第1期,第14—17頁。

楊富學、趙天英《粟特文在絲綢之路沿綫的傳播與影響》,《河西學院學報》2017年第1期,第6—12頁。

游千金《〈新疆圖志·兵事志〉中單音節動詞作狀語分析》,《新疆職業大學學報》2017年第1期,第63—68頁。

朱肖肖、汪繼東《〈新疆圖志〉兵事義動詞語義場探析》,《新疆教育學院學報》2017年第1期,第105—110頁。

熱比艷木·買買提《論〈樂師傳〉的文獻價值及其在維吾爾傳記文學中的地位》,《中國典籍與文化》2017年第2期,第51—55頁。

周利群《聖彼得堡藏西域梵文寫本釋讀新進展》,《文獻》2017年第2期,第3—15頁。

木沙江·艾力《古代維吾爾翻譯家僧古薩里的譯作及其影響》,《喀什大學學報》2017年第2期,第52—54頁。

張偉《對新疆雙語文化的歷史脈絡的梳理——基於對新疆博物館西域史料的考察》,《喀什大學學報》2017年第2期,第105—111頁。

尼縶米丁·尼亞孜、艾克拜爾·吐尼亞孜《淺析古今維吾爾語顔色詞 serïq 的文化語義内涵》,《新疆大學學報》2017年第2期,第151—156頁。

高建新《守衛大唐西域將士的一曲悲歌——讀王諫〈安西請賜衣表〉》,《古典文學知識》2017年第2期,第27—33頁。

翁暉《黄濬、黄治西域著述整理與研究》,新疆師範大學2017年碩士學位論文。

智慧《〈新疆圖志·民政卷〉警規條文中助動詞初探》,《伊犁師範學院學報》

2017年第3期,第96—101頁。

鄭玲《民族翻譯文獻的典範之作——〈彌勒會見記〉》,《唐山師範學院學報》2017年第3期,第86—88+123頁。

鄭玲《絲綢之路上散落的一顆文學明珠——〈彌勒會見記〉》,《陝西學前師範學院學報》2017年第3期,第99—102頁。

謝桃坊《花蕊夫人宮詞與西域文明》,《中華文化論壇》2017年第3期,第5—11+191頁。

梁真惠、陳衛國《〈瑪納斯〉英譯本中"克塔依"與"別依京"誤譯探析》,《西域研究》2017年第3期,第120—126頁。

田衛疆《〈突厥語大詞典〉"秦(桃花石)"一詞釋讀》,《新疆師範大學學報》2017年第3期,第98—103頁。

木巴來克·司康旦爾《回鶻文文獻中的對偶詞——兼與現代維吾爾語比較》,中央民族大學2017年碩士學位論文。

米熱古麗·黑力力、阿卜拉江·玉蘇普《〈高昌館來文〉及其翻譯簡論》,《民族翻譯》2017年第3期,第15—24頁。

張興田《西域文化視域下的初唐四傑辭賦》,《安徽廣播電視大學學報》2017年第3期,第94—98頁。

張益智、楊向奎《莊肇奎謫戍伊犁與其西域詩風》,《伊犁師範學院學報》2017年第3期,第37—41頁。

何雪利、陽清《中古西域僧傳的文學傾向考察》,《百色學院學報》2017年第3期,第46—52頁。

張琪、周燕玲《施補華西域詩中的文化特徵》,《昌吉學院學報》2017年第4期,第25—29頁。

孫昀《紀昀〈烏魯木齊雜詩〉中的經濟與文化》,《昌吉學院學報》2017年第4期,第30—35頁。

加依娜古麗·巴合提別克《回鶻與喀喇汗文獻語言詞彙比較研究》,中央民族大學2017年博士學位論文。

崔焱《俄藏回鶻文〈玄奘傳〉第六卷研究》,中央民族大學2017年碩士學位論文。

那民《吐魯番文獻中的回鶻蒙古文占卜殘頁研究》,內蒙古師範大學2017碩士學位論文。

任紅敏《"西北子弟"與元代文壇格局》,《殷都學刊》2017年第4期,第45—53頁。

張世淵《〈新疆圖志〉的語言特點和語料價值》,《綏化學院學報》2017年第5

期,第 89—92 頁。

伏俊璉《5—11 世紀中國文學寫本整理研究概論》,《雲南師範大學學報》2017 年第 5 期,第 127—132 頁。

陳明富、談悠《"一帶一路"戰略背景下的新疆各民族語言交流與社會發展》,《南京理工大學學報》2017 年第 5 期,第 31—35+40 頁。

海剛《乾嘉時期流人西域詩中的情感世界分析》,《文學教育(下)》2017 年第 10 期,第 38—39 頁。

郭苗苗《淺探穆王西遊活動及其影響》,《佳木斯職業學院學報》2017 年第 8 期,第 60—61 頁。

邱江寧《海、陸絲綢之路的拓通與蒙元時期的異域書寫》,《文藝研究》2017 年第 8 期,第 66—75 頁。

艾比布拉·圖爾蓀《察合台文獻〈喀什噶爾史〉的語言研究——以兩個版本的校勘本爲例》,新疆大學 2017 年碩士學位論文。

張心怡《祁韻士西域流放詩文研究》,山東大學 2017 年碩士學位論文。

鄭敏《王曾翼西域詩研究》,新疆師範大學 2017 年碩士學位論文。

倪笑笑《陳庭學西域詩整理與研究》,新疆師範大學 2017 年碩士學位論文。

張玲榮《〈聽園西疆雜述詩〉所見同光年間烏魯木齊的城市景觀》,《北方文學(下旬)》2017 年第 7 期,第 60 頁。

[美]辛威廉撰,付馬譯,畢波校《粟特語的再發現》,《絲綢之路研究》第 1 輯,北京:生活·讀書·新知三聯書店,2017 年 10 月,第 86—94 頁。

蒲契林、[日]荻原裕敏、慶昭蓉《高昌故城"寺院遺址 Q"出土的壁面墨書龜茲語題記》,《西域文史》第 11 輯,北京:科學出版社,2017 年 6 月,第 123—140 頁。

吳華峰《清代伊犁的園林建築及其文學表現》,《西域文史》第 11 輯,北京:科學出版社,2017 年 6 月,第 293—310 頁。

[日]荻原裕敏、慶昭蓉《淺論庫木吐喇窟群區第 79 窟漢—婆羅謎—回鶻三文合璧榜題》,《敦煌吐魯番研究》第 17 卷,上海:上海古籍出版社,2017 年 12 月,第 291—316 頁。

劉迎勝《明中期社會大衆對內陸亞洲的認知——湯顯祖〈紫釵記〉中的西域知識》,《絲路文化研究》第 1 輯,北京:商務印書館,2017 年 10 月,第 57—65 頁。

石雲濤《唐詩詠絲綢之路的盛衰》,《絲路文化研究》第 1 輯,北京:商務印書館,2017 年 10 月,第 129—153 頁。

王志鵬《玉門關在唐詩中的歌唱及其文學意義》,《絲路文化研究》第 1 輯,北京：商務印書館,2017年10月,第154—168頁。

王啓濤《試論晉唐時期絲綢之路的語言狀況與語言政策——以吐魯番出土文獻爲中心》,《絲路文明》第2輯,上海：上海古籍出版社,2017年12月,第5—20頁。

（十一）考古與文物保護

吕恩國、王龍、郭物《洋海墓地分期與斷代研究》,《吐魯番學研究》2017年第1期,第1—18頁。

吴麗紅《庫木吐喇第69窟調查簡報》,《吐魯番學研究》2017年第1期,第19—25+157頁。

康曉靜、王淑娟《新疆營盤墓地出土毛枕的保護修復研究》,《吐魯番學研究》2017年第1期,第88—94+158頁。

路瑩《吐魯番市第一次可移動文物普查第三階段文物檔案整理與普查報告編製工作概述》,《吐魯番學研究》2017年第1期,第154—156頁。

豐琳、張弛、劉文鎖《西方學界新疆史前考古研究概況》,《西域研究》2017年第1期,第91—100頁。

韓建業、陳曉露《新疆雙河市泉水溝青銅時代遺存的發現及初步認識》,《西域研究》2017年第1期,第142—143+4頁。

胡興軍、阿里甫《新疆洛浦縣比孜里墓地考古新收穫》,《西域研究》2017年第1期,第144—146+151頁。

王玉、張曉彤、周智波、王樂樂、葉梅《新疆庫木吐喇石窟壁畫顏料的分析研究》,《敦煌研究》2017年第1期,第127—131頁。

張思琪、田廣林《草原絲綢之路的史前中外交通新證——以考古發掘所見石質容器爲例》,《史志學刊》2017年第1期,第48—53頁。

劉韜《庫木吐喇第16窟〈觀無量壽經變〉壁畫的復原與識讀》,《中國國家博物館館刊》2017年第2期,第67—74頁。

夏立棟《試論高昌地面佛寺的類型與分期》,《敦煌研究》2017年第2期,第84—91頁。

韓建業《先秦時期阿勒泰及以西地區陶壺的來源——兼論公元前一千紀後半葉阿勒泰及以西地區和陰山—天山地區的文化交流》,《西域研究》2017年第2期,第37—47+140頁。

杜淑琴、任萌《新疆昌吉地區青銅時代至早期鐵器時代考古學文化遺存初探》,《西域研究》2017年第2期,第48—56頁。

胡興軍《新疆尉犁縣咸水泉古城》,《大衆考古》2017年第4期,第12—15+98頁。

胡興軍、何麗萍《新疆尉犁縣咸水泉古城的發現與初步認識》,《西域研究》2017年第2期,第122—125+2+143頁。

王永強、尚玉平、党志豪、吳勇、于建軍、阮秋榮、安尼瓦爾·哈斯木、李文瑛《2015—2016年新疆考古收穫》,《西域研究》2017年第2期,第126—134頁。

吳勇《樓蘭地區新發現"張市千人丞印"的歷史學考察》,《西域研究》2017年第3期,第41—48+143頁。

侯明明《新疆在中華民族多元一體格局形成初期的貢獻》,《黔南民族師範學院學報》2017年第3期,第12—17頁。

董炳月《兩種〈西域旅行日記〉的知識譜系》,《開放時代》2017年第3期,第72—88+6頁。

肖伊緋《斯坦因第四次中亞"探險"計劃破產始末》,《炎黃春秋》2017年第3期,第75—79頁。

張同勝《考古文獻重構的絲綢之路》,《甘肅廣播電視大學學報》2017年第4期,第1—4頁。

叢德新、賈偉明、[澳]愛麗森·貝茨、賈笑冰、[澳]寶拉·都曼尼《阿敦喬魯:西天山地區青銅時代遺存新類型》,《西域研究》2017年第4期,第15—28+34—36+141頁。

李春香《從遺傳學角度初探史前東西方人群對新疆地區的影響》,《西域研究》2017年第4期,第28—34+141—142頁。

陳相龍、于建軍、尤悅《碳、氮穩定同位素所見新疆喀拉蘇墓地的葬馬習俗》,《西域研究》2017年第4期,第89—98+143頁。

尤悅、于建軍、陳相龍、李悅《早期鐵器時代遊牧人群用馬策略初探——以新疆喀拉蘇墓地M15隨葬馬匹的動物考古學研究爲例》,《西域研究》2017年第4期,第99—111+143頁。

王炳華《從高加索走向孔雀河——孔雀河青銅時代考古文化探討之一》,《西域研究》2017年第4期,第1—14+141頁。

胡興軍《新疆尉犁縣咸水泉古城》,《大衆考古》2017年第4期,第12—15+98頁。

王玉、張曉彤、葉梅、周智波、王樂樂《新疆庫木吐喇石窟壁畫鉛顏料的拉曼光譜分析》,《光散射學報》2017年第4期,第338—342頁。

卓文靜《新疆阿斯塔那336號唐墓"黑人"俑及相關問題的再考察》,《中國國家博物館館刊》2017年第4期,第100—110頁。

秦小光、許冰、張磊、唐自華、劉麗、穆桂金、林永崇、潘燕芳、魏東、邵會秋、崔有生、吳勇、田小紅、胡興軍、張蕊俠、于志勇《新疆古樓蘭交通與古代人類村落遺跡調查 2015 年度調查報告》,《西部考古》第 13 輯,北京:科學出版社,2017 年 5 月,第 1—35 頁。

李亞棟《阿斯塔那古墓群發掘簡況及墓葬編號——以可移動文物普查與國保檔案爲中心》,《絲綢之路研究集刊》第 1 輯,北京:商務印書館,2017 年 5 月,第 318—327+355 頁。

王輝《早期絲綢之路開拓和發展的考古學證據》,北京大學、北京市教育委員會、韓國高等教育財團《北京論壇(2017)文明的和諧與共同繁榮——變化中的價值與秩序:文明傳承與互動視角下的"一帶一路"論文與摘要集》,2017 年。

尤江彬、陳富龍《西域都護府/且末古城數字地望考與長波段雷達次地表考古初探》,《遥感技術與應用》2017 年第 5 期,第 794—800 頁。

欒福明、熊黑鋼、王芳、王昭國《新疆文化遺址時空演變與人地關係》,《地域研究與開發》2017 年第 5 期,第 134—139 頁。

宋彦慧《橘瑞超考古西行探析》,《北方文學(下旬)》2017 年第 4 期,第 184 頁。

劉露露《基於數理統計學的烏孫墓葬研究》,鄭州大學 2017 年碩士學位論文。

敖致鈞《陸上絲綢之路時期中西方科技交流探析》,重慶師範大學 2017 年碩士學位論文。

阮秋榮、王永强《新疆尼勒克縣吉仁臺溝口遺址》,《考古》2017 年第 7 期,第 57—70+2 頁。

王磊、嚴紹軍、陳嘉琦、竇彦、葉夢傑《克孜爾石窟砂岩 PS 加固抗凍融試驗》,《長江科學院院報》2017 年第 10 期,第 130—133 頁。

水濤《新疆青銅時代諸文化的比較研究——附論早期中西文化交流的歷史進程》,《絲綢之路考古》第 1 輯,北京:科學出版社,2017 年 11 月,第 45—75 頁。

孫莉《中國出土薩珊銀幣的分佈與分期》,《絲綢之路考古》第 1 輯,北京:科學出版社,2017 年 11 月,第 181—189 頁。

霍巍《西域風格與唐風染化——中古時期吐蕃與粟特人的棺板裝飾傳統試析》,《絲綢之路考古》第 1 輯,北京:科學出版社,2017 年 11 月,第 190—202 頁。

馬曉玲《中古時期入華粟特人墓葬的發現與研究》,《絲綢之路考古》第 1 輯,北京:科學出版社,2017 年 11 月,第 258—264 頁。

[保加利亞]瑪利亞·瑪利諾娃《新疆早期印歐人溯源》,《絲綢之路研究》第

1輯,北京:生活・讀書・新知三聯書店,2017年10月,第147—165頁。

林鈴梅《新疆出土圓錐體耳墜的研究》,《絲綢之路研究》第1輯,北京:生活・讀書・新知三聯書店,2017年10月,第166—186頁。

衛斯《新疆早鐵器時代鐵器考古發現概述——兼論新疆的鐵器來源與冶鐵術的傳播問題》,《西部考古》第14輯,北京:科學出版社,2017年8月,第3—20頁。

慶昭蓉《"MQR"再考——關於克孜爾石窟經籍的出土地點》,《西域文史》第11輯,北京:科學出版社,2017年6月,第107—122頁。

張海龍、党志豪、王龍、劉耐東、陳欣偉、周芳、蔡浩強、舍秀紅、蔣金國《新疆吐魯番木爾吐克薩依遺址發掘簡報》,《吐魯番學研究》2017年第2期,第1—11+157頁。

王忻、李宇奇《新疆和靜查汗通古烽燧遺址調查》,《吐魯番學研究》2017年第2期,第22—30頁。

李春長、徐桂玲、曹洪勇、王龍《試論新疆鄯善洋海墓地出土的早期土坯》,《吐魯番學研究》2017年第2期,第104—114頁。

(十二)藝術

楊波《龜茲石窟壁畫中的辟支佛形象考辨》,《西域研究》2017年第1期,第76—86+149頁。

任平山《伯西哈石窟、克孜爾石窟佛傳壁畫"佛洗病比丘"釋讀》,《西域研究》2017年第1期,第87—90+149頁。

張玉平《古絲綢之路出土剪紙功能用途管窺》,《西北美術》2017年第1期,第78—83頁。

[日]肥田路美著,盧超譯《西域瑞像流傳到日本——日本13世紀畫稿中的于闐瑞像》,《絲綢之路研究集刊》第1輯,北京:商務印書館,2017年5月,第200—214+352頁。

張世奇《和田達瑪溝出土棕地黃色蓮花舞蹈狩獵圖案錦時代考》,《絲綢之路研究集刊》第1輯,北京:商務印書館,2017年5月,第310—317+354頁。

陸艷清《尉遲乙僧的繪畫藝術及其當代意義》,《藝術研究》2017年第1期,第98—99頁。

華永明《文獻梳理視角下的新疆傳統工藝文化歷史與現狀》,《大衆文藝》2017年第1期,第42—43頁。

李建棟《西域胡樂流播與北齊詩風的轉變》,《安徽大學學報》2017年第1期,第54—64頁。

雷啓興《龜茲中心柱窟及其"帝釋窟說法"源流新探》,《南京藝術學院學報

（美術與設計）》2017年第1期,第128—132頁。

趙麗婭《庫木吐喇石窟佛像的藝術風格及其特點》,《法音》2017年第1期,第45—53頁。

馮曉娜《"丹青賦色、綫暈傳神"——試論克孜爾（龜兹）石窟壁畫藝術表現中的"綫、暈、色"》,《通化師範學院學報》2017年第1期,第28—32頁。

劉江《克孜爾壁畫對韓樂然油畫風格的影響》,《工業設計》2017年第1期,第162頁。

朝鴻、張未《絲綢之路上三大壁畫中用綫用色的比較研究》,《天津大學學報》2017年第1期,第92—96頁。

陳婷婷《早期行像考》,《美與時代（下）》2017年第2期,第49—52頁。

弓淼、李傑《絲路遐思——唐墓壁畫中的絲路畫語》,《陝西教育（高教）》2017年第2期,第6—7頁。

吳曉璕《庫木吐喇石窟舞蹈手型初探——以21窟穹窿頂菩薩伎樂爲例》,《新疆藝術學院學報》2017年第2期,第58—65頁。

王樂《魏唐時期敦煌吐魯番地區的綾織物》,《敦煌學輯刊》2017年第2期,第111—118頁。

顧穎《論西域樣式凹凸法與天竺遺法》,《敦煌研究》2017年第2期,第78—83頁。

吳潔《從史料、壁畫來看絲綢之路上胡旋舞、胡騰舞、柘枝舞的發展與流變》,《交響（西安音樂學院學報）》2017年第2期,第46—53頁。

任平山《龜兹壁畫"殺犢取皮"》,《敦煌研究》2017年第4期,第39—42頁。

陳淩《絲綢之路上圖像的交流與回饋——以毗沙門天王爲例》,北京大學、北京市教育委員會、韓國高等教育財團《北京論壇（2017）文明的和諧與共同繁榮——變化中的價值與秩序:文明傳承與互動視角下的"一帶一路"論文與摘要集》,2017年。

王曉玲《非衣與招魂——馬王堆、敦煌、吐魯番及絲路沿綫墓葬文化關係研究》,《南京藝術學院學報（美術與設計）》2017年第3期,第46—53頁。

石妙春、腰進發《高昌回鶻時期摩尼教繪畫特徵研究》,《貴州民族研究》2017年第3期,第202—205頁。

董定一《淺議漢唐西域樂舞賦的創作原因與賦體特徵》,《伊犁師範學院學報》2017年第3期,第70—74頁。

葉梅《克孜爾石窟壁畫中的龍形象探析》,《敦煌學輯刊》2017年第3期,第168—177頁。

平萍《克孜爾千佛洞135窟中的旋轉舞姿——用質點動力學分析與探討》,

《新疆藝術學院學報》2017年第3期，第46—53頁。

劉芳、鮑丙峰、屈鈺麗《新疆克孜爾壁畫中佛陀涅槃圖探討與分析》，《塔里木大學學報》2017年第3期，第52—56頁。

任平山《龜茲壁畫"佛説力士移山圖"釋讀》，《藝術設計研究》2017年第4期，第10—13頁。

王樂樂《從文本到圖像：印度和中國克孜爾、敦煌石窟本生故事圖像敍事模式小探——以尸毗王本生、六牙象本生和兔本生故事爲例》，《齊魯藝苑》2017年第4期，第62—71頁。

梁加誠、阿力木江·麥提喀斯木《新疆和田"丹丹烏里克"遺址木板畫藝術賞析》，《和田師範專科學校學報》2017年第4期，第87—89頁。

朱己祥《于田縣胡楊墩佛寺遺址壁畫新知見》，《中國藝術》2017年第4期，第64—67頁。

李青《絲綢之路樓蘭史前時期的雕塑藝術與文化》，《梧州學院學報》2017年第4期，第64—68頁。

陳曉露《從伎樂供養人圖像看希臘化對佛教美術的影響》，《故宫博物院院刊》2017年第4期，第105—118+161頁。

李楠、鄔建華《古老的新疆民俗藝術剪紙》，《藝術科技》2017年第4期，第17+25頁。

周雲《高昌王國時期維吾爾族設計思想的演變》，《創意設計源》2017年第6期，第9—15頁。

薄刃鋒《吐魯番出土伏羲女媧圖的哲學觀念探析》，新疆師範大學2017年碩士學位論文。

李靜《試論龜茲樂舞研究係克孜爾石窟價值所在》，《藝術科技》2017年第7期，第198頁。

張峻滔《高昌古墓群花鳥屏風畫與〈丹楓呦鹿圖〉相關研究》，中央美術學院2017年碩士學位論文。

郭瑞陶《西域天王造像圖像學考》，新疆藝術學院2017年碩士學位論文。

李笑笑《雅爾湖石窟藝術研究》，新疆藝術學院2017年碩士學位論文。

党順民《從民間藏唐西域風格陶撲滿説起》，《收藏》2017年第11期，第62—63頁。

任小平《論王羲之書法對西域的影響》，《中國書法》2017年第16期，第52—60頁。

趙濤《空間/想象：歷史西域的鏡像呈現與審美價值》，《當代電影》2017年第9期，第121—124頁。

金鑫、鄭博月《文化社會心理視域下的絲路題材電影》,《當代電影》2017 年第 9 期,第 131—134 頁。

王敏敏《克孜爾石窟壁畫藝術的數字化再生》,《數字印刷》2017 年第 6 期,第 29—31 頁。

吳潔《從龜茲到平城石窟中的天宫伎樂圖像研究》,新疆藝術學院 2017 年碩士學位論文。

楊名《唐代胡旋舞詩　胡騰舞詩論析》,《舞蹈》2017 年第 6 期,第 24—27 頁。

李鑫《龜茲樂舞壁畫中的舞蹈探析》,新疆藝術學院 2017 年碩士學位論文。

侯穎、郁斐《唐代拓枝舞的變遷及其藝術價值》,《蘭州教育學院學報》2017 年第 5 期,第 60—61 頁。

項陽《進入中土太常禮制儀式爲用的西域樂舞》,《音樂研究》2017 年第 3 期,第 5—13+87 頁。

張寅、周莉《西域屯墾中的音樂事象及相關思考》,《音樂研究》2017 年第 3 期,第 14—21 頁。

閏飛《克孜爾石窟佛傳故事圖像研究》,華東師範大學 2017 年博士學位論文。

崔樹强、劉瑩《康里子山與奎章閣及其在元代書史中的地位》,《中國書法》2017 年第 7 期,第 92—95+100—101 頁。

張健波《于闐佛教藝術研究——以繪畫雕塑爲中心》,西安美術學院 2017 年博士學位論文。

杜亞妮《試論魏晋南北朝時期西域音樂對中原音樂的影響》,《隴東學院學報》2017 年第 2 期,第 71—74 頁。

謝雯雯《唐代西域樂舞與李白作品關係研究》,《科技展望》2017 年第 6 期,第 307 頁。

劉曉晨《淺談敦煌壁畫與新疆少數民族音樂的若干聯繫》,《當代音樂》2017 年第 3 期,第 91—93 頁。

張全紅《龜茲壁畫在藝術設計教學中的應用研究》,《美術教育研究》2017 年第 21 期,第 167 頁。

李慧娟《龜茲石窟蓮花圖像研究》,《大衆文藝》2017 年第 18 期,第 95—96 頁。

王徵《絲綢之路上的龜茲與敦煌音樂圖像研究》,《人民音樂》2017 年第 9 期,第 47—52 頁。

陳乙源《佛教美術的傳入對中國畫色彩的影響》,《大衆文藝》2017 年第 15 期,第 143 頁。

趙麗婭《新疆克孜爾石窟壁畫中的耳飾形象初探》,《中國國家博物館館刊》

2017年第8期,第66—75頁。

田俊蘭《陶瓷藝術與龜兹壁畫結合的可行性探索》,《美術教育研究》2017年第14期,第36頁。

張喬《龜兹石窟壁畫中的"指縵相"》,《新美術》2017年第7期,第15—26頁。

雷啓興《龜兹早期壁畫研究——以克孜爾117窟爲例》,華東師範大學2017年博士學位論文。

蔡江寧《關於龜兹佛教壁畫中的樂舞與産業化研究》,《教育教學論壇》2017年第10期,第81—82頁。

張全紅《新疆克孜爾壁畫人體藝術淺析》,《藝術科技》2017年第9期,第10—11頁。

張全紅《新疆克孜爾壁畫人物造型現實美呈現》,《藝術評鑒》2017年第19期,第59—60+85頁。

李瑞哲《龜兹石窟的壁畫風格及其藝術表現形式》,《西部考古》第14輯,北京:科學出版社,2017年8月,第196—215頁。

張小剛《再論敦煌石窟中的于闐國王與皇后及公主畫像》,《2017敦煌論壇:傳承與創新——紀念段文傑先生誕辰100週年敦煌與絲綢之路國際學術研討會論文集(上册)》,2017年8月,第509—522頁。

苗利輝《絲綢之路的回鶻藝術——西域、敦煌兩地回鶻壁畫藝術的比較研究》,《2017敦煌論壇:傳承與創新——紀念段文傑先生誕辰100週年敦煌與絲綢之路國際學術研討會論文集(上册)》,2017年8月,第539頁。

趙犇、武曉敏《公元7—8世紀的龜兹體育研究:内容、特徵及啓示》,《瀋陽體育學院學報》2017年第6期,第1—6頁。

謝繼勝《藏地金銅造像珬瑪li-ma專名形成路徑考》,《美術研究》2017年第6期,第57—67頁。

鄧李娜、王興茂《佛教文化對絲綢之路體育的影響》,《東方收藏》2017年第12期,第14—18頁。

[意]康馬泰撰,李思飛譯《于闐佛教壁畫中的非佛教神祇及相關問題》,《絲綢之路研究》第1輯,北京:生活·讀書·新知三聯書店,2017年10月,第187—206頁。

[德]魏駿驍《入華粟特人葬具上的狩獵圖》,《絲綢之路研究》第1輯,北京:生活·讀書·新知三聯書店,2017年10月,第207—224頁。

[日]山部能宜、趙莉、謝倩倩《庫木吐喇第75窟數碼復原及相關壁畫題材及題記研究》,《絲綢之路研究》第1輯,北京:生活·讀書·新知三聯書店,

2017年10月,第225—250頁。

葛華延《從一方印佛陶模看遼上京與西域的聯繫》,《遼金歷史與考古》第8輯,北京:科學出版社,2017年10月,第128—135頁。

霍旭初《庫木吐喇第34窟圖像榜題及相關問題研究》,《西域文史》第11輯,北京:科學出版社,2017年6月,第95—106頁。

慶昭蓉、[日]荻原裕敏《龜茲壁畫中的唐僧——森木塞姆第46窟供養人之個案研究》,《唐研究》第23卷,北京:北京大學出版社,2017年12月,第379—396頁。

姚崇新《十字蓮花:唐元景教藝術中的佛教因素》,《敦煌吐魯番研究》第17卷,上海:上海古籍出版社,2017年12月,第215—262頁。

高海燕《于闐佛教背光化佛圖像研究》,《敦煌吐魯番研究》第17卷,上海:上海古籍出版社,2017年12月,第263—290頁。

劉韜《唐與回鶻時期龜茲石窟壁畫的發現與研究》,《敦煌吐魯番研究》第17卷,上海:上海古籍出版社,2017年12月,第317—342頁。

劉韜《"德國皇家吐魯番探險隊"揭取唐與回鶻時期庫木吐喇石窟壁畫殘片簡目》,《敦煌吐魯番研究》第17卷,上海:上海古籍出版社,2017年12月,第343—356頁。

(十三)書評與學術動態

榮新江《絲綢之路與中外文化交流研究動態》,《敦煌研究》2017年第1期,第2—3頁。

馮晶晶《讀〈元西域人華化考〉之思考》,《民族藝林》2017年第1期,第19—26頁。

張玉興《千年絲路的記憶:道路變遷與華戎博弈——〈長安與西域之間絲綢之路走向研究〉評介》,《唐都學刊》2017年第1期,第27—28頁。

孫文傑《21世紀以來唐代西域文學研究述評》,《昌吉學院學報》2017年第1期,第21—28頁。

魏國彬、鄭先桃《新疆剪紙研究述評》,《新疆藝術學院學報》2017年第2期,第44—50頁。

李楠《近20年來兩漢西域治理問題研究》,《中國史研究動態》2017年第2期,第14—21頁。

張永江、王坤敏《"清代邊政與邊疆民族"國際學術討論會紀要》,《中國邊疆史地研究》2017年第2期,第172—178頁。

秦幫興《學術史研究的範式之作——讀朱玉麒著〈徐松與《西域水道記》研究〉》,《西域研究》2017年第2期,第135—138頁。

鄭蔥燕《屯墾經濟是新疆社會發展的重要推力——評〈西域屯墾經濟與新疆發展研究〉》,《中國農史》2017年第5期,第144+133頁。

[日]北村一仁撰,羅亮譯《劉安志著〈新資料與中古文史論稿〉書評》,《吐魯番學研究》2017年第2期,第137—142頁。

柴劍虹《深切懷念馮其庸先生》,《敦煌吐魯番研究》第17卷,上海:上海古籍出版社,2017年12月,第357—360頁。

榮新江《馮其庸先生敦煌學二三事》,《敦煌吐魯番研究》第17卷,上海:上海古籍出版社,2017年12月,第361—364頁。

常藎心《新書目》,《敦煌吐魯番研究》第17卷,上海:上海古籍出版社,2017年12月,第403—414頁。

吐送江·依明《回鶻文〈玄奘傳〉國內外研究情況綜述》,《敦煌學輯刊》2017年第2期,第161—169頁。

劉燁《傳承與創新:中國邊疆研究的新視野與新思考——"第五屆中國邊疆研究青年學者論壇"綜述》,《西域研究》2017年第3期,第137—140頁。

李雲、楊傳宇《近百年新疆古代佛教雕塑研究成果評述》,《和田師範專科學校學報》2017年第3期,第67—72頁。

李軍、柴劍虹《但憑彩筆成新論,謹作昆侖睨睆人——湯洪〈屈辭域外地名與外來文化〉評述》,《四川師範大學學報》2017年第3期,第174—176頁。

孫宏年《兩岸學者共話絲路今昔——2017"絲綢之路今昔與展望"學術研討會綜述》,《中國邊疆史地研究》2017年第3期,第176—178頁。

明琦楓、徐百永《傳承與創新:中國邊疆研究的新視野與新思考——第五屆"中國邊疆研究青年學者論壇"綜述》,《中國邊疆史地研究》2017年第3期,第171—175頁。

馬俊傑《"旅順博物館藏新疆出土漢文文書整理與研究研討會"綜述》,《西域研究》2017年第4期,第131—134頁。

陳正榮《〈敦煌吐魯番醫藥文獻新輯校〉述評》,《中醫藥文化》2017年第4期,第60—61頁。

朱德軍《評李宗俊〈唐前期西北軍事地理問題研究〉》,《西域研究》2017年第4期,第138—140頁。

徐文堪《古代絲綢之路與跨學科研究》,《新疆師範大學學報》2017年第4期,第45—52+2頁。

陝西歷史博物館《"絲綢之路上的敦煌與長安國際學術研討會暨中國敦煌吐魯番學會2017年理事會"在西安舉辦》,《文博》2017年第4期,第111頁。

肖國強、馬健《2016絲綢之路農牧文化與聚落演變學術研討會會議紀要》，《西部考古》第14輯，北京：科學出版社，2017年8月，第415—420頁。

榮新江《絲綢專家筆下的絲綢之路——讀趙豐〈錦程：中國絲綢與絲綢之路〉》，《中國圖書評論》2017年第4期，第16—18頁。

趙大旺《〈敦煌吐魯番文書與中古史研究〉評介》，《敦煌研究》2017年第4期，第137—140頁。

張小貴《榮新江〈絲綢之路與東西文化交流〉》，《敦煌吐魯番研究》第17卷，上海：上海古籍出版社，2017年12月，第373—380頁。

白玉冬《劉戈〈回鶻文契約斷代研究——昆山識玉〉》，《敦煌吐魯番研究》第17卷，上海：上海古籍出版社，2017年12月，第380—388頁。

李方《劉子凡〈瀚海天山——唐代伊、西、庭三州軍政體制研究〉》，《敦煌吐魯番研究》第17卷，上海：上海古籍出版社，2017年12月，第388—395頁。

王芳芳《"2017敦煌論壇：傳承與創新——紀念段文傑先生誕辰100週年敦煌與絲綢之路國際學術研討會"召開》，《敦煌研究》2017年第5期，第141頁。

吳華《瑞像崇拜與神聖性建構——評蔣家華〈中國佛教瑞像崇拜研究〉》，《佛教史研究》第1卷，臺北：新文豐出版公司，2017年8月，第443—452頁。

孫文傑、寧燕《古籍整理新成果 方志研究新典範——〈新疆圖志〉整理本評介》，《出版廣角》2017年第20期，第86—88頁。

賀鋼、徐瑞瑞《2016年吐魯番學研究綜述》，《2017敦煌學國際聯絡委員會通訊》，上海：上海古籍出版社，2017年7月，第36—73頁。

徐瑞瑞、賀鋼《2016年吐魯番學研究論著目錄》，《2017敦煌學國際聯絡委員會通訊》，上海：上海古籍出版社，2017年7月，第206—224頁。

葉如清《2016中國敦煌吐魯番學理事會暨敦煌學學術研討會綜述》，《2017敦煌學國際聯絡委員會通訊》，上海：上海古籍出版社，2017年7月，第105—107頁。

張先堂、李國《交融與創新的盛會——"紀念莫高窟創建1650週年國際學術研討會"綜述》，《2017敦煌學國際聯絡委員會通訊》，上海：上海古籍出版社，2017年7月，第108—122頁。

楊冰華《一次絲路文化研究的學術盛會——"考古與藝術，文本與歷史"絲綢之路研究新視野國際學術研討會會議綜述》，《2017敦煌學國際聯絡委員會通訊》，上海：上海古籍出版社，2017年7月，第123—135頁。

2016 年日本敦煌學研究論著目録

林生海（安徽師範大學）

一、論　文

1. 政治・地理

會田大輔,北周天元皇帝考,東方学 131,17—33,2016‑01。

榎本渉,中世東シナ海海域における国際商人,学際(1),3—13,2016‑01。

菅沼愛語,九世紀前半の東部ユーラシア情勢と唐の内治のための外交：吐蕃との長慶会盟、ウイグルへの太和公主降嫁の背景,史窓(73),1—25,2016‑02。

岩尾一史,9世紀の歸義軍政權と伊州：Pelliottibétain1109を中心に,敦煌寫本研究年報 10(2),341—356,2016‑03。

齊藤達也,漢語文獻におけるコータン(于闐)王族の姓氏：出土文獻と編纂史料による再檢討,敦煌寫本研究年報 10(2),357—370,2016‑03。

魏迎春,《唐雲麾將軍敦煌曹懷直墓誌銘》考釋：兼論敦煌曹氏與曹氏歸義軍的族屬,敦煌寫本研究年報 10(2),449—466,2016‑03。

石見清裕,ユーラシアの民族移動と唐の成立：近年のソグド人関係新史料を踏まえて,専修大学社会知性開発研究センター古代東ユーラシア研究センター年報 2,5—16,2016‑03。

川本芳昭,東アジア古代における「中華」と「周縁」についての試論,専修大学社会知性開発研究センター古代東ユーラシア研究センター年報 2,91—109,2016‑03。

西村陽子,唐後半華北諸藩鎮の鐵勒集団：沙陀系王朝成立の背景,東洋史研究 74(4),678—715,2016‑03。

藤野月子,遼と近隣諸国との公主降嫁による外交について,九州大学東洋史論集(44),1—33,2016‑03。

菅沼愛語,烏孫への和蕃公主の外交活動と漢の対外政策：江都公主、解憂公主、侍女馮嫽の活動の記録,総合女性史研究(34),5—21,2017‑03。

孟憲実,王鼎(翻訳),名岸戰役より西州府兵を覗く,荒川正晴、柴田幹夫(編)『シルクロードと近代日本の邂逅』,48—70,2016‑03。

石見清裕,唐・張九齡『曲江集』所収の対吐蕃国書四首について,荒川正晴、柴田幹夫(編)『シルクロードと近代日本の邂逅』,329—354,2016‐03。

坂尻彰宏,三つの索勳像：供養人像からみた歸義軍史,敦煌寫本研究年報 10(2),309—325,2016‐03。

新見まどか,唐末の盧龍節度使における「大王」号の出現,関西大学東西学術研究所紀要(49),10—19,2016‐04。

森部豊,唐代奚・契丹史研究と石刻史料,関西大学東西学術研究所紀要(49),105—126,2016‐04。

髙橋康浩,范陽の盧氏について：盧植・盧毓と漢魏交代期の政治・文化,東洋史研究 75(1),66—97,2016‐06。

徐冲,梶山智史(訳),「門下功曹」から「侍中尚書」へ：「二重君臣関係」からみた「漢魏革命」,唐代史研究(19),146—173,2016‐08。

王連龍,梶山智史(訳),唐代の高句麗移民「高乙徳墓誌」および関連する問題,駿台史學(158),119—132,2016‐09。

岩尾一史,ドルポ考：チベット帝国支配下の非チベット人集団,内陸アジア言語の研究 XXXI,1—19,2016‐10。

赤羽目匡由,渤海王大武芸への官爵授与をめぐる二、三の問題,メトロポリタン史学 12,107—126,2016‐12。

藤野月子,遼・西夏間の外交を巡って：婚姻の側面から見た,東洋史研究 76(3),444—475,2017‐12。

2. 社會・經濟

丸橋充拓,唐代後半の北辺経済再考,アジア史学論集 10,43—61,2016‐01。

森部豊,唐代契丹人墓誌に関する一考察：遼寧省朝陽市博物館所蔵新出墓誌の紹介を兼ねて,関西大学アジア文化研究センターディスカッションペーパー 13,23—30,2016‐02。

波波娃,敦煌文獻中的唐太宗,敦煌寫本研究年報 10(2),275—284,2016‐03。

赤木崇敏,曹氏歸義軍節度使時代の敦煌石窟と供養人像,敦煌寫本研究年報 10(2),275—284,2016‐03。

速水大,P3899v 馬社文書に關する諸問題,敦煌寫本研究年報 10(2),327—339,2016‐03。

岩本篤志,敦煌本脈書小考：ロシア藏文獻と『平脈略例』を中心に,敦煌寫本研究年報 10(2),387—398,2016‐03。

丸山裕美子,敦煌寫本本草と古代日本の本草：『本草和名』の歴史的意義,敦煌寫本研究年報 10(2),399—411,2016‐03。

高啓安,關於豆腐歷史的另類思考：以一條敦煌史料爲綫索,敦煌寫本研究年報 10(2),467—475,2016-03。

裴成国,丁世理(翻訳),『高昌張武順等ブドウ作付数および租酒帳』の再研究,荒川正晴、柴田幹夫(編)『シルクロードと近代日本の邂逅』,101—123,2016-03。

朱玉麒,刘怡(翻訳)、西村阳子(監訳),漢和堂蔵「裴岑碑」旧拓考,荒川正晴、柴田幹夫(編)『シルクロードと近代日本の邂逅』,150—169,2016-03。

猪飼祥夫,大谷文書 8097 号の本草文献について,荒川正晴、柴田幹夫(編)『シルクロードと近代日本の邂逅』,170—190,2016-03。

田衛衛,白石将人(監訳),ロシア藏敦煌文獻 Дх.10740 に見える『重脩開元寺行廊功德碑并序』習字斷片について,荒川正晴、柴田幹夫(編)『シルクロードと近代日本の邂逅』,316—328,2016-03。

髙瀬奈津子,唐代の墓誌,歴史と地理(696),26—34,2016-08。

森部豊,中国におけるソグド人墓の発見とソクド石棺牀の復元,関西大学アジア文化研究センターディスカッションペーパー 14,63—69,2016-03。

梶山智史,北魏における墓誌銘の出現,駿台史學(157),23—46,2016-03。

妹尾達彦,シルクロードと長安のソグド人,東洋学報 97(4),98—99,2016-03。

石見清裕,ユーラシアの民族移動と唐の成立：近年のソグド人関係新史料を踏まえて,専修大学社会知性開発研究センター古代東ユーラシア研究センター年報 2,5—16,2016-03。

須江隆,宋代地志序跋文考(3)寶慶『四明志』・開慶『四明續志』小考(寺田隆信博士追悼論文集),東北大学東洋史論集 12,251—280,2016-03。

大澤正昭,明代日用類書の告訴狀指南：「土豪」を告訴する,唐宋変革研究通訊(7),45—61,2016-03。

平田茂樹,南宋士大夫のネットワークとコミュニケーション：魏了翁の「靖州居住」時代を手がかりとして,東北大学東洋史論集 12,215—249,2016-03。

町田隆吉,「唐咸享四年(673)左糞舍告死者左憧憙書爲左憧憙家失銀錢事」をめぐって：左憧憙研究覚書(3),国際学研究 6,1—10,2016-03。

町田隆吉,甘粛・臨沢出土の西晋簡と孫氏一族：臨沢出土西晋簡研究(一),桜美林論考・人文研究 7,137—148,2016-03。

遠藤隆俊,宋代士大夫家族の秩序と構造:范氏十六房の形成,東北大学東洋史論集 12,157—179,2016‐03。

北村一仁,北朝国境地域における造像と人々:汝水上—中流域の状況について,東洋史苑(86・87),267—324,2016‐03。

原宗子,古代黄河流域の水稲作地点,創立五十週年記念論文集 1,667—684,2016‐03。

武田時昌,神農祭記念講演東アジアの万能薬,斯文(128),41—67,2016‐03。

真柳誠、小曽戸洋、武田時昌,巻頭座談会古医書を語る(古医書の魅力),医道の日本 75(7),12—19,2016‐07。

荒川正晴,The Silk Road Trade and Traders,東洋文庫欧文紀要 74,29—59,2016。

王維坤,在唐の日本留学生井真成の墓誌に関する再研究:併せて亡くなられた矢野建一先生との共同研究の日々を偲ぶ(矢野建一教授追悼号),専修人文論集(99),41—75,2016‐11。

王維坤,中日古代文化交流史上の三つの問題点:和同開珎と井真成墓誌と則天文字「圀」字を中心として,郵政考古紀要(66),1—18,2016‐12。

渡邊義浩,『世説新語』における貴族的価値観の確立,中国文化(74),27—40,2016。

高芝麻子,江戸期の初学者向け作詩教本に見える分類方法について,新しい漢字漢文教育(63),20—30,2016。

大上正美,嵇康の「家誡」と「釈私論」と:「中人」の志をめぐって,中国文化(74),1—13,2016。

3. 法律・制度

稲田奈津子,殯儀礼の再検討,日本史研究(641),89—91,2016‐01。

李方,唐代水利法律與西域水利法律條文的運用,敦煌寫本研究年報 10(2),413—421,2016‐03。

辻正博,唐代寫本における避諱と則天文字の使用:P.5523rectoの書寫年代について,敦煌寫本研究年報 10(2),437—448,2016‐03。

松本保宣,五代中原王朝の朝儀における謝恩儀禮について:正衙謝と中謝,東洋史研究 74(4),716—754,2016‐03。

山崎覚士,加耗・省耗・雀鼠耗:両税法の附加税,唐宋変革研究通訊(7),35—43,2016‐03。

渡辺信一郎,唐代両税法の成立:両税銭を中心に,唐宋変革研究通訊(7),

15—33,2016-03。

劉安志,乐洵(翻訳),吐魯番出土唐代解文についての雑考,荒川正晴、柴田幹夫(編)『シルクロードと近代日本の邂逅』,71—100,2016-03。

岡部毅史,漢晋五胡十六国期の東宮と西宮,大阪市立大学東洋史学専修研究室編『中国都市論への挑動』,汲古書院,163—195,2016-03。

野口優,黄紙詔書再考,汲古(69),53—58,2016-06。

岡野誠,唐代の平闕式についての一考察(下)敦煌写本「唐天宝職官表」の検討を通して,法律論叢89(1),376—318,2016-07。

南澤良彦,漢代の明堂と五帝,中国哲学論集(42),21—43,2016-12。

石野智大,叢説唐代県行政下における「不良」の犯罪捜査,法史学研究会会報(20),125—139,2016。

松下憲一,后妃のゆくえ:北斉・北周の後宮,愛知学院大学文学部紀要:愛知学院大学論叢(46),144—127,2016。

松下憲一,北魏の後宮制度,北大史学(56),48—73,2016-12。

菅沼愛語,北魏における「子貴母死」制度の歴史的背景:皇太子生母殺害の慣習とその理由,古代文化68(3),373—385,2016-12。

4. 語言・文學

揚之水,山本孝子、瀧朝子(訳),宮粧変じ尽きて尚お娉婷たり:毛女故事図考,大和文華(129),1—7,2016-01。

福田俊昭,『朝野僉載』に見える徵應説話(前編),東洋研究(199),63—84,2016-01。

朱鳳玉,散藏敦煌遺書所見題跋輯錄與研究:以許承堯舊藏題跋爲例,敦煌寫本研究年報10(1),21—33,2016-03。

郝春文、王曉燕,敦煌寫本中形近字同形手書舉例,敦煌寫本研究年報10(1),35—45,2016-03。

張涌泉、羅慕君,敦煌《八陽經》殘卷續綴,敦煌寫本研究年報10(1),47—67,2016-03。

山口正晃,羅振玉舊藏『新定書儀鏡』斷片の綴合,敦煌寫本研究年報10(1),69—87,2016-03。

高田時雄,敦煌本玉篇の第三殘片,敦煌寫本研究年報10(1),89—94,2016-03。

永田知之,敦煌本『文心雕龍』研究事始:初期敦煌学の一齣,敦煌寫本研究年報10(1),95—108,2016-03。

山本孝子,凶儀における「短封」の使用:唐・五代期における書簡文の變遷,

敦煌寫本研究年報 10(1),109—123,2016-03。

玄幸子,變文資料を中心とする中國口語史研究再檢討,敦煌寫本研究年報 10(1),125—134,2016-03。

高井龍,P.4524「降魔變畫卷(擬)」考,敦煌寫本研究年報 10(1),135—147,2016-03。

荒見泰史,敦煌唱導資料の綜合的研究總序,敦煌寫本研究年報 10(1),169—176,2016-03。

Imre Galambos, Scribbles on the Verso of Manuscripts Written by Lay Students in Dunhuang,敦煌寫本研究年報 10(2),497—522,2016-3。

渡邉義浩,『世説新語』における人物評語の展開,六朝學術學會報 17,19—33,2016-03。

鳥羽田重直,魏晋南北朝隋唐詩小史,和洋國文研究(51),1—8,2016-03。

大橋由治,中華書局刊行新舊『搜神記』收録説話の對照(3),大東文化大學漢学会志(55),143—153,2016-03。

谷口高志,記の文学における自然と人爲:中唐期から北宋中期にかけて,「エコ・フィロソフィ」研究 Vol.10 別冊(10),75—78,2016-03。

大上正美,「明胆論」に見る嵆康の思惟の原型,青山語文(46),109—117,2016-03。

黒田彰,董黯図攷:呉氏蔵北魏石牀(二面)の孝子伝図について,文学部論集(100),15—30,2016-03。

松澤博,西夏文獻拾遺(5)スタイン將來西夏語譯『貞觀政要』斷簡を中心として,東洋史苑(86・87),85—265,2016-03。

查屏球,渡部雄之(訳),西域の仏から東土の隠士へ:唐代維摩詰図題詩の変遷,中國中世文學研究(67),1—22,2016-03。

玄幸子,太田辰夫「兼語動詞」再檢討:中国口語研究への新視点,関西大学東西学術研究所紀要(49),89—104,2016-04。

浅見洋二,「避言」ということ:『論語』憲問から見た中国における言論と権力,中国研究集刊(62),1—17,2016-06。

松井太,大英圖書館所藏對譯語彙集斷片 Or・12380/3948 再考,東方学 132,87—73,2016-07。

渡邉義浩,『搜神記』の引用からみた『法苑珠林』の特徴,東洋研究(200),1—23,2016-07。

川合康三,規範と表現:『文選』詩の初めの部立てを中心に,東方学 132,1—19,2016-07。

橘千早,敦煌俗楽の復元試論: 歌詞の四声と旋律との関連性を探る,和漢比較文学(57),28—45,2016-08。

Li Gang, An Old Uighur Fragment in All iterative Verses Preserved in the Turfan Museum,内陸アジア言語の研究 XXXI,21-27,2016-10。

白玉冬、松井太,フフホト白塔のウイグル語題記銘文,内陸アジア言語の研究 XXXI,29—77,2016-10。

黒田彰,南京博物院蔵後漢画象石の魯秋胡子図: 新出の列女伝図について,京都語文 23,193—238,2016-11。

黒田彰,呉強華氏蔵新出北魏石牀の孝子伝図について: 陽明本孝子伝の引用,京都語文(24),134—165,2016-12。

渡邉義浩,『世説新語』の引用よりみた『晋書』の特徴,史滴(38),45—61,2016-12。

渡邉義浩,『世說新語』の編纂意図,東洋文化研究所紀要 170,1—40,2016-12。

松原朗,草堂の杜甫: 成都時代の自畫像,中国詩文論叢 35,41—65,2016-12。

勝山稔,白話小説受容史から見た『支那文学大観』の位置付けについて:『支那文学大観』の停刊と共立社の関係を中心として,国際文化研究科論集 24,98(1)—81(18),2016-12。

後藤秋正,杜甫「逸詩」札記,中国文化(74),41—53,2016。

後藤秋正,杜甫と韋迢: 杜甫晩年の応酬詩,札幌国語研究 21,85—95,2016。

荒川慎太郎,大英図書館所蔵西夏文「礼賛文」断片について: 黒水城出土チベット語文献中の資料 K.K.Ⅱ.0303.a,京都大学言語学研究(35),195—216,2016。

5. 宗教・思想

落合俊典,仏教文献との出会い,駒澤大学佛教学部論集 47,1—9,2016-01。

新見まどか,平盧節度使と泰山信仰:『太平広記』所収「李納」伝を中心に,史泉(123),17—33,2016-01。

徐銘,敦煌における9、10世紀の「印沙仏」儀礼の考察,国立歴史民俗博物館研究報告 200,115—126,2016-01。

三宮千佳,中国北魏金銅仏の鋳造技法の検討: 佐野美術館蔵天建元年銘青銅如来坐像光背火焔文の再現実験を通して,富山大学芸術文化学部紀要 10,58—77,2016-02。

王三慶,敦煌佛教齋會文獻「啓請文」的神靈系統及相關問題,敦煌寫本研究年報 10(1),149—154,2016‐03。

汪娟,敦煌禮懺多重網絡的建構,敦煌寫本研究年報 10(1),155—168,2016‐03。

鄭阿財,日本敦煌變文研究的問題意識與貢獻,敦煌寫本研究年報 10(1),177—187,2016‐03。

梁麗玲,敦煌文獻中的護産信仰研究,敦煌寫本研究年報 10(1),189—204,2016‐03。

遊佐昇,道教の俗講に見られる劇場空間,敦煌寫本研究年報 10(1),205—218,2016‐03。

劉屹,古靈寶經戒律思想的發展脈絡,敦煌寫本研究年報 10(1),219—230,2016‐03。

周西波,《大道通玄要》之卷數、品題及引經問題試議,敦煌寫本研究年報 10(1),231—241,2016‐03。

張先堂,中國古代佛教三寶供養與"經像瘞埋":兼談敦煌莫高窟藏經洞的封閉原因,敦煌寫本研究年報 10(2),253—273,2016‐03。

橘堂晃一,ウイグル文慈恩宗文獻「大唐三藏行跡讚」,敦煌寫本研究年報 10(2),371—386,2016‐03。

大西磨希子,唐代における倚坐形彌勒佛の流布と武則天,敦煌寫本研究年報 10(2),423—436,2016‐03。

許飛,吐魯番隨葬衣物疏に見える四神の源流,荒川正晴、柴田幹夫(編)『シルクロードと近代日本の邂逅』,124—149,2016‐03。

荒見泰史,浄土五会念仏法事と八関斎、講経,荒川正晴、柴田幹夫(編)『シルクロードと近代日本の邂逅』,191—228,2016‐03。

高井龍,敦煌文献 BD3578 初探,荒川正晴、柴田幹夫(編)『シルクロードと近代日本の邂逅』,229—257,2016‐03。

荻原裕敏,『根本説一切有部律薬事』に関連する二点のトカラ語 B 断片について,荒川正晴、柴田幹夫(編)『シルクロードと近代日本の邂逅』,258—276,2016‐03。

笠井幸代,聖人の佈施を讃える古ウイグル語仏教讃歌,荒川正晴、柴田幹夫(編)『シルクロードと近代日本の邂逅』,277—293,2016‐03。

慶昭蓉,亀兹仏教と鋳冶との関係に関する試論,荒川正晴、柴田幹夫(編)『シルクロードと近代日本の邂逅』,294—315,2016‐03。

柴田幹夫,本願寺と義和団事件について,荒川正晴、柴田幹夫(編)『シルクロードと近代日本の邂逅』,423—455,2016‐03。

闞正宗,魏瑾(翻訳),殖民時期観音のイメージ作成と文化伝播,荒川正晴、柴田幹夫(編),『シルクロードと近代日本の邂逅』,456—482,2016‐03。

小南一郎,竈(灶)神をめぐる習俗と信仰,説話・伝承学24,80—93,2016‐03。

土屋昌明,洞天思想と自然環境の問題,「エコ・フィロソフィ」研究Vol.10別册,151—163,2016‐03。

土肥義和,大宋沙門道圓三藏の西域求法の旅,東洋学報:東洋文庫和文紀要97(4),479—481,2016‐03。

濱川栄,中国古代儒家文献に見る反戦思想(1)『易経』『書経』『礼記』『論語』,常葉大学教育学部紀要(36),19—38,2016‐03。

定源(王招國),スタイン1087號『金剛般若義記』の作者に關する考察,日本古写経研究所研究紀要(1),47—64,2016‐03。

二階堂善弘,民間信仰から見た『水滸伝』の特殊性,関西大学中国文学会紀要(37),291—295,2016‐03。

二階堂善弘,「大雄宝殿」考,東アジア文化交渉研究(9),197—206,2016‐03。

神塚淑子,六朝道教と『荘子』:『真誥』・霊宝経・陸修静,名古屋大学文学部研究論集(哲学62),55—81,2016‐03。

栄新江著,村井恭子(訳),「トゥルファン出土『金光明経』写本題記と高昌への祆教伝来」,荒川正晴、柴田幹夫(編)『シルクロードと近代日本の邂逅』,25—47,2016‐03。

二階堂善弘,温州の廟と祭神について,関西大学東西学術研究所紀要(49),61—72,2016‐04。

上島享,「中世国内神名帳」の成立:中世神祇秩序の形成,神道史研究64(1),2—35,2016‐04。

石井公成,「長恨歌」における道教と佛教:『佛所行讃』『佛本行集經』の影響を中心として,東方宗教(127),18—28,2016‐05。

石井公成,聖徳太子研究の現在,大法輪83(5),42—49,2016‐05。

奈良康明,捨ててこそ:仏教が勧める「捨」,大法輪83(6),62—65,2016‐06。

吉田豊,唐代におけるマニ教信仰:新出の霞浦資料から見えてくること,唐代史研究(19),22—41,2016‐08。

松浦典弘,唐代の女性と仏教:墓誌の検討を中心に,唐代史研究(19),98—120,2016‐08。

福島恵,唐代における景教徒墓誌:新出「花献墓誌」を中心に,唐代史研究(19),42—76,2016‐08。

石井公成,仏典漢訳の諸相,日本語学35(10),46—55,2016‐09。

小野嶋祥雄,東アジア仏教における教えの継承の特色,浄土真宗総合研究(10),31—47,2016‐09。

蓑輪顕量,日本仏教における継承と伝統,浄土真宗総合研究(10),13—30,2016‐09。

石井公成,『法華経』と芸能の結びつき:聖徳太子伝・琵琶法師・延年(日本化する法華経),アジア遊学(202),12—23,2016‐10。

石井公成等,有名なお経の中身を知る:何が書いてあるのか,大法輪83(10),76—87,2016‐10。

小南一郎,中国近世の宗教文芸,國學院雜誌117(11),158—172,2016‐11。

榎本渉,平安末期天台宗における宋代仏教へのまなざし:栄西入宋の前提として,仏教史学研究59(1),19—41,2016‐11。

今場正美,江淹の「效阮公詩」制作と左遷後の心境について,學林(65),1—23,2017‐11。

佐藤文子等,国史学とアジアと仏教文物,日本思想史学(48),43—46,2016。

中田美繪,唐代中國におけるソグド人の佛教「改宗」をめぐって,東洋史研究75(3),448—484,2016‐12。

松浦史子,祥瑞としての山車:亂世を統べるかたち,中国詩文論叢35,19—40,2016‐12。

6. 考古・美術

吉田豊、古川攝一,江南マニ教絵画「聖者伝図(3)」の発見と絵画の内容について,大和文華(129),25—41,2016‐01。

小山満,五胡時代の古鏡,シルクロード研究9,1—13,2016‐02。

山本忠尚,舞獅子と舞龍:隋唐鏡に見える異形の獣(3),古事:天理大学考古学・民俗学研究室紀要20,1—13,2016‐03。

倉本尚徳,阿弥陀仏となる誓願:龍門石窟薬方洞「究竟莊嚴安楽浄土成仏銘記」小考,印度學佛教學研究64(2),731—736,2016‐03。

山本忠尚,正倉院宝物を十倍楽しむ(9),古代文化67(4),634—641,2016‐03。

濱田瑞美,敦煌莫高窟第三二三窟考:図様構成と宗教的機能をめぐって,國華121(9),7—27,3、5,2016‐04。

濱田瑞美,中国四川省邛崍市花置寺摩崖第3龕の図像について:阿弥陀五十三仏の尊像構成をめぐって,横浜美術大学教育・研究紀要 6,75—83,2016。

山本忠尚,唐鏡の亀鈕と破鏡,郵政考古紀要(65),15—35,2016‐08。

村井恭子,大唐西市博物館新蔵唐『張茂宣墓誌』考,董劭偉主編『中華歴史与伝統文化研究論叢』2,159—176,2016‐08。

荻原裕敏,ベゼクリク第 20 窟誓願図のトカラ語題記について,東京大学言語学論集 37(1),191—216,2016‐09。

荻原裕敏,ドイツ所蔵トカラ語 B 断片 B384について,東京大学言語学論集電子版(eTULIP)37(2),69—79,2016‐09。

石松日奈子,雲岡石窟の皇帝大仏:鮮卑王から中華皇帝へ,國華 122(2),19—31,2016‐09。

倉本尚徳,刻経から見た鄴の仏教:小南海石窟・北響堂山石窟を中心に,中国考古学(16),77—101,2016‐11。

檜山智美,壁画というテキスト:クチャの仏教壁画を「読む」:美術史と文献学の領域横断的アプローチへ向けて,Journal of World Buddhist Cultures 25,2016‐11。

檜山智美,クチャの壁画にみられる宮廷道化師ヴィドゥーシャカの図像,佛教藝術(349),76—99,5,2016‐11。

八木春生,鄴城およびその付近における北斉時期の仏教造像の特色,中国考古学(16),57—75,2016‐11。

小澤正人,八木春生,考古学から見九鄴城:隋唐時代への変革期という視点から中国考古学(16),3—6,2016‐11。

八木春生,龍門石窟の評価,世界遺産学研究 2,35—43,2016‐11。

石松日奈子,山西平定開河寺石窟の研究:北朝期の石窟三所と隋開皇元年「鎮國王像雙丈八」銘摩崖大佛,東方学報 91,1—44,2016‐12。

岩本篤志,カラ・テペ新出文字資料と周辺遺跡:テルメズ・アンゴル地域を中心に,立正史学(119),1—18,2016。

7. 文書・譯注

今場正美,譯注中国古代の占夢(4),立命館白川静記念東洋文字文化研究所紀要(9),61—74,2016‐01。

平田陽一郎、山下将司,「唐・翟天徳墓誌」の訳注と考察,沼津工業高等専門学校研究報告 50,105—110,2016‐01。

馬場理惠子、大川俊隆、小寺裕等(訳),『九章算術』訳注稿(22),大阪産業大学論集・人文・社会科学編 26,19—35,2016‐02。

佐野誠子(訳),陸杲『繋観世音応験記』訳注稿(2),名古屋大學中國語學文學論集 30,147—223,2017‐03。

髙瀬奈津子、江川式部(訳),釈注『封氏聞見記』訳注(3),札幌大学総合研究(8),130—105,2016‐03。

会田大輔,『帝王略論』巻一校注稿,明大アジア史論集(20),152—131,2016‐03。

会田大輔,『帝王略論』巻四校注稿,國士舘東洋史學(7—9),17—52,2016‐03。

梶山智史,屠本『十六国春秋』序文輯録訳注(2),明大アジア史論集(20),43—61,2016‐03。

興膳宏(訳),金樓子譯注(7),中國文學報 87,89—115,2016‐04。

興膳宏(訳),金樓子譯注(8),中國文學報 88,79—97,2016‐10。

永井政之、程正、五十嵐嗣郎等(訳),『宋会要』道釈部訓注(11),駒澤大學佛教学部論集 47,11—35,2016‐10。

『文史通義』研究班,『文史通義』内篇一譯注,東方学報 91,149—236,2016‐12。

8. 動向・調査

山田勝久,シルクロード踏査報告：仏教東漸のオアシスを中心として,シルクロード研究 9,27—95,2016‐02。

柴田幹夫,高雄だより：半年間の在外研究によせて,東方(421),8—12,2016‐03。

金子修一,二〇一五年度駒沢史学会大会記念講演東アジア世界論の現在,駒沢史学(85),67—75,2016‐03。

片山章雄,トゥルファン地域の仏典断片と諸国の探検隊,東海史学(50),41—55,2016‐03。

平田茂樹,「游於芸：十一至十四世紀士人的文化活動与人際網絡」国際学術研討会参加記,都市文化研究(18),107—110,2016‐03。

片山章雄,第五五〇回フィンランド・マンネルヘイム収集の新疆資料と日独露仏の探検隊,東洋学報：東洋文庫和文紀要 97(4),484—486,2016‐03。

金子民雄,スヴェン・ヘディンによって発見された、楼蘭文書に関する報告書に対し、オーレル・スタインよりヘディンに宛てて出された礼状,荒川正晴、柴田幹夫(編)『シルクロードと近代日本の邂逅』,361—374,2016‐03。

小島康誉,ヘディンに関する档案史料の若干の紹介,荒川正晴、柴田幹夫（編）『シルクロードと近代日本の邂逅』,375—401,2016‐03。

加藤斗規,『雪堂類稿』所収「帰夢寮日箋（残稿）」について,荒川正晴、柴田幹夫（編）『シルクロードと近代日本の邂逅』,402—415,2016‐03。

川邉雄大,西本願寺の海外布教と鎮西別院,荒川正晴、柴田幹夫（編）『シルクロードと近代日本の邂逅』,483—500,2016‐03。

野世英水,地方志にみる近代中国東北部の仏教,荒川正晴、柴田幹夫（編）『シルクロードと近代日本の邂逅』,522—556,2016‐03。

菅澤茂,柱本瑞俊の自坊・明覚寺本堂と茶室について,荒川正晴、柴田幹夫（編）『シルクロードと近代日本の邂逅』,557—568,2016‐03。

門司尚之,大谷光瑞の妹・武子の夫、九条良致,荒川正晴、柴田幹夫（編）『シルクロードと近代日本の邂逅』,569—597,2016‐03。

橋口和真,大谷光瑞が徳富蘇峰に宛てた書簡の一例,荒川正晴、柴田幹夫（編）『シルクロードと近代日本の邂逅』,598—613,2016‐03。

白須淨眞,大谷探検隊に先行する真宗青年僧の英領下セイロンへの留学,荒川正晴、柴田幹夫（編）『シルクロードと近代日本の邂逅』,659—771,2016‐03。

中村圭爾,『新中国出土墓誌』刊行二〇週年紀念日中合同中国石刻国際シンポジウム（研討会）報告記,東方（422）,12—16,2016‐04。

妹尾達彦,比較都城史の旅：2015年夏の秦漢都城址調査,唐代史研究（19）,249—255,2016‐08。

岩本篤志,トハリスタンの仏教遺跡と玄奘：立正隊による調査をふまえて,唐代史研究（19）,256—264,2016‐08。

岩本篤志,敦煌景教文献と洛陽景教経幢：唐代景教研究と問題点の整理,唐代史研究（19）,77—97,2016‐08。

奈良康明,フランス「禅道尼苑授戒会」に参加して：欧州における禅仏教への関心,大法輪83（10）,14—18,2016‐10。

關尾史郎,「紀念走馬楼三国呉簡発現二十週年長沙簡帛研究国際学術研討会」に参加して,東方（430）,2—6,2016‐12。

成田健太郎,中国書道史関連の研究動向,書学書道史研究2016（26）,101—110,2016。

手島一真,中国〈中原〉地域北朝隋唐時期佛教石刻調査概報：平成22（2010）年度第1次現地調査における基礎的情報,法華文化研究（42）,11—44,2016。

9. 書評・介紹

池野範男,真正な歴史研究実践：白須淨眞著『大谷探檢隊研究の新たな地平』を事例に,『シルクロードと近代日本の邂逅』,3—21,2016‐03。

稀代麻也子,淺見洋二、高橋文治、谷口高志著『皇帝のいる文學史：中國文學概説』,六朝學術學會報 17,43—49,2016‐03。

橘堂晃一,森安孝夫著『東西ウイグルと中央ユーラシア』,内陸アジア史研究(31),175—183,2016‐03。

佐々木聡,大野裕司『戦国秦漢出土術数文献の基礎的研究』,人文学論集 34,27—37,2016‐03。

河内春人,手島崇裕著『平安時代の対外関係と仏教』,日本歴史(814),94—96,2016‐03。

佐野誠子,富永一登著『中國古小説の展開』,六朝學術學會報 17,51—60,2016‐03。

成田健太郎,宇佐美文理著『中國藝術理論史研究』,中國文學報 87,116—130,2016‐04。

柴田幹夫,坂井田夕起子著『誰も知らない「西遊記」：玄奘三蔵の遺骨をめぐる東アジア戦後史』,現代中国研究(37),114—121,2016‐05。

榎本渉,手島崇裕著『平安時代の対外関係と仏教』,ヒストリア(256),60—69,2016‐06。

荒川慎太郎,古代文字への情熱：希代の碩学豊田五郎『豊田五郎・武内康則著武内康則編豊田五郎契丹文字研究論集』,東方(425),38—41,2016‐07。

平田茂樹,青木敦著『宋代民事法の世界』,史学雑誌 125(7),1296—1305,2016‐07。

金子修一,河内春人著『日本古代君主号の研究：倭国王・天子・天皇』,唐代史研究(19),222—236,2016‐08。

速水大,土肥義和編『八世紀末期—十一世紀初期燉煌氏族人名集成：氏族人名篇人名篇』土肥義和編『八世紀末期—十一世紀初期燉煌氏族人名集成：索引篇』,唐代史研究(19),245—248,2016‐08。

岡部毅史,速水大著『唐代勲官制度の研究』,唐代史研究(19),206—213,2016‐08。

丸山裕美子,岩本篤志著『唐代の医薬書と敦煌文献』,唐代史研究(19),200—205,2016‐08。

小林聰,川合安著『南朝貴族制研究』,唐代史研究(19),174—181,2016‐08。

平田陽一郎,川本芳昭著『東アジア古代における諸民族と国家』,唐代史研究(19),182—192,2016‐08。

会田大輔,大渕貴之著『唐代勅撰類書初探』,唐代史研究(19),214—221,2016‐08。

牧飛鳥,稲田奈津子著『日本古代の喪葬儀礼と律令制』,唐代史研究(19),241—244,2016‐08。

稲田奈津子,木村法光著『正倉院宝物と古代の技』,日本歴史(820),88—90,2016‐09。

石野智大,池田温著『唐史論攷:氏族制と均田制』,歴史評論(797),85—89,2016‐09。

萩信雄,『シルクロードと近代日本の邂逅』,東方(427),38—41,2016‐09。

安部聡一郎,角谷常子編『東アジア木簡学のために』,日本歴史(820),86—88,2016‐09。

白須淨眞,森安孝夫著『東西ウイグルと中央ユーラシア』,史学雑誌125(10),1761—1771,2016‐10(林生海譯《東西回鶻與中亞歐亞大陸》,劉進寶主編《絲路文明》第1輯,上海古籍出版社2017年)。

小島浩之,速水大著『唐代勲官制度の研究』,史学雑誌125(10),1742—1751,2016‐10。

市村導人,大澤正昭・中林広一編『春耕のとき:中国農業史研究からの出発』,上智史学(61),173—178,2016‐11。

河上麻由子,礪波護著『隋唐佛教文物史論考』,仏教史学研究59(1),63—67,2016‐11。

今泉牧子,大澤正昭著『南宋地方官の主張』,上智史学(61),167—172,2016‐11。

藤井教公,石井公成著『聖徳太子:実像と伝説の間』,宗教研究90(3),571—576,2016‐12。

辻正博,中国法制史と簡牘学との融合、その豊かな稔り:冨谷至『漢唐法制史研究』によせて,創文(23),7—9,2016。

井上真美,蓑輪顕量著『日本仏教史』,洛北史学(18),135—137,2016。

河内春人,川本芳昭著『東アジア古代における諸民族と国家』,史学雑誌125(12),2011‐2019,2016‐12。

堀内淳一,川本芳昭著『東アジア古代における諸民族と国家』,東洋史研究75(3),598—610,2016‐12。

渡邊邦雄,稲田奈津子著『日本古代の喪葬儀礼と律令制』,古代文化(3),

418—420,2016-12。

10. 學者・其他

興膳宏、吉川忠夫、狹間直樹等,先學を語る：福永光司先生,東方学 131,175—208,2016-01。

福島恵,隋唐期における墓誌史料の研究基盤情報の統計分析,学習院大学国際研究教育機構研究年報(2),164—179,2016-02。

柴劍虹,關於構建敦煌學史的若干思考,敦煌寫本研究年報 10(1),1—8,2016-03。

方廣錩,《中國國家圖書館藏敦煌遺書總目錄》的編纂,敦煌寫本研究年報 10(1),9—19,2016-03。

榮新江,「補史」から「再構築」へ：敦煌トルファン文書と中國中世史研究,敦煌寫本研究年報 10(2),243—251,2016-03。

白須淨眞,1908(明治41)年のスヴェン・ヘディンの來日とその新資料：内閣・外務省記錄の新視點もかねて,敦煌寫本研究年報 10(2),477—495,2016-03。

小島浩之,記錄の媒体・材料・方法からみた戰後 70 年：歷史学・古文書学と資料保存の視点から,記録と史料(26),20—25,2016-03。

中純子,蘇軾と音樂：黄州流謫期における音樂への思索,橄欖 20,103—121,2016-03。

河内利治、藤森大雅,平成 27 年度科学研究費補助金「基盤研究 C」研究報告：書の芸術性に関する術語と現代学者の解釈をめぐる比較研究,大東書道研究(23),156—123,2016-03。

中純子,詩賦が織り成す中国音楽世界：洞簫という楽器をめぐって(中国の音楽文化：三千年の歴史と理論),アジア遊学(201),68—87,2016-09。

中純子,蘇軾における日常の音,中國文學報 88,26—56,2016-10。

西村陽子、北本朝展,ディジタル史料批判と歴史学における新発見(特集人工知能と歴史),人工知能：人工知能学会誌 31(6),769—774,2016-11。

石碩,「李白と謝朓」再考：「澄江淨如練」句の受容と展開,日本中國學會報 68,18—31,2016。

川合康三,中国詩史における白居易,中古文学(98),3—16,2016-12。

二、著　書

藤井淳(編),最澄・空海將来『三教不齊論』の研究,国書刊行会,2016-01。

林雅彦(編),絵解きと伝承そして文学,方丈堂出版,2016-01。

六朝楽府の会,『隋書』音楽志訳注,和泉書院,2016-02。
沖本克己,沖本克己仏教学論集第3巻シナ編2,山喜房佛書林,2016-02。
五十川伸矢,東アジア梵鐘生産史の研究,岩田書院,2016-02。
沈国威(編著),東アジア言語接触の研究,関西大学出版部,2016-02。
佐川英治,中国古代都城の設計と思想円丘祭祀の歴史的展開,勉誠出版,2016-03。
荒川正晴、柴田幹夫(編),シルクロードと近代日本の邂逅:西域古代資料と日本近代仏教,勉誠出版,2016-03。
林生海,唐宋敦煌民間信仰研究,広島大学博士論文,2016-03。
松森秀幸,唐代天台法華思想の研究:荊渓湛然における天台法華経疏の注釈をめぐる諸問題,法藏館,2016-03。
村松弘一,中国古代環境史の研究,汲古書院,2016-03。
矢野光治,『捜神記』のどうぶつたち,駿河台出版社,2016-03。
大阪市立大学東洋史学専修研究室(編),中国都市論への挑動,汲古書院,2016-03。
倉本尚徳,北朝仏教造像銘研究,法藏館,2016-04。
石見清裕(編著),ソグド人墓誌研究,汲古書院,2016-04。
礪波護,隋唐佛教文物史論考,法藏館,2016-04。
小高修司,唐代文人疾病攷,知泉書館,2016-07。
興膳宏,中国詩文の美学,創文社,2016-07。
中安真理,箜篌の研究:東アジアの寺院荘厳と絃楽器,思文閣出版,2016-07。
村元健一,漢魏晋南北朝時代の都城と陵墓の研究,汲古書院,2016-08。
早稲田大学長江流域文化研究所(編集),中国古代史論集:政治・民族・術数,雄山閣,2016-08。
公庄博,孟浩然詩全訳注(上、下),ユニプラン,2016-09。
礪波護,隋唐都城財政史論考,法藏館,2016-09。
砺波護,敦煌から奈良・京都へ,法藏館,2016-10。
岡村繁,白氏文集十二下,明治書院,2016-11。
公庄博,王昌齢全詩訳注(4訂版),ユニプラン,2016-12。
砂山稔,赤壁と碧城:唐宋の文人と道教,汲古書院,2016-12。
飯倉義之(編著),怪異を魅せる:怪異の時空,青弓社,2016-12。
葉山恭江,唐代伝奇を語る語り手:物語の時間と空間,汲古書院,2016-12。

《2015年日本敦煌學研究論著目錄》增補

竹浪遠,唐宋山水画研究,中央公論美術出版,2015‐01。

北村一仁,両魏期における正平高涼楊氏と地域社会：仏教造像事業をめぐる人々とその目的,龍谷史壇(140),2015‐01。

岡部毅史,西晋皇太弟初探,東方学(129),32—48,2015‐01。

平田陽一郎,「隋・郁久閭可婆頭墓誌」の訳注と考察,沼津工業高等専門学校研究報告(49)75—80,2015‐01。

田中良昭、程正,敦煌禪宗文獻分類目錄,大東出版社,2015‐02。

小林仁,中国南北朝隋唐陶俑の研究,思文閣出版,2015‐02。

京都大学人文科学研究所(編),木簡と中国古代,研文出版,2015‐02。

大橋由治,『捜神記』研究,明德出版社,2015‐02。

大平幸代,悪道・迷路・弦歌：晋宋期の方志・志怪における山水と神仙の境,未名(33),1—27,2015‐03。

北村一仁,北朝—隋における民衆仏教と地域社会：山西省運城市出土の仏教石刻を用いて,(龍谷大学BARC)2014年度研究報告書,379—404,2015‐03。

川合康三,中国のいくさの詩：杜甫の早期の詩を中心に(特集「いくさ」と文学),文学16(2),196—206,2015‐03。

北村一仁,河南省洛寧県出土「北周牛氏千仏碑」に見る東西国境地域社会：「南北朝—隋代仏教石刻タイムマップ」の活用例,(龍谷大学BARC)2014年度研究報告書,219—242,2015‐03。

山田勝久,シルクロードの光彩：西域踏査40年・悠久の夢とロマンを馳せて,笠間書院,2015‐05。

北村一仁,北朝国境地域における仏教造像事業と地域社会：山西陽城出土「上官氏等合邑造釋迦仏像摩崖」を手掛かりとして,東洋史苑(84),1—46,2015‐06。

成田健太郎,魏晋南朝の文論・書論にみる風格論と技法論,東方学130,36—52,2015‐07。

池田雄一(編),漢代を遡る奏げん：中国古代の裁判記録,汲古書院,2015‐07。

余欣,佐々木聡、大野裕司(訳),中国中世における陰陽家の第一人者：蕭吉の学と術(怪異を媒介するもの),アジア遊学(187),227—248,2015‐08。

佐野誠子,中国の仏教者と予言・讖詩：仏教流入期から南北朝時代まで,アジア遊学(187),206—220,2015‐08。

佐々木聡,王充『論衡』の世界観を読む:災異と怪異、鬼神をめぐって,アジア遊学(187),189—205,2015‐08。

芳村弘道,内藤湖南の手書詩稿と全集未収書簡(内藤湖南の詩稿),書論(41),45—51,17—31,2015‐08。

大塚秀高,『夷堅志』は如何にして成ったか:洪邁三族の『夷堅志』編纂に果たした役割,饕餮(23),2—29,2015‐09。

岡本不二明,「李娃伝」と鞭:唐宋文学研究余滴,汲古書院,2015‐10。

富永一登先生退休記念論集刊行委員会(編),中国古典テクストとの対話:富永一登先生退休記念論集,研文出版,2015‐10。

佐藤長門(編),遣唐使と入唐僧の研究附校訂『入唐五家伝』,高志書院,2015‐11。

平田陽一郎,西魏・北周的二十四軍与"府兵制",中国中古史青年学者联谊会会刊中国中古史研究5,144—174,2015‐12。

矢田博士,中國の古典詩に見える蝙蝠:宋代の詩を中心に,中国詩文論叢34,146—160,2015‐12。

佐野誠子,『天地瑞祥志』所引志怪資料について,名古屋大學中國語學文學論集29,177—192,2015‐12。

佐野誠子,六朝僧侶故事探求:志怪と僧伝のあいだ,名古屋大學中國語學文學論集29,21—43,2015‐12。

川本芳昭,歴史的観点から見た日本と大陸との関係,比較文明(31),145—149,2015。

石川忠久,漢字文明をいかに継承するか:日中人文社会科学学会設立10週年大会記念講演,知性と創造:日中学者の思考(6),6—15,2015。

渡邉登紀,二つの「答龐参軍」について:陶淵明の交際と居住空間,人間科学研究(12),104—84,2015。

吉原浩人,錢塘湖孤山寺の元稹・白居易と平安朝の文人(特集仏教と文学),白居易研究年報(16),97—125,2015。

2017 年日本敦煌學研究論著目録

林生海（安徽師範大學）

一、論　文

1. 政治・地理

金子修一,権力と皇后,中国女性史研究(26),1—13,2017‐02。

菅沼愛語,隋の東部ユーラシア規模での世界戦略：北方と西方への遠交近攻、以夷制夷の対外政策,史窓(74),43—66,2017‐02。

長部悦弘,北魏孝文帝代の尚書省と洛陽遷都(6)宗室元氏の尚書省官への任官状況に焦点を当てて,人間科学：琉球大学法文学部人間科学科紀要(36),77—104,2017‐03。

妹尾達彦,生前の空間、死後の世界：隋唐長安の官人居住地と埋葬地,中央大学文学部紀要(266),69—134,2017‐03。

大平幸代,劉裕の北伐をめぐる文学：晋宋革命を演出した人とことば,古代学(9),76—63,2017‐03。

山口正晃,曹魏および西晋における都督と将軍,大手前大学論集(17),11—45,2017‐03。

山口正晃,將軍から都督へ：都督制に對する誤解,東洋史研究76(1),1—36,2017‐06。

会田大輔,北周武帝の華北統一（魏晋南北朝史のいま）,アジア遊学(213),59—69,2017‐08。

内田昌功,隋唐長安城の外郭の系譜,唐代史研究(20),3—23,2017‐08。

内田昌功,魏晋南北朝の長安,アジア遊学(213),174—183,2017‐08。

長部悦弘,北魏孝文帝代の尚書省と洛陽遷都(7)：宗室元氏の尚書省官への任官状況に焦点を当てて,人間科学(37),13—70,2017‐09。

赤羽目匡由,大武芸時代の渤海情勢と東北アジア,アジア遊学(214),165—182,2017‐09。

赤羽目匡由,『類聚國史』所載の所謂「渤海沿革記事」の史料的性格について,東洋史研究76(2),232—267,2017‐09。

裴長春,王権と仏教儀礼：中国における仁王会と三十七尊礼懺を中心に,広島大学大学院総合科学研究科紀要Ⅲ文明科学研究12,15—18,2017‐12。

2. 社會・經濟

前島佳孝,隋末唐初における李義方とその一族:墓誌銘の分析を中心に,人文研紀要(88),247—278,2017‐09。

山崎覚士,宋朝の朝貢と貿易,歴史学部論集(7),77—95,2017‐03。

堀井裕之,隋代弘農楊氏の研究:隋唐政権形成期の「門閥」,東洋文化研究(19),428—399,2017‐03。

拝根興,土屋昌明(訳),新発見入唐高麗移民墓誌からみた唐代東アジアの人流,専修大学社会知性開発研究センター古代東ユーラシア研究センター年報3,63—76,2017‐03。

大村和人,南朝梁「内人」詩のテーマと視點,六朝學術學會報18,37—52,2017‐03。

大橋由治,唐代定数小説の婚姻,大東文化大學漢學會志(56),9—31,2017‐03。

藤本誠,古代村落の「堂」研究の現状と課題(特集古代の仏教受容と在地支配:地域社会と村堂),民衆史研究(93),3—16,2017‐05。

松下憲一,李沖(魏晋南北朝史のいま),アジア遊学(213),49—58,2017‐08。

倉本尚徳,南朝仏教と社会:王法と仏法の関係,アジア遊学(213),100—109,2017‐08。

氣賀澤保規,第五六二回「房山雲居寺石経」に刻印された唐代仏教社会,東洋学報:東洋文庫和文紀要99(2),181—183,2017‐09。

手島崇裕,「入宋巡礼僧」をめぐって,アジア遊学(214),60—77,2017‐09。

臼杵勲、佐川正敏、松下憲一,匈奴の建造物・住居,札幌学院大学人文学会紀要(102),31—51,2017‐10。

中純子,唐詩における日常の音:定式からの解放,天理大学学報69(1),11—28,2017‐10。

妹尾達彦,長安:世界システムの境界都市,比較文明(33),104—120,2017。

3. 法律・制度

趙晶,辻正博(訳),唐令復原における典據史料の檢證:『大唐開元禮』を中心に,東方学133,53—68,2017‐01。

松本保宣,宋人を中心とする唐代朝儀制度理解について:「入閤」とは何か?,唐代史研究(20),53—86,2017‐08。

窪添慶文,北魏後期の門閥制,アジア遊学(213),289—299,2017‐08。

窪添慶文,魏晋南北朝史のいま,アジア遊学(213),4—6,2017‐08。

佐川英治,鄴城に見る都城制の転換,アジア遊学(213),153—162,2017‐08。

石野智大,武周時代の村落制度と基層社会の人的結合:河南省輝県市文物管理局蔵「百門陂碑」の分析を中心に(岡野誠教授増田豊教授退職記念論文集),法律論叢90(2・3),39—88,2017‐12。

4. 語言・文學

吉田豊,ソグド語譯『楞伽師資記』と關連する問題について,東方学133,52—31,2017‐01。

荒見泰史,敦煌本『仏説諸経雑緣喻因由記』の唱導(中世における儀礼テクストの綜合的研究:館蔵田中旧蔵文書『転法輪鈔』を中心として),国立歴史民俗博物館研究報告188,125—145,2017‐03。

曹凌,八並明義:對一種早期辯論法的初步探討,敦煌寫本研究年報(11),1—22,2017‐03。

荒見泰史,『大目乾連冥間救母變文』から見た變文の書き換えと經典化,敦煌寫本研究年報(11),23—38,2017‐03。

高井龍,日本における初期敦煌通俗文學研究,敦煌寫本研究年報(11),39—55,2017‐03。

辛嶋静志,「変」、「変相」、「変文」の意味,印度學佛教學研究65(2),732—739,2017‐03。

河上麻由子,『広弘明集』巻一七について,日本古写経研究所研究紀要2,29—51,2017‐03。

渡邉義浩,『世説新語』における王導の表現,早稲田大学大学院文学研究科紀要62,944—931,2017‐03。

浅見洋二,言論統制下の文学テクスト:蘇軾の創作活動に即して,大阪大学大学院文学研究科紀要57,55—111,2017‐03。

芳村弘道,臺灣"中央研究院"傅斯年圖書館所藏の稿本『錢注杜詩』について:李爽氏「『錢牧齋杜注寫本』考」補遺,學林(64),43—66,2017‐03。

永田拓治,魏晋期における校書事業と史書編纂,中國古代史論叢9,51—84,2017‐03。

高田時雄,内藤文庫から新たに發見されたウイグル木活字,関西大学東西学術研究所紀要(50),367—377,2017‐04。

玄幸子,『廬山遠公話』校訂上の諸問題,関西大学東西学術研究所紀要(50),19—33,2017‐04。

渡邉義浩,干宝の『晋紀』と「左伝体」,東洋研究(204),49—73,2017‐07。

田中靖彦,曹丕：三分された日輪の時代,アジア遊学(213),7—17,2017‐08。

渡部雄之,理念の無い「怪奇」：太学体排斥の理由について,中國中世文學研究(70),18—35,2017‐09。

荻原裕敏,トカラ語A《Saundaranandacaritanāṭaka》における《Mahādevasūtra》の引用について,東京大学言語学論集38(1),197—219,2017‐09。

'Imādal-DīnŠayḫal-Ḥukamā'ī、渡部良子、松井太,ジャライル朝シャイフ゠ウワイス発行モンゴル語・ペルシア語合璧命令文書断簡2点,内陸アジア言語の研究32,49—149,2017‐10。

楊莉,敦煌書儀「吉書儀」における用語の特徴：「手紙」を表す言葉の使い分けについて,中国語研究(59),26—39,2017‐10。

酒井駿多,漢代の「羌」という虚像：白馬と東羌を例に,上智史学(62),57—75,2017‐11。

髙井龍,「伍子胥變文(擬)」寫本研究,學林(65),24—48,2017‐11。

永田拓治,汉晋时期流行的别传：正与别,中国学术38,168—193,2017‐12。

後藤秋正,杜甫はいつから「詩聖」になったか,札幌国語研究(22),59—66,2017。

内田誠一,古代中国の詩人が歩いた道：杜甫が詠じた石壕村と、世界遺産に指定された崤函古道,国語国文論集(47),3076—3068,2017。

安藤信廣,陶淵明と陶淵明以後,新しい漢字漢文教育(64),16—26,2017。

5. 宗教・思想

菊地章太,民間信仰と佛教の融合：東アジアにおける媽祖崇拜の擴大をたどる,東アジア仏教学術論集(5),29—56,2017‐01。

石井公成,「長恨歌」における道教と仏教(続),駒沢大学仏教文学研究(20),43—57,2017‐02。

荒見泰史,中国仏教と祖先祭祀(宗教と儀礼の東アジア：交錯する儒教・仏教・道教),アジア遊学(206),34—59,2017‐03。

荒見泰史,香港の盂蘭勝会の現状と餓鬼供養,アジア社会文化研究(18),1—33,2017‐03。

渡邉義浩,顔之推の佛教信仰,東洋の思想と宗教(34),1—17,2017‐03。

裴長春,『三十七尊礼懺文』についての考察,禪學研究(95),1—18,2017‐03。

渡邉義浩,『古史考』と『帝王世紀』：儒教に即した上古史と生成論,早稲田大学大学院文学研究科紀要63,1282—1267,2018‐03。

佐々木聡,釜鳴をめぐる怪異観の展開とその社會受容,人文学論集 35,1—18,2017‐03。

二階堂善弘,道教・民間信仰で描く地獄,アジア遊学（206）,150—157,2017‐03。

二階堂善弘,シンガポールの華光大帝,東アジア文化交渉研究（10）,423—429,2017‐03。

西田愛,敦煌出土銅錢占卜文書について,敦煌寫本研究年報（11）,135—152,2017‐03。

佐々木聡,『白沢精怪図』再考：S.6261を中心として,敦煌写本研究年報（11）,57—72,2017‐03。

林生海,金山國の背景に見られる敦煌の山嶽信仰,敦煌寫本研究年報（11）,73—86,2017‐03。

龔麗坤,古鏡記：敦煌占候類文書中的"鏡"類文獻,敦煌寫本研究年報（11）,87—107,2017‐03。

神塚淑子,京都国立博物館所蔵敦煌道経：『太上洞玄霊宝妙経衆篇序章』を中心に,名古屋大学文学部研究論集（哲学63）,75—90,2017‐03。

小野嶋祥雄,中国仏教における『首楞厳経』の受容態度,印度學佛教學研究 65（2）,548—553,2017‐03。

中田美絵,唐代長安における仏教儀礼,アジア遊学（206）,188—200,2017‐03。

渋谷裕子,福建省晋江市におけるマニ光仏（マニ教）信仰について,人文社会科学研究（57）,97—128,2017‐03。

佐野誠子,隋唐における仏教冥界遊行譚の変化：閻羅王と金剛経そして創作の萌芽,名古屋大学文学部研究論集（文学63）,93—111,2017‐03。

二階堂善弘,東アジアの伽藍神信仰,関西大学東西学術研究所紀要（50）,41—50,2017‐04。

本井牧子,海を渡る仏：『釈迦堂縁起』と『真如堂縁起』との共鳴（ひと・もの・知の往来：シルクロードの文化学）,アジア遊学（208）,205—216,2017‐05。

石井公成,女性が男性を論破する大乗経典：日本の女性文学への影響（東アジアの女性と仏教と文学）,アジア遊学（207）,19—30,2017‐05。

高戸聰,巫となる際の神秘体験について,集刊東洋学（117）,24—43,2017‐06。

古勝隆一,魏晋期の儒教,アジア遊学（213）,81—90,2017‐08。

橘堂晃一,新発現のウイグル訳『仏説善悪因果経』,内陸アジア言語の研究 32,33―48,2017‐10。

程正,英藏敦煌文獻から發見された禪籍について：S6980以降を中心に（1）,駒沢大学仏教学部論集（48）,288―273,2017‐10。

佐々木聡,越南本『天元玉暦祥異賦』について：天文五行占書伝播の一例として,汲古（72）,46―52,2017‐12。

裴長春,敦煌本『瑜伽仏[事]』について,印度學佛教學研究66（1）,294―291,2017‐12。

谷口高志,元稹の詩歌における淫祀：民間祭祀への眼差し,佐賀大国語教育（1）,70―56,2017。

藤原達也,ダエーナーとその図像表現：ゾロアスター教およびマニ教における死者の運命（死から生への眼差し）,死生学年報,213―248,2017。

6. 考古・美術

倉本尚徳,門北朝隋唐造像銘所見之净土信仰的转变,東アジア仏教学術論集（5）,359―390,2017‐01。

荻原裕敏,クチャ・クムトラ窟群區第50窟の千佛圖像について：敦煌出土コータン語『賢劫經』との比較,敦煌寫本研究年報（11）,109―133,2017‐03。

黒田彰,蔡順、丁蘭、韓伯瑜図攷：呉氏蔵北魏石牀（二面）の連れの一面の出現,国文学（101）,21―52,折り込1枚,2017‐03。

黒田彰,呉氏蔵東魏武定元年翟門生石牀について：翟門生石牀の孝子伝図,文学部論集（101）,1―27,図巻頭8p,2017‐03。

妹尾達彦,石に刻まれた長安の都市空間：北京大学図書館蔵呂大防「長安図」残石拓本の公刊をめぐって,中央大学アジア史研究（41）,161―183,2017‐03。

石井公成,唐の石鼓寺の智雲は新羅僧か（1）『妙経文句私志記』『妙経文句私志諸品要義』の変格漢文,駒沢大学仏教学部研究紀要（75）,25―36,2017‐03。

手島一真,シルクロード仏教の一断面：ウズベキスタン・フェルガナの仏教遺跡,ユーラシア研究（56）,16―19,2017‐08。

佐々木聡,北尾重政・政美の描いた「白沢の図」,月刊みんぱく41（8）,14―15,2017‐08。

八木春生,河北地方における唐時代前期（六一八―七五五）の仏教造像,國華123（3）,5―19,3,2017‐10。

黒田彰,翟門生覚書：呉氏蔵東魏武定元年翟門生石牀について(中世・幼学特集),京都語文(25),55—101,2017‐11。

松浦典弘,五臺山佛光寺の唐代の経幢,大谷学報97(1),1—18,2017‐11。

森田美樹,サンフランシスコ・アジア美術館所蔵の宗教絵画：マニ教絵画の可能性,大和文華(132),57—61,2017‐11。

倉本尚徳,宝山寺北斉刻経碑から見た霊裕の『華厳経』観,印度學佛教學研究65(2),562—567,2017。

7. 文書・譯注

平田陽一郎,「隋・于寬墓誌」の訳注と考察,沼津工業高等専門学校研究報告(51),63—68,2017‐01。

高戸聰,嶽麓書院藏秦簡『占夢書』訳注稿,福岡女学院大学紀要,人文学部編(27),55—78,2017‐03。

会田大輔,『帝王略論』巻二校注稿,明大アジア史論集(21),142—117,2017‐03。

髙瀬奈津子、江川式部(訳),『封氏聞見記』訳注(4),札幌大学総合研究(9),100—70,2017‐03。

藤井教公(訳),智顗撰『維摩経文疏』訳注(5),国際仏教学大学院大学研究紀要(21),1—32,2017‐03。

高西成介,『太平広記』訳注(稿)：巻四百「宝」部金上(下),高知県立大学紀要66,32—18,2017‐03。

梶山智史,屠本『十六国春秋』序文輯録訳注(3),明大アジア史論集(21),26—40,2017‐03。

永井政之、程正等,『宋会要』道釈部訓注(12)資料編,駒沢大学仏教学部論集(48),45—95,2017‐10。

『法苑珠林』研究会(訳),『法苑珠林』感応縁訳注稿(3),上智史学(62),87—118,2017‐11。

中純子、幸福香織(訳),『太平広記』楽部訳注稿(4),中国文化研究(33),45—89,2017。

8. 動向・調査

高田時雄,メンシコフ、チュグエフスキー記念「敦煌古寫本」國際學術會議,東方学133,79—87,2017‐01。

山本孝子,『敦煌秘笈』所収寫本研究論著目録稿,敦煌寫本研究年報(11),177—204,2017‐03。

柴田幹夫,近代中国と東アジア：新史料と新視点学術シンポジウムに参加して,東方(435),8—12,2017‐05。

北村一仁,回顧と展望:東アジア魏晋南北朝,史学雑誌126(5),198—204,2017‐06。

佐川英治,ロンドン"Law and Writing Habits in the Ancient World"學會参加記,東方学134,112—121,2017‐07。

白須淨眞,大谷光瑞が二楽荘に招聘した日本最初期のモンゴル語教師・羅子珍に係わる新資料:京都・明覺寺(めいかくじ)資料とアジア歴史資料センター(JACAR)記録の紹介,東洋史苑(89),1—49,2017‐07。

松浦晶子,日本と中国における北宋雅楽研究の動向:一九八〇年代から二〇一〇年代まで,上智史学(62),77—86,2017‐11。

關尾史郎,簡帛と紙石の世紀[特集出土文字資料が拓く比較史の可能性(1)],歴史学研究(964),14—24,2017‐11。

山本忠尚,正倉院宝物を十倍楽しむ(16),古代文化69(3),441—446,2017‐12。

須江隆,南宋・洪邁『夷堅志』に関する二つの国際会議と今後の研究の動向,人間科学研究(14),85—96,2017。

9. 書評・介紹

大渕貴之,域外漢籍研究の新たなる展開[陳正宏著東亞漢籍版本学初探],東方(431),24—27,2017‐01。

金子修一,川本芳昭著『東アジア古代における諸民族と国家』,歴史評論(802),76—81,2017‐02。

道坂昭廣,成田健太郎著『中國中古の書學理論』,六朝學術學會報18,91—96,2017‐03。

淺見洋二,渡邉義浩著『「古典中國」における文學と儒教』,六朝學術學會報18,81—90,2017‐03。

關尾史郎,冨田健之『武帝:始皇帝をこえた皇帝』,東アジア:歴史と文化(26),15—17,2017‐03。

川邉貴伸,大澤正昭著『南宋地方官の主張』,七隈史学(19),155—161,2017‐03。

山田伸吾,「内藤湖南と台湾」を巡る問題点(その1)中川未来氏の『明治日本の国粋主義思想とアジア』を論評する,研究論集13,103—115,2017‐03。

森部豊,森安孝夫著東西ウイグルと中央ユーラシア,東洋史研究75(4),797—820,2017‐03。

小倉久美子,稲田奈津子著『日本古代の喪葬儀礼と律令制』,歴史評論

(806),99—103,2017‐06。

高戸聰,『白沢図』の展開から見えてくるモノからコトへ[佐々木聡著復元白沢図:古代中国の妖怪と辟邪文化],東方(436),24—28,2017‐06。

北村一仁,劉安志著『新資料与中古文史論稿』,東洋史苑 89,40—49,2017‐07。

北村一仁,倉本尚徳著『北朝仏教造像銘研究』,唐代史研究(20),168—176,2017‐08。

江川式部,礪波護著『隋唐佛教文物史論考』,唐代史研究(20),196—202,2017‐08。

石野智大,冨谷至著『漢唐法制史研究』,唐代史研究(20),157—167,2017‐08。

藤本誠,本郷真紹監修・山本崇編『考証日本霊異記』上,日本歴史(831),96—99,2017‐08。

毕波,石見清裕編著『ソグド人墓誌研究』,唐代史研究(20),183—188,2017‐08。

岩田真由子,稲田奈津子著『日本古代の喪葬儀礼と律令制』,日本歴史(833),95—97,2017‐10。

坂出祥伸,佐々木聰『復元白澤圖』,東方宗教(130),105—109,2017‐11。

佐々木聰,陳于柱著『敦煌吐魯番出土發病書整理研究』,東方宗教(130),99—104,2017‐11。

稲本泰生,倉本尚徳著『北朝仏教造像銘研究』,史学雑誌 126(11),1793—1801,2017‐11。

石井公成,オリオン・クラウタウ編『戦後歴史学と日本仏教』,日本思想史学(49),223—228,2017。

10. 學者・其他

竺沙雅章先生に聞く:2003 年 6 月 6 日座談會記録,敦煌寫本研究年報(11),153—175,2017‐03。

妹尾達彦,川越泰博教授を送る(川越泰博教授古稀記念アジア史論叢),中央大学アジア史研究(41),卷頭 25—30,2017‐03。

妹尾達彦,川越泰博教授を送る,中央大学文学部紀要(266),163—167,2017‐03。

柴田幹夫,大谷光瑞と台湾の近代化(特集国際学術討論会近代化と地方史),研究論集 13,45—56,2017‐03。

河内利治、藤森大雅,平成 28 年度科学研究費補助金「基盤研究 C」研究報告:

書の芸術性に関する術語と現代学者の解釈をめぐる比較研究,大東書道研究(24),158—125,2017-03。

渡辺信一郎,唐宋時代の胡部楽：燕楽の唐宋変革(続),唐宋変革研究通訊(8),47—70,2017-03。

榎本淳一,『日本国見在書目録』に見える重出書について,史聚(50),160—167,2017-04。

片山章雄,オークション会場に現れた大谷探検隊収集品,東海史学(51),113—118,2017-03。

榎本淳一,中日書目比較考：『隋書』經籍志の書籍情報を巡って,東洋史研究76(1),37—78,2017-06。

興膳宏,横山弘,川合康三,赤尾榮慶,道坂昭廣,木津祐子,二宮美那子,學問の思い出：興膳宏先生を圍んで,東方学134,144—185,2017-07。

榎本渉,対外関係史研究における石井正敏の学問,アジア遊学(214),9—29,2017-09。

小島浩之,漢籍整理備忘録：中国の古典籍・古文書の理解のために,大学図書館研究106,1—11,2017。

成田健太郎,碑帖拓本資料のデジタル公開における書志記述の実践,書学書道史研究(27),29—41,85—84,2017。

二、著　書

佐々木聡,復元白沢図：古代中国の妖怪と辟邪文化,白澤社,2017-01。

福井佳夫,六朝文評価の研究,汲古書院,2017-01。

大西磨希子,唐代仏教美術史論攷：仏教文化の伝播と日唐交流,法藏館,2017-02。

宮治昭(編集),ガンダーラ―東西トルキスタン,中央公論美術出版,2017-02。

玄幸子,中国周辺地域における非典籍出土資料の研究,ユニウス,2017-02。

下野玲子,敦煌仏頂尊勝陀羅尼経変相図の研究,勉誠出版,2017-02。

門脇廣文,窟の中の田園：そして二つの「桃花源記」,研文出版,2017-02。

葉山恭江,唐代伝奇を語る語り手：物語の時間と空間,汲古書院,2017-02。

福島恵,東部ユーラシアのソグド人：ソグド人漢文墓誌の研究,汲古書院,2017-02。

土肥義和、氣賀澤保規(編),敦煌・吐魯番文書の世界とその時代,東洋文庫,2017-03。

玄幸子、高田時雄(編集),内藤湖南敦煌遺書調査記録續編,関西大学出版部,2017‐03。

氣賀澤保規(編),新編唐代墓誌所在総合目録,明治大学東アジア石刻文物研究所,2017‐03。

田部井文雄,陶淵明のことば,斯文会,2017‐04。

後藤多聞,漢とは何か、中華とは何か,人文書館,2017‐05。

渡邉義浩,「古典中國」における小説と儒教,汲古書院,2017‐06。

砺波護,鏡鑑としての中国の歴史,法藏館,2017‐06。

金剛大學佛教文化研究所(編集),敦煌寫本『大乗起信論疏』の研究,国書刊行会,2017‐06。

松井太、荒川慎太郎(編),敦煌石窟多言語資料集成,東京：東京外国語大学アジア・アフリカ言語文化研究所,2017‐07。

坂出祥伸,道教とはなにか,ちくま学芸文庫,2017‐07。

大島正二,唐代の人は漢詩をどう詠んだか：中国音韻学への誘い,岩波書店,2017‐07。

姜生著,三浦國雄(訳),道教と科学技術,東方書店,2017‐07。

山内孝道,評伝顔之推,明徳出版社,2017‐08。

西脇常記,中國古典時代の文書の世界：トルファン文書の整理と研究,知泉書館,2016‐08。

和久希,六朝言語思想史研究,汲古書院,2017‐09。

窪添慶文(編集),魏晋南北朝史のいま,勉誠出版,2017‐09。

窪添慶文,墓誌を用いた北魏史研究,汲古書院,2017‐09。

本多隆成,シルクロードに仏跡を訪ねて：大谷探検隊紀行,吉川弘文館,2016‐09。

藤田勝久、關尾史郎編,簡牘が描く中国古代の政治と社会,汲古書院,2017‐09。

神塚淑子,道教経典の形成と仏教,名古屋大学出版会,2017‐10。

岡部毅史,魏晋南北朝官人身分制研究,汲古書院,2017‐11。

出土文字資料が拓く比較史の可能性(『歴史学研究』964号特集),歴史学研究会,2017‐11。

毅史岡部,魏晋南北朝官人身分制研究,汲古書院,2017‐11。

谷川道雄,谷川道雄中国史論集(下巻),汲古書院,2017‐12。

日本學者三夷教相關論著目錄

林生海(安徽師範大學)

一、論　文

羽田亨,新出波斯教残経に就て,東洋学報通号,247—263,1912‐05。

原田淑人,唐小説杜子春伝と祆教,東洋学報6(3),423—427,1916‐10。

石田幹之助,支那に於いて出版せられたる回教文献に就いて,東洋学報8(2),308—314,1918‐05。

石田幹之助,アー・フォン・ルコック『高昌古址発見トルコ文摩尼教遺文玫』第2冊,東洋学報12(3),409—415,1922‐10。

石田幹之助,敦煌發見『摩尼光佛教法儀略』に見えたる二三の言語に就いて,白鳥博士還暦記念東洋史論叢,岩波書店,157‐172,1925。

桑原騭藏,大秦景教流行中国碑に就いて(『桑原騭藏全集』第1集,岩波書店1968年),『東洋史説苑』,弘文堂,277—314,1927‐06。

神田喜一郎,祆教雑考,史学雑志39(4),381—394,1928。

石田幹之助,祆教叢考：神田學士の「祆教雑考」を読みて,史學雜誌34(6),1928。

桑原騭藏,祆教に関する一史料,史學雜誌39(7),1928。

羽田亨,景教経典志玄安楽経に就いて,東洋学報18(1),1—24,1929‐08。

重松俊章,唐宋時代の彌勒匪教,史淵3,1931。

重松俊章,唐宋時代の末尼教と魔教問題,史淵12,1936。

神田喜一郎,「敦煌二十咏」に就いて,史林24(4),1939。

神田喜一郎,素畫に就いて,東洋史研究5(3),193—195,1940‐04。

田阪興道,回紇に於ける摩尼教迫害運動,東方學報11卷1期(東京),1940‐03。

藤枝晃,景教瑣記,東洋史研究8(5‐6),318—324,1944‐03。

佐伯好郎,西教東漸の跡を顧みて,史学研究(39),73—81,1949‐10。

羽田亨,大秦景教大聖通真帰法讚及び大秦景教宣元至本経残巻について,東方学(1),1—11,1951‐03。

高井貞橘,ネストリウス破門の経緯について：景教正統論の序説として,明治学院論叢(22),47—61,1951‐06。

301

那波利貞,火の信仰に就いて,神道史研究 1(3),248—265,1953。

茂泉昭男,マニ教論争に見られるアウグスティヌスの悪論の展開,東北学院大学論集(17),1954-12。

畑野忍,景教直接資料の研究,神学と人文大阪基督教学院・大阪基督教短期大学研究論集(1),1955-04。

那波利貞,祆廟祭祀小攷,史窓(10),1956。

龔天民,中國景教に於ける佛教的影響について,印度學佛教學研究 6(1),138—139,1958。

富山昌德,平安・鎌倉時代の仏教説話中に見られる景教の影響について：ルカ伝の間接文献の紹介,日本仏教(7),45—57,1960-03。

窪德忠,宋代における道教とマニ教,東洋史論叢：和田博士古稀記念,講談社,1961。

香山陽坪,オスアリについて：中央アジア・ゾロアスター教徒の蔵骨器,史学雑誌 72(9),1284—1298,1963-09。

原田淑人,東と西(五)唐代小説杜子春伝とゾロアスター教,聖心女子大学論叢 22,7—17,1964-03。

池田温,八世紀中葉における敦煌のソグド聚落(辛德勇譯,劉俊文主編『日本學者研究中國史論著選譯』第9卷,中華書局1993年),ユーラシア文化研究 1,1965-11。

木村信一,景教異端とそのシリヤ語QNOMA関する一考察,桃山学院大学キリスト教論集 2,23—41,1966-03。

小川陽一,敦煌における祆教廟の祭祀,東方宗教(27),23—34,1966-09。

佐伯好郎,井出勝美(訳),極東における最初のキリスト教王国弓月及びその民族に関する諸問題,史観(74),14—28,1966-10。

須永梅尾,ファウストゥスとアガピウス：古代末におけるマニ教的異端の一考察,文化史学(23),20—32,1968-05。

須永梅尾,ヨーロッパにおけるいわゆる「マニ教的」異端の系譜について,新潟青陵女子短期大学研究報告 1,25—42,1970-03。

大島春子,「二つの魂」説に見られるアウグスチヌスのマニ教解釈について,中世思想研究(12),47—70,1970-08。

梅原猛,塔-21-広隆寺と景教-1,芸術新潮 22(9),144—148,1971-09。

梅原猛,塔-22-広隆寺と景教-2,芸術新潮 22(10),163—168,1971-10。

野村博,景教に就いて,東洋史苑 4,25—30,1971-12。

須永梅尾,「真珠の歌」とマニ教との間,新潟青陵女子短期大学研究報告 3,

15—28,1973‐01。

塚田康信,大秦景教流行中国碑の研究,福岡教育大学紀要第 5 分冊芸術・保健体育・家政・技術科編(22),1—13,1973‐02。

大秦景教流行中国碑年表(貞観9—中華民国54)(大秦景教流行中国碑の研究),福岡教育大学紀要第 5 分冊芸術・保健体育・家政・技術科編(22),11—12,1973‐02。

塚田康信,大秦景教流行中国碑の研究:碑文の通釈,福岡教育大学紀要第 5 分冊芸術・保健体育・家政・技術科編(23),63—74,1973。

須永梅尾,"Handam"史料にみるマニ教の霊魂観,新潟青陵女子短期大学研究報告 4,21—33,1974‐02。

竺沙雅章,喫菜事魔について(収入竺沙雅章『宋元仏教文化史研究』,汲古書院 2000 年),青山博士古稀紀念宋代史論叢,省心書房,1974。

竺沙雅章,方臘の乱と喫菜事魔[農民戦争史の諸問題(特集)],東洋史研究 32(4),21—43,1974‐03。

池田温,沙州図経略考,榎博士還暦記念東洋史論叢,山川出版社,1975。

須永梅尾,マニ教神話における2神とそのパルティア語讃歌,新潟青陵女子短期大学研究報告 6,21—28,1976‐03。

石田幹之助、松本清張,火祆教と中国文化,中央公論 91(6),278—294,1976‐06。

藤井知昭,ゾロアスター教徒の衣裳:西アジア収集の回想,国立民族学博物館研究報告 1(2),427—430,1976‐07。

須永梅尾,マニ教における「エノック書」とその底本について,新潟青陵女子短期大学研究報告 7,29—35,1977‐03。

森安孝夫,ウィグルの西遷について,東洋学報 59(1・2),105—130,1977‐10。

山本由美子,ゾロアスター教研究の一動向:M. Boyceの『ゾロアスター教史第一巻』を中心として,オリエント22(2),130—139,1979。

片柳栄一,Jesuspatibilis:アウグスティヌスの接したヌミディアのマニ教の一断面,中世思想研究(22),25—47,1980。

片柳栄一,アウグスティヌスとマニ教,商學論究 27(1/2/3/4),641—660,1980‐01。

伊藤義教,再説「ゾロアスター教徒の来日」,朝日ジャーナル22(37),84—86,1980‐09。

森茂男,岡田明憲著『ゾロアスター教:神々への讃歌』,オリエント26(1),

108—114,1983。

中別府温和,聖なる火をめぐるゾロアスター教の宗教儀礼：マーチ(maci)とジャシャン(Jasan)を中心として,宗教研究57(2),205—225,1983‐09。

加藤武,蜜日と宗教儀礼：日本におけるマニ教‐1,立教大学研究報告・人文科学(43),140—122,1984。

上岡弘二,メアリー・ボイス著/山本由美子訳『ゾロアスター教：三五〇〇年の歴史』,史學雜誌93(3),385—386,1984‐03。

岡田明憲,パールシーと神智学：ゾロアスター教近代化の一側面,オリエント28(2),66—77,1985。

中別府温和,ゾロアスター教における死体悪魔(druxsyanasus)について,哲学年報(44),21—37,1985‐02。

長沢順治,マニ教の二元相克と詩,大東文化大学英米文学論叢(16),70—76,1985‐03。

山本由美子,ゾロアスター教のフラフストラ観,史學雜誌94(9),1421—1449,1548,1985‐09。

Immoos Thomas,景教の碑文：異なる宗教と宗教が対話したとき,ソフィア35(1),97—101,1986。

吉田豊,漢訳マニ教文献における漢字音写された中世イラン語について(上),「内陸アジア言語の研究2」長田夏樹教授退官・退班記念篇,神戸市外国語大学外国学研究17,1—15,1987‐03。

須永梅尾,マニ教文学における讃歌と詩篇：マニの涅槃をめぐって,新潟青陵女子短期大学研究報告18,27—36,1988‐02。

河野一典,『創世記』冒頭をめぐるマニ教徒の問いの意味について：Augustinus, Confessiones XI, 10, 12, 中世哲学研究：Veritas7, 61—65, 1988‐11。

西脇常記,「大秦景教宣元至本経」残巻について,禅文化研究所紀要(15),107—138,1988‐12。

須永梅尾,マニ教学250年,新潟青陵女子短期大学研究報告19,1—12,1989‐02。

吉田豊、森安孝夫,麹氏高昌国時代ソグド文女奴隷売買文書,内陸アジア言語の研究4,神戸市外国語大学外国学研究19,1—50,1989‐03。

秋山光恵,「大秦景教流行中国碑」を訪ねて,神学と人文：大阪基督教学院・大阪基督教短期大学研究論集30,181—187,1990。

菊地伸二,『マニ教徒に対する創世記注解』におけるordoの意味,中世哲学研

究：Veritas 9,64—68,1990-11。

吉田豊、W. Sundermann,ベゼクリク・ベルリン・京都：ソグド文字によるマニ教パルティア語の賛歌,オリエント35(2),119—134,1992。

寺島憲治,バルカンの新マニ教,現代思想20(2),173—179,1992-02。

河野一典,アウグスティヌスにおける「地」(Genesis,1,1-2)としての質料：マニ教徒論駁の観点で,中世哲学研究：Veritas 11,86-90,1992-11。

加藤九祚,マニ教研究ノート,創価大学人文論集5,242—263,1993-03。

吉田豊,中世イラン語と古代チュルク語：マニ教文献中の奥書2種,内陸アジア言語の研究8,127—133,1993-03。

吉田豊、森安孝夫著『ウイグル＝マニ教史の研究』,史學雜誌102(4),595—605,1993-04。

梅村坦,森安孝夫「ウイグル＝マニ教史の研究」,東洋史研究53(1),167—175,1994-06。

岡田明憲,アルダ-・ウィーラーフの書：ゾロアスタ-教徒の霊界旅行,ユリイカ26(13),342—350,1994-12。

吉田豊,無常を説くマニ教ソグド語文書：京都大学文学部所蔵の写真資料から,オリエント37(2),16—32,1995。

渡辺はるな,魔と犬：ゾロアスター教を中心に,比較思想研究22,168—171,1995。

菊地伸二,『未完の創世記注解』における「創造」についての一考察：『マニ教徒を反駁する創世記注解』との比較において,中世哲学研究：Veritas14,96—103,1995-11。

岡田明憲,ゾロアスター教の大女神：Armaiti, Aši, Anahita,オリエント39(1),85—99,1996。

戸田聡,キリスト教修道制の生成とマニ教：エジプトとシリアの場合,日本中東学会年報(11),183—208,1996-03。

島恭裕,マニ教細密画中の獣頭像に関する考察,民族考古：大学院論集3,132,1996-03。

田辺勝美,ソグド美術における東西文化交流：獅子に乗るナナ女神像の文化交流史的分析,東洋文化研究所紀要(130),213—277,1996-03。

岡崎和子,アウグスティヌスにおける意志の自由の問題：マニ教との関連で,北陸大学紀要21,181—191,1997。

影山悦子,東トルキスタン出土のオッスアリ(ゾロアスター教徒の納骨器)について,オリエント40(1),73—89,1997。

森泰男,「潔斎」（abstinentia）とは何か：『マニ教徒の習俗について』におけるアウグスティヌスのマニ教批判の一断面,西南学院大学国際文化論集 11（2）,1—13,1997‐02。

岡田明憲,ゾロアスター教における牛のシンボリズム,象徴図像研究（11）,5—13,1997‐03。

森安孝夫,大英図書館所蔵ルーン文字マニ教文書 Kao.0107 の新研究,内陸アジア言語の研究 12,41—71,1997‐07。

菊地伸二,魂の創造について：『マニ教徒を反駁する創世記注解』II,3、4—8、11 を中心に,中世哲学研究：Veritas 16,99‐109,1997‐11。

W・ズンダーマン,吉田豊（訳）,マニ教と佛教の出会い：佛教がマニ教に与えた影響の問題,佛教文化研究所紀要 36,11—22,1997‐11。

菊地伸二,〈翻訳〉アウグスティヌス『マニ教徒を反駁する創世記注解』（2）,研究紀要 19,177—206,1997‐12。

岡田明憲,ゾロアスター教の家族観,比較文明（14）,18—27,1998。

岡田明憲,イラン文化におけるゾロアスター教の意義,地域文化研究（3）,92—101,1998。

姜伯勤、池田温,介休の祆神楼と宋元明代山西の祆教,東洋学報 80（4）,423—450,1999‐03。

岡田明憲,拝火教とその教え,文化遺産（8）,53—55,1999‐10。

青木健,第 3 回インド・ペルシア文化国際研究会議の報告：主にゾロアスター教研究について,オリエント 43（1）,179—185,2000。

大多和明彦,東西文明とゾロアスター教,東京家政大学研究紀要 1・人文社会科学 40,1—7,2000‐02。

常塚聴,中国社会におけるマニ教の認識：唐から明までの漢文史料を中心に,東京大学宗教学年報（18）,89—113,2000‐03。

田中かの子,現代ゾロアスター教の精神文化を理解するための基本的考察,駒沢大学文化 19,53—82,2000‐03。

熊元和美,「モン・ブラン」とゾロアスター教,佛教大學大學院紀要 28,71—84,2000‐03。

吉田豊、森安孝夫,ベゼクリク出土ソグド語・ウイグル語マニ教徒手紙文,内陸アジア言語の研究 15,135—178,2000‐10。

青木健,中世ゾロアスター教の後継者：「シーラーズ系ゾロアスター教徒」の興亡,オリエント 44（1）,42—57,2001。

小田壽典,トルコ語「八陽経」のマニ教的表現について,豊橋創造大学紀要

(5),1—12,2001‐02。

Bravo Angel J,ゾロアスター教:自由意志の宗教,神田外語大学紀要(13),153—227,2001‐03。

香月法子,今日のゾロアスター教徒,地域文化研究(5),90—107,2001‐06。

青木健,ゾロアスター教における経典の変容,宗教研究 76(3),25—46,2002。

青木健,近世ゾロアスター教の救世主思想:ゾロアスター教神聖皇帝の到来から宗教思想の変容へ,オリエント45(1),75—95,2002。

青木健,伊藤義教著『ゾロアスター教論集』,オリエント45(1),229—235,2002。

青木健,ゾロアスター教神秘主義思想の形成:イスラーム神秘主義の影響とゾロアスター教の伝統,東洋学報84(2),227—254,2002‐09。

大多和昭彦,ゾロアスター教の三位一体論,東京家政大学研究紀要1,人文社会科学43,12—18,2003‐02。

加藤智見,世界の信仰(6)宗教共存の可能性ゾロアスター教の信仰,大法輪71(8),194—199,2004‐08。

上岡弘二,イラン基層文化とイスラーム:ゾロアスター教からシーア派民間信仰へ,イスラム世界(63),41—45,2004‐09。

青木健,ゾロアスター教における聖地の概念:神宮階級の「移動する聖火」と平信徒の自然崇拝,宗教研究 79(1),25—47,2005‐06。

浜田直也,景教経典「一神論」とその思想(特集共生する神・人・仏:日本とフランスの学術交流),アジア遊学(79),244—257,2005‐09。

清水義範,こぼれ落ちた世界史(24)「ゾロアスター教」の巻,エコノミスト83(52),40—41,2005‐09。

泉武夫,景教聖像の可能性:栖雲寺藏傳虚空藏畫像について,國華112(1),3—17,2006‐08。

高明潔,一神教土著化の合理性:中国ムスリムの信仰体系と宗教活動に基づいて,愛知大学国際問題研究所紀要(128),21—48,2006‐09。

濱田直也,景教經典「一神論」とその佛教的性格について,文芸論叢(68),61—75,2007‐03。

青木健,中国江南のゾロアスター教の可能性,宗教研究 80(4),1120—1121,2007‐03。

大塚修,青木健著『ゾロアスター教の興亡:サーサーン朝ペルシアからムガル帝国へ』,史學雜誌116(12),1972—1973,2007‐12。

榊和良,青木健『ゾロアスター教の興亡：サーサーン朝ペルシアからムガル帝国へ』,宗教研究 81(3),738—743,2007－12。

青木健,イスラーム文献が伝える多様なゾロアスター教像：六—八世紀のアラビア語資料のゾロアスター教研究への応用,宗教研究 81(3),653—674,2007－12。

青木健,ゾロアスター教：中央アジアのアーリア人神官ザラスシュトラと彼の伝説,比較文明(24),65—79,2008。

蓮池利隆,覩貨邏僧弥陀山と百万塔,佛教學研究 64,A1—A20,2008－03。

中野美代子,ザナドゥーへの道(2)碑文のなかの旅人：景教僧アロポン,ユリイカ40(6),39—47,2008－05。

大貫隆,初期修道制とマニ教：ナグ・ハマディ研究の視点から,創文(511),1—5,2008－08。

春田晴郎,青木健著『ゾロアスター教の興亡：サーサーン朝ペルシアからムガル帝国へ』,オリエント51(1),201—207,2008。

後藤敏文,アヴェスタ語：西欧文明に衝撃を与えたゾロアスター教のことば,言語 37(12),80—83,2008－12。

Ebert Jorinde,吉田豊(訳),近年マニ教画と認定された大和文華館所蔵の絹絵についての覚え書き(大和文華館所蔵六道図特輯),大和文華(119),35—47,2009－02。

Gulacsi Zsuzsanna,田中健一、柳承珍(訳),大和文華館蔵マニ教絵画にみられる中央アジア来源の要素について,大和文華(119),17—34,2009－02。

吉田豊,寧波のマニ教画いわゆる「六道図」の解釈をめぐって,大和文華(119),3—15,2009－02。

蓮池利隆,常行堂の守護神・摩多羅神,佛教學研究 65,65—78,2009－03。

山田庄太郎,アウグスティヌスのマニ教理解について：『基本書と呼ばれるマニの書簡への駁論』,宗教学・比較思想学論集(10),17—28,2009－03。

王振芬,孫恵珍,田村俊郎(訳),大谷探検隊将来品において新発見された景教の特徴をもつ地蔵麻布画についての考察：高昌ウイグル国時期の景教と仏教の関係,佛教文化研究所紀要 48,178—191,2009－12。

松村一男,青木健著『ゾロアスター教史：古代アーリア・中世ペルシア・現代インド』,宗教研究 83(3),1002—1007,2009－12。

山田庄太郎,アウグスティヌスによる悪の問題の克服：マニ教の克服と新プラトン主義の受容,哲学・思想論叢(28),21—34,2010－01。

森安孝夫,日本に現存するマニ教絵画の発見とその歴史的背景,内陸アジア史研究(25),1—29,2010‐03。

山田庄太郎,アウグスティヌス時代のマニ教徒の自己理解について,宗教研究 83(4),1563—1564,2010‐03。

山本由美子,呪われたもの：ゾロアスター教徒のアレクサンドロス観,季刊民族学 34(2),50—53,2010。

青木健,パールスィーの中国・日本来航：近現代の極東ゾロアスター教文化,アジア遊学(137),199—209,2010‐12。

岡田明憲,世界精神史におけるゾロアスター教：宗教思想の文化交渉面を中心に,アジア遊学(137),18—29,2010‐12。

山田庄太郎,ファウストゥスのマニ教理解について：アウグスティヌス時代のマニ教の一側面,宗教研究 84(3),637—659,2010‐12。

張孝鉉,Nestorianism(景教)の東方伝播,文化継承学論集(8),84—70,2011。

戸田聡,青木健著『マニ教』,オリエント53(2),142—148,2011。

早瀬明,ゾロアスター教の根本教義を巡るKleuker・CreuzerそしてHegel：ロマン主義的なオリエント理解の枠組からの疎隔とZoegaからの影響,京都外国語大学研究論叢(78),51—70,2011。

森田眞円,唐初の景教と善導大師,眞宗研究 55,70—86,2011‐01。

栄新江,森部豊(訳・解説),新出石刻史料から見たソグド人研究の動向,関西大学東西学術研究所紀要(44),121—151,2011‐04。

世界初の揃い踏み！マニ教絵画のめくるめく世界,芸術新潮 62(6),110—114,2011‐06。

森部豊,中国洛陽新出景教経幢の紹介と史料的価値,東アジア文化交渉研究(5),351—357,2012‐2。

古川攝一,マニ降誕図試論：元代マニ教絵画における位置づけを中心に,大和文華(124),11—22,2012‐05。

山口謠司,『景教研究関係論文目録稿(1)』,人文科学(17),41—48,2012‐03。

朴炫国,ソグド(Soghd)人の葬礼道具の考察：オクスアリ(Ossuaries)を中心に,国際文化研究 17,11—24,2013‐03。

森安孝夫,東ウイグル＝マニ教史の新展開,東方学 126,142—124,2013‐07。

森安孝夫,ウイグル＝マニ教史関係史料集成,国際人文科学研究所紀要,1—137,2014。

吉田豊,敦煌秘笈中のマニ教中世ペルシア語文書について,杏雨(17),324—317,2014。

春田晴郎,青木健著『ゾロアスター教ズルヴァーン主義研究:ペルシア語文献『ウラマー・イェ・イスラーム』写本の搜集と校訂』,西南アジア研究(81),51—61,2014。

小山満,ササーン朝ゾロアスター教の強化による大乗仏教の東漸,シルクロード研究(8),1—12,2014-05。

兼城糸絵,中国の「マニ教」に関する一考察:福建省霞浦県の事例から,人文学科論集:鹿児島大学法文学部紀要(80),41—54,2014-06。

菊地伸二,「マニ教反駁書」における「意思」の問題,研究紀要36,53—61,2014-12。

戸田聡,マニ教資料翻訳集成(1)リュコポリスのアレクサンドロス『マニカイオスの教説に対して』,北海道大学文学研究科紀要(146),209—239,2015-07。

吉田豊、古川攝一,江南マニ教絵画「聖者伝図(3)」の発見と絵画の内容について,大和文華(129),25—41,2016-01。

森部豊,中国におけるソグド人墓の発見とソクド石棺牀の復元,関西大学アジア文化研究センターディスカッションペーパー14,63—69,2016-03。

妹尾達彦,シルクロードと長安のソグド人,東洋学報97(4),98—99,2016-03。

石見清裕,ユーラシアの民族移動と唐の成立:近年のソグド人関係新史料を踏まえて,専修大学社会知性開発研究センター古代東ユーラシア研究センター年報2,5—16,2016-03。

吉田豊,唐代におけるマニ教信仰:新出の霞浦資料から見えてくること,唐代史研究(19),22—41,2016-08。

福島恵,唐代における景教徒墓誌:新出「花献墓誌」を中心に,唐代史研究(19),42—76,2016-08。

岩本篤志,敦煌景教文献と洛陽景教経幢:唐代景教研究と問題点の整理,唐代史研究(19),77—97,2016-08。

中田美繪,唐代中國におけるソグド人の佛教「改宗」をめぐって,東洋史研究75(3),448—484,2016-12。

藤原達也,ダエーナーとその図像表現:ゾロアスター教およびマニ教における死者の運命(死から生への眼差し),死生学年報,213—248,2017。

渋谷裕子,福建省晋江市におけるマニ光仏(マニ教)信仰について,人文社会科学研究(57),97—128,2017-03。

菅谷文則,ソグド楽器と天平楽器,Eunarasia Q7,14—23,2017‐03。

影山悦子,ソグドの歴史と文化,歴史と地理(704),39—42,2017‐05。

青木健,ゾロアスター教:一神教と善悪二元論の源流救世主思想にも大きな影響(基本書を読む:宗教、神話、資本論),エコノミスト95(18),84—86,2017‐05。

菅谷文則,シルクロードを支えたソグドと古代奈良,ユーラシア研究(56),28—32,2017‐08。

森田美樹,サンフランシスコ・アジア美術館所蔵の宗教絵画:マニ教絵画の可能性,大和文華(132),57—61,2017‐11。

吉田豊,貨幣の銘文に反映されたチュルク族によるソグド支配,京都大學文學部研究紀要 57,155—182,2018‐03。

二、著　作

佐伯好郎,『景教碑文研究』(大空社復刊 1996),待漏書院,1911 年。

P. Y. Saeki(佐伯好郎),『The Nestorian Monument in China』,England:S.P.C.K,1916 年。

P. Y. Saeki,『The Luminous Religion:a study of Nestorian Christianity in China』,Carey Press,1925 年。

佐伯好郎,『支那の景教に就いて』,日華學會,1931 年。

佐伯好郎,『景教文獻及遺物目録』(丸善 1950),私家版,1932 年。

佐伯好郎,『景教の研究』,東方文化學院東京研究所,1935 年。

矢吹慶輝,『摩尼教』,岩波書店,1936 年。

P. Y. Saeki(佐伯好郎),『The Nestorian documents and relics in China』,Toho Bunka Gakuin,1937 年。

バッヂ著,佐伯好郎(訳),『元主忽必烈が欧州に派遣したる景教僧の旅行志』,待漏書院,1943 年。

佐伯好郎,『支那基督教の研究』(第 1 巻)唐宋時代の支那基督教,春秋社,1943 年。

佐伯好郎,『支那基督教の研究』(第 2 巻)元時代の支那基督教,春秋社,1943 年。

佐伯好郎,『支那基督教の研究』(第 3 巻)明時代の支那基督教,春秋社,1944 年。

佐伯好郎,『支那基督教の研究』(第 4 巻)清時代の支那基督教,春秋社,1949 年。

佐伯好郎,『支那基督教の研究(全4卷)』(增補改訂版全5卷,名著普及会1979),春秋社松柏館,1943—1949年。

佐伯好郎,『中国における景教衰亡の歴史・キリスト教の成立に及ぼしたるローマ法学思想の影響』,ハーバード・燕京・同志社東方文化講座委員会,1955年。

佐伯好郎,『ローマ帝国キリスト教保護規定の研究：ローマ法とキリスト教』,春秋社,1957年。

富山昌徳,『日本史のなかの佛教と景教：富山昌徳遺稿集』,富山さと,1969年。

羽田亨,『羽田博士史学論文集』下卷「言語・宗教」,同朋舎,1975年。

ジョン・スチュアート著,熱田俊貞、賀川豊彦訳,佐伯好郎校訂,森安達也解題,『景教東漸史：東洋の基督教』,原書房,1979年。

伊藤義教,『ゾロアスター研究』,岩波書店,1979年。

神直道,『景教入門』,教文館,1981年。

岡田明憲,『ゾロアスター教：神々への讃歌』,平河出版社,1982年。

メアリー・ボイス,山本由美子(訳),『ゾロアスター教：三五〇〇年の歴史』,筑摩書房,1983年。

岡田明憲,『ゾロアスター教の悪魔払い』,平河出版社,1984年。

神直道,『景教遺文の研究』,私家版,1986年。

李家正文,『天平の客、ペルシア人の謎：李密翳と景教碑』,東方書店,1986年。

矢吹慶輝,『マニ教と東洋の諸宗教：比較宗教學論選』,芹川博通校訂,佼成出版社,1988年。

岡田明憲,『ゾロアスターの神秘思想』,講談社,1988年。

森安孝夫,『ウイグル＝マニ教史の研究』,大阪大學文學部紀要31/32,1991年。

法本義弘(編集),『佐伯好郎遺稿並伝』〈上・下〉,大空社,1996年。

山本由美子,『マニ教とゾロアスター教』,山川出版社,1998年。

R.C.フォルツ(Richard C.Foltz),常塚聰(翻訳),『シルクロードの宗教：古代から15世紀までの通商と文化交流』,教文館,2003年。

P・R・ハーツ著,奥西峻介(訳),『ゾロアスター教』,青土社,2004年。

川口一彦,『景教のたどった道』,キリスト新聞社,2005年。

貴田晃、山口謠司(編集),『大秦景教流行中国碑翻訳資料』,大東文化大学人文科学研究所,2007年。

青木健,『ゾロアスター教の興亡：サーサーン朝ペルシアからムガル帝国へ』,刀水書房,2007 年。

青木健,『ゾロアスター教』,講談社,2008 年。

青木健,『マニ教』,講談社,2010 年。

メアリー・ボイス著,山本由美子(訳),『ゾロアスター教：三五〇〇年の歴史』,講談社,2010 年。

森部豊,『ソグド人の東方活動と東ユーラシア世界の歴史的展開』,関西大学出版部,2010 年。

青木健,『古代オリエントの宗教』,講談社,2012 年。

川口一彦(編著),『景教』(改定新装版),イーグレープ,2014 年。

桑野淳一,『中国景教の故地を歩く：消えた十字架の謎を追う旅』,彩流社,2014 年。

森部豊(編集),『ソグド人と東ユーラシアの文化交渉』,勉誠出版,2014 年。

森安孝夫,『東西ウイグルと中央ユーラシア』,名古屋大学出版会,2015 年。

石見清裕(編著),『ソグド人墓誌研究』,汲古書院,2016 年。

2017年度中國大陸敦煌學相關學術會議發表論文目錄

胡耀飛(陝西師範大學)

題記:本目錄旨在收集 2017 年度中國大陸召開的以敦煌吐魯番研究爲主題的學術會議上所發表的敦煌學(包括吐魯番學)論文目錄,以及其他相關主題學術會議上涉及敦煌學(包括吐魯番學)的論文目錄,借以補充一般年度論著目錄在收集正式發表的文章之外,無法涉及的會議論文目錄。雖然説這些會議論文大多是未定稿的文章,但畢竟代表了各位學者這一階段的思考,頗值得參考。

陝西師範大學歷史文化學院 2016 年度學術年會
2017 年 1 月 5—6 日,陝西師範大學
李宗俊:《甘州回鶻可汗上奏後梁的兩份〈表本〉及相關史事考》
胡耀飛:《關於黄巢之死的歷史書寫——從英藏敦煌 S.2589 號文書出發的探討》
陳瑋:《敦煌莫高窟題記所見西夏歸義人研究》
翁彪:《中古寫本的篇卷問題》

"長安中國中古史沙龍"特別沙龍"中古出土文獻研究的現狀與展望"
2017 年 1 月 8 日,陝西師範大學
李軍:《敦煌文獻與敦煌史地研究》
裴成國:《吐魯番文書與中國古文書學》

第二届幽州學研究班討論會
2017 年 1 月 14 日,清華大學
氣賀澤保規:《唐代敦煌的五臺山信仰和"巡禮"——從敦煌壁畫到房山石經》

長安與絲路學術論壇
2017 年 2 月 7—8 日,陝西歷史博物館
葛承雍:《從寺院心燈到石窟神燈——長安與敦煌的佛教燃燈祈福》
王惠民:《敦煌莫高窟第 320 窟大方等陀羅尼經變考釋》

沙武田:《絲綢之路絲絹圖像考——兼談唐墓駱駝俑馱囊獸首形象與"刻氈爲形"的袄神之關係》

"唐代佛教社會的諸問題"國際學術研討會
2017 年 3 月 11—12 日,浙江大學
氣賀澤保規:《唐代敦煌的五臺山信仰和"巡禮"》
劉進寶:《東方學背景下的敦煌學》
陳瑞峰:《以中古敦煌佛經題記反思中國佛教疑僞經的產生及其與譯經的關係》

法顯(337—422)國際研討會
2017 年 3 月 25—29 日,五臺山佛教與東方文化國際研究院
聖凱:《敦煌遺書〈毗尼心〉與莫高窟 196 窟"戒壇窟"》

絲綢之路論壇:長安與秦州麥積山
2017 年 3 月 18—19 日,麥積山石窟
馬麗:《敦煌莫高窟第 45 窟與長安樣式》
馬兆民:《莫高窟第 431 窟中的"乾基羅"和"茂持羅"——"乾基羅"和"茂持羅"與"乘象入胎""夜半逾城"圖像的對比分析研究》

敦煌西夏石窟研究專題學術會議
2017 年 4 月 6 日,陝西師範大學
王建軍:《敦煌西夏石窟考古概況》
陳瑋:《敦煌莫高窟第 444 窟漢文題記所見西夏歸義人研究》
趙曉星:《敦煌石窟晚期涅槃變中的"撫足者"》
汪正一:《敦煌水月觀音變"僧人與猴行者"身份新釋》
楊冰華:《莫高窟第 61 窟甬道北壁女性供養像身份考證》

建築與空間:藝術考古青年沙龍第三次研討會
2017 年 4 月 8 日,同濟大學
曾慶盈:《北魏建築空間的想象——以莫高窟 254 窟和雁北師院 M5 爲例》

紀念任中敏先生誕辰 120 週年學術論壇
2017 年 4 月 8—9 日,揚州大學

樊昕:《任、饒兩大家圍繞敦煌歌詞的論争》
何劍平:《敦煌講經文中的音樂文獻》
戴偉華:《關於〈敦煌歌辭總編〉》

天府之國與絲綢之路學術研討會
2017 年 4 月 8—9 日,敦煌研究院、四川省歷史學會
魏學峰:《論張大千臨摹敦煌壁畫的時代意義》
李永翹:《論張大千對敦煌藝術與中國文化的偉大貢獻》

"中國古代民生問題及其國家應對"高層論壇
2017 年 4 月 15—16 日,南京師範大學
劉進寶:《户籍計帳與賦役徵發——讀敦煌文書〈西魏大統十三年計帳〉劄記》

第五届"西安史學新潮論壇"
2017 年 5 月 6 日,陝西師範大學
李紅揚:《服從與認同——淺談敦煌民衆陷蕃心態的變化》

"紀念谷霽光先生誕辰 110 週年暨傳統中國軍事、經濟與社會"學術研討會
2017 年 5 月 6—7 日,南昌大學
朱悦梅:《唐代吐蕃用兵西域的軍事地理研究》
李宗俊:《敦煌文書〈張議潮變文〉反映的沙州歸義軍與吐谷渾、回鶻之間的戰争與關係》

"裕固與敦煌"學術研討會暨第四届裕固學研討會
2017 年 5 月 13—14 日,敦煌研究院
楊富學:《裕固族對敦煌文化的貢獻》
周松:《14 世紀末 15 世紀初明朝與沙州的關係——兼考困即來家族非蒙元宗室》
王進玉:《莫高窟第 61 窟甬道壁畫研究史及其有關的問題》
李軍:《敦煌本〈唐佚名詩集〉作者再議》
張田芳、楊富學:《敦煌本回鶻文〈説心性經〉爲禪學原著説》

絲綢之路:在内陸歐亞與中國之間
2017 年 5 月 13—14 日,北京大學

榮新江：《Rouran Qaghanate and the Western Regions during the Second Half of the 5th Century based on a Chinese document newly found in Turfan》

絲路文明論壇·第 2 期
2017 年 6 月 9 日，浙江大學
妹尾達彥：《唐長安的都市核（urban core）與進奏院——以 P.3547、S.1156 和 Дх.06031v 的分析爲中心》

第五屆中國邊疆研究青年學者論壇
2017 年 6 月 17—18 日，陝西師範大學
張重洲：《唐代西州粟特人貿易活動考索》

評論與反思：中國古代史研究的國際視野學術研討會
2017 年 6 月 17—18 日，東北師範大學
龍成松：《敦煌文書與出土墓誌的關聯解讀——以侯莫陳琰〈頓悟真宗要訣〉爲例》

中外關係史視野下的絲綢之路與西北民族學術研討會
2017 年 6 月 17—18 日，青海師範大學
楊富學：《高昌回鶻植棉業及其在世界棉植史上的地位》

十六國北朝佛教研究生論壇
2017 年 6 月 30 日，北京大學
趙蓉：《莫高窟第 93 窟龕内屏風畫内容新識》
張凱：《敦煌出土地論文獻中的佛身説》

絲綢之路上的敦煌與長安國際學術研討會暨中國敦煌吐魯番學會 2017 年理事會
2017 年 7 月 14—15 日，陝西師範大學
濱田瑞美：《唐代敦煌與日本的維摩詰經變》
楊效俊：《武周時期從長安到敦煌的佛舍利崇拜——以莫高窟 332 窟爲中心》
史睿：《隋唐法書屏風考——從莫高窟 220 窟維摩詰經變談起》
沙武田：《敦煌石窟彌勒經變剃度圖所見出家儀式復原研究》
馮培紅：《從邊陲到京城——敦煌大族的京漂生活》

岳敏静:《唐代長安與敦煌兩地竿木雜技形象探析》
楊冰華:《從長安到敦煌:唐代濮州鐵彌勒瑞像探析》
張寶洲:《莫高窟幾個典型的編號對照表問題分析——莫高窟考察歷史文獻解讀(十)》
郭磊:《敦煌文獻中出現的"新羅王子"身份再考》
張景峰:《敦煌莫高窟第138窟兩鋪報恩經變及其成因試析》
趙蓉:《敦煌早期石窟頂部的演變分析》
魏健鵬:《生天與淨土——莫高窟第9窟營建思想解讀及思考》
王晶波:《從敦煌本〈佛説孝順子修行成佛經〉到〈金牛寶卷〉》
李宗俊:《敦煌文書〈曹盈達寫真贊並序〉反映的其與曹氏歸義軍關係考》
竇懷永:《敦煌小説〈黃仕強傳〉新見寫本研究》
趙青山:《敦煌疑僞經〈佛説五百梵志經〉及其相關問題考》
劉波:《關於唐開元四年寫本〈文選注〉》
張延清:《從敦煌看絲綢之路上的吐蕃元素》
趙貞:《〈神龍散頒刑部格〉所見"宿宵行道"考》
許建平:《吐魯番出土〈詩經〉文獻敍録》
李剛:《吐魯番博物館藏回鶻文書相關問題探微》
楊寶玉:《晚唐敦煌文士張球及其作品研究評議》
陳大爲:《敦煌金光明寺與世俗社會的關係》
湯士華:《吐魯番與絲綢之路——以吐魯番出土文書爲中心》

2017年佛學與東方文化國際暑期班青年學者論壇
2017年7月18—19日,五臺山大聖竹林寺
強韻嘉:《敦煌本〈詩經〉卷子異文舉例研究》

第五届中國中古史前沿論壇:區域視閾下的中古史研究
2017年7月25—26日,西北大學
趙青山:《敦煌疑僞經〈佛説五百梵志經〉及其相關問題考》
顧成瑞:《唐代衣冠户再議》
裴成國:《絲綢之路與唐西州經濟》
趙大旺:《敦煌社邑的喪葬納贈》

中華炎黃文化研究會童蒙文化專業委員會第三届國際學術研討會
2017年7月28—29日,中華炎黃文化研究會童蒙文化專業委員會

伊藤美重子:《唐宋時期敦煌地區的學校和學生——以學郎題記爲資料》
常藎心:《從敦煌〈千字文〉寫本看學郎識字教育》

第六屆中國古文書學國際研討會
2017 年 8 月 10—11 日,中國社會科學院
黃正建:《敦煌吐魯番契據文書中的署名畫指與畫押——從古文書學的視角》
榮新江:《唐朝官文書的書寫》
孟憲實:《寫本時代的"王言"傳播——以敦煌吐魯番文書爲中心》
丸山裕美子:《唐代之告身與日本之位記——古文書學視角的比較研究》
關尾史郎:《吐魯番文書的史料學研究》

"歷史上新疆與西藏關係"學術討論會
2017 年 8 月 12 日,新疆社會科學院
張小剛:《敦煌壁畫中兩種于闐歷史傳說故事畫新考》
楊富學:《裕固族與晚期敦煌石窟》
李宗俊:《敦煌文書 P.3885〈前北庭節度蓋嘉運判副使符言事〉反映的唐與突
　　騎施戰事》
張馳:《安西路絶歸不得——吐蕃佔領伊、西、庭及安西四鎮再探》
張延清:《吐蕃對絲綢之路的管控》
陸離:《論薩毗地區的吐蕃勢力及其與歸義軍政權的關係》
楊銘:《絲綢之路沿綫所出古藏文契約文書概説》

中國中古史的史實與想象國際學術研討會
2017 年 8 月 22—23 日,南開大學
黃樓:《吐魯番出土文書所見唐代西州鸜鵒鎮——以阿拉溝烽鋪文書的重新
　　綴合爲中心》

紀念段文傑先生誕辰 100 週年敦煌與絲綢之路國際學術研討會
2017 年 8 月 23—24 日,敦煌研究院
王旭東:《敦煌石窟崖體加固歷程——以崖體加固爲例》
柴劍虹:《敦煌守護衆神與絲綢之魂——爲紀念段文傑先生百年誕辰而作》
鄭阿財:《段文傑先生對我在敦煌研究上的啓發》
袁運生:《中國當代藝術教育的搖籃》
榮新江:《玄奘東歸與敦煌莫高窟翟家窟的修建》

郭麗英：《談敦煌受戒儀文書和戒牒上的人師及佛菩薩師》
侯黎明：《敦煌美術研究的歷程與展望》
趙聲良：《敦煌隋代經變畫藝術》
濱田瑞美：《關於莫高窟隋代維摩詰經變的圖像組合》
Nirmala Sharma：《武則天女皇的合法性與敦煌的大佛像》
大西磨希子：《倚坐彌勒佛的流傳與則天武后——敦煌莫高窟彌勒下生經變的出現背景》
張元林：《關於敦煌〈法華經變〉中"靈山會+虛空會"場景定名的再思考》
沙武田：《觀念表達，圖像記憶——敦煌石窟朝鮮半島人物形象闡釋》
簡佩琦：《敦煌金光明經變再識讀》
劉屹：《"法滅思想"及"法滅盡經類"佛經及其在中國流行的時代》
嚴耀中：《試說隋唐以降涅槃的圖像表達》
侯沖：《敦煌佛教齋意文 S.2832 釋讀》
楊明璋：《敦煌文獻中的無著、世親菩薩神異傳說與神聖崇拜》
王祥偉：《敦煌寺院經濟文書 ДХ.01426+P.4906+ДХ.02164 綴合研究》
楊富學：《元代敦煌伊斯蘭文化覓蹤》
常沙娜：《敦煌莫高窟藝術的保護與弘揚》
孫景波：《敦煌藝術的啓示》
段兼善：《敦煌石窟藝術對人民大會堂甘肅廳壁畫創作的啓示》
王見：《敦煌巖彩與敦煌美術研究所美術創作 70 年淺議》
王雄飛：《建構傳統敦煌壁畫體系下的巖彩畫技藝與方法》
毛建波：《"融合"與"創新"——顧生岳工筆人物畫中的敦煌元素》
張元鳳：《敦煌莫高窟臨摹品之修復》
許琪：《敦煌舞蹈新理念——元素新發現》
史敏：《敦煌壁畫伎樂天男性舞蹈研究與呈現》
簡秋柏、廖鴻昌：《敦煌壁畫舞蹈與臺灣"中華國際敦煌協會"之情緣》
卓民：《圖形"間"的排列、秩序——青綠山水空間語境的構造——敦煌 217 窟（盛唐）法華經變（局部）青綠山水讀析》
王荔：《敦煌壁畫色彩研究紀實點滴》
樊雪崧：《莫高窟第 419 窟須大拏本生圖像新探》
鈾井修一：《風沙對敦煌莫高窟第 285 窟壁畫劣化的影響研究》
蘇伯民：《高分子材料用於莫高窟壁畫保護的歷史、現狀與研究》
松井太：《榆林窟第 16 窟敍利亞字回鶻文題記》
白玉冬：《Or.8212/76 突厥魯尼文文書研究》

陳菊霞：《莫高窟第 217 窟應是劉家窟》
張小剛：《再論敦煌石窟中的于闐國王與皇后及公主畫像》
苗利輝：《絲綢之路的回鶻藝術——西域、敦煌兩地回鶻壁畫藝術的比較研究》
王慧慧、劉永增：《皇慶寺碑原址考——兼談皇慶寺與莫高窟第 61 窟、第 94 窟之關係》
朱鳳玉：《敦煌詩歌寫本原生態及文本功能析論》
鄭炳林：《唐敦煌歸義軍瓜州刺史康秀華考》
楊寶玉：《河西軍移鎮沙州史事鈎沉》
Pietro De Laurentis：《從敦煌遺書看中古書法史的一些問題》
趙俊榮：《咫尺匠心，砥礪傳承——段文傑先生對敦煌壁畫藝術的臨摹研究與傳承》
黄山：《川籍畫家在敦煌壁畫研究與保護上的歷史地位與作用》
蘇寧：《唐詩中的絲綢之路與天府之國》
張寶洲：《與敦煌莫高窟"D"編號相關的歷史——莫高窟考察歷史文獻解讀（十一）》
譚世寶：《"敦煌吐魯番學"的源流變化初探——以糾正季羡林一系列誤論為中心》
董廣强：《敦煌莫高窟洞窟形制的三個細節問題》
劉惠萍：《從摹寫時尚到超凡登仙——莫高窟壁畫中的"飛襪垂髻"服》
李中耀、李曉紅：《敦煌北魏龕楣（樑）Kamidana 上的雙首一身龍紋與商代青銅器同類龍紋圖像形態與甲骨文虹/霓字的溯源》
張勇：《敦煌莫高窟的等級和地位新説》
陳港泉：《莫高窟壁畫疱疹形態和分析》
吴健：《科技引領下的敦煌石窟數字文化創新與推廣》
李萍：《有序的開放管理就是有效的文物保護——莫高窟旅遊開放新模式探索與實踐》
劉進寶：《傑出的學者，卓越的學術領導人——紀念段文傑先生誕辰 100 週年》
馬强：《心摹手追，妙合神契——探究段文傑先生敦煌壁畫臨摹藝術》
牟和諦：《中世紀佛教僞經中的修積功德、齋戒與其他救濟方法》
荒見泰史、桂弘：《摩尼教〈下部贊〉與佛教儀禮的轉化》

"玉門·玉門關與絲綢之路"歷史文化學術研討會

2017 年 8 月 28—29 日，玉門關市人民政府

王進玉:《從敦煌文獻談絲綢之路上的"瑟瑟"》
楊寶玉:《法藏敦煌文書 P.2942 文本簡析》
李炳泉:《敦煌漢簡"將卒長吏"新考》

首屆"一帶一路"圖像樂舞重建復現研討會
2017 年 9 月 15 日,雲岡石窟研究院、忻州師範學院
史敏:《敦煌〈燃燈踏焰〉的身體敍事》
李琦:《敦煌樂舞重建的圖像與文獻依托》
劉涵婧:《壁畫樂舞的重建復現——以敦煌舞爲例》
侯馬文靜:《敦煌舞的風格與特色》
馮光、宋濤:《敦煌舞蹈在四川地區推廣的可行性研究》
林芝:《敦煌石窟樂舞研究綜述(1984—2016)》
高昱:《敦煌 285 窟飛天藝術形象的圖像解讀》
張東芳:《樂舞圖的儀式符號:敦煌壁畫中迦陵頻伽樂舞形象的衍生》

敦煌吐魯番法制文獻與唐代律令秩序學術研討會
2017 年 9 月 16—17 日,中國政法大學
黄正建:《吐魯番出土唐代文書中"保證語"淺析》
馬德:《敦煌本〈天復八年吳安君分家遺書〉有關問題》
宋坤:《敦煌吐魯番出土文書所見唐代起訴文書程式演變》
山本孝子:《書儀藴含的禮法思想試探》
趙晶:《論唐〈廄牧令〉關於死畜的處理之法——以敦煌吐魯番文書爲證》
陳麗萍:《三件散藏敦煌契約文書》
顧成瑞:《唐代"勳官充雜任"小考》
孟憲實:《關於敦煌吐魯番出土的"王言"》
劉子凡:《何以商胡不入蕃:S.1344〈户部格〉垂拱元年八月敕考》
裴成國:《唐西州契約的基礎研究》

南方絲綢之路與中華文化傳播學術研討會
2017 年 9 月 19—20 日,四川師範大學
鍾仕倫:《敦煌寫本〈文選〉詩學文獻的價值》

第一屆中古宗教史青年工作坊
2017 年 9 月 23—24 日,上海師範大學

董大學:《詮釋與傳播:敦煌本〈金剛經〉注疏概述》
方圓:《中古佛教儀式疏類文書得名源流考》
曹凌:《〈達磨胎息論〉諸本的成立——以敦煌本爲中心》
翁彪:《敦煌藏經洞經帙考》

宗教歷史遺存與"一帶一路"文化學術研討會
2017年10月14日,上海師範大學
王啓明:《絲綢之路吐魯番社會中的伊斯蘭教》
劉偉:《敦煌寫本國語殘卷及注文再研究》
游自勇:《敦煌寫本〈百怪圖〉補考續綴》
谷更有:《唐代村民經濟成分的變遷——以敦煌吐魯番出土文獻爲中心》
李尚全:《唐初敦煌皇家寫本〈妙法蓮華經〉殘存狀況》
胡蓉:《敦煌文獻與裕固族古代文學研究》
張重洲:《唐代西州粟特人貿易活動考索》

回鶻・西夏・元代敦煌石窟與民族文化學術研討會
2017年10月14日,敦煌研究院
張鐵山:《敦煌莫高窟北區B77窟出土木骨上的回鶻文研究》
張先堂:《回鶻石窟藝術的代表——敦煌西千佛洞回鶻石窟試探》
沙武田:《敦煌西夏石窟營建史構建》
楊富學:《莫高窟第61窟甬道爲元代西夏窟説》
殷博:《敦煌莫高窟回鶻時期比丘形象初探》
鄧文韜:《莫高窟北區B53窟出土元代呈狀成文年代再考》
岳鍵、李國:《敦煌西夏石窟斷代分期新探》
段玉泉:《英藏〈大白傘蓋陀羅尼經〉殘葉拼合與考證》
李健強:《佛頂尊勝陀羅尼咒語諸譯本對音比較研究》
潘潔:《黑水城出土西夏賣地契再探——兼與敦煌出土賣地契比較》
朱生雲:《政治的隱喻——莫高窟第400窟"鳳首團龍"藻井圖案探析》
孫博:《熾盛光佛圖像的"祠神化":以敦煌莫高窟第61窟甬道壁畫爲中心》
楊冰華:《榆林窟〈阿育王寺惠聰主持窟記〉所見西夏瓜州社會》
王進玉:《敦煌石窟回鶻、西夏、元代壁畫及其製作工藝對比研究》

第二屆西安絲綢之路歷史文化國際學術研討會
2017年10月20日,西安文理學院

黄震雲：《敦煌莫高窟等壁畫的宗教音樂形態與中西文化交流》

麗澤文獻研習營第一季暨陝師大文獻青年學者沙龍
2017年10月21日,陝西師範大學、陝西省社會科學院
翁彪：《敦煌藏經洞經帙考》

絲綢之路上的文物、民族與歷史工作坊
2017年10月22日,浙江大學
劉進寶：《"絲綢之路"的含義及名稱演變》
王丁：《西域的漢姓胡名問題》
馮培紅：《中古時期武威的粟特胡人與河西地方社會》
李宗俊：《出土文獻與晚唐回鶻史新探》

絲路文明論壇·第三期
2017年10月23日,浙江大學
赤木崇敏：《曹氏節度使家族譜系所見敦煌歸義軍史再考》

"唐宋變革論的再思考"學術研討會
2017年10月28日,廈門大學
谷更有：《唐代村民經濟身份的變遷——以敦煌吐魯番出土文獻爲中心》

文本性與物質性交錯的中古中國：中古研究新前沿國際研討會
2017年11月1—2日,北京大學
榮新江：《石碑的力量——從敦煌寫本看碑志的抄寫與流傳》

第一屆山東大學漢唐制度史青年學者工作坊
2017年11月4—5日,山東大學
吕博：《也談"唐天寶十載制授張無價遊擊將軍告身"出現的歷史背景》

"絲綢之路與新疆出土文獻"國際學術研討會
2017年11月6—7日,旅順博物館
三谷真澄：《旅順博物館所藏トルファン出土仏典研究と龍谷大學》
王振芬：《旅順博物館藏新疆出土漢文文獻的入藏與整理》
王素：《唐長孺先生整理吐魯番文書筆記概述》

王三慶：《〈大谷文書集成〉中的〈切韻〉系殘卷兼論韻書文獻之辨識》
片山章雄：《唐代吐魯番の四神霊芝雲彩画＝田制等関係文書の追跡と展望》
孟憲實：《安史之亂後四鎮管理體制問題——從〈建中四年孔目司帖〉談起》
能仁正顯：《チベットの仏伝図〈釈迦牟尼世尊絵伝〉にみられる阿闍世王教化説話の特色》
辻正博：《ベルリン國立圖書館藏〈玉篇〉殘片小考》
中田裕子：《唐代ソグド商人の絹貿易と行》
史睿：《旅順博物館藏新疆出土寫經的書法斷代》
游自勇：《旅順博物館藏新疆出土子部非佛教文獻的學術價值》
余欣：《聖域的製造與守護：幢傘在中古敦煌佛教儀式實踐中的功能與象徵》
段晴：《早期／晚期于闐語與方言——〈無垢淨光大陀羅尼〉所反映的語言問題》
中川原育子：《克孜爾第二二四窟（第三區摩耶窟）主室壁畫復原之初步研究》
畢波：《吐魯番出土的一件粟特語醫藥文書》
荻原裕敏：《旅順博物館所藏吐火羅語殘片的特色及語言文獻學分析》
慶昭蓉：《大谷探險隊在庫車地區的活動——從探險隊員日記與出土胡漢文書談起》
李索：《敦煌寫本〈春秋經傳集解〉異體字匯考》
李方：《唐代西域官府文書整理與研究》
陳菊霞：《敦煌莫高窟第217窟東壁供養人洪認生平考》
古瀨奈津子：《敦煌における吉凶書儀の展開と日本の往來物について》
丸山裕美子：《關於吐魯番寫本「書儀」—日本・台東区立書道博物館藏「月令（書儀）」を中心に—》
矢越葉子：《唐の案卷と日本の継文》
鄭阿財：《旅順博物館藏新疆出土〈維摩詰經注〉殘卷析論》
小口雅史：《吐魯番出土仏典資料群の調查と群外接続》
劉屹：《像末的憂思：〈像法決疑經〉研究之一》
武海龍：《國內藏吐魯番漢文佛教典籍及其價值》
裴成國：《俄藏闞氏高昌時期發願文新探》
齊偉：《遼博"古代遼寧"展出的幾件玻璃器》
劉子凡：《旅順博物館藏〈春秋後語〉研究》
何亦凡：《新見旅順博物館藏吐魯番唐寫本鄭玄〈論語〉注》
段真子：《吐魯番出土〈佛本行集經〉殘片研究》

馬俊傑：《旅順博物館藏〈救疾經〉殘片考》
王衛平：《關於〈大唐中(龍)興三藏聖教序〉——兼及旅順博物館藏吐魯番出土〈大唐中(龍)興三藏聖教序〉殘片略考》
李昀：《旅順博物館藏〈南陽和尚問答雜徵義〉》
嚴世偉：《〈觀世音經贊〉的復原及其流傳考——以新發現旅順博物館藏吐魯番本爲中心》
吕媛媛：《旅順博物館藏吐魯番出土〈般若波羅蜜多心經〉注疏殘片》
陳耕：《刀筆殊途——論旅順博物館藏吐魯番出土佛經"單刻本"實爲寫本》

第二届"全球史視閾中的宗教文化研究"國際學術研討會
2017 年 11 月 7—8 日,中國人民大學
楊富學：《敦煌莫高窟第 61 窟甬道爲元代西夏窟説》

"絲路醫藥"學術論壇暨《中醫藥文化》第二届學術工作坊
2017 年 11 月 17 日,上海中醫藥大學
張如青：《敦煌西域醫學研究的回顧與展望》
李建民：《絲路上的牛黄藥物交流史》
于賡哲：《伯希和敦煌漢文文書再評價——以一份醫藥文書爲中心》
楊富學：《回鶻文〈針灸圖〉及其與敦煌針灸文獻之關聯》
廣瀬熏雄：《敦煌漢簡中所見的韓安國受賜病方的故事》
袁開惠：《敦煌〈字寶〉涉醫詞語舉隅》
于業禮：《絲綢之路上的一次醫療活動——俄藏 Дх.19064 文書解讀》

北京大學第一届古典學國際研討會
2017 年 11 月 18—19 日,北京大學
許建平：《敦煌〈詩經〉寫卷與〈經典釋文〉研究》

中國秦蜀古道歷史文化暨世界文化遺産申報國際學術研討會
2017 年 11 月 18—19 日,陝西理工大學
王使臻：《絲路上的婚姻與政治：唐宋時期敦煌和于闐兩地的聯姻》

基督宗教研究論壇(2017)
2017 年 11 月 18—20 日,中國社會科學院
艾瑞卡·亨特：《吐魯番景教聖徒傳記研究》

譚大衛：《敦煌〈一神論〉之"一神""天尊"釋義》

朔方論壇暨青年學者學術研討會
2017 年 11 月 21—22 日，寧夏大學
楊富學：《莫高窟第 61 窟甬道爲元代西夏窟説》
秦凱：《何處是故鄉——一個歸義軍文士眼中的江南意象》
劉人銘：《莫高窟第 310 窟供養人像闡釋——兼論沙州回鶻政權時期的曹氏歸義軍》
劉志月：《脱歡大王、朵兒只巴與"速妥奕"——敦煌石窟元代遊人題記所見人物新考三則》

首屆藏學與喜馬拉雅研究國際學術討論會
2017 年 11 月 25—26 日，陝西師範大學
沙武田：《西夏時期莫高窟的營建——以供養人畫像缺席現象爲中心》
朱麗雙：《敦煌藏文本〈尚書〉的研究現狀及其文獻來源問題》

"古寫本經典的整理與研究"國際學術研討會
2017 年 12 月 2 日，上海師範大學
許建平：《吐魯番出土鄭玄注〈禮記·坊記〉殘片録校研究》

第二屆中古宗教史青年學者論壇
2017 年 12 月 9—10 日，湖南大學岳麓書院
陳志遠：《合本子注再檢討：早期佛典翻譯史的獨特方法》
翁彪：《與〈梵網經〉相關的菩薩戒儀合卷寫本研究》
董大學：《臺中圖藏敦煌寫本第 51 號〈報思金剛經文〉研究》
聶順新：《敦煌寫本〈李庭光靈岩莫高窟碑〉與唐前期的沙州佛教》

國家社科基金重大項目"5—11 世紀中國文學寫本整理、編年與綜合研究"項目推動會暨第二屆寫本學論壇
2017 年 12 月 23—24 日，西華師範大學
伏俊璉：《中國文學寫本的生成和特點》
楊寶玉：《敦煌書狀整理研究淺議》
山本孝子：《近年來日本學者的寫本研究動態概述》
趙鑫曄：《〈俄藏敦煌文獻〉綴合錯誤舉例——兼論敦煌册頁裝的復原》

冷江山:《敦煌文學文獻同卷内容的相互關聯》
楊小平:《敦煌變文斷代考定》
吴繼剛:《論碑刻文獻與寫本文獻關係之研究》
郭洪義:《吐魯番出土文書所見異體字的類型及其成因初探》
劉傳啓:《敦煌寫本之文字移録應注意的幾個問題》
李薛妃:《佛典文獻中"矩""短"的用字現象與詞語考辨》
朱利華:《近年來學界寫本研究動態介紹》
杜海:《P.2642 寫本校録與研究》
鄭驥:《關於文學寫本"綜合研究"的幾點淺見》
邵小龍:《文本的魔方：敦煌文學寫本的程式化表現》
王涵:《敦煌寫本 P.4986+P.4660+P.3726 編撰考述》
鄧督、張玥:《巴蜀學者對敦煌學的傑出貢獻：以王文才先生爲例》
郝雪麗:《敦煌寫本所見〈白鷹表〉探微》

北京大學與絲綢之路：西北科學考察團 90 週年高峰論壇
2017 年 12 月 23—24 日,北京大學
榮新江:《黄文弼先生與甘肅省博物館藏吐魯番文獻》
阿不都熱西提·亞庫甫:《回鶻文〈華嚴經〉研究的新進展》
孟憲實:《唐朝西州與伊州的交通》
裴成國:《高昌貨幣史上的毯本位時代——兼論絲路貿易中的實物貨幣》
黨寶海:《敦煌元代官文書續考》

百年敦煌碑銘讚研究論著目録

范英傑　陳　焱（蘭州大學）

　　20世紀初敦煌藏經洞文獻的發現，爲學術界提供了"新材料"。敦煌碑銘讚作爲其中的重要組成部分，自敦煌文獻發現以來便受到學者關注，從最初的抄録、刊佈、介紹到對文獻的深層發掘利用，成果斐然。筆者在對百年以來學界就敦煌碑銘讚的相關研究整理成果進行梳理過程中，整理目録並分類如下，僅供學界參考。

　　説明：以下各論著大體按照刊載時間先後排序，古籍一般以今人整理本列出，同一種論著再次或多次刊載的，以較早版本列出。

一、敦煌碑銘讚校録與整理

（清）王德容《沙州碑録》，已佚（此據李正宇《敦煌學導論》，蘭州：甘肅人民出版社，2008年，第109頁）。

（清）倪濤《六藝之一録》，北京大學圖書館藏稿本、上海圖書館藏清岳雪樓孔氏鈔配本、上海圖書館藏舊抄本、文淵閣《四庫全書》本。

洪業等《六藝之一録目録附引得》，上海：上海古籍出版社，1990年。

（清）黄文煒纂修《重修肅州新志》，臺北：臺灣學生書局，1967年。

（清）常鈞《敦煌雜抄》，乾隆七年（1742）清潤齋刊本。

（清）常鈞《敦煌隨筆》，乾隆七年（1742）清潤齋刊本。

（清）傅恒等纂修，鍾興麒、王豪、韓慧校注《西域圖志校注》，烏魯木齊：新疆人民出版社，2002年。

（清）王昶《金石萃編》，西安：陝西人民美術出版社，1990年。

（清）徐松著，朱玉麒整理《西域水道記》，北京：中華書局，2005年。

（清）葉昌熾撰，王其禕校點《語石》，瀋陽：遼寧教育出版社，1998年。

［法］沙畹（Edouard Chavannes）《博寧拓片之中亞的十種漢文碑銘》，巴黎，1902年。

［英］斯坦因（Aurel Stein）《西域考古圖記》，桂林：廣西師範大學出版社，1998年。

（清）王仁俊輯印《敦煌石室真跡録》，宣統元年（1909）國粹堂石印本。

（清）蔣斧輯録《沙州文録》，收入羅振玉、蔣斧輯録《敦煌石室遺書》，宣統元年（1909）十二月誦芬室排印本，又收入黄永武主編《敦煌叢刊初集》第6册

《敦煌石室遺書百廿種》,臺北:新文豐出版公司,1985年。

(清)曹元忠《沙州石室文字記》,收入羅振玉、蔣斧輯錄《敦煌石室遺書》,宣統元年(1909)十二月誦芬室排印本,又收入黃永武主編《敦煌叢刊初集》第6冊《敦煌石室遺書百廿種》,臺北:新文豐出版公司,1985年。

(清)羅振玉《敦煌石室書目及發見之原始》,《東方雜誌》第6卷第11期,1909年。

(清)羅振玉《莫高窟石室秘錄》,《東方雜誌》第6卷第11期,1909年。

(清)昇允、長庚監修,安維竣等纂《甘肅新通志》,國家圖書館藏宣統元年(1909)石印本。

(清)羅振玉《石室秘寶》,宣統二年(1910)影印刊行。

羅振玉《西陲石刻錄》,1914年上虞羅氏於日本京都東山僑舍排印,又收入《羅雪堂先生全集初編》第2冊,臺北:大通書局,1984年。

羅振玉《墨林星鳳》,1916年上虞羅氏刊行。

[法]伯希和(Paul Pelliot)《敦煌石窟圖錄》,巴黎:保羅·古蒂納東方書店,1920—1924年。

[日]高楠順次郎等《大正新修大藏經》卷85,東京:大正一切經刊行會,1924年。

羅福萇、羅福葆輯錄《沙州文錄補》,鉛印本,甲子年(1924)仲冬上虞羅氏編印,又收入羅福萇著,王旭梁編《羅福萇集》,上海:中西書局,2017年11月。

[法]伯希和(Paul Pelliot)、[日]羽田亨《敦煌遺書》活字本第1集,上海:東亞考古研究學會,1926年。

陳萬里《萬里校碑錄》,收入氏著《西行日記》附錄,樸社,1926年。

羅振玉《丙寅稿》,1927年上虞羅氏印行。

[日]矢吹慶輝《鳴沙餘韻》,東京:岩波書店,1930年。

王重民《金山國墜事零拾》,《國立北平圖書館館刊》1935年第9卷第6期,後收入氏著《敦煌遺書論文集》,北京:中華書局,1984年。

張維《隴右金石錄》,民國三十二年(1943)甘肅省文獻徵集委員會校印。

張維《隴右金石錄補》,民國三十七年(1947)甘肅省文獻徵集委員會校印。

蘇瑩輝《敦煌新出泰始十一年樂生碑跋》,《大陸雜誌》第5卷第7期,臺北:大陸雜誌社出版,1952年,又載氏著《敦煌論集》,臺北:臺灣學生書局,1969年。

王重民《敦煌古籍敘錄》,北京:商務印書館,1958年。

[法]陳祚龍《敦煌寫本〈洪辯悟真等告身〉校注》,《大陸雜誌》第24卷第1

期,臺北:大陸雜誌社出版,1962年,後收入氏著《敦煌資料考屑》,臺北:臺灣商務印書館,1979年。

石璋如《敦煌千佛洞遺碑及其相關的石窟考》,載《歷史語言研究所集刊》34本《故院長胡適先生紀念論文集》(上),臺北,1962年。

商務印書館編《敦煌遺書總目索引》,北京:商務印書館,1962年。

[法]陳祚龍《唐五代敦煌名人邈真讚集》,巴黎:法國遠東學院,1970年。(此文爲法文版,原作 Chen Tsu-lung, *Eloges de personages eminents de Touen-houang sous les Tang et les Cing Nymasties*, Paris 1970)

[法]陳祚龍《敦煌真讚研究》,巴黎,1970年。

[法]陳祚龍《敦煌學新記(一)關於莫高窟的〈大周李義碑〉》,《幼獅學志》14-1,1977年,又載氏著《敦煌文物隨筆》,臺北:臺灣商務印書館,1979年。

[法]陳祚龍《敦煌古鈔碑銘五種》,載氏著《敦煌文物隨筆》,臺北:臺灣商務印書館,1979年。

[法]陳祚龍《敦煌資料考屑》,臺北:臺灣商務印書館,1979年。

朱雷、程喜霖、陳國燦錄文,陳仲安、譚兩宜標點《〈常何墓碑〉寫本錄文》,載武漢大學歷史系魏晉南北朝隋唐史研究室編《魏晉南北朝隋唐史資料》1980年第2期。

[法]陳祚龍《敦煌銘讚小集》,《大陸雜誌》第63卷第4期,臺北:大陸雜誌社出版,1981年。

[法]尼古拉·旺迪埃—尼古拉(Nicole Vandier-Nicolas)編《伯希和敦煌石室筆記·題記與壁畫》第1卷,巴黎,1981年。

黃永武主編《敦煌寶藏》1—140冊,臺北:新文豐出版公司,1981—1986年。

鄭必俊《敦煌寫本〈常何墓碑〉校釋》,載北京大學中國中古史研究中心編《敦煌吐魯番文獻研究論集》,北京:中華書局,1982年。

耿昇《一九七九年巴黎國際敦煌學討論會概況》,《敦煌研究》1982年第2期。

李永寧《敦煌莫高窟碑文錄及有關問題》,《敦煌研究》1982年第1、2期。

王重民原編、黃永武《敦煌古籍敍錄新編》,臺北:新文豐出版公司,1986年。

黃永武《敦煌遺書最新目錄》,臺北:新文豐出版公司,1987年。

宿白《〈李君莫高窟佛龕碑〉合校》,載中國敦煌吐魯番學會編《敦煌吐魯番學研究論文集》,上海:漢語大詞典出版社,1989年。

唐耕耦、陸宏基《敦煌社會經濟文獻真跡釋錄》第4、5輯,北京:全國圖書館文獻縮微複製中心出版,1990年。

中國社會科學院歷史研究所、中國敦煌吐魯番學會敦煌古文獻編輯委員會、英國國家圖書館、倫敦大學亞非學院編《英藏敦煌文獻(漢文佛經以外部分)》1—15冊,成都:四川人民出版社,1990—1995、2009年。

杜斗城《敦煌五臺山文獻校錄研究》,太原:山西人民出版社,1991年。

鄭炳林《敦煌碑銘讚三篇證誤與考釋》,《敦煌學輯刊》1992年第1期。

鄭炳林《敦煌碑銘讚輯釋》,蘭州:甘肅教育出版社,1992年。

姜伯勤《敦煌社會文書導論》,臺北:新文豐出版公司,1992年。

[法]伯希和(Paul Pelliot)著,耿昇、唐健賓譯《伯希和敦煌石窟筆記》,蘭州:甘肅人民出版社,1993年。

榮新江《敦煌寫本〈敕河西節度兵部尚書張公德政之碑〉校考》,載《周一良先生八十生日紀念論文集》,北京:中國社會科學出版社,1993年。

晒麟《〈敕河西節度兵部尚書張公德政之碑〉復原與撰寫》,《敦煌學輯刊》1993年第2期。

鄭炳林《敦煌碑銘讚部分文書拼接復原》,《敦煌研究》1993年第1期。

榮新江《英國圖書館藏敦煌漢文非佛教文獻殘卷目錄(S.6981—13624)》,臺北:新文豐出版公司,1994年。

蘇瑩輝《敦煌莫高窟現存石刻考略》,《"中央圖書館"臺灣分館館刊》第2卷第1期,1994年。

饒宗頤主編,姜伯勤、項楚、榮新江著《敦煌邈真讚校錄並研究》,臺北:新文豐出版公司,1994年。

上海古籍出版社、法國國家圖書館編《法藏敦煌西域文獻》1—34卷,上海:上海古籍出版社,1995—2002年。

張涌泉《陳祚龍校錄敦煌文書失誤例釋》,《學術集林》1995年第6期。

顔廷亮《敦煌遺書P.3633〈張安左生前邈真讚並序〉新校》,《敦煌研究》1996年第1期,後收入氏著《敦煌西漢金山國文學考述》,蘭州:甘肅人民出版社,2009年。

宿白《〈武周聖曆李君莫高窟佛龕碑〉合校》,載氏著《中國石窟寺研究》,北京:文物出版社,1996年。

宿白《〈李君莫高窟佛龕碑〉三種拓本與兩種錄文合抄》,載氏著《中國石窟寺研究》,北京:文物出版社,1996年。

馬德《敦煌絹畫題記輯錄》,《敦煌學輯刊》1996年第1期。

曾良、蔡俊《〈敦煌碑銘讚輯釋〉補校》,《南昌大學學報》1997年第4期。

楊曾文《〈神會塔銘〉和〈慧堅碑銘〉的注釋》,《佛學研究》1998年第7期。

敦煌研究院編《敦煌遺書總目索引新編》,北京:中華書局,2000年。

榮新江《〈英國國家圖書館藏敦煌漢文非佛教文獻殘卷目錄〉補正》,載宋家鈺、劉忠編撰《英國收藏敦煌漢藏文獻研究：紀念敦煌文獻發現一百週年》，北京：中國社會科學出版社，2000年。

郝春文主編《英藏敦煌社會歷史文獻釋錄》第1—15卷，北京：社會科學文獻出版社，2001—2017年。

江學旺《〈敦煌邈真讚校錄並研究〉校錄指瑕》，《漢語史學報》2003年第3輯。

趙紅《〈敦煌碑銘讚輯釋〉補校》，《語言研究》2003年第4期。

榮新江《敦煌本邈真讚拾遺》，《敦煌學》第25輯，臺北：中國文化大學中國文學研究所敦煌學會，2004年。

陳尚君輯校《全唐文補編》，北京：中華書局，2005年。

張錫厚《全敦煌詩》，北京：作家出版社，2006年。

趙紅《〈敦煌碑銘讚輯釋〉補訂》，《古籍整理研究學刊》2006年第5期。

吳鋼主編《全唐文補遺》第7輯，西安：三秦出版社，2000年。

吳鋼主編《全唐文補遺》第9輯，西安：三秦出版社，2007年。

鄧文寬《敦煌本〈劉慶力邈真讚並序〉校注並跋》，《出土文獻研究》第8輯，上海：上海古籍出版社，2007年。

鄧文寬《敦煌本〈張靈俊寫真讚並序〉校注並跋》，《敦煌吐魯番研究》第10卷，上海：上海古籍出版社，2007年。

鄧文寬《敦煌寫本〈常何墓碑〉校詮》，《敦煌吐魯番研究》第11卷，上海：上海古籍出版社，2008年。

鄧文寬《敦煌本〈陰處士碑〉校詮》，《出土文獻研究》第9輯，北京：中華書局，2010年。

施萍婷《讀〈翟家碑〉劄記》，《蘭州大學學報》2009年第5期，後收入氏著《敦煌石窟與文獻研究》，杭州：浙江大學出版社，2015年。

劉瑤瑤、楊曉宇《敦煌寫本功德記釋錄獻疑》，《蘭州大學學報》2010年第2期。

姬慧《〈敦煌碑銘讚輯釋〉補校舉隅》，《重慶科技學院學報》2010年第7期。

趙鑫曄《俄藏敦煌殘卷綴合八則》，《藝術百家》2010年第6期。

方廣錩主編《英國國家圖書館藏敦煌遺書》，第1—10冊，桂林：廣西師範大學出版社，2011年。

吳景山、張洪《〈索勳紀德碑〉辨正》，《敦煌研究》2012年第1期。

吳浩軍《〈李君修慈悲佛龕碑〉校讀劄記》，《敦煌研究》2012年第3期。

方廣錩主編《英國國家圖書館藏敦煌遺書》第11—30冊，桂林：廣西師範大學出版社，2013年。

劉樂賢《常何墓碑校釋拾遺》，《敦煌研究》2014年第6期。

楊曉宇《敦煌寫本功德記釋錄補遺》,《甘肅社會科學》2013 年第 5 期。
楊曉宇《敦煌寫本碑刻文書證誤》,《樂山師範學院學報》2014 年第 3 期。
劉瑶瑶、楊曉宇《〈報恩吉祥窟記〉釋錄補正》,《時代文學(下半月)》2014 年第 9 期。
張志勇《敦煌邈真讚釋譯》,北京:人民出版社,2015 年。
劉瑶瑶、楊曉宇《敦煌寫本碑銘讚釋錄勘補》,《敦煌研究》2015 年第 1 期。
姚美玲《敦煌碑銘讚校錄字辨》,《中國文字研究》2015 年第 2 期。
吴浩軍《敦煌寫本〈報恩吉祥之窟記〉校理》,《河西學院學報》2016 年第 3 期。
鄭怡楠、鄭炳林《敦煌寫本〈曹議金重修開元寺功德記〉考釋》,《敦煌學輯刊》2017 年第 2 期。

二、敦煌碑銘讚本體研究

(一) 概説

蔣禮鴻《敦煌變文字義通釋》,北京:中華書局,1959 年。
姜亮夫《敦煌學概論》,北京:中華書局,1985 年。
蘇瑩輝《敦煌學概説》,臺北:五南圖書出版公司,1988 年。
[日]池田温《中國古代寫本識語集錄》,東京:東京大學東洋文化研究所,1990 年。
李并成《一批珍貴的歷史人物檔案——敦煌遺書中的邈真讚》,《檔案》1991 年第 5 期。
鄭炳林《敦煌碑銘讚及其有關問題》,載氏著《敦煌碑銘讚輯釋》,蘭州:甘肅教育出版社,1992 年。
鄭炳林《敦煌碑銘讚抄本概述》,《蘭州大學學報》1993 年第 4 期,又載鄭炳林主編《敦煌吐魯番文獻研究》,蘭州:蘭州大學出版社,1995 年。
榮新江《敦煌邈真讚年代考》,載姜伯勤、項楚、榮新江著《敦煌邈真讚校錄並研究》,臺北:新文豐出版公司,1994 年。
鄭炳林、馮培紅《讀〈中國古代寫本識語集錄〉劄記》,《西北史地》1994 年第 4 期,又載鄭炳林主編《敦煌吐魯番文獻研究》,蘭州:蘭州大學出版社,1995 年。
李冬梅《唐五代敦煌學校部分教學檔案簡介》,《敦煌學輯刊》1995 年第 2 期。
謝稚柳《敦煌藝術敍錄·概述》,上海:上海古籍出版社,1996 年。
季羨林主編《敦煌學大辭典》,上海:上海辭書出版社,1998 年。
蘇瑩輝《敦煌石刻考》,馮志文主編《中國西北文獻叢書續編·敦煌學文獻卷》,蘭州:甘肅文化出版社,1999 年。

楊森《淺談敦煌文獻中唐代墓誌銘抄本》,《敦煌研究》2000年第3期。
榮新江《敦煌學十八講》,北京:北京大學出版社,2001年。
胡楊《不朽的碑銘讚》,《絲綢之路》2007年第4期。
[日]池田温《敦煌文書的世界》,北京:中華書局,2008年。
李正宇《敦煌學導論》,蘭州:甘肅人民出版社,2008年。
鄧文寬《鄧文寬敦煌天文曆法考索》,上海:上海古籍出版社,2010年。
朱玉麒《清代西域流人與早期敦煌研究——以徐松與〈西域水道記〉爲中心》,《敦煌研究》2010年第5期。
任偉《敦煌碑銘讚文獻題記紀時用法考述——兼談敦煌文獻的紀時》,《常熟理工學院學報》2014年第3期。
申慧萍、張志勇《敦煌邈真讚探源》,《絲路視野》2016年第29期。
榮新江《石碑的力量——從敦煌寫本看碑志的抄寫與流傳》,《唐研究》第23卷,2017年12月。

(二) 人物輯考

羅振玉《瓜沙曹氏年表》,上虞羅氏排印本,1915年,又載蘭州大學歷史系敦煌學研究室、蘭州大學圖書館編《敦煌學論文選》(上),蘭州,1983年。
羅振玉《補唐書張議潮傳》,永豐鄉人雜著本,1922年,又收入氏著《羅雪堂先生全集初編》第2册,臺北:大通書局,1984年。
孫楷第《敦煌寫本張議潮變文跋》,《圖書季刊》第3卷第3期,1936年。
孫楷第《敦煌寫本〈張淮深變文〉跋》,載《歷史語言研究所集刊》7本3分,1937年,收入周紹良、白化文編《敦煌變文論文錄》,上海:上海古籍出版社,1982年。
向達《羅叔言〈補唐書張議潮傳〉補正》,收入于省吾、王利器等編《遼海引年集》,北京:和記印書館,1947年,後收入氏著《唐代長安與西域文明》,北京:生活・讀書・新知三聯書店,1957年。
[法]陳祚龍《悟真的生平與著作》,《法國遠東學院叢刊》第60卷,巴黎:法國遠東學院,1966年。
[法]陳祚龍《悟真研究》,巴黎,1966年。
蘇瑩輝《補唐書張淮深傳》,載氏著《敦煌論集》,臺北:臺灣學生書局,1975年。
左景權《敦煌寫本斯二八九號二三事》,《香港中文大學中國文化研究所學報》第8卷第1期,1976年。
姜亮夫《唐五代瓜沙張曹兩世家考——〈補唐書張議潮傳〉訂補》,《中華文史論叢》第3輯,上海:上海古籍出版社,1979年。

［法］陳祚龍《敦煌寫本〈右軍衛十將使孔公浮圖功德銘並序〉之我見》,收入氏著《敦煌資料考屑》(上),臺北：臺灣商務印書館,1979年。

姜亮夫《瓜沙曹氏年表補正》,《杭州大學學報》1980年第1期。

賀世哲、孫修身《〈瓜沙曹氏年表補正〉之補正》,《甘肅師大學報》1980年第3期。

黃惠賢《〈常何墓碑〉跋》,載武漢大學歷史系魏晉南北朝隋唐史研究室編《魏晉南北朝隋唐史資料》1980年第2期,又載《江漢論壇》1982年第2期。

蘇瑩輝《敦煌石室真跡録題記訂補》,載氏著《敦煌論集續編》,臺北：臺灣學生書局,1983年。

蘇瑩輝《敦煌石室真跡録題記訂補之續》,載氏著《敦煌論集續編》,臺北：臺灣學生書局,1983年。

蘇瑩輝《榆林窟壁畫供養者題名考略》,載氏著《瓜沙史事叢考》,臺北：臺灣商務印書館,1984年。

何廣棪《新印校點本瓜沙曹氏年表》,香港：里仁書局,1984年。

梁慰英《張芝籍貫辨》,《敦煌研究》1985年第2期。

續華《悟真事跡初探》,蘭州大學碩士學位論文,1990年,又載《法藏文庫·中國佛教學術論典》第5輯,臺北：佛光山文教基金會,2002年。

孫修身《伯3718〈李府君邈真讚〉有關問題考》,《敦煌研究》1991年第1期。

鄭炳林、梁志勝《〈梁幸德邈真讚〉與梁願清〈莫高窟功德記〉》,《敦煌研究》1992年第2期,又載鄭炳林主編《敦煌吐魯番文獻研究》,蘭州：蘭州大學出版社,1995年。

姜伯勤《敦煌毗尼藏主考》,《敦煌研究》1993年第3期。

鄭炳林《〈索崇恩和尚修功德記〉考釋》,《敦煌研究》1993年第2期,又載鄭炳林主編《敦煌吐魯番文獻研究》,蘭州：蘭州大學出版社,1995年。

鄭炳林《敦煌本〈張淮深變文〉研究》,載蘭州大學敦煌學研究所編《敦煌吐魯番文獻研究》,蘭州：蘭州大學出版社,1995年。

李萬禄《絲綢之路上的一塊豐碑———對東漢〈曹全碑〉書法與歷史之討論》,《西北史地》1997年第1期。

鄭炳林《都教授張金炫和尚生平事跡考》,《敦煌學輯刊》1997年第1期。

鄭炳林《〈康秀華寫經施入疏〉與〈炫和尚貨賣胡粉曆〉研究》,《敦煌吐魯番研究》第3卷,北京：北京大學出版社,1998年。

李麗《關於〈張淮深墓誌銘〉的兩個問題》,《敦煌學輯刊》1998年第1期。

梅林《敦煌藏經洞研究的兩個問題》,敦煌研究院編印《2000年敦煌學國際學術討論會論文提要集》,2000年。

劉進寶《20世紀敦煌藏經洞封閉時間及原因研究的回顧》,《敦煌研究》2000年第2期。

徐曉麗《曹議金與甘州回鶻天公主結親時間考——以 P.2915 卷爲中心》,《敦煌研究》2001年第4期,又載鄭炳林主編《敦煌歸義軍史專題研究續編》,蘭州:蘭州大學出版社,2003年。

鄭炳林、徐曉麗《敦煌寫本 P.3973〈往五臺山行記〉殘卷研究》,《敦煌學輯刊》2002年第1期。

鄭炳林《讀大周沙州刺史李府君墓誌銘劄記》,《敦煌吐魯番國際聯絡委員會通訊》2004年第1期。

吳越《敦煌歷史人物》,北京:民族出版社,2004年。

王團戰《大周沙州刺史李無虧墓及徵集到的三方唐代墓誌》,《考古與文物》2004年第1期。

錢光勝《敦煌遺書與草聖張芝》,《内蒙古農業大學學報》2006年第1期。

沙武田《莫高窟第 138 窟智惠性供養像及相關問題研究》,《敦煌學輯刊》2006年第3期,又載鄭炳林主編《敦煌歸義軍史專題研究四編》,西安:三秦出版社,2009年。

楊秀清《P.3518〈張保山邈真讚〉劄記》,載劉進寶、[日]高田時雄主編《轉型期的敦煌學》,上海:上海古籍出版社,2007年。

陳琪《敦煌張氏書法人物輯考》,《敦煌學輯刊》2007年第2期。

陳琪《唐代敦煌書法人物輯考》,《甘肅社會科學》2007年第3期。

楊寶玉、吳麗娛《歸義軍朝貢使張保山生平考察與相關歷史問題》,《中國史研究》2007年第4期。

鄭炳林、李强《〈索勳記德碑〉考釋復原》,《華學》第13、14輯,《學藝兼修·漢學大師:饒宗頤教授九十華誕國際學術研討會論文集》,上海:上海古籍出版社,2008年。

王偉琴《P.3451 殘卷歌頌對象及其創作時代考》,《敦煌學輯刊》2008年第2期。

張黎瓊《莫高窟第 94 窟〈張淮深造窟功德碑〉相關問題論述》,《知識經濟》2010年第6期。

李尚全《洪辯禪師行跡考》,《社會科學戰綫》2010年第3期。

俄玉楠、鄭怡楠《敦煌寫本 P.3550〈都押衙鐫大龕功德記〉考釋》,《敦煌學輯刊》2013年第4期。

戴春陽《沙州刺史李庭光相關問題稽考》,《敦煌研究》2014年第5期。

鄭炳林、鄭怡楠《敦煌寫本〈住三窟禪師伯沙門法心讚〉考釋》,載西北師範大學《絲綢之路》雜誌社編《絲綢之路經濟帶文化資源與文化產業高峰論壇論文集》,2014年。

王慶衛《新出唐代張淮澄墓誌所見歸義軍史事考》,《敦煌學輯刊》2017年第1期。

鄭怡楠《新出〈唐敦煌張淮澄墓誌銘並序〉考釋》,《敦煌學輯刊》2017年第1期。

徐鍵《吐蕃高僧吳法成生平三題》,《敦煌學輯刊》2017年第1期。

李宗俊《唐〈張淮澄墓誌〉跋》,《乾陵文化研究》2017年。

（三）作者考證

顏廷亮《張球：著作繫年及生平管窺》,載段文傑等編《1990年敦煌學國際研討會文集：史地語文編》,瀋陽：遼寧美術出版社,1995年,後收入氏著《敦煌文學概説》,臺北：新文豐出版公司,1995年。

顏廷亮《關於張球生平和著作幾個問題的辨析》,《中國敦煌吐魯番學會研究通訊》1993年第2期,後收入氏著《敦煌文學概説》,臺北：新文豐出版公司,1995年。

顏廷亮《歸義軍張氏時期敦煌的三位張姓作家》,《敦煌語言文學研究通訊》1993年第3、4期。

齊陳駿、鄭炳林《河西都僧統唐悟真作品及見載文獻繫年》,《敦煌學輯刊》1993年第2期,又載鄭炳林主編《敦煌吐魯番文獻研究》,蘭州：蘭州大學出版社,1995年。

鄭炳林《伯2641號背莫高窟再修功德記撰寫人探微》,載鄭炳林主編《敦煌吐魯番文獻研究》,蘭州：蘭州大學出版社,1995年。

鄭炳林《論晚唐敦煌文士張球即張景球》,《文史》第43輯,北京：中華書局,1997年,又載鄭炳林主編《敦煌歸義軍史專題研究續編》,蘭州：蘭州大學出版社,2003年。

郭鋒《補唐末沙州節度判官掌書記張球事一則》,《敦煌吐魯番研究》第2卷,北京：北京大學出版社,1997年。

徐志斌《〈河西都僧統唐悟真作品和見載文獻繫年〉補四則》,《敦煌學輯刊》1998年第2期。

顏廷亮《有關張球生平及其著作的一件新見文獻——〈佛説摩利支天菩薩陀羅尼經·序〉校錄及其他》,《敦煌研究》2002年第5期。

楊寶玉《〈摩利支天菩薩咒靈驗記〉與張球事跡輯補》,載氏著《敦煌本佛教靈驗記校注並研究》,蘭州：甘肅人民出版社,2009年。

馬德《〈張淮深碑〉作者再考》,載新疆維吾爾自治區博物館、中國敦煌吐魯番學會編《絲路歷史文化研討會論集(2012)》,烏魯木齊:新疆科學技術出版社,2013年。

朱利華、伏俊璉《敦煌文人竇良驥生平考述》,《敦煌學輯刊》2015年第3期。

楊寶玉《〈張淮深碑〉作者再議》,《敦煌學輯刊》2015年第3期。

三、敦煌碑銘讚與史事考辨

[日]藤枝晃《沙州歸義軍節度使始末》(一)至(四),《東方學報》第12、13分冊,1942—1943年,中譯文載《國外藏學研究譯文集》,拉薩:西藏人民出版社,1998年。

陳寅恪《唐代政治史述論稿》,上海:商務印書館,1943年。

勞幹《唐五代沙州張曹兩姓政權交替之史料》,《申報》1948年1月17日"文史"版。

金啟綜《唐末沙州(敦煌)張議潮的起義》,《歷史教學》1954年第2期。

蘇瑩輝《論索勳、張承奉節度沙州歸義軍之起訖年》,《敦煌學》第1輯,香港:香港新亞研究所敦煌學會,1974年。

蘇瑩輝《張義潮》,載氏著《敦煌論集》,臺北:臺灣學生書局,1975年。

齊陳駿《唐與吐蕃的關係及張議潮領導的沙州人民起義》,《甘肅師大學報》1979年第4期。

[日]土肥義和《歸義軍(唐後期·五代·宋初)時代》,《講座敦煌》第2卷《敦煌の歷史》Ⅴ,東京:大東出版社,1980年。李永寧中譯文《歸義軍時期(晚唐、五代、宋初)的敦煌》,《敦煌研究》1986年第4期、1987年第1期。

蘇瑩輝《試論張義潮收復河隴後遣使獻表長安之年代》,載氏著《敦煌論集續編》,臺北:臺灣學生書局,1983年。

蘇瑩輝《略論唐代河西五州之陷蕃及其光復時期》,載氏著《敦煌論集續編》,臺北:臺灣學生書局,1983年。

馬堅楚《談瓜沙曹仁貴曹議金取代張氏年期及其有關問題》,《梵音》1982年第2期。

黃慧賢《隋末農民起義武裝淺析》,載中國唐史研究會編《唐史研究會論文集》,西安:陝西人民出版社,1983年。

黃永年《敦煌寫本〈常何墓碑〉和唐前期宮廷政變中的玄武門》,敦煌文物研究所編《1983年全國敦煌學術討論會文集·文史遺書編》(上),蘭州:甘肅人民出版社,1987年。

孫修身《張淮深之死再議》,《西北師大學報》1982年第2期。

王冀青《有關金山國史的幾個問題》,《敦煌學輯刊》1982年第3期。

榮新江《敦煌卷子劄記四則》,載《敦煌吐魯番文獻研究論集》第 2 輯,北京:北京大學出版社,1983 年。

孫修身《談與瓜州曹氏世譜有關的幾個問題》,《甘肅社會科學》1983 年第 5 期。

唐長孺《關於歸義軍節度的幾種資料跋》,載沙知、孔祥星編《敦煌吐魯番文書研究》,蘭州:甘肅人民出版社,1984 年。

蘇瑩輝《論晚唐統治瓜、沙二州的張、索、李三姓政爭始末》,載氏著《瓜沙史事叢考》,臺北:臺灣商務印書館,1984 年。

蘇瑩輝《張淮深於光啓三年求授旌節辯》,《敦煌學》第 3 輯,香港:香港新亞研究所敦煌學會,1976 年,後收入氏著《瓜沙史事叢考》,臺北:臺灣商務印書館,1984 年。

蘇瑩輝《唐僖宗光啓三年求授旌節者爲索勳論》,載氏著《瓜沙史事叢考》,臺北:臺灣商務印書館,1984 年。

蘇瑩輝《瓜沙曹氏僭稱"敦煌王"及受封"敦煌郡王"考》,載氏著《瓜沙史事叢考》,臺北:臺灣商務印書館,1984 年。

蘇瑩輝《莫高窟 C·一三四窟武周李義碑的正名及其相關問題》,載氏著《瓜沙史事叢考》,臺北:臺灣商務印書館,1984 年。

蘇瑩輝《繼張氏任歸義軍節度使者爲曹仁貴論》,《中國歷史學會史學集刊》第 16 期,1984 年,又載氏著《敦煌文史藝術論叢》,臺北:新文豐出版公司,1987 年。

蘇瑩輝《朱梁時曹仁貴繼張氏爲沙州歸義軍節度使說》,《大陸雜誌》第 68 卷第 1 期,臺北:大陸雜誌社出版,1984 年。

寧欣《沙州歸義軍節度使始末序說》,《中國敦煌吐魯番學會研究通訊》1985 年第 2 期。

蘇瑩輝《從幾種敦煌資料論張承奉、曹議金之稱"帝"稱"王"》,《敦煌學》第 11 輯,臺北:中國文化大學中國文學研究所敦煌學會,1986 年。

李永寧《豎牛作孽　君主見欺——談張淮深之死及唐末歸義軍執權者之更迭》,《敦煌研究》1986 年第 2 期。

林天蔚《論索勳紀德碑及其史事之探討》,《漢學研究》第 4 卷第 2 期,臺北:漢學研究中心,1986 年。

蘇瑩輝《瓜沙曹氏史事述要》,《漢學研究》第 4 卷第 2 期,臺北:漢學研究中心,1986 年。

唐耕耦《曹仁貴節度沙州歸義軍始末》,《敦煌研究》1987 年第 2 期。

蘇瑩輝《瓜沙史事述要》,載氏著《敦煌文史藝術論叢》,臺北:新文豐出版公司,1987年。

蘇瑩輝《瓜沙曹氏稱"王"者新考》,載氏著《敦煌文史藝術論叢》,臺北:新文豐出版公司,1987年。

蘇瑩輝《曹元德、元深、元忠事跡考略》,載氏著《敦煌文史藝術論叢》,臺北:新文豐出版公司,1987年。

李正宇《關於金山國和燉煌國建國的幾個問題》,《西北史地》1987年第3期。

錢伯泉《有關歸義軍前期歷史的幾個問題——〈周故南陽張氏墓誌銘並序〉研究》,《敦煌學輯刊》1987年第1期。

蘇瑩輝《三論繼張氏後節度沙州歸義軍者爲曹仁貴》,《文史哲學報》第36期,臺北:臺灣大學文學院,1988年。

鄧文寬《也談張淮深之死》,《敦煌研究》1988年第1期。

譚蟬雪《曹元德曹元深卒年考》,《敦煌研究》1988年第1期。

孫修身《敦煌遺書伯三〇一六號卷背第二件文書有關問題考》,《敦煌學輯刊》1988年第Z1期。

孫修身《跋敦煌遺書伯2992號卷背幾件文書》,《新疆文物》1988年第4期。

錢伯泉《爲索勳篡權翻案》,《敦煌研究》1988年第1期。

盧向前《金山國立國之我見》,《敦煌學輯刊》1990年第2期,收入氏著《敦煌吐魯番文書論稿》,南昌:江西人民出版社,1992年。

蘇哲《伯二九九二號文書三通五代狀文的研究》,《敦煌吐魯番文獻研究論集》第5輯,北京:北京大學出版社,1990年。

劉進寶《常何與隋末農民起義——從敦煌遺書〈常何墓碑〉談起》,《敦煌研究》1990年第1期。

榮新江《沙州張淮深與唐中央朝廷之關係》,《敦煌學輯刊》1990年第2期。

吳震《P.3547〈沙州歸義軍上都進奏院上本使狀〉試析——兼論張淮深何以屢請賜節而不獲》,段文傑等編《1990年敦煌學國際研討會論文集:史地語文編》,瀋陽:遼寧美術出版社,1995年。

蘇瑩輝《張承奉稱帝稱王與曹仁貴節度沙州歸義軍顛末考》,段文傑等編《1990年敦煌學國際研討會論文集:史地語文編》,瀋陽:遼寧美術出版社,1995年。

賀世哲《試論曹仁貴即曹議金》,《西北師大學報》1990年第3期。

李正宇《曹仁貴名實論——曹氏歸義軍創始及歸奉後梁史探》,漢學研究中心編印《第二屆敦煌學國際研討會論文集》,臺北:漢學研究中心,1991年。

顧吉辰《西漢金山國繫年要錄》,《敦煌研究》1991年第3期。

榮新江《金山國史辨正》,《中華文史論叢》第50輯,上海:上海古籍出版社,

1992 年。

榮新江《關於曹氏歸義軍首任節度使的幾個問題》,《敦煌研究》1993 年第 2 期。

榮新江《初期沙州歸義軍與唐中央朝廷之關係》,載黃約瑟、劉健明編《隋唐史論集》,香港:香港大學亞洲研究中心,1993 年。

榮新江《歸義軍改元考》,《文史》第 38 輯,北京:中華書局,1993 年。

㘅麟《張淮深之死疑案的研究》,《敦煌學輯刊》1993 年第 2 期。

鄭炳林《〈索勳紀德碑〉研究》,《敦煌學輯刊》1994 年第 2 期,又載蘭州大學敦煌學研究所編《敦煌吐魯番文獻研究》,蘭州大學出版社,1995 年。

馬德《張淮興敦煌史事探幽》,《敦煌學輯刊》1994 年第 2 期。

吳震《張淮深論節始末補正》,敦煌研究院編《段文傑敦煌研究五十年紀念文集》,北京:世界圖書出版社,1996 年。

王惠民《曹議金執政前期若干史事考辨》,敦煌研究院編《段文傑敦煌研究五十年紀念文集》,北京:世界圖書出版社,1996 年。

榮新江《歸義軍史研究——唐宋時代敦煌歷史考索》,上海:上海古籍出版社,1996 年。

楊秀清《晚唐歸義軍與中央關係述論》,《甘肅社會科學》1996 年第 2 期。

楊秀清《張議潮出走與張淮深之死——張氏歸義軍內部矛盾新探》,《敦煌研究》1996 年第 4 期。

楊秀清《金山國立國年代補證》,《敦煌研究》1997 年第 4 期。

馬德《敦煌文書〈某使君造龕設齋讚文〉的有關問題》,《敦煌研究》1997 年第 2 期。

趙和平《敦煌表狀箋啓書儀輯校》,南京:江蘇古籍出版社,1997 年。

楊秀清《試論金山國的有關政治制度》,《敦煌學輯刊》1998 年第 2 期。

楊秀清《曹議金執政臆談》,《敦煌研究》1998 年第 3 期。

劉進寶《常何與隋末唐初政治》,《中國史研究》1998 年第 4 期。

楊秀清《敦煌西漢金山國史》,蘭州:甘肅人民出版社,1999 年。

李正宇《索勳、張承奉更迭之際史事考》,郝春文主編《敦煌文獻論集:紀念敦煌藏經洞發現一百週年國際學術研討會論文集》,瀋陽:遼寧人民出版社,2001 年。

王艷明《瓜沙州大王印考》,《敦煌學輯刊》2000 年第 2 期。

李麗《張議潮"束身歸闕"之原因考——敦煌張氏歸義軍內部矛盾之我見》,《社科縱橫》2000 年第 3 期。

鄭炳林《晚唐敦煌歸義軍官府一件珍貴檔案〈張議潮處置涼州進表〉研究》,甘肅檔案學會編《第二屆郭煌歷史檔案與徽州歷史檔案開發利用研討會論文集》,2002年。

徐曉麗、鄭炳林《讀臺灣"中央研究院"傅斯年圖書館藏兩件敦煌文書劄記》,《蘭州大學學報》2003年第2期。

榮新江、余欣《沙州歸義軍史事繫年示例》,《華學》第7輯,廣州:中山大學出版社,2004年。

[日]赤木崇敏《河西歸義軍節度使張淮鼎—敦煌文獻P12555 pièce1の檢討を通じて—》,《内陸アジア言語の研究》XX,2005年。

楊秀清《光化三年(900)張承奉領節事鈎沉》,《敦煌研究》2005年第1期。

吳麗娛、楊寶玉《P13730v張氏歸義軍時期書狀考釋》,《出土文獻研究》第7輯,上海古籍出版社,2005年。

馮培紅《敦煌本〈國忌行香文〉及相關問題》,中國文物研究所編《出土文獻研究》第7輯,上海:上海古籍出版社,2005年。

李軍《晚唐五代肅州相關史實考述》,《敦煌學輯刊》2005年第3期。

屈直敏《從〈勵忠節鈔〉看歸義軍政權道德秩序的建設》,《敦煌學輯刊》2005年第3期,又載鄭炳林主編《敦煌歸義軍史專題研究四編》,西安:三秦出版社,2009年。

榮新江、余欣《沙州歸義軍史事繫年(大中六年—咸通二年)》,《敦煌吐魯番研究》第8卷,北京:中華書局,2005年。

榮新江、余欣《沙州歸義軍史事繫年(咸通三年—六年)》載白化文主編《周紹良先生紀念文集》,北京:北京圖書館出版社,2006年。

楊寶玉、吳麗娛《P.3016v〈厶乙致令公狀〉考釋》,《敦煌研究》2006年第3期。

楊寶玉、吳麗娛《張議潮束身歸闕後與沙州人士德往來及其對敦煌政局的影響》,載劉進寶、[日]高田時雄主編《轉型期的敦煌學》,上海:上海古籍出版社,2007年。

楊寶玉、吳麗娛《P.2992v書狀與清泰元年及長興元年歸義軍政權的朝貢活動》,《敦煌學輯刊》2007年第1期。

李軍《晚唐五代伊州相關史實考述》,《西域研究》2007年第1期,又載鄭炳林主編《敦煌歸義軍史專題研究四編》,西安:三秦出版社,2009年。

李正宇《張議潮起義發生在大中二年三、四月間》,《敦煌學輯刊》2007年第2期。

楊寶玉、吳麗娛《P.3804咸通七年願文與張議潮入京前夕的慶寺法會》,《南京師大學報》2007年第4期。

榮新江、余欣《沙州歸義軍史事繫年(咸通十四年—中和四年)》,《敦煌學》第

27 輯《柳存仁先生九十華誕祝壽專輯》，臺北：南華大學敦煌學研究中心，2008 年。

楊秀清《再論張承奉時期歸義軍同中央政權的關係》，《敦煌學》第 27 輯《柳存仁先生九十華誕祝壽專輯》，臺北：南華大學敦煌學研究中心，2008 年。

榮新江、余欣《沙州歸義軍史事繫年（中和五年—龍紀元年）》，《中國敦煌吐魯番學會 2008 年度理事會暨"敦煌漢藏佛教藝術與文化學術研討會"論文集》，2008 年。

楊寶玉《金山國建立時間再議》，《敦煌學輯刊》2008 年第 4 期。

李軍《張淮深與宗教關係初探》，載鄭炳林主編《佛教藝術與文化國際學術研討會論文集》，西安：三秦出版社，2009 年。

楊寶玉、吳麗娛《P.2945 書狀與曹氏歸義軍政權首次成功的朝貢活動》，《敦煌吐魯番研究》第 11 卷，上海：上海古籍出版社，2009 年。

李軍《晚唐歸義軍節度使張淮鼎事跡考》，《敦煌學輯刊》2009 年第 2 期。

吳麗娛、楊寶玉《舊袂新解——轉型期歸義軍史研究瑣言》，載劉進寶主編《百年敦煌學 歷史・現狀・趨勢》，蘭州：甘肅人民出版社，2009 年。

劉嘯《"玄武門事變"新考——以"事變"時李世民的職權爲中心》，《中華文史論叢》第 98 輯，上海：上海古籍出版社，2010 年。

楊寶玉、吳麗娛《梁唐之際敦煌地方政權與中央關係研究——以歸義軍入貢活動爲中心》，《敦煌學輯刊》2010 年第 2 期，又載浙江大學古籍研究所編《百年敦煌文獻整理研究國際學術討論會論文集》（上冊），2010 年。

楊寶玉、吳麗娛《五代梁唐治國方略之比較——以梁唐之際沙州歸義軍朝貢活動爲例》，《國學學刊》2010 年第 3 期。

楊寶玉《大中二年張議潮首次遣使入奏活動再議》，《蘭州學刊》2010 年第 6 期。

趙貞《歸義軍史事考論》，北京：北京師範大學出版社，2010 年。

吳麗娛《敦煌資料的再發掘與歸義軍史的新探索》，載鄭炳林主編《中國敦煌吐魯番學會 2008 年度理事會議暨"敦煌漢藏佛教遺書與文化學術研討會"論文集》，西安：三秦出版社，2011 年。

楊寶玉、吳麗娛《敦煌文書 S.4276〈管内三軍百姓奏請表〉索隱》，《出土文獻研究》第 10 輯，北京：中華書局，2011 年。

楊寶玉《P.3727 曹氏歸義軍時期書狀考釋》，《隋唐遼宋金元史論叢》第 1 輯，北京：紫禁城出版社，2011 年。

楊寶玉《清泰元年曹氏歸義軍入奏活動考察》，《敦煌學輯刊》2011 年第 3 期。

陸離、陸慶夫《張議潮史跡新探》，《中國邊疆史地研究》2011 年第 1 期。

李軍《晚唐五代歸義軍與涼州節度關係考論》,《陝西師範大學學報》2011 年第 6 期。

段鋭超《敦煌張氏歸義軍及西漢金山國政權與中原王朝關係探究》,《石河子大學學報》2012 年第 1 期。

楊寶玉《敦煌歸義軍入奏史研究瑣言》,《南京師大學報》2012 年第 2 期。

馮培紅《敦煌的歸義軍時代》,蘭州:甘肅教育出版社,2013 年。

楊寶玉、吳麗娛《歸義軍入奏活動中的貢品進奉與禮物饋贈》,《隋唐遼宋金元史論叢》第 3 輯,上海:上海古籍出版社,2013 年。

楊寶玉、吳麗娛《歸義軍政權與中央關係研究——以入奏活動爲中心》,北京:中國社會科學出版社,2015 年。

李軍《晚唐歸義軍節度使張淮深再收瓜州史事鉤沉》,《陝西師範大學學報》2015 年第 2 期。

李軍《歸義軍節度使張淮深稱號問題再探》,《敦煌研究》2015 年第 4 期。

李軍《敦煌的張淮深時代——以歸義軍與唐中央之關係爲中心》,《敦煌吐魯番研究》第 16 卷,上海:上海古籍出版社,2016 年。

劉進寶《常何與隋末唐初政治》,載氏著《敦煌文書與中古社會經濟》,杭州:浙江大學出版社,2016 年。

李軍《北門禁軍與武德九年玄武門政變之關係考辨——以常何爲中心的考察》,《早期中古史研究》第 8 卷第 2 期,臺北:早期中國史研究會,2016 年。

楊寶玉《大中五年張議潭入奏相關問題辨析——以杏雨書屋藏羽 032－1〈驛程記〉爲中心》,《敦煌研究》2016 年第 6 期。

楊寶玉《〈張淮深墓誌銘〉與張淮深被害事件再探》,《敦煌研究》2017 年第 2 期。

四、敦煌碑銘讚與職官制度

[日] 中村裕一《唐代藩鎮の幕職補任文書》,載《史學研究室報告》,大阪:武庫川女子大學文學部,1986 年。

[日] 中村裕一《唐代官文書研究》,京都:中文出版社,1991 年。

[日] 中村裕一《唐代公文書研究》,東京:汲古書院,1996 年。

盧向前《關於歸義軍時期一份布紙破用曆的研究——試釋伯四六四〇背面文書》,《敦煌吐魯番文獻研究論集》第 3 輯,北京,1986 年,收入氏著《敦煌吐魯番文書論稿》,南昌:江西人民出版社,1992 年。

姜伯勤《沙州道門親表部落釋證》,《敦煌研究》1986 年第 3 期。

榮新江《沙州歸義軍歷任節度使稱號研究》,中國敦煌吐魯番學會編《敦煌吐魯番學研究論文集》,上海:漢語大詞典出版社,1989年。

[日]渡邊孝《唐·五代の藩鎮における押衙について》(上、下),《社會文化史學》第28、30號,1991、1993年。

榮新江《沙州歸義軍歷任節度使稱號研究(修訂稿)》,《敦煌學》第19輯,臺北:中國文化大學中國文學研究所敦煌學會,1992年。

榮新江《唐五代歸義軍武職軍將考》,載《中國唐史學會論文集》,西安:三秦出版社,1993年,收入氏著《敦煌學新論》,蘭州:甘肅人民出版社,2002年。

王繼光、鄭炳林《敦煌漢文吐蕃史料綜述——兼論吐蕃控制河西時期的職官與統治政策》,《中國藏學》1994年第3期。

鄭炳林、馮培紅《唐五代歸義軍政權對外關係中的使頭一職》,《敦煌學輯刊》1995年第1期,又載鄭炳林主編《敦煌歸義軍史專題研究》,蘭州:蘭州大學出版社,1997年。

齊陳駿、馮培紅《晚唐五代宋初歸義軍政權中"十將"及下屬諸職考》,敦煌研究院編《段文傑敦煌研究五十年紀念文集》,北京:世界圖書出版社,1996年,又載鄭炳林主編《敦煌歸義軍史專題研究》,蘭州:蘭州大學出版社,1997年。

馮培紅《晚唐五代宋初歸義軍武職軍將研究》,載鄭炳林主編《敦煌歸義軍史專題研究》,蘭州:蘭州大學出版社,1997年。

馮培紅《客司與歸義軍的外交活動》,《敦煌學輯刊》1999年第1期,又載鄭炳林主編《敦煌歸義軍史專題研究續編》,蘭州:蘭州大學出版社,2003年。

顧吉辰《敦煌文獻職官結銜考釋》,《敦煌學輯刊》1998年第2期。

陸慶夫《歸義軍政權與蕃兵蕃將》,敦煌研究院編《2000年敦煌學國際學術討論會文集:紀念敦煌藏經洞發現暨敦煌學百年·歷史文化卷》(上),蘭州:甘肅民族出版社,2000年。

馮培紅《敦煌文獻中的職官史料與唐五代藩鎮官制研究》,《敦煌研究》2001年第3期,又載鄭炳林主編《敦煌歸義軍史專題研究續編》,蘭州:蘭州大學出版社,2003年。

馮培紅《唐五代歸義軍節院與節院軍使略考》,《敦煌學輯刊》2000年第1期,又載鄭炳林主編《敦煌歸義軍史專題研究續編》,蘭州:蘭州大學出版社,2003年。

陸離《唐五代敦煌的司倉參軍倉曹與倉司——兼論唐五代敦煌地區的倉廩制度》,《蘭州大學學報》2003年第4期,又載鄭炳林主編《敦煌歸義軍史專題研究四編》,西安:三秦出版社,2009年。

馮培紅《20世紀敦煌吐魯番官制研究概況》,《中國史研究動態》2001年第11

期,又載鄭炳林主編《敦煌歸義軍史專題研究續編》,蘭州:蘭州大學出版社,2003年。
馮培紅《唐五代敦煌的營田與營田使考》,《蘭州大學學報》2001年第4期,鄭炳林主編《敦煌歸義軍史專題研究續編》,蘭州:蘭州大學出版社,2003年。
馮培紅《唐五代歸義軍軍資庫司初探》,《敦煌學輯刊》1998年第1期,又載鄭炳林主編《敦煌歸義軍史專題研究續編》,蘭州:蘭州大學出版社,2003年。
馮培紅《關於歸義軍節度使官制的幾個問題》,載鄭炳林、花平寧主編《麥積山石窟藝術文化論文集》(下册),蘭州:蘭州大學出版社,2004年,又載鄭炳林主編《敦煌歸義軍史專題研究四編》,西安:三秦出版社,2009年。
馮培紅《論晚唐五代的沙州(歸義軍)與涼州(河西)節度使——以"河西"觀念爲中心的考察》,載《浙江與敦煌學——常書鴻先生誕辰一百週年紀念文集》,杭州:浙江古籍出版社,2004年,又載鄭炳林主編《敦煌歸義軍史專題研究四編》,西安:三秦出版社,2009年。
馮培紅《敦煌歸義軍職官制度——唐五代藩鎮官制個案研究》,蘭州大學博士學位論文,2004年。
馮培紅《晚唐五代宋初沙州上佐考》,載《敦煌學國際研討會文集》,北京:北京圖書館出版社,2005年,又載鄭炳林主編《敦煌歸義軍史專題研究四編》,西安:三秦出版社,2009年。
馮培紅《晚唐五代藩鎮幕職的兼官現象與階官化論述——以敦煌資料、石刻碑志爲中心》(上、下),《敦煌學研究》2006年第2期、2007年第1期,韓國首爾出版社。
李軍《敦煌寫本〈歸義軍僧官書儀〉拼接綴合及相關問題研究》,《敦煌學輯刊》2006年第3期。
馮培紅《論唐五代藩鎮幕職的帶職現象——以檢校、兼、試官爲中心》,高田時雄主編《唐代宗教文化與制度》,京都:京都大學人文科學研究所,2007年。
馮培紅《歸義軍節度觀察使官印問題申論》,載劉進寶、[日]高田時雄主編《轉型期的敦煌學》,上海:上海古籍出版社,2007年。
李軍《晚唐歸義軍長史及司馬問題再探》,《敦煌學輯刊》2010年第3期。
李軍《晚唐歸義軍人員任職涼州考》,《敦煌研究》2010年第4期。
馮培紅《歸義軍官吏的選任與遷轉——唐五代藩鎮選官制度之個案》,香港:香港大學饒宗頤學術館,2011年,收入氏著《敦煌學與五涼史論稿》,杭州:浙江大學出版社,2017年。
魏迎春、鄭炳林《敦煌歸義軍節度使承襲制度研究(上)——張氏歸義軍節度使的承襲引發的有關問題》,《敦煌學輯刊》2017年第1期。

五、敦煌碑銘讚與政區地理

黃文弼《古樓蘭國在中西交通史之地位》，載氏著《羅布淖爾考古記》，國立北京大學，1948 年，又載氏著《西北史地論叢》，上海：上海人民出版社，1981 年。

陳祚龍《中世敦煌與成都之間的交通路綫》，《敦煌學》第 1 輯，香港：香港新亞研究所敦煌學會，1974 年。

黃盛璋《沙州曹氏二州六鎮與八鎮考》，敦煌文物研究所編《1983 年全國敦煌學術討論會文集·文史遺書編》（上），蘭州：甘肅人民出版社，1987 年。

蘇瑩輝《咸通中涼州節度使統管涼、洮、鄯、河、臨五州説》，載氏著《瓜沙史事叢考》，臺北：臺灣商務印書館，1984 年。

蘇瑩輝《晚唐時歸義軍節度使暨涼州、瓜沙兩節度領州數述異》，載氏著《敦煌文史藝術論叢》，臺北：新文豐出版公司，1987 年。

鄭炳林《敦煌地理文書匯集校注》，蘭州：甘肅教育出版社，1989 年。

陳國燦《唐五代瓜沙歸義軍軍鎮的演變》，武漢大學歷史系魏晉南北朝隋唐史研究室著，唐長孺主編《敦煌吐魯番文書初探二編》，武漢：武漢大學出版社，1990 年，後收入氏著《敦煌學史事新證》，蘭州：甘肅教育出版社，2002 年。

鄭炳林《唐五代金鞍山地名考》，載蘭州大學敦煌學研究所編《敦煌吐魯番文獻研究》，蘭州：蘭州大學出版社，1995 年。

李并成《歸義軍新城鎮考》，《北京圖書館館刊》1997 年第 4 期。

李并成《歸義軍會稽鎮考》，《敦煌吐魯番研究》第 3 卷，北京：北京大學出版社，1998 年。

鄭炳林《晚唐五代歸義軍疆域演變研究》，《歷史地理》第 15 輯，上海：上海人民出版社，1999 年，又載鄭炳林主編《敦煌歸義軍史專題研究續編》，蘭州：蘭州大學出版社，2003 年。

馮培紅《歸義軍時期敦煌縣諸鄉置廢申論》，《敦煌研究》2000 年第 3 期，又載鄭炳林主編《敦煌歸義軍史專題研究續編》，蘭州：蘭州大學出版社，2003 年。

趙貞《敦煌文書中所見晚唐五代宋初的靈州道》，《中國歷史地理論叢》2001 年第 4 期。

鄭炳林《晚唐五代敦煌歸義軍行政區劃制度研究》，《敦煌研究》2002 年第 2、3 期，又載鄭炳林主編《敦煌歸義軍史專題研究續編》，蘭州：蘭州大學出版社，2003 年。

鄭炳林《敦煌寫本〈張議潮處置涼州進表〉拼接綴合與歸義軍對涼州的管理》，《敦煌吐魯番研究》第 7 卷，北京：北京大學出版社，2003 年，又載鄭炳林主編《敦煌歸義軍史專題研究三編》，蘭州：甘肅文化出版社，2005 年。

趙貞《敦煌所出靈州道文書述略——兼談朔方韓氏對靈州道的經營》，《敦煌研究》2003 年第 4 期。

馮培紅《歸義軍鎮制考》，《敦煌吐魯番研究》第 9 卷，北京：中華書局，2006 年，又載鄭炳林主編《敦煌歸義軍史專題研究四編》，西安：三秦出版社，2009 年，後收入氏著《敦煌學與五涼史論稿》，杭州：浙江大學出版社，2017 年。

李軍《晚唐（公元 861—907 年）涼州相關問題考察——以涼州控制權的轉移爲中心》，《中國史研究》2006 年第 4 期，又載鄭炳林主編《敦煌歸義軍史專題研究四編》，西安：三秦出版社，2009 年。

李軍《晚唐政府對河西東部地區的經營》，《歷史研究》2007 年第 4 期。

李軍《晚唐政府對河隴地區的經營》，蘭州大學博士學位論文，2008 年。

李軍《晚唐政府對河隴地區的收復與經營——以宣、懿二朝爲中心》，《中國史研究》2012 年第 3 期。

鄭炳林、李軍《敦煌歷史地理》，蘭州：甘肅教育出版社，2013 年。

尹波濤《粟特康氏會稽郡望考論》，《敦煌學輯刊》2017 年第 1 期。

六、敦煌碑銘讚與民族關係

高自厚《敦煌文獻中的河西回鶻——兼論甘州回鶻與沙州的關係》，《西北民族大學學報》1983 年第 4 期。

[法] 哈密頓（James Hamilton）著，耿昇譯《十世紀仲雲考》，《西域史論叢》第 2 輯，1985 年。

孫修身《敦煌遺書 P2992 號卷〈沙州上甘州回鶻可汗狀〉有關問題考》，《西北史地》1985 年第 4 期。

榮新江《歸義軍及其與周邊民族的關係初探》，《敦煌學輯刊》1986 年第 2 期。

鄧文寬《張淮深平定甘州回鶻史事鈎沉》，《北京大學學報》1986 年第 5 期。

[法] 哈密頓（James Hamilton）著，耿昇、穆根來譯《五代回鶻史料》，烏魯木齊：新疆人民出版社，1986 年。

蘇北海、周美娟《甘州回鶻世系考辯》，《敦煌學輯刊》1987 年第 2 期。

蘇瑩輝《從莫高、榆林二窟供養者像看瓜、沙曹氏的聯姻外族》，載氏著《敦煌文史藝術論叢》，臺北：新文豐出版公司，1987 年。

郭鋒《略論敦煌歸義軍時期仲雲人的族屬諸問題》，《蘭州大學學報》1988 年第 1 期。

黃盛璋《論璨微與仲雲》,《新疆社會科學》1988 年第 6 期。

錢伯泉《回鶻在敦煌的歷史》,《敦煌學輯刊》1989 年第 1 期。

黃盛璋《敦煌文書中"南山"與仲雲》,《西北民族研究》1989 年第 1 期。

黃盛璋《敦煌于闐文 P.2741、ch.00296、P.2790 號文書疏證》,《西北民族研究》1989 年第 2 期。

榮新江《張氏歸義軍與西州回鶻的關係》,載段文傑等編《1990 年敦煌學國際研討會文集:史地語文編》,瀋陽:遼寧美術出版社,1995 年。

孫修身《試論瓜沙曹氏與甘州回鶻之關係》,載段文傑等編《1990 年敦煌學國際研討會文集:史地語文編》,瀋陽:遼寧美術出版社,1995 年。

蘇北海、丁谷山《瓜沙曹氏政權與甘州回鶻于闐回鶻的關係》,《敦煌研究》1990 年第 3 期。

榮新江《唐代河西地區鐵勒部落的入居及其消亡》,載費孝通編《中華民族研究新探索》,北京:中國社會科學出版社,1991 年。

榮新江《曹議金征甘州回鶻史事表微》,《敦煌研究》1991 年第 2 期。

陸慶夫《河西達怛考述》,《敦煌學輯刊》1992 年第 Z1 期。

榮新江《甘州回鶻成立史論》,《歷史研究》1993 年第 5 期。

榮新江《敦煌邈真讚所見歸義軍與東西回鶻的關係》,載姜伯勤、項楚、榮新江著《敦煌邈真讚校錄並研究》,臺北:新文豐出版公司,1994 年。

榮新江《于闐王國與瓜沙曹氏》,《敦煌研究》1994 年第 2 期。

黃盛璋《敦煌漢文與于闐文書中之龍家及其相關問題》,《西域研究》1996 年第 1 期。

鄭炳林《唐五代敦煌金山國征伐樓蘭史事考》,載敦煌研究院編《段文傑敦煌研究五十年紀念文集》,北京:世界圖書出版社,1996 年,又載鄭炳林主編《敦煌歸義軍史專題研究》,蘭州:蘭州大學出版社,1997 年。

鄭炳林《唐五代敦煌的粟特人與歸義軍政權》,《敦煌研究》1996 年第 4 期,又載鄭炳林主編《敦煌歸義軍史專題研究》,蘭州:蘭州大學出版社,1997 年。

陸慶夫《甘州回鶻可汗世次辨析》,《敦煌學輯刊》1995 年第 2 期,又載鄭炳林主編《敦煌歸義軍史專題研究》,蘭州:蘭州大學出版社,1997 年。

陸慶夫《唐宋間敦煌粟特人之漢化》,《歷史研究》1996 年第 6 期,又載鄭炳林主編《敦煌歸義軍史專題研究》,蘭州:蘭州大學出版社,1997 年。

陸慶夫《從焉耆龍王到河西龍家——龍部落遷徙考》,《敦煌研究》1997 年第 2 期,載鄭炳林主編《敦煌歸義軍史專題研究》,蘭州:蘭州大學出版社,

1997年。

李冬梅《唐五代歸義軍與周邊民族關係綜論》,《敦煌學輯刊》1998年第2期。

陸慶夫《金山國與甘州回鶻關係考論》,《敦煌學輯刊》1999年第1期。

榮新江《敦煌歸義軍曹氏統治者爲粟特後裔説》,《歷史研究》2001年第1期。

馮培紅《敦煌曹氏族屬與曹氏歸義軍政權》,《歷史研究》2001年第1期,又載鄭炳林主編《敦煌歸義軍史專題研究續編》,蘭州:蘭州大學出版社,2003年。

榮新江《中古中國與外來文明》,北京:生活·讀書·新知三聯書店,2001年。

王艷明《瓜州曹氏與甘州回鶻的兩次和親始末——兼論甘州回鶻可汗世系》,《敦煌研究》2003年第1期。

林世田《〈金光明最勝王經〉康恒安寫經題記》,載榮新江、張志清主編《從撒馬爾幹到長安——粟特人在中國的文化遺跡》,北京:北京圖書館出版社,2004年。

鄭炳林《張氏曹氏歸義軍政權的胡漢聯姻》,《中國史研究》2004年第1期,又載鄭炳林主編《敦煌歸義軍史專題研究三編》,蘭州:甘肅文化出版社,2005年。

馮培紅《從敦煌文獻看歸義軍時代的吐谷渾人》,《蘭州大學學報》2004年第1期,又載鄭炳林主編《敦煌歸義軍史專題研究四編》,西安:三秦出版社,2009年。

吳麗娛、楊寶玉《P.3197v〈曹氏歸義軍時期甘州使人書狀〉考釋》,《敦煌學輯刊》2005年第4期。

朱悦梅《甘州回鶻與周邊關係研究》,西北師範大學碩士學位論文,2005年。

李并成、解梅《敦煌歸義軍曹氏統治者果爲粟特後裔嗎——與榮新江、馮培紅先生商榷》,《敦煌研究》2006年第6期。

榮新江《華戎交匯:敦煌民族與中西交通》,蘭州:甘肅教育出版社,2008年。

陸離《關於唐宋時期龍家部族的幾個問題》,《西域研究》2012年第2期。

[法]哈密頓(James Hamilton)著,耿昇譯《仲雲考》,收入鄭炳林主編,耿昇譯《法國西域史學精粹》第1册,蘭州:甘肅人民出版社,2011年。

楊富學《回鶻與敦煌》,蘭州:甘肅教育出版社,2013年。

陸離《敦煌的吐蕃時代》,蘭州:甘肅教育出版社,2013年。

七、敦煌碑銘讚與世家名族

史岩輯《敦煌石室畫像題識》,民國三十六年(1947)比較文化研究所、國立敦煌藝術研究所、華西大學博物館合印本。

史岩《敦煌石室畫像題識序》，民國三十六年(1947)比較文化研究所、國立敦煌藝術研究所、華西大學博物館合印本，又載《浙江與敦煌學——常書鴻先生誕辰一百週年紀念文集》，杭州：浙江古籍出版社，2004年。

[日]池田溫《論敦煌氾氏家傳殘卷》，《東方學》第24輯，東京，1962年。

[日]池田溫《八世紀初における敦煌の氏族》，《東洋史研究》第24卷第3號，1965年。

孫修身《敦煌李姓世系考》，《西北史地》1983年第3期。

張書城《敦煌莫高窟的李白近宗》，《敦煌學輯刊》1986年第2期。

鄧文寬《歸義軍張氏家族的封爵與郡望》，載中國敦煌吐魯番學會編《敦煌吐魯番學研究論文集》，上海：漢語大詞典出版社，1989年。

榮新江《晚唐歸義軍李氏家族執政史探微》，《文獻》1989年第3期。

鄭炳林《敦煌大族與歸義軍政權》(提要)，1990年敦煌學國際討論會。

馬德《敦煌李氏世系訂誤》，《敦煌研究》1992年第4期。

張書城《李唐、李白、李明振冒稱涼武昭王之後說》，《敦煌學輯刊》1992年第Z1期。

張書城《李白家世之謎》，蘭州：蘭州大學出版社，1994年。

姜伯勤《敦煌邈真讚與敦煌名族》，載姜伯勤、項楚、榮新江著《敦煌邈真讚校錄並研究》，臺北：新文豐出版公司，1994年。

馬德《敦煌的世族與莫高窟》，《敦煌學輯刊》1995年第2期。

張書城《〈新唐書〉隴西李氏敦煌房辨疑》，《敦煌研究》1997年第1期。

劉安志《唐朝吐蕃佔領沙州時期的敦煌大族》，《中國史研究》1997年第3期。

楊際平、郭鋒、張和平《五—十世紀敦煌的家庭與家族關係》，長沙：岳麓書社，1997年。

李麗《敦煌翟氏家族研究》，《甘肅社會科學》1999年第A1期。

謝生保《敦煌李氏三碑研究綜述》，《敦煌研究》2000年第2期。

郭鋒《前唐敦煌地方家族與家族關係的發展》，載氏著《唐史與敦煌文獻論稿》，北京：中國社會科學出版社，2002年。

公維章《涅槃、淨土的殿堂：敦煌莫高窟第148窟研究》，北京：民族出版社，2004年。

楊學勇《敦煌文獻中的姓氏與郡望》，《尋根》2005年第4期。

祁曉慶《敦煌索氏家族教育研究》，西北師範大學碩士學位論文，2006年。

楊學勇《敦煌陰氏與佛教的關係及相關問題研究》，《敦煌學輯刊》2006年第3期，又載《敦煌佛教與禪宗學術討論會文集》，西安：三秦出版社，2007年，又載鄭炳林主編《敦煌歸義軍史專題研究四編》，西安：三秦出版社，2009年。

鄭炳林、安毅《敦煌寫本P.2625〈敦煌名族志殘卷〉撰寫時間和張氏族源考釋》，《敦煌學輯刊》2007年第1期，又載鄭炳林主編《敦煌歸義軍史專題研究四編》，西安：三秦出版社，2009年。

陳菊霞《敦煌翟氏研究》，蘭州大學博士學位論文，2008年。

馮培紅《漢宋間敦煌家族史研究回顧與述評（上）》，《敦煌學輯刊》2008年第3期。

馮培紅、孔令梅《漢宋間敦煌家族史研究回顧與述評（中）》，《敦煌學輯刊》2008年第4期。

馮培紅、孔令梅《漢宋間敦煌家族史研究回顧與述評（下）》，《敦煌學輯刊》2010年第3期。

楊學勇《敦煌文獻中珍藏的氏族資料述要》，《尋根》2011年第2期。

陳菊霞《敦煌翟氏研究》，北京：民族出版社，2012年。

［日］土肥義和編《八世紀末期—十一世紀初期燉煌氏族人名集成·氏族人名篇》，東京：汲古書院，2015年。

王力平《八至十世紀的敦煌杜氏家族研究——兼及藏經洞文書的"偏向性"》，《敦煌學輯刊》2017年第2期。

八、敦煌碑銘讚與石窟營建

［日］羽田亨《敦煌の千佛洞について》，載《佛教美術》第4冊，1925年，收入氏著《羽田博士史學論文集》上卷《歷史篇》，京都：同朋舍，1975年。

羅福頤《敦煌石室稽古錄》，《嶺南學報》第7卷第2期，1947年。

宿白《〈莫高窟記〉跋》，《文物參考資料》1955年第2期，載氏著《中國石窟寺研究》，北京：文物出版社，1996年。

向達《莫高·榆林二窟雜考》，收入氏著《唐代長安與西域文明》，北京：生活·讀書·新知三聯書店，1957年。

向達《西征小記——瓜沙談往之一》，《國學季刊》第7卷第1期，1950年，收入氏著《唐代長安與西域文明》，北京：生活·讀書·新知三聯書店，1957年。

吳曼公《敦煌石窟臘八燃燈分配窟龕名數》，《文物》1959年第5期。

宿白《敦煌莫高窟早期洞窟雜考》，《大公報在港復刊三十週年紀念文集》（上），香港：大公報，1978年，又載氏著《中國石窟寺研究》，北京：文物出版社，1996年。

金維諾《敦煌窟龕名數考》，《文物》1959年第5期，收入氏著《中國美術史論集》,北京:人民美術出版社,1981年。

[日]藤枝晃《敦煌千佛洞的中興》,《東方學報》1964年第35册。

賀世哲《敦煌莫高窟供養人題記校勘》,《中國史研究》1980年第3期。

閻文儒《莫高窟的創建與藏經洞的開鑿及其封閉》,《文物》1980年第6期。

施萍婷《敦煌與莫高窟》,《敦煌研究》1981年試刊號,後收入氏著《敦煌石窟與文獻研究》,杭州:浙江大學出版社,2015年。

施萍婷《建平公與莫高窟》,敦煌文物研究所編《敦煌研究文集》,蘭州:甘肅人民出版社,1982年,後收入氏著《敦煌石窟與文獻研究》,杭州:浙江大學出版社,2015年。

賀世哲、孫修身《瓜沙曹氏與敦煌莫高窟》,載敦煌文物研究所主編《敦煌研究文集》,蘭州:甘肅人民出版社,1982年。

宿白《東陽王與建平公》,載閻文儒、陳于龍編《向達先生紀念論文集》,烏魯木齊:新疆人民出版社,1986年,後收入《敦煌吐魯番文獻研究論集》第4輯,北京:北京大學出版社,1987年,又載氏著《中國石窟寺研究》,北京:文物出版社,1996年。

史葦湘《世族與石窟》,載敦煌文物研究所編《敦煌研究文集》,蘭州:甘肅人民出版社,1982年。

史葦湘《絲綢之路上的敦煌與莫高窟》,載敦煌文物研究所編《敦煌研究文集》,蘭州:甘肅人民出版社,1982年。

史葦湘《關於敦煌莫高窟内容總録》,載敦煌文物研究所編《敦煌莫高窟内容總録》,北京:文物出版社,1982年。

孫修身《敦煌石窟〈臘八燃燈分配窟龕名數〉寫作時代考》,載絲綢之路考察隊編著《絲路訪古》,蘭州:甘肅人民出版社,1983年。

白濱《試論敦煌藏經洞的封閉年代》,載敦煌文物研究所編《1983年全國敦煌學術討論會文集·石窟藝術編》(下),蘭州:甘肅人民出版社,1985年。

敦煌研究院編《敦煌莫高窟供養人題記》,北京:文物出版社,1986年。

賀世哲《從莫高窟供養人題記看洞窟的營建》,載敦煌研究院編《敦煌莫高窟供養人題記》,北京:文物出版社,1986年。

馬德《十世紀中期的莫高窟崖面概觀——關於〈臘八燃燈分配窟龕名數〉的幾個問題》,載段文傑主編《敦煌石窟研究國際討論會文集(1987石窟藝術編)》,瀋陽:遼寧美術出版社,1990年。

馬德《吴和尚·吴和尚窟·吴家窟——〈臘八燃燈分配窟龕名數〉叢識之一》,《敦煌研究》1987年第3期。

段文傑《十六國、北朝時期的敦煌石窟藝術》,載氏著《段文傑敦煌石窟藝術論文集》,蘭州:甘肅人民出版社,1994年,又收入氏著《敦煌石窟藝術研究》,蘭州:甘肅人民出版社,2007年。

施萍婷、賀世哲《近承中原、遠接西域——莫高窟四二八窟研究》,載敦煌研究院編《敦煌石窟藝術·莫高窟第428窟》,南京:江蘇美術出版社,1989年。

馬德《敦煌遺書莫高窟營建史料淺論》,載段文傑等編《1990年敦煌學國際研討會文集:石窟考古編》,瀋陽:遼寧美術出版社,1995年。

馬德《都僧統之"家窟"及其營建》,《敦煌研究》1989年第4期。

姜亮夫《莫高窟年表》,《莫高窟年表》,上海:上海古籍出版社,1985年。

鄧文寬《張淮深改建北大像和開鑿94窟年代考》,載段文傑等編《1990年敦煌學國際研討會文集:石窟考古編》,瀋陽:遼寧美術出版社,1995年。

鄭炳林《張淮深改建北大像和開鑿94窟年代再探——讀〈辭弁邈真讚〉劄記》,《敦煌研究》1994年第3期,又載鄭炳林主編《敦煌吐魯番文獻研究》,蘭州:蘭州大學出版社,1995年。

李正宇《樂傳史事纂詁》,載氏著《敦煌史地新論》,臺北:新文豐出版公司,1996年。

宿白《中國石窟寺研究》,北京:文物出版社,1996年。

宿白《建平公于義續考》,載氏著《中國石窟寺研究》,北京:文物出版社,1996年。

敦煌研究院編《敦煌石窟内容總錄》,文物出版社,1996年。

馬德《敦煌莫高窟史研究》,蘭州:甘肅教育出版社,1996年。

馬德《莫高窟張都衙窟及有關問題》,《敦煌研究》1996年第2期。

馬德《敦煌陰氏與莫高窟陰家窟》,《敦煌學輯刊》1997年第1期。

馬德《敦煌莫高窟"報恩吉祥窟"考》,《敦煌研究》1999年第4期。

夏鼐《敦煌考古漫記》,天津:百花文藝出版社,2002年。

王騰《隋唐五代西域羅氏流寓中國初探》,蘭州大學碩士學位論文,2003年。

王騰《隋唐五代西域羅氏流寓中國與敦煌羅氏家族研究》,載鄭炳林主編《敦煌歸義軍史專題研究三編》,蘭州:甘肅文化出版社,2005年。

沙武田《莫高窟"報恩吉祥窟"再考》,《敦煌研究》2008年第2期。

沙武田《敦煌吐蕃譯經三藏法師法成功德窟考》,《中國藏學》2008年第3期。

張景峰《敦煌陰氏家族與莫高窟陰家窟研究》,蘭州大學碩士學位論文,2008年。

馬德《敦煌畫匠稱謂及其意義》,《敦煌研究》2009年第1期。

陳菊霞《S.2687寫本與莫高窟第61、55窟的關係》,《敦煌研究》2010年第3期。

陳菊霞《從莫高窟第 85 窟供養人看其營建和重修》,《敦煌研究》2011 年第 3 期。

高啓安《一張據説是"莫高窟藏經洞"照片的考索》,載中央文史研究、敦煌研究院、香港大學饒宗頤學術館編《慶賀饒宗頤先生九十五華誕敦煌學國際學術研討會論文集》,北京:中華書局,2012 年。

沙武田《吐蕃統治時期敦煌石窟研究》,北京:中國社會科學出版社,2013 年。

鄭怡楠《敦煌歸義軍節度使曹延恭造窟功德記考釋》,《敦煌學輯刊》2013 年第 3 期。

鄭怡楠《敦煌法榮窟研究》,中央美術學院博士學位論文,2014 年。

鄭怡楠《翟法榮與莫高窟第 85 窟營建的歷史背景》,《敦煌學輯刊》2014 年第 2 期。

張景峰《敦煌大族與莫高窟營建研究史回顧與思考》,載郝春文主編《2014 敦煌學國際聯絡委員會通訊》,上海:上海古籍出版社,2014 年。

沙武田《敦煌莫高窟"太保窟"考》,《形象史學研究》2015 年第 2 期。

陳菊霞《敦煌壁畫中的翟姓供養人》,《形象史學研究》2016 年第 2 期。

張景峰《敦煌陰氏與莫高窟研究》,蘭州:甘肅教育出版社,2017 年。

鄭怡楠、鄭炳林《敦煌寫本〈曹議金重修開元寺功德記〉考釋》,《敦煌學輯刊》2017 年第 2 期。

李國、沙武田《莫高窟第 156 窟營建史再探》,《敦煌研究》2017 年第 5 期。

九、敦煌碑銘讚與宗教文化

[日]竺沙雅章《敦煌的僧官制度》,《東方學報》第 31 册,京都,1961 年,收入《中國佛教社會史研究》,京都:同朋舍刊,1982 年。

蘇瑩輝《晚唐河西地區的三位都僧統——論吳僧統、洪辯、吳和尚非一人》,《册府》1963 年第 9—12 期。

饒宗頤《神會門下摩訶衍之入藏兼論禪門南北宗之調和問題》,《1964 年香港大學五十週年紀念論文集》,又載氏著《選堂集林‧史林》(中册),香港:中華書局,1981 年。

[日]上山大峻《大蕃國大德三藏法師沙門法成研究》(上、下),《東方學報》1967 年第 38 册、1968 年第 39 册。

蘇瑩輝《論敦煌資料中的三位元河西都僧統》,《幼獅學志》第 5 卷第 1 期,1966 年,又載氏著《敦煌論集》,臺北:臺灣學生書局,1975 年。

蘇瑩輝《敦煌翟家碑時代考》,載氏著《敦煌論集》,臺北:臺灣學生書局,1975 年。

蘇瑩輝《陳著〈敦煌寫本洪辯悟真告身校注〉斠讀記》,載氏著《敦煌論集》,臺北:臺灣學生書局,1975年。

蘇瑩輝《論莫高窟七佛藥師之堂非由洪辯所開鑿》,《敦煌學》第4輯,香港:香港新亞研究所敦煌學會,1979年。

蘇瑩輝《從敦煌吳僧統碑和三卷敦煌寫本論吳法成並非緒芝子亦非洪辯和尚》,載氏著《敦煌論集續編》,臺北:臺灣學生書局,1983年。

王堯《藏族翻譯家管·法成對民族文化交流的貢獻》,《文物》1980年第7期。

[法]陳祚龍《中華佛教文化史散策第三集》,臺北:新文豐出版公司,1981年。

[日]竺沙雅章《敦煌吐蕃期的僧官制度》,載《布目潮渢博士古稀紀念論集·東亞細亞法與社會》,東京:汲古書院,1990年,又載漢學研究中心編印《第二屆敦煌學國際研討會論文集》,臺北:漢學研究中心,1991年。

[日]大庭修《唐告身的古文書學研究》,收入氏著《唐告身と日本古代の位階制》,伊勢:皇學館大學出版部,2003年。

吳其昱《大蕃國大德三藏法師法成傳考》,載[日]牧田諦亮編著《講座敦煌》第7卷《敦煌と中國仏教》,東京:大東出版社,1984年。

[法]陳祚龍《中華佛教文化史散策第四集》,臺北:新文豐出版公司,1986年。

姜伯勤《唐五代敦煌寺户制度》,北京:中華書局,1987年。

榮新江《關於沙州歸義軍都僧統年代的幾個問題》,《敦煌研究》1989年第4期。

郝春文《唐後期五代宋初沙州僧尼的特點》,載中國敦煌吐魯番學會編《敦煌吐魯番學研究論文集》,上海:漢語大詞典出版社,1989年。

馬世長《四獸因緣考》,《敦煌研究》1989年第2期。

[日]上山大峻《敦煌佛教之研究》,京都:法藏館,1990年。

謝重光、白文固《中國僧官制度史》,西寧:青海人民出版社,1990年。

謝重光《吐蕃佔領期與歸義軍時期的敦煌僧官制度》,《敦煌研究》1991年第3期,又收入謝重光、白文固《中國僧官制度史》,西寧:青海人民出版社,1990年。

梅林《吐蕃和歸義軍時期敦煌禪僧寺籍考辨》,《敦煌研究》1992年第3期。

姜伯勤《論禪宗在敦煌僧俗中的流傳》,《九州學刊》第4卷第4期,1992年。

姜伯勤《敦煌毗尼藏主考》,《敦煌研究》1993年第3期。

鄧文寬《敦煌文獻"河西都僧統悟真處分常住榜"管窺》,載《周一良先生八十生日紀念論文集》,北京:中國社會科學出版社,1993年。

王書慶《敦煌佛學·佛事篇》,蘭州:甘肅民族出版社,1995年。

鄭炳林《讀敦煌文書伯3859〈後唐清泰三年六月沙州儭司教授福集等狀〉》,載鄭炳林主編《敦煌吐魯番文獻研究》,蘭州:蘭州大學出版社,1995年。

馬德《莫高窟與敦煌佛教教團》,《敦煌吐魯番研究》第1卷,北京:北京大學出版社,1996年。

方廣錩《關於敦煌遺書北新八七六號》,《九州學刊》1995年第3期。

唐耕耦《敦煌研究拾遺補缺二則》,《敦煌研究》1996年第4期。

姜伯勤《敦煌戒壇與大乘佛教》,《華學》第2輯,廣州:中山大學出版社,1996年。

鄭炳林《唐五代敦煌的粟特人與佛教》,《敦煌研究》1997年第2期,又載鄭炳林主編《敦煌歸義軍史專題研究》,蘭州:蘭州大學出版社,1997年。

劉惠琴《歸義軍時期的河西佛教》,蘭州大學碩士學位論文,1997年。

郝春文《歸義軍政權與敦煌佛教之關係新探》,載白化文編《周紹良先生欣開九秩慶壽文集》,北京:中華書局,1997年。

蘇金花《從"方外之賓"到"釋吏"——略論漢唐五代僧侶政治地位之變化》,《敦煌學輯刊》1998年第2期。

馮培紅《P.3249背〈軍籍殘卷〉與歸義軍初期的僧兵武裝》,《敦煌研究》1998年第2期。

鄧文寬《三篇敦煌邈真讚研究——兼論吐蕃統治末期的敦煌僧官》,《出土文獻研究》第4輯,北京:中華書局,1998年。

陸離《敦煌文書中的博士與教授》,《敦煌學輯刊》1999年第1期。

劉惠琴《歸義軍時期的河西佛教》,高雄:佛光山文教基金會,2001年。

陳麗雀《吐蕃佔領期敦煌僧侶邈真讚研究》,逢甲大學中國文學研究所碩士學位論文,1997年。

鄭炳林《北京圖書館藏〈吳和尚經論目錄〉有關問題研究》,段文傑、[日]茂木雅博主編《敦煌學與中國史研究論集:紀念孫修身先生逝世一週年》,蘭州:甘肅人民出版社,2001年。

鄭炳林《晚唐五代敦煌佛教轉向人間化的特點》,《普門學報》2001年第1期,又載鄭炳林主編《敦煌歸義軍史專題研究續編》,蘭州:蘭州大學出版社,2003年。

榮新江《再論敦煌藏經洞的寶藏——三界寺與藏經洞》,載鄭炳林主編《敦煌佛教藝術文化國際學術研討會論文集》,蘭州:蘭州大學出版社,2002年。

釋覺旻《從"三教大法師"看晚唐五代敦煌社會的三教融合》,載鄭炳林主編《敦煌佛教藝術文化國際學術研討會論文集》,蘭州:蘭州大學出版社,

2002年。

馮培紅、姚桂蘭《歸義軍時期敦煌與周邊地區的僧使交往》,載鄭炳林主編《敦煌佛教藝術文化國際學術研討會論文集》,蘭州:蘭州大學出版社,2002年。

[日]上山大峻著,劉永增譯《關於北圖歲76號吳和尚藏書目錄》,《敦煌研究》2003年第1期。

陸離《吐蕃僧官制度試探》,《華林》第3卷,北京:中華書局,2003年。

鄭炳林、徐曉麗《晚唐五代敦煌佛教教團闡揚三教大法師與敦煌佛教相容性形成》,載顔廷亮、王亨通主編《炳靈寺石窟學術研討會論文集》蘭州:甘肅人民出版社,2003年,又載鄭炳林主編《敦煌歸義軍史專題研究三編》,蘭州:甘肅文化出版社,2005年。

鄭炳林、魏迎春《晚唐五代敦煌佛教教團的戒律和清規》,《敦煌學輯刊》2004年2期,又載鄭炳林主編《敦煌歸義軍史專題研究三編》,蘭州:甘肅文化出版社,2005年。

徐曉麗《唐五代敦煌大族出家女性初探》,載鄭炳林、花平寧主編《麥積山石窟藝術文化論文集》(下冊),蘭州:蘭州大學出版社,2004年。

鄭炳林《晚唐五代敦煌三界寺藏經研究》,《西北第二民族學院學報》2004年第2期,又載鄭炳林主編《敦煌歸義軍史專題研究三編》,蘭州:甘肅文化出版社,2005年。

屈直敏《敦煌高僧》,北京:民族出版社,2004年。

党燕妮《五臺山文殊信仰及其在敦煌的流傳》,《敦煌學輯刊》2004年第1期。

鄭炳林、陳雙印《敦煌寫本〈諸山聖跡志〉作者探微》,《敦煌研究》2005年第1期。

鄭炳林、陳雙印《敦煌寫本〈諸山聖跡志〉撰寫人與敦煌僧人的中原巡禮》,載鄭炳林主編《敦煌歸義軍史專題研究三編》,蘭州:甘肅文化出版社,2005年。

鄭炳林《敦煌寫本〈往五臺山行記〉與敦煌地區巡禮五臺山活動》,載鄭炳林主編《敦煌歸義軍史專題研究三編》,蘭州:甘肅文化出版社,2005年。

党燕妮《晚唐五代敦煌地區的五臺山信仰》,載鄭炳林主編《敦煌歸義軍史專題研究三編》,蘭州:甘肅文化出版社,2005年。

鄭炳林《晚唐五代敦煌歸義軍政權與佛教教團關係研究》,《敦煌學輯刊》2005年第1期,又載鄭炳林主編《敦煌歸義軍史專題研究三編》,蘭州:甘肅文化出版社,2005年。

陸離《吐蕃統治時期敦煌僧官制度的幾個問題》,《敦煌研究》2005年第3期,又載鄭炳林主編《敦煌歸義軍史專題研究四編》,西安:三秦出版社,2009年。

鄭炳林、屈直敏《歸義軍時期敦煌佛教教團的道德觀念初探》,《敦煌學輯刊》2006年第2期,又載鄭炳林主編《敦煌歸義軍史專題研究四編》,西安:三秦出版社,2009年。

石小英《8至10世紀敦煌尼僧家庭地位》,《敦煌學輯刊》2007年第3期。

謝繼勝、黃維忠《榆林窟第25窟壁畫藏文題記釋讀》,《文物》2007年第4期。

馬德《從敦煌看佛教的社會化》,《敦煌學輯刊》2007年第4期。

李正宇《晚唐至宋敦煌聽許僧人娶妻生子》,載鄭炳林、樊錦詩、楊富學主編《敦煌佛教與禪宗學術討論會文集》,西安:三秦出版社,2007年。

李并成、王祥偉《中晚唐五代宋初敦煌佛教的生命關懷考論》,載鄭炳林、樊錦詩、楊富學主編《敦煌佛教與禪宗學術討論會文集》,西安:三秦出版社,2007年。

馬格俠、張文超《從碑銘讚看禪宗在敦煌地區的傳播》,載鄭炳林、樊錦詩、楊富學主編《敦煌佛教與禪宗學術討論會文集》,西安:三秦出版社,2007年。

李軍《從敦煌龍興寺看張氏歸義軍的內部矛盾》,載鄭炳林、樊錦詩、楊富學主編《敦煌佛教與禪宗學術討論會文集》,西安:三秦出版社,2007年。

魏迎春《晚唐五代敦煌佛教教團戒律清規研究》,蘭州大學博士學位論文,2008年。

陳大爲《唐後期五代宋初敦煌僧寺研究》,上海師範大學博士學位論文,2008年。

鄭炳林、李強《陰庭誡改編〈籯金〉及有關問題》,《敦煌學輯刊》2008年第4期。

鄭炳林、李強《晚唐敦煌張景球編撰〈略出籯金〉研究》,《敦煌學輯刊》2009年第1期。

鄭炳林、李強《唐李若立〈籯金〉編撰研究(下)》,《天水師範學院學報》2009年第1期。

石小英《八至十世紀敦煌尼僧與世俗家庭的關係》,《世界宗教研究》2009年第1期。

楊寶玉《唐五代宋初敦煌尼僧史初探》,《五臺山研究》2009年第2期。

崔峰《晚唐五代宋初敦煌地區佛儒相容的社會文化》,《敦煌學輯刊》2009年第3期。

馬格俠、楊富學《碑銘讚所見唐五代敦煌的禪宗信徒》,《西南民族大學學報》2009年第11期。

楊寶玉《P.2094〈持誦金剛經靈驗功德記〉題記的史料價值》,《甘肅社會科學》2009年第2期,又載顏廷亮主編《轉型期的敦煌語言文學》,蘭州:甘肅人民出版社,2010年。

杜斗城《河西佛教史》,北京:中國社會科學出版社,2010年。

伏俊璉《唐代敦煌高僧悟真入長安事考略》,《敦煌研究》2010年第3期。

陳大爲《敦煌僧寺與尼寺之間的往來關係》,《敦煌研究》2010年第3期。

陸離《關於榆林窟第25窟壁畫藏文題記釋讀的兩個問題》,《西北民族大學學報》2010年4期。

張磊《敦煌本〈諸山聖跡志〉補校》,浙江大學古籍研究所主編《百年敦煌文獻整理研究國際學術討論會論文集》,2010年。

楊寶玉、吳麗娛《悟真於大中五年的奉使入奏及其對長安佛寺的巡禮》,《吐魯番學研究》2011年第1期,又收入《首屆長安佛教國際學術研討會論文集》第4卷,西安:陝西師範大學出版總社有限公司,2010年。

王春慧《從敦煌碑銘讚看唐宋賜紫制度》,《南寧職業技術學院學報》2011年第3期。

楊寶玉《敦煌文書與唐五代宋初尼僧史研究——以法藏敦煌文書P.3556爲例》,《形象史學研究》2011年。

孫寧《歸義軍時期敦煌僧官選擢考論》,南京師範大學碩士學位論文,2011年。

王春慧《唐代服章制度與敦煌賜紫研究》,西北師範大學碩士學位論文,2012年。

陳菊霞《試析翟法榮的佛教信仰》,《敦煌學輯刊》2012年第2期。

韓傳強《禪宗北宗研究》,南京大學博士學位論文,2012年。

聶順新《唐代佛教官寺制度研究》,復旦大學博士學位論文,2012年。

楊寶玉《敦煌文書與五代時期五臺山佛教史研究——以P.3931爲例》,載《高臺魏晉墓與河西歷史文化研究》,蘭州:甘肅教育出版社,2012年。

趙青山《唐末宋初僧職判官考——以敦煌文獻爲中心》,《敦煌學輯刊》2013年第1期。

郝春文、陳大爲《敦煌的佛教與社會》,蘭州:甘肅教育出版社,2013年。

陳大爲《唐後期五代宋初敦煌僧寺研究》,上海:上海古籍出版社,2014年。

陳卿《唐後期五代宋初敦煌金光明寺研究》,上海師範大學碩士學位論文,2014年。

黨壽山《永昌聖容寺的歷史變遷探賾》,《敦煌研究》2014年第4期。

楊寶玉《晚唐敦煌名僧恒安事跡稽考與相關歸義軍史探析》,《隋唐遼宋金元史論叢》第5輯,上海:上海古籍出版社,2015年。

陳菡旖《唐五代宋初敦煌開元寺研究》,上海師範大學碩士學位論文,2015年。

陳大爲、陳卿《唐宋時期敦煌金光明寺考》,《敦煌學輯刊》2016年第2期。

陳大爲、陳菡旖《敦煌開元寺史事輯考》,《史林》2016年第4期。

陳大爲、陳卿《敦煌金光明寺與世俗社會的關係》,《敦煌研究》2017年第5期。

十、敦煌碑銘讚與社會生活

高明士《唐代敦煌的教育》,《漢學研究》第4卷第2期,臺北:漢學研究中心,1986年。

鄭炳林、党新玲《唐代敦煌僧醫考》,《敦煌學》第20輯,臺北:南華大學敦煌學研究中心,1995年。

鄭炳林《唐末五代敦煌都河水系研究》,《歷史地理》第13輯,1995年,又載鄭炳林主編《敦煌歸義軍史專題研究》,蘭州:蘭州大學出版社,1997年。

鄭炳林《唐五代敦煌種植林業研究》,《中國史研究》1995年第3期,又載鄭炳林主編《敦煌歸義軍史專題研究》,蘭州:蘭州大學出版社,1997年。

楊偉《從敦煌文書中看古代西部移民》,《敦煌研究》1996年第4期。

鄭炳林、高偉《從敦煌文書看唐五代敦煌地區的醫事狀況》,《西北民族學院學報》1997年第1期。

鄭炳林《唐五代敦煌手工業研究》,《敦煌學輯刊》1996年第1期,又載鄭炳林主編《敦煌歸義軍史專題研究》,蘭州:蘭州大學出版社,1997年。

鄭炳林《唐五代敦煌畜牧區域研究》,《敦煌學輯刊》1996年第2期,又載鄭炳林主編《敦煌歸義軍史專題研究》,蘭州:蘭州大學出版社,1997年。

鄭炳林《唐五代敦煌的醫事研究》,載鄭炳林主編《敦煌歸義軍史專題研究》,蘭州:蘭州大學出版社,1997年。

馮培紅《唐五代敦煌的河渠水利與水司管理機構初探》,《敦煌學輯刊》1997年第2期,又載鄭炳林主編《敦煌歸義軍史專題研究續編》,蘭州:蘭州大學出版社,2003年。

張亞萍《唐五代歸義軍政府牧馬業研究》,《敦煌學輯刊》1998年第2期。

鄭炳林《晚唐五代敦煌村莊聚落輯考》,載敦煌研究院編《2000年敦煌學國際學術討論會文集紀念敦煌藏經洞發現暨敦煌學百年·歷史文化卷》(上),蘭州:甘肅民族出版社,2000年,又載鄭炳林主編《敦煌歸義軍史專題研究續編》,蘭州:蘭州大學出版社,2003年。

鄭炳林、徐曉麗《晚唐五代敦煌歸義軍節度使多妻制研究》,《西北第二民族學院學報》2003年第4期,又載鄭炳林主編《敦煌歸義軍史專題研究三編》,蘭州：甘肅文化出版社,2005年。

徐曉麗、鄭炳林《晚唐五代敦煌吐谷渾與吐蕃移民婦女研究》,《敦煌學輯刊》2002年第2期,又載鄭炳林主編《敦煌歸義軍史專題研究三編》,蘭州：甘肅文化出版社,2005年。

鄭炳林《晚唐五代敦煌地區的胡姓居民與聚落》,《法國漢學》叢書編輯委員會編《粟特人在中國——歷史、考古、語言的新探索》,北京：中華書局,2005年,鄭炳林主編《敦煌歸義軍史專題研究三編》,蘭州：甘肅文化出版社,2005年。

徐曉麗《歸義軍時期敦煌婦女社會生活研究》,蘭州大學博士學位論文,2003年。

鄭炳林、徐曉麗《晚唐五代敦煌歸義軍政權的婚姻關係研究》,《敦煌學》第25輯,臺北：中國文化大學中國文學研究所敦煌學會,2004年,又載鄭炳林主編《敦煌歸義軍史專題研究三編》,蘭州：甘肅文化出版社,2005年。

楊惠玲《唐五代宋初敦煌喪俗研究》,西北師範大學碩士學位論文,2003年。

鄭炳林《晚唐五代敦煌商業貿易市場研究》,載甘肅省錢幣學會編《甘肅省錢幣博物館開館暨錢幣學術研討會專輯》,2003年,又載鄭炳林主編《敦煌歸義軍史專題研究三編》,蘭州：甘肅文化出版社,2005年。

鄭炳林《晚唐五代敦煌地區人口變化研究》,《江西社會科學》2004年第12期,又載鄭炳林主編《敦煌歸義軍史專題研究三編》,蘭州：甘肅文化出版社,2005年。

鄭炳林《晚唐五代河西地區的居民結構研究》,載中國民族古文字研究會、蘭州大學敦煌學研究所、敦煌研究院編《絲綢之路民族古文字與文化學術討論會會議論文集》,2005年,又載鄭炳林主編《敦煌歸義軍史專題研究四編》,西安：三秦出版社,2009年。

鄭炳林、曹紅《晚唐五代瓜州都河水道變遷與環境演變》,《敦煌學輯刊》2009年第4期。

祁曉慶《敦煌歸義軍社會教育研究》,蘭州大學博士學位論文,2011年。

柳慶齡《略談從"邈影如生"到"恍恍如生"》,《敦煌研究》2015年第2期。

黃雷《唐代敦煌的教育研究》,蘭州大學博士學位論文,2016年。

十一、敦煌碑銘讚與語言文學研究

（一）語言文字

江學旺《敦煌邈真讚用韻考》,《浙江大學學報》2004年第1期。

鄧文寬《敦煌邈真讚中的唐五代河西方音通假字例釋》,《出土文獻研究》第7輯,上海：上海古籍出版社,2005年。

吳蘊慧《敦煌文書詞語選釋》,《蘇州教育學院學報》2007 年第 3 期。

楊曉宇《敦煌碑銘讚詞語詁解》,《蘭州大學學報》2009 年第 2 期。

楊曉宇《敦煌碑銘讚詞語釋義》,《敦煌研究》2009 年第 3 期。

王亞麗《論敦煌碑銘簡化字的使用》,《西南交通大學學報》2010 年第 6 期。

姬慧《敦煌碑銘讚詞彙研究》,陝西師範大學碩士學位論文,2010 年。

姜美菊《敦煌邈真讚詞彙選釋》,華東師範大學碩士學位論文,2011 年。

孫寧《敦煌〈常何墓碑〉寫本"龜蒙積沴,蜂午挺妖"正詁》,《敦煌研究》2011 年第 4 期。

楊曉宇《敦煌本邈真讚詞語選釋》,《敦煌學輯刊》2012 年第 1 期。

楊曉宇、劉瑤瑤《敦煌邈真讚文書的語料價值》,《東京文學》2012 年。

趙家棟《敦煌碑銘讚語詞釋證》,《敦煌研究》2012 年第 4 期。

楊曉宇《敦煌邈真文書讚詞語考釋》,《甘肅社會科學》2012 年第 6 期。

葉愛國《〈李君修慈悲佛龕碑〉"他(tuó)"字解》,《敦煌研究》2012 年第 6 期。

王偉、肖倩《〈敕河西節度兵部尚書張公德政之碑〉之"激"字本字考》,《山西師大學報》2012 年第 S2 期。

楊小平《敦煌文獻詞語考察》,北京:中國社會科學出版社,2013 年。

劉瑤瑤《敦煌碑銘讚佛教詞語詁解》,《甘肅社會科學》2013 年第 1 期。

姬慧《敦煌碑銘讚文獻中年齡類詞語匯釋》,《陝西教育》2014 年第 4 期,又載《大學教育》2014 年第 11 期。

仝正濤《敦煌世俗文賦體韻文用韻研究》,南京師範大學碩士學位論文,2014 年。

楊曉宇《敦煌寫本邈真讚詞語訓釋》,《鴨綠江月刊》2015 年第 2 期。

楊曉宇、劉瑤瑤《敦煌寫本碑銘讚詞語疏解》,《敦煌學輯刊》2015 年第 1 期。

閆斯文、武振玉《敦煌文獻詞彙研究綜述》,《華夏文化論壇》2015 年第 2 期。

楊曉宇、劉瑤瑤《敦煌邈真讚文書詞彙與〈漢語大詞典〉書證補缺》,《知識文庫》2016 年第 20 期。

(二)文學

[英] 翟理斯(Lionel Giles, D. Litt)《英國博物館藏敦煌漢文寫本注記目錄》(*Descriptive catalogue of the Chinese manuscripts from Tunhuang in the British Museum*),倫敦,英國博物館董事會(The trustees of the British Museum)1957 年。

[日] 金岡照光《敦煌出土文學文獻分類目錄解說》,東京:東洋文庫敦煌文獻研究委員會,1971 年。

[日] 金岡照光《敦煌の文學》,東京:大藏出版株式會社,1971 年。

周紹良《敦煌文學芻議》,《甘肅社會科學》1988年第1期,又收入氏著《紹良文集》(下),北京:北京古籍出版社,2005年。

李正宇《敦煌文學雜考二題》,載中國敦煌吐魯番學會語言文學分會編《敦煌語言文學研究》,北京:北京大學出版社,1988年。

顏廷亮主編《敦煌文學》,蘭州:甘肅人民出版社,1989年。

[日]金岡照光《邈真讚》,載氏著《敦煌的文學文獻》,東京:大東出版社,1990年。

[日]金岡照光主編《敦煌の文學文獻》,《講座敦煌》第九卷,東京:大東出版社,1990年。

顏廷亮《敦煌文學概論》,蘭州:甘肅人民出版社,1993年。

顏廷亮《敦煌西漢金山國之文學又三題》,《蘭州教育學院學報》1993年第2期。

勁草《〈敦煌文學概論〉證誤糾謬》,《敦煌學輯刊》1994年第1期。

稚苗《〈敦煌文學概論〉證誤糾謬之糾謬》,《中國敦煌吐魯番學會研究通訊》1994年第2期。

李明偉《敦煌文學中"敦煌文"的研究和分類評價》,《敦煌研究》1995年第4期。

顏廷亮《敦煌西漢金山國文學的評價問題》,《甘肅社會科學》1995年第3期。

顏廷亮《敦煌西漢金山國文學文獻三題新校並序》,《社科縱橫》1995年第1期。

周丕顯《敦煌佛教文學》,載氏著《敦煌文獻研究》,蘭州:甘肅文化出版社,1995年。

張先堂《敦煌詩歌定名辨正二則——敦煌文學叢劄之二》,《社科縱橫》1996年第6期。

顏廷亮《敦煌西漢金山國檔案文獻考略》,《甘肅社會科學》1996年第5期。

高明翠《敦煌功德記研究》,逢甲大學中國文學研究所碩士學位論文,1997年。

張彥珍《金山國文學研究綜述》,《社科縱橫》1997年第6期。

高啓安《敦煌五更詞與甘肅五更詞比較研究》,《敦煌研究》1997年第3期。

[俄]孟列夫(л.н.緬希科夫)主編,西北師範大學敦煌學研究所袁度箴、陳華平譯《俄藏敦煌漢文寫卷敘錄》,上海:上海古籍出版社,1999年。

[日]金岡照光《敦煌文獻と中國文學》,東京:五曜書房,2000年。

張錫厚《敦煌文概說》,敦煌研究院編《2000年敦煌學國際學術討論會文集——紀念敦煌藏經洞發現暨敦煌學百年·歷史文化卷》(下),蘭州:甘肅民族出版社,2000年。

顏廷亮、張彥珍編著《西陲文學遺珍：敦煌文學通俗談》，蘭州：甘肅人民出版社，2000年。

吳格言《敦煌歸義軍文學研究》，中國社會科學院研究生院博士學位論文，2000年。

吳格言《試論敦煌文學的性質、範圍和研究對象》，《敦煌研究》2000年第2期。

楊雄《論敦煌文學的内容及分類》，《學術論壇》2004年第6期。

吳格言《亂世見風骨，風雅在民間——綜論唐末五代敦煌歸義軍文學的思想藝術特徵》，《解放軍藝術學院學報》2006年第2期。

杜琪《敦煌應用散文作品題注》，《敦煌研究》2006年第4期。

蔣瑜《唐頌略論》，四川大學碩士學位論文，2006年。

邵文實《敦煌邊塞文學研究》，蘭州：甘肅教育出版社，2007年。

顏廷亮《敦煌西漢金山國文學考述》，蘭州：甘肅人民出版社，2009年。

夏向軍《敦煌文研究綜述》，《現代語文（學術綜合版）》2009年第6期。

張志勇《唐代頌讚文體研究》，河北大學博士學位論文，2010年。

鮑卓《傅亮其人其作研究》，湖南大學碩士學位論文，2011年。

朱利華《吐蕃攻佔時期的敦煌文學研究》，西北師範大學碩士學位論文，2011年。

吳浩軍《論唐五代敦煌碑銘的文學價值——以〈李君修慈悲佛龕碑〉爲例》，《天水師範學院學報》2011年第4期。

任偉《敦煌寫本碑銘讚文用典考釋》（一），《河西學院學報》2011年第3期。

任偉《敦煌寫本碑銘讚文用典考釋》（二），《河西學院學報》2012年第4期。

任偉《敦煌寫本碑銘讚文用典考釋》（三），《河西學院學報》2013年第6期。

鄭阿財《敦煌佛教文學》，蘭州：甘肅教育出版社，2013年。

鄒旭《敦煌歸義軍時期文人及其寫作研究》，蘭州大學碩士學位論文，2013年。

伏俊璉《敦煌文學總論》，蘭州：甘肅教育出版社，2013年。

劉瑶瑶、楊曉宇《晚唐五代時期敦煌造像記的文體結構及其成因》，《蘭臺世界》2013年第9期。

鄭怡楠、鄭炳林《敦煌曹氏歸義軍時期修功德記文體的演變》，《敦煌學輯刊》2014年第1期。

鍾書林《論敦煌文學的模式化創作——以敦煌文爲例》，《蘭州學刊》2014年第7期。

張長彬《敦煌曲子辭寫本整理與研究》，揚州大學博士學位論文，2014年。

鍾書林、張磊《敦煌文研究與校注》，武漢：武漢大學出版社，2014年。

楊寶玉《〈張淮深碑〉抄件卷背詩文作者考辨》,《敦煌學輯刊》2016 年第 2 期。

張興華《張氏歸義軍時期佛教影響下的文學研究》,四川師範大學碩士學位論文,2017 年。

張興華《張氏歸義軍時期的文學活動繫年研究》,《綿陽師範學院學報》2017 年第 3 期。

楊寶玉《敦煌佚名詩研究芻議——以〈張淮深碑〉寫本卷背詩爲例》,《西華師範大學學報》2017 年第 6 期。

冷江山《敦煌文學文獻同卷内容的相互關聯》,《甘肅社會科學》2018 年第 1 期。

十二、敦煌碑銘讚與藝術研究

賀昌群《敦煌佛教藝術的系統》,《東方雜誌》第 28 卷第 17 號,1931 年,後收入氏著《賀昌群文集》第 1 卷,北京:商務印書館,2003 年。

饒宗頤、[法]戴密微(Paul Demiéville)《敦煌曲》,巴黎:法國國家科學研究中心,1971 年。

饒宗頤《文選序"畫像則讚興"說》,《南洋大學文武叢刊》創刊號,新加坡:李光前文物館印,1972 年。

饒宗頤《敦煌白畫》,巴黎:法國遠東學院考古學刊,1978 年。

馬世長《關於敦煌藏經洞的幾個問題》,《文物》1978 年第 12 期。

段文傑《形象的歷史——談敦煌壁畫的歷史價值》,《敦煌學輯刊》1980 年第 1 集,後收入氏著《段文傑敦煌石窟藝術論文集》,蘭州:甘肅人民出版社,1994 年。

閻文儒《元代速來蠻刻石釋文》,《敦煌研究》1982 年第 1 期。

姜伯勤《敦煌的"畫行"與"畫院"》,載敦煌文物研究所編《1983 年全國敦煌學術討論會文集·石窟藝術編》(下),蘭州:甘肅人民出版社,1985 年。

何昌林《敦煌琵琶譜之考、解、譯附〈敦煌琵琶譯譜〉》,載敦煌文物研究所編《1983 年全國敦煌學術討論會文集·石窟藝術編》(下),蘭州:甘肅人民出版社,1985 年。

何昌林《〈敦煌琵琶譜之考、解、譯〉之補充》,載敦煌文物研究所編《1983 年全國敦煌學術討論會文集·石窟藝術編》(下),蘭州:甘肅人民出版社,1985 年。

饒宗頤《敦煌書法叢刊》,東京:二玄社,1983—1985 年。

饒宗頤《敦煌琵琶譜史事的來龍去脈》,《音樂研究》1987 年第 3 期。

馬世長《藏經洞的封閉與發現》,《文史知識》1988 年第 8 期敦煌學專號。

關友惠《敦煌壁畫中的供養人畫像》,《敦煌研究》1989年第3期。

饒宗頤《再談梁幸德與敦煌琵琶譜》,收入氏著《敦煌琵琶譜》,臺北:新文豐出版公司,1990年,又收入氏著《選堂集林·敦煌學》,香港:中華書局(香港),2016年。

饒宗頤編《敦煌琵琶譜論文集》臺北:新文豐出版公司,1991年。

饒宗頤《敦煌白畫導論》,載氏著《畫䪴》,臺北:臺北時報文化出版公司,1993年。

梅林《469窟與莫高石室經藏的方位特徵》,《敦煌研究》1994年第4期。

段文傑《供養人畫像與石窟》,《敦煌研究》1995年第3期。

蘇瑩輝《敦煌莫高窟人物圖像簡述》,《美育》第63期,1995年。

王惠民《敦煌"雙履傳說"與"雙履圖"本源考》,《社科縱橫》1995年第4期。

姜伯勤《敦煌的寫真邈真與肖像藝術》,載氏著《敦煌藝術宗教與禮樂文明》,北京:中國社會科學出版社,1996年。

王素《敦煌莫高窟創建時間補說》,郝春文主編《敦煌文獻論集:紀念敦煌藏經洞發現一百週年國際學術研討會論文集》,瀋陽:遼寧人民出版社,2001年。

沙武田、邰惠莉《20世紀敦煌白畫研究概述》,《敦煌研究》2001年第1期。

陳明、沙武田《莫高窟第98窟及其對曹氏歸義軍時期大窟營建之影響》,鄭炳林主編《敦煌佛教藝術文化國際學術研討會論文集》,蘭州:蘭州大學出版社,2002年。

沙武田《吐蕃統治時期敦煌石窟供養人畫像考察》,《中國藏學》2003年第2期。

雷聞《唐代皇帝的圖像與祭祀》,《唐研究》第9卷,北京:北京大學出版社,2003年。

張小剛、王建軍《莫高窟第476窟考古清理報告》,《敦煌研究》2004年第3期。

韓春平《關於藏經洞爲洪辯影堂(影窟)的一點認識》,《敦煌學輯刊》2004年第4期。

敖特根《〈莫高窟六字真言碣〉研究》,《敦煌研究》2005年第1期。

張景峰《莫高窟第138窟及其影窟的幾個問題》,敦煌研究院編《2004年石窟研究國際學術會議論文集》(上),上海:上海古籍出版社,2006年。

張李續《唐寫真研究》,首都師範大學碩士學位論文,2005年。

沙武田《敦煌寫真邈真畫稿研究——兼論敦煌畫之寫真肖像藝術》,《敦煌學輯刊》2006年第1期。

沙武田《莫高窟第231窟陰伯倫夫婦供養像解析》,《敦煌研究》2006年第2期。

沙武田《莫高窟第138窟智惠性供養像及相關問題研究》，《敦煌學輯刊》2006年第3期。

張善慶《高僧寫真傳統鈎沉及相關問題研究》，《敦煌學輯刊》2006年第3期，又載鄭炳林、樊錦詩、楊富學主編《敦煌佛教與禪宗學術討論會文集》，西安：三秦出版社，2007年。

張景峰《敦煌莫高窟的影窟及影像——由新發現的第476窟談起》，《敦煌學輯刊》2006年第3期。

鄭炳林《敦煌寫本邈真讚所見真堂及其相關問題研究——關於莫高窟供養人畫像研究之一》，《敦煌研究》2006年第6期。

鄭炳林《敦煌寫本相書理論與敦煌石窟供養人畫像——關於敦煌莫高窟供養人像研究之二》，《敦煌學輯刊》2006年第4期。

段文傑《敦煌石窟藝術研究》，蘭州：甘肅人民出版社，2007年。

張克鋒《論魏晉南北朝畫讚》，《東南文化》2007年第3期。

沙武田《敦煌畫稿研究》，北京：民族出版社，2006年。

張先堂《莫高窟供養人畫像的發展演變——以佛教史考察爲中心》，《敦煌學輯刊》2008年第4期。

沙武田《敦煌石窟粟特九姓胡人供養像研究》，《敦煌學輯刊》2008年第4期。

張景峰、顧淑彥《敦煌莫高窟第138窟供養人畫像再認識》，《藝術百家》2009年第3期。

王中旭《陰嘉政窟——禮俗、法事與家窟藝術》，中央美術學院博士學位論文，2009年。

馬德《敦煌絹畫上的"邈真"與"邈真讚"》，載顏廷亮主編《轉型期的敦煌語言文學：紀念周紹良先生仙逝三週年學術研討會論文集》，蘭州：甘肅人民出版社，2010年。

沙武田《莫高窟吐蕃期洞窟第359窟供養人畫像研究——兼談粟特人九姓胡人對吐蕃統治敦煌的態度》，載樊錦詩主編《敦煌吐蕃統治時期石窟與藏傳佛教藝術研究》，蘭州：甘肅教育出版社，2012年。

沙武田《莫高窟第16窟整體重修時供養人畫像的缺失與藏經洞的封閉》，《西夏研究》2012年第2期。

高啓安《莫高窟第17窟壁畫主題淺探》，《敦煌研究》2012年第2期。

沙武田《吐蕃統治時期敦煌石窟研究》，北京：中國社會科學出版社，2013年。

施萍婷《中國最早的無量壽經變——讀支道林〈阿彌陀佛像讚並序〉有感》，《敦煌研究》2010年第1期，後收入氏著《敦煌石窟與文獻研究》，杭州：浙江大學出版社，2015年。

楊娜《吐蕃佔領敦煌時期邈真讚問題的探討——兼論唐代高僧寫真像》,《南京藝術學院學報》2011年第2期。

沙武田《敦煌石窟歸義軍曹氏供養人畫像與其族屬之判別》,《西部考古》第6輯,北京:科學出版社,2012年,又載中央文史研究、敦煌研究院、香港大學饒宗頤學術館編《慶賀饒宗頤先生九十五華誕敦煌學國際學術研討會論文集》,北京:中華書局,2012年。

鄭弌《唐五代敦煌僧俗邈真圖像考釋》,中央美術學院碩士學位論文,2012年。

鄭弌《從祭祀到紀功——唐五代敦煌"邈真"圖像的空間與禮儀》,《美術》2014年第7期。

賈維維《榆林窟第3窟壁畫研究》,首都師範大學博士學位論文,2014年。

鄭弌《千秋瞻仰:高僧邈真數題》,《大匠之門》(11),南寧:廣西美術出版社,2016年。

沙武田、梁紅《敦煌石窟歸義軍首任都僧統洪辯供養像考——兼論中古佛教僧人生活中的隨侍現象》,《敦煌學輯刊》2016年第2期。

陳明《敦煌莫高窟東壁門上供養像的圖像意義》,《敦煌研究》2016年第6期。

十三、書　　評

一麟《〈敦煌碑銘讚輯釋〉簡介》,《敦煌學輯刊》1991年第2期。

一麟《敦煌碑銘讚輯釋》,《敦煌學輯刊》1993年第2期。

周丕顯《〈敦煌碑銘讚輯釋〉評介》,《敦煌研究》1994年第1期。

張涌泉《〈敦煌邈真讚校錄並研究〉書評》,《敦煌吐魯番研究》第1卷,北京:北京大學出版社,1996年。

周掌勝《搜羅宏富　校錄精良——評〈敦煌願文集〉》,《敦煌學輯刊》1996年第2期。

王惠民《〈敦煌邈真讚校錄並研究〉評介》,《敦煌研究》1996年第2期。

郝春文《敦煌文獻與歷史研究的回顧與展望》,《歷史研究》1998年第1期。

劉躍進《深入不易　淺出亦難——張志勇〈敦煌邈真讚譯注〉平議》,《蘭州學刊》2016年第3期。

李朝傑《攬昆山之片玉,探藝海之藏珠——評張志勇新著〈敦煌邈真讚釋譯〉》,《周口師範學院學報》2016年第3期。

張勇《平易之中見功夫——評〈敦煌邈真讚釋譯〉》,《長江叢刊理論研究》2016年第4期。

近四十年中國大陸十六國史博碩士學位論文目錄

魏軍剛（西北師範大學）

五胡十六國是我國歷史上民族交流、融合發展的重要時期，也是中古史學者最爲關注的研究領域之一。本文搜集羅列了 1978 年以來四十年間中國大陸高校、科研機構以五胡十六國史爲研究對象的博、碩士學位論文 230 餘篇，涉及十六國政治、軍事、民族、文化、宗教、藝術、社會經濟、歷史地理、文物考古等諸多方面。目錄按類編目整理（體例：作者姓名、論文名稱、學位授予單位、學位級别、完成年份、指導教師），類下論文以出現時序排列，同年博士在前、碩士在後。本文旨在供學者同仁參考。然筆者學養有限，難免掛一漏萬，祈望學界同仁不吝賜教，以期補正和完善。

一、概　説

王延武《十六國時期北方少數民族政權兵制初探》，武漢大學，碩士，1981 年，唐長孺。

羅新《十六國時期中國北方的民族形勢與社會整合》，北京大學，博士，1995 年，田餘慶。

李椿浩《十六國政權政治體制研究》，北京師範大學，博士，2001 年，黎虎。

閆旭梅《十六國胡漢分治問題試析》，首都師範大學，碩士，2003 年，許福謙。

吴雯《十六國時期北方的塢壁》，華東師範大學，碩士，2003 年，莊輝明。

王弢《十六國北朝荒政研究》，安徽師範大學，碩士，2004 年，汪福寶。

周秋霞《十六國北朝時期的長安政權》，山西大學，碩士，2006 年，衛廣來。

郭曉華《試論十六國時期胡漢分治的幾個問題》，四川大學，碩士，2006 年，吕一飛。

李愛琴《十六國政權的地方制度研究》，中山大學，博士，2008 年，景蜀慧。

尹波濤《兩晉十六國時期夷夏觀念》，清華大學，碩士，2008 年，王曉毅。

莊金秋《兩晉與北方民族政權關係研究》，蘭州大學，博士，2011 年，崔明德。

劉東昇《西晉十六國時期的胡族與豪族研究》，南開大學，博士，2011 年，孫立群。

石鵬《讖緯與十六國北朝政治》，雲南大學，碩士，2011 年，韓傑。

崔一楠《十六國時期北方政權政治模式研究》，南開大學，博士，2012 年，張榮明。

宋效梅《五胡十六國政權政治社會觀念的轉變——以官稱、名號爲例》,南京大學,碩士,2012年,胡阿祥。

黃成運《五胡政權的速亡現象》,西北師範大學,碩士,2012年,李寶通。

嚴鼎興《五胡政權的正統觀研究》,西北師範大學,碩士,2013年,李寶通。

楊學躍《十六國、北朝之權力嬗代》,寧夏大學,博士,2014年,王銀春。

丁曉東《十六國北朝輿論控制研究》,西北師範大學,碩士,2014年,李寶通。

汪超《十六國立國模式研究》,江西師範大學,碩士,2014年,陳金鳳。

林超《十六國時期的族際婚姻》,西北大學,碩士,2016年,王靜。

陳楚羚《十六國三省官職考》,蘭州大學,碩士,2016年,馮培紅。

二、政　　權

晉超《南匈奴社會變遷與漢趙國政權建設》,四川大學,碩士,2000年,呂一飛。

王抒《仇池國與淝水戰後的關隴政局》,北京大學,碩士,2004年,羅新。

李愛琴《漢(前趙)、後趙、前秦立國短促的原因》,山西大學,碩士,2004年,衛廣來。

李海葉《慕容鮮卑的漢化與五燕政權——十六國少數民族發展史的個案研究》,北京大學,博士,2005年,閻步克。

吳洪琳《大夏國史》,陝西師範大學,博士,2005年,周偉洲。

羅君《五胡十六國時期匈奴政權研究》,西華師範大學,碩士,2005年,劉偉航。

范麗敏《大夏國史研究五題》,内蒙古師範大學,碩士,2006年,肖瑞玲、曹永年。

胡玉春《大夏國史研究》,内蒙古大學,博士,2008年,張久和。

康亞軍《後趙國史研究》,蘭州大學,碩士,2008年,杜斗城。

韓景軒《赫連大夏滅亡原因探究》,内蒙古大學,碩士,2009年,王慶憲。

許濤《十六國時期羌族姚秦的興起與建國》,陝西師範大學,碩士,2009年,李椿浩。

葛文壯《馮跋政權初探》,西北師範大學,碩士,2009年,李寶通。

邵華《劉淵政權的歷史合理性》,西北師範大學,碩士,2009年,李寶通。

高然《五燕史研究》,西北大學,博士,2010年,周偉洲。

周平《後秦史初探》,西北大學,碩士,2010年,彭建英。

張俊雷《從代到魏——拓跋珪復國運動研究》,内蒙古大學,碩士,2010年,王慶憲。

趙中梁《十六國五涼考》,山西大學,碩士,2010年,衛廣來。

安婧《十六國時期前燕政權研究》，山西大學，碩士，山西大學，2011年，衛廣來。

華建強《魏燕關係及其對北魏初期政治的影響》，山西大學，碩士，2011年，李書吉。

許春華《北涼王沮渠蒙遜及其政權研究》，蘭州大學，碩士，2011，鄭炳林。

王蕾《鮮卑拓跋部政權的建立及發展研究》，重慶師範大學，碩士，2011年，趙昆生。

齊小榮《屠各劉淵即匈奴大單于位探究》，內蒙古大學，碩士，2011年，王慶憲。

俄瓊卓瑪《後秦史》，陝西師範大學，博士，2012年，周偉洲。

楊懿《族群關係與五燕政治》，華東師範大學，碩士，2012年，章義和。

崔永利《從"排其種人"到"反其舊土"——從種落分佈及交通看氐楊仇池政權長期立國原因》，西北師範大學，碩士，2012年，胡小鵬。

史貴國《南燕國史研究》，山東師範大學，碩士，2012年，仝晰綱。

孫立新《後涼官制研究》，魯東大學，碩士，2012年，高賢棟。

彭世亮《前秦中央文官制度研究》，魯東大學，碩士，2012年，高賢棟。

李榮娣《仇池楊氏政權政治制度初探》，西北師範大學，碩士，2013年，李寶通。

楊濤《五胡十六國時期漢趙政權研究》，重慶師範大學，碩士，2014年，趙昆生。

宋瑜《後趙前秦人才研究》，西北師範大學，碩士，2014年，李寶通。

史振明《後趙、前燕、前秦政治制度差異及成因》，內蒙古大學，碩士，2014年，張久和。

賈小軍《五涼職官制度研究》，西北師範大學，博士，2015年，田澍。

魏軍剛《後涼政權與淝水戰後的河西政局》，西北師範大學，碩士，2015年，劉再聰。

鄧思薪《前秦政權進程研究》，重慶師範大學，碩士，2016年，趙昆生。

朱艷桐《北涼史新探——多元史料的交錯論證》，蘭州大學，博士，2017年，馮培紅。

葉哲《西秦政權處理與周鄰政權關係策略淺析》，西北大學，碩士，2017年，彭建英。

劉艷芳《吐谷渾國治國方略研究》，西北大學，碩士，2017年，彭建英。

車海峰《前秦軍事與政權發展關係研究》，西北師範大學，碩士，2017年，黃兆宏。

三、民　　族

胡小鵬《吐谷渾歷史述論》，西北師範大學，碩士，1985年，陳守忠。

鄭小蓉《慕容鮮卑漢化問題初探》，四川大學，博士，1989年，繆鉞。
何德章《拓跋鮮卑漢化進程研究》，北京大學，博士，1992年，田餘慶。
馬曉峰《略論十六國前期民族政策的嬗變》，首都師範大學，碩士，1997年，蔣福亞。
楊炳祥《十六國時期民族關係若干問題的再認識》，武漢大學，碩士，1997年，楊德炳。
金成淑《慕容鮮卑文化研究》，北京師範大學，博士，1999年，黎虎。
柏貴喜《四—六世紀內遷胡姓家族制度研究》，華中師範大學，博士，2002年，馬良懷、熊鐵基。
李海葉《前燕胡漢分治研究》，內蒙古師範大學，碩士，2002年，曹永年。
辛迪《鮮卑段氏研究》，內蒙古師範大學，碩士，2002年，曹永年。
孫達功《氐族歷史研究》，蘭州大學，博士，2003年，楊建新。
周國琴《十六國時期太行山區丁零翟氏研究》，內蒙古師範大學，碩士，2003年，曹永年。
秦冬梅《十六國北朝北方少數民族家、族問題研究》，北京師範大學，博士，2004年，黎虎。
侯文昌《前秦的民族政策及其影響》，西北師範大學，碩士，2004年，趙向群。
包文勝《盛樂時期拓跋鮮卑歷史初探》，內蒙古大學，碩士，2005年，張久和。
任艷艷《慕容氏與北朝社會研究》，山西大學，碩士，2006年，李書吉。
李文學《吐谷渾研究》，蘭州大學，博士，2007年，王希隆。
高昕《對劉淵和苻堅的民族學解讀》，西南民族大學，碩士，2008年，陳玉屏。
郝偉《魏晉至隋唐時期鮮卑文化在中原地區的傳播研究》，中南民族大學，碩士，2008年，李吉和。
陳珂《魏晉南北朝時期鮮卑政權的胡漢政策》，青海師範大學，碩士，2009年，白文固。
趙越《前秦民族關係初探》，煙臺大學，碩士，2009年，崔明德。
潘雲勇《後趙民族政策研究》，西北師範大學，碩士，2009年，李寶通。
李媛《慕容鮮卑六題》，南京大學，碩士，2010年，胡阿祥。
王川《魏晉十六國鮮卑段部興衰研究》，武漢大學，碩士，2010年，何德章。
姜楠《魏晉隋唐時期宇文家族研究》，天津師範大學，碩士，2011年，劉金明。
黃森《中古宇文氏家族考述》，天津師範大學，碩士，2011年，唐華全。
劉楠楠《吐谷渾民族關係探析》，煙臺大學，碩士，2011年，崔明德。
常倩《商周至魏晉南北朝羌人問題研究》，華東師範大學，博士，2011年，章義和。

馮世明《公元前3世紀—公元4世紀匈奴國家形態的演變》，華東師範大學，博士，2011年，章義和。

白雪《魏晉北朝河西走廊的民族結構與社會變動》，蘭州大學，博士，2012年，馮培紅。

蔣東明《慕容鮮卑興衰原因探析》，内蒙古大學，碩士，2012年，王慶憲。

耿才後《前燕民族關係初探》，煙臺大學，碩士，2012年，崔明德。

賈文慧《魏晉十六國時期河洛地區少數民族研究》，河南科技大學，碩士，2013年，薛瑞澤。

趙丹《慕容鮮卑金步搖冠飾初探》，内蒙古大學，碩士，2013年，塔拉。

徐嘉宇《禿髮鮮卑與乞伏鮮卑初步比較研究》，内蒙古大學，碩士，2014年，張久和。

駱明發《南北朝慕容鮮卑研究》，上海師範大學，碩士，2014年，張興成、姚瀟鶇。

郝燕妮《慕容鮮卑對"中國"認同問題研究》，吉林大學，碩士，2013年，趙永春。

馬溢澳《拓跋鮮卑的"中國"認同》，吉林大學，碩士，2014年，趙永春。

郭婷《十六國北魏時期鮮卑慕容在山西地區的活動探討》，山西大學，碩士，2015年，李書吉。

石春平《兩晉時期北疆地區民族分佈與遷徙研究》，陝西師範大學，碩士，2015年，艾冲。

楊懿《鮮卑族別意識的形成與流變——拓跋氏的身份認同爲個案》，華東師範大學，博士，2016年，章義和。

陶華榮《論慕容諸燕降臣與北魏的合作與對抗》，吉林大學，碩士，2016年，邵正坤。

李瑩《試析十六國時期的少數民族漢化特點——以匈奴族和羯族爲例》，天津師範大學，碩士，2017年，何德章。

四、士　　族

劉幼生《十六國漢族士人述論（上、下）》，東北師範大學，碩士，1988年，馮君實。

尤成民《漢晉時期河西大姓與河西政治的關係》，蘭州大學，1989年，齊陳駿、周丕顯。

莊釗《十六國時期的北方士族》，四川大學，博士，1994年，繆鉞。

王詠梅《魏晉十六國的敦煌著姓》，西北師範大學，碩士，1997年，趙向群。

李東勳《慕容燕拉攏漢人策與漢族士人動向》,北京大學,碩士,1999年,陳蘇鎮。

王華山《十六國北朝清河崔氏與北學》,山東大學,博士,2003年,王曉毅。

李鑫焱《十六國北朝時期的隴西李氏》,中國人民大學,碩士,2007年,韓樹峰。

李曉麟《十六國時期北方士人與胡族政權研究》,南開大學,碩士,2007年,孫立群。

熊崧策《漢晉敦煌士人學術研究》,蘭州大學,碩士,2009年,陸慶夫。

許永濤《十六國時期的"胡族政權"和漢族士人》,青海師範大學,碩士,2010年,杜常順。

梁燕妮《十六國北朝渤海封氏研究》,山西大學,碩士,2012年,范兆飛。

宋曄《論北魏涼州士人的崛起》,中國人民大學,碩士,2013年,孟憲實。

許世江《敦煌大姓與前涼、西涼政治》,西北師範大學,碩士,2015年,黃兆宏。

馬麗麗《北涼入魏文士群體研究》,西北師範大學,碩士,2016年,丁宏武。

崔會琴《十六國北朝時期敦煌大族及其家風研究》,華中師範大學,碩士,2016年,馬懷良。

五、宗　　教

劉元琪《鳩摩羅什的禪學思想》,北京大學,碩士,1997年,樓宇烈。

馬麗《論鳩摩羅什的佛典翻譯及其歷史貢獻》,東北師範大學,碩士,2002年,李德山。

楊雪梅《釋道安的佛學思想與佛教貢獻》,中國人民大學,碩士,2005年,羅安憲。

張東《五涼佛教述論》,西北師範大學,碩士,2008年,李清凌。

馮延舉《北涼曇無讖譯經辭彙研究》,暨南大學,碩士,2008年,曾昭聰。

劉威《王權與佛教：從東晉到唐初的個案研究》,中國人民大學,博士,2009年,方立天。

楊發鵬《兩晉南北朝河隴地區的佛教地理研究》,西北師範大學,博士,2010年,李幷成。

李守杯《魏晉南北朝時期涼州佛教述論》,青海師範大學,碩士,2010年,白文固。

姜濤《後秦佛教研究——以譯經爲中心》,蘭州大學,博士,2011,杜斗城。

馬賽《十六國時期的少數民族政權與佛教》,青海師範大學,碩士,2012年,杜常順。

崔峰《入傳、對話與突破——從鳩摩羅什入華傳教看印度佛教向中國的輸入》,西北大學,博士,2013年,李利安。
莫子青《十六國時期北方地區佛教僧團研究——以釋道安僧團爲例》,四川師範大學,碩士,2014年,黃修明。
安子昂《十六國北朝佛教僧尼的俗化》,鄭州大學,碩士,2015年,袁延勝。
周陽陽《十六國時期的佛教》,延安大學,碩士,2015年,杜林淵。

六、文　化

王志剛《十六國北朝史學研究》,北京師範大學,博士,2002年,陳其泰。
鄒紹榮《十六國北朝史學與4—6世紀的民族文化融合》,中國人民大學,碩士,2005年,李小樹。
胡祥琴《十六國時期政治感生神話初探》,寧夏大學,碩士,2006年,陳育寧。
王興芬《王嘉與〈拾遺記〉研究》,西北師範大學,碩士,2007年,劉志偉。
婁冬梅《屠本〈十六國春秋〉史料探源（後秦、夏及成漢）》,東北師範大學,碩士,2008年,黃雲鶴。
吕丹丹《屠本〈十六國春秋〉（前、後趙）史料探源》,東北師範大學,碩士,2008年,黃雲鶴。
郭娜《屠本〈十六國春秋〉（前秦）史料探源》,東北師範大學,碩士,2008年,黃雲鶴。
朱卉平《十六國時期文章的編年考訂》,西北大學,碩士,2008年,韓理洲。
黄成《五涼時期河西地區的文化繁榮及其影響》,青海師範大學,碩士,2008年,白文固。
閆祥雲《鮮卑族著述鈎沉》,東北師範大學,碩士,2009年,黃雲鶴。
石磊《十六國少數民族史學研究》,蘭州大學,碩士,2009年,屈直敏。
魏俊傑《十六國文獻研究》,上海師範大學,碩士,2009年,湯勤福。
郭鵬《十六國時期慕容燕集團文化述論》,西北師範大學,碩士,2009年,劉志偉、丁宏武。
王興銘《十六國文學綜論》,東北師範大學,碩士,2010年,高長山。
楊茹《十六國北朝教育論述》,青海師範大學,碩士,2010年,白文固。
朱愛華《〈晉書·載記〉初探》,湖南師範大學,碩士,2010年,柳春新。
李寧《3—7世紀高昌服飾文化研究》,西北大學,碩士,2011年,趙斌。
邢黎鵬《五涼時期胡文化對儒釋道區域性文化特徵形成影響略論》,蘭州大學,碩士,2011年,吴維中。
楊志榮《十六國時期後秦文士集團的形成及其文學成就》,西北師範大學,碩士,2012年,丁宏武。

劉東方《東晉十六國時期僧侶文學研究》,西北師範大學,碩士,2012年,丁宏武。

季文靜《〈涼州記〉文獻研究》,東北師範大學,碩士,2015年,李德山。

鄒林《魏晉南北朝時期儒學對鮮卑族歷史進程的作用與影響研究》,青海師範大學,碩士,2016年,李健勝。

白守寧《五涼時期的河西文化與文學》,南京師範大學,碩士,2017年,王青。

七、藝　　術

陳彥姝《十六國北朝的工藝美術》,清華大學,碩士,2004年,尚剛。

肖妲《嘉峪關魏晉墓室磚畫研究》,湖北美術學院,碩士,2007年,潘偉。

劉塨《天梯山壁畫藝術研究》,西北師範大學,碩士,2007年,吳懷信。

項群勝《"西涼樂"考辨》,武漢音樂學院,碩士,2007年,谷傑。

馮麗娟《高臺魏晉墓墓室壁畫形式與風格研究》,西北師範大學,碩士,2009年,張國榮。

杜伊帆《嘉峪關新城魏晉墓室壁畫磚藝術特色之研究》,西北師範大學,碩士,2010年,田衛戈。

楊宇《讀嘉峪關魏晉墓壁畫,觀晉人風貌》,中央美術學院,碩士,2010年,田黎明。

白潔《嘉峪關魏晉墓葬體育彩繪磚畫研究》,蘭州理工大學,碩士,2010年,李金梅。

鄭怡楠《河西高臺墓葬壁畫娛樂圖研究》,蘭州大學,碩士,2010年,李天義。

杜遊《河西走廊地區魏晉十六國墓室壁畫中的人物形象研究》,南京師範大學,碩士,2010年,倪林健。

公阿寧《嘉峪關魏晉壁畫墓中的百姓服裝研究》,南開大學,碩士,2012年,謝朝。

馮星宇《河西走廊魏晉墓葬磚畫的裝飾藝術研究》,遼寧師範大學,碩士,2012年,韓高路。

楊勇《十六國時期敦煌寫經書法藝術初論》,西安美術學院,碩士,2013年,李青。

邵強軍《莫高窟十六國北朝裝飾圖案藝術研究》,蘭州大學,碩士,2013年,寧強。

林立峰《沿襲與相容——淺析十六國至北周的敦煌壁畫》,中國美術學院,碩士,2013年,黃駿。

林莎《十六國時期外來樂器圖像考》,中央音樂學院,碩士,2015年,鄭祖襄。

劉利《嘉峪關新城墓室壁畫圖像研究》,湖南師範大學,碩士,2015年,鄭林生。
党張婕《淺析嘉峪關魏晉墓室壁畫人物頭飾文化》,西安美術學院,碩士,2015年,李青。
謝敏《酒泉丁家閘墓室壁畫探析》,湖北美術學院,碩士,2015年,徐勇民。
吳潔《從龜茲到平城石窟中的天宮伎樂圖像研究——以十六國北朝時期爲限》,新疆藝術學院,碩士,2017年,李雲。

八、社 會 經 濟

符麗明《魏晉十六國北朝對河西的經濟開發》,北京師範大學,碩士,黎虎,1988年。
楊洪權《兩晉南北朝徙民中若干問題研究》,武漢大學,博士,1998年,朱雷。
聞所香織《西晉末至十六國時期北方的流民與流民問題》,西北大學,碩士,2002年,周偉洲。
饒曉怡《行進與悠遊——對嘉峪關魏晉墓室壁畫之平民性生活記錄的現代關注》,中央美術學院,碩士,2003年,曹力。
宋文佳《魏晉十六國北朝陶瓷初步研究》,吉林大學,碩士,2008年,彭善國。
楊帆《赫連夏經濟狀況蠡測》,西北師範大學,碩士,2008年,李寶通。
牟晨霞《南燕社會發展狀況初探》,西北師範大學,碩士,2008年,李寶通。
張露《魏晉十六國時期入遷武威地區移民及社會影響研究》,西北師範大學,碩士,2015年,黃兆宏。
曾麗榮《魏晉十六國時期河西鮮卑服飾初步研究》,西北大學,碩士,2016年,趙斌。

九、歷 史 地 理

張敏《自然環境變遷與北魏的興衰——兼論十六國割據局面的出現》,首都師範大學,博士,2002年,閻守誠。
李智君《邊塞農牧文化的歷史互動與地域分野——河隴歷史文化地理研究》,復旦大學,博士,2005年,周振鶴。
史霖《十六國時期漢趙國疆域政區的變遷》,復旦大學,碩士,2010年,李曉傑。
邵京彩《三燕至隋唐時期朝陽城市地理初探》,東北師範大學,碩士,2010年,韓賓娜。
魏俊傑《十六國疆域研究》,上海師範大學,博士,2011年,湯勤福。
陳學偉《十六國北朝僑州郡縣研究》,山西大學,碩士,2011年,李書吉。
郭雁鵬《十六國時期後趙國疆域政區研究》,復旦大學,碩士,2011年,李曉傑。

雷宏霞《十六國至隋唐統萬城變遷》,西北師範大學,碩士,2012年,李寶通。
海日罕《赫連勃勃及統萬城研究》,内蒙古師範大學,碩士,2015年,班澤爾。
白雪《赫連夏控制地區變遷研究》,陝西師範大學,碩士,2015年,艾沖。
袁怡雅《統萬城遺址的空間格局研究》,中國建築設計研究院,碩士,2017年,陳同濱。
賈金暉《4—11世紀河湟民族政權都城遷移研究——兼論河湟古代都城選址條件》,東北師範大學,碩士,2017年,韓賓娜。
李鵬翔《十六國北朝時期長安通西域古絲綢之路的變遷》,陝西師範大學,碩士,2017年,韓香。

十、考古與文物

張小舟《北方地區魏晉十六國墓葬分區初探》,北京大學,碩士,1984年,宿白。
暨遠志《五—六世紀河西石窟與河西佛教》,北京大學,碩士,1995年,馬世長。
殷光明《北涼石塔造像研究》,蘭州大學,碩士,1996年,杜斗城。
鄭岩《魏晉南北朝壁畫墓研究》,中國社會科學院研究生院,博士,2001年,楊泓。
黃景春《早期買地券、鎮墓文整理與研究》,華東師範大學,博士,2004年,詹鄞鑫。
孫彥《河西魏晉十六國壁畫墓研究》,南京大學,博士,2007年,張學鋒。
劉斌《十六國北朝時期的甲騎具裝及甲騎具裝俑研究》,山西大學,碩士,2007年,王銀田。
郭永利《河西魏晉十六國壁畫墓研究》,蘭州大學,博士,2008年,樊錦詩、鄭炳林。
王宇《遼西地區慕容鮮卑及三燕時期墓葬研究》,吉林大學,碩士,2008年,魏存成。
周偉《北方地區十六國時期墓葬初步研究》,鄭州大學,碩士,2010年,李鋒。
王雷《河西地區魏晉十六國墓葬研究》,北京師範大學,碩士,2010年,李梅田。
王策《金雞梁所出木牘、封檢及相關問題研究》,蘭州大學,博士,2011年,鄭炳林。
方笑天《涼州刺史部漢晉墓葬的考古學研究》,北京大學,碩士,2011年,韋正。
李飛《敦煌佛爺廟灣魏晉十六國墓葬研究》,北京大學,碩士,2011年,趙化成。
關磊《漢晉十六國時期鎮墓瓶流變研究》,中央民族大學,碩士,2011年,張銘心。
馬海真《臨澤縣黃家灣灘墓群發掘與分期研究》,南京師範大學,碩士,2012

年,湯慧生。

周潤山《河西地區魏晉十六國墓葬研究》,鄭州大學,碩士,2013年,李鋒。

戴玥《河西黑河流域魏晉十六國墓葬分期的初步研究》,中央民族大學,碩士,2013年,肖小勇。

曹宇《河西走廊魏晉十六國壁畫墓題榜研究》,西北師範大學,碩士,2014年,李永平、何玉紅。

王威鵬《三燕壁畫墓研究》,遼寧師範大學,碩士,2015年,劉俊勇。

劉晉文《〈前秦建元二十年(三八四)三月高昌郡高寧縣都鄉安邑里籍〉研究》,陝西師範大學,碩士,2015年,劉戈。

周俊屹《河西地區漢晉墓葬出土陶灶研究》,西北師範大學,碩士,2016年,李并成。

吳珍錫《三燕文化及其與高句麗、朝鮮半島南部諸國文化交流的考古學研究》,吉林大學,博士,2017年,王培新。

十一、其　他

王蕊《三、四世紀青徐兗地域政局研究》,山東大學,博士,2006年,張金龍。

王仁磊《試論河北地區在北魏前期政局中的地位與影響》,鄭州大學,碩士,2006年,張旭華。

赫飛《十六國南北朝時期太子監國制度研究》,西北師範大學,碩士,2010年,李寶通。

曾旭明《劉琨與兩晉之際的地方勢力》,湖南師範大學,碩士,2011年,張燦輝。

李少鵬《魏晉十六國時期的塢壁研究》,山西大學,碩士,2012年,衛廣來。

吳芳佳《兼華戎之美——十六國"天王"名號考論》,南京大學,碩士,2013年,胡阿祥。

張婧靜《論十六國時期上黨地區的政權角逐與民族融合》,山西大學,碩士,2014年,李書吉。

陳俊琦《論十六國北朝晉陽的戰略地位》,山西大學,碩士,2014年,李書吉。

丁磊《論北魏對異國歸降王室的安撫措施》,吉林大學,碩士,2015年,劉軍。

張嘉偉《十六國時期西北九國開國史諸問題研究》,西北大學,碩士,2015年,彭建英。

黃海波《十六國前期漢族官員任職情況研究——以漢趙、後趙、前燕、前秦爲例》,東北師範大學,碩士,2016年,馬艷輝。

2016年西夏學研究論著目録

韓樹偉（蘭州大學）

  目録與年代、地理、職官制度，被稱爲研究中國古代史的"四把鑰匙"。因筆者博士論文涉及西夏部分，故對2016年西夏學研究論著進行了大量查閲、整理與編排。據不完全統計，2016年出版論著32部，發表論文275篇，其中學位論文19篇（博、碩論文是近幾年突增的研究趨勢，尤其在對西夏學相關領域的文獻搜索與闡述方面頗有意義）。《西夏學》（出版了兩期）、《西夏研究》發表論文127篇，加上寧夏大學學位論文7篇，將近佔總數的一半。從這些論著的作者來看，寧夏大學已經成爲名副其實的研究西夏學及培養人才的重要陣地。這些論著主要涉及西夏的政治、經濟、宗教、文化、歷史、地理、軍事、區域關係等領域，尤其對出土文獻的考釋比較集中，如佛教經典的解讀、語言文字的考證、地理山川的方位溯源，等等。爲便於學界同仁查閲，筆者根據作者的姓氏音序，將2016年西夏學研究成果按照著作、論文進行了編排，論文部分又以研究方向分爲西夏歷史文化藝術、文獻考釋、語言文字、軍事地理、政治經濟、法律契約、西夏遺民、區域關係、綜述與書評等。因筆者學識有限，難免掛一漏萬，敬請方家批評指正。

一、著　作

卜憲群總撰稿《中國通史　遼西夏金元》，華夏出版社、安徽教育出版社，2016年5月。

陳海波《西夏簡史》，北京：民主與建設出版社，2016年8月。

陳育寧、湯曉芳、雷潤澤《西夏建築研究》，北京：社會科學文獻出版社，2016年3月。

鄧之誠《宋遼金夏元史》，北京：北京理工大學出版社，2016年4月。

杜建録主編《話說西夏》，銀川：寧夏人民出版社，2016年4月。

杜建録主編《還原西夏》，銀川：寧夏人民出版社，2016年4月。

杜建録主編《解密西夏》，銀川：寧夏人民出版社，2016年4月。

杜建録主編《神秘西夏》，銀川：寧夏人民出版社，2016年4月。

杜建録《西夏史論集》，上海：上海古籍出版社，2016年7月。

杜建録主編《西夏學》第十二輯，蘭州：甘肅文化出版社，2016年12月。

杜建録主編《西夏學》第十三輯，蘭州：甘肅文化出版社，2016年12月。

杜建録《中國藏黑水城漢文文獻整理研究》,北京:人民出版社,2016年4月。

俄羅斯科學院東方文獻研究所、中國社會科學院民族學與人類學研究所主編《俄藏黑水城文獻》(25),上海:上海古籍出版社,2016年7月。

韓小忙《西夏文的造字模式》,北京:社會科學文獻出版社,2016年6月。

賀清龍《中國監察通鑒 宋、遼、金、西夏卷》,北京:人民出版社,2016年11月。

姜歆《西夏司法制度研究》,南京:鳳凰出版社,2016年11月。

李保亮《古泉集萃——遼金西夏珍罕錢幣圖賞》,杭州:西泠印社出版社,2016年6月。

黎大祥、張振華、黎樹科《武威地區西夏遺址調查與研究》,北京:社會科學文獻出版社,2016年6月。

李華瑞《宋夏史探研集》,北京:科學出版社,2016年6月。

李進興《西夏瓷》,銀川:寧夏人民教育出版社,2016年9月。

李錫厚、白濱《遼金西夏史》,上海:上海人民出版社,2016年1月。

聶鴻音《西夏佛經序跋譯注》,上海:上海古籍出版社,2016年5月。

潘潔《〈天盛律令〉農業門整理研究》,上海:上海古籍出版社,2016年11月。

任長幸《西夏鹽業史論》,北京:中國經濟出版社,2016年10月。

孫繼民、宋坤、陳瑞青、杜立暉《中國藏黑水城漢文文獻的整理與研究》,北京:中國社會科學出版社,2016年10月。

唐榮堯《西夏史》,西安:陝西師範大學出版社,2016年1月。

土登彭錯、丹珠澤仁《木雅與西夏歷史關係研究》(藏文版),成都:四川民族出版社,2016年5月。

于熠《西夏法制的多元文化屬性:地理和民族特性影響初探》,北京:中國政法大學出版社,2016年8月。

吳峰雲、楊秀山《西夏文明》,銀川:寧夏人民出版社,2016年4月。

[日]武内紹人、井内真帆《不列顛圖書館斯坦因收集品中的英藏黑水城藏文文獻》,日本東洋文庫,2016年3月。

中國社會科學院宋遼金元史研究室主編《隋唐遼宋金元史論叢》第六輯,上海:上海古籍出版社,2016年6月。

周峰《西夏文〈亥年新法·第三〉譯釋與研究》,臺北:花木蘭出版社,2016年。

二、論　文

1. 西夏歷史、文化藝術

陳平、黃志浩《北宋遼西夏時期的民族交融與詞曲流變》,《社會科學家》2016

年第 9 期,第 121—126 頁。

梁松濤《淺析西夏文〈宫廷詩集〉對修辭的運用》,杜建録主編《西夏學》第十二輯,蘭州:甘肅文化出版社,2016 年,第 333—342 頁。

倪彬《讀〈中國藏黑水城漢文文獻〉中所收束帖文書劄記》,杜建録主編《西夏學》第十二輯,蘭州:甘肅文化出版社,2016 年,第 231—236 頁。

聶鴻音《党項詩歌的形式及其起源》,《西夏研究》2016 年第 4 期,第 3—9 頁。

湯君《西夏佚名詩集再探》,杜建録主編《西夏學》第十二輯,蘭州:甘肅文化出版社,2016 年,第 152—165 頁。

徐希平、彭超《俄藏與中國藏兩種西夏文曲辭〈五更轉〉之探討》,《民族文學研究》2016 年第 6 期,第 133—140 頁。

楊翰卿《儒學在西夏党項羌族文化中的地位、特徵和局限》,《西南民族大學學報》2016 年第 1 期,第 69—73 頁。

楊蓮霞《走進神秘西夏王朝的關鑰》,《博覽群書》2016 年第 9 期,第 111—114 頁。

趙陽《西夏佛教文學作品的特點與價值》,《甘肅社會科學》2016 年第 1 期,第 56—60 頁。

趙陽《論宋代文學對西夏文學的影響》,《蘭州學刊》2016 年第 8 期,第 57—63 頁。

程麗君、趙天英《西夏金銀器研究》,《西夏研究》2016 年第 4 期,第 26—33 頁。

李進興《略述西夏廣口瓶的類型》,《東方收藏》2016 年第 9 期,第 66—68 頁。

李進興《西夏瓷器胎釉原料與窑温關係探析》,杜建録主編《西夏學》第十三輯,蘭州:甘肅文化出版社,2016 年,第 345—351 頁。

劉文静《西夏瓷的紋飾圖案研究》,陝西師範大學碩士學位論文,2016 年 5 月。

馬洋《西夏文物上的牡丹紋與蓮花紋研究》,蘭州大學碩士學位論文,2016 年 5 月。

任懷晟、魏亞麗《西夏武職服飾再議》,《北方文物》2016 年第 2 期,第 80—84 頁。

王艷雲《西夏刻本中小裝飾的類别及流變》,杜建録主編《西夏學》第十三輯,蘭州:甘肅文化出版社,2016 年,第 223—230 頁。

魏亞麗《西夏貴族婦女冠式研究》,杜建録主編《西夏學》第十三輯,蘭州:甘肅文化出版社,2016 年,第 248—257 頁。

于孟卉《西夏瓷器紋飾芻議》,《東方收藏》2016 年第 9 期,第 72—77 頁。

岳鍵《西夏壽陵殘碑龍紋復原研究》,杜建録主編《西夏學》第十三輯,蘭州:甘肅文化出版社,2016 年,第 276—305 頁。

景永時、王榮飛《寧夏宏佛塔天宮裝藏西夏文木雕版考述》,《敦煌學輯刊》2016年第3期,第156—166頁。

王榮飛《一件宏佛塔天宮裝藏西夏文雙面木雕版考釋》,杜建錄主編《西夏學》第十二輯,蘭州：甘肅文化出版社,2016年,第54—59頁。

邵軍《宏佛塔出土絹畫題材內容再探》,《敦煌研究》2016年第4期,第52—62頁。

石雅瓊《西夏版畫對當代寧夏地區版畫的影響和作用》,寧夏大學碩士學位論文,2016年5月。

劉文榮《党項民族與宋音樂文化關係新探——以俄藏黑水城文獻Дх.02822所見"水盞"樂器爲考據》,《民族藝術》2016年第4期,第61—67頁。

劉文榮《俄藏西夏漢文本〈雜字〉所見龍笛樂器考》,杜建錄主編《西夏學》第十三輯,蘭州：甘肅文化出版社,2016年,第213—222頁。

孫繼民《甘肅武威所出一組西夏漢文樂官文書考釋》,杜建錄主編《西夏學》第十三輯,蘭州：甘肅文化出版社,2016年,第151—155頁。

吳珩、楊浣《西夏"踏歌舞"源流考》,《民族藝林》2016年第3期,第43—48頁。

楊滿忠《党項西夏音樂文化述略》,杜建錄主編《西夏學》第十三輯,蘭州：甘肅文化出版社,2016年,第231—241頁。

周偉《西夏體育研究》,《體育文化導刊》2016年第11期,第187—191頁。

高國藩《西夏水月觀音畫像與敦煌文書觀音崇拜及其傳承》,《西夏研究》2016年第3期,第43—53頁。

何卯平、寧強《敦煌與瓜州西夏時期石窟藝術的比較研究》,《敦煌研究》2016年第6期,第41—49頁。

何曉燕、金寧《西夏陵區北端建築遺址出土文物研究》,杜建錄主編《西夏學》第十三輯,蘭州：甘肅文化出版社,2016年,第352—357頁。

黎大祥《武威西夏亥母洞石窟寺與金剛亥母鎏金銅造像》,杜建錄主編《西夏學》第十三輯,蘭州：甘肅文化出版社,2016年,第329—337頁。

李婷婷、馮光、洛毛措《敦煌舞蹈的民族性研究——以西夏党項羌族爲例》,《戲劇之家》2016年第19期,第156—159頁。

劉永增《瓜州東千佛洞的圖像源流與歷史價值——兼談東千佛洞的初創年代》,《故宮博物院院刊》2016年第4期,第71—81頁。

卯芳《東千佛洞第二窟壁畫藝術研究》,《西夏研究》2016年第3期,第54—56頁。

卯芳《西夏壁畫藝術的本土化——以瓜州東千佛洞第二窟爲例》,《大衆文藝》

2016年第17期,第132—133頁。

湯曉芳《阿拉善的西夏建築遺址》,杜建錄主編《西夏學》第十三輯,蘭州:甘肅文化出版社,2016年,第258—262頁。

王勝澤《文殊山萬佛洞西夏壁畫布袋和尚》,《民族藝林》2016年第4期,第47—52頁。

吳珩《西夏圖像中的童子形象》,《西夏研究》2016年第1期,第42—49頁。

張博等《西夏陵夯補支頂加固工藝品質控制研究》,《敦煌研究》,2016年第5期,第135—141頁。

張世奇、沙武田《歷史留戀與粉本傳承——敦煌石窟西夏千佛圖像研究》,杜建錄主編《西夏學》第十三輯,蘭州:甘肅文化出版社,2016年,第263—275頁。

趙曉星、朱生雲《寧夏、內蒙古境內的西夏石窟調查——西夏石窟考古與藝術研究之一》,《敦煌研究》2016年第5期,第42—51頁。

鄭炳林、朱曉峰《壁畫音樂圖像與社會文化變遷——榆林窟和東千佛洞壁畫上的拉絃樂器再研究》,《東北師大學報》2016年第1期,第1—6頁。

朱生雲《西夏時期重修莫高窟第61窟原因分析》,《敦煌學輯刊》2016年第3期,第123—134頁。

2. 佛教及其佛典考釋

蔡彤華《內蒙古出土的西夏擦擦及其特點》,杜建錄主編《西夏學》第十三輯,蘭州:甘肅文化出版社,2016年,第358—368頁。

麻曉芳《"擦擦"的西夏譯法小考》,《寧夏社會科學》2016年第5期,第219—221頁。

陳瑋《西夏佛王傳統研究》,《中央民族大學學報》2016年第4期,第90—97頁。

陳瑋《西夏龍信仰研究》,杜建錄主編《西夏學》第十三輯,蘭州:甘肅文化出版社,2016年,第201—212頁。

崔雲勝《張掖大佛寺相關問題辨析》,杜建錄主編《西夏學》第十三輯,蘭州:甘肅文化出版社,2016年,第338—344頁。

公維章《北宋慈覺禪師宗賾生年考辨》,杜建錄主編《西夏學》第十二輯,蘭州:甘肅文化出版社,2016年12月,第279—288頁。

郝振宇《歷史視角下党項人(7—13世紀)的宗教信仰漸變述論》,《西北民族大學學報》2016年第6期,第30—35頁。

李橋《武威所出西夏買地券再探》,杜建錄主編《西夏學》第十三輯,蘭州:甘肅文化出版社,2016年,第171—181頁。

李政陽《俄藏黑水城文獻 TK75〈文殊菩薩修行儀軌〉考釋——兼論文殊信仰在西夏的流傳》,《五臺山研究》2016 年第 3 期,第 59—64 頁。

母雅妮《西夏原始宗教的發展及其意義》,《新西部》2016 年第 8 期,第 98 頁。

牛達生《藏傳佛教是夏仁宗時期傳入西夏的——〈西夏佛教三論〉之三》,杜建錄主編《西夏學》第十三輯,蘭州:甘肅文化出版社,2016 年,第 190—200 頁。

任懷晟《西夏灶神像探疑》,杜建錄主編《西夏學》第十三輯,蘭州:甘肅文化出版社,2016 年,第 242—247 頁。

索羅寧《〈金剛般若經頌科次纂要義解略記〉序及西夏漢藏佛教的一面》,《中國藏學》2016 年第 2 期,第 93—101 頁。

魏文《滂汀巴昆仲與上樂教法在藏地和西夏的早期弘傳》,《中國藏學》2016 年第 2 期,第 102—110 頁。

袁志偉《西夏大手印法與禪宗關係考——以〈大乘要道密集〉為中心》,《陝西師範大學學報》2016 年第 6 期,第 86—92 頁。

趙陽《西夏佛教靈驗記探微——以黑水城出土〈高王觀世音經〉為例》,《敦煌學輯刊》2016 年第 3 期,第 69—79 頁。

安婭《從西夏文〈守護大千國土經〉看西夏人譯藏傳佛經》,《寧夏社會科學》2016 年第 4 期,第 215—222 頁。

安婭《西夏〈大威德熾盛光陀羅尼經〉考釋》,《民族論壇》2016 年第 6 期,第 49—51、56 頁。

安婭《西夏文"五部經"考略》,杜建錄主編《西夏學》第十二輯,蘭州:甘肅文化出版社,2016 年,第 28—33 頁。

崔紅芬《夏漢文本華嚴經典考略》,《寧夏社會科學》2016 年第 3 期,第 205—212 頁。

崔紅芬《從〈父母恩重經〉看儒釋融合——兼及敦煌、黑水城殘本的比較》,杜建錄主編《西夏學》第十二輯,蘭州:甘肅文化出版社,2016 年,第 207—218 頁。

段玉泉《西夏文〈白傘蓋佛母總持發願文〉考釋》,《寧夏社會科學》2016 年第 2 期,第 209—211 頁。

多傑才讓《論佛教在西夏王朝的傳播》,青海民族大學碩士學位論文,2016 年。

何金蘭《甘肅省博物館藏西夏文〈妙法蓮華經心〉考釋》,杜建錄主編《西夏學》第十二輯,蘭州:甘肅文化出版社,2016 年,第 119—128 頁。

林玉萍、孫飛鵬《英藏黑水城文獻中的西夏文新現佛經考釋》,杜建錄主編《西夏學》第十二輯,蘭州:甘肅文化出版社,2016 年,第 89—100 頁。

馬振穎、鄭炳林《英藏黑水城文獻〈天地八陽神咒經〉拼接及研究》,《敦煌學輯刊》2016年第2期,第167—180頁。

聶鴻音《〈顯密圓通成佛心要集〉裏的梵語言》,《寧夏社會科學》2016年第3期,第199—204頁。

母雅妮《西夏文〈大般若波羅蜜多經〉(卷三百三十八)考釋》,陝西師範大學碩士學位論文,2016年。

任長幸《西夏文〈大般若·初分諸功德相品〉譯釋》,陝西師範大學博士學位論文,2016年。

任紅婷《西夏文〈佛説佛母出生三法藏般若波羅蜜多經〉(卷十六)研究》,陝西師範大學碩士學位論文,2016年。

史金波《涼州會盟與西夏藏傳佛教——兼釋新見西夏文〈大白傘蓋陀羅尼經〉發願文殘頁》,《中國藏學》2016年第2期,第88—92頁。

史金波《西夏文〈大白傘蓋陀羅尼經〉及發願文考釋》,杜建録主編《西夏學》第十二輯,蘭州:甘肅文化出版社,2016年,第1—10頁。

孫昌盛《西夏文藏傳密續〈廣義文〉所見印度大成就者黑行師事跡譯注》,《西夏研究》2016年第3期,第3—12頁。

孫飛鵬、林玉萍《英藏西夏文〈華嚴經〉(八十卷本)殘片整理及校勘研究》,杜建録主編《西夏學》第十二輯,蘭州:甘肅文化出版社,2016年,第60—88頁。

湯君《〈增壹阿含經〉的西夏摘譯本》,《寧夏社會科學》2016年第2期,第204—208頁。

王龍《黑水城出土西夏文〈十二緣生祥瑞經(卷上)〉考釋》,《西夏研究》2016年第1期,第13—31頁。

王龍《黑水城出土西夏文〈十二緣生祥瑞經(卷下)〉考釋》,《西夏研究》2016年第2期,第14—27頁。

王龍《西夏文"地藏三經"綜考》,杜建録主編《西夏學》第十二輯,蘭州:甘肅文化出版社,2016年,第40—53頁。

王培培《英藏漢文〈佛説天地八陽神咒經〉考釋》,杜建録主編《西夏學》第十二輯,蘭州:甘肅文化出版社,2016年,第34—39頁。

許鵬《西夏文〈十二緣生祥瑞經〉初釋》,杜建録主編《西夏學》第十二輯,蘭州:甘肅文化出版社,2016年,第101—118頁。

閆成紅《俄藏Инв.No.6761西夏文題記的歸屬——兼及西夏文獻〈極樂淨土求生念定〉的復原》,《西夏研究》2016年第2期,第28—33頁。

趙陽《黑水城出土〈新集藏經音義隨函録〉探微》,《吐魯番學研究》2016年第

1期,第33—40頁。

孫伯君、王龍《西夏文"十二錢"卜卦書〈擲卦本〉考釋》,《北方民族大學學報》2016年第1期,第78—82頁。

孫伯君《從兩種西夏文卦書看河西地區"大唐三藏"形象的神化和占卜與佛教的交融》,《民族研究》2016年第4期,第72—78頁。

王巍《俄藏黑水城文書〈卜筮要訣〉考釋》,杜建錄主編《西夏學》第十二輯,蘭州:甘肅文化出版社,2016年,第289—294頁。

趙坤《納甲筮法源流考——兼論黑水城易占文獻的學術價值》,寧夏大學碩士學位論文,2016年。

趙坤《英藏黑水城文獻〈周易十二錢卜法〉初探》,《西夏研究》2016年第1期,第32—37頁。

趙小明《黑水城漢文占卜文書研究的回顧與前瞻》,《昌吉學院學報》2016年第1期,第65—70頁。

3. 文獻考釋

ARAKAWA Shintaro, On some uses of the Tangut affix — 1kI, 杜建錄主編《西夏學》第十二輯,蘭州:甘肅文化出版社,2016年12月,第314—319頁。

[德]茨默著,楊富學、彭曉靜譯《一杯涼水——黑水城出土突厥語景教文獻》,《西夏研究》2016年第2期,第34—38頁。

杜立暉《黑水城所出元代刴子考》,杜建錄主編《西夏學》第十二輯,蘭州:甘肅文化出版社,2016年,第267—278頁。

高國祥《甘肅出土文獻統計與分析》,《社科縱橫》2016年第3期,第134—139頁。

Kaiqi Hua. The Examination of the Tangut Garland Sutra (Avatamsaka Sūtra) Volume 41 in the C. V. Starr East Asian Library at University of California, Berkeley. 杜建錄主編《西夏學》第十二輯,蘭州:甘肅文化出版社,2016年12月,第129—151頁。

李若愚《〈喜金剛現證如意寶〉:元帝師八思巴著作的西夏譯本》,《寧夏社會科學》2016年第5期,第206—212頁。

李曉明《英藏西夏文〈孫子兵法〉殘頁考釋》,《西夏研究》2016年第4期,第74—78頁。

麻曉芳《西夏文〈善住意天子會·破魔品〉考釋》,《西夏研究》2016年第3期,第13—24頁。

彭超、徐希平《一個多民族文學融合互動的範本——〈述善集〉文學文獻價值考述》,《民族學刊》2016年第5期,第49—58頁。

孫伯君《黑水城出土西夏文〈八種粗重犯墮〉考釋》,《西夏研究》2016年第2期,第3—6頁。

宋坤《俄藏黑水城所出漢文〈六壬課秘訣〉版本辨正》,杜建録主編《西夏學》第十二輯,蘭州:甘肅文化出版社,2016年,第237—245頁。

孫穎新《西夏文〈諸法一心定慧圓滿不可思議要門〉考釋》,《寧夏社會科學》2016年第5期,第213—218頁。

宋滿平《從幾組醫方談西夏文醫藥文獻的來源》,杜建録主編《西夏學》第十二輯,蘭州:甘肅文化出版社,2016年,第189—196頁。

湯曉龍、劉景雲《西夏醫方〈治熱病要論〉"小兒頭瘡方"破譯考證》,《中華醫史雜誌》2016年第2期,第103—110頁。

于業禮、張如青《日本天理大學藏三件出土醫學文書考證》,《南京中醫藥大學學報》2016年第3期,第181—186頁。

趙天英《甘肅新見瓜州縣博物館藏西夏藏文藥方考》,《中國藏學》2016年第2期,第120—125頁。

佟建榮《漢文史料中的西夏番姓考辨》,《中央民族大學學報》2016年第4期,第98—103頁。

王龍《西夏文〈佛説避瘟經〉考釋》,《寧夏師範學院學報》2016年第1期,第81—87頁。

王龍《黑水城出土西夏文〈佛説大方廣善巧方便經〉考補》,《圖書館理論與實踐》2016年第7期,第110—112頁。

許鵬《俄藏 Инв.No.8084ё 和 8084Ж 號〈天盛律令〉殘片考釋》,《寧夏社會科學》2016年第6期,第221—224頁。

吳悦《西夏王陵的現狀綜述及實行大遺址保護的可行性》,《智能城市》2016年第7期,第156頁。

岳鍵《西夏陵相關問題新考》,《寧夏師範學院學報》2016年第1期,第69—80、91頁。

張小剛、郭俊葉《文殊山石窟西夏〈水月觀音圖〉與〈摩利支天圖〉考釋》,《敦煌研究》2016年第2期,第8—15頁。

趙生泉《俄藏武威西夏文靈骨匣題記解詁》,《寧夏社會科學》2016年第6期,第217—220頁。

趙彦龍《俄藏黑水城西夏漢文No.2150號文書再探討》,《西夏研究》2016年第3期,第25—30頁。

朱滸《西夏文銀牌"内宿首領"考釋》,《寧夏社會科學》2016年第3期,第213—216頁。

4. 西夏語言、文字

段玉泉《西夏文獻〈聖勝慧到彼岸功德寶集偈〉中的兩組程度副詞》,《西夏研究》2016 年第 4 期,第 10—14 頁。

彭向前《西夏語中的對比連詞 mji¹ djij²》,杜建錄主編《西夏學》第十二輯,蘭州:甘肅文化出版社,2016 年,第 320—327 頁。

彭向前、侯愛梅《〈涼州重修護國寺感通塔碑〉西夏文碑銘互文見義修辭法舉隅》,《寧夏社會科學》2016 年第 6 期,第 213—216 頁。

唐均《西夏語的施受格問題》,杜建錄主編《西夏學》第十二輯,蘭州:甘肅文化出版社,2016 年,第 343—352 頁。

許鵬、韓小忙《西夏語詞彙研究述論》,《西夏研究》2016 年第 3 期,第 35—42 頁。

朱旭東《西夏語和緬甸語天氣方面的詞語比較》,杜建錄主編《西夏學》第十二輯,蘭州:甘肅文化出版社,2016 年,第 353—357 頁。

陳繼宏《勞費爾中亞古代語言文字研究淺介——以吐火羅語、藏語、西夏語為例》,《江西科技師範大學學報》2016 年第 2 期,第 8—15 頁。

黃成龍《2015 年羌語支語言研究前沿》,《阿壩師範學院學報》2016 年第 1 期,第 5—9 頁。

孫伯君《12 世紀河西方音中的党項式漢語成分》,《中國語文》2016 年第 1 期,第 20—27 頁。

孫伯君《西夏語聲調問題再探》,《語言科學》2016 年第 1 期,第 34—41 頁。

孫伯君《西夏語"𘜶·ja"的用法及與之相關的慣用型》,《寧夏社會科學》2016 年第 1 期,第 208—213 頁。

孫宏開《西夏語聲母系統擬測》,《語言研究》2016 年第 1 期,第 21—33 頁。

孫宏開《西夏與羌——兼論西夏語在羌語支中的歷史地位》,《阿壩師範學院學報》2016 年第 2 期,第 5—9 頁。

胡進杉《西夏文楷書書法略論》,杜建錄主編《西夏學》第十二輯,蘭州:甘肅文化出版社,2016 年,第 11—27 頁。

賈常業《〈音同〉中的異體字與訛體字》,《西夏研究》2016 年第 1 期,第 3—12 頁。

景永時《20 世紀〈番漢合時掌中珠〉刊印史考述》,《北方民族大學學報》2016 年第 5 期,第 104—107 頁。

景永時《西夏文〈同音〉版本問題綜考》,《寧夏社會科學》2016 年第 5 期,第 199—205 頁。

林玉萍、畢泊、孫飛鵬、李策《基於圖像配準的古代西夏文活字印刷術鑒別方法》,《蘭州理工大學學報》2016 年第 4 期,第 97—101 頁。

聶鴻音《黑水城出土"轉女身經音"初釋》,《北方民族大學學報》2016 年第 1 期,第 74—77 頁。

佟建榮《西夏文刊本〈三才雜字〉殘頁考》,杜建録主編《西夏學》第十二輯,蘭州:甘肅文化出版社,2016 年,第 166—175 頁。

王培培《西夏文獻中的音譯原則》,《西夏研究》2016 年第 3 期,第 31—34 頁。

王培培《夏譯漢籍中的漢夏對音字研究》,《寧夏社會科學》2016 年第 1 期,第 214—221 頁。

王培培《夏譯〈論語〉與宋代西北方音》,《西夏研究》2016 年第 2 期,第 7—13 頁。

5. 軍事地理

安北江《宋夏好水川之戰問題再探》,《寧夏師範學院學報》2016 年第 5 期,第 60—64 頁。

安北江《西夏駱駝巷考》,《天水師範學院學報》2016 年第 3 期,第 107—110 頁。

崔紅風《北宋熙河路軍事地理研究》,寧夏大學碩士學位論文,2016 年。

崔紅風《北宋熙河路名變遷考》,《西夏研究》2016 年第 1 期,第 75—78 頁。

陳瑞青《西夏"統軍官"研究》,《寧夏社會科學》2016 年第 1 期,第 201—204 頁。

陳志剛《彼得·庫兹米奇·科兹洛夫的中亞考古學考察之研究》,蘭州大學碩士學位論文,2016 年。

鄧文韜《從葭蘆寨到晉寧軍——宋金河東堡寨典型個案研究》,《保定學院學報》2016 年第 2 期,第 49—57 頁。

高仁《再考西夏的馬》,杜建録主編《西夏學》第十三輯,蘭州:甘肅文化出版社,2016 年,第 99—109 頁。

郭志安、王曉薇《北宋時期的黄河禦夏戰略》,《北方論叢》2016 年第 3 期,第 72—75 頁。

郝振宇、許美惠《西夏疆域三分:治國理路與佛寺地理的交互視角考量》,《寧夏大學學報》2016 年第 3 期,第 84—89 頁。

姜歆《論西夏將兵的裝備》,《西夏研究》2016 年第 4 期,第 64—73 頁。

李昌憲《淺攻進築:范仲淹在北宋對西夏作戰中的戰略思想》,《河南大學學報》2016 年第 4 期,第 73—78 頁。

趙生泉《〈宋西北邊境軍政文書〉印記考釋三則》,杜建録主編《西夏學》第十二輯,蘭州:甘肅文化出版社,2016 年,第 224—230 頁。

陳朔《論延州在宋夏和戰中的戰略地位》,《石家莊學院學報》2016年第2期,第48—53頁。

陳育寧《地斤澤在何處?》,杜建録主編《西夏學》第十三輯,蘭州:甘肅文化出版社,2016年,第21—25頁。

方天建《遼夏和親中的地緣安全因素考察》,《民族學刊》2016年第6期,第70—77頁。

李華瑞《北宋東西陸路交通之經營》,《求索》2016年第2期,第4—15頁。

王連旗、李玉潔《北宋後期的西北土地開發與邊疆安全》,《蘭州學刊》2016年第11期,第65—71頁。

沈一民、朱桂鳳《中國古代地圖中的西夏》,杜建録主編《西夏學》第十三輯,蘭州:甘肅文化出版社,2016年,第26—35頁。

史金波《西夏時期的張掖》,杜建録主編《西夏學》第十三輯,蘭州:甘肅文化出版社,2016年,第1—20頁。

王使臻《出土西夏文獻所見"寧星"相關地理位置考述》,《西夏研究》2016年第2期,第39—45、128頁。

王一凡《北宋環慶帥司路研究》,寧夏大學碩士學位論文,2016年。

張多勇、龐家偉、李振華、魏建斌《西夏在馬啣山設置的兩個軍事關隘考察》,《石河子大學學報》2016年第4期,第1—5頁。

張多勇、楊蕤《西夏綏州—石州監軍司治所與防禦系統考察研究》,《西夏研究》2016年第3期,第57—65頁。

張多勇《西夏宥州——東院監軍司考察研究》,杜建録主編《西夏學》第十三輯,蘭州:甘肅文化出版社,2016年,第42—51頁。

張笑峰《西夏鐵箭制度初探》,杜建録主編《西夏學》第十二輯,蘭州:甘肅文化出版社,2016年,第176—180頁。

張笑峰《西夏符牌考校》,杜建録主編《西夏學》第十三輯,蘭州:甘肅文化出版社,2016年,第77—90頁。

張艷璐《沙俄的中國西北邊疆史地研究》,《西域研究》2016年第2期,第123—131頁。

趙坤《論清遠軍在宋夏戰爭中的有限作用及其原因》,杜建録主編《西夏學》第十三輯,蘭州:甘肅文化出版社,2016年,第117—124頁。

6. 西夏法律、社會契約

崔博《元代回鶻違約納罰入官現象考析》,西北民族大學碩士學位論文,2016年5月。

戴羽、胡夢聿《西夏賞賜制度述略——以律令爲中心》,《西夏研究》2016年第

1期,第50—57頁。

戴羽《西夏換刑制度考述》,杜建錄主編《西夏學》第十三輯,蘭州:甘肅文化出版社,2016年,第59—66頁。

杜建錄《西夏〈天盛律令〉研究的幾個問題》,杜建錄主編《西夏學》第十三輯,蘭州:甘肅文化出版社,2016年12月,第125—133頁。

韓小忙、孔祥輝《英藏〈天盛律令〉殘片的整理》,《西夏研究》2016年第4期,第42—46頁。

候愛梅《黑水城所出元代詞訟文書中的法制術語考釋與研究》,《西夏研究》2016年第4期,第95—101頁。

姜歆《論唐代司法制度對西夏司法制度的影響》,《西夏研究》2016年第2期,第61—66頁。

李華瑞《再論〈天盛律令〉的修纂》,杜建錄主編《西夏學》第十三輯,蘭州:甘肅文化出版社,2016年,第134—150頁。

李彤《西夏〈天盛改舊新定律令〉研究》,内蒙古大學碩士學位論文,2016年12月。

李煒忠《西夏刑具考》,杜建錄主編《西夏學》第十三輯,蘭州:甘肅文化出版社,2016年12月,第67—76頁。

許生根《英藏〈天盛律令〉殘卷西夏製船條款考》,《寧夏社會科學》2016年第2期,第212—214頁。

閆成紅《西夏文〈亥年新法〉卷十六十七合本釋讀與研究》,寧夏大學碩士學位論文,2016年4月。

尤樺《西夏武器裝備法律條文與唐宋法律條文比較研究》,杜建錄主編《西夏學》第十三輯,蘭州:甘肅文化出版社,2016年,第156—161頁。

張笑峰《西夏〈天盛律令〉中的頭子考》,《寧夏師範學院學報》2016年第1期,第88—91頁。

劉志月《莫高窟北區B59窟出土〈西夏嵬名法寶達賣地帳〉研究——兼論西夏土地買賣中的優先權》,《河西學院學報》2016年第4期,第44—50頁。

潘潔、陳朝輝《西夏土地典賣中的親鄰權》,《西夏研究》2016年第2期,第55—60頁。

潘潔《西夏官糧窖藏》,杜建錄主編《西夏學》第十三輯,蘭州:甘肅文化出版社,2016年,第52—58頁。

甄自明《鄂爾多斯地區的西夏窖藏》,杜建錄主編《西夏學》第十三輯,蘭州:甘肅文化出版社,2016年,第320—328頁。

史金波《黑水城出土西夏文雇工契研究》,《中國經濟史研究》2016年第4期,第 5—13 頁。

史金波《黑水城出土西夏文賣地契研究》,《歷史研究》2016 年第 2 期,第 45—67 頁。

孫小倩、張彥龍《西夏民間"會款"現象探析》,《山西檔案》2016 年第 2 期,第 149—151 頁。

佟建榮《社會經濟文書中的西夏文人名綜考》,《寧夏社會科學》2016 年第 3 期,第 217—220 頁。

于光建《西夏典當借貸中的中間人職責述論》,《寧夏社會科學》2016 年第 4 期,第 209—214 頁。

于光建《〈天盛律令〉對買賣借典"中間人"的規制》,杜建錄主編《西夏學》第十三輯,蘭州:甘肅文化出版社,2016 年,第 162—170 頁。

張淮智《黑水城所出〈大德十一年稅糧文卷〉整理與復原》,杜建錄主編《西夏學》第十二輯,蘭州:甘肅文化出版社,2016 年,第 246—266 頁。

7. 政治經濟

陳光文《西夏時期敦煌的行政建制與職官設置》,《敦煌研究》2016 年第 5 期,第 84—91 頁。

鄧文韜《唐末至宋初定難軍節度使及其僚屬的兼官與帶職》,《西夏研究》2016 年第 4 期,第 79—87 頁。

黃純艷《"漢唐舊疆"話語下的宋神宗開邊》,《歷史研究》2016 年第 1 期,第 24—39 頁。

梁松濤、田曉霈《西夏"權官"問題初探》,《敦煌學輯刊》2016 年第 4 期,第 62—69 頁。

梁松濤、李靈均《西夏晚期庫局分磨勘、遷轉及恩蔭禁約制度》,《寧夏社會科學》2016 年第 5 期,第 222—226 頁。

劉曄、趙彥龍、孫小倩《西夏檔案保管制度再探索》,《檔案學通訊》2016 年第 2 期,第 95—99 頁。

劉永剛《宋哲宗親政後對西北蕃官換授漢官差遣的調整》,杜建錄主編《西夏學》第十二輯,蘭州:甘肅文化出版社,2016 年,第 358—364 頁。

馬旭俊、楊軍《論西夏蕃、漢禮之爭的本質——以"任得敬"爲個案研究》,《西北民族大學學報》2016 年第 4 期,第 90—96 頁。

馬旭俊《"任得敬"史事二則再認識》,《西夏研究》2016 年 2 期,第 51—54 頁。

馬旭俊《結什角考》,《青海師範大學學報》2016 年第 3 期,第 88—90 頁。

王震《"般擦""般次"考證》,《廣西科技師範學院學報》2016 年第 4 期,第 46—48 頁。

魏淑霞《西夏職官制度若干問題研究》,寧夏大學博士學位論文,2016年3月。

張玉海《西夏佛經所見官職名人名述考》,《西夏研究》2016年第4期,第15—25頁。

陳瑞青《從黑水城文獻看西夏榷場稅率》,杜建録主編《西夏學》第十二輯,蘭州:甘肅文化出版社,2016年,第219—223頁。

杜維民《試析唐代内遷党項的社會經濟》,杜建録主編《西夏學》第十三輯,蘭州:甘肅文化出版社,2016年,第110—116頁。

杜玉奇《武威出土元代至元二十六年蒲法先買地券研究》,杜建録主編《西夏學》第十三輯,蘭州:甘肅文化出版社,2016年12月,第182—189頁。

孔祥輝《西夏時期的甘州馬場》,《寧夏大學學報》2016年第4期,第84—88頁。

李玉峰《魏晉隋唐時期河西地區連枷和木杈演變述論》,《西夏研究》2016年第4期,第111—116頁。

李玉峰《西夏農具考釋》,寧夏大學碩士學位論文,2016年3月。

李玉峰《西夏糧食加工工具考》,杜建録主編《西夏學》第十三輯,蘭州:甘肅文化出版社,2016年,第91—98頁。

駱詳譯、李天石《從〈天盛律令〉看西夏轉運司與地方財政制度——兼與宋代地方財政制度比較》,《中國經濟史研究》2016年第3期,第52—60頁。

馬肖《關於幾種西夏文錢幣釋讀問題的再討論》,《收藏》2016年第19期,第100—103頁。

朱滸《寧夏首次出土篆書乾祐元寶》,《中國錢幣》2016年第1期,第78—80頁。

趙彦龍《西夏漢文榷場貿易檔案中計量單位再研究》,《寧夏師範學院學報》2016年第5期,第56—59頁。

趙彦龍《西夏時期的金屬檔案》,趙彦昌主編《中國檔案研究》第二輯,遼寧大學出版社,2016年,第49—68頁。

周永傑《元代亦集乃路的物價——以黑城出土文書爲中心》,杜建録主編《西夏學》第十二輯,蘭州:甘肅文化出版社,2016年12月,第295—307頁。

8. 西夏遺民、人物考證

陳瑋《大宋攝夏州觀察支使何公墓誌研究》,《西夏研究》2016年第1期,第62—68頁。

陳瑋《敦煌莫高窟題記所見西夏歸義人研究》,杜建録主編《西夏學》第十二輯,蘭州:甘肅文化出版社,2016年,第181—188頁。

鄧文韜《元代西夏遺裔三旦八事跡考》,《寧夏社會科學》2016年第4期,第

203—208 頁。

鄧文韜《金代與南宋府州折氏後裔匯考》，杜建錄主編《西夏學》第十二輯，蘭州：甘肅文化出版社，2016 年，第 365—375 頁。

姜錫東《北宋府州折氏的忠誠與世襲制》，《社會科學戰綫》2016 年第 10 期，第 111—119 頁。

薛正昌《府州折氏家族析論》，《西夏研究》2016 年第 1 期，第 38—41 頁。

劉志月、鄧文韜《元代西夏遺民著述篇目考》，《西夏研究》2016 年第 2 期，第 45—50 頁。

潘潔《西夏稅户家主考》，《寧夏社會科學》2016 年第 2 期，第 215—219 頁。

于光建、鄧文韜《開封宋代繁塔夏州李光文題刻考述》，《石河子大學學報》2016 年第 3 期，第 19—24 頁。

張琰玲《昔李鈐部家族研究述論》，《西夏研究》2016 年第 4 期，第 34—41 頁。

趙彥龍、孫小倩《西夏譜牒檔案探析》，杜建錄主編《西夏學》第十二輯，蘭州：甘肅文化出版社，2016 年，第 197—206 頁。

9. 西夏與周邊政權關係

陳偉慶《蘇軾論宋夏關係》，《西夏研究》2016 年第 2 期，第 67—73 頁。

蔣靜靜《大蒙古國與金、西夏關係研究》，煙臺大學碩士學位論文，2016 年 4 月。

劉翠萍《隋唐民族政策與北宋"積弱"局面的形成——以陝北党項爲中心》，《西夏研究》2016 年第 2 期，第 74—79 頁。

倪洪《宋金海上聯盟時期東亞政治格局演變研究》，上海師範大學博士學位論文，2016 年 5 月。

王耀彬《〈金史·交聘表〉夏金交聘史實勘誤》，《新西部》2016 年 13 期，第 85 頁。

王震《遼西夏金"天使"考》，《齊齊哈爾大學學報》2016 年第 8 期，第 94—96 頁。

張少珊《遼金承認西夏帝位的原因分析》，《赤峰學院學報》2016 年第 1 期，第 20—22 頁。

趙坤《遼、宋、金册封西夏"皇帝"始末考》，《河北北方學院學報》2016 年第 3 期，第 31—33 頁。

周峰《金詩中的金夏關係》，杜建錄主編《西夏學》第十三輯，甘肅文化出版社，2016 年，第 36—41 頁。

10. 研究綜述與書評

安北江《北方民族與絲綢之路博士後論壇述評》，《民族藝林》2016 年第 2 期，第 57—61 頁。

安北江《"第四屆西夏學國際學術論壇暨河西歷史文化研討會"綜述》,《中國史研究動態》2016 年第 4 期,第 56—57 頁。

安北江《西夏法典的演變及緣由綜論》,《西夏研究》2016 年第 4 期,第 56—63 頁。

安北江《西夏寺院經濟研究述論》,《山西大同大學學報》2016 年第 5 期,第 21—23 頁。

卜凱悅《2014 年西夏文物考古研究綜述》,《西夏研究》2016 年第 1 期,第 122—126 頁。

卜凱悅《中國藏黑水城漢文文獻刻本研究述論》,杜建録主編《西夏學》第十二輯,甘肅文化出版社,2016 年,第 308—313 頁。

段玉泉《出土西夏文獻編目回顧及相關問題討論》,《圖書館理論與實踐》2016 年第 4 期,第 108—112 頁。

段玉泉《西夏語文獻閱讀劄記》,杜建録主編《西夏學》第十二輯,蘭州:甘肅文化出版社,2016 年,第 328—332 頁。

孔德翊、馬建軍《"西夏陵突出普遍價值"學術研討會綜述》,《寧夏師範學院學報》2016 年第 4 期,第 103—105 頁。

李華瑞《2014 年遼宋西夏金元經濟史研究綜述》,《中國史研究動態》2016 年第 1 期,第 40—46 頁。

孫效武、楊蕤《近二十年來〈天盛律令〉研究綜述》,《西夏研究》2016 年第 4 期,第 47—55 頁。

孫穎慧《"中國民族古文字研究會第十次學術研討會"綜述》,《西夏研究》2016 年第 4 期,第 117—120 頁。

魏淑霞《"北方民族文字數字化與西夏文獻研究國際研討會"綜述》,《西夏研究》2016 年第 4 期,第 121—123 頁。

鄭玲《河西回鶻與西夏關係研究綜述》,《西夏研究》2016 年第 2 期,第 80—85 頁。

周峰《2015 年遼金西夏史研究綜述》,《中國史研究動態》2016 年第 6 期,第 19—24 頁。

鄧文韜《〈党項西夏碑石整理研究〉評介》,杜建録主編《西夏學》第十二輯,蘭州:甘肅文化出版社,2016 年,第 378—379 頁。

Guillaume Jacques、聶鴻音《〈党項語歷史音韻和形態論綱〉述評》,《當代語言學》2016 年第 4 期,第 624—628 頁。

蔣超年《河隴文明、西夏之花——〈神秘的河隴西夏文化〉評介》,《西夏研究》

2016年第3期,第123—125頁。

李曉鳳《姓名學視域下的西夏學研究——〈西夏姓名研究〉述評》,《西夏研究》2016年第4期,第126—128頁。

魏淑霞、胡明《西夏塔寺研究述評》,《西夏研究》2016年第1期,第112—121頁。

楊浣、王軍輝《〈西夏地形圖〉研究回顧》,《圖書館理論與實踐》2016年12期,第113—118頁。

于光建《西夏典當借貸經濟研究述評》,《西夏研究》2016年第3期,第66—70頁。

張永富、安北江《西夏文獻目錄學的鼎力之作——〈西夏文獻解題目錄〉評介》,《西夏研究》2016年第3期,第120—122頁。

劉紅軍、孫伯君《〈西夏佛經序跋譯注〉讀後》,《寧夏社會科學》2016年第6期,第225—227頁。

史地《整合力量 打通界限 推進研究——〈遼金西夏研究年鑒〉讀後》,《東北史地》2016年第3期,第96頁。

孫伯君《〈西夏文金剛經研究〉讀後》,《寧夏社會科學》2016年第4期,第223—225頁。

楊蓮霞《研究西夏歷史的珍貴資料——〈西夏文物〉》,杜建錄主編《西夏學》第十二輯,蘭州:甘肅文化出版社,2016年12月,第376—377頁。

于光建《西夏六個方位監軍司的治所在哪裏?——讀張多勇〈西夏京畿鎮守體系蠡測〉有感》,《西夏研究》2016年第4期,第124—125頁。

趙天英《〈黑水城出土西夏文醫藥文獻整理與研究〉讀後》,《西夏研究》2016年第3期,第126—128頁。

劉永增《寧夏内蒙古甘肅隴東石窟考察記》,杜建錄主編《西夏學》第十三輯,蘭州:甘肅文化出版社,2016年,第306—319頁。

王禹浪、王文軼、王俊錚《寧夏西夏王陵、賀蘭山岩畫、靖邊統萬城考察紀行》,《黑河學院學報》2016年第4期,第90—100頁。

2017 年西夏學研究論著目録

韓樹偉（蘭州大學）

　　2017 年西夏學研究取得了重要的研究成果，據筆者不完全統計，2017 年出版論著 24 部，發表論文 228 篇，內容主要涉及文獻考釋、佛教經典解讀、語言文字考究、法律契約文書整理與研究、西夏移民考證、研究綜述、名家名著介紹等多個方面。其中，《西夏研究》《西夏學》是重要的研究陣地，發表論文 85 篇，加上《寧夏社會科學》發表的 21 篇、寧夏大學學位論文 7 篇，共 113 篇，將近佔總數的一半。需要說明的是，《西夏學》去年發表兩輯，即第十二輯、第十三輯，今年截至目前，發表了一輯，即第十四輯。爲方便學界同仁查閱，筆者與以往只按作者姓氏音序編排不同，而是首先對研究論著分爲著作、論文兩個部分，然後將論著按照發表時間、作者姓氏排序；論文按照研究内容分爲政治軍事地理、法律社會經濟（包括錢幣）、文獻考釋文化互動、佛教及其經典、西夏石窟考古藝術、西夏遺民考證、述評、學術學位論文八大類，仍然以發表時間、作者姓氏排序。這樣做的好處是，既能知道哪些是著作，哪些是論文，又能對不同研究方向的論文一目了然，且對同一研究方向的脈絡有一個清晰的認識。因筆者學識有限，難免掛一漏萬，敬請方家批評指正。

一、著　作

李兆慶《成吉思汗》，北京：中國文史出版社，2017 年 1 月。
史金波《中國風俗通史叢書・西夏風俗》（全彩插圖本），上海：上海文化出版社，2017 年 1 月。
史金波《西夏經濟文書研究》，北京：社會科學文獻出版社，2017 年 3 月。
李華瑞《宋遼西夏金史青藍集》，北京：中國社會科學出版社，2017 年 4 月。
之承《晚晴集》，銀川：寧夏人民出版社，2017 年 4 月。
李强《西夏王　英雄之生，當爲王霸》，北京：現代出版社，2017 年 5 月。
彭向前《党項西夏名物匯考》，蘭州：甘肅文化出版社，2017 年 5 月。
童超《看得見的中國史　遼西夏金》，北京：北京聯合出版公司，2017 年 5 月。
雪漠《西夏的蒼狼》，北京：中國大百科全書出版社，2017 年 5 月。
雪漠《西夏咒》，北京：中國大百科全書出版社，2017 年 5 月。
楊志高《〈慈悲道場懺法〉西夏譯文的復原與研究》，北京：中國社會科學出版社,2017年5月。

周偉洲主編《西北民族論叢》第十五輯,北京:社會科學文獻出版社,2017年6月。

中國社會科學院隋唐宋遼金元史研究室主編《隋唐遼宋金元史論叢》第七輯,上海:上海古籍出版社,2017年6月。

杜建錄《西夏與周邊民族關係》,蘭州:甘肅文化出版社,2017年7月。

賈常業《西夏文字揭要》,蘭州:甘肅文化出版,2017年7月。

陳瑋《西夏番姓大族研究》,蘭州:甘肅文化出版社,2017年8月。

崔紅芬《西夏佛教文獻研究論集》,北京:宗教文化出版社,2017年8月。

李華瑞《西夏史探賾》,蘭州:甘肅文化出版社,2017年8月。

周偉洲《党項西夏史論》,蘭州:甘肅文化出版社,2017年8月。

[日]杉山正明著,郭清華譯《疾馳的草原征服者:遼、西夏、金、元》,臺灣:商務印書館,2017年9月。

李昌憲《中國行政區劃通史 宋西夏卷》(修訂本),上海:復旦大學出版社,2017年9月。

馬聰、王濤、曹旅寧《出土文獻與法律史研究現狀學術研討會論文集》,廣州:暨南大學出版社,2017年9月。

陳廣恩《西夏元史研究論稿》,北京:中國社會科學出版社,2017年11月。

姜錫東主編《宋史研究論叢》第二十輯,北京:科學出版社,2017年11月。

二、論 文

1. 政治、軍事、地理

郭冰雪《北宋對党項貴族的贈賻之禮》,《西夏研究》2017年第1期,第79—83頁。

黄純艷《北宋東亞多國體系下的外交博弈——以外交談判爲中心》,《中國邊疆史地研究》2017年第1期,第29—42頁。

許偉偉《党項西夏的政治視野及其宮廷制度問題》,杜建錄主編《西夏學》第14輯,蘭州:甘肅文化出版社,2017年,第67—76頁。

張永富《西夏文獻中的"群牧司"與"州牧"》,《西夏研究》2017年第1期,第25—28頁。

郝振宇《唐宋絲綢之路視域下党項西夏政權建立的歷史考察》,《西北民族大學學報》2017年第2期,第7—12頁。

馬旭俊《金夏關係的歷史分期與特點》,《西夏研究》2017年第3期,第49—53頁。

王萬志《遼夏封貢關係探析》,《史學集刊》2017年第5期,第53—64頁。

張尚慶《11世紀喀喇汗王朝和西夏、北宋關係的演變》,《蘭州教育學院學報》2017年第11期,第3—4頁。

范學輝《俄藏黑水城金代〈西北諸地馬步軍編册〉新探暨重命名》,《歷史研究》2017年第1期,第179—189頁。

任歡歡《西北堡寨在宋夏戰爭中的作用——以青澗城爲例》,《北方論叢》2017年第4期,第106—109頁。

宋士龍《宋軍在三川口、平夏城兩場戰役中的防禦戰術之比較》,《西夏研究》2017年第4期,第58—62頁。

母雅妮、郝振宇《宋夏三川口之戰的歷史影響》,《寧夏大學學報》2017年第5期,第111—115頁。

燕永成《北宋後期的禦將新體制及其影響》,《文史哲》2017年第5期,第75—93頁。

景永時《西夏地方軍政建置體系與特色》,《寧夏社會科學》2017年第6期,第209—215頁。

瞿麗萍《試述西夏軍抄》,杜建錄主編《西夏學》第十四輯,蘭州:甘肅文化出版社,2017年,第61—66頁。

尤樺《西夏烽堠制度研究》,杜建錄主編《西夏學》第十四輯,蘭州:甘肅文化出版社,2017年,第246—255頁。

張多勇、王志軍《西夏左廂神勇一年斜(寧西)監軍司考察研究》,杜建錄主編《西夏學》第十四輯,蘭州:甘肅文化出版社,2017年,第37—50頁。

張多勇、于光建《西夏進入河西的"囉龐嶺道"與囉龐嶺監軍司考察》,《石河子大學學報》2017年第6期,第88—93頁。

甄自明、郝雪琴《西夏克夷門、右廂朝順監軍司駐地新考——内蒙古鄂托克旗西夏石城、長城的發現與研究》,杜建錄主編《西夏學》第十四輯,蘭州:甘肅文化出版社,2017年,第256—263頁。

樂玲《宋夏交界區域内"會"的設置及其地名内涵》,《隴東學院學報》2017年第2期,第58—61頁。

鄭彥卿《西夏省嵬城歷史考略》,《西夏研究》2017年第3期,第15—18頁。

史金波《西夏與開封、杭州》,《浙江學刊》2017年第1期,第73—82頁。

史金波《西夏時期的靈州》,杜建錄主編《西夏學》第十四輯,蘭州:甘肅文化出版社,2017年,第5—19頁。

張雛旺《成吉思汗所攻破的西寧州之考證》,《黔南民族師範學院學報》2017年第5期,第95—98頁。

2. 法律、社會、經濟

[俄]Е.И.克恰諾夫著,唐克秀譯《西夏的"自然人"與"法人"——〈天盛律令〉研究專著第二部分譯文》,《西夏研究》2017年第1期,第71—73頁。

李溫《西夏喪服制度及其立法》,《西夏研究》2017年第1期,第61—65頁。

駱詳譯《從〈天盛律令〉看西夏荒地產權制度的流變》,《中國邊疆史地研究》2017年第1期,第118—125頁。

趙天英《黑水城出土西夏文草書借貸契長卷(7741號)研究》,《中國經濟史研究》2017年第2期,第113—128頁。

惠宏《西夏〈天盛律令〉之中藥名"蔓荆子"考釋》,《寧夏社會科學》2017年第4期,第201—203頁。

周峰《金朝與西夏盜竊法比較研究》,《遼金歷史與考古》第七輯,瀋陽:遼寧教育出版社,2017年10月,第157—163頁。

趙彥龍、姚玉婷《西夏買賣人口契約的性質與程式》,《寧夏師範學院學報》2017年第4期,第96—102頁。

姜歆《論西夏的司法觀念》,《寧夏社會科學》2017年第6期,第227—230頁。

劉志月《黑水城出土的北元M1·033[F277:W5反]典人契探研》,杜建錄主編《西夏學》第十四輯,蘭州:甘肅文化出版社,2017年,第209—216頁。

龐倩《西夏〈天盛律令〉裏的"鹽池"初探》,杜建錄主編《西夏學》第十四輯,蘭州:甘肅文化出版社,2017年,第166—170頁。

王穎《西夏契約文書研究的現狀、問題與展望》,杜建錄主編《西夏學》第十四輯,蘭州:甘肅文化出版社,2017年,第327—337頁。

徐婕、胡祥琴《西夏時期的自然災害及撰述》,《西夏研究》2017年第2期,第44—50頁。

史金波《西夏文社會文書對中國史學的貢獻》,《民族研究》2017年第5期,第64—75頁。

郝振宇《論西夏養子的類型及其社會地位》,《寧夏社會科學》2017年第5期,第229—234頁。

高仁《西夏遊牧經濟的幾個問題》,杜建錄主編《西夏學》第十四輯,蘭州:甘肅文化出版社,2017年,第77—89頁。

潘潔《西夏的官地和私地》,杜建錄主編《西夏學》第十四輯,蘭州:甘肅文化出版社,2017年,第29—36頁。

潘潔《試析西夏土地的墾辟和注銷》,《西夏研究》2017年第1期,第66—70頁。

駱詳譯《從黑水城出土西夏手實文書看西夏與唐宋賦役制度的關係》,《中國社會經濟史研究》2017年第2期,第1—11頁。

杜立暉《黑水城西夏南邊榷場使文書所見"替頭"考》,《文獻》2017年第3期,第20—31頁。

許生根《論西夏元初黑水城穀物供給途徑》,《西夏研究》2017年第4期,第44—49頁。

羅海山《"嵬名法寶達賣地文書"年代考》,杜建錄主編《西夏學》第十四輯,蘭州:甘肅文化出版社,2017年,第157—165頁。

李鳴驥《西夏錢幣鑄造特點及其變化原因初探》,《西夏研究》2017年第1期,第44—49頁。

李憲章《西夏文古錢憶舊——錢文譯識考證》,《江蘇錢幣》2017年第3期,第1—5頁。

趙生泉、史瑞英《西夏錢幣書法演變源流探賾》,《中國錢幣》2017年第1期,第33—38頁。

鄭祎《淺析西夏錢幣的特徵與辨僞》,《大衆文藝》2017年第4期,第264頁。

3. 文獻考釋、文化互動

胡守靜《〈青史演義〉中"唐古特"與"西夏"辨析》,《西夏研究》2017年第1期,第55—60頁。

胡守靜《〈青史演義〉中"唐古特"事跡的史料來源與相關問題探析》,杜建錄主編《西夏學》第十四輯,蘭州:甘肅文化出版社,2017年,第305—311頁。

湯曉龍、劉景雲《西夏醫方"合香雜製劑"破譯考釋初探》,《中華文獻雜誌》2017年第1期,第1—5頁。

趙彥龍《西夏檔案編纂研究》,《檔案學研究》2017年第1期,第123—128頁。

趙彥龍《西夏漢文契約檔案中的計量單位及其用字研究》,《西夏研究》2017年第1期,第35—39頁。

趙彥龍《西夏曆法檔案整理研究》,趙彥昌主編《中國檔案學研究》第三輯,2017年7月,第222—234頁。

聶鴻音《西夏文"君臣問對"殘葉考》,《寧夏社會科學》2017年第2期,第213—216頁。

梁松濤《黑水城出土西夏文〈明堂灸經〉殘葉考》,《文獻》2017年第3期,第16—19頁。

馬萬梅《〈英藏黑水城文獻〉漏刊的兩件西夏文獻考釋》,《西夏研究》2017年第3期,第44—48頁。

陳光恩、陳柳晶《關於元代亦集乃路糧食運輸的幾個相關問題》,杜建錄主編《西夏學》第十四輯,蘭州:甘肅文化出版社,2017年,第181—189頁。

郭明明《黑水城文書中的字羅帖木兒大王》,杜建録主編《西夏學》第十四輯,蘭州:甘肅文化出版社,2017年,第217—224頁。

孔雁《〈黑城出土漢文遺書續録〉中 TK133 敍録辨正》,杜建録主編《西夏學》第十四輯,蘭州:甘肅文化出版社,2017年,第225—233頁。

王龍《〈通玄記〉的西夏譯本》,杜建録主編《西夏學》第十四輯,蘭州:甘肅文化出版社,2017年,第151—156頁。

郭明明《〈聖立義海〉孝子故事史源補考》,《西夏研究》2017年第1期,第50—54頁。

張笑峰《西夏"上服"考》,杜建録主編《西夏學》第十四輯,蘭州:甘肅文化出版社,2017年,第90—100頁。

孔維京《碰撞與融合:西夏社會變革中的"孝文化"》,《西夏研究》2017年第2期,第74—79頁。

聶鴻音《中原"儒學"在西夏》,《北方民族大學學報》2017年第3期,第20—25頁。

孫穎新《英國國家圖書館藏〈孝經〉西夏譯本考》,《寧夏社會科學》2017年第5期,第209—215頁。

彭向前《西夏文草書〈孝經傳序〉譯釋》,《寧夏社會科學》2017年第5期,第216—222頁。

温玉成《〈西夏頌祖歌〉新解讀》,《大衆考古》2017年第1期,第51—53頁。

劉景雲《輝煌的華夏史詩:〈夏聖根讚歌〉》,《敦煌研究》2017年第4期,第43—62頁。

余曉玲《公文寫作視角下的〈告黑水河諸神敕〉》,《西夏研究》2017年第1期,第40—43頁。

袁志偉《西夏華嚴禪思想與党項民族的文化個性——西夏文獻〈解行照心圖〉及〈洪州宗師教儀〉解讀》,《青海民族研究》2017年第1期,第203—207頁。

袁志偉《絲綢之路上的宗教思想與文化認同——以契丹、党項、回鶻佛教爲中心》,《求索》2017年第5期,第157—163頁。

高奕睿、湯君《夏譯中原兵書的異同》,《西夏研究》2017年第2期,第8—15頁。

彭向前《"夏譯漢籍"的文獻學價值》,《西夏研究》2017年第2期,第3—7頁。

彭向前《夏譯漢籍的學術價值》,《文史知識》2017年第3期,第25—31頁。

史金波《西夏文明在中國文明史上的地位》,《文史知識》2017年第3期,第3—12頁。

楊富學《裕固族對敦煌文化的貢獻》,《河西學院學報》2017年第4期,第1—14頁。

張玉琴《華夏文明傳承視角下武威西夏文獻漢譯本的英譯譯法研究——以〈勸世篇〉殘頁爲例》,《中國校外教育》2017年第6期,第81—82頁。

蘭艷《"一帶一路"戰略背景下西夏文化翻譯傳播模式構建》,《大學英語教學與研究》2017年第5期,第68—71頁。

孫伯君《西夏文獻與"絲綢之路"文化傳統》,《西南民族大學學報》2017年第8期,第11—20頁。

李玉峰《西夏裝飾紋樣中的龍紋及特點》,杜建録主編《西夏學》第十四輯,蘭州:甘肅文化出版社,2017年,第264—274頁。

4. 語言文字

孫伯君《論西夏對漢語音韻學的繼承與創新》,《中華文史論叢》2017年第2期,第313—338頁。

孫伯君《12世紀河西方音的鼻音聲母》,北京師範大學文學院主辦《勵耘語言學刊》第一輯,北京:中華書局,2017年9月。

王培培《12世紀西北地區的f、h混讀現象》,《寧夏師範學院學報》2017年第4期,第103—104頁。

景永時、王榮飛《俄藏黑水城文獻未刊〈同音〉37B殘葉考釋》,《北方民族大學學報》2017年第5期,第35—39頁。

木仕華《西夏黑水名義考》,遼寧省博物館、遼寧省遼金契丹女真史研究會編《遼金歷史與考古》第七輯,瀋陽:遼寧教育出版社,2017年10月,第192—204頁。

和智《西夏文〈聖立義海〉翻譯中的若干語法問題》,杜建録主編《西夏學》第十四輯,蘭州:甘肅文化出版社,2017年,第122—129頁。

許鵬《釋西夏語詞綴 wji^2》,《西夏研究》2017年第1期,第20—24頁。

段玉泉《新見英藏西夏文〈雜字〉考釋》,杜建録主編《西夏學》第十四輯,蘭州:甘肅文化出版社,2017年,第101—107頁。

王培培《夏譯漢籍中的音譯誤字》,杜建録主編《西夏學》第十四輯,蘭州:甘肅文化出版社,2017年,第118—121頁。

趙生泉《西夏文"草書"書寫特徵舉隅》,杜建録主編《西夏學》第十四輯,蘭州:甘肅文化出版社,2017年,第130—148頁。

高仁、王培培《西夏文〈雜字·漢姓〉譯考》,《西夏研究》2017年第2期,第37—43頁。

史金波《新見西夏文偏旁部首和草書刻本文獻考釋》,《民族語文》2017年第2

期,第 34—41 頁。

聶鴻音《西夏文字的啓迪》,《文史知識》2017 年第 3 期,第 19—24 頁。

孟一飛、楊小花、張曉彪《基於 Mean Shift 演算法的西夏文字筆形識別》,《廣西大學學報》2017 年第 3 期,第 1107—1113 頁。

孟一飛、張曉彪、楊小花《基於 ASM 演算法的特徵提取與匹配在文字識別中的應用》,《廣西大學學報》2017 年第 6 期,第 2183—2190 頁。

孟一飛、楊文慧、謝堂健、戴雪瑞《基於西夏古籍文字樣本數據庫設計與實現》,《電腦與信息技術》2017 年第 6 期,第 28—32 頁。

孟一飛、楊文慧、謝堂健、劉麗萍《基於文字構件的西夏文字體庫創建研究》,《電腦知識與技術》2017 年第 26 期,第 166—168 頁。

5. 佛教及其經典

保宏彪《西夏龍神崇拜》,《寧夏人大》2017 年第 2 期,第 52—53 頁。

聶鴻音《賢覺帝師傳經考》,《中華文史論叢》2017 年第 2 期,第 293—312 頁。

孫伯君《西夏國師法獅子考》,《北方民族大學學報》2017 年第 2 期,第 25—29 頁。

孫伯君《藏傳佛教"大手印"法在西夏的流傳》,杜建錄主編《西夏學》第十四輯,蘭州:甘肅文化出版社,2017 年,第 149—150 頁。

孫伯君《裴休〈發菩提心文〉的西夏譯本考釋》,《寧夏社會科學》2017 年第 4 期,第 186—193 頁。

魏淑霞《西夏僧侶社會活動管窺》,《西夏研究》2017 年第 4 期,第 38—43 頁。

魏淑霞《西夏功德司考述》,《寧夏社會科學》2017 年第 4 期,第 194—200 頁。

徐佳佳《西夏擦擦與藏傳佛教關係研究》,《文物鑒定與鑒賞》2017 年第 7 期,第 20—21 頁。

彭向前《關於西夏聖容寺研究的幾個問題》,杜建錄主編《西夏學》第十四輯,蘭州:甘肅文化出版社,2017 年,第 20—28 頁。

陳瑋《西夏天崇拜研究》,杜建錄主編《西夏學》第十四輯,蘭州:甘肅文化出版社,2017 年,第 51—60 頁。

張海娟《西夏星神圖像研究述評》,杜建錄主編《西夏學》第十四輯,蘭州:甘肅文化出版社,2017 年,第 320—326 頁。

孔祥輝《英藏西夏文〈金剛經〉殘片考辨》,《西夏研究》2017 年第 1 期,第 14—19 頁。

李曉明《英藏若干西夏文〈真實名經〉殘頁考釋》,《西夏研究》2017 年第 1 期,第 8—13 頁。

張九玲《西夏文〈消災吉祥陀羅尼經〉釋讀》,《寧夏社會科學》2017 年第 1 期,第 212—214 頁。

張九玲《西夏本〈大隨求陀羅尼經〉初探》,杜建錄主編《西夏學》第十四輯,蘭州：甘肅文化出版社,2017 年,第 171—180 頁。

陳永中《民國時期靈武發現西夏文佛經的幾個問題》,《西夏研究》2017 年第 2 期,第 80—87 頁。

段玉泉、米向軍《新發現的西夏文〈聖勝慧到彼岸功德寶集偈〉殘葉考》,《寧夏社會科學》2017 年第 2 期,第 217—219 頁。

孫昌盛《俄藏西夏文藏傳密續〈勝住儀軌〉題記譯考——兼論藏傳佛教傳播西夏的時間》,《北方民族大學學報》2017 年第 2 期,第 30—34 頁。

王龍《西夏寫本〈阿毗達磨順正理論〉考釋》,《寧夏社會科學》2017 年第 2 期,第 223—229 頁。

王龍《西夏文〈十輪經〉考論》,《西夏研究》2017 年第 2 期,第 16—24 頁。

王龍《西夏寫本〈大乘阿毗達磨集論〉綴考》,《文獻》2017 年第 3 期,第 13—15 頁。

王龍《俄藏西夏文〈瑜伽師地論〉卷八十八考釋》,《西夏研究》2017 年第 4 期,第 9—24 頁。

張永富《西夏文〈大寶積經〉卷三十六勘誤》,《西夏研究》2017 年第 2 期,第 25—29 頁。

陳連龍《從跨文化傳播的視角看西夏佛經的傳播方式》,《西夏研究》2017 年第 3 期,第 19—22 頁。

崔紅芬《俄藏黑水城〈佛說大乘聖無量壽王經〉及相關問題考略》,《寧夏社會科學》2017 年第 3 期,第 207—213 頁。

王培培《西夏文〈佛說入胎藏會第十四之二〉考釋》,《西夏研究》2017 年第 3 期,第 28—43 頁。

史金波《泥金寫西夏文〈妙法蓮華經〉的流失和考察》,《文獻》2017 年第 3 期,第 3—12 頁。

趙陽《黑城本〈彌勒上生經講經文〉為詞曲作品說》,《敦煌學輯刊》2017 年第 3 期,第 109—118 頁。

麻曉芳《俄藏西夏文〈佛說瞻婆比丘經〉殘卷考》,《西夏研究》2017 年第 4 期,第 3—8 頁。

楊志高、楊露怡《影響·作用：漢文和復原的西夏文〈慈悲道場懺法〉》,《寧夏社會科學》2017 年第 4 期,第 204—207 頁。

陳瑋《黑水城文獻所見西夏歸義人研究——以〈注華嚴法界觀門〉發願文題記為中心》,《寧夏社會科學》2017 年第 5 期,第 223—228 頁。

王龍《藏傳〈聖大乘勝意菩薩經〉的夏漢藏對勘研究》,《北方民族大學學報》2017年第5期,第40—45頁。

崔紅芬《西夏文〈過去莊嚴劫千佛名經〉發願文之西北方音及相關問題》,《寧夏社會科學》2017年第6期,第216—221頁。

佟建榮《黑水城出土的幾種〈妙法蓮華經觀世音菩薩普門品第二十五〉版本考述》,杜建錄主編《西夏學》第十四輯,蘭州:甘肅文化出版社,2017年,第190—197頁。

王曉輝《關於黑水城出土北元文書中若干問題的考察》,杜建錄主編《西夏學》第十四輯,蘭州:甘肅文化出版社,2017年,第198—208頁。

楊志高《西夏文〈經律異相〉中的佛、俗時間觀念》,杜建錄主編《西夏學》第十四輯,蘭州:甘肅文化出版社,2017年,第108—117頁。

6. 西夏石窟、考古藝術

孫昌盛《靈武回民巷西夏摩崖石刻》,《寧夏社會科學》2017年第1期,第209—211頁。

[美]黃士珊著,楊冰華譯《西夏佛經版畫再探》,沙武田主編《絲綢之路研究集刊》第一輯,北京:商務印書館,2017年5月,第279—309頁。

張鐵山、彭金章《敦煌莫高窟B465窟題記調研報告》,《敦煌研究》2017年第1期,第27—30頁。

蔣超年、趙雪野《武威亥母寺遺址01窟覆鉢式佛塔年代探討》,《西夏研究》2017年第2期,第88—92頁。

高國藩《西夏千手觀音畫像與敦煌文書千手觀音崇拜及其傳承》,《西夏研究》2016年第3期,第51—63頁。

李濤《黑水城遺址出土西夏時期染色紙張的分析》,《西夏研究》2017年第3期,第3—14頁。

寧強、何卯平《西夏佛教藝術中的"家窟"與"公共窟"——瓜州榆林窟第29窟供養人的構成再探》,《敦煌學輯刊》2017年第3期,第137—145頁。

于光建《武威西夏墓出土太陽、太陰圖像考論》,《寧夏社會科學》2017年第3期,第214—220頁。

崔紅芬《西夏觀音繪畫考略》,《平頂山學院學報》2017年第4期,第106—110頁。

李進興《略述西夏的幾件鐵器》,《東方收藏》2017年第4期,第72—74頁。

米向軍《西夏金銀器研究舉隅》,《收藏》2017年第4期,第102—107頁。

王勝澤《西夏藝術圖像中的絲路印記》,《西夏研究》2017年第4期,第50—57頁。

王勝澤、王艷《西夏工藝美術的民族特徵》,《民族藝林》2017年第4期,第117—122頁。

［日］荒川慎太郎著,王玫譯《西夏的"炮"設計圖》,《西夏研究》2017年第4期,第25—33頁。

楊宏毅《塞上遺珍——院藏西夏文物鑒賞》,《文物天地》2017年第5期,第52—55頁。

楊富學《瓜州塔考辨》,《敦煌研究》2017年第2期,第92—100頁。

楊富學《裕固族與晚期敦煌石窟》,《敦煌研究》2017年第6期,第46—57頁。

廖旸《藏傳佛教後宏早期繪畫的一種形式構成與過渡特徵》,《故宫博物院院刊》2017年第6期,第15—37、156頁。

李苗苗《西夏時期木板畫探析》,《美與時代》2017年第7期,第50—51頁。

唐文娟《西夏瓷上牡丹開》,《大衆考古》2017年第10期,第63—65頁。

唐瑞林《馬尾胡琴考》,《現代交際》2017年第12期,第84—86頁。

湯曉芳《一幅西夏時期的壁畫——阿爾寨石窟第33窟壁畫釋讀》,《探索、收穫、展望——鄂爾多斯學十五週年紀念文集》,2017年,第172—181頁。

7. 西夏遺民、人物考證

杜建録、鄧文韜《安徽歙縣貞白里牌坊始建年代考——兼考西夏遺民餘闕僉憲浙東道期間的史跡》,《寧夏社會科學》2017年第1期,第204—208頁。

佟建榮、蔡莉《有關西夏姓名若干問題的再探討》,《西夏研究》2017年第2期,第30—36頁。

王培培《西夏文獻中的人名》,《寧夏社會科學》2017年第2期,第220—222頁。

李祥林《先祖敬奉 族群想象 文化認同——從四川茂縣"中國羌城"説開去》,《西華大學學報》2017年第3期,第10—17頁。

劉志月《元代西夏遺民李朵兒赤事跡考論》,《西夏研究》2017年第3期,第59—64頁。

楊富學、胡蓉《從〈述善集〉看宋元理學對濮陽西夏遺民的影響》,《西北師範大學學報》2017年第3期,第90—100頁。

鄧文韜《元代西夏遺裔婚姻若干問題補釋》,《西夏研究》2017年第4期,第63—73頁。

劉少華《漢文史料中"唐古特"一詞所指族群變遷研究》,《蘭州教育學院學報》2017年第7期,第38—39頁。

齊德舜《〈金史·結什角傳〉箋證》,《西藏研究》2017年第2期,第10—15頁。

湯君《拜寺溝方塔〈詩集〉作者行跡考》,《四川師範大學學報》2017年第2期,第 91—98 頁。

趙天英、于孟卉《甘肅省博物館藏西夏應天丁卯年首領印正誤》,《西夏研究》2017 年第 4 期,第 34—37 頁。

張玉海《莫高窟榆林窟西夏文題記所見人名姓氏淺析》,《寧夏社會科學》2017 年第 6 期,第 222—226 頁。

趙生泉《甘肅天祝出土西夏文"首領"銅印獻疑》,《中國書法》2017 年第 12 期,第 199—200 頁。

王昌豐《西夏陵區帝陵陵主新探》,杜建錄主編《西夏學》第十四輯,蘭州:甘肅文化出版社,2017 年,第 234—245 頁。

8. 綜述、評介

韓樹偉《西夏法律社會文書研究綜述》,《西夏研究》2017 年第 1 期,第 74—78 頁。

張如青、于業禮《出土西夏漢文涉醫文獻研究述評》,《中醫文獻雜誌》2017 年第 1 期,第 62—66 頁。

蔡莉《西夏服飾研究綜述》,《西夏研究》2017 年第 3 期,第 119—123 頁。

趙天英《新見甘肅省瓜州縣博物館藏西夏文獻考述》,《文獻》2017 年第 3 期,第 32—42 頁。

王帥龍《2016 年西夏學研究綜述》,《西夏研究》2017 年第 4 期,第 117—124 頁。

李新偉《宋夏戰爭述評》,《長江論壇》2017 年第 6 期,第 93—96 頁。

李甜《文殊山石窟研究的回顧與展望》,《石河子大學學報》2017 年第 1 期,第 29—37 頁。

羅海山《國內西夏契約文書研究評述與展望(1980—2015)》,《中國史研究動態》2017 年第 1 期,第 11—18 頁。

楊富學《敦煌民族史研究的現狀與展望》,《敦煌研究》2017 年第 1 期,第 14—15 頁。

黃成龍《2016 年羌語支語言研究前沿》,《阿壩師範學院學報》2017 年第 1 期,第 5—9 頁。

杜建錄《百年西夏學》,《文史知識》2017 年第 3 期,第 13—18 頁。

曹穎僧《〈西夏文史薈存〉第三輯弁言》,《西夏研究》2017 年第 3 期,第 105—107 頁。

徐敏《簡析絲綢之路上的西夏》,《哈爾濱學院學報》2017 年第 3 期,第 107—110 頁。

蔡晶晶《近十年來的元代色目文化研究》,《中國史研究動態》2017 年第 4 期,第 28—34 頁。

廖寅《10—13 世紀中國歷史走向的深度分析》,《吉林大學社會科學學報》2017 年第 4 期,第 137—145 頁。

劉旭瀅、張敬奎《首屆中日青年學者宋遼西夏金元史研討會召開》,《中國史研究動態》2017 年第 4 期,第 67—68 頁。

保宏彪《〈西夏研究論叢〉的又一力作——〈西夏司法制度研究〉出版》,《西夏研究》2017 年第 1 期,第 2 頁。

陳朝輝《〈《天盛律令》農業門整理研究〉評介》,《西夏研究》2017 年第 2 期,第 125—127 頁。

聶鴻音《〈英藏黑水城藏文文獻〉讀後》,《西夏研究》2017 年第 1 期,第 3—7 頁。

孫穎慧《讀〈西夏司法制度研究〉有感》,《西夏研究》2017 年第 4 期,第 125—127 頁。

李小霞《李華瑞教授〈宋夏史探研集〉讀後》,《中國史研究動態》2017 年第 5 期,第 90 頁。

張彥曉《黃純艷:〈宋代朝貢體系研究〉》,《海交史研究》2017 年第 2 期,第 146—149 頁。

劉雁翔《馮國瑞〈武威天梯山石窟圖錄〉及相關問題申論》,《檔案》2017 年第 10 期,第 21—24 頁。

他維宏《金寶祥先生與宋夏史研究》,《西夏研究》2017 年第 1 期,第 121—125 頁。

孫文廣《悠悠百世功　矻矻當年苦——記李範文先生的西夏學研究歷程》,《西夏研究》2017 年第 2 期,第 116—120 頁。

高士榮《不到長城非好漢——記西夏史專家李蔚教授》,《西夏研究》2017 年第 3 期,第 115—118 頁。

楊蕤《一位被遺忘的西夏學者:略述曹穎僧先生對西夏學的貢獻》,《西夏研究》2017 年第 3 期,第 108—114 頁。

祁萌《我與西夏語——林英津老師訪談錄》,《西夏研究》2017 年第 4 期,第 112—116 頁。

李浩強《積極參與"一帶一路"文化建設　樹立精品出版意識——甘肅文化出版社與西夏學出版》,《傳播與版權》2017 年第 12 期,第 32—34 頁。

《馬彥俊先生向中國錢幣博物館捐贈古錢幣》,《中國錢幣》2017 年第 1 期,第 38 頁。

9. 學位論文

鄧文韜《元代唐兀人研究》,寧夏大學博士學位論文,2017 年 5 月。

史志林《歷史時期黑河流域環境演變研究》,蘭州大學博士學位論文,2017年5月。

馬旭俊《金夏關係研究》,吉林大學博士學位論文,2017年6月。

安北江《西夏文獻〈亥年新法〉卷十五(下)釋讀與相關問題研究》,寧夏大學碩士學位論文,2017年3月。

王震《西夏首領研究》,寧夏大學碩士學位論文,2017年4月。

吳珩《西夏樂舞研究》,寧夏大學碩士學位論文,2017年4月。

楊小花《針對西夏文字識別的特徵提取及分類器研究》,寧夏大學碩士學位論文,2017年4月。

張曉彪《基於不變矩的西夏文字識別》,寧夏大學碩士學位論文,2017年4月。

劉昭《明前寧夏碑刻文獻研究》,寧夏大學碩士學位論文,2017年5月。

張雪愛《出土文獻所見夏元時期黑水城對外交流研究》,寧夏大學碩士學位論文,2017年5月。

丁琦芬《北宋中後期永興軍路防禦體系與武將群體研究》,北方民族大學碩士學位論文,2017年3月。

徐國凱《定難軍節度使考略》,北方民族大學碩士學位論文,2017年5月。

李學泰《俄藏黑水城西夏漢文經濟文獻研究》,西北民族大學碩士學位論文,2017年5月。

張晉峰《甘肅省古浪縣佛教寺院遺存調查研究》,西北民族大學碩士學位論文,2017年5月。

田曉霈《西夏文〈將苑〉整理與研究》,河北大學碩士學位論文,2017年5月。

張松松《西夏軍事法條研究》,河北大學碩士學位論文,2017年5月。

馬坤《西北蕃官與北宋中央政府關係研究》,西北大學碩士學位論文,2017年6月。

張秦源《西夏人應用植物資源研究》,蘭州大學碩士學位論文,2017年6月。

王源《遼西京在遼夏往來中的地位與作用》,內蒙古大學碩士學位論文,2017年4月。

孫謙《范雍的政治生涯研究》,四川師範大學碩士學位論文,2017年5月。

趙龍《西夏瓷器民族風格研究》,雲南師範大學碩士學位論文,2017年5月。

張順利《民族交往視角下的西夏與遼朝民族政策探析》,煙臺大學碩士學位論文,2017年4月。

馬瀋陽《北宋陝北地區的軍事戰略地位》,延安大學碩士學位論文,2017年6月。

彭文慧《遼代西京地區軍事防禦體系研究》,渤海大學碩士學位論文,2017年

6月。

劉嘉琪《遼夏金時期服飾紋樣研究》,吉林藝術學院碩士學位論文,2017年3月。

杜美卉《敦煌莫高窟壁畫中的箜篌圖像解析》,西安音樂學院碩士學位論文,2017年5月。

張思思《西夏敦煌壁畫與同時期中原地區畫風對比探究》,山東建築大學碩士學位論文,2017年6月。

《敦煌學國際聯絡委員會通訊》稿約

一、本刊由"敦煌學國際聯絡委員會"、"中國敦煌吐魯番學會"和"首都師範大學古文獻研究中心"共同主辦,策劃:高田時雄、柴劍虹;主編:郝春文。本刊的内容以國際敦煌學學術信息爲主,刊發的文章的文種包括中文(規範繁體字)、日文和英文,每年出版一期。截稿日期爲當年3月底。

二、本刊的主要欄目有:每年的各國敦煌學研究綜述、歷年敦煌學研究的專題綜述、新書訊、各國召開敦煌學學術會議的有關信息、書評或新書出版信息、項目動態及熱點問題爭鳴、對國際敦煌學發展的建議、重要的學術論文提要等,歡迎就以上内容投稿。來稿請寄:北京西三環北路83號:首都師範大學歷史學院郝春文,郵政編碼:100089,電子郵箱:haochunw@cnu.edu.cn。

三、來稿請附作者姓名、性別、工作單位和職稱、詳細位址和郵政編碼以及電子郵箱,歡迎通過電子郵件用電子文本投稿。

圖書在版編目(CIP)數據

2018敦煌學國際聯絡委員會通訊／郝春文主編. ——上海：上海古籍出版社，2018.6
ISBN 978-7-5325-8844-2

Ⅰ.①2… Ⅱ.①郝… Ⅲ.①敦煌學—叢刊 Ⅳ.①K870.6-55

中國版本圖書館CIP數據核字(2018)第100823號

2018敦煌學國際聯絡委員會通訊
郝春文　主編
上海古籍出版社出版發行
（上海瑞金二路272號　郵政編碼200020）
　（1）網址：www.guji.com.cn
　（2）E-mail：guji1@guji.com.cn
　（3）易文網網址：www.ewen.co
上海惠敦印務科技有限公司印刷
開本787×1092　1/16　印張26.25　插頁4　字數457,000
2018年6月第1版　2018年6月第1次印刷
ISBN 978-7-5325-8844-2
K·2488　定價：98.00元
如有質量問題,請與承印公司聯繫